TANWU HUILU
DUZHI FANZUI
SIFA SHIWU YINAN WENTI JIEXI

贪污贿赂、渎职犯罪
司法实务疑难问题解析

王晓东 · 著

人民法院出版社

图书在版编目（CIP）数据

贪污贿赂、渎职犯罪司法实务疑难问题解析 / 王晓东著. --北京：人民法院出版社，2020.10
ISBN 978-7-5109-2917-5

Ⅰ.①贪… Ⅱ.①王… Ⅲ.①贪污贿赂罪-研究-中国②渎职罪-研究-中国 Ⅳ.①D924.392.4 ②D924.393.4

中国版本图书馆CIP数据核字（2020）第153088号

贪污贿赂、渎职犯罪司法实务疑难问题解析

王晓东 著

策划编辑 韦钦平
责任编辑 巩 雪
执行编辑 张 艺
出版发行 人民法院出版社
地 址 北京市东城区东交民巷27号（100745）
电 话 （010）67550667（责任编辑） 67550558（发行部查询）
65223677（读者服务部）
客服QQ 2092078039
网 址 http：//www.courtbook.com.cn
E-mail courtpress@sohu.com
印 刷 保定市中画美凯印刷有限公司
经 销 新华书店

开 本 787毫米×1092毫米 1/16
字 数 503千字
印 张 32.25
版 次 2020年10月第1版 2025年8月第8次印刷
书 号 ISBN 978-7-5109-2917-5
定 价 108.00元

凡　例

1. 本书中法律、行政法规名称中的“中华人民共和国”省略，其余一般不省略，例如，《中华人民共和国刑法》简称《刑法》。

2. 本书中下列司法解释及司法指导性文件使用简称：

文件名称	发文日期	发文字号	简称
《最高人民法院关于贯彻执行〈中华人民共和国民法通则〉若干问题的意见（试行）》	1988年4月2日	法（办）发〔1988〕6号	《民法通则意见》
《最高人民法院关于处理自首和立功具体应用法律若干问题的解释》	1998年4月6日	法释〔1998〕8号	《自首立功司法解释》
《最高人民法院关于印发〈全国法院审理经济犯罪案件工作座谈会纪要〉的通知》	2003年11月13日	法发〔2003〕167号	《经济犯罪座谈会纪要》
《最高人民法院、最高人民检察院关于办理受贿刑事案件适用法律若干问题的意见》	2007年7月8日	法发〔2007〕22号	《办理受贿案件意见》

续表

文件名称	发文日期	发文字号	简称
《最高人民法院、最高人民检察院关于办理商业贿赂刑事案件适用法律若干问题的意见》	2008年11月20日	法发〔2008〕33号	《办理商业贿赂案件意见》
《最高人民法院、最高人民检察院关于办理国家出资企业中职务犯罪案件具体应用法律若干问题的意见》	2010年11月26日	法发〔2010〕49号	《办理国家出资企业职务犯罪案件意见》
《最高人民法院、最高人民检察院关于办理职务犯罪案件严格适用缓刑、免予刑事处罚若干问题的意见》	2012年8月8日	法发〔2012〕17号	《职务犯罪案件适用缓、免刑意见》
《最高人民法院、最高人民检察院关于办理渎职刑事案件适用法律若干问题的解释（一）》	2012年12月7日	法释〔2012〕18号	《渎职司法解释》
《最高人民法院关于适用〈中华人民共和国刑事诉讼法〉的解释》	2012年12月20日	法释〔2012〕21号	《刑诉法司法解释》
《最高人民法院、最高人民检察院关于办理行贿刑事案件具体应用法律若干问题的解释》	2012年12月26日	法释〔2012〕22号	《行贿司法解释》

续表

文件名称	发文日期	发文字号	简称
《最高人民法院、最高人民检察院、公安部、国家安全部、司法部、全国人大常委会法制工作委员会关于实施刑事诉讼法若干问题的规定》	2012年12月26日		《六部门刑事诉讼规定》
《最高人民法院、最高人民检察院关于办理贪污贿赂刑事案件适用法律若干问题的解释》	2016年4月18日	法释〔2016〕9号	《贪污贿赂司法解释》
《最高人民法院关于办理减刑、假释案件具体应用法律的规定》	2016年11月14日	法释〔2016〕23号	《减刑、假释规定》
《最高人民法院、最高人民检察院关于适用犯罪嫌疑人、被告人逃匿、死亡案件违法所得没收程序若干问题的规定》	2017年1月4日	法释〔2017〕1号	《违法所得没收程序规定》
《最高人民法院关于办理减刑、假释案件具体应用法律的补充规定》	2019年4月24日	法释〔2019〕6号	《减刑、假释补充规定》

序　言

本书是我的第二部法律专著，光阴荏苒，如白驹过隙，自我出版第一部法律专著到现在已经过去15年的时间。促使我对职务犯罪疑难问题进行梳理和总结的大背景，一方面，党的十八大以来我国反腐败工作所取得的成就得到举世公认，在笔者亲历的历次中外反腐败工作会议、二十国集团反腐败国际论坛上，与会各国的法律界人士对我国反腐败工作取得的成绩无不交口称赞，经过纪检监察人员和司法人员的不懈努力，反腐败斗争已经取得压倒性的胜利。但是，反腐败工作尚未取得全面的胜利，工作依然严峻、复杂。另一方面，腐败现象并非我国独有，而是世界各国共同面临的问题。反腐败工作也同样需要世界各国同仁的努力合作才能共赢。在《联合国反腐败公约》的框架下共同开展工作，要求我们对职务犯罪案件的办理，不仅要符合国内法的要求，还要符合国际法规范，国家之间还要相互协调、相互配合。能够沟通的基础就是法治思维和法治方式。

《贪污贿赂、渎职犯罪司法实务疑难问题解析》正如其题目所昭一样，是对职务犯罪中的疑难问题进行的研究与探索。首先，笔者基于工作职责和业务要求，每天要接触数量庞杂的全国各地司法机关商请以及有关机关共同研究探讨的贪污贿赂、渎职犯罪案件，这些案件是活生生的、现实的、客观的，而又必须给予明确结论的真实案件，因此，对职务犯罪的疑难问题的研究和判断是笔者不可推卸的责任和义务。其次，笔者基于对法律的敬重和对法律思想的探求，不断重复从实践到理论，再从理论重回实践的探索，专注职务犯罪疑难问题的分析研究，将数以百计的重大疑难复杂的案件进行归纳、梳理和总结，发现职务犯罪问题主要集中在贪污受贿犯罪的罪与非罪、索取贿赂、受贿罪的谋利事项、行贿、特定关系人、财物性质、受贿数额、渎职、证据、量刑、程序和有关综合13个方面。笔者从中精选出100个自认为是重点、疑难、带有普遍性又必须解决的问题进行加工改造，通过案例引导的方式提出问题，根据实践中存在的意见、理论观点进行论证得出合理、恰当的结论。再次，随着经济社会的不断发展变化，职务犯罪主体思想的活跃，各种新型交易形式和交易手段不断出现，使得职务犯罪涉及的领域日趋宽泛，并且与正常的经济活动交织在一起，法律的理解与适用中的疑难问题也随之而来，给办理职务犯罪案件的纪检监察人员和司法人员带来巨大的冲击和挑战。同时，受到司法理念的影响、理论与实践相脱离、辅助知识的欠缺等因素的制约，在办理职务犯罪案件时老问题没有解决，新的问题又产生了。在这一领域中，法学理论界和法律实务界的研究与探讨亦十分活跃。解决办理职务犯罪案件中出现的实际问题不仅是现实的要求，也是理论的必须，在解决实际问题的同时进行理论上的分析，是在司法领域提升国家治理体系、治理能力现代化的标志。最后，笔者的愿景就是构建一座纪检监察人员、检察官、律师和法官之间对接的法律平台，特别是注重对实际问题的解决提出具体的意见和方式、方法。本书最终的结论性意见就是实际案件最后的结论，没有笔者的主观色彩，如实叙述案件的基本结论，希冀达到的目的就是无论对案件的认知从何种角度切入，始终引导读者运用法律思维和法治方式办理职务犯罪案件，这是实施全面依法治国战略中的关键环节和重要节点，不容亵渎，这也是撰写本书的初衷，因此，从内容上其具有以下特点：

1. 理论联系实践。“理论是灰色的，而生命之树常青。”法律是滞后的，永远超越不了社会的发展和变革。实践中法律和法规以及司法解释不免存在一些漏洞和不足，在解决职务犯罪疑难问题时就需要通过专家和学者对这些问题进行系统的论证，而这些指导和研究需要系统、科学地进行，不能一事一议，就事论事，经过系统的研究、理论的抽象来实现，制定出与实际工作相适应的规章制度。而要实现这一目的的前提是需要用“实务法学来推动理论法学发展”，通过对大量敏感、复杂、疑难案件的梳理、归纳和总结，防止错误的思潮利用法律的不健全和目前存在的盲区占据法律的空白点，而秉公办案却无法可依。全书以司法实践为中心，以问题为导向，在进行理论问题研究和探讨的同时，着重对实践中问题的解决，虽然不乏法学理论的知识，有时甚至是非常深入的，但与纯粹的法学著作存在一定的区别，将长期以来在审判实践中总结的经验与理论密切结合，不仅注意理论知识的学习和传播，更重视如何运用理论解决实际问题。

2. 注重中国国情，兼顾国际视野。在评析职务犯罪的构成以及处罚的界定时，倡导继承和发扬优良传统文化，体现中华民族的传统和中国的特色。严格遵守法律的规定和立法本意，又不刻意纠缠其外在逻辑价值，体现中华法系的传统思想和法律特色，遵循天理、国法、人情，避免机械、僵死、教条执法。同时，与其他国家的有关法律相融合、对接，为适应国际反腐败追逃追赃工作的需要和国家之间的执法合作奠定基础。为遣返、引渡等国际双边和多边刑事执法合作向纵深的方向发展创造有利的外部环境，起到穿针引线、抛砖引玉的作用，为实施全面依法治国的战略培根固基。

3. 通俗、实用、易懂。本书通过案例的方式导出 100 个实践中有争议的问题，将问题细化为 13 个方面，集中进行归纳和解答，又以评析方式对问题中出现的重点和难点进行理论分析和实践指引，并对审判实践中相同或者相类似的问题阐明具体的处理意见。具体行文都是采用案情、问题、评析相结合的方式。这种方式无疑会使从事司法实际工作的读者感到亲切，使他们从中了解日常所遇到问题的渊源和解决方案。注重解决实际问题，通俗、易懂、实用是本书的特征。同样，这种方式也会使从事法学理论研究的读者了解审判实践中的现实问题和发展趋势，构建理论联系实际的便利通道。因此，《贪污贿赂、渎职犯罪司法实务疑难问题解析》不仅对纪检监察人员、检察官、律师和法官有重要的实用价值，同时也对立法者、法律研究者、教育者和法律学习者等“法律人”有重要的价值，它表达的不仅是法官对职务犯罪法律适用中的宝贵经验和见解，也是办理职务犯罪案件中有关问题、疑惑的缩影，以及对这些经验和见解的铭证。

4. 以法律为根本遵循，拓展法律适用的方法。就是以证据为中心，认定罪与非罪，此罪与彼罪按照证据的标准来进行，围绕重点和难点问题进行研究和探讨。热点问题注重理论探讨，难点问题注重实践应用，在程序和实体方面各有侧重。将每一个职务犯罪案件的处理作为实施全面依法治国战略的基本环节。以立足国家、民族的长远利益作为整体思路，本书汇集的案例绝大多数是对审判实践中真实的案例进行的改编，为了使读者更专注于法律问题的研究和探索，本书将当事人的名字用字母来替代，有关单位的名字也进行了改动，本书的观点没有采用一家之言，最后的结论都是以司法最终的裁判结果为依托，并在此基础上进行研究和完善，笔者认为具有普遍性、典型性和影响性，衷心地希望本书能够成为广大纪检监察人员、检察官、律师和法官的忠实益友。

本书是在抗击“新冠病毒”的斗争中孕育而生，她历经磨难，同时，不免稚嫩和脆弱，且难免不完美，书中的缺憾、疏漏及缺点和错误在所难免，恳请广大读者，特别是办理职务犯罪案件的纪检监察人员、检察官、律师、法官和法学界同仁不吝赐教，笔者致以最诚挚的感谢和深深的敬意！

王晓东

2020 年 6 月 26 日夜

于北京·北花市大街 9 号

目录
CONTENTS

第一章　综合问题

第二章　贪污罪问题

第三章　受贿罪与非罪问题

第四章 索取贿赂问题

第五章 受贿罪谋利事项问题

第六章 行贿问题

第七章 特定关系人问题

第八章 财物性质问题

第九章 受贿数额问题

第十章　渎职问题

第十一章　证据问题

第十二章　量刑问题

第十三章 程序问题

第一章　综合问题

1. 办理职务犯罪案件亟须解决哪些难题?

【背景】党的十八大以来，在实施全面依法治国战略的背景下，经过纪检监察机关以及司法机关的不懈努力，反腐败斗争已经取得压倒性的胜利。腐败蔓延势头得到有效遏制，反腐败取得的成果举世瞩目，世界各国对我国反腐败取得的成绩无不交口称赞。自党的十八大以来到十九大之前，全国法院审判的原中管干部职务犯罪案件超过改革开放以来到十八大期间34年的总和。“强化不敢腐的震慑、扎牢不能腐的笼子、增强不想腐的自觉”[①]的局面基本形成，“抑制增量、减少存量”的目标基本实现。同时，我们也清醒地看到反腐败形势依然严峻复杂。腐败分子穿上“隐身衣”，躲进“青纱帐”，暗流涌动，腐败案件还在高位运行挡，还有一些腐败分子始终不收手、不收敛。当下，办理职务犯罪案件的难度日益凸显。其中，有客观的因素，也有人为的原因；有办案人员思想意识、法律素养的问题，也有技术的壁垒；还有调查方法和经验的问题等。总之，难度越来越大，困难越来越多，出现了一系列难题，要取得反腐败斗争的彻底胜利，必须迎难而上，攻坚克难，解决办理职务犯罪案件的这些难题。

【问题】办理职务犯罪案件的难题是多方面的，存在各个方面和不同领域，有客观条件的限制，也有主观认识问题，还有方式方法问题。对于纪检

---

① 习近平:《决胜全面建成小康社会　夺取新时代中国特色社会主义伟大胜利——在中国共产党第十九次全国代表大会上的报告》，载新华网，http: //www.xinhuanet.com//2017-10/27/c_1121867529.htm。

监察人员和司法人员，解决这些难题的思路是仁者见仁、智者见智，但是决定因素还是人的问题，解决问题的根本出路就是要按照全面依法治国的方略，锻造一支办理职务犯罪案件过硬的尖兵队伍，这不仅是解决目前难题的方法，也是实现全面推进依法治国总目标的基础。按照“全面依法治国是国家治理的一场深刻革命，必须坚持厉行法治，推进科学立法、严格执法、公正司法、全民守法”的总基调实现国家的长治久安。要按照治理国家的总方略，适应治理能力、治理体系现代化的要求，就要加大对办理职务犯罪案件人员培养和培训的力度，那么，最为紧迫的是做好哪些工作呢?

【解析】在办理职务犯罪案件过程中，纪检监察人员和司法人员要严格执法。要做到严格执法需要我们不断努力，提高思想素质和工作能力，并从以下几个方面不断完善：

一、具有法治思维和法治方式

要充分认识职务犯罪与经济发展密切相关。马克思经济学的基本原理关于经济基础和上层建筑关系的论断是马克思主义的经典，经济基础决定上层建筑，上层建筑对经济基础具有反作用。经济基础与上层建筑的关系揭示了人类社会运动的规律，法是建立在一定经济基础之上的上层建筑的重要组成部分，经济基础的性质决定法的性质。正如马克思指出：“历史唯物主义认为，法的关系正像国家的关系一样，既不能从它们本身来理解，也不能从所谓人类精神的一般发展来理解，相反，它根源于物质的生活关系。”[①]立法和司法作为法律的重要组成部分一定受经济发展的制约。恩格斯在《在马克思墓前的讲话》中指出，“人们首先必须吃、喝、住、穿，然后才能从事政治、科学、艺术、宗教等。所以，直接的物质的生活资料的生产，从而一个民族或一个时代的一定的经济发展阶段，便构成基础，人们的国家制度、法的观点、艺术以至宗教观念，就是从这个基础上发展起来的”，[②]对法律属于上层建筑的问题进行诠释。“法与时转则治，治与世宜则有功”，法律是经济的影子，法律的发展永远滞后于社会的发展和变革。作为上层建筑中重要组成部分的法

---

①［德］马克思：《〈政治经济学批判〉序言》，载中共中央马克思、恩格斯、列宁、斯大林著作编译局编译：《马克思恩格斯选集》（第2卷），人民出版社1972年版，第82页。

②［德］恩格斯：《在马克思墓前的讲话》，载中共中央马克思、恩格斯、列宁、斯大林著作编译局编译：《马克思恩格斯选集》（第3卷），人民出版社1995年版，第776页。

律一定随着经济的发展而发展，随着经济的变化而变化。从计划经济到市场经济，职务犯罪都是随着经济的发展而发展，随着经济的变化而变化。关于立法方面，马克思还指出，“无论是政治的立法或市民的立法，都只是表明和记载经济关系的要求而已”，对法律要适应经济社会的发展进行阐释。例如，贪污贿赂犯罪到 1997 年才正式纳入刑法。《刑法修正案（九）》根据我国经济社会发展的要求，对行贿罪加重处罚；在刑罚中开启了终身监禁执行方式；对贪污贿赂的财物重新界定。贪污贿赂的财物既包括金钱和实物，也包括可以用金钱计算数额的财产性利益，如提供房屋装修、含有金额的会员卡、代币卡（券）、旅游费用等。将财产性利益作了进一步的归类细分，首次明确财产性利益包括可以折算为货币的物质利益和需要支付货币才能获得的其他利益两种。前者如房屋装修、债务免除等，其本质上是一种物质利益。后者如会员服务、旅游，就其性质而言不属于物质利益，但由于取得这种利益需要支付相应的货币对价，故应当在法律上视同财产性利益。因此，我们在办理职务犯罪案件中要正确处理好三个关系：正常的经济交往与违法违纪的关系；违法违纪与职务犯罪的关系；正常的经济交往与职务犯罪的关系，这是纪检监察机关和司法机关的重要职责。一方面，经济交往是民事主体在经济运行中的约定，主要属于私权范畴，国家工作人员也是社会的一员，也要进行生活和经济交往，如果过多将这一类纠纷用刑法来调节，难免有公权干预私权的嫌疑。另一方面，在调查职务犯罪的过程中，也有很多腐败分子利用经济交往的方式进行犯罪活动，从表面上来看，就是通过经济合同等方式来进行的，例如，有的被告人 11 起受贿犯罪事实中有 4 起是签订了虚假的借款合同、投资协议，企图通过这些虚假的形式掩盖公权力的渗透。随着查办贪污贿赂犯罪案件的不断推进，为掩盖犯罪、逃避惩罚，犯罪手法不断翻新，手段更趋隐蔽。以受贿罪为例，一方面，收受财物方式的新变化。一些腐败分子收受房产、汽车后，只使用但不办理权属登记或者登记在他人名下，收受钱款后又退回行贿人使用，并约定高额的利息。一些腐败分子约定贿赂暂由行贿人保管，待离职后再转移交付。有的腐败分子收受其妻弟给予的房产，房产登记在其女儿名下，约定待退休后再变更登记。一些腐败分子将贿赂财物用于投资，获取收益后将本金返还行贿人。还有一些腐败分子安排他人从事与本人职权相关的业务，间接收取巨额“业务费”。这里涉及下一步办理职务犯罪案件工作的重点，就是查处的两种类型的犯罪：为亲友非法牟利罪、非法经营同类营业罪。另一方面，谋取利益手段的新变化。一些腐败分子在为请托人谋利时也很讲究“技巧”，不是直接打招呼、作指示，而是通过视察、调研，参加典礼、剪彩等“站台”的形式为请托人及相关企业谋取利益。例如，某市委书记专门率市有关部门领导到请托公司调研，在调研时，其对随行的有关部门负责人提出，今后，要在政策上、技术上、市场上给予该公司支持，各部门领导心领神会，一路绿灯。一些腐败分子在为请托人谋利时不主动出面，而是让他人假意自下而上正常走程序，履行逐级报批程序，甚至开会“集体”研究决定，将个人意志转化为集体意志。上述行为都是随着经济社会的发展变化，在违法犯罪中出现的新问题。此外，还有一些腐败分子甚至通过一些法律专家，利用民事法律关系实现贪腐犯罪的目的，如让其妻子与行贿人签订购买行贿人别墅的合同，并交付定金，行贿人故意违约，主动向其妻子支付“双倍违约金”以达到行贿的目的。一些腐败分子子女开办投资公司，由请托人投资。一些腐败分子接受其曾经提供过帮助的人提供的谋利机会，如接受股票上市前的股份或者股票额度等。这就需要办理职务犯罪案件的人员具有法律意识和法律方法，严格依法办案，不断提高依法办理案件的法治化、规范化水平。既要坚持实体公正，也要坚持程序公正。有些犯罪嫌疑人认为态度最重要，从而出现在起诉前积极认罪，蒙蔽办案人员，使其忽视对法律手续的完善，在起诉后又拒绝供认，导致在程序上、实体上很多瑕疵无法弥补的情形。这些实体问题和程序问题的结合以及着力提升对实体法和程序法的把握能力需要从推进国家治理体系和治理能力现代化的高度来认识，确保办理职务犯罪案件沿着法治化、规范化的轨道科学运行。

二、具有深厚的法学理论知识

随着经济的发展和社会的变革，新情况、新问题会不断出现，在办理职务犯罪案件过程中，依靠传统的思维，僵化、静止的思想方法往往处于不利的地位。所以要不断向书本学习、向社会实践学习、向同事们学习，从每一个新型的职务犯罪案件中发现新的问题，不断学习、研究和思考，预测职务犯罪的发展方向和趋势是惩治职务犯罪取得的成功经验。熟练掌握《监察法》《刑法》《刑事诉讼法》是必须的，是办理职务犯罪案件的基础和前提，是办理职务犯罪案件的工具和解决问题的金钥匙。职务犯罪案件是刑事案件中最难办理的，原因就在于对罪与非罪界限的把握，职务犯罪的罪与非罪的界限的动态性极强，我们基本上能够按照犯罪构成的基本原理即其社会危害性、其行为的违法性和应当受到的刑罚处罚性对职务行为做出罪与非罪的评价。但是，实践中经常出现一些违规违纪行为影响比较恶劣、违法性明显而不具有刑罚处罚性的案件被认为构成犯罪的倾向。没有根据犯罪主体、犯罪客体、犯罪的主观方面以及犯罪的客观方面进行深入的分析，缺乏对职务犯罪犯罪构成的深入理解。因此，在办理职务犯罪案件时正确地处理正常的经济交往活动与职务犯罪的关系以及违法违纪与职务犯罪的关系尤为重要。国家工作人员在合法的领域内没有利用自己的任何职权，从事与经济活动有关的事宜，与合同相对方完全在自愿、平等、公平、等价有偿的基础上进行的经济活动，没有证据证明利用职务的便利、职权或者地位形成的便利条件而从事职务犯罪行为的，就不能认定为犯罪。职务犯罪主体是非常活跃的因素，具有很强的动态性，要深入了解犯罪构成子系统，掌握利用经济交往活动进行职务犯罪的规律性。职务犯罪罪与非罪的界限如同国际日期变更线，是立体的，有弯曲和区域的特点。这些特点表明，根据时间、空间和地域的不同，职务犯罪的界限是变化的，在新时代的背景下，按照现行法律的要求确定职务犯罪案件罪与非罪的界限，不能僵化、教条和孤立看待犯罪的界限。同时，这条界限是一个宽阔的、“灰色”的模糊区域，这就是职务犯罪的法定性，即行为人的行为是否构成犯罪是现行法律明文规定的。这一点区别于其他自然犯罪，如杀人、抢劫、强奸、防火、盗窃等传统犯罪，这些犯罪具有明显的反社会性，人们凭社会常识和伦理道德规范就可以轻而易举判定。职务犯罪法定性的强动态性决定了职务犯罪的罪与非罪的界限要随着法律的不断变化而发展变化，如《刑法修正案（九）》对行贿罪的从严规定，司法解释中对收受财物公用、接受旅游、可以用货币计算出价值的都视为受贿财物，对为他人谋利包括承诺、实施和事后实施的规定，贪污、受贿罪的终身监禁刑罚的开启等都是职务犯罪动态性的表现，只有把握住职务犯罪界限的动态性，才能领会办理职务犯罪案件的精髓。[①]

同时，在办理职务犯罪案件中将刑法学与民法学相结合是十分重要的。

---

① 王晓东：《新时代背景下惩治贪腐犯罪若干问题的思考——基于审判贪腐案件的实践展开》，载《法治研究》2018 年第 6 期。

办理职务犯罪案件仅仅掌握《监察法》《刑法》《刑事诉讼法》的知识是远远不够的，我们必须学习和了解相应的辅助知识，包括民法和合同法的知识。无论民法、行政法还是刑法都属于法律的大家庭，本源上都是从责任说中派生出来的，先有民事责任、行政责任，最后才有刑事责任。民事责任、行政责任和刑事责任既在同一行为中存在一个渐变的过程，又在不同的行为中存在交叉和叠合。随着经济的发展、社会的进步、法制的健全，在刑事诉讼过程中，刑事附带民事诉讼以及财产保全中大量引用民事诉讼的内容，在办理职务犯罪案件中，犯罪行为大多与经济活动相关联，有些职务犯罪就是通过民事、经济行为来实现的，因此，办理职务犯罪案件的纪检监察人员、司法人员学习、掌握民法、合同法、民事诉讼法的知识不仅是现实的需要，也是时代的选择和工作的必需，如果没有掌握民法、合同法的相关知识，在工作中经常会陷入该行为是正常的经济交往活动还是贪污贿赂犯罪的纠结之中，即便能够认定为犯罪，那么对犯罪的数额的确定、既遂与未遂的判定、行为节点的认识等仍旧是一片茫然。

三、具备解决实际问题的能力

办案就是办证据，定案也需要证据，不需要权威和强权，不是级别低的人审问不下来，就换个级别高的，需要的是战术、战法、审讯策略，做认罪认罚的工作的传统模式，被告人只有在证据面前才能低头认罪，即便不认罪也逃不脱应有的惩罚。办理职务犯罪案件最重要的能力就是法学理论与实践的统一。存在问题的案件、事实不清的案件、难以定性的案件、证据不够确实充分的案件很大一部分因素是理论与实践结合不够造成的。实践中有两种倾向，一种是“重理论，轻实践”，另一种是“重实践，轻理论”，两种倾向最大的问题就是理论与实践相互脱离，一方面理论脱离实践，另一方面实践脱离理论。办理职务犯罪案件，实践与理论的结合更为重要，霍姆斯那句耳熟能详的“法律的生命不在于逻辑，而在于经验”也是一定条件下的箴言，司法工作者的最大责任和义务就是用实务法学来推动理论法学的发展，职务犯罪量刑中的数额加情节，死刑终身监禁刑罚方法的开启都是实务部门率先提出，也都是实务部门的实践者们经过深入学习法学理论得出的正确结论。随着司法人员素质的增强、文化水平的提高、能力的提升，法学理论家到实务部门参与实践，司法人员与理论学者身份极大混同，司法人员本身也是学者，学者也曾经是司法人员，相互交流、融通。理论与实践的分离是司法工作者的初级阶段，但是不可逾越，理论是灰色的，而生命之树常青，理论是应然的，实践结果是丰富多彩的，这就要求我们办理职务犯罪案件的人员首先要掌握丰富的法学理论知识，然后再进行丰富的实践，这才是取胜的法宝。

同时，要准确把握司法规律。惩治职务犯罪的工作永远在路上，这是由职务犯罪案件存在的长期性和必然性所决定的。职务犯罪并非我国特有的现象，从横向来看，职务犯罪这一现象，广泛存在于国际社会，是国际社会共同面临的问题，廉洁系数比较高的国家也同样如此，只是程度不同而已，如在某些国家，公职人员收受一张足球甲级联赛的球票或者请托警察在违章的记录上销分就被视为职务犯罪。从纵向来看，自国家出现以来，职务犯罪一直存在于人类的各个历史时期，马克思认为，只要有阶级、国家和商品经济的存在，就会有犯罪的发生。因此，只要有国家、商品和收入的差别等因素的存在，就会有职务犯罪的发生。我国从古至今贪腐的例子不胜枚举，党的十八大以来 140 多名原省部级“大老虎”被绳之以法，反腐斗争仍然在路上。从司法实践的统计分析来看，贪腐犯罪的主体上至正国级干部下至乡村干部，从学历上看，上至院士下至农民工，覆盖面之广令人惊讶。贪腐案件与一个地区的人数、风土文化及道德水平有关，与知识、学历关系并不紧密，如一些学术界精英也因贪污科研经费涉案。因此，贪腐现象要在短期内从根本上消灭是不现实的，我们要做好与腐败作长期、艰苦斗争的准备。因此，那种认为惩治腐败可以“歇歇气”“停停脚”“该放缓”的想法是幼稚的，“反腐败斗争永远在路上，只有进行时，没有完成时”是非常科学的判断。

四、具备忠诚坚定、担当尽责、遵纪守法、清正廉洁的过硬素质

办理职务犯罪案件既是攻坚战，更是持久战。只有标本兼治，久久为功，才能夺取全面胜利。纪检监察机关及司法机关应严格按照“永远在路上”的要求，严格履行宪法、法律赋予的职责，保障被调查人、犯罪嫌疑人及被告人的合法权益，持续保持对职务犯罪的高压态势，节奏不减、力度不变，不断提高惩处职务犯罪的质量和效率，为全面依法治国奉献应有之力。监察体制改革加强了党对反腐败工作的集中统一领导，确保了党中央始终牢牢掌握反腐败斗争的领导权，确保了反腐败工作始终沿着正确的方向前进，提高了反腐败的工作效率，体现了依法治国和全面从严治党的有机统一。《监察法》

第4条规定，监察机关办理职务犯罪案件，应与审判机关、检察机关、执法部门互相配合、相互制约，这是为了防止和及时纠正错误。在具体工作中，广大纪检监察人员和司法人员就要适应改革条件下新的法纪要求、工作规则和业务流程，适应办理职务犯罪案件高质量发展的要求，提高依规依纪依法履职的能力和水平，培养职业道德，严格执行法律规定，做到保障司法公正，提高司法效率，做到清正廉洁，遵守司法礼仪，加强自身修养，约束业外活动。通过职业化建设，要求每一名办案人员必须具备基本的素质和品格，融为生命和工作的一部分；[①] 不断提高查办案件的技能，不断提高对新时代条件下的法律知识的广泛涉猎和深刻理解，融入增强实践技能，拓展查办案件的实践。着力培养每名同志的不同特长，培养每个领域的专业人才。树立队伍的整体形象，切实转变工作作风和生活作风，不断培养队伍中的每个人树立求实、严谨、刚直、廉洁、文明的形象，成为被社会上信任和尊重的人。

五、加强职业监督，建立和完善符合司法规律的监督机制，充分发挥诉讼体制的监督作用

1. 主动接受人大常委会依照法律程序进行的监督、新闻媒体的监督、社会的监督、舆论的监督。将内部监督和外部监督结合起来，加大对内部腐败的查办力度，不断纯洁和净化队伍。坚持边学习、边调研、边工作，通过多种形式加强对办案单位人员的指导和培训。

2. 加强纪检监察机关与司法机关、审计监督、金融、海关、税务等部门的通力协作，扎牢制度笼子，发挥各部门的优势，办案人员的监管需要发挥法定性、独立性、专业性、经常性和连续性等特点，相关部门更需要加强配合与合作。不仅能够及时发现贪腐的苗头、及时察觉风险和隐患，同时还能掌握倾向性、规律性的问题，促进相关部门和单位修补制度漏洞，防止“窝案”“串案”和“塌方式”腐败以及“边腐边升”现象的发生。

3. 把发现问题和解决问题结合起来，把治标与治本结合起来，防微杜渐，从源头上预防职务犯罪案件的发生。

4. 充分发挥内部监督制约机制的作用。加强对执法人员权力运行的监督制约，防止权力滥用。落实好“努力让人民群众在每一个司法案件中感受到

①《最高人民法院关于加强法官队伍职业化建设的若干意见》（2002年7月18日公布）。

公平正义”。这种正义的实现，是以人民为中心进行的评判，不是以哪一个部门、哪一个机关，更不是以哪一个人的个人意识评判个别案件是否公正，要经得起历史和现实的检验。坚决杜绝在办理职务犯罪中出现职务犯罪。最终实现“海晏河清、朗朗乾坤”[①]的盛世局面！

2.《监察法》[②]与《刑法》《刑事诉讼法》在哪些方面需要加强对接？

【案情】被告人C某在1994年至2016年，利用其担任省国债服务中心主任、投资公司经理、副市长、市长、市委书记、省政府秘书长等职务上的便利，为有关单位和个人在企业发展、项目开发、职务晋升等事项上提供帮助，直接或者通过特定关系人非法收受相关单位和个人给予的财物，折合人民币2.7亿余元。C某还徇私舞弊，擅自决定给予相关公司补贴，并超越职权对该公司全额返还土地出让金，造成国家财政资金损失计人民币29亿元。此外，C某利用工作职责的便利，在获悉有关上市公司内幕信息后，作为知情人员，在内部信息敏感期内，安排他人购买相关股票，累计成交人民币1.2亿元，非法获利人民币1.37亿元，C某还将内幕信息故意泄露给他人，导致他人从事与该内幕信息有关的股票交易，累计成交人民币3205万元，非法获利人民币3000余万元。法院经审理认为，被告人C某的行为构成受贿罪、滥用职权罪、内幕交易罪、泄露内幕信息罪，应依法数罪并罚，最后，C某被判处无期徒刑。纪检监察机关在办理C某受贿案件时，发现其涉嫌内幕交易罪、泄露内部信息罪并及时移送公安机关进行侦查，在起诉阶段对一些不清楚的证据进行了补充完善，对C某到案经过进行了详细的说明，充分证明了C某到案后，提供侦破其他重大案件的重要线索，经查证属实，构成重大立功，到案材料

---

① 习近平：《决胜全面建成小康社会 夺取新时代中国特色社会主义伟大胜利——在中国共产党第十九次全面代表大会上的报告》，载新华网，http：//www.xinhuanet.com//2017-10/27/c_1121867529.htm。

②《监察法》于2018年3月20日由第十三届全国人民代表大会第一次会议通过。

还详细说明C某如实供述自己的罪行，主动交代办案机关尚未掌握的部分受贿事实，认罪悔罪，积极退赃，法院据此对其从轻判处。

【问题】上述案例中，我们看到《监察法》与《刑法》《刑事诉讼法》对接中存在的问题，此案经过纪检监察机关、检察机关和人民法院的共同努力，纪检监察机关提供的被告人到案经过的详细材料充分证明被告人C某立功和如实供述犯罪事实的证据。内幕交易罪、泄露内幕信息罪交由公安机关侦查规范合法，使本案顺利审结，取得非常好的法律效果和社会效果。但是，在某些与此相同或者相类似的案件中，由于纪检监察机关没有提供被告人到案的材料，或者提供的材料不翔实，被告人及其辩护人提出被告人有投案自首或立功情节，检察机关无法应对。因为没有这方面的证据材料，继而引发辩护人提出被告人犯有内幕交易罪和泄露内幕信息罪，需要公安机关直接侦查，其他机关不应介入等辩护意见，从而给审判工作带来不必要的麻烦，给审理工作带来困难，即便审理后也不能作出及时的判决，还要等待被告人是否有立功、自首以及如实供述犯罪事实的证据。有的辩护人还提出证据非法性的问题。这些都是在办理职务犯罪案件时，《监察法》与《刑法》《刑事诉讼法》对接过程中产生的问题。还有犯罪的主体问题，是职务犯罪还是非职务犯罪；对党员干部进行违纪违法调查，尚未立案时收集的调查材料能否认定为刑事诉讼证据的问题；纪检监察机关如何提出被告人认罪认罚的建议问题；律师是否有权复制监察阶段对被调查人讯问的录音录像的问题；纪检监察机关在调查贪污犯罪过程中，发现被调查人系职务侵占罪，并非贪污罪，是否应及时向公安机关移送的问题；监察人员涉嫌犯罪等一系列问题在各级的纪检监察机关与检察机关、公安机关以及审判机关在实践中都有不同的反映，解决的方法各异，需要及时地统一和规范。

【解析】《监察法》的制定和实施是贯彻党中央关于深化国家监察体制改革的重大举措，为实现立法与改革的衔接，以法治思维和法治方式开展反腐败工作，整合反腐败力量，加强党对反腐败工作的统一领导，构建集中统一、权威高效的中国特色的监察体制，实现对所有行使公权力的公职人员监察全覆盖提供了法律依据。在《监察法》与《刑法》《刑事诉讼法》对接过程中产生并出现一些问题是正常和可以理解的。随着时间推移和经济的高速发展，在办理职务犯罪案件过程中可能还会出现一些新情况、新问题，都需要我们在实践中进行归纳总结，不断地改进和完善，《监察法》与《刑法》《刑事诉讼法》对接的问题实质上就是实体和程序两个方面的问题。问题林林总总、方方面面，目前，我们急于解决的就是在办理职务犯罪案件过程中直接影响诉讼程序顺利进行、影响办理案件质量和效率的突出和迫切的问题，其他问题可以逐步解决。

一、关于追诉时效问题

时效制度虽已为各国立法普遍采用，但内容各异，其表现形式也各不相同。就内容而言，有的国家只有追诉时效制度而无行刑时效制度，我国就是如此。[①]（1）追诉时效的法律衔接问题。《监察法》规定的“立案调查”与《刑法》《刑事诉讼法》规定的“立案侦查”的关系如何把握，《刑法》规定立案侦查后逃避侦查的不受追诉期限的限制，该规定是否适用于监察机关的立案调查，实践中困惑很大。对此，我们首先要认识到这不是一个孤立的问题，类似的问题还有《刑法》对刑事诉讼期间作虚假证明的行为规定了伪证罪，在监察机关调查案件期间提供虚假证言如何处理；《刑法》第 390 条第 2 款规定“行贿人在被追诉前主动交待行贿行为的”可以从宽处罚，这里的“追诉”应理解为监察机关的立案调查、采取调查措施还是进入刑事诉讼之后审查起诉等。该问题事关监察调查的法律定位和《监察法》与《刑法》《刑事诉讼法》的深度融合，需要通过法律的统筹研究解决。实践中可以参照《刑法》对于时效规定的精神，从有利于惩处犯罪的角度处理，监察机关立案调查后逃避调查的，原则上不受追诉期限的限制。（2）对诉讼时效中断的影响。《刑法》第 87 条规定超过诉讼时效期间不再追诉。第 87 条第（4）项规定最高人民检察院有追诉的核准权。当时刑法规定是基于检察机关对职务犯罪具有侦查权的启动权，检察机关反贪和反渎职人员转隶后，这项权力移交纪检监察机关，其中“逃避侦查或者审判”的条件，只限于积极、明显地逃避或者藏匿，其范围是公检法，不涉及监察委员会，那么，逃避侦查，理所应当包括职务犯罪中的监察，但是，法律尚未修改之前出现的问题，因此，目前，超过诉讼时效期间的，批准的机关仍然是最高人民检察院。

---

① 高铭暄等主编：《新编中国刑法学》，中国人民大学出版社 1998 年版，第 457~458 页。

二、关于管辖问题

1. 职能管辖问题。在法院审理阶段，一些案件的性质认定可能会发生变化。比如，监察机关以涉嫌贪污犯罪调查的案件，法院审理后认为不构成贪污罪，应以诈骗罪定罪处罚。有意见认为，诈骗案件不属于监察机关管辖范围，案件应该退回公安机关重新侦查。笔者认为，不同办案机关、不同办案阶段对案件性质认定存在不同看法是正常的，不能因为事后性质认定变化而否定之前办案程序的合法性。对于指控的罪名与审理认定的罪名不一致的，审理法院应当根据《刑事诉讼法》第 201 条第 1 款第（4）项以及《刑诉法司法解释》① 第 241 条第 1 款第（2）项的规定，直接以审理认定的罪名作出判决。这一问题在监察体制改革之前也同样存在，实践中也一直都是这样掌握的。需要指出的是，实践中还存在一种特殊情形，如以涉嫌贪污犯罪调查，以职务侵占罪起诉，法院审理后认为应以《刑法》第 270 条规定的普通侵占定罪。这种情况更为复杂，由于侵占罪属于自诉案件，审理法院应当视被害人是否提起自诉再作处理。

2. 指定异地管辖问题。当前，县区法院、中级法院对原领导干部职务犯罪案件，特别是系列案件，在审查起诉阶段，交由不同的检察机关起诉。实践中，重大职务犯罪的行贿人有十几人、几十人分别在不同的省份进行审理，行贿数额相差巨大，有的竟然达到上千万元，还有很多行贿人没有被起诉，也没有说明理由。

随着指定管辖案件的不断增多，也出现了事先沟通不畅、管辖地确定无章可循、证据补查困难、关联案件处理不协调等问题。笔者认为，指定异地管辖有利于排除案件查处工作中的各种干扰、阻力，消除社会公众的疑虑，避免不必要的猜测，确保审判工作顺利进行和取得良好效果，是我们办理职务犯罪案件的一个重要经验，总体上应予肯定。同时，对于实践中存在的问题也要引起重视，通过建立健全相关制度机制加以解决。要进一步完善商请指定管辖机制，对于需要指定异地管辖的职务犯罪案件，一是监察机关与人民法院、检察机关原则上应在移送审查起诉之前共同协商确定管辖地；二是要综合考虑办案力量、办案场所、羁押场所、交通条件；三是要考虑被调查

---

①《刑诉法司法解释》（法释〔2012〕21 号）于 2012 年 11 月 5 日由最高人民法院审判委员会第 1559 次会议通过，自 2013 年 1 月 1 日起施行。

人的主要犯罪地、主要任职地、出生地、成长地、主要涉案单位和涉案人所在地等因素，确保案件得到公平公正的司法处理；四是主案与从案要在一个辖区进行审理，保证案件事实认定的一致性。因此，无论是重大职务犯罪，还是普通的职务犯罪，行贿和受贿犯罪尽可能在一个城市或者省份进行审理，保证国家法律的统一实施。也有特殊情况行贿人牵扯到几名受贿人的，但尽可能在一个省份进行审理。

三、《监察法》没有明确规定“单位”作为监察对象的弥补

《监察法》第 15 条规定监察范围为“公职人员和有关人员”而没有“公职单位”，与《刑法》规定的不一致。《刑法》中职务犯罪为二元主体，既包括单位也包括自然人，而《监察法》是一元主体，监察对象只包括自然人不包括单位。[①]虽然在具体的规则中作了一些弥补，但是，这仍然是法律衔接中值得关注的问题，因为《刑法》第 387 条单位受贿罪，第 391 条对单位行贿罪，第 393 条单位行贿罪，第 396 条私分国有资产、私分罚没财物罪，都有单位犯罪的规定。《监察法》中没有单位犯罪的规定，监察对象不包括单位。实践中，单位犯罪与自然人犯罪一样也要进行立案与调查。因此，需要将《监察法》的监察对象与《刑法》中职务犯罪的主体相对接。有的意见认为，查办单位的个人犯罪就等同于查办单位犯罪，这种意见过于牵强，单位犯罪当然包括直接负责的主管人员和其他直接责任人，立法规定的内容不同，他们的犯罪构成是不同的，单位犯罪要体现单位整体的犯意，涉及的人员、数量以及是个人意志还是单位的意志在证据的调取、定罪标准以及刑罚方面与自然人犯罪有极大的差别。因此，将自然人犯罪的证据转化为单位犯罪的证据存在现实的问题，以查办自然人犯罪替代单位犯罪更是不可取的。目前的权宜之计就是加强对调查人员的培训，在查办此类案件时要加强单位犯罪证据的调查力度，找准调查方向，防止在审查起诉以及在审判阶段再走回头路。

四、关于被调查人到案情况的材料提交问题

这是对被告人定罪和量刑的最重要证据。应当及时提交并且内容详细，包括被告人是否存在自首、立功以及如实供述犯罪事实的内容。因为被告人的自首和立功情形是独立于犯罪事实之外的事实，与案件本身的事实和证据

① 陈伟：《监察法与刑法的衔接协调与规范运行》，载《中外法学》2019 年第 2 期。

没有必然的联系。因此，是否具有自首或者立功的表现，对于职务犯罪的案件，人民法院完全依赖于纪检监察机关出具的证明材料，否则，量刑就失去唯一信赖的基础。

1. 应当及时提交被告人到案情况的材料，以证明被告人是否具有自首、如实供述罪行的量刑情节。如果缺少被告人到案的书证材料，被告人及其辩护人提出被告人具有自首或者部分自首的情节，有些犯罪事实是自己主动交代、坦白的，由于法律上规定如实供述犯罪事实，都是法定的从轻情节，按照《刑事诉讼法》的规定，所有的证据都应当在庭审中出示、当庭质证、认证才能作为定案的依据，如果没有到案经过的材料庭审将无法进行。同时，提交的到案材料应尽可能详细。

2. 应当提交被告人揭发他人犯罪的证据材料，用以证明其是否具有立功表现。被告人在接受调查期间揭发他人犯罪、检举他人的立功材料应及时提交法院。这也是对被告人进行量刑必不可少的证据材料，《刑法》明确规定被告人检举揭发他人犯罪有立功表现的，可以从轻、减轻处罚，被告人提供揭发他人犯罪的线索的，应及时审查，即使在审理前没有查清的也应当有明确的证明材料。

3. 出具的被告人自首或者立功的材料不能与其他证据材料相矛盾。有两种情形应当厘清，一是被告人在被审查期间有自首表现，但是，在后续审查其他被告人的犯罪案件时，又出现具有自首情节的被告人系被他人揭发的情况；二是有的被告人具有立功表现，揭发了其他被告人的犯罪事实，但是，在审查其揭发的案件时，有证据证明，还有其他的犯罪嫌疑人和被告人揭发了同一个人犯罪的情况。

五、认罪认罚从宽制度“三机关”的衔接

“两高三部委”《关于在部分地区开展刑事案件认罪认罚从宽制度试点工作的办法》[①] 在全国人大常委会 2018 年 10 月 26 日通过的《刑事诉讼法》中予以确定。认罪认罚从宽制度对于准确及时惩罚犯罪，推动案件繁简分流、节

---

① 根据 2016 年 9 月 3 日发布的《全国人民代表大会常务委员会关于授权最高人民法院、最高人民检察院在部分地区开展刑事案件认罪认罚从宽制度试点工作的决定》，2016 年 11 月 11 日，最高人民法院、最高人民检察院、公安部、国家安全部、司法部制定了《关于在部分地区开展刑事案件认罪认罚从宽制度试点工作的办法》（法〔2016〕386 号）。

约司法资源、取得良好办案效果具有重要意义。所以，认罪认罚制度看似是《刑事诉讼法》的内容，但是，它本质上是《刑法》中关于如何量刑的内容。《监察法》第31条也规定了“认罪认罚”，但是其见诸自首、立功、退赃的从宽情节中，没有单独对待。认罪认罚制度是从实体和程序上予以从宽处理的制度，因此，更多地表现在刑事诉讼中。如在具体适用中，一是《监察法》要制定与认罪认罚制度相衔接的具体规定，否则只能在案件移送检察机关起诉前提出认罪认罚的建议；二是在诉讼过程中，检察机关与审判机关不存在障碍；三是按照现行规定，认罪认罚适用的主体是“司法机关”，没有规定监察委员会，认罪认罚适用侦查阶段，但是监察过程属于监察调查阶段；四是认罪认罚大多需要律师的帮助，但是，目前律师提供帮助在监察阶段无法行使。实践中要让监察活动焕发出盎然生机，展现自己的生命力，就必须融入现有《刑法》《刑事诉讼法》的体系当中。

六、关于诉讼证据问题

《监察法》中的证据与《刑事诉讼法》中的证据均要求具备客观性、关联性和合法性。《监察法》对监察机关的调查措施、证据使用标准作了明确规定：监察机关收集的证据材料在刑事诉讼中可以作为证据使用；监察机关收集、固定、审查、运用证据应当与刑事审判关于证据的要求和标准相一致；以非法方法收集的证据应当依法予以排除，不得作为案件处置的依据。所以，就《监察法》规定而言，监察机关调查收集的证据与刑事诉讼证据之间是无缝对接的。但是，在实践中还应引起注意的是以下几个问题：

1. 初核阶段收集的证据效力问题。对初核阶段纪检监察机关可以采取的措施种类及证据效力与刑事诉讼法的规定是一致的，一是对人身权利和财产权利影响较大的讯问、留置、冻结、搜查、查封、扣押、通缉措施应于立案后采取；二是在初核阶段收集的证据材料在刑事诉讼中可作为证据使用。据此，监察机关在初核阶段或者职务违法调查期间依照《监察法》规定收集的证据，原则上可以直接作为刑事诉讼证据使用。

2. 录音录像资料的调取使用问题。《监察法》仅规定“留存备查”，实践中对此理解不同，做法不一。笔者认为，参照《六部门刑事诉讼规定》中侦查部分关于“人民检察院、人民法院可以根据需要调取讯问犯罪嫌疑人的录音或者录像，有关机关应当及时提供”的规定精神，人民法院认为必要时可以商请调取使用。对此，被告人及其辩护人提出非法证据排除时，人民法院可以调取讯问犯罪嫌疑人的录音或者录像。[①]

3. 证据补查问题。实践中，受制于犯罪特点、客观条件等因素，职务犯罪案件存在客观证据相对薄弱、言词证据依赖性强、翻供翻证风险高、补查补正需求多等突出特点。《监察法》仅规定了审查起诉阶段的证据补查，“人民检察院经审查，认为需要补充核实的，应当退回监察机关补充调查，必要时可以自行补充侦查”，对于审理阶段的证据补查未作规定。但是，《监察法》第4条规定，监察机关办理职务犯罪案件，应与审判机关、检察机关、执法部门互相配合、相互制约。为防止和及时纠正错误，检察机关经审查后认为需要补充核实的，应退回监察机关补充调查。对此，人民法院可以直接与检察机关协调提出，由检察机关决定自行补充侦查还是监察机关补充调查。对于需要监察机关补充出具情况说明或者认定意见的，原则上也通过检察机关协调监察机关补充出具。

七、《监察法》与犯罪嫌疑人、被告人逃匿、死亡案件违法所得没收程序和缺席审判程序的对接

《监察法》第48条规定：“监察机关在调查贪污贿赂、失职渎职等职务犯罪案件过程中，被调查人逃匿或者死亡，有必要继续调查的，经省级以上监察机关批准，应当继续调查并作出结论。被调查人逃匿，在通缉一年后不能到案，或者死亡的，由监察机关提请人民检察院依照法定程序，向人民法院提出没收违法所得的申请。”《监察法》实施后，规定监察机关调查被调查人逃匿、死亡案件违法所得没收程序适用的罪名范围较犯罪嫌疑人、被告人逃匿、死亡案件违法所得没收程序的内容有所增加。《监察法》第48条明确规定监察机关负责调查的案件包括失职渎职犯罪案件，依法可以适用违法所得没收程序。此处的失职渎职犯罪，不仅包括《刑法》第九章规定的国家机关工作人员渎职犯罪，还包括《刑法》其他章节规定的国家工作人员失职渎职犯罪。《监察法》第48条采用的是“监察机关在调查贪污贿赂、失职渎职等职务犯罪案件过程中”的表述，这就必然在实践中引发该规定中的“等”是作等外解释还是等内解释的分歧。《监察法》第48条中的“等”应当作等外

① 王晓东、康瑛：《〈关于辩护律师能否复制侦查机关讯问录像问题的批复〉的理解与适用》，载《人民司法》2014年第3期。

解释，那么《监察法》第48条中的“贪污贿赂、失职渎职等职务犯罪案件”包括《刑法》第八章贪污贿赂罪、第九章渎职罪以及《刑法》其他章节的部分犯罪。如非法经营同类营业罪（《刑法》第165条），为亲友非法牟利罪（《刑法》第166条），国有公司、企业、事业单位人员滥用职权罪（《刑法》第168条），徇私舞弊低价折股、出售国有资产罪（《刑法》第169条）等。

因此，结合没收程序和缺席审判程序的功能，移送起诉的主体是监察机关，目前，《刑事诉讼法》及《违法所得没收程序规定》[①]仅限定在贪污贿赂等犯罪，至于以后基于实践需要可以像上述司法解释一样扩大案件的范围，这将在下一步工作中继续研究。换言之，立法的目的就是解决当前外逃贪腐犯罪的追逃追赃问题。待通过一段时间的实践，需要时再适度扩大到其他案件，可以说，此处的“等”目前是等内等，将来是等外等，《监察法》最终是要与不定罪的没收程序和缺席审判程序相互一致的。[②]

八、《监察法》规定监察人员违法责任处理

《监察法》第66条规定：“违反本法规定，构成犯罪的，依法追究刑事责任。”《刑法》规定了第247条刑讯逼供、暴力取证罪，第248条虐待被监管人罪，第397条滥用职权罪，第399条徇私枉法罪，第402条徇私舞弊不移交刑事案件罪。监察机关及其工作人员包括但不限于以上几种犯罪。有人认为，其他没有规定的犯罪就不能追究，这显然是误读。《监察法》只是列举常态性犯罪情形，不可能也没有必要全部列出。《监察法》第65条、第66条规定不能全覆盖。作为一般主体犯罪都不受《监察法》的限制，直接受到《刑法》的规制。监察人员的犯罪由《刑法》予以确定，“依法追究刑事责任”中的“法”指的就是《刑法》，不是《监察法》。这是“罪刑法定”的要求，也是《监察法》的应有之义。监察委员会是集党权、监察权与刑事司法权于一身的“超级机关”，但是，纪检监察人员就是一般的公务员，只是他们担负的责任更重，对他们的要求更高，而不是不受法律和纪律的约束。

---

①《违法所得没收程序规定》已于2016年12月26日由最高人民法院审判委员会第1705次会议、最高人民检察院第十二届检察委员会第59次会议通过，自2017年1月5日起施行。

② 王晓东：《国际追逃追赃视野下的我国刑事缺席审判制度》，载《法律适用》2018第23期。

九、《监察法》与《刑法》《刑事诉讼法》加强对接的方式

《监察法》的制定和实施意义非凡，但是在与《刑法》《刑事诉讼法》对接过程中存在的问题在所难免，要尽快实现对接，可以通过以下几种方式来实现，一是修改法律，这是最直接、最彻底、最有效的方式，但是，因为法律修改的周期性长，在修改过程中老问题还未解决，可能还会产生一系列新的问题。而且三部法律是否都要修改，到底修改哪一部更有效率也值得探讨。二是对现有的法律进行解释，通过人大常委会的立法解释取得和《刑法》《刑事诉讼法》同步发展、同步修改的效能。三是通过各个法律适用机关作出司法解释，这是目前有效的方式之一。法律的生命在于实施，《监察法》要焕发其盎然的生命力，要通过不断的实施和完善最终实现与《刑法》《刑事诉讼法》的完美对接。

3. 在查办贪污贿赂犯罪案件中，“打老虎”和“拍苍蝇”哪一个重要，查办的重点在哪里？

【背景】2013年1月22日，习近平总书记在十八届中央纪委二次全会上强调，要坚持“老虎”“苍蝇”一起打。猛药去沉疴、正风肃严纪，反腐败剜除毒瘤，正作风净化生态。对待腐败要持续保持高压态势，治病树、拔烂树，坚决遏制住腐败蔓延势头，不断加大治本力度，逐步形成不敢腐、不能腐、不想腐的有效机制。“拍苍蝇”无死角，“打老虎”无禁区，对贪污贿赂形成巨大震慑，然而，前“腐”后继仍然不绝，贪污贿赂滋生的因素依然存在。无论是“老虎”还是“苍蝇”，都始于理想信念动摇，贪污贿赂犯罪案件认罪的被告人在法庭最后陈述中无一例外谈到了自己理想信念动摇、丧失。一些腐败官员公私不分，公私兼顾，寓私于公，假公济私，以“公”为名行个人牟利之实。例如，国家信访局系列案中，地方信访局工作人员为减少本地区群访登记，以免使单位和个人的考核受到影响，向原国家信访局领导干部行贿；在个别地方的贿选案中，一些领导干部将个人选举作为本单位本系统的大事，不惜使用单位的公款请客吃饭送礼或者要求下级单位提供贿选资金。

无论是"老虎"还是"苍蝇"法纪观念淡薄，贪贿成百上千万元，竟然认为向组织交代清楚就没事了，不学法、不懂法，缺少对法律的敬畏之心。因此，"老虎"要打，"苍蝇"也要拍，在不同的领域各有侧重。

【问题】关于在查办贪污贿赂犯罪案件中"打老虎"和"拍苍蝇"哪一个重要，在理论界和实践中都有三种不同的意见：第一种意见认为，"打老虎"更重要，因为"老虎"位高权重，影响力大，影响的范围广，涉及人数众多，需要决心和勇气，查办的难度大、风险高，这是毋庸置疑的。第二种意见认为，"拍苍蝇"更为重要，因为，"苍蝇"直接面对的是人民群众，其犯罪行为近在咫尺，被人民群众所见所闻，给党和国家造成的影响和危害是最直接的、最有杀伤力的。"苍蝇"直接危害人民群众的切身利益，是人民群众最为痛恨的。"苍蝇"的危害具有极大的传染性，传播的都是低级趣味、奢靡、权钱交易的"病菌"，助长腐化堕落的社会陋习。第三种意见认为，"打老虎"和"拍苍蝇"同等重要，它们是查处贪污贿赂犯罪案件不同的两个侧面，都是最终实现依法治国，实现国家治理能力、治理体系现代化的重要组成部分，是反腐败查办贪污贿赂犯罪案件不可或缺的手段和方法，而且是目前最有成效的方式。两者之间相互联系，要将"打老虎""拍苍蝇"不断坚持下去，久久为功，最后才能取得明显成效。

【解析】关于在查办贪污贿赂犯罪案件中"打老虎"和"拍苍蝇"哪一个重要，涉及价值的研究方法，所谓的价值研究方法是把研究对象纳入满足人们需要的法律关系予以考察，探索研究对象的法律关系与社会其他主体的相互关系和作用以及所表现出来的属性、意义、作用的科学方法。[①]2013年1月22日，习近平总书记在十八届中央纪委二次全会上强调："要坚持'老虎''苍蝇'一起打，既坚决查处领导干部违纪违法案件，又切实解决发生在群众身边的不正之风和腐败问题。要坚持党纪国法面前没有例外，不管涉及到谁，都要一查到底，决不姑息。"[②]猛药去沉疴、正风肃严纪，反腐败剜除毒瘤，正作风净化生态。对待腐败要持续保持高压态势，治病树、拔烂树，坚

① 张文显主编：《马克思主义法理学——理论与方法论》，吉林大学出版社1993年版，第91页。

② 2013年1月22日，习近平在第十八届中央纪律检查委员会第二次全体会议上的讲话。

决遏制住腐败蔓延势头，不断加大治本力度，逐步形成不敢腐、不能腐、不想腐的有效机制。“拍苍蝇”无死角，“打老虎”无禁区，对贪污贿赂形成巨大震慑。中纪委的网站每每公布“打老虎”的消息都会造成很强的社会反响，这是2012年党的十八大以来反腐败的常规动作。中国社会科学院社会科学文献出版社出版的舆情报告指出，2012年地方政府反腐倡廉占比居首位，占比57%，该报告称，基层的“苍蝇”比“老虎”数量大，传播范围广，其危害面更广更深。[①] 关于“打老虎”和“拍苍蝇”哪一个更重要，第三种意见最全面也更准确。“打老虎”和“拍苍蝇”要各有侧重。“老虎”位高权重，其严重危害性不言而喻，其影响力大，影响的范围广，涉及人数众多，查办“老虎”需要决心和勇气，查办的难度大、风险高。“苍蝇”的危害不易被察觉，往往被人忽略，有人甚至认为“苍蝇”腐败都是小事，不必大惊小怪。但是，事实上，“苍蝇”的危害一点儿都不比“老虎”小，第一，“苍蝇”直接面对的是人民群众，其贪污受贿的行为近在咫尺，每一天都被人民群众所见所闻，给党和国家造成的影响和危害是最直接的、最有杀伤力的；第二，“苍蝇”直接危害人民群众的切身利益，是人民群众最为痛恨的；第三，“苍蝇”的危害具有极大的传染性，如同病毒一样，污染社会风气，传播的都是低级、奢靡、权钱交易的“病菌”，助长腐化堕落的社会陋习。因此，“打老虎”和“拍苍蝇”同等重要，都是办理贪污贿赂犯罪案件的重要组成部分，“打老虎”和“拍苍蝇”要各有侧重，“苍蝇”和“老虎”是相互联系的，昨天的“苍蝇”没有被拍死，就可能养成明天的“老虎”，但是，无论是“苍蝇”还是“老虎”，其犯罪本质都是一样的，不仅侵害国家公职人员职务的廉洁性和人民群众对国家机关公信力的信赖，有的还侵害国家财产的所有权，表现形式都是对公权力的滥用。“打老虎”和“拍苍蝇”都是治标的表现形式和手段，也是促进治本的工具和渠道，是最终治本——建立法治社会的必经途径，因此，这一行动还要长期持久进行下去，不断加大治标力度，逐步形成不敢腐、不能腐、不想腐的有效机制，标本兼治，“打老虎”和“拍苍蝇”永远在路上，只有进行时没有完成时。

“打老虎”和“拍苍蝇”的重点是党的十八大以后不收手、问题线索反映

---

①《中国舆情指数报告》是中国社会科学院舆情调查实验室的连续出版物，自2013年起开始出版。

集中、现居重要岗位且可能还要提拔重用的领导干部。目前这些案件数量仍在高位运行，作案时间主要发生在或者延续到党的十八大以后，说明顶风作案，不收手、不收敛的仍然大有人在。表现在以下几个方面：

一、腐败人员大量集中在处级以下的国家工作人员

根据司法统计，党的十八大以来人民法院审理的贪腐犯罪案件中，省部级以上的占0.06%，厅局级的占0.74%，处级以下的占99.2%。一方面与国家工作人员整体队伍结构基数直接相关，另一方面说明基层腐败现象相对严重。从案件审理情况来看，基层腐败主要集中在两个方面：一是在国家机关、国有企事业单位握有实权的科、处级领导干部；二是在征地拆迁、扶贫、移民等工作中协助政府工作的村“两委”干部和工作人员。这些腐败犯罪基数大，发生在群众身边，侵害老百姓切身利益，一些腐败分子肆无忌惮，影响极其恶劣；一些腐败分子级别不高，权力不小，小官巨贪，令人触目惊心。例如，山西省吕梁市原副市长Z某受贿10.4亿余元，另有1.3亿余元巨额财产来源不明；某发改委处级领导W某受贿2.1亿余元，另有1.3亿余元的巨额财产来源不明；黑龙江省原龙煤矿业集团股份有限公司物资供应分公司副总经理Y某受贿3亿余元；还有山东省S某两人贪污8亿元，原中国华融资产公司董事长L某受贿近18亿元等，其中很多人还伴有其他犯罪。

二、传统领域

建筑工程议标、消防工程、土地开发、减免税款、道路修建和项目审批、人事提拔调动、定向考核，以及人大代表、政协委员推荐仍然是重点。这些领域涉案的腐败分子级别较高，人数较多，具有以下特点：一是办理一件，带出一片，人数越来越多，数额越来越大，级别越来越高。山西省“塌方式”腐败，有8个原副省级干部落马，牵连100多个案件；查办铁道部系列案、国家发改委系列案、国家信访局系列案、央视系列案、Z某系列案等400余件腐败系列案；先后审理湖南衡阳贿选案60余件、四川南充贿选案33件、辽宁贿选案49余件，参与贿选的候选人及工作人员共计148人，均被依法判处刑罚。二是长久腐败，边腐边升，带病提拔。例如，有的被告人收受贿赂，持续时间长达13年；还有的在担任副市长、市长、市委书记，直至副省级干部长达18年的时间里持续受贿，最长的受贿持续时间长达22年。三是权钱交易突出、明显。例如，在节假日，行贿人公然将装有巨款的箱子堂而皇之地放在腐败分子办公的大院中。

三、金融领域

金融是国民经济的命脉，金融领域的腐败对金融安全造成极大的威胁。金融领域腐败风险往往与市场风险交织在一起，很容易发生系统性风险，令人民群众深恶痛绝。表现形式有收受被监管机构贿赂，监管人员“放水”，有的利用手中的监管权力，大肆收受私营业主、被监管机构财物，甘于被“围猎”；有的利用国有机构的经营权、金融信贷资源配置权和内部交易信息，通过融资贷款、项目运作等手段大肆牟取私利。金融领域贪污贿赂犯罪具有以下几个特点：一是团伙作案的趋势增多，一人带出众人；二是涉案的数额特别巨大，重大案件都是以亿为单位；三是涉及境外的赃款多，损失大；四是利用电子、信息化手段，查找证据难。因此，要依规依法严肃处置巨额行贿、多次行贿者，深化金融领域腐败治理，严肃查处国有企业存在的靠企业吃企业、设租寻租、关联交易、内外勾结侵吞国有资产等问题。

四、文化市场

文化市场曾是培育贪腐的“温床”。潜规则大肆横行，行贿讲究包装、以礼代贿，号称“雅惠”。一是贿赂花样翻新。很多腐败分子在被提拔为高级别领导干部后，突然学会了写字画画，究其原因是自己成了“书画家”就可以同著名的书画大家交换作品，甚至还能让书画大家“补画”，即贪腐分子自己做一幅小画作后，由著名的书画家在空白处为其补画。有的腐败分子甚至成为某个领域的专家，有的成为玉石专家，有的成为房产专家，有的成为普洱茶专家、茅台酒专家。二是打人情牌，利用节假日、婚丧嫁娶，行贿者带着装满金制品、大家画作，甚至古代文物的水果箱，写上“兄弟情、家乡亲”的字样，进行贿赂犯罪。

五、封建迷信、腐化堕落仍是查处重要线索

一些腐败官员精神空虚，不问苍生问鬼神，长期搞封建迷信活动，求神拜佛、结交“大师”，将封建迷信奉为仕途升迁的“灵丹妙药”、逢凶化吉的“护身符”。例如，有的被告人动用上百万元财政资金做“法事”来阻止群众上访，将受贿款中的800万元交给道士寻建“阴宅”；有的被告人为“转成正职”，将受贿款中的87万元用于在寺庙捐赠“佛像”。一些犯有贪污贿赂犯罪的被告人物欲膨胀，不信马列信金钱，迷恋钱色，很多人都有向上级行贿

的记录。贪图享受，包养情人，生活腐化堕落。有的长期与数名女子保持不正当男女关系，花费在她们身上的钱物多达3000余万元；有的将受贿款中的300万元用于代孕生子；还有的到“圣山”游览，接受道长赠送的纯金佛像，实际上是行贿人用600万元事先买好的。

六、扶贫领域

利用政策弄虚作假、投机取巧的腐败问题在扶贫领域依然存在。深入查办扶贫领域腐败问题，对搞数字脱贫、假脱贫，特别是在扶贫工作中，对扶贫资金贪污、侵占、挪用，在扶贫物资使用中为亲友牟利、非法经营同类营业等犯罪行为要加大打击力度，及时查处案件。加强与财政、民政等领域的沟通，充分利用信息技术和手段，多渠道、多方面收集扶贫领域的腐败线索，对扶贫项目、扶贫目标、物资发放等各个环节加强全面监督。

4. 如何在办理职务犯罪案件中体现刑法的谦抑性原则?

【案情】2000年至2012年，Y某在担任某钢铁集团董事长期间，直接或通过其妻李某，在某钢铁集团办公室、某市名都大酒店等地先后13次收受商人张某给予的人民币共计73万元。但在调查中发现，Y某与张某对收受钱款数额、次数的供述与其他证据证明的内容不一致，张某证言证明，2008年春节前送给Y某2万元；Y某父亲去世时，送给Y某母亲4万元。Y某对此没有供述，检察机关在起诉中未予认定。同时，在谋取利益的事实中，Y某的供述、证人张某的证言证明，Y某曾为张某在该市商业银行申请1亿元借款展期的事项上提供帮助，但无其他证据证实，起诉书也未予以表述。张某的证言中，只认可送给Y某10万美元，但是，Y某供述2008年7月还收受过张某30万美元，检察机关没有起诉。关于张某是否有向Y某请托事项，Y某供述称，张某向其请托要求其控制的集团增加向钢铁集团供货量，张某证言未提及此事。根据Y某供述和张某证言，Y某收受张某美元的时间为2009年年初春节前的一天，应为2009年1月，根据汇价证明，当月10万美元兑换人民币应为68.409万元，故起诉指控的犯罪数额进行了调整。

【问题】问题聚焦在办理职务犯罪案件过程中，行贿人、受贿人供述和证言证明不一致，应当如何认定？对此，有两种不同意见，一种意见认为，应当以证人证言为准，因为在刑事诉讼中，被告人的供述是位阶性较低的证据，只有被告人供述，没有其他证据的，不能认定被告人有罪和处以刑罚；没有被告人供述，证据确实充分，可以认定被告人有罪和处以刑罚。只要证人证明的内容客观、真实，被告人的供述不能推翻的，应当以证人证明为准。另一种意见认为，在办理职务犯罪案件中，受贿犯罪案件是比较特殊的，只有证人证言，没有被告人供述，或者只有被告人供述，没有其他证据的，都不能认定被告人有罪和处以刑罚，因为在行贿、受贿犯罪过程中，行贿、受贿是对合犯，只有行贿人的证明，或者只有被告人的供述都是孤证，不能达到刑事案件证据确实充分的目的，因此，只供不证或者只证不供的，都不能认定犯罪。

【解析】本案形式上是对刑事诉讼证据如何理解和适用的问题，本质上还涉及在办理职务犯罪案件过程中如何适用刑法的谦抑性原则。刑法的谦抑性原则又称为必要性原则，人们常说法律是公平正义的最后一道防线，刑法的谦抑性原则系公平正义的最后一道防线，刑法的谦抑性，就是指刑法作为惩罚犯罪的手段，不能广泛介入社会生活，要保持“谦虚”的本色，不能一有违法行为就马上动用刑法进行处罚，必须有所抑制。强调刑法是第二性的、保护性的法律。[①] 这一理论有记载的是由日本法学家平野龙一最先提出，但是罗尔斯的《正义论》，以及我国古代汉文帝废除肉刑都是这种思想的体现。我们中华民族始终都贯彻这一理念，无论是法律上，还是政策上都是一脉相承的。刑法的谦抑性原则在刑法上体现在法律的制定、颁布都预留一定的生效时间，同时，旧法与新法不一致时，采用从旧兼从轻的原则。在办理原中管干部犯罪案件中，无论是执纪还是执法对谦抑性的原则把握得非常好，执纪中的“四种形态”的处理方式就是对刑法谦抑性的最好诠释，应验了“不分区别的惩罚无价值”的思想。虽然刑法的谦抑性主要体现在立法之中，但是，这一原则目前更多地适用于刑事司法过程中，司法机关在充分遵循罪刑法定和人人平等原则的前提下，去适度克减不必要的犯罪认定抑或不必要的

---

① 张明楷：《论刑法的谦抑性》，载《法商研究》1995 年第 4 期。

重刑主义倾向，这样才能发挥刑法应有的作用，如一场足球赛，当对方的守门员开球时，我方首先是前锋、前卫、中锋和后卫进行阻截，不应当由守门员直接扑向对方的禁区去扑球，这就是谦抑性原则的体现。在查处职务犯罪案件的过程中，首先要甄别违纪违规行为与违法犯罪行为的关系、正常的经济交往活动与违法违纪的关系、正常的经济交往活动与职务犯罪的关系。党的纪律处分中“四种形态”就是党内法规谦抑性的表现。在查处职务犯罪的过程中，在确定罪与非罪的时候，既有有罪的证据，又有无罪的证据，如果有罪的证据达不到确实、充分的时候，应当认定为无罪；已有的证据能够证明是犯罪，界定是此罪还是彼罪的时候，即属于重罪还是轻罪的时候，如果重罪的证据达不到确实、充分，就应认定为轻罪；既有违法的证据，又有犯罪的证据，犯罪的证据达不到证据确实、充分，就应当认定违法。在判断一个具体犯罪事实的时候，既有对被告人有利的证据，又有对被告人不利的证据，但是，都达不到确实、充分的程度，应当实行有利于被告人的原则。如本案例中所谈到的，只有被告人供述，没有其他证据的，不能认定被告人有罪和处以刑罚；没有被告人供述的，证据确实、充分的，可以认定被告人有罪和处以刑罚。但是，在受贿犯罪案件中，没有其他证据，只有行贿人的证言和受贿人的供述两种证据，如果只有被告人的供认，行贿人证言没有证明的，不予认定应当是共识。那么，被告人没有供述，但是行贿人予以证明的情况下是否可以认定存在争议，行贿、受贿犯罪行为如果是现金交易，只有行贿人的证言证明，而没有其他证据的，可以不予认定。因此，上述案例的五个问题中，一是张某证明 2008 年春节前送给 Y 某 2 万元，Y 某父亲去世时，张某送给 Y 某母亲 4 万元，Y 某对此没有供述，同时，没有物证、其他证人证言、视听资料的证据，尚未达到事情清楚、证据确实充分的标准，因此，起诉也未予指控；二是 Y 某的供述、证人张某的证言均证明，Y 某曾为张某在该市商业银行申请 1 亿元借款展期的事项上提供帮助，但无其他证据证实，在这项谋取利益的事实中，除了 Y 某的供述、张某的证言外，还需要银行方面的主管人员、具体执行者的证人证言，没有这些证人证言，Y 某当时有为张某谋取利益的表示，张某也有请托的意思表示，但是，在具体的落实中，张某的贷款也许符合规定，并非谋取非法的利益，银行方面也没有特别留意，因此，认定这样的事实证据并不充分，检察机关未予起诉；三是证人张某证明其送给Y某10万美元，但是，Y某供述收受过张某30万美元，因为没有其他证据，从Y某的供述和张某的证言中能够得出Y某收受美元的事实，数额出现差距，以有利于被告人的原则，因为10万美元是包括在30万美元之内的，证明10万美元的事实既有证人证言，又有被告人的供述，可予以认定，如果认定30万美元，只有被告人的供述，没有其他证据，因此不能认定；四是Y某供述称张某向其请托要求对其控制的集团增加向钢铁集团供货量，张某证言未予以证明，也属于只有被告人的供述，因此，亦不能认定；五是根据Y某供述和张某证言，Y某供述收受张某美元的时间为2009年年初春节前的一天，张某对此证明时间记不清了，应当是2009年1月，在案件审理过程中，司法机关根据2009年1月中国人民银行外汇牌价证明，当月10万美元兑换人民币应为68.409万元，采用有利于被告人的原则。实践中，还有许多收受外币的受贿案件，因为时间久远，行贿、受贿人的证言和供述都能证明收受外币的事实，并且外币还在，但是，具体收受的时间记不清是哪一个月、哪一年。那么，就应根据被告人的供述、行贿人的证言确定具体的时间段，以在此区间的平均价计算，如果该时间段价格属于临近几年中的最高值，也可以采用区间的最低值计算。在一段时期汇率变化波动较大，可以采用有利于被告人的原则。因此，有的被告人供述如果与此区间的汇率数额相互一致，可以认定有证据证明被告人的供述。这即是刑法的谦抑性原则在贪污贿赂案件中的具体运用。所以，第二种意见是正确的，应当注意的是，刑法的谦抑性并不是只要有争议的事实就不认定，或者有从轻、减轻的情节就一律轻判。刑法的谦抑性原则并不因此认为证据达不到确实、充分程度的事实一律不予认定，待侦查机关寻找到其他证据后仍然可以认定。同样，我们更应当明确的是在办理职务犯罪案件的过程中，如果行为人的行为已经触犯了刑法，而不适用刑法，抛开刑法去适用行政法，或者采用党纪政纪的处理方法取而代之，是不符合刑法的谦抑性原则的。

5. 在办理贪污贿赂犯罪案件中如何适用认罪认罚?

【案情】2005年至2013年，被告人A某利用担任某市市委副书记、市长、市委书记、省委宣传部部长等职务上的便利，为有关单位和个人在企业改制、项目研发、安排工作等事项上提供帮助。2006年至2014年，被告人A某直接或者通过特定关系人收受上述单位和个人给予的财物共计折合人民币6400余万元。人民法院经审理认为，被告人A某的行为构成受贿罪，数额特别巨大，应依法惩处。鉴于被告人A某于案发前携带赃款赃物主动到中央纪委国家监委投案，并如实供述自己的罪行，构成自首；真诚认罪悔罪，避免、减少损害结果的发生；积极主动退缴全部赃款赃物，具有法定、酌定从轻、减轻情节，依法对其减轻处罚。以受贿罪判处A某有期徒刑八年。

【问题】该案是《监察法》实施以来，携带赃款赃物主动到中央纪委国家监委投案的第一案。中央纪委国家监委在对外发布的有关通报中，首次使用了“提出减轻处罚的建议”的表述，检察机关在量刑建议中，也对A某提出予以减轻处罚的意见。这是人民法院适用认罪认罚制度判处的受贿案件。认罪认罚制度实施以来，在贪污贿赂犯罪案件中如何适用的问题涉及《监察法》与《刑法》《刑事诉讼法》对接的问题。如认罪认罚最初规定在《刑事诉讼法》中，适用于侦查阶段，但监察活动不在刑事诉讼之列，监察过程不属于侦查阶段，属于监察调查阶段；《监察法》第31条规定的“认罪认罚”，与自首、立功、退赃等列入从宽的情节中，那么，认罪认罚的规定监察机关如何适用，认罪认罚很多时候需要律师的帮助，目前律师提供帮助在监察阶段如何行使，这些问题在办理贪污贿赂案件中表现特别突出，应如何把握?

【解析】“两高三部委”于2016年11月11日发布了《关于在部分地区开展刑事案件认罪认罚从宽制度试点工作的办法》，并在2018年10月26日通过的《刑事诉讼法》中予以确定。认罪认罚制度，是指自愿认罪和认罚的犯罪嫌疑人、被告人在实体上适用较为从宽的量刑幅度，在程序上从宽适用较为轻缓的强制措施、简化诉讼程序、作出轻缓的程序性从宽处理的制度，它借鉴了境外“辩诉交易”中合理的因素，更重要的是对我国宽严相济的刑事政策的深化和发展，是刑事诉讼实现高质量发展的重要程序要求。在《刑事诉讼法》中，关于认罪认罚的问题在21个条文中都有涉猎，关系具体运用方面共有9个条文。其中1个条文涉及侦查，第120条第2款规定，侦查人员在讯问犯罪嫌疑人的时候，应当告知犯罪嫌疑人享有的诉讼权利，如实供述自己罪行可以从宽处理和认罪认罚的法律规定。其他的8个条文都是在诉讼程序中的应用。第172条第1款中“犯罪嫌疑人认罪认罚，符合速裁程序适用条件的”是关于适用程序的规定。第173条第2款规定，犯罪嫌疑人认罪认罚的，人民检察院应当告知其享有的诉讼权利和认罪认罚的法律规定，听取犯罪嫌疑人、辩护人或者值班律师等对认罪认罚后案件审理适用的程序的意见，并记录在案。这是关于检察机关在办理案件中在审查起诉阶段有义务告知犯罪嫌疑人认罪认罚的规定。第174条第1款规定，犯罪嫌疑人自愿认罪，同意量刑建议和程序适用的，应当在辩护人或者值班律师在场的情况下签署认罪认罚具结书。第176条第2款规定，犯罪嫌疑人认罪认罚的，人民检察院应当就主刑、附加刑、是否适用缓刑等提出量刑建议，并随案移送认罪认罚具结书等材料。第190条第2款规定，被告人认罪认罚的，审判长应当告知被告人享有的诉讼权利和认罪认罚的法律规定，审查认罪认罚自愿性和认罪认罚具结书内容的真实性、合法性。第201条第1款规定，对于认罪认罚的案件，人民法院依法作出判决时，一般应当采纳人民检察院指控的罪名和量刑建议，但被告人违背意愿认罪认罚的除外。第222条第1款规定，基层人民法院管辖的可能判处三年有期徒刑以下刑罚的案件，案件事实清楚，证据确实、充分，被告人认罪认罚并同意适用速裁程序的，由审判员一人独任审判。第226条规定，人民法院在审理过程中，发现有被告人的行为不构成犯罪或者不应当追究其刑事责任、被告人违背意愿认罪认罚、被告人否认指控的犯罪事实或者其他不宜适用速裁程序审理的情形的，应当按照本章第1节或者第3节的规定重新审判。上述有关认罪认罚的规定体现在三个方面：一是侦查机关、检察机关有义务告知犯罪嫌疑人享有认罪认罚的权利。二是认罪认罚的内容包括，第一，犯罪嫌疑人自愿；第二，犯罪嫌疑人真诚悔过，并签订具结书；第三，认罪认罚的案件可以适用简易程序。三是人民法院对认罪认罚的案件有审查的义务。认罪认罚制度看似是《刑事诉讼法》的内容，但是，它本质上是《刑法》中关于如何量刑的内容。在办理贪污贿赂犯罪案件的过程中，适用认罪认罚制度应注意以下几个方面：

一、纪检监察机关可以适用认罪认罚制度

虽然《监察法》第31条规定的“认罪认罚”，与自首、立功、退赃等列入从宽的情节中，但是，《刑事诉讼法》第120条第2款规定，侦查人员在讯问犯罪嫌疑人的时候，应当告知犯罪嫌疑人享有的诉讼权利，如实供述自己罪行可以从宽处理和认罪认罚的法律规定。在办理贪污贿赂犯罪案件中，进行调查的机关是纪检监察机关，因此，纪检监察机关在讯问被调查人的时候，有义务告知被调查人享有的诉讼权利，即《刑事诉讼法》中有关认罪认罚的规定，对法律行使释明权。上述案件中，中央纪委国家监委在对外发布的有关通报中，首次使用了“提出减轻处罚的建议”是完全合法合情合理的。虽然目前《监察法》与《刑事诉讼法》在对接中不尽完善，但是对于纪检监察机关做认罪认罚的工作是没有异议的，问题在于下一步工作中如何完善和进行无缝对接，并逐步解决面临的问题。①

二、纪检监察机关、检察机关要慎用认罪认罚程序

认罪认罚从宽制度对于准确及时惩罚犯罪，推动案件繁简分流、节约司法资源、取得良好办案效果具有重要意义和优越性毋庸置疑。但是，在实践中存在的一些问题要引起注意，否则，事倍功半，不仅没有收到好的法律效果和社会效果，还引起社会的质疑，产生负面舆论。因为，并非所有的案件都适用认罪认罚。认罪认罚制度启动需要两个方面的条件：第一个方面有两个要求，一是要求是犯罪嫌疑人自愿如实供述自己的罪行。犯罪嫌疑人认罪完全是出于自愿，而不是纪检监察机关和检察机关的工作人员通过做工作，讲条件，逼迫犯罪嫌疑人认罪，或者承诺一定的条件作为交换。二是要求犯罪嫌疑人的认罪是在没有受到外界强迫、威胁、欺骗、引诱下自己主动做出的。第二个方面也有两个要求，一是犯罪嫌疑人的主动认罪、“如实供述自己的罪行”不能出现有时供认有时反悔，多次供述出现反复的情形。二是认罚方面要求犯罪嫌疑人接受刑罚、主动退赃、主动预缴罚金等不同的表现形式，认罚在不同的阶段有不同的表现形式，如在监察阶段，可表现为“愿意接受处罚”的意思表示。在贪污贿赂犯罪中，认罚的最重要特征是退还赃款赃物，

---

① 高铭暄：《适用认罪认罚从宽体现法治正能量》，载《法制日报》2019年4月23日。

并自愿同意主动缴纳预判处的罚金。在检察机关审查起诉阶段，认罚的标志就是“签署具结书”“同意量刑建议”。在审判阶段，同意认罚的标志就是对检察机关的“量刑建议”没有异议，并认可具结书是在其获得法律帮助下自愿签署的。这些规定都是需要严格遵守的，不能打任何折扣。

三、适用认罪认罚制度应加强和完善的问题

实践中，要加快推进认罪认罚制度在办理贪污贿赂犯罪案件中的适用，必须坚持实事求是的原则，把认罪认罚落到实处。坚持证据裁判原则，严守证据证明标准，坚持罪责刑相适应原则，根据犯罪事实、情节并结合认罪认罚的具体情况等确定具体从宽幅度，做到罚当其罪、于法有据。发挥律师在认罪认罚制度中的作用。认罪认罚制度在贪污贿赂案件中的适用应从三个方面加强和完善：

1. 依法依规作认罪认罚工作。以事实为依据，以法律为准绳开展认罪认罚工作。孟子曰：“徒善不足以为政，徒法不能以自行。”[①] 认罪认罚的依法依规进行需要执法人员通过自身的行动来实现，在办理贪污贿赂犯罪案件适用认罪认罚时，一定要事实清楚、证据确实充分，不能因犯罪嫌疑人认罪就降低证据标准，更不能因为证据不好，又没有其他的证据，担心犯罪嫌疑人不认罪，其他的证据难以调取，审判时不能保证犯罪事实被法庭认可，有可能会被改变，而在只有一些非法取得的证据而又无其他证据的情况下，逼迫犯罪嫌疑人认罪认罚，并允诺不再调查其他犯罪事实，或以不再调查涉案亲友等为条件而迫使犯罪嫌疑人认罪。这是西方“诉辩交易”的陋习，不能再让这种“毒瘤”在我国蔓延。因此，《刑事诉讼法》第190条第2款规定，被告人认罪认罚的，审判长应当告知被告人享有的诉讼权利和认罪认罚的法律规定，审查认罪认罚的自愿性和认罪认罚具结书内容的真实性、合法性。不能让无罪的人或者不应当被追究刑事责任的人接受认罪认罚。所以，《刑事诉讼法》第226条规定，人民法院在审理过程中，发现有被告人的行为不构成犯罪或者不应当追究其刑事责任、被告人违背意愿认罪认罚、被告人否认指控的犯罪事实或者其他不宜适用速裁程序审理的情形的，应当按照第3章第1节普通程序或者第3节简易程序重新审理，不应简化程序。因此，严格依法

---

①《孟子·离娄上》。

适用认罪认罚是执法者重要的责任，坚持底线思维，永远牢记呵护良知是法律人的珍贵操守。

2. 严格掌握认罪认罚的标准。对犯罪嫌疑人做认真全面的考察：首先，是不是自愿如实供述自己的罪行，不是为了掩盖更大的犯罪事实而如实供述较小的犯罪事实，也不是在纪检监察机关已经掌握全部犯罪事实之后，无奈承认自己的犯罪事实。认罪完全是出于自愿，而且要始终如一。有的被告人在纪检监察机关调查期间为了争取一个好的认罪态度，在调查人员对其询问时总是痛哭流涕、跪倒在地不断打自己的耳光，审查起诉时拒不供认，这都不能属于自愿认罪。“如实供述自己的罪行”也是如此，不能出现时供时翻，多次反悔，多次反复的情形。有时避重就轻都不能视为如实供述自己的罪行。其次，犯罪嫌疑人认罪是在没有受到外界强迫、威胁、欺骗、引诱下自己主动做出的。不是办案人员通过做工作，讲条件，向犯罪嫌疑人施压，或者承诺一定的条件作为交换而被动做出的。最后，犯罪嫌疑人认罚方面，在调查阶段，犯罪嫌疑人愿意接受刑罚、主动退赃，主动表示愿意接受罚金，有的甚至预缴罚金。在检察机关审查起诉阶段，犯罪嫌疑人“签署具结书”“同意量刑建议”。在审判阶段，始终对“签署的具结书”和“同意量刑建议”无异议，并认真执行。实践中，有些犯罪嫌疑人在审判阶段提出“同意量刑建议”是在某种压力的情形下做出的，并非真实意思表示，对此，要重新进行审查和研判。

3. 通过审判实现认罪认罚的目的。如美国学者彼得·斯坦所说：“权利的存在和得到保护的程度，只有诉诸民法和刑法的一般规则才能得到保障”，[①] 因此认罪认罚的结果只有通过审判活动才能确认。首先，辨别是否存在真正的认罪认罚。在审判阶段，同意认罚的标志就是犯罪嫌疑人对检察机关的“量刑建议”没有异议，并认可“签署具结书”始终是其自愿、真实的意思表示，是在法律帮助下自愿签署的。实践中，有些被告人为了争取好的认罪态度，本人表示认罪认罚，但是，在审判过程中，被告人又支持其辩护人对其犯罪事实作无罪、事实不清无法认定、缺少证据的辩护意见。对“量刑建议”提出量刑过高，请求法庭从轻处罚或者不认定某些犯罪事实。对以前认罪认罚

---

①［美］彼得·斯坦：《西方社会的法律价值》，王献平译，中国人民公安大学出版社1990年版，第41页。

的过程既不认可也不否定，同时，暗地转移财产，不愿意退还赃款赃物，也不愿意缴纳罚金。这不能视为真正的认罪认罚。其次，坚持证据裁判原则，不能因为认罪就降低证据要求和证明标准，依据事实和法律，能够认定就认定，不能因为被告人认罪而予以认定。在办理贪污贿赂犯罪案件中，有时出现被告人争相认罪，判决后立即上诉拒绝认罪的情况。他们事前了解法律的规定，知道法律规定上诉不加刑，先争取好的态度，以最大的从轻幅度接受处罚，然后通过上诉将证据不足的部分再打掉，获取更大的利益。对于真诚接受认罪认罚的被告人，也要坚持罪责刑相适应原则，根据犯罪事实、情节并结合认罪认罚的具体情况等确定具体从宽幅度，做到罚当其罪、于法有据。认罪认罚成为法定的量刑情节，但是，其本身仍然属于在法定刑幅度以内的从轻情节，认罪认罚如果没有自首、立功、如实供述自己罪行、避免特别严重后果发生的情节，不能适用减轻处罚，只能在法定刑幅度内从轻处罚。再次，要充分发挥律师在认罪认罚制度中的作用，真正发挥法律共同体的正面积极作用，尊重法律、遵守法律。如伯尔曼所说："法律必须被信仰，否则它将形同虚设。"[①] 最后，让《监察法》尽快融入现有《刑法》《刑事诉讼法》的体系当中，焕发出监察活动的盎然生机，展现其生命力，使认罪认罚制度在办理贪污贿赂犯罪案件的过程中生根、开花、结果。

6. 如何通过证据研判职务犯罪的罪名？

【案情】被告人Z某是某市工业局的局长，并兼任下属国有企业董事长，在"五一"假日期间，其接受下属办公室一名科长宋某5万元人民币，后将宋某调任下属国有企业担任财务总监，后来在该企业改制过程中，宋某私自截留企业500万元的资产，并向Z某报告。Z某通过召开班子会议决定，将500万元分给职工。此外，该企业在改制之前还有一块划拨土地，Z某决定与

---

①［美］伯尔曼：《法律与宗教》，梁治平译，中国政法大学出版社2003年版，第11页。

某开发公司合作开发，该企业享有30%收益，致使划拨的土地被商用开发，造成国家利益重大损失。

【问题】上述案例是在办理职务犯罪案件过程中经常遇到的情形，监察机关也经常接到类似的举报，那么，应当如何确定被告人Z某的罪名或者下一步的工作方向呢？实践中，经常出现两种不同的意见：一种意见认为，从上述材料中可以判断出Z某作为工业局的局长，系国家工作人员，接受其下属科长宋某的5万元，并为宋某谋取利益将其调入下属公司担任财务总监，构成受贿罪；在改制过程中，隐匿500万元的资产构成贪污罪或者私分国有资产罪；与开发公司合作，构成滥用职权罪。另一种意见认为，根据上述案件材料不能得出明确的结论，无法确定被告人Z某是否构成犯罪，以及构成何种犯罪，因为上述材料缺乏有效证据的证明，只有调取到足够的证据，通过证据才能够判断Z某的行为是否构成犯罪，以及构成何种犯罪。

【解析】办理职务犯罪的案件，首要的问题是调取证据。《刑事诉讼法》第55条第1款规定："对一切案件的判处都要重证据，重调查研究，不轻信口供。只有被告人供述，没有其他证据的，不能认定被告人有罪和处以刑罚；没有被告人供述，证据确实、充分的，可以认定被告人有罪和处以刑罚。"第2款规定："证据确实、充分，应当符合以下条件：（一）定罪量刑的事实都有证据证明；（二）据以定案的证据均经法定程序查证属实；（三）综合全案证据，对所认定事实已排除合理怀疑。"上述案例中，Z某的行为是否构成犯罪？构成何种犯罪？看到上述材料，第一反应就是其构成受贿罪，这是我们潜意识萌发出来的结论，是因为长期的理论学习和司法实践得出的一个基本技能或者是法律思想。一般的情况下，这种结论是正确的，但是，在某些特殊的情况下也并非如此，即便材料所反映的Z某收受宋某5万元的情况是真实的，也不一定就认定为Z某构成受贿罪。这个案例中包括职务犯罪常见的大部分内容，要明确判定上述案情中职务犯罪的罪名，必须要把握以下三个方面：

一、认定Z某的行为是否构成犯罪需要调取的证据

1. 主体身份的证据。职务犯罪包括三个维度，贪财类的贪污犯罪，侵犯公职人员职务廉洁性的贿赂犯罪，侵犯国家机关的正常活动及对国家机关工作人员职务活动客观公正性依赖的渎职犯罪。职务犯罪的主体是特殊主体，职务犯罪就是公职人员的犯罪，Z某是工业局的局长，属于国家工作人员，对此依据任免的书证可以确认。由于企业改制，有许多国家工作人员，为了年薪，辞掉了公职，成为有限责任公司、股份有限公司的法定代表人，失去了国家工作人员的身份。因此，关于Z某在不同阶段和时间点的身份的证据要查清。Z某接受5万元、调宋某到下属企业、组织人员召开会议研究将500万元的资产分给职工的事宜以及与开发公司合作获取30%收益的时间点都要与其所任的职务一一对应。同时，对Z某的年龄、是否受到过党纪政纪处分、是否被追究过刑事责任的证据都要调取。另外，对下属企业的名称、工商登记、企业代码、股权结构、性质等情况的书证都要调取，并查证属实。

2. Z某和宋某之间关系的证据。前文提到，在某些特殊的情况下，即便材料所反映的Z某收受宋某5万元的情况是真实的，也不能就此认定Z某构成受贿罪。如果有证据证明Z某与宋某是近亲属关系，双方对共同的老人具有赡养义务，5万元是宋某对Z某多支付的赡养费用的补偿，或者Z某与宋某之间有债权债务关系，5万元恰恰是宋某归还Z某的借款，或者5万元系Z某与宋某共同投资所获取的收益以及双方之间的礼尚往来等，上述情况都不能认定Z某构成受贿罪。

3. 改制后企业的性质等证据。该公司是国有公司还是民营公司，是股份制企业还是有限责任公司；在股份制企业和有限责任公司中，是否存有国有的股份，是否属于国有控股或者参股的企业。此外，还要查清分配的500万元资产的性质，通过物证、关于财物的分配渠道的书证、证人证言予以确认。参与分配500万元资产的人数，是公司的全部人员，还是部分人员。分配的透明度如何，是公开的，全体人员都知道，还是秘密的，只有少数人知道。分配的比例如何，是平均分配，还是有的人多，有的人少，比例是否明显悬殊，Z某等少数人占有比例极高，其他人极少，还是基本平均。

二、根据证据证明的事实不同，确认案件的罪名

1. 被告人Z某的行为构成贪污罪或者不构成犯罪。根据调取的证据证明，Z某在分配500万元资产时，未丧失国家机关工作人员身份，其通过班子会议将500万元资产分给改制后企业的全体职工，并且是按照一定的比例分配。但是，具体是按照什么样的比例，比例的大小尚未查清。同时得知，企业在改制后，并非独资的国有公司，但是，尚未查到是国有控股、参股，还是失去国有股份的证据。根据已经调取的证据，只能判断被告人的行为涉嫌贪污罪或者不构成犯罪。因为，贪污罪侵犯的对象主要是公共财产，改制的同时财物的所有权归属尚未查清，如果企业包含国有成分，就可以认定贪污罪，如果企业的性质为民营企业就不能构成贪污罪，在尚未有其他证据的情况下，暂时只能这样认定。

2. 贪污罪或者私分国有资产罪。根据调查的证据，如果企业改制后仍然是国有独资企业，并有证据证明Z某仍然是国家工作人员，此种情形下，尚未有证据证明参与分配500万元资产的人数，如果参与分配的是企业的全部人员，分配的透明度很高，人人都有份额，全体人员都知道，并按照平均的比例分配的，核心人员略高，也在合理的范围之内，又是班子成员研究决定的，此时，单位构成私分国有资产罪，Z某是直接负责的主管人员，亦构成私分国有资产罪。如果参与分配的是部分人员，且秘密进行，只有少数人知道，分配没有按照正常的比例，核心人员占有绝大部分，其他人员只是象征性的，比例明显悬殊，绝大多数人员不知情，也没有分得份额，此时，应认定Z某构成贪污罪。

3. Z某不构成私分国有资产罪的情形。根据调取的证据，如果企业改制后，企业的性质不是国有独资企业，而是国有控股或者参股的企业，有证据证明Z某分配的500万元资产的人数是公司的全体人员，分配的透明度极高，所有人员都有份额，全体人员都知情，并按照平均的比例分配，核心人员略高，也在合理的范围之内，分配形式具有公开性和广泛性，便不能认定Z某构成私分国有资产罪。因为，私分国有资产罪是指国家机关、国有公司、企业、事业单位、人民团体违反国家规定，以单位名义将国有资产集体私分给个人，数额较大的行为，侵犯的客体是国有财产的所有权和国家的廉政制度。私分国有资产罪的犯罪对象只是国有资产，它与贪污罪侵犯的对象不同，贪污侵犯的是公共财产，范围较广，既包括国有资产，也包括国有控股、参股的财产。因此，私分国有资产罪是纯正的单位犯罪，主体只能是国有单位，具体的责任主体是单位的直接负责的主管人员和其他直接责任人员，在此种情形下，Z某不构成私分国有资产罪。

4. Z某决定与开发公司利用国有划拨土地开发的行为，根据其当时是否具有国家工作人员身份，确认为滥用职权罪或不构成犯罪。滥用职权罪，是指公务人员或者从事公务的人员违背职责或者超越职权，滥用权力，侵犯公民的合法权益或者公共利益，情节严重或致使国家和人民利益遭受重大损失的行为。按照《刑法》的规定，滥用职权罪只有具有国家机关工作人员身份的人才能构成。Z某在决定与开发公司合作时，违反规定，擅自决定，如果此时其已经丧失了国家工作人员的身份，其不构成滥用职权罪，只能作为其他犯罪量刑的从重情节。

三、准确把握职务犯罪证据的特殊性要求

职务犯罪是特殊主体的犯罪，犯罪主体是犯罪构成子系统中最活跃的因素，职务犯罪更为突出，这是由职务犯罪的法定性具有很强的动态性决定的。所以，对职务犯罪的证据，无论是调取还是审查使用都要遵循其运行的规律。

1. 罪与非罪的标准严重依赖于经济社会的发展变化和国家的经济结构模式，变化之快远远超过其他犯罪的法定性。调取职务犯罪的证据必须及时、客观、准确和全面，如上述案情中，对公司人员分配500万元资产的情况必须全面调查，对每一位成员的证言都要调取，不能只调取主要负责人或者分管后勤、财务人员的证言，还要调取分配数额的书证，对每人的数额进行分析和对比才能得出证明的事项。

2. 职务犯罪中此罪与彼罪的证据仅有细微的差别，证据调取中的细节和客观性十分重要，如上述案情中，Z某接受宋某5万元的事实部分，就需要查清两人之间的关系，有无债权债务关系、有无共同经营的关系、有无礼尚往来的情形，不能仅仅调取关于接受5万元的事实以及Z某基于何种原因将宋某调入下属企业中的部分事实的证据。调取证人证言不能根据自己的主观意愿决定调查的方向，调取主观性证据。

3. 切忌在证据不足的情况下将工作的重点放在对被告人认罪的教育上，甚至上级领导的决策上，或者祈求于被告人的好态度，而导致客观证据缺乏，后患无穷。

4. 办案人员始终要坚守“办案就是办证据”的理念，所有犯罪的罪与非罪、此罪与彼罪、轻罪与重罪的界限赖以生存的就是证据，没有例外。

7. 如何认定使国家和人民利益遭受特别重大损失？①

【背景】2015年8月29日，第十二届全国人民代表大会常务委员会第十六次会议通过《刑法修正案（九）》，自2015年11月1日起实行。其中第44条规定，将《刑法》第383条修改为："对犯贪污罪的，根据情节轻重，分别依照下列规定处罚……（三）贪污数额特别巨大或者有其他特别严重情节的，处十年以上有期徒刑或者无期徒刑，并处罚金或者没收财产；数额特别巨大，并使国家和人民利益遭受特别重大损失的，处无期徒刑或者死刑，并处没收财产……"实践中，有些贪污贿赂数额达到特别巨大，但是能否判处无期徒刑或者死刑，一个必备条件就是"并使国家和人民利益遭受特别重大损失"。同时，《贪污贿赂司法解释》第9条第2款规定，为谋取不正当利益，向国家工作人员行贿，造成经济损失数额在500万元以上的，应当认定为《刑法》第390条第1款规定的"使国家利益遭受特别重大损失"。受贿罪从重、加重的处罚条件是可以量化的。那么，何种情形能够认定为"使国家和人民利益遭受特别重大损失"呢？

【问题】关于如何理解《刑法修正案（九）》中对《刑法》第383条有关使国家和人民利益遭受特别重大损失的修改，实践中有两种不同的意见，一种意见认为，此条款是一个概括性的宏观条款，没有实质上的意义，不能够真正的量化，不同于"两高"的司法解释第9条第2款中关于为谋取不正当利益，使国家利益遭受损失的情节是可以量化的。受贿罪中，几乎都存在谋取不正当利益的情形，除非索取贿赂，否则都存在致使公共财产、国家和人民利益遭受损失的情形。另一种意见认为，使国家和人民利益遭受特别重大损失是判处无期徒刑和死刑的必要条件，不仅具有实质上的内容，而且可以在实践中进行类比和对照。可以量化的损失，如贪污救灾、抢险、防汛、优抚、扶贫、移民、救济、防疫、社会捐助等特定款物，以及因渎职犯罪给国

① 王晓东、沈言：《对贪污贿赂司法解释中几个问题的理解》，载《人民法院报》2016年9月28日。

家造成数亿元的经济损失；不可量化的损失，如给社会生态、文明造成的不良影响，对社会风气和人文精神具有极强破坏作用的危害和腐蚀都是使国家和人民的利益遭受的特别重大的损失。

【解析】上述第二种意见是正确的。2015年《刑法修正案（九）》对第383条、第386条进行修改，规定贪污、受贿数额特别巨大，并使国家和人民利益遭受特别重大损失的，处无期徒刑或者死刑，并处没收财产。因此，使国家和人民利益遭受特别重大损失是对贪污受贿犯罪判处无期徒刑或死刑的必备条件，与单纯的数额有本质的区别，不能因数额特别巨大，如贪污受贿上亿元，就认为是使国家和人民利益遭受特别重大损失，否则就会陷入用数额解释损失，用损失解释数额的怪圈。那么，如何认识贪污受贿数额特别巨大，并使国家和人民利益遭受特别重大损失呢?《贪污贿赂司法解释》第9条第2款规定，为谋取不正当利益，向国家工作人员行贿，造成经济损失数额在500万元以上的，应当认定为《刑法》第390条第1款规定的"使国家利益遭受特别重大损失"。这是一种可以量化的损失。那么，使国家和人民利益遭受特别重大的损失如何界定呢？研究认为，这种损失包括两个方面，一方面是可以量化的损失，另一方面是不可量化的损失。

一、可以量化的损失包括三种情形

1.贪污贿赂的款项属于国家的救灾、抢险、防汛、优抚、扶贫、移民、救济、防疫、社会捐助等特定款物的，使国家和人民利益遭受特别重大的损失不言而喻。

2.贪污贿赂犯罪中，直接利用职权造成的国家财产损失。因为贪污贿赂犯罪与渎职如影随形，腐败的过程，往往也是滥用权力的渎职过程。一些腐败分子损公肥私，受贿后滥用职权为他人谋取非法利益，给公共财产造成巨大损失。例如，有的被告人滥用职权为他人开展经营活动提供帮助，使他人非法获利20亿余元，直接造成国家财产损失14亿余元。有的被告人滥用职权使他人非法获利14亿余元，造成国家财产损失6亿余元。有的原国有企业负责人违规擅自决定在境外进行大量期货交易，造成国有资产损失1亿余美元，折合人民币9亿余元。还有的被告人用2.3亿元国家现金收购个体户金矿，个人受贿1000余万元，但是，金矿的总储量黄金只有200多公斤。

3.将贪污受贿的财物直接销毁。如有的被告人得知自己将要被查处的时候，将其受贿所得 180 余万美元、50 万欧元（折合人民币 1500 余万元）付之一炬；还有的被告人将受贿所得的数箱茅台酒直接倒入下水道中。上述行为都是可以量化的损失。

二、不可量化的损失也有三种情形

有的被告人在担任发达地区的市委书记时，受贿人民币上亿元，其在法庭辩论中对犯罪事实供认不讳，其主要辩护观点就是，虽然受贿上亿元，但是行贿人都是个体老板和个体工商户，这些人既不搞捐赠，也不搞慈善，如其不受贿这些财物，行贿人也不会将行贿款用于捐赠和公益事业。因此，其没有使国家和人民的利益遭受特别重大的损失，言外之意，就是应当判处其有期徒刑，不能判处其无期徒刑以上刑罚。其认识错误之处就在于，没有完全理解使国家和人民利益遭受的重大损失，除了可以量化的损失，还有不可量化的损失，即对社会风气和人文精神具有极强的破坏性的贪污贿赂犯罪的危害性、腐蚀性以及滥用司法权。

1. 贪污受贿犯罪的危害性：有的地方党委、政府班子的主要成员大多数涉嫌贪污受贿犯罪，因而在该地区动摇执政党的地位。有的负责军事、国防、社会安全方面的主要负责人成为贪腐分子，国家的安全受到威胁，破坏地区稳定，侵犯了公民的人身权利和民主权利，造成国有资产的大量流失。有的行贿人因与贪腐分子的特殊关系，渗透到各个领域，公务支出、政府采购都有行贿人的身影，外地的投资人不敢进入，严重影响当地改革开放进程，影响投资环境，已经投资的外地和外方企业血本无归。

2. 贪腐犯罪的腐蚀性：一旦贪污贿赂在一个地区盛行，就会毒化社会风气，使人的精力不用来做好本职工作，而是大搞投机专营，买官卖官，权钱交易，如有的被告人在一次收到行贿人上千万元的贿赂款后不停地询问行贿人是否有事请托，行贿人无意间说出自己的一个亲属想要当副县长，该被告人在明知行贿人亲属不具备基本身份的情况下任命其为副县长，在后任书记上任后才将该副县长免掉。还有权色交易，如用贿赂款找人代孕、做试管婴儿，以权谋私、结党营私，腐蚀人们的精神，使人们不奋发进取，而是吃喝嫖赌，追求享乐，利用手段的人永远占先，有能力、有水平、敬业执着的人永远没有希望。

3. 还有一些腐败分子滥用司法权，动用公权力，肆意践踏人格，违规过问司法案件，支持“老赖”从中牟利，严重损害国家机关以及我国的司法形象和声誉。例如，有的被告人在担任公安局局长期间多次动用侦查手段干预经济纠纷，对多名民事纠纷当事人采取刑事拘留等措施，非法剥夺、限制他人人身自由，为自己谋取利益。这些都是不可量化地使国家和人民利益遭受特别重大的损失的行为。①

8. 为什么在查办贿赂案件时，被告人所在单位及所担任的职务以及行贿人、行贿单位的名称要与犯罪事实中当时的职务和名称一一对应？

【案情 1】2008 年至 2015 年，被告人 Y 某利用担任钢铁集团董事长、总经理、省委常委、市委书记等职务上的便利，为输送设备制造有限公司董事长赵某、煤矿建设有限公司法定代表人潘某、杉岗矿业集团董事长郑某等多个公司负责人在取得钢铁集团钢材销售代理权、保证货物运量以及收回欠款、亲友工作调动等事项上提供帮助。2004 年春节前至 2012 年年底，Y 某直接或通过其妻李某，在其钢铁集团办公室、家中等地先后 11 次收受赵某、潘某和郑某给予的人民币 293 万元、1 万美元，共计折合人民币 299.391 万元。

【案情 2】2012 年 2 月，被告人 L 某利用担任省人大常委会副主任、“5·12”地震灾后恢复重建委员会副主任等职务上的便利，接受金土地公司总经理李某请托，为该公司催要灾后重建项目工程款提供帮助。2012 年 6 月，L 某通过其女儿收受李某以银行转账方式给予的人民币 200 万元。2012 年 8 月，李某以与 L 某女儿合作开办新业土地开发公司的名义为 L 某女儿提供出资款，L 某通过其女儿收受李某给予的人民币 160 万元。庭审中，公诉机关当庭出示的书证《省委办公厅省人民政府办公厅关于组建“5·12”地震灾后恢复重建委员会的通知》(2008 年 11 月 19 日)，证明 L 某于 2008 年 11 月任该委员会副

① 王晓东、沈言：《对贪污贿赂司法解释中几个问题的理解》，载《人民法院报》2016 年 9 月 28 日。

主任；辩护人当庭出示《省委办公厅关于部分议事协调机构领导职务调整的通知》(2012年1月7日)，证明L某于2012年1月7日不再担任该委员会副主任。起诉指控2012年2月，被告人L某利用“5·12”地震灾后恢复重建委员会副主任职务为李某谋利是错误的。

【案情3】2007年10月至2010年年初，被告人S某利用担任市人民政府市长等职务上的便利，为推荐MI能源公司负责人张某当选市人大代表，为该公司协调企业生产用地、协调税务稽查等事项提供帮助。2010年5月，S某通过其妻子以合作投资的名义收受张某给予的人民币300万元。

【问题】在查办贿赂案件时，被告人所在的单位及所担任的职务以及行贿人、行贿单位的名称要与犯罪事实中当时的时间节点一一对应。在司法实践中，对被告人所在单位、担任职务以及行贿人所在单位和所担任职务有三种表述方法：第一种方式是按照时间段来划分，将被告人在一定的时间段内担任的职务都罗列出来，行贿人所在单位及职务也一并罗列出来表述。第二种方式是根据行贿人谋利的事项以及被告人所能利用的职务身份，对行贿人根据其所追求目的及所谋取的利益是单位或者个人表述出来。不是按照被告人任职的时间段以及行贿人在此时间段的身份罗列。第三种方式是根据受贿人为行贿人或行贿单位谋取利益和接受财物的时间节点与被告人所利用的职务一一对应。

【解析】审判刑事犯罪案件最基础的条件就是案件事实清楚、证据确实充分。在查办贿赂案件时，被告人所在的单位及所担任的职务以及行贿人、行贿单位的名称要与犯罪事实中当时的时间节点一一对应，就是审判刑事案件的最基本条件。诚然，有些被调查人、犯罪嫌疑人以及被告人担任领导职务时间长、交流的岗位多、兼任的职务多、犯罪时间段持续比较长，而且部分犯罪事实存在相互交叉和重叠的情况，因此，在调取这些证据时需要耗费大量的人力、财力和时间。由于时间紧，因此，出现上述案例中的问题。在案情1中，有关行贿人方面：一是关于赵某的身份，起诉书表述为“输送设备制造有限公司董事长”，事实上并没有工商登记资料和股东会决议予以证明，赵某实为该公司的实际控制人；二是潘某的身份，起诉书表述为“煤矿建设有限公司法定代表人潘某”，卷宗证据材料证明，没有工商登记营业执照，经调取的省能源局关于企业改制的有关文件中标明，改制前的公司名称为省煤矿建设公司，新公司在原名基础上加“有限责任”即为“省煤矿建设有限责任公司”；三是郑某的身份，起诉书表述为“杉岗矿业集团董事长”，但是，卷宗没有工商登记和股东会决议证明，虽有省煤炭工业局文件等相关文件予以证明，但公司名称表述为“省杉岗矿业集团”。在案情 2 中，起诉指控被告人 L 某利用担任“5·12”地震灾后恢复重建委员会副主任职务的便利为金土地公司总经理李某提供帮助。而书证证明，在谋取利益时，L 某的职务早已免除。在案情 3 中，起诉指控被告人 S 某利用担任市人民政府市长的职务便利为推荐 MI 能源公司负责人张某当选市人大代表提供帮助，事实上，对人大代表的提名推荐进行研究讨论是利用 S 某担任市委副书记的职务便利。上述问题不仅是案件的瑕疵，也可能影响案件的性质和罪与非罪的认定，必须依据客观证据依法认定。

1. 对被告人实施犯罪时所担任的职务时间必须点对点。受贿犯罪的内涵就是国家工作人员利用职务的便利，索取他人财物或者非法收受他人财物，为他人谋取利益的行为。所以，被告人在实施犯罪时所担任的职务一定与谋利事项、收取财物时的时间点一一对应，虽然有些被告人具有多个职务和多个头衔，但是，在实施犯罪时可能并没有利用其所担任的职务，或者该职务对其实施犯罪没有任何帮助和利用的价值。如案情 1 中，被告人 Y 某在 2008 年至 2015 年，利用担任钢铁集团董事长、总经理的职务便利为相关企业及个人谋取利益，收受财物，与其担任省委常委没有任何的联系和关系，因此，在该起犯罪事实中没有必要对其数个职务进行罗列，如果当时确实担任这一职务的可以列出，没有担任这个职务的罗列就是错误的。又如案情 2 中，在被告人 L 某受贿案中，公诉机关起诉指控其利用担任省人大常委会副主任、“5·12”地震灾后恢复重建委员会副主任等职务上的便利，为金土地公司总经理李某谋取利益，但是，根据辩护人当庭出示的其调取的书证，证明 L 某在为李某谋取利益之时，已经不再担任该委员会副主任的职务。还有案情 3 中，被告人 S 某为张某当选市人大代表提供帮助，不是利用其担任市人民政府市长的职务便利，而是利用其担任市委副书记的便利在市委常委会上推荐。

2. 对行贿人实施犯罪时所担任的职务时间也需要点对点。如案情 1 中，赵某系“输送设备制造有限公司”的实际控制人；潘某系“煤矿建设有限公司”的大股东，均非法定代表人。有些行贿人是公司的董事长、法定代表人，有些行贿人是公司的实际控制人，但是并非法定代表人，有些是受董事长的委托请托事项的股东，有些是小股东，其与被告人关系特殊等不一而论。但是，按照《公司法》的规定，实际控制人不一定就是大股东，也不一定就是董事长，表述一定要准确，否则，会引起其他民事上债权债务的纷争。如果在民事诉讼中以刑事判决作为证据会引起不必要的民事责任。此外，行贿人有的是为单位谋取利益，有的是为个人谋取利益，如果是为个人谋取利益就没有必要对其所在单位进行表述，如果是为了单位的利益，在准确表述其在所在单位的任职的同时，还要表述如何体现单位的意志。

3. 对单位行贿、单位受贿的，单位的名称必须十分准确。在案情 1 中，除了被告人所担任的职务外，其所在的单位的名称也要十分准确。同理，行贿人以及行贿人为其谋取利益的单位的名称表述也要十分准确，不能有一个字的差距。同时，应当写明是在犯罪时单位的名称，在起诉或者在审判阶段，原来的单位已经不存在，可能存在改制、更名、合并和重组等情况，但是，无论原来的单位名称是否存在，都应当表述原来单位的名称，不能表述为经过改制、重组或者更名以后的单位名称，因为，现行单位与原单位相比，在股权结构、组成人员方面可能都发生变化，更重要的是现在的单位没有实施行贿、受贿犯罪，如果现行的单位是上市公司或者是社会的知名企业，将对企业的名誉带来很大的侵害，甚至还会引起名誉权的侵权纠纷，因此，单位的名称一定要表述准确，并注明与现行单位的关系。

4. 在办理贿赂案件时，纪检监察人员和司法人员无论是在起诉意见书、起诉书，还是判决书中，都要对被告人的所在单位、所任职务的时间段与行贿人的职务、公司名称、项目名称表述准确。被告人同时有多个职务的，要列明其所利用的职务，没有利用的职务不表述。不要对被告人的数个职务进行罗列，在实施犯罪时利用的职权要表述准确。上述内容要有客观、合法的书证证明。对犯罪时间点的表述要具体，就是被告人所在的单位及所担任的职务以及行贿人、行贿单位的名称要与犯罪事实中当时的时间节点一一对应，因此，第三种表述方式是准确的。

9. 如何判断犯罪嫌疑人、被告人的供述为认罪态度好抑或不认罪?

【案情1】被告人C某在担任省农业厅厅长期间，违反国有资产和土地管理有关规定，擅自决定将下属单位畜禽育种中心国家划拨的科研用地非法转让用于经营性开发，并弄虚作假帮助受让方竞得土地使用权，给国家造成经济损失人民币6.1亿余元。2003年11月至2013年9月，被告人C某利用职务上的便利，为房地产公司、泰然公司等单位和个人在土地转让、项目开发、企业经营、工程招标等方面提供帮助，直接或者通过其亲属多次非法收受上述单位和个人给予的财物共计折合人民币280余万元。被告人C某在检察机关调查期间，对自己的犯罪行为供认不讳，并在其供述中陈述大量违法违纪以及涉嫌犯罪方面的事实和证据，但是，有很多事实没有查清，有大量事实与其供述不符，最后法庭没有认定。以前其主动供述的犯罪事实在法庭审理时全部否认，并对自己做无罪辩护。人民法院经审理认为，被告人C某身为国家工作人员，徇私舞弊，滥用职权，致使公共财产、国家和人民利益遭受重大损失，情节特别严重；其还利用职务上的便利为他人谋取利益，非法收受他人财物，其行为分别构成滥用职权罪、受贿罪。人民法院以受贿罪判处其有期徒刑十二年，以滥用职权罪判处其有期徒刑八年，决定执行徒刑十七年，并处没收个人财产人民币30万元。

【案情2】被告人L某系某大学教授、重点实验室主任，伙同其博士研究生被告人张某自2008年7月至2012年12月，利用管理课题经费的职务便利，采取侵吞、虚开发票、虚列劳务支出等手段，贪污3756万余元。其中贪污课题组其他成员负责的课题经费人民币2092万元。上述款项被L某及张某转入L某控制的账户，并用于投资多家公司。被告人L某在检察机关调查期间，主动接受调查，对检察机关指控的犯罪事实全部供认，并亲自书写犯罪事实和经过以及对犯罪行为的认识，但是，在起诉后，L某否认全部犯罪事实，在法庭上做无罪辩护。被告人L某的学生被告人张某从检察机关调查开始到法庭最后审理阶段，对自己的犯罪事实供认不讳，始终如一，张某的供述与在案的物证、书证、证人证言、鉴定意见等证据能够相互认证，并与被告人L某之前所做的有罪供述完全吻合。法院经审理认为，L某伙同张某利用管理课题经费的职务便利，侵吞、骗取科研经费，数额特别巨大，二人行为均构成贪污罪。在共同犯罪中，L某起主要作用，系主犯；张某起次要作用，系从犯。被告人L某犯贪污罪，被判处有期徒刑十二年。张某犯贪污罪，被判处有期徒刑五年八个月。

【问题】关于如何看待被告人的供述是如实供述、认罪态度好，还是拒不认罪、辩解、抵赖的问题，实践中有两种不同的意见：一种意见认为，被告人愿意主动交代问题，坦白全部犯罪事实，认识到自己行为的违法性，认罪服法就是认罪态度好，否则，不主动交代犯罪事实，消极抵抗，对犯罪事实狡辩，抗拒交代问题，对讯问表现出敌对情绪属于认罪态度不好。另一种意见认为，上述情形都是形式上的表现，能否认定被告人认罪态度好还要将形式要件与实质要件相结合，主客观相结合进行判断。有些被告人表面上主动交代问题，但是其供述的内容与其他证据之间相互矛盾，对自己行为的违法性认识都是口头重复，无实质内容，甚至主动编造一些犯罪事实，迫使调查人员徒劳奔波，不能认定为认罪态度好，有些被告人虽然供述看似不主动，但供述的内容与其他客观证据相符合，主动退赃，就应当认定认罪态度好。审查被告人的供述是司法活动中的中心工作，更是办理职务犯罪的中心环节，是难度最大、技术性最高的工作，要认真综合判断。

【解析】被告人供述是刑事诉讼中最为重要的证据，同时，其又是残缺证据，即其不能独立作为证据使用，必须与其他证据结合起来使用。因此，在刑事诉讼中，一方面，被告人供述在直接证据中证据的位阶性最低。另一方面，被告人供述在刑事诉讼中又是其他证据不能替代的，即使是效力位阶性最高的物证也需要被告人的供述来弥补其证明过程的缺失。无论中外的刑事诉讼历史上，被告人的供述都有“证据之王”之称。随着社会的进步，法治建设的发展，这种陈腐的思想早已被摒弃，但是，实践中仍然有依赖于被告人供述办案的情况。从经济学角度来讲，理性的经济人均追求其经济利益的最大化，诉讼中的当事人在某种意义上就是经济人。本质上都存在以牺牲对方当事人的利益的方式来满足自己的利益，所有的这些均可能导致当事人利益的倾斜。[①] 例如，将罪行推向同案被告人，案情 2 中，被告人 L 某就是如此；或者将责任推向办案人员，案情 1 中，C 某就是采用这种策略。如果轻信被告人的供述，"冤假错"案就要来敲门了，因此，要避免冤错案件，就要对被告人的供述进行审查和判断，秉承法治思维和法治方式。正确认定被告人的供述是真实可靠的，还是虚假的，按照证据规则办事，准确把握被告人供述这个刑事诉讼证据中的关键变量。

对被告人供述是否属于认罪态度好的审查判断，应当以法律的规定作为审查判断的标准。《刑事诉讼法》第 55 条第 1 款规定："对一切案件的判处都要重证据，重调查研究，不轻信口供。只有被告人供述，没有其他证据的，不能认定被告人有罪和处以刑罚；没有被告人供述，证据确实、充分的，可以认定被告人有罪和处以刑罚。"第 2 款规定："证据确实、充分，应当符合以下条件：（一）定罪量刑的事实都有证据证明；（二）据以定案的证据均经法定程序查证属实；（三）综合全案证据，对所认定事实已排除合理怀疑。"这既是定罪量刑的要求，也是考察被告人认罪态度好坏的基本条件。

一、被告人认罪态度好的表现

1. 被告人供述的内容与其他客观证据相互印证。在上述案情 2 中，被告人张某对自己在该起贪污犯罪案件中的地位、作用，以及如何利用 L 某职务的便利，采用的方式方法等犯罪事实供认不讳，侵吞的财物的数额与鉴定意见相一致，虚报冒领、弄虚作假骗取科研经费与书证记载的内容相符，其供述的犯罪过程与其他证人证言的内容相一致，供述其如何造假的书证与鉴定意见的结论相吻合，也与被告人 L 某之前的有罪供述相吻合。有多名被告人的案件，一名被告人的供述与其他被告人的供述及其他证据完全一致，是被告人认罪态度好的表现之一。

2. 先供后证，供述稳定。特别是投案自首的案件，被告人主动供述全部犯罪事实，提供其他证据的线索，办案人员根据被告人的供述寻找到物证、书证、证人证言等证据，有些案件根据被告人的供述找到极其隐蔽的证据，上述证据所证明的内容与被告人的供述完全一致，特别是有些隐蔽的证据，如果没有被告人的供述很难调取。在一些分别调查的案件中，同时讯问

---

①［美］理查德·A·波斯纳：《法律的经济分析》，蒋兆康译，中国大百科全书出版社 1997 年版，第 4 页。

被告人和证人，被告人首先供述，有些证人特别是职务犯罪的证人（行贿人）不愿意作证，有些证人反复，但是最后证明的事实与被告人供述的事实一致，是在被告人亲自写信给这些人说明自己已经供认，希望他们也如实证明的情况下实现的，且在其他调查人员询问证人之前，被告人已经做了供述，据以定案的证据均经法定程序查证属实，这是被告人认罪态度好的表现好之二。

3. 综合判断全案证据，对被告人供述的事实，通过其他证据已排除合理怀疑。被告人供述有些是叙述事实，关于犯罪动机以及可能产生的结果仍然属于主观判断的范畴，不可能像机器一样准确无误，应当允许有误差，如案情 2 中，被告人张某对贪污过程中每次虚报的数额、如何请示 L 某等部分细节记忆不清，但是能够整体表述经过，并认可书证以及其他证人证言的内容。只要不是为了有意减轻罪责，故意编造事实，就不能认为被告人不如实供述。在有些情况下，由于讯问人的主观臆断或者假想，当被告人的供述与讯问人的思路不一致的时候，讯问人往往认为被告人狡辩，没有如实供述，当经过综合判断，通过其他证据证明讯问人的主观思路是错误的，其合理怀疑已经被排除的，这是被告人认罪态度好的表现之三。

4. 主动退赃，积极履行财产性判项。被告人认罪态度好坏，重在表现。有些被告人对犯罪事实如实供述，有认罪悔罪的表现，积极退缴赃款赃物，有些赃款赃物被挥霍掉，不足以全部退缴时，主动通过家属、亲友筹集财物，主动退赃，有些被告人对附加刑的财产刑作出一定主动履行的表示，这是被告人认罪态度好的表现之四。

二、被告人认罪态度不好的表现

1. 被告人拒绝供述或者供述的内容与犯罪事实无关联，与其他客观证据不符。拒绝交代犯罪事实是被告人认罪态度不好的最明显表现，一问三不知，拒绝回答任何问题，或以不知道、忘记了为由，进行消极对抗。有的在展示证据揭露其犯罪时进行狡辩，以办案机关对其诬陷、刑讯逼供等为由进行抵赖。还有的供述的内容与案件的事实无关联，拖延时间，误导办案人员改变调查思路和调查方向，即便供述的内容是与本案相关的犯罪事实，但与其他证据相互矛盾或者无法相互印证。

2. 先证后供，供述不稳定。被告人供述消极，不问不答，答非所问。如案情 2 中，被告人 L 某从不正面回答办案人员的问题，总是想方设法转移到自己专业的问题上，不断进行事实经过的叙述，一讲就是一小时或者更长的时间。也有的被告人只对办案机关掌握了证据的事实进行供述，不掌握的事实就不供述，所有供述的犯罪事实都是在办案机关掌握证据向其展示时而被迫承认的。供述不稳定，每一次供述都有变化，根据办案人员出示证据的情况而迂回供述，时供时翻，不断否定。如案情 2 中，被告人 L 某在确凿的证据面前就以其学生张某所为，其不知情为由否认。如果更换办案人员，就会指责之前的办案人员对其逼供，其为被迫供述的。根据被告人的供述难以发现其他新的证据，对据以定案的证据也要辩解。

3. 编造事实和情节，不断示好讯问人。这是办理职务犯罪案件过程中出现的新问题，也是办理其他类型刑事犯罪案件中老问题的翻版。有的被告人对办案人员提出的问题有问必答，揣测办案人的心理和工作思路，办案人员想要通过讯问达到的目的、效果，被告人都心领神会，对犯罪事实和犯罪情节进行编造，故意编造时间、地点以及证人等非常详细的犯罪过程。案情 1 中的被告人 C 某就是如此，在检察机关调查时供述了大量的犯罪事实，当到了审查起诉阶段，其推翻了以前全部供述。当重新调查时，发现其主动供述的犯罪事实中，有的犯罪数额对不上，有的犯罪时间对不上，当时正在国外考察或者在党校学习，根本不在本省。所有这些供述都是其事先设计好、编造的故事，为了争取办案人对其好的印象，认为其态度好，办案人如果没有足够的经验和心理准备，就会落入其精心设计的陷阱。有的被告人甚至见到办案人就下跪磕头，并不断打自己的耳光，博得办案人员的同情，其所供述的内容都不能用其他证据来证明，无法排除合理怀疑。

4. 拒绝退赃，打悲情牌。有的被告人对案件事实的供述积极主动，对调查机关认定的犯罪事实没有任何异议，到审查起诉阶段，对责令其退缴赃款赃物的行动不及时、不主动，辩称调查机关对其家庭财产搜查太彻底，没有能力退缴赃款赃物，到审判阶段，对法庭调查的犯罪事实全部认可，但是暗中支持辩护律师做无罪辩护，或者要求辩护律师对主要犯罪事实做无罪和罪轻辩护，而对财产性的判项更是不屑一顾，辩称自己及家庭无能力缴纳罚金或者没收财产，但是，在判决生效后服刑期间却又主张将自己心爱的赃物买回，其真实目的就是想钻法律的空子，表面上认罪悔罪，争取从宽处理，内心没有对法律的敬畏和尊重。

三、审查被告人的供述应当注意的问题

1. 摒弃刑讯逼供和变相刑讯逼供取得的被告人供述。《刑事诉讼法》第56条第1款规定："采用刑讯逼供等非法方法收集的犯罪嫌疑人、被告人供述和采用暴力、威胁等非法方法收集的证人证言、被害人陈述，应当予以排除。收集物证、书证不符合法定程序，可能严重影响司法公正的，应当予以补正或者作出合理解释；不能补正或者作出合理解释的，对该证据应当予以排除。"第2款规定："在侦查、审查起诉、审判时发现有应当排除的证据的，应当依法予以排除，不得作为起诉意见、起诉决定和判决的依据。"犯罪嫌疑人、被告人在受到刑讯逼供后，无论肉体还是精神都遭受了极大损害，特别是精神上会产生幻觉，认为是其实施的行为，后果非常可怕。刑讯逼供在司法史上的教训也是极其深刻的。冤假错案几乎都有刑讯逼供的影子。我们有证据就不怕被告人不供述，被告人供认了，但是没有证据也无法认定。呵护良知是法律人的珍贵操守。[①] 如伯尔曼所说，"法律必须被信仰，否则它将形同虚设"。

2. 充分保护被告人的合法权益。对刑事诉讼中犯罪嫌疑人、被告人合法权益的保护关乎国家、民族的民主和进步，我们要建立富强、民主、文明、和谐、自由、平等、公正、法治的社会，实现全面依法治国就要充分发挥刑事诉讼的作用，既要追究和惩罚犯罪，又要充分保护犯罪嫌疑人、被告人的合法权益。恩格斯在《反杜林论》中指出，一切人，作为人来说，都有某些共同点，在这些共同点所及的范围内，他们是平等的，这样的观念自然是非常古老的……[②] 通过审判实践发现，人是具有共性的，趋利避害，追求成功，安全获得尊重，自我实现等。因此，应将保护被告人的合法权益贯彻到刑事诉讼的始终，立案、调查、采取强制措施、起诉和审判，每一个阶段都要贯彻保护犯罪嫌疑人、被告人的合法权益的精神。在诉讼过程中，对被告人的供述，首先，要审查是否存在刑讯逼供和变相刑讯逼供的情形，非法证据应当排除。其次，要审查讯问被告人的地点的合法性，询问时间是否存在间隔，

---

① 2018年5月21日，最高人民法院裴显鼎大法官在北京大学国际法学院毕业典礼上的致辞。

②［德］恩格斯：《反杜林论》，载中共中央马克思、恩格斯、列宁、斯大林著作编译局编译：《马克思恩格斯选集》（第3卷），人民出版社1972年版，第142页。

是否给予被告人充分的休息时间。再次，要审查同步录音录像是否完整，与讯问笔录是否一致，是否强迫被告人提供其犯罪的证据。最后，我们必须明确的是，被告人没有证明自己有罪的义务。被告人认罪、悔罪，如实供述犯罪事实都是量刑时法定的从轻情节，但是被告人不认罪并非法定的从重和加重的量刑情节。

10. 村干部在何种情形下犯罪属于“其他依照法律从事公务的人员”？（同一工作岗位，如何界定是职务犯罪还是非职务犯罪？）

【案情】被告人Y某，系开封市杜良乡鄢陵府村村主任，被告人S某系鄢陵府村会计。2013年1月，河南省人民政府和国家铁道部共同投资兴建的郑徐铁路客运专线河南段建设用地项目，占用开封市杜良乡鄢陵府村土地120余亩，每亩赔偿5.2万元，支付给鄢陵府村土地赔偿款649.2954万元。2013年6月9日，杜良乡财政所将土地补偿款649.2954万元拨入S某在杜良乡农村信用社开立的郑徐铁路土地补偿款指定账户中。开封市祥符区邮政储蓄银行工作人员得知鄢陵府村的土地补偿款到账后，主动联系被告人Y某将该公款存入邮政储蓄所，以帮助其完成储蓄任务。2013年6月14日，鄢陵府村村主任Y某伙同会计S某擅自从该土地补偿款账户中取出现金300万元，以S某的个人名义将300万元现金活期存入杜良乡邮政储蓄所，用于帮助杜良乡邮政储蓄所所长张某完成揽储任务，二人接受张某给予的食用油各一箱。2013年9月14日，S某将300万元全部取出，发放到村民手中。2013年6月18日，鄢陵府村村主任Y某伙同会计S某擅自从该土地补偿款账户中取出现金350万元，以S某的个人名义将180万元现金活期存入刘店乡邮政储蓄所，将170万元现金活期存入袁坊乡邮政储蓄所，用于帮助刘店乡邮政储蓄所所长孙某和袁坊乡邮政储蓄所所长朱某完成揽储任务。二人当日接受朱某的宴请，并分别接受食用油各一桶，大米各一袋，Y某又接受朱某所送的白酒一箱。存入刘店乡邮政储蓄所的180万元，S某于2013年9月19日取出11.9251万元，剩余168.0749万元至2014年1月9日全部取出，该款已发放到村民手中；存入袁坊乡邮政储蓄所的170万元，S某于2013年9月14日取出82.93万元，于9月19日取出87.07万元，该款已发放到村民手中。另查明，被告人S某将挪用650万元产生的部分利息5643元据为已有。

案发后，S某向检察机关退还5643元。开封市顺河回族区人民法院于2016年12月1日作出一审判决，认定被告人Y某、S某为依照法律从事公务的基层组织人员，利用职务上的便利，挪用公款267.07万元归个人使用，超过3个月未还，情节严重，其行为已构成挪用公款罪。以挪用公款罪判决被告人Y某有期徒刑二年，缓刑三年；以挪用公款罪判处被告人S某有期徒刑二年，缓刑三年。

【问题】随着反腐败斗争的不断深入，对基层腐败打击力度的加大，村委会等基层群众组织工作人员贪污贿赂犯罪案件日益增多，法律适用问题也日益凸显。基层群众组织的工作人员平时不具有国家工作人员的身份，在特定的情形下才具有国家工作人员的身份，称为“其他依照法律从事公务的人员”，准确认定村委会等基层群众组织工作人员主体身份就显得十分重要，由于村委会等基层群众组织工作人员具有双重身份，判断起来比较困难，实践中争议较大，如何把握村委会等基层群众组织工作人员是否成为贪污、挪用公款和受贿罪等职务犯罪的主体，实践中需要注意立法精神与司法实践的结合。

【解析】村委会等基层群众组织工作人员主体身份认定，依据《全国人民代表大会常务委员会关于〈中华人民共和国刑法〉第九十三条第二款的解释》的规定，[①]村民委员会等村基层组织人员协助人民政府从事行政管理工作时，属于《刑法》第93条第2款规定的以国家工作人员论的“其他依照法律从事公务的人员”。具体的行政管理工作包括：（1）救灾、抢险、防汛、优抚、扶贫、移民、救济款物的管理；（2）社会捐助公益事业款物的管理；（3）国有土地的经营和管理；（4）土地征收、征用补偿费用的管理；（5）代征、代缴税款；（6）有关计划生育、户籍、征兵工作；（7）协助人民政府从事的其他

---

①《全国人民代表大会常务委员会关于〈中华人民共和国刑法〉第九十三条第二款的解释》于2000年4月29日第九届全国人民代表大会常务委员会第十五次会议通过，根据2009年8月27日中华人民共和国主席令第18号第十一届全国人民代表大会常务委员会第十次会议《关于修改部分法律的决定》修正。

行政管理工作。村民委员会等基层组织人员从事上述公务，利用职务上的便利，非法占有公共财物、挪用公款、索取他人财物或者非法收受他人财物，构成犯罪的，适用刑法的规定，分别按照贪污罪、挪用公款罪和受贿罪追究刑事责任。这意味着，村委会等农村基层组织人员的职务具有双重性：

一、村委会等农村基层组织人员的基本身份

即作为一般主体，不具备“其他依照法律从事公务的人员”的身份。通常所说的“村主任不是干部”，这是因为他们从事的管理村公共事务的工作不属于《刑法》第93条规定的“公务”活动，因而不属于国家工作人员。该立法解释与1997年修订《刑法》将从事公务活动作为国家工作人员的内容的精神是一致的。

根据《村民委员会组织法》[①]的规定，村民委员会是村民自我管理、自我教育、自我服务的基层群众性自治组织。村委会等农村基层组织工作人员从事的管理村公共事务的工作，不同于以国家或者政府名义实施的组织、领导、监督、管理与人民群众利益及社会的生存、发展相关的各种国家事务和公共事务的活动。在《监察法》将基层群众性自治组织中从事管理的人员纳入监察对象的情况下，这类人员是否属于国家工作人员，仍然需要根据现行《刑法》规定进行具体甄别区分，不能因为被纳入监察对象就一概认定为国家工作人员。对此，2018年4月17日，中央纪委国家监委印发的《国家监察委员会管辖规定（试行）》也强调指出，国家监委对职务犯罪案件管辖范围还包括一部分非国家工作人员职务犯罪，不以国家工作人员职务犯罪为限。

二、村委会等农村基层组织人员的特殊身份

即作为特殊主体，具备“其他依照法律从事公务的人员”的身份，也就是通常所说的“村主任也是干部”。根据上述立法解释的规定以及2003年11月13日最高人民法院印发的《经济犯罪座谈会纪要》中关于“其他依照法律

---

①《村民委员会组织法》是为了保障农村村民实行自治、由村民依法办理自己的事情，发展农村基层民主，促进农村社会主义物质文明和精神文明建设，根据宪法制定的法律。该法由第九届全国人民代表大会常务委员会第五次会议于1998年11月4日通过，自1998年11月4日施行，根据2018年12月29日第十三届全国人民代表大会常务委员会第七次会议《全国人民代表大会常务委员会关于修改〈中华人民共和国村民委员会组织法〉〈中华人民共和国城市居民委员会组织法〉的决定》修正。

从事公务的人员”的规定,《刑法》第93条第2款规定的“其他依照法律从事公务的人员”应当具备两个特征:一是在特定条件下行使国家管理职能;二是依照法律规定从事公务。具体包括:(1)依法履行职责的各级人民代表大会代表;(2)依法履行审判职责的人民陪审员;(3)协助乡镇人民政府、街道办事处从事行政管理工作的村民委员会、居民委员会等农村和城市基层组织人员;(4)其他由法律授权从事公务的人员。该纪要在关于“从事公务”的理解中规定,从事公务,是指代表国家机关、国有公司、企业、事业单位、人民团体等履行组织、领导、监督、管理等职责。公务主要表现为与职权相联系的公共事务以及监督、管理国有资产的职务活动。如国家机关工作人员依法履行职责,国有公司的董事、经理、监事、会计、出纳人员等管理、监督国有财产活动,属于从事公务。那些不具备职权内容的劳务活动、技术服务工作,如售货员、售票员等所从事的工作,一般不认为是公务。如上述案例中,被告人Y某和S某,分别为村主任和村会计,他们所挪用的公款都是省人民政府和国家铁道部共同投资兴建郑徐铁路客运专线河南段建设用地项目,占用开封市杜良乡鄢陵府村120余亩土地的土地赔偿款649.2954万元中的绝大部分。2013年6月9日,乡财政所将土地补偿款649.2954万元拨入S某在杜良乡农村信用社开立的郑徐铁路土地补偿款指定账户中。此时,Y某和S某属于协助人民政府从事对资金进行管理的工作。Y某和S某利用管理公共财物的职务的便利,将该公款存入邮政储蓄所,用于帮助他人完成揽储任务,二人还接受他人的财物。S某还将挪用649.2954万元产生的部分利息5643元据为已有。按照立法解释的规定,村民委员会等基层组织人员从事公务,利用职务上的便利,挪用公款构成犯罪的,适用刑法的规定,二人挪用公款归个人使用,超过3个月未还,情节严重,其行为已构成挪用公款罪。对二人以挪用公款罪定罪量刑是正确的。

三、如何界定村委会等农村基层组织人员是否属于“其他依照法律从事公务的人员”

职务没有改变也就是在同一岗位上,如何确定国家工作人员职务犯罪和非国家工作人员职务犯罪的区分界限。村民委员会等村基层组织人员利用职务便利实施侵占、受贿、挪用等行为,究竟构成国家工作人员贪污、受贿、挪用公款罪,还是构成职务侵占、非国家工作人员受贿、挪用资金罪等,关键看实施犯罪时所具体利用的职务便利。利用协助政府从事行政管理工作的职务便利的，应当以国家工作人员职务犯罪定罪处罚；利用村集体事务管理工作的职务便利的，应当以非国家工作人员职务犯罪定罪处罚。究竟利用了哪方面的职务便利，实践中要注意结合工作性质、有无协助从事行政管理工作的行为、犯罪行为实施阶段等具体判断。对于贪污罪和职务侵占罪，要避免单纯以侵占财物的性质来区分。比如，行为人与他人勾结，利用村集体事务管理工作上的职务便利侵吞国家教育专项资金，或者在完成协助政府管理发放土地征用补偿款的工作之后，利用村集体事务管理工作上的便利将留存在村集体账上、已确定归村集体所有的款项予以侵吞的，应当以职务侵占罪而非贪污罪定罪处罚。

四、村委会等农村基层组织人员“骗补”行为的处理

根据上述立法解释和司法解释的规定，村委会等基层组织工作人员在协助政府从事救灾、抢险、防汛、优抚、扶贫、移民、救济款物等管理工作中，弄虚作假，骗取国家补助补贴款项，按照上述规定办理，但是，如果所骗取款项全部发放给了村民，本人没有非法占有故意，也未从中实际分取好处的，一般不宜以贪污罪或者诈骗罪共犯处理；给国家利益造成重大损失，需要追究刑事责任的，可以滥用职权罪定罪处罚。

11. 共同受贿罪中是否既有既遂又有未遂？

【案情】2013 年 8 月 30 日，某环境科技发展有限公司改制，股东变更为三个，一是国有企业管理有限公司，占股 50%；二是宣化林场，占股 20%；三是民营企业北京某资产管理有限公司，占股 30%。受国有企业上级的委派，Z 某、L 某分别担任某环境科技发展有限公司董事长和常务副总经理，沈某为民营企业北京某资产管理有限公司方股东代表，实际控制人为李某。

同期，某环境科技发展有限公司寻找养老养生项目，经北京某资产管理有限公司控制人李某介绍，L 某认识了永力投资有限公司实际控制人武某，双方就由某环境科技发展有限公司收购永力全资子公司泰和置地有限公司事宜进行初步接洽。武某对沈某提出，收购成功后，要给他们好处费。L某、沈某二人商量后，由沈某向武某索要1亿元好处费，武某表示合作成功后愿意支付。后L某与Z某商量将好处费再加一点，L某告诉沈某好处费增加至2亿元，Z某、L某占一半，沈某占一半。沈某告知武某好处费加到2亿元，武某表示收购成功后愿意支付2亿元，但要扣除相关税费。沈某将武某上述支付好处费的意思告知L某，L某又告知Z某，Z某表示认可。后沈某安排评估公司评估泰和项目价格为11.55亿元，某环境科技发展有限公司与永力投资有限公司签订收购协议确定项目价格为11.66亿元。2014年3月至8月，武某公司陆续收到收购款11亿元，武某在扣除税费后，陆续向沈某提供的账户实际转款1.875亿元。沈某向Z某、L某二人隐瞒收到的真实数额，谎称武某分两次支付好处费，先期支付的1亿元扣除税费、通道费，其实际收到7600万元，并将其中3500万元支付给L某，L某将其中1000万元取现后交给Z某。后L某问沈某另外1亿元好处费什么时候给，沈某称武某出问题了，剩下1亿元好处费可能不给了，Z某和L某此后未再索要剩余好处费。

【问题】关于在共同受贿犯罪中，预知的故意内容是收受2亿元，但是在实施过程中，沈某私自截留的款项如何认定的问题有三种不同的意见。第一种意见认为，被告人Z某、L某和沈某共同受贿1.875亿元，其中沈某受贿1.875亿元既遂；Z某、L某受贿1亿元既遂，0.875亿元未遂。Z某实得数额1000万元，L某实得数额2500万元。其理由为Z某、L某、沈某三人事前共谋、事中皆明知行贿人武某在某环境科技发展有限公司收购泰和置地有限公司完成后，愿意给三人1.875亿元好处费，但目前证据仅显示武某将1.875亿元好处费支付给沈某，沈某告知Z某、L某，武某只给了1亿元好处费。因此，Z某、L某主观上只知道三人占有了1亿元好处费，根据主客观相一致和罪责刑相适应原则，应认定沈某受贿1.875亿元既遂，Z某、L某受贿1亿元既遂、0.875亿元未遂。第二种意见认为，Z某、L某、沈某共同受贿1.875亿元，三人受贿1.875亿元均既遂。理由为Z某、L某、沈某三人明知武某在某环境科技发展有限公司收购泰和置地有限公司完成后，要给予好处费1.875亿元，武某在项目收购后也支付了1.875亿元好处费给沈某，根据共同犯罪数额也应当按照整体犯罪金额计算的原则，Z某、L某二人的犯罪数额也应当认定为1.875亿元，至于Z某、L某实际收到多少好处费，不影响其受贿数额的认定，可在量刑时酌情考虑。第三种意见认为，Z 某受贿 1000 万元，L 某受贿 2500 万元，沈某受贿约 1.5 亿元。理由为受贿金额按各自实际占有计算。

【解析】国家工作人员 Z 某、L 某与非国家工作人员沈某经事前共同预谋，利用 Z 某、L 某职务上的便利，在公司对外项目收购过程中为武某实际控制的公司谋取利益，收取武某所送好处费，三人行为均已构成受贿罪。沈某收到好处费 1.875 亿元后，欺骗 Z 某、L 某仅实际收到 7600 万元，因此，三人受贿 1.875 亿元，Z 某、L 某受贿既遂 1 亿元，犯罪所得数额为 7600 万元，沈某受贿数额为 1.875 亿元，即第一种意见是正确的。

一、三人构成共同受贿

2003 年最高人民法院印发的《经济犯罪座谈会纪要》规定："根据刑法关于共同犯罪的规定，非国家工作人员与国家工作人员勾结伙同受贿的，应当以受贿罪的共犯追究刑事责任。非国家工作人员是否构成受贿罪共犯，取决于双方有无共同受贿的故意和行为。"本案中，Z 某、L 某和沈某任职的某环境科技发展有限公司是国有公司参股的混合所有制公司，Z 某、L 某受国有公司委派担任董事长和常务副总经理，属于《刑法》第 93 条第 2 款规定的国有公司委派到非国有公司从事公务以国家工作人员论的情形，符合受贿罪主体要求；沈某作为民营方股东代表在公司中担任董事、副董事长等职务，既不属于国有公司人员，也不属于受国有单位委派从事公务的人员，不具有国家工作人员身份，不符合单独构成受贿罪的主体要件要求，但其可以与 Z 某、L 某构成受贿罪共犯。沈某与 Z 某、L 某二人经事前预谋，利用 Z 某、L 某的职务便利为武某在收购其实际控制公司的项目上提供帮助、谋取不正当利益，并共同商定收受好处费后进行分配，项目收购完成后也收取了武某所送好处费，三人既有共同受贿故意，也有共同受贿行为，依法构成共同受贿犯罪。

二、应按照行贿、受贿双方达成的合意认定受贿数额

个人受贿所得数额不影响犯罪构成和既遂以及未遂的认定。Z 某等三人应共同对沈某收到的受贿总额负责，因为三人与武某达成的受贿合意就是 2 亿元扣除税费，行贿、受贿的故意的内容已经达成，并且已经付诸实施且履行完毕。其中，沈某全额构成既遂，Z 某、L 某对其所明知的部分构成既遂，不明知的部分构成未遂。认定 Z 某、L 某二人受贿既未遂数额，根据在于二人是否明知及明知多少，同时还需考虑相关税费的扣除等因素。主要理由是：

1. 从受贿罪构成要件分析，本案中三人已经事先商定在项目收购完成后，由沈某收取贿款1亿元，后来又变更为2亿元（扣除相关税费后为1.875亿元），三人按比例分配，Z某、L某各自利用自己的职务便利完成了为武某经营的公司谋取利益的行为，项目收购完成后沈某也收取了武某所送好处费，至此，似乎权钱交易在整体上已经完成。但是，三人事先与请托人对受贿总额的约定因沈某的欺骗而改变，2亿元变成1亿元，故此，Z某、L某明知收到的数额变成1亿元，并据此完成了为请托人谋取利益的行为，收受或参与了分配受贿款，三人具有共同的受贿故意和行为，依法构成共同受贿犯罪，并应共同对受贿总额承担责任。

2. Z某、L某对明知沈某收到的贿款部分构成既遂，不明知的部分构成未遂。虽然三人在整体上构成共同犯罪，并且共同对受贿总额1.875亿元承担责任，但是由于沈某对Z某、L某二人隐瞒真相，导致二人仅明知收到1亿元受贿款（还需扣除相关税费），并只参与对该款的分配，该部分无疑构成既遂，但对于“剩余未给贿款”，沈某谎称武某出问题了，剩余的1亿元好处费可能不给了。Z某与L某无法获得，未再索要。对二人来说，可视为意志以外“未得逞”，依法可认定该部分为未遂，这也符合主客观一致和罪责刑相适应原则。

3. 2003年《经济犯罪座谈会纪要》规定：“个人贪污数额”在共同贪污犯罪案件中应理解为个人所参与或者组织、指挥共同贪污的数额，不能只按个人实际分得的赃款数额来认定。考虑到受贿罪与贪污罪同属于侵犯职务廉洁性的犯罪，刑法对这两种犯罪在处罚尺度上基本一致，因此参照上述规定，共同受贿犯罪中的“受贿所得”亦应理解为“个人所参与或者组织、指挥共同受贿的数额”。2003年《经济犯罪座谈会纪要》和2007年“两高”《办理受贿案件意见》规定，认定国家工作人员与近亲属等特定关系人以外的其他人共同受贿还有一个条件，即共同占有受贿款物。所谓“共同占有”，可能表现为“共同经手”“共同保管”，或者“共同分赃、分别占有”，其实质是在各方共同意志支配下由一方或全体实施的处分行为。本案中，沈某在项目收购和收受好处费过程中起策划、沟通和协调作用，由其经手收受好处费共计1.875亿元，Z某、L某及沈某应对该数额负责；沈某收取1.875亿元好处费，但Z

某、L某二人仅知道沈某收到7600万元好处费，对其余数额并未主动放弃，是由于得知武某出事，因意志以外的原因无法得到，属于未遂。

三、关于共同犯罪人中是否共存既遂、未遂问题

我国刑法理论界有一种意见，在共同犯罪中，即使共同犯罪人中一人实施未遂，若其他共同犯罪人实施既遂，由于共同犯罪行为系基于共同意思联络，故共同犯罪人全体均以既遂论。结果犯以发生一定的犯罪结果为其必要构成要件，犯罪结果发生与否是犯罪是否得逞的判断标准，在结果犯的情况下，不存在既遂与未遂并存的情形。这种理论存在的前提条件应当是基于对行贿、受贿犯罪整体共同意思联络的判断，如同我们对行贿、受贿总数额的判断一样，三人都构成犯罪，对总额负责。但是，该理论还需要一个前提，就是共同犯罪中，特别是职务犯罪中，判断既遂、未遂的基础是意思联络要达成共识，即一致性。如果意思联络出现分歧或者歧义，还以错误的、歧义的意思联络和信息作为判断标准无疑是错误的。在认定受贿罪既遂、未遂的标准上，理论界也有两种判断标准，一是以受贿人是否作出利用职务之便为行贿人谋取利益的承诺作为划分标准；二是以受贿人是否为行贿人谋取到利益作为标准。事实上，我们共同采用的判断标准是第三种，即以受贿人是否收到贿赂作为既遂、未遂的判断标准。前两种观点是判断罪与非罪的标准，第三种观点才是既遂与未遂的判断标准。如果明知或者能够推断沈某对Z某、L某为欺骗，在二人仍然向武某索要的情况下，这种理论还可以成立，否则，在本案中不适用。

四、关于第二种意见，即对三人全部以总额认定既遂的意见

其错误在于，在办理共同受贿犯罪案件的司法实践中，国家工作人员或者中间人在向其他国家工作人员转交受贿款时隐匿部分受贿款，一般认定转交人对全部受贿总额承担责任，被转交的国家工作人员仅对其明知的受贿总额承担责任。因此，第二种意见的错误之处在于，没有正确理解司法解释关于“共同受贿应当共同占有受贿款物”的规定精神，也不符合主客观相一致原则，与上述意见有“异曲同工”之处。

五、关于第三种意见，即按照个人实得数额认定受贿数额的意见

该意见不符合关于共同犯罪应按其“组织、指挥或者参与的总数额认定犯罪数额”的一般理论和相关司法解释规定精神。共同犯罪不是单独犯罪的简单叠加，而是各共同犯罪人主观动机行为有机结合的整体，因此，各行为人均应对共同故意犯罪总的结果承担刑事责任，具体每个人承担的刑事责任大小，再根据其个人分赃数额以及在共同犯罪中所处地位和作用大小来综合评判。

第二章　贪污罪问题

12. 当前新类型贪污犯罪认定的难点是什么？

【案情1】利用职权操纵土地收储后出售贪污500万元。1999年上半年，时任区长的被告人W某为获取事前选定的该区贵开大道一地块使用权，与其弟共谋后，指使其妻子表弟孔某以其弟弟实际控制的环森公司的名义虚构娱乐餐饮项目立项。W某给区规划局等部门人员打招呼后，于1999年9月20日，在未缴纳8.69亩土地出让金的情况下，环森公司获取了该地块规划许可证，并与区国土局签订出让合同。1999年10月，W某又指使孔某向计经局等部门申请，将项目的主体单位全部变更为由W某实际出资、孔某为法定代表人的博雅公司，并获取建设用地规划许可。同年12月，W某指使孔某增补获取了前述地块旁一块6.42亩的荒坡地使用权。至此，博雅公司前后共计获取15.11亩的荒坡地使用权。2000年上半年，区政府成立土地收储领导小组，对贵开大道沿线土地进行收储控制。在区政府招商引资过程中，W某得知八达公司打算在该区选址建设新项目。为高价转让其实际控制的地块，W某带领八达公司董事长侯某及该公司班子成员察看了该地块，以博雅公司的名义向侯某报价500万元，并向其许诺税费减免、增加班子成员个人奖励等政策优惠。侯某同意，但提出先由区政府将土地回购，再出让给八达公司。其后，W某同意并告知孔某回购地块的底价为500万元，并指示区土地收储小组尽快与孔某谈妥土地回购事宜。2000年8月18日，在没有进行土地评估的前提下，博雅公司与区财政局下属的乌当投资公司签订土地补偿协议，约定博雅公司将15.11亩土地退还给区政府，土地受让方八达公司通过乌当投资公司支付博雅公司500万元。8月25日，博雅公司收到土地补偿款500万元。W某将500万元中的400余万元用于炒股。

【案情2】被告人L某在担任金融公司董事长期间，利用职务上的便利，为特定关系人谋取利益，以供应商加价广告费、采购工作服、虚设“顾问费”的名义先后4次贪污公款共计2513万元。

1. 利用供应商加价广告费贪污240万元。2013年下半年至2015年1月，被告人L某经与其特定关系人刘某共谋，利用其担任金融公司董事长兼下属银行党委书记等职务上的便利，串通广告商郭某通过加价中标的方式，先后2次套取银行广告费共计人民币240万元，郭某将此款转入刘某控制的公司。

2. 通过供应商加价采购工作服贪污845万元。2009年年底至2011年7月，被告人L某经与其特定关系人刘某共谋，利用其担任金融公司总裁等职务上的便利，串通服装供应商杨某通过加价中标的方式，套取下属银行工作服采购款人民币845万元，杨某将此款转入刘某控制的公司。

3. 以虚设“顾问费”名义贪污1428万余元。2011年上半年至2018年1月，被告人L某经与其特定关系人于某共谋，利用其担任金融公司董事长等职务上的便利，从金融公司下属的股权投资基金管理有限公司（以下简称股权投资公司）向小康公司投资2.2亿元。L某以于某曾为股权投资公司向小康公司投资提供投资顾问服务为由，要求股权投资公司违规支付“顾问费”，后于某先后2次从股权投资公司非法获取“顾问费”，共计人民币1428万余元。

【案情3】利用职权贪污单位房产。2002年至2015年，被告人Y某在担任某市副市长、市委常委，国家安全总局局长、党组书记期间，利用职务上的便利，为相关单位和个人在企业经营、职务调整、承揽工程等事项上提供帮助，先后非法收受他人给予的财物共计折合人民币2800余万元。1999年4月，被告人Y某在担任市经济委员会主任期间，以所在单位向市工业房地产开发总公司多划拨25万元基建款的方式，购买了位于市和平区新疆路某小区的房屋一套，并未进行国有资产登记，2001年4月，Y某调离市经委时，未向市经委移交该房产。市经委不掌握该房屋，经鉴定，房屋价值人民币27万余元。法院审理认为，被告人Y某的行为构成贪污罪，以贪污罪判处有期徒刑三年。

【案情4】巧立名目贪污价值612.059万元的名酒。2008年至2012年，被告人B某利用其担任市委书记职务上的便利，先后4次巧立名目，贪污名酒。

1. 2010年年底至2011年年初，被告人B某以购买公务接待用酒为名，要求下属区委书记霍某用市财政局拨付的补助资金购买洋酒。2011年1月，霍某等人安排辖区企业以申请淘汰落后生产工艺装备补贴的名义，从海勃湾区财政局获取财政资金，购买了价值人民币196.5万元的洋酒。后B某安排其司机将洋酒全部运至其个人使用的车库，占为己有。

2. 2011年下半年，被告人B某利用担任市委书记职务上的便利，以购买公务接待用酒为名，要求时任市政府市长闫某用公款为其购买茅台酒。2011年12月和2012年1月，B某安排其司机先后2次提取价值人民币312.936万元的1542瓶茅台酒，分别运至B某指定的库房及其家中。2012年3月至6月，闫某安排下属用财政资金为B某支付购酒款人民币190.559万元。

3. 2009年下半年，被告人B某利用担任市委书记职务上的便利，以博物馆旅游项目落成庆典需要用酒为由，要求时任下属区委书记陈某用公款购买国窖1573定制酒。2010年5月至7月，陈某安排人员以旅游区庆典接待费的名义，从区财政局获取财政资金，购买了价值人民币135万元的定制酒43箱，后B某安排其司机将该批酒运至其个人使用的车库。2011年5月，B某调离后，将该批酒占为己有。

4. 2010年5月，被告人B某利用担任市委书记职务上的便利，要求时任下属区委书记陈某用公款为其购买上海世博会茅台纪念酒。同年11月，陈某安排下属以海南区招商引资培训、宣传工作经费等名义申请财政补贴，购买了价值人民币90万元的茅台纪念酒81瓶。后B某安排其司机将该批酒运至其个人使用的车库，占为己有。

【问题】随着经济社会的迅速发展，贪污犯罪也呈现了新的变化和特点，涉案的金额越来越大，高级别的领导干部贪污案件频发，案件涉及各个行业，领域非常广泛，有国家机关的党政领导、有金融部门的主要负责人，贪污犯罪的手段多样化，很多是经过精心设计，制造烦琐程序，利用其他下属国家工作人员实施，在正常的经济活动中，采用幕后操纵、强权介入的方式达到贪污的目的，而且数额特别巨大，方法隐蔽，很多案件难以查处，经常与受贿犯罪交织在一起，上述几个案例都是在查处受贿犯罪时一并查出的，有的是在交代受贿犯罪时主动交代的，此类贪污犯罪是当前以至今后一个时期查办的重点和难点。

【解析】贪污犯罪，是指国家工作人员利用职务上的便利，侵吞、窃取、骗取或者以其他手段，非法占有公共财物的行为。利用职务上的便利，是指利用职务上主管、管理、经手公共财物的权力以及方便条件。目前，虽然传统的利用管理、经手公共财物的权力及方便条件的贪污案件仍然大量存在，但是，处理此类案件相对容易和轻松，对此，纪检监察机关和司法机关积累了大量的经验。但是，还有一些国家工作人员利用职务上主管的便利实施贪污犯罪，其虽然不具体管理、经手公共财物，但具有调拨、支配、转移、使用或者以其他方法支配公共财物的职权，这类人包括部门的负责人、上级分管的领导以及系统的主要领导或者更高层次的领导，他们利用自己的职权进行新型的贪污犯罪，办理的难度之大可想而知，如上述案情中的贪污犯罪案件都是在查办受贿案件过程中发现的，此类贪污犯罪是目前以至于今后一个时期办理贪污类型案件的重点和难点，其具有以下几个方面的特点：

一、提前预谋，暗中串通，通过经济活动违规实施

案情1中，被告人W某为获取地块使用权，自己事前选定，并与其弟、妻子表弟孔某共谋，指使其弟弟成立自己实际控制的公司，虚构项目，向区计经局成功申请立项。W某给区规划局等部门人员打招呼后，在未缴纳出让金的情况下，获取了规划许可证，并与区国土局签订出让合同。2000年，W某作为区政府土地收储小组领导，事先得知八达公司打算选址建设新项目的信息。在外界看来，这是区政府进行招商引资工作。实际上，W某亲自带领八达公司董事长及该公司班子成员察看了自己控制的地块，并私下达成协议，向对方许诺税费减免、增加班子成员个人奖励。对方提出先由区政府将土地回购，再出让给八达公司。W某利用自己的职权完成上述工作，通过其妻子表弟公司获取500万元。案情2的第一起犯罪事实中，被告人L某将自己下属单位要做户外广告的信息告知其特定关系人刘某并共同密谋，由刘某联系广告公司并加价获取利益。在刘某联系到承揽单位后，刘某将承揽公司名称和联系方式给了L某。L某直接向负责人王某打招呼让该单位中标，王某向董事长刘某某做了汇报，刘某某指示，既然领导打招呼了，那就要办好，直接与承揽单位对接。王某接到L某的指令后，直接向综合管理部的阳某、李某授意，二人没有做市场调查和寻价，完全根据承揽公司拟出的广告方案，核算费用，报价认定价格。刘某从中加价 240 万元，从承揽公司获取。案情 2 的第二起犯罪事实中，也是 L 某向刘某提出由其安排人承接该业务，刘某联系制衣公司，并商定以增加报价的方式赚钱。L 某向下属银行筹备组负责人打过招呼，并把具体负责此事的王某的联系方式给刘某。工作服采购采用招标的方式，虽然该制衣公司借用其他几家公司的资质围标，但是，最后采用的是定向招标的方式让该制衣公司中标，中标后，刘某从该公司获取加价款 845 万元。案情 2 的第三起犯罪事实中，在 L 某帮助下，股权投资公司与小康公司签订投资协议，投资小康公司 2.2 亿余元，L 某的特定关系人于某从中牵线搭桥，于某遂让 L 某帮助向股权投资公司索要顾问费，L 某明知没有依据给付于某“顾问费”，但是，L 某还是向该公司董事长白某打招呼。后股权投资公司向于某公司支付顾问费 1428 万余元。案情 3 中，被告人 Y 某在担任市经济委员会主任期间，以某位市领导没休息地方为由，指使副主任向工房公司索要了一套住房，当 Y 某将钥匙交给市领导后，该领导并未接受。Y 某一直自己占有这套住房，后来，Y 某指使会计拨一笔基建款给工房公司，多拨 25 万元作为购房款，虚构两个单位之间购销房屋的经济活动。虽然房屋名称没有改变，但是一直被 Y 某占有，期间还借给他人使用，后来由其亲属占有。案情 4 的第一起犯罪事实是 B 某要求下属区委书记霍某用市财政局拨付的补助资金购买洋酒。第二起犯罪事实是要求时任市政府市长闫某用公款为其购买茅台酒。第三起犯罪事实是要求时任下属区委书记陈某用公款购买国窖 1573 定制酒。第四起犯罪事实是要求时任下属区委书记陈某用公款为其购买上海世博会茅台纪念酒。对外都是下属单位进行的正常的经济交往活动，外界无法怀疑到与 B 某有什么关系，也不会想到 B 某将这些名酒据为己有。

二、借壳走程序，手段更隐蔽

案情 1 中，被告人 W 某为获取地块使用权，借助其弟弟实际控制的环森旅游公司获取了建设用地规划许可证，与区国土局签订出让合同。1999 年 10 月，W 某又指使其妻子表弟孔某将环森园项目的主体单位变更为自己实际控制的博雅公司。W 某以博雅公司的名义报价 500 万元，博雅公司与区财政局下属区投资公司签订土地补偿协议，约定博雅公司将土地退还给区政府，土地受让方八达公司通过投资公司支付博雅公司 500 万元。从外部的程序上看，八达公司与博雅公司以及区财政局、区国土局之间进行的是土地收储、土地出让的行为，并且都是按照正当的程序进行的，但事实上都是W某一手策划，走程序的公司从法律手续和内部人员结构上看不出与W某之间的关系，贪污手段非常隐蔽，因此，该案在查处时，很多办案人员还在怀疑是否真的与W贪污行为有关，当所有的证据都展现出来的时候，真相大白于天下。案情2贪污广告费的事实中，L某通过其特定关系人刘某联系当地一家公司，以该公司的名义进行投标，从中将报价提高，提高部分归刘某所有，为掩人耳目，刘某要求当地公司与刘某自己控制的公司（以其亲属名义注册）签订虚假协议，将加价款转给自己。案情2贪污服装款的事实中，刘某也是如此办理，其安排一家制衣公司承接该业务，并商定增加报价，这次虽然走的是招标程序，但是，发标银行事先告知该制衣公司招标程序，该制衣公司又从4家公司借来资质进行围标，让这四家公司与这家制衣公司一起参加投标。后又以定向招标的方式中标后，刘某要求制衣公司与刘某自己控制的公司签订虚假协议，将加价款转给自己。案情2的第三起犯罪事实中，被告人L某的特定关系人于某，以帮助股权投资公司向小康公司融资为由向股权投资公司索要"顾问费"，通过于某控制的润湖公司与股权投资公司签订投资顾问协议的补充协议来实现的。案情3中，被告人Y某任市经济委员会主任期间，以市领导休息为由索要临时住房，而后，Y某以其所在单位向下属市工业房地产开发总公司多划拨基建款的方式购买了该房屋，开票时付款人记为市经委。Y某调离市经委后，一直隐瞒该房屋并占为己有，案发时也没有更名过户。在查办时，有的办案人员还认为是公房，Y某没有贪污的迹象。案情4中，被告人B某贪污的都是名酒，第一起犯罪事实是通过下属区委书记霍某以申请淘汰落后生产工艺装备补贴的名义骗取财政资金购买名酒。第二起犯罪事实是通过下属市长闫某以购买公务接待用酒为名为单位买酒而自己占有。第三起犯罪事实是通过下属区委书记陈某以旅游区庆典接待费的名义，从区财政局获取财政资金购买名酒而自己占有。第四起犯罪事实也是通过陈某以区招商引资培训、宣传工作经费等名义申请财政补贴来购买名酒，而自己占有。上述行为都是假借政府、公司的名义，通过自上而下地走程序来实现的，手段更隐蔽。

三、幕后操纵，指使、利用其他国家工作人员实施

案情1中，时任区长的被告人W某为获取事前选定的地块使用权，在给区规划局等部门人员打招呼后，使其实际控制的公司在未缴纳出让金的情况下获取了规划许可证，并与区国土局签订出让合同。W某得知八达公司购买该地块，以政府的名义向该公司许诺税费减免、增加班子成员个人奖励等政策优惠，后又指示区土地收储小组尽快与孔某谈妥土地回购事宜，获取500万元。案情2贪污广告费的事实中，被告人L某为了让其特定关系人刘某联系的公司中标，在将该公司名称和联系方式发给下属银行的负责人王某后，又把王某的电话发给该公司负责人让其去对接业务。同时，L某向下属银行的其他领导打招呼让该公司承接该项业务。王某将此事向董事长刘某某汇报，刘某某示意既然领导打招呼了，那就要办好。又向其下属具体负责该项工作的阳某、李某打招呼，他们根据该公司的资源情况拟出广告方案，让其去核算费用。银行根据这个报价拟订方案，使该公司顺利中标。案情2贪污服装款的事实中，L某为了能使其特定关系人刘某联系的制衣公司中标，向其下属重组办公室主任刘某、高级经理王某打招呼，并把具体负责此事的王某的联系方式通过刘某给了制衣公司的负责人。其间，王某向L某反映该制衣公司报价偏高，但L某明确要求银行工作服业务就要给该制衣公司做，后来，L某又打电话给王某，让他立即加快推进行工作服定制工作。最后，采用定向招标的方式让该制衣公司按照事先商定的报价顺利中标。案情2贪污“顾问费”的事实中，被告人L某为了帮助其特定关系人于某获取其下属公司的“顾问费”，分别向时任董事长姜某、白某打招呼，江某、白某都知道并告诉L某股权投资公司给于某顾问费没有政策依据。虽然姜某与于某的公司签订了协议，但是没有给付。白某接任后，也明知没有依据给付顾问费，但是，L某表态，让其不要考虑这些，必须按照协议支付顾问费。白某未作反对，就依约支付了。案情3中，被告人Y某是通过本单位的会计向市工业房地产开发总公司多划拨25万元基建款的方式，购买了其占有的房屋。案情4中，B某4次贪污名酒，第一起犯罪事实是通过下属区委书记霍某实施的。第二起犯罪事实是B某要求时任市政府市长闫某购买茅台酒。第三起犯罪事实是B某要求时任下属区委书记陈某用公款购买国窖1573定制酒。第四起犯罪事实是B某要求时任下属区委书记陈某用公款为其购买上海世博会茅台纪念酒。具体管理者、经手者都没有实施贪污，真正贪污的是幕后的“大老虎”。

四、强权介入，制度形成空转

案情 1 中，被告人 W 某的弟弟、妻子表弟成立环森旅游公司、申请娱乐餐饮项目，向区计经局成功申请立项，获取规划许可证。与区国土局签订出让合同，该公司获得拆迁补偿，后该公司向计经局等部门申请，将项目的主体单位全部变更为博雅公司，博雅公司获取规划许可、荒坡地使用权。经土地收储小组与博雅公司协商，博雅公司与区财政局下属区投资公司签订土地补偿协议，约定博雅公司将土地退还给区政府，土地受让方八达公司通过投资公司支付博雅公司 500 万元。经区人民政府批准生效。看似合情合理的流程、完整的制度，没有任何违反程序的行为，但却是在 W 某一手操控下实施的，W 某作为一市之长，是其给区规划局等部门人员打招呼后，使孔某在未缴纳土地出让金的情况下，连续获取两块地块的使用权。区政府成立土地收储领导小组，在区政府招商引资过程中，W 某得知八达公司打算在该区选址建设新项目。W 某带领八达公司董事长侯某及该公司班子成员察看了前述地块，并向对方许诺税费减免、增加班子成员个人奖励等政策优惠，并先由区政府将土地回购，再出让给八达公司。其后，W 某告知孔某该情况并对其明确地块的底价为 500 万元，并指示区土地收储小组尽快与孔某谈妥土地回购事宜。在没有进行土地评估的前提下，区财政局下属区投资公司签订土地补偿协议，土地退还给区政府，八达公司通过投资公司支付博雅公司 500 万元，实现了 W 某的目的。如果没有 W 某的强权介入，每一步都举步维艰，很难实现。案情 2 的第一起犯罪事实中，L 某为让其特定关系人刘某联系的公司能够获得广告中标，直接向发标单位的主要领导王某打招呼，王某又向董事长刘某某汇报，刘某某示意下属，既然领导打招呼了，那就要办好。后其将此事告诉了具体负责人阳某，让他务必要落实领导的意图并具体去操作好。从程序上来看，这是当地一家公司参与的普通广告投标，但事实上，该银行只拟定了初步方案，没有做市场调查和询价，是按照对方的报价认定的价格，也是根据对方公司的户外广告资源制定的招投标方案，保证该公司肯定能顺利中标。这完全是按照 L 某的意愿进行的，招标沦为一个“流程”。案情 2 的第二起犯罪事实也同样如此。L 某为确保其特定关系人刘某联系的制衣公司中标，向重组办公室主任刘某、办公室高级经理王某打招呼。刘某、王某心领神会，与制衣公司负责人对接、商谈，告知对方招标程序，让其做好准备，并按照要求制作投标方案。该制衣公司借来 4 家公司资质进行围标。其间，筹备组的负责人反映制衣公司报价偏高，并向 L 某反映了这个情况，但 L 某明确要求银行工作服业务就要给这家制衣公司做，并让该负责人立即加快推进工作服定制工作。后来，采用定向招标的方式，按照事先与制衣公司商定的报价让该公司顺利中标。案情 2 的第三起犯罪事实中，L 某为了让其特定关系人于某获取“顾问费”，分别向下属公司两任董事长姜某、白某打招呼，让股权投资公司与小康公司搁置的投资项目重新启动，如果没有 L 某打招呼，该项目将停滞。后于某又通过 L 某向股权投资公司要“顾问费”。白某告诉 L 某，给于某顾问费没有政策依据。L 某表态，让其不要考虑这些，必须按照协议支付顾问费。在 L 某的帮助下，2011 年 7 月，股权投资公司与于某的润湖公司签订了投资顾问协议，约定投资净收益的 3% 作为顾问费支付给润湖公司，该协议日期倒签为 2011 年 1 月。该笔费用看似是润湖公司为小康公司提供融资服务的“顾问费”，事实上，是 L 某为于某索要的利益。为了符合流程，甚至倒签了协议时间。案情 3 中，被告人 Y 某在担任市经济委员会主任期间，贪污市工业房地产开发总公司住房一套，是通过多划拨 25 万元基建款的方式购买的，并登记在单位名下。如果不是在查办其受贿案件中发现，仍然不知道该套房被其占有。案情 4 中，被告人 B 某贪污的名酒都是下属工作人员按照他的意思，假借公用的名义，通过看似正常的工作程序购买，最终，酒被其占有。第一起犯罪事实中，下属区政府以购买公务接待用酒为名购买洋酒，实际是下属区委书记霍某按照其要求购买。第二起犯罪事实是下属市政府以购买公务接待用酒为名购买茅台酒，实际是 B 某要求下属市长闫某为其购买。第三起犯罪事实是下属区委以博物馆旅游项目落成庆典需要用酒为由，从区财政局获取财政资金，购买国窖 1573 定制酒，实际是 B 某要求书记陈某为其购买。第四起犯罪事实中，下属区委以海南区招商引资培训、宣传工作经费等名义申请财政补贴，购买世博会茅台纪念酒，实际是 B 某要求书记陈某为其购买。

上述案例体现了新的历史条件下，贪污犯罪呈现的新变化，其特点是犯罪人犯罪恶性较深，犯意并非临时动议，犯罪行为都是经过精心策划，提前预谋，有计划、有目的、有部署的实施。贪污犯罪的被告人掌握大权，实施贪污犯罪的行为在外界看来是不匹配的，在正常的情况下，若没有内部知情人举报、被告人的主动自首或者坦白，很难查获或者发现。犯罪人之间暗中串通，利用经济政策，通过经济活动来实现目的，内部都存在违规的行为，但是，实际遭受损失的就是被告人掌握的国家的公共财物。如果被告人不是因为其受贿犯罪被举报，或者对其行贿的人又因为行贿他人而案发，仅通过内部审计、外部审计等方式很难发现。上述犯罪行为都是因为受贿数额特别巨大，牵连引发贪污的事实。这些贪污犯罪在实施的过程中都是借助公司、企业等单位的形式借壳走程序，在外界看来手续齐备、程序完整，事实上手段更加隐蔽。掌握巨大权力的人幕后操纵，并且指使利用其他国家工作人员实施犯罪，一旦这种强权介入，在我们这个人情大国，制度形成空转、形同虚设。因此，在查办新类型的贪污犯罪案件时，此类犯罪将是目前和今后一段时期查处的重点，笔者希冀在此方面有所突破。

13. 如何把握国有企业改制为国有控股、参股股份制企业过程中罪与非罪的界限？

【案情】2004 年前，被告人 J 某一直担任某国有天然气公司在某市下属的子公司的负责人，子公司也主要经营天然气业务，子公司所使用的土地为国有划拨。2004 年，子公司进行改制，J 某占有子公司 51% 的股份，国有股份下降为 19%，公司其他职工 10 余人占有剩余的 30% 股份，J 某控股，成为法定代表人，公司使用的国有划拨土地的性质没有改变。后来，公司部分职工将自己的股份转让给 J 某，J 某成为绝对的大股东。2010 年，公司所在的位置属于政府规划中的收储用地。公司所使用的土地国家要收储，J 某伪造手续，谎称其公司有权处置国有划拨土地，与他人签订协议，以 1.8 亿元的价格将公司土地、公司厂房等一切收储权转让。改制后的公司获得 1.8 亿元的款项后又另择其他地方盖厂房，将公司搬迁，1.8 亿元的资金成为公司的资产。检察机关以被告人 J 某犯有贪污罪向人民法院起诉。

【问题】在本案的审理过程中，有关被告人 J 某的行为是否构成贪污罪有两种不同的意见：一种意见认为，J 某的行为构成贪污罪。因为 J 某在改制前系国有公司子公司的负责人，改制后为法定代表人，该公司经营的天然气业务属于特种行业，虽然改制，但是国家仍占有19%的股份，按照公司法的规定，J某担任法定代表人，属于企业结构的变化，其实质上属于接受所有股东的委托从事经营活动，其伪造手续将国有资产据为已有属于贪污行为。另一种意见认为，J某不构成贪污罪。因为J某在改制之前系子公司的负责人，改制之后，上级公司没有相关文件委托其代表国有企业进行管理，且国有股份部分由国有公司安排其他人员作为董事参与管理。按照司法解释的规定，国有公司、企业改制为股份有限公司后，新任命的人员中，除代表国有投资主体行使监督、管理职权的人外，不以国家工作人员论。J某已经有自己的股份，不代表国有股份，将土地卖出，又购置了新的土地，是显而易见的行为，但国有公司没有提出异议。另外，出卖土地的费用，已经用于公司搬迁，不宜认定贪污罪。

【解析】根据2003年11月13日最高人民法院印发的《经济犯罪座谈会纪要》中关于国家机关、国有公司、企业、事业单位委派到非国有公司、企业、事业单位、社会团体从事公务的人员的认定的规定，所谓委派，即委任、派遣，其形式多种多样，如任命、指派、提名、批准等。不论被委派的人身份如何，只要是接受国家机关、国有公司、企业、事业单位委派，代表其在非国有公司、企业、事业单位、社会团体中从事组织、领导、监督、管理等工作，都可以认定为国家机关，国有公司、企业、事业单位委派到非国有公司、企业、事业单位、社会团体从事公务的人员。如国家机关、国有公司、企业、事业单位委派在国有控股或者参股的股份有限公司从事组织、领导、监督、管理等工作的人员，应当以国家工作人员论。国有公司、企业改制为股份有限公司后新任命的人员中，除代表国有投资主体行使监督、管理职权的人外，不以国家工作人员论。上述案例中，J某的身份至关重要，如何认定J某的身份要区分以下几个阶段：

1. 2004年前，被告人J某一直担任某国有天然气公司在某市下属的子公司的负责人，有明确的委任、派遣或者其他形式，根据司法解释的规定，如任命、指派、提名、批准等，无论被委派的人身份如何，只要是接受国家机关、国有公司、企业、事业单位委派在非国有公司、企业、事业单位、社会团体从事公务的人员，其应当属于国有企业委派的人员，负有对子公司从事组织、领导、监督和管理的职能。J 某此时为国家工作人员。

2. 2004 年，子公司进行改制，J 某占有子公司 51% 的股份，国有股份下降为 19%，公司其他职工 10 余人占有剩余的 30% 股份，J 某控股，成为法定代表人，此时，J 某的身份是否发生变化？按照上述司法解释的规定，受国家机关、国有公司、企业、事业单位委派在国有控股或者参股的股份有限公司从事组织、领导、监督、管理等工作的人员，应当以国家工作人员论。J 某并非国有公司新派往国有控股、参股企业从事公务的人员，而是在原国有企业改制为国有参股企业中始终接受国有公司委派，未发生职责的变化。那么，J 某的身份是否发生改变，是否已经不具备国家工作人员身份了呢？根据 2001 年 5 月 23 日公布的《最高人民法院关于在国有资本控股、参股的股份有限公司中从事管理工作的人员利用职务便利非法占有本公司财物如何定罪问题的批复》① 中的明确规定，在国有资本控股、参股的股份有限公司中从事管理的工作人员，除受国家机关、国有公司、企业、事业单位委派从事公务的以外，不属于国家工作人员。上述规定是否应当将 J 某排除在外呢？答案是否定的，根据《最高人民法院关于如何认定国有控股、参股股份有限公司中的国有公司、企业人员的解释》② 的规定，国有公司、企业委派到国有控股、参股公司从事公务的人员，属于国有公司、企业人员。J 某在企业改制前系接受国有企业委派的人员，改制后其并非属于改制为股份有限公司后新任命的人员，而是原有的工作人员。因此，根据《办理国家出资企业职务犯罪案件意见》关于国家出资企业工作人员在改制过程中隐匿公司、企业财产归个人持股的改制后公司、企业所有的行为的处理的规定，国家工作人员或者受国家机关、国有公司、企业、事业单位、人民团体委托管理、经营国有财产的人员利用职务上的便利，在国家出资企业改制过程中故意通过低估资产、隐瞒债权、虚设债务、虚构产权交易等方式隐匿公司、企业财产，转为本人持有

---

①《最高人民法院关于在国有资本控股、参股的股份有限公司中从事管理工作的人员利用职务便利非法占有本公司财物如何定罪问题的批复》于 2001 年 5 月 22 日由最高人民法院审判委员会第 1176 次会议通过，2001 年 5 月 23 日公布，自 2001 年 5 月 26 日起施行。

②《最高人民法院关于如何认定国有控股、参股股份有限公司中的国有公司、企业人员的解释》于 2005 年 7 月 31 日由最高人民法院审判委员会第 1359 次会议通过，2005 年 8 月 1 日公布，自 2005 年 8 月 11 日起施行。

股份的改制后公司、企业所有的，依照《刑法》第382条、第383条的规定，以贪污罪定罪处罚。贪污数额一般应当以所隐匿财产的全额计算；改制后公司、企业仍有国有股份的，按股份比例扣除归于国有的部分。所隐匿财产在改制过程中已为行为人实际控制，或者国家出资企业改制已经完成的，以犯罪既遂处理。上述司法解释明确了上述案例的处理原则。

3. 此外，还有一个值得注意的问题，就是改制为股份有限公司后新任命的人员，他们当然负有对股份公司中的国有资产进行监督、管理的职权，他们理所当然的是国家工作人员，但是，并不因出现了新任命的工作人员从而减轻或者降低了J某的责任。特别之处在于，因为J某是原国有子公司的负责人，在企业改制中才能够控股，也是基于国有企业对其的信任，其担任董事长，并且能够顺利收购其他职工的股份，因此，其这种先前特定身份不仅对自己的股份负有管理的职权、责任和义务，同时，也负有对国有部分资产保值增值的义务，其他新任命的成员也同样负有对国有资产进行监督和管理的职责，但是，新任命的成员不可能完全掌握土地性质是划拨还是出让，而且转让款仍在单位中，并且基于对J某的信任这些成员没有提出异议，并不能因此而免除J某的责任，因此，第一种意见是正确的。

14. 被告人利用职权占有单位艺术品，后又指使下属工作人员进行平账，如何确认贪污既遂的时间节点并据以确定其价值？

【案情】2004年至2013年，被告人J某担任省商业集团董事长兼银河博物馆法定代表人。博物馆成立初期，J某取出一些馆藏书画玉器用于单位之间的走访。直到2005年春节后的一天，J某在整理办公室柜子时，突然发现了两幅书画，经过反复回忆想起这两幅书画是春节期间走访剩余下来的，当时J某随手放进柜子就忘了还回仓库。J某随即悄悄查看博物馆的库存盘点记录，发现这两幅书画已经作为送出去的礼品被做账处理掉了。J某出于对字画的爱好，偷偷把这两幅书画带回了家。正常工作流程是J某以为商业集团各公司协调关系、公关办事、过年过节走访等名义告诉博物馆负责人田某需要几幅书画，这些书画有时是J某根据库存清单指定的，有时J某不指定具体书画，只告诉田某需要几幅书画。然后由田某或者由田某安排库管员把需要的书画送到J某的办公室。J某把自己看中的东西留下来，其余的就用于办事送礼。事后，除去送掉的和J某自己占有的外，J某再通知库管员将剩余的东西收回仓库。此外，J某在博物馆馆藏中看到个人特别喜欢的单件书画，其也会以为集团办事送礼为名，通过上述方式直接占为己有。J某拿走字画等物品是不需要签领手续的，库管员会记录一下，拿走字画后过一段时间，J某把田某等工作人员叫到办公室，告诉他们除了没用掉退回去的字画，其他字画都公用了，让他们把账平一下。一般都是J某和田某等三人私下商量决定平账，一方面通过虚假销售和虚假退货的方法将J某从银河博物馆拿走的书画玉器从账务上减少库存，另一方面利用赠品虚假采购入账、截留真实销售利润等方式套取资金，将虚假销售和虚假退货的需要的入账资金补起来进行平账。

【问题】J某利用职权占有单位艺术品，后又指使下属人员进行平账，如何确认贪污行为的时间节点并据以确定财物的价值？2004年至2013年，被告人J某贪污字画4幅，均是由下属工作人员事后平账，对于如何认定其占有书画的时间并以何节点确定物品的价值有两种不同的意见，一种意见是以被告人J某实际占有的时间为准，即为犯罪实施完毕，对财物已经完全据为己有；另一种意见是应当以下属工作人员平账的时间作为犯罪完成之时，被告人拿走画作之时并非完全占有，在单位的账面上记载被其拿走，只有在其下属工作人员进行平账之后，贪污的行为才真正完成，因此，最后平账的时间为贪污行为完成之时，并以此时间节点确定财物的价值。

【解析】2004年至2013年，被告人J某在担任省商业集团董事长兼银河博物馆法定代表人期间，大宗的字画采购都要向J某报告，数额较大的采购或销售业务都要经过J某的把关和认可，采购资金的支付一般都由J某签批。馆内藏品管理及财务管理一直比较混乱，J某因公因私从银河博物馆拿字画、玉器，也为J某个人占有字画、玉器提供了便利条件。银河博物馆历年来购买书画玉器的资金都是国有资金，馆藏的书画玉器等艺术品的资产性质都是国有资产。2004年至2013年，J某利用其职务便利，以集团公司需公务送礼、协调关系或为商业集团办事为名从银河博物馆骗取了一些书画玉器占为己有并安排银河博物馆下属工作人员做了平账处理，应认定J某构成贪污罪。

我国《刑法》第382条规定，贪污罪是指国家工作人员利用职务上的便利，侵吞、窃取、骗取或者以其他手段非法占有公共财物的行为。所谓骗取，是指行为人利用职务上的便利，采取虚构事实或者隐瞒真相的方法，将公共财物非法占为己有的行为，本案中被告人J某的行为被认定为贪污罪是正确的。本案中存在的问题就是某些字画买回后不久即被非法占有，并进行平账处理。但是，无论是从工作人员的证人证言还是被告人的供述都很难确定被告人J某实际占有的时间，最后，纪检监察机关通过鉴定的方式确定价值，但是，鉴定的日期只能以平账时间的书证为准。这里涉及贪污犯罪既遂与未遂的界限问题。根据2003年11月13日最高人民法院发布的《经济犯罪座谈会纪要》的规定，贪污犯罪是一种以非法占有为目的的财产性犯罪，与盗窃、诈骗、抢夺等侵犯财产罪一样，应当以行为人是否实际控制财物作为区分贪污罪既遂与未遂的标准。对于行为人利用职务上的便利，实施了虚假平账等贪污行为，但公共财物尚未实际转移，或者尚未被行为人控制就被查获的，应当认定为贪污未遂。行为人控制了公共财物后，是否将财物据为己有，不影响贪污既遂的认定。本案中，J某贪污既遂的时间应当是其实际控制画作以及玉器的时间。但是，根据本案的事实，这一时间无法准确认定，证人证言证明在被告人占有不久就会平账，平账是有书证的，财物凭证能够准确地证明，但是以此时间为准鉴定书画的价值就会产生另一个问题，即出现一些字画购进价格低而价格认定中心认定价格高，或进价较高鉴定价格低的情况。办案机关统一以价格认定中心认定的价格来确定J某贪污字画的价值，且以其平账时间作为认定价格的基准日，J某本人也认为鉴定的价格合理。因为J某贪污的对象是物，而非货币。在字画购买价高而认定价低的情况下，可认为被告人对字画的价值认识错误，以较低的认定价来确定其贪污数额对被告人也有利。在购买价低而认定价高的情况下，考虑本案所涉字画购买价的确定有一定随意性，甚至有虚高成分，且有些系批发购买，优惠幅度大，难以客观反映字画的真正价值，鉴于J某本人非常喜好字画且有一定的鉴别能力，其将字画据为己有时一般不是看重字画的交换价值，可认为其主观上对字画的高价格有一定的概括性认识。且统一以价格认定中心认定的价格确定J某受贿数额，也符合逻辑判断和经验法则，如果被告人J某提出异议，也可以有利于被告人的原则进行处理。第二种意见是正确的。

15. 国家工作人员让自己的下属报销个人费用的，是贪污还是受贿行为？

【案情】2008 年至 2011 年，被告人 W 某在担任某保险公司总裁期间，将自己的好友 L 某提拔为下属省公司的副总经理。2012 年上半年，W 某出于对封建迷信的热衷，将单位配置在办公室的装饰画更换为由名人亲手画的“风吹麦浪”的油画，昭示守望收获的寓意，为此，W 某要求 L 某代其支付油画款人民币 88 万余元和个人消费的几十万元。L 某以虚列开支的方式分别从自己的分公司和其下属的几个支公司出账，为 W 某支付上述款项。

【问题】关于 W 某收受下属支付购买油画款和个人消费款的行为是贪污还是受贿的问题，对此，有两种不同的意见，一种意见认为，被告人 W 某是保险公司的总裁，对其分公司的财物有完全的支配和控制的权力，W 某供述 L 某是分公司的副总经理，比较容易处理一些其无法处理的开支，因此，W 某让 L 某为其支付油画款和个人消费款项，L 某以虚列开支的方式用分公司和其下属的几个支公司的公款支付了该笔费用，所以，可以认定 W 某利用对分公司财物的支配和控制的职务便利，通过 L 某以虚列开支的方式侵吞了分公司的公款，构成贪污罪；另一种意见认为，L 某作为被告人 W 某的下属，是经过 W 某两次动议提拔起来的分公司的副总经理，正如 L 某证言证明，其提拔和任用离不开被告人 W 某的支持和帮助，为了感谢 W 某一直以来的关心和帮助，同时，其也为了继续得到 W 某的关照，所以才会帮助 W 某支付油画款和个人消费的部分费用。因此，应当认定 W 某构成受贿罪。

【解析】贪污罪和受贿罪在理论上的区别是明晰的，但是，理论是“灰色”的，案件事实是千姿百态的。贪污罪是国家工作人员利用职务上的便利，侵吞、窃取、骗取或者以其他手段非法占有公共财物的行为。受贿罪是利用职务或者职权和地位形成的便利条件，为他人谋取利益，索取或者非法收受他人财物的行为。两者都占有财物，但是，财物的来源和属性是不同的。被告人 W 某虽然是总公司的总裁，但是，并没有直接利用自己职务的便利骗取或者侵吞分公司的财物。W 某是否通过 L 某实施了侵吞或者骗取公款的行为，与L某是否构成贪污的共犯，根据被告人W某的供述和证人L某的证言，只能证明L某是分公司的副总经理，容易处理一些费用。事实上，L某也是用分公司和下属支公司的公款为W某支付油画款和其个人费用，L某的预见性与W某的预见性是一致的，但是，不能就此得出W某与L某通谋或者W某指使L某使用分公司的公款。W某只关心油画款和费用是否处理，并未明示L某从单位分公司的公款中解决。L某也没有告知W某油画款和报销费用的来源，W某在案发时也不知油画款和报销费用的来源。因此，在虚假出账、侵吞或者骗取方面，两人之间没有进行犯意的沟通，不能认定是两人共同故意犯罪。我国《刑法》第25条规定，共同犯罪是指两人以上共同故意犯罪。如果要认定W某构成贪污罪，就要证明W某与L某两个人具有共同贪污的故意，不仅事前要有通谋，而且，还对实施的内容、手段进行通谋，明示侵犯的财物属于公共财物，共同骗取分公司或者支公司的财物，但是，没有这样的证据，也与客观事实不符。因此，本案也不存在共犯问题，W某的行为不构成贪污犯罪。

相反，根据我国《刑法》第385条规定，国家工作人员利用职务上的便利，索取他人财物的，或者非法收受他人财物，为他人谋取利益的，是受贿罪。W某与L某之间是上下属关系，L某是由W某提拔使用的分公司副总经理，L某的成长进步离不开W某的提携和帮助，L某对此心存感激，正如其自己证明的那样，一是为了感激，二是为了继续得到W某的关照，三是自己认为是W某信任的人，办理此事说明领导对自己的信任。所以，L某才有为W某支付油画款和其他费用的行为，从本质上属于权钱交易，其行为侵犯了国家公职人员职务的廉洁性，符合国家工作人员利用职务上的便利为他人谋取利益，非法收受他人财物的构成要件，因此，W某的行为构成受贿罪。

此外，根据证据材料显示，L某为W某支付油画款等费用是通过自己在分公司报销一部分费用，同时，又指使下属支公司的几个经理各报销了一部分费用，L某通过下属的支公司经理处理的费用，大部分支公司经理都在自己的公司虚列开支予以核销，但是，还有一些支公司的经理用个人的工资、奖金支付给L某，他们没有利用自己的职权在自己的支公司核销任何费用，完全用自己个人的合法收入支付上级领导个人的费用，因此，此种情形还是认定受贿罪为宜，第二种意见是正确的。

16. 变相多支付的编剧费属于贪污还是受贿?

【案情】2009年至2015年，X某担任过多个金融部门的负责人。2003年，审计部门出资拍摄电视剧《××报告》，X某是该剧总编剧，当时熊某是系统下属文化交流中心有限公司副总经理，负责该剧的制作和拍摄，因工作原因，其与X某认识并逐步熟悉。X某利用职务之便，接受熊某的请托，为熊某朋友从地方调到北京总部工作、熊某儿子安排工作以及熊某所在公司拍摄电影提供赞助、承接其他金融公司的内部审计业务等提供帮助。2005年4月，熊某请X某担任《×家魂》电视剧项目的编剧。此后，X某完成了几部影视剧的剧本。2008年年初，X某接到一个电影剧本创作工作，是和熊某的公司合作，其拿出成稿后又改了几次最后播出。这部电影剧本的创作，是由X某叙述故事梗概和详细梗概，助手根据他的口述整理出文学剧本。大约在2009年8月，剧本完成并拍摄成电影。根据委托创作协议书、转让协议、文化交流中心有限公司明细分类账、营业费用明细账、支出凭单等书证证明，文化交流中心有限公司在2008年已经按合同支付了X某创作剧本费用36万元。熊某又以编剧费的名义分别于2014年3月、2015年春节前在X某办公室分两次送给X某人民币70万元和25万元，共计95万元。

【问题】X某曾担任多个金融部门的负责人。2003年开始担任多部电视剧的总编剧，熊某系承接电视剧公司的副总经理，X某利用职务之便，接受熊某的请托，多次为熊某谋取利益，X某创作剧本费用36万元已经由文化交流中心有限公司支付，熊某又以支付编剧费的名义送给X某95万元。因为该公司的费用绝大多数是通过X某拉来的赞助款，这95万元也是从中支取的。在认定X某是贪污还是受贿的问题上有两种不同的意见，一种意见认为，应当认定为受贿罪，虽然文化交流中心有限公司的费用绝大多数是通过X某拉来的赞助款，这95万元也是从中支取的。但是，X某并不是文化交流中心有限公司的直接领导，其本身并不具备职务上主管、管理、经手公共财物的权力及方便条件，而是通过熊某的职权来获取的财物，熊某事先并未与X某通谋，熊某以编剧费的名义重复支付95万元给X某是对过去其帮助表示感谢。另一种意见认为，应当认定X某构成贪污罪，因为文化交流中心有限公司的费用绝大多数是通过X某拉来的赞助款，这95万元也是从中支取的。熊某又是其下属单位的人员，X某对赞助款有相对的支配权，对熊某重复支付其95万元编剧费，内心是明知的，源于公司的财物，不需要其直接采用其他手段，熊某就会帮助其完成。

【解析】贪污罪与受贿罪在犯罪主体上都是特殊主体，主观方面都表现出明显的主观故意，在正常的情况下，两者是很容易区分的，但是，如上述案例，在特定的情况下区分也有一定的困难性。本案中，第一种意见是正确的。

1. 受贿罪侵害的客体是国家工作人员职务行为的廉洁性，而贪污罪侵犯的客体既包括国家工作人员职务行为的廉洁性，同时，还包括公共财产的所有权，犯罪对象仅限于公共财物，不包括私人财物。受贿罪的对象也是财物，这种财物可能是私人的，也可能是公共财物。本案中，X某创作剧本费用已经由文化交流中心有限公司支付，熊某又以支付编剧费的名义支付给X某95万元。因为该公司的费用绝大多数是通过X某拉来的赞助款，95万元也是从中支取的。在X某接受95万元时，其明确知道该款是出自公司的财物。事实上，该款中有70万元虽然出自资助款，但是，归入总公司后，是熊某因担任公司副总经理在经营中获得的分红款，其余25万元系利用职务便利，用虚假票据套取出的。大部分是私人的财产，小部分是熊某贪污的款项。因此，与贪污罪侵害的客体及对象不符。

2. 受贿罪在客观方面表现为利用职务上的便利，索取他人财物，或者非法收受他人财物并为他人谋取利益的行为。本案中，文化交流中心有限公司在2008年已经按合同支付了X某创作剧本费用36万元。熊某又以编剧费的名义分两次在X某办公室送给X某人民币共计95万元，X某属于非法收受。熊某之所以送给其财物，是由于X某利用职务之便，为熊某朋友从地方调到北京工作、熊某儿子安排工作、熊某所在公司拍摄电影提供赞助以及承接其他金融公司的内部审计业务等提供帮助，完全符合受贿罪的特征。贪污罪则表现为行为人利用职务上的便利，侵吞、窃取、骗取或者使用其他手段非法占有公共财物的行为，而X某没有实施侵吞、窃取、骗取或者使用其他手段非法占有公共财物的行为，其收受的财物源于熊某的给予。

3. 受贿罪中，利用职务上的便利既包括利用本人主管、负责、承办某项公共事务的职权，也包括利用职务上具有隶属制约关系的其他国家工作人员的职权。如 X 某帮助熊某朋友从地方调到北京工作、帮助熊某儿子安排工作就是直接利用自己职务上的便利条件，但是，X 某帮助熊某所在公司拍摄电影提供赞助以及承接其他金融公司的内部审计业务并非利用自己的职务便利，而是利用其职权、地位形成的便利条件为熊某提供帮助，完全符合受贿罪、斡旋受贿罪的构成要件。而贪污罪中，利用职务上的便利是指利用主管、管理、经手公共财物的权利及方便条件，本案中，熊某具备这样的职务便利，而 X 某不具备。

17. 行贿人行贿的款项来源于虚列工程款提取的现金，是否可以认定为贪污罪和行贿罪，单位是否构成犯罪？

【案情】2011 年年初至 2013 年春节前，被告人 L 某利用担任国有大型石油企业公司副总经理的职务便利，接受下属油田副总经理齐某的请托，为齐某所在的油田工程公司总承包对外原油管道工程项目油气工程施工提供帮助，并因齐某和谢某（齐某单位的总经理）在 2011 年 12 月 16 日负责的油田工程公司项目部在天然气管道工程施工中发生一起人身伤亡安全事故，在事故处理过程中对二人给予关照，L 某三次收受齐某现金共 19 万元。后石油集团公司对谢某给予从轻处罚，未对齐某做任何处分。经查，L 某收受的大部分钱款系谢某从虚列工程款中套取出来的现金，对此，有证人证言、书证与谢某、齐某的供述等证据相互印证。

【问题】关于谢某和齐某使用从虚列工程款中套取的现金用来为单位获取工程，以及两人在工程事故中减轻处罚向上级领导 L 某行贿 19 万元，对于齐某的行为是否可以认定构成贪污罪和受贿罪两个罪名，其所在单位是否可以认定构成单位行贿罪的问题，在实践中有三种不同的意见：第一种意见认为，应当认定谢某和齐某构成行贿罪、贪污罪和单位行贿罪，因为两人为了单位和个人谋取不正当的利益向 L 某赠送数额较大的财物，系行贿犯罪，同时，该款项是从虚列工程款中套取出来的，系采取秘密的方式骗取出来的，构成贪污罪。而骗取款项是由班子一把手谢某实施的，给L某赠送财物就有为单位谋取利益的表示，所以，亦构成单位行贿罪。第二种意见认为，谢某和齐某构成行贿罪和贪污罪，不构成单位行贿罪。因为L某收受的钱款中大部分系齐某经公司一把手谢某从公款中套取的，谋利事项主要是为了单位承建项目或解决单位事故的责任人处理问题，该部分钱款按个人行贿处理为宜，理由是没有证据证明L某收受钱款时知道钱款来源于单位，L某收受贿赂时的主观心态是齐某为了感谢其关照以及将来继续得到其支持，每次送钱的时候均系齐某一人在场，齐某亦未表示是单位行为，而主要表达个人谢意，为个人发展及免受处理进行请托，是个人行贿的意图。第三种意见认为，只认定齐某构成行贿罪，不认定贪污罪和单位行贿罪。理由是钱款是经谢某套取，齐某虽然知情，但是，行贿款大部分是由谢某经手所套取的款项。同时，套取的款项有的用于集体事项，不仅班子成员，而且其他的员工都知道，系谢某个人行为。在向L某行贿的过程中，都是齐某一人表达个人的意愿，谢某并未在场，齐某知道行贿款的来源，但是他本人并未参与，虽然也有为单位谋取利益的意思表示，但是，对于L某而言，系对齐某工作的支持。此外，还有一部分行贿款来自其他方面，并非全部单位现金。

【解析】针对上述问题，第三种意见是正确的，理由如下：

1. 认定齐某构成行贿罪没有异议。以上三种意见中，对齐某构成行贿罪的意见是一致的。齐某为了本单位获取工程，以及为自己和谢某在工程事故中减轻处罚而请托L某，齐某谋取的利益是不正当利益，向上级领导L某行贿19万余元，数额较大，按照《刑法》的规定构成行贿罪。

2. 齐某的行为不构成贪污罪。行贿的款项大部分是由单位的主要领导谢某套取，齐某虽然知情，但是，直接虚列工程款套取现金的行为都是谢某实施的。同时，套取的款项有的用于集体事项，不仅班子成员，而且其他的员工都知道，系公开的秘密，虽然谢某具有贪污犯罪的嫌疑，但齐某并未将款项据为已有，除了送给L某的19万余元外，齐某并未个人占有，本人也并未参与。因此，不应认定齐某构成贪污罪。

3. 不宜认定齐某单位构成单位行贿罪。一是齐某向L某请托的事项首先是为其和谢某的个人利益，其负责的油田工程公司项目部在天然气管道工程施工中发生一起人身伤亡安全事故，请求L某在处理过程中给予关照。二是齐某同时也向L某提出对其负责单位承包的工程给予关照，这是所有这类下属公司的通常做法，是系统内正当的工作诉求，那并非其主要目的，也非不正当利益。同时，这并未体现单位的意志，并非单位集体决定，系齐某个人为提高工作业绩的一种表现形式。对于L某而言，齐某在向L某行贿的过程中，都是齐某一人在场，主要负责人谢某并不在场，齐某表达的都是个人的意愿，没有表达过是单位的意思表示。三是齐某虽然也有为单位谋取利益的表示，但是，L某认为其对齐某单位的照顾即对齐某本人工作的支持，与其单位无关。四是齐某向L某赠送的财物，大部分源于谢某虚列工程款套取的现金，也有一部分并非来自单位，L某也不知道现金来自单位，其始终认为是为齐某个人谋取利益。L某收受贿赂时的主观心态是齐某为了感谢其关照以及将来继续得到其支持。

18. 如何处理巨额财产来源不明案件中的疑难问题？

【案情1】2002年至2016年上半年，被告人Z某利用其担任省委副秘书长、下属市委书记、省委常委宣传部部长等职务上的便利以及职权地位形成的便利条件，为有关单位和个人在工程承揽、职务调整、项目开发等事项上提供帮助。2004年下半年至2016年6月，Z某直接或者通过其妻子非法收受他人给予的财物共计折合人民币2335万余元。另外，其家庭财产和支出总额共计折合人民币3.04亿元。其中能说明来源的部分2.64亿元，尚有5158万余元不能说明来源。法院经审理，以受贿罪判处Z某有期徒刑十三年，以巨额财产来源不明罪判处其有期徒刑五年，决定执行有期徒刑十五年。

【案情2】2004年至2013年，被告人B某利用其担任某省县委副书记、市委副书记、市长、市委书记、省委常委、统战部部长等职务上的便利，为他人在企业改制、承揽工程、职务调整晋升等事项上谋取利益，非法收受他人财物，共计折合人民币1781万余元。人民法院经审理认定，被告人B某构成受贿罪，判处其有期徒刑十二年。在调查及审查起诉阶段还发现其有共计折合人民币1378万余元的财产不能说明来源，最后没有认定。

【案情3】被告人B某曾担任多个省份的主要领导，2000年至2013年，被告人B某利用职务上的便利及职权地位形成的便利条件，为他人在房地产开发、获取矿权、职务晋升等事项上谋取利益，直接或者通过其妻非法收受他人财物，共计折合人民币2.4亿余元。同时，B某还有上亿元的巨额财产明显超过合法收入，不能说明来源。人民法院经审理认为，被告人B某构成受贿罪、巨额财产来源不明罪，以受贿罪判处B某死刑缓期二年执行，终身监禁，以巨额财产来源不明罪判处其有期徒刑十年，决定执行死刑，缓期二年执行，终身监禁。

【案情4】2003年至2014年，被告人S某利用其担任中国铝业股份有限公司分公司经理、黄金集团公司总经理等职务上的便利，为他人在工程承揽、职务提拔等事项上提供帮助。S某直接或者通过其妻子非法收受他人财物共计折合人民币3881万余元。截至案发前，S某家庭财产、支出明显超过合法收入，其对共计折合人民币968万余元的财产不能说明来源。人民法院经审理，以受贿罪判处其有期徒刑十五年，以巨额财产来源不明罪判处其有期徒刑五年，决定执行有期徒刑十六年。

【问题】司法实践中，巨额财产来源不明案件中的疑难问题很多，根据上述案例，可以归纳出四个方面比较突出的问题：第一，巨额财产来源不明罪极少有单独查处的，基本上都是在办理贪污、贿赂犯罪案件中牵连出来的；第二，对于财产来源的“合法”与“不合法”界定难度大；第三，对能否“说明来源”的时限规定缺失；第四，对如何认定“差额特别巨大的”缺乏明确的规定。此外，还有巨额财产来源不明罪中的财物是否可以用来执行财产性刑罚的判项等问题一直困扰着此类案件的处理，理论界对此也有争论，但是，这些问题又必须解决，就需要寻找一条通过实务法学推动理论法学发展之路。

【解析】巨额财产来源不明罪，是指国家工作人员的财产、支出明显超过合法收入，差额巨大的，经责令该国家工作人员说明来源，国家工作人员不能说明来源的行为，差额部分以非法所得论，根据《刑法》第395条的规定，巨额财产来源不明的，处五年以下有期徒刑或者拘役；差额特别巨大的，处五年以上十年以下有期徒刑。财产的差额部分予以追缴。结合实践中的问题，分述如下：

一、对巨额财产来源不明罪办理的切入点

贪污贿赂犯罪实际上是指贪污和贿赂两类犯罪：贪污类犯罪包括贪污罪、挪用公款罪、巨额财产来源不明罪、隐瞒境外存款罪、私分国有资产罪、私分罚没款罪。目前，据统计，贪污贿赂两类案件在总计 14 个贪污贿赂罪名中占比 73.27%，其中，受贿案件占比 39.76%，贪污案件占比 33.51%。刑法规定的其他贪污贿赂罪名并未完全“唤醒”。其中，巨额财产来源不明罪很少适用。在贪腐案件中，腐败官员拥有巨额非法财产的情况并非少数，但适用巨额财产来源不明罪追究刑事责任的极少，单独以该罪追究刑事责任的更是少之又少，该罪都是在查处受贿、贪污犯罪时牵连出来的，换言之，这是在查处贪污、贿赂犯罪案件时，被告人没有供述或者被告人供述的贪污、受贿犯罪事实难以查清，面对大量的财物采取的一种无奈的认定方式，上述四个案例，从案情 1 到案情 4 无一例外。2013 年至 2016 年人民法院审判的职务犯罪案件中，单独适用巨额财产来源不明罪的案件仅为 30 件。可以看出，巨额财产来源不明罪的立法功能并未在实践中有效发挥。巨额财产来源不明罪将是我们今后查处的方向。对此，可以结合两个方面来进行，一是根据广大群众的举报，对那些群众反映强烈，影响较大，党的十八大以后不收手、问题线索反映集中、现在重要岗位且可能还要提拔使用的领导干部，虽然没有明确的贪污贿赂的证据，可以从巨额财产来源不明入手加大查办力度。对一些专横跋扈、趾高气扬、独断专行，具有巨额财产来源不明罪鲜明特征的国家工作人员应当及时查处，如那些一身名牌、“中华烟”不离手，“表哥”等公开张扬支出超过收入的。二是结合党员领导干部填报的“个人事项报告”，有申报巨额财产的，将申报的财产明显超过收入，又没有明确来源，或者来源无法得到证实的作为查办的线索。坚持无禁区、全覆盖、零容忍，坚持重遏制、强高压、长震慑，从巨额财产来源不明入手打击职务犯罪。

二、对于财产来源“合法”与“不合法”的界定

个人财产大致分为三个部分，一是合法财产；二是违法财产；三是涉犯罪的财产。除了上述三种情形外就是来源不明的财产。犯罪获得的财产以及违法获得的财产构成不合法财产，除了犯罪获得的财产和非法所得的财产之外的财产为合法财产和来源不明的财产。

合法的财产包括国家工作人员个人财产和与其共同生活的家庭成员所有

的合法收入，包括工资、奖金、稿酬、继承等法律和政策允许的各种收入；财产包括房产、家具、生活用品、学习用品及股票、债券、存款等动产和不动产。

不合法的财产包括通过犯罪获得的财产和未构成犯罪，通过违纪违法获得的财产。2017 年 1 月 5 日开始实施的《违法所得没收程序规定》第 6 条明确了不同情形下对违法所得的认定：第一种情形，即原始形态的违法所得，是指通过实施犯罪直接或者间接产生、获得的任何财产；第二种情形，即转变、转化形态的违法所得，是指违法所得已经部分或者全部转变、转化为其他财产的，转变、转化后的财产；第三种情形，即单纯收益和添附收益形态的违法所得，是指来自违法所得转变、转化后的财产收益，或者来自已经与违法所得相混合财产中违法所得相应部分的收益。① 这是目前对不合法财产的最完整的概括，是与《联合国反腐败公约》内容最为贴切的解释。

根据《经济犯罪座谈会纪要》关于巨额财产来源不明罪中行为人不能说明巨额财产来源合法的认定的规定，《刑法》第 395 条第 1 款规定的“不能说明”，包括以下情况：（1）行为人拒不说明财产的具体来源；（2）行为人无法说明财产的具体来源；（3）行为人所说的财产来源经司法机关查证并不属实；（4）行为人所说的财产来源因线索不具体等原因，司法机关无法查实，但能排除存在来源合法的可能性和合理性的。对于一般情形的犯罪，如案情 4 中，被告人 S 某的家庭财产包括房屋、车辆、存款、债权、股票、现金、贵重物品等，共计价值人民币 2369 万余元。其中，S 某对于其与其妻子的工资薪金、股票盈余、借款、受贿所得等共计折合人民币 1073 万余元能够说明来源，对于其余共计折合人民币 1296 万余元的财物，无法说明来源。对于夫妻双方都是公职人员，又未有投资经商等情况的，能够规范处理。但是，实践中很多问题仍然难以解决，特别是家庭成员中有投资、经商情形的，处理起来困难重重。适用上述规定的前提，一方面，要发现财产，那些尚未发现，即便行为人提供线索仍然不能确认财产在哪里的，是处理中的难题。例如，案情 3 中，被告人 B 某案发前通过 33 人转移的财产达上千万元，控制 13 人银行账户 4207 万元。借给登某、邱某人民币 1000 万元形成的债权，以其他人名

① 裴显鼎、王晓东、刘晓虎：《〈关于犯罪嫌疑人、被告人逃匿、死亡案件适用违法所得没收程序若干问题的规定〉的理解与适用》，载《人民司法》2017 年第 16 期。

义购买的房产，入股上鲁公司人民币 500 万元、入股北京热点信息技术公司人民币 150 万元以及以他人名义入股投资有限公司人民币 150 万元等，在短时间内，如果行为人没有说明，或者说明不准确的，将无法查清。另一方面，面对大量的财物，行为人本人不能说明财产来源的合法性，但是，如果其配偶、共同生活的人提供大量繁杂的书证，在短时间无法判断的，仍然难以认定。如案情 2 中，经查，截至 2014 年 8 月 29 日，被告人 B 某个人及家庭拥有财产共计人民币 5054 万余元、156 万港元、204 万美元、2.7 万英镑、48.9 万欧元；个人及家庭支出共计人民币 187 万元、3.86 万美元、27 万港元；前述财产和支出共计人民币 5241 万元、204.359254 万美元、156.221584 万港元、2.7 万英镑、48.9 万欧元。B 某能够说明来源的财产共计人民币 5072 万元、73 万美元、145 万港元、1 万欧元、2 万英镑，尚有共计折合人民币 1378 万余元的财产不能说明来源。但是，被告人的丈夫作为从事金融工作的人员，向司法机关提供大量的书证，证明其在此期间从事数额巨大的储蓄、理财、购买债券、借贷等活动，根据现有的证据无法认定系合法财产还是非法财产，需要大量的时间和人力、物力才能厘清，只能暂时不予认定。因此，对于财产来源“合法”与“不合法”的界定需要明确的时间起止节点，对个人犯罪中家庭财产的析产，对家庭成员中有投资、经营情况的，需要提前交由审计机关审计，确定财产性质等，巨额财产来源不明罪这一司法制度有待进一步加强和完善。

三、对“说明来源”应明确具体的时限

《经济犯罪座谈会纪要》对巨额财产来源不明罪中行为人不能说明巨额财产来源合法的认定规定了四种情况：（1）行为人拒不说明财产来源；（2）行为人无法说明财产的具体来源；（3）行为人所说的财产来源经司法机关查证并不属实；（4）行为人所说的财产来源因线索不具体等原因，司法机关无法查实，但能排除存在来源合法的可能性和合理性的。上述规定在具体执行中，法律没有明确规定起止时限，司法解释也没有具体的说明。但是，实践中，“说明来源”是有时限要求的，如案件审理期限、羁押的时间等的限制。所有的案件都是在一定的时限内结案的。那么，行为人拒不说明财产来源，无法说明财产的来源，应限定在什么样的时间段？行为人所说的财产来源经司法机关查证并不属实，如果在审判阶段又出现新的证据，证明财产来源属实的，又应当如何处理?“行为人所说的财产来源因线索不具体等原因，司法机关无法查实，但能排除存在来源合法的可能性和合理性的”，这一规定有依赖于被告人供述的嫌疑，与《刑事诉讼法》第55条“只有被告人的供述，没有其他证据的，不能认定被告人有罪和处以刑罚”的规定相悖，在实践中极其容易出现错误，而且有完全依据主观判断、客观归罪的倾向。因此，要确立行为人应在具体明确的起止时限内“说明来源”，否则承担不利后果的规定。

根据《经济犯罪座谈会纪要》关于巨额财产来源不明罪中“非法所得”的数额计算的规定,《刑法》第395条规定的“非法所得”，一般是指行为人的全部财产与能够认定的所有支出的总和减去能够证实的有真实来源的所得。在具体计算时，应注意以下问题:（1）应把国家工作人员个人财产和与其共同生活的家庭成员的财产、支出等一并计算，而且一并减去他们所有的合法收入以及确属与其共同生活的家庭成员个人的非法收入;（2）行为人所有的财产包括房产、家具、生活用品、学习用品及股票、债券、存款等动产和不动产;行为人的支出包括合法支出和不合法支出，包括日常生活、工作、学习费用、罚款及向他人行贿的财物等;行为人的合法收入包括工资、奖金、稿酬、继承等法律和政策允许的各种收入;（3）为了便于计算犯罪数额，对于行为人的财产和合法收入，一般可以从行为人有比较确定的收入和财产时开始计算。按照该纪要的规定，实践中，有很多财产无法处理。例如，该纪要规定，为了便于计算犯罪数额，对于行为人的财产和合法收入，一般可以从行为人有比较确定的收入和财产时开始计算。那么，什么时间可以确定“比较确定的收入”，在很多情况下，不确定收入并不一定少于确定的收入，财产的来源是多方面的，婚前的财产、继承的财产等按照何时计算都应明确具体的时间节点。又如，案情3中，被告人B某借给登某、邱某人民币1000万元，能否收回，以及收回的时间能否作为认定的时间节点。入股上鲁公司、北京热点信息技术公司以及以他人名义入股投资有限公司等，股价的起算时间，特别是以他人名义入股还需要更烦琐的手续才能确定财物的所有人和价值。交给王某人民币15万元用于外出逃避调查的赠与支出，在王某尚未归案时，怎样才能将其纳入犯罪总额中加以认定，外币兑换成人民币的时间点不同，汇率不同，受贿财产增值部分如何从巨额财产来源不明中区分等都需要具体的时间段的规定。

四、对“差额特别巨大”的综合认定

根据《刑法》第395条的规定，国家工作人员的财产、支出明显超过合法收入，差额巨大的，可以责令该国家工作人员说明来源，不能说明来源的，差额部分以非法所得论，处五年以下有期徒刑或者拘役；差额特别巨大的，处五年以上十年以下有期徒刑。财产的差额部分予以追缴。关于如何认定“差额特别巨大的”，法律没有规定，司法解释也没有明确。案情1中，被告人Z某来源不明的财产有5158万余元，被判处有期徒刑五年。案情4中，被告人S某来源不明的财产有968万余元，也被判处有期徒刑五年。案情1和案情4都判处被告人有期徒刑五年，而且均未表述是否属于“差额特别巨大的”情形，对所判处刑期是“差额巨大的”的最高法定刑，还是“差额特别巨大的”最低刑期，没有进行论证，虽然判处的刑期一样，但是两者之间的数额差距是4150万元。案情3中，被告人B某来源不明的财产数额达上亿元，被判处有期徒刑十年。应当明确属于“差额特别巨大的”情形，那么，什么样的数额属于“差额特别巨大的”，与“差额巨大的”分界点是多少呢?出现上述的问题实际并不奇怪，问题的答案也不能是统一的数字。因为我国幅员辽阔，经济发展不平衡，对贪污犯罪的量刑在实施了三十多年后摒弃以数额计价论罪，而适用数额加情节的量刑方法就是这个道理。数额加情节的量刑方法不仅适用于主刑，对附加刑也仍然适用。巨额财产来源不明罪属于贪污类罪中的一种，应当同样适用数额加情节的原则，因此，对“差额特别巨大的”也应当综合全面认定。

犯罪数额是量刑的重要情节，其直接反映被告人的主观恶性及社会危害性，对量刑具有直接影响，在没有其他量刑情节影响的情况下，量刑与犯罪数额呈正比关系，既罚当其罪，又不失严肃性。在贪污犯罪中，犯罪数额属于其他影响犯罪构成的犯罪事实，也属于量刑情节，巨额财产来源不明罪在立法上将数额明确作为定罪的标准和量刑的标准，使犯罪数额与被告人的刑期成正比。但是，要根据不同的地区、经济发展环境，同案中贪污、受贿的数额等因素综合考虑。各省（市）高级人民法院应根据各地自身实际情况，以《刑法》及相关司法解释为基础，在一省（市）范围内制定统一标准，对巨额财产来源不明罪中“差额特别巨大的”的适用加以规范。

五、对相关巨额财产来源不明问题的处理

实践中，将巨额财产来源不明罪中的财物用来执行贪污、贿赂犯罪财产性判项的做法是错误的，必须予以纠正。罚金、没收财产都是执行被告人的合法财产。犯罪涉案的财物依法追缴，违法的予以没收。巨额财产来源不明罪定罪的财物予以追缴，不能作为财产性判项来执行是因为，一方面减轻了被告人的刑罚，另一方面给国家的财产造成了损失，也是违反法律规定的。

司法实践中，巨额财产来源不明的案件要正确区分被告人的合法财产、违纪财产、犯罪所得财产，不能说明来源的才属于巨额财产来源不明，具体案件中，应当从以下几个方面收集整理证据：

第一部分：证明被告人家庭财产共计数额的证据（包括银行存款、股票等金融资产；黄金、白银、玉石、家具等贵重物品）。

一、银行存款、股票等金融资产（包括银行存款、股票及关联存款等）

（一）银行存款（人民币存款；美元存款；英镑存款；欧元存款；澳元存款等）

（二）股票及关联存款

1. 股票余额；

2. 银行余额；

3. 共有股票余额；

4. 开放式基金；

5. 共有的股票总资产及关联银行账户余额；

6. 共有资产投资形成的余额。

（三）关联人存款

1. 利用他人身份的存款；

2. 借用他人身份的存款。

二、黄金、白银、玉石、家具等贵重物品

金条及黄金制品、白银、珍珠、钟表、相机、玉石、象牙、家具、纪念币、纪念钞等贵重物品。

三、现金人民币、美元、欧元、日元、港元等

四、被告人贪污或受贿数额与犯罪事实相同

第二部分：证明被告人家庭支出财产的证据（包括购买房产、日常消费、

购买车辆、投资、借款，其他家庭支出财产等）。

一、房产支出

二、家庭人均消费支出

1. 个人消费支出；

2. 家庭消费支出；

3. 子女成年前消费支出。

根据2003年最高人民法院印发的《经济犯罪座谈会纪要》的规定，支出是指国家工作人员个人及与其共同生活的家庭成员所有支出的总和。应当包括子女的支出情况（未成年时的支出，××××年××月××日至××××年××月××日人均消费支出）。

三、购车支出

四、投资支出

五、借贷支出

第三部分：证明被告人能够说明来源的财产的证据（包括被告人的工资收入；稿费收入；卖房获利收入；借款；房租收入；炒股获利；银行利息收入；受贿所得及升值部分等）。

一、被告人工资收入

1. 被告人工资；

2. 证明家庭成员工资收入。

二、稿费收入主要为书证

1. 出版社财务部书证；

2. 发行社财务部书证。

三、卖房获利收入

四、借款

五、房屋租金收入

六、炒股获利

1. 未上市股票获利；

2. 炒股获利。

七、银行利息收入

八、受贿所得

九、能够说明来源的其他财产

综上所述，最终得出被告人巨额财产来源不明的具体数额，才能正确认定犯罪事实，正确适用刑罚。

19. 如何理解“赃款赃物用于非法活动”属于《刑法》第383条第1款规定的“其他特别严重情节”？

【案情】被告人N某系工业园区管理委员会及下属工业园区建设发展有限公司财务负责人兼出纳员。2014年11月至2018年11月，N某在担任园区管委会及其下属工业园区建设发展有限公司财务负责人、出纳员期间，利用其保管单位财务专用章、法定代表人章、支票汇票和负责报账的职务便利，通过支出不入账、伪造每月银行对账单、虚造银行利息回单等方式，将单位资金取现或转账至其本人实际掌控或其妹妹指定的银行账户或取现。2015年6月左右，单位对公账户内的银行实际存款无法维持正常运转，N某又先后多次以伪造银行支付凭证和领导签字等方式，通过重复报账或虚报、多报项目开支，套取财政项目资金至少2.166亿元至工业园区建设发展有限公司对公账户内。2014年11月1日至2018年11月5日，N某利用职务便利从工业园区建设发展有限公司对公账户等9个银行账户以及园区管委会工会银行账户内侵吞资金共计2.9亿元，上述资金主要由N某通过网络赌博输掉1.2亿元，或通过其妹妹在我国澳门特别行政区、越南赌博输掉1.6亿元。少量资金用于其个人购买房产及归还个人债务、生活开支等。

【问题】上述案例中，被告人N某利用职务便利，贪污公款2.9亿元，赃款主要由N某通过网络赌博输掉1.2亿元，或通过其妹妹在我国澳门特别行政区、越南赌博输掉1.6亿元。根据《刑法》第383条第1款第（3）项的规定，“贪污数额特别巨大或者有其他特别严重情节的，处十年以上有期徒刑或者无期徒刑，并处罚金或者没收财产”。其中，“其他特别严重情节”体现了情节与数额并重的指导思想。按照“两高”司法解释的规定，贪污数额在150万元以上不满300万元，具有“赃款赃物用于非法活动”情节的，应当认定为《刑法》第383条第1款规定的其他特别严重的情节，那么，对上述案例应如何处理，在实践中有三种不同的意见，第一种意见认为，只要存在赃款赃物用于非法活动的情形，数额特别巨大定罪的起点就是150万元，量刑的时候，具体数额应当加倍计算，上述案例中，数额特别巨大的起点就应当是150万元，量刑的时候，其贪污数额2.9亿元，应当比照5.8亿元的数额量刑。第二种意见认为，赃款赃物用于违法活动，应当是大部分赃款用于违法活动，不能因少部分或者极少部分用于违法活动就认定为其他特别严重情节，在量刑时应当比照正常受贿额从重处罚，不能按照双倍的数额计算。第三种意见认为，赃款赃物用于违法活动的，定罪与第二种意见相同，即应当是大部分赃款用于违法活动，才能认定为其他特别严重情节。关于量刑，不能视为从重或者加重情节，其他特别严重情节只是定罪情节，不是量刑情节，量刑仍然按照2.9亿元的数额正常定罪量刑。

【解析】《刑法修正案（九）》改变过去单纯计赃论罚的做法，代之以"数额+情节"的模式。这一立法模式突出了其他量刑情节在贪污罪、受贿罪定罪处罚中的地位和作用，将更加有利于实现罪刑相当、罚当其罪。《贪污贿赂司法解释》第1条第2款第（4）项和第3条第2款明确了"其他特别严重情节"的具体认定标准。根据上述规定，关于本案的处理，第二种意见是正确的。

1."其他特别严重情节"中"赃款赃物用于非法活动的"属于定罪标准。根据《贪污贿赂司法解释》确定的原则，定罪的情节与数额挂钩，从刑法规定"数额特别巨大或者有其他特别严重情节"的语义分析，其他特别严重情节似乎完全独立于数额，情节轻重的判断可以不依赖于数额。但是，一方面，犯罪数额在贪污犯罪事实认定中的基础性作用是其他任何情节不可能代替的，另一方面，数额本身也是定罪的情节，而且是比其他情节更重要的情节，仅根据情节是难以决定刑罚的，没有数额的参照，可能出现数额较小却判处过重刑罚的罪刑不相称问题，同时也增加了量刑的不确定性。此外，其他情节在实践中很难相互比较和量化，如仅仅根据贪污款项用于赌博，但是数额较小不足1万元，肯定是难以定罪的。本案中，N某利用职务便利贪污公款2.9亿元，上述资金中只有少量赃款用于其个人购买房产及归还个人债务、生活开支等，大部分主要由N某通过网络赌博输掉1.2亿元，或通过其妹妹在我国澳门特别行政区、越南赌博输掉1.6亿元。因此，N某的行为属于“赃款赃物用于非法活动”的情形，其贪污犯罪的起点不是以300万元以上作为标准，而是达到150万元以上，就可以认定为贪污罪，数额特别巨大，这就是数额在定罪中的作用。

2.“其他特别严重情节”中“赃款赃物用于非法活动的”属于量刑情节。关于数额加情节、数额与情节并重的原则，不仅适用于定罪，也适用于量刑。《贪污贿赂司法解释》借鉴以往有关侵犯财产犯罪司法解释的做法，采用情节与数额挂钩的办法，规定贪污、受贿150万元以上，具有其他特别严重情节的即应判处十年以上有期徒刑或者无期徒刑；同时，慎重、从严甄别情节。影响案件量刑的情节很多，对于情节轻重的判断要求兼顾数额，但也不能唯数额论，因此，第三种意见中，赃款赃物用于非法活动的，仅仅认为是定罪的标准，以及第一种意见，赃款赃物用于非法活动的，既是定罪的标准，又是量刑的标准，对被告人N某受贿2.9亿元，应当按照5.8亿元的数额量刑都是机械和错误的，将情节等同于数额，将定罪的标准当作量刑的标准。所以，在具体情节的甄别和确定上仍有必要秉持极其严格的态度，在《贪污贿赂司法解释》规定的必须是那些能够体现犯罪特点、对于定罪量刑具有重要性的情节。因为，《刑法修正案（九）》对于数额与其他情节是并列规定的，数额与情节是二选一的关系，具备了某一情节即可定罪，而具备另一重要情节就可以加重处罚或者从轻、减轻处罚，情节在定罪量刑中的分量极重。量刑情节在具体理解和适用时也要注意从严掌握。上述第二种意见，将“赃款赃物用于非法活动”的“其他特别严重情节”认定为定罪的标准，以150万元以上作为“数额特别巨大”定罪的起点，量刑时，仍然按照2.9亿元数额，将“赃款赃物用于非法活动”作为量刑的从重情节是完全正确的。

3.“赃款赃物用于非法活动的”转化“其他特别严重情节”要有量的限定。《贪污贿赂司法解释》关于“赃款赃物用于非法活动”的规定是基于两次违法行为的特殊危害性而作出的否定评价，贪污后进而将赃款赃物用于非法活动，具有更为严重的危害性。适用本项规定时要注意避免绝对化理解：一方面，不要求赃款赃物全部或者大部分用于非法活动；另一方面，用于非法活动的赃款赃物数额需要达到一定程度，对于用于非法活动的赃款赃物占比较小的，不宜适用本项规定。“度”的具体把握，实践中可以根据个案情况结合非法活动的比例数和绝对数综合判断。本案中，N 某利用职务便利贪污公款 2.9 亿元，上述资金中只有少量赃款用于其个人购买房产及归还个人债务、生活开支等，大部分主要由 N 某通过网络赌博输掉 1.2 亿元，或通过其妹妹在我国澳门特别行政区、越南赌博输掉 1.6 亿元。因此，本案中，N 某的行为可以认定为赃款赃物用于非法活动。

第三章　受贿罪与非罪问题

20. 如何把握“及时退还”的规定?

【案情1】2001年，被告人L某在担任市委书记期间，接受能源投资有限公司实际控制人廖某的请托，为廖某接受珠峰摩托车公司转让持有的金路集团公司股份提供帮助。因市政府具有优先购买权，应廖某的请托，L某向分管工业的副市长陆某打招呼，让陆某听取珠峰公司的实际控制人廖某的意见。陆某在听取了廖某准备接受金路集团公司股份后，代表市政府明确表示政府没有现金，放弃对金路集团公司股份优先购买权。2002年至2010年，廖某为感谢L某在转让金路集团公司股份过程中的帮助和日后继续得到关照，通过让L某妻弟“挂名领薪”的方式向L某行贿钱物共计折合人民币130余万元。2010年下半年，组织部门对L某进行任职考核，其担心外界对此有反映，L某让妻弟将130万元退还廖某。

【案情2】2009年上半年，被告人L某担任市委书记期间，省政府有副省长的职务空缺，要通过省委召开扩大会议民主推荐出副省长的候选人。在召开扩大会议之前，时任市委书记的被告人L某来到时任省政协副主席、统战部部长的高某家，希望高某能在推荐的时候支持他，临走的时候把一个信封放到了茶几上，高某当时猜到里面是钱，对被告人L某表示坚决不能收，但是L某放下信封就马上离开了，高某没能追上他。后来高某打开一看里面有2万元人民币，之后，高某多次打电话给L某表示要退还给他，但是L某每次都含糊地说“下次再说”，所以高某数次没能退还给L某。

2011年下半年，省委召开扩大会议又推荐副省级领导干部，在召开会议之前，L某来到高某的办公室，希望在推荐的时候支持他，临走的时候把一个信封放到了茶几上，高某当时猜到里面是钱，对L某表示坚决不能收，但是L某放下信封就马上离开了，高某没能追上L某。后来，高某打开一看里面有1万美元。高某在收下这1万美元后，多次打电话给L某表示要退还给他，但是L某每次都含糊地说“下次再说”，所以高某数次没能退还给L某。2012年，L某当选省人大常委会副主任之后，高某将这1万美元，连同2009年上半年送给其的2万元人民币一起还给了L某。

【案情3】2011年10月，被告人S某在担任市委书记期间，省委进行换届选举，S某被确定为考察对象后，到时任省委书记王某办公室说想当省委常委换届差额人选，主要是想露露脸，为以后提拔打基础，当时王某没有明确表态。后来临近确定候选人时，S某又到王某办公室，说给王某带点东西，当时，S某在王某办公室放了一个黑色的包，S某走后，王某看了一下包里装了30万美元，当时王某让秘书寇某通知S某第二天到办公室。第二天S某来后，王某让S某把装有30万美元的黑包拿走，王某还问S某钱哪来的，S某说是做生意的亲戚给的，后来S某把30万美元拿走了。

【问题】在案情1中，被告人L某接受廖某的请托并为廖某谋取利益，其妻弟以挂名方式在廖某实际控制的公司领取薪酬130余万元，后来，L某在任职考核时担心受到影响，让其妻弟将130万元退还廖某。案情2中，高某收受L某2万元人民币、1万美元，分别在一年后、半年后退还。案情3中，王某对S某所送的30万美元于第二日退回。那么，对于上述三个案例中，哪个可以认定为“及时退还”呢？对此，有三种不同的意见：第一种意见认为，只要被告人收取财物后，在短时间内没有退还，过了较长的时间后退还的，都不能认为是及时退还。案情3中，王某属于及时退还，案情1中的L某和案情2中的高某都不能视为及时退还。第二种意见认为，只要被告人没有被查处，或者行贿人没有被查处，主动将财物退还的，就应当认定为及时退还，案情1中的L某、案情2中的高某和案情3中的王某都视为及时退还。第三种意见认为，被告人收受财物后，是否认定为及时退还，重要的是看被告人主观上是否有占有对方财物的故意，不能绝对以时间的长短来计算，应主观要件与客观要件相结合，进行综合判断。因此，案情1中的L某不能视为及时退还。案情2中的高某和案情3中的王某视为及时退还。

【解析】根据《办理受贿案件意见》第9条关于收受财物后退还或者上交问题的规定，“国家工作人员收受请托人财物后及时退还或者上交的，不是受贿。国家工作人员受贿后，因自身或者与其受贿有关联的人、事被查处，为掩饰犯罪而退还或者上交的，不影响认定受贿罪”。这里明确提出“及时退还”的规定是非常重要的内容，是判断罪与非罪的界限，并非罪重与罪轻的界限。结合司法实践，概括为三个条件：第一，客观上要求接受财物的人表现为及时退还。既然是及时退还，那么时间上有一定的要求，应尽可能短，多长的时间才算短呢？立即拒绝，当时就没有接受，这是最短的时间，此外，当天退还，或者第二天退还，如案情3中的王某，当天看到S某带来的一个黑色包，发现里面有30万美元，第二天通知S某取回，这就属于及时退还。一个月或者一年退还是否就不是及时退还呢？这种观点显然是武断的和绝对化的，时间长短也要结合其他因素进行判断。这就要看是否符合下一个条件。第二，要审查判断是否存在及时归还的阻却事由。如果请托人身强力壮，收受人主观上想当场退还，拒绝接受财物，但是由于客观因素限制，年龄、体力上无法保证实现，如案情2中的高某，请托人强行将财物留置到高某处扬长而去，而其却没有能力阻止。高某当时猜到信封里面是钱，对L某表示坚决不能收，但是L某放下信封就马上离开了，高某没能追上L某，拒收行为没能实现。或者在接受小的礼物时夹带巨额财物的，发现时，请托人已经离开，如案情3中，S某对王某说来看看他，带来一点儿东西，在王某办公室放了一个黑色的包，S某走后，王某看了一下包里装了30万美元。因此，及时退还时间是要尽可能短暂，但是，还要排除各种时空和自然条件的限制，审查如因收受人生病住院、请托人送出财物后出国，或者请托人出差没有及时相见等事由排除后的时间。第三，能否认定“及时退还”更重要的是看收受人本身是否有占有财物的故意。收受人是否有占有财物的故意，看似是法律问题，实际上包含着道德规范。美国学者富勒把道德划分为愿望的道德（morality of aspiration）和义务道德（morality of duty）两个层次。愿望的道德，是指关于一个人可能没有实现他的全部能力，我们不是控告他而是加以惋惜和蔑视。义务道德，是指一个有秩序的社会所必不可少的一些基本原则，如不许杀人、不许奸淫、不许盗窃，人们违反这种道德而受到谴责，并非由于他们没有抓住充分实现其能力的机会，而是由于他们不尊重社会生活的基本要求。[①] 因此，判断接受财物时是否具有占有的故意，不以被告人的供述作为依据，而是应根据被告人的一些主客观上的表现进行认定，如果没有占有的故意，当时就应当予以拒绝，即便拒绝没有成功，收受人也应及时与请托人进行沟通。如案情 2 中，高某多次打电话退还给 L 某表示要，但是 L 某每次都含糊地说“下次再说”，所以高某数次没能退还给 L 某。但是，2012 年，L 某当选省人大常委会副主任之后，高某将 2011 年下半年收受的 1 万美元，连同 2009 年上半年收受的 2 万元人民币一起还给了 L 某。说明高某始终没有占有 L 某财物的故意。此外，通过自己或者请托人周围的亲朋好友，特别是对双方都熟知的人进行“广而告之”，自己不愿意也不想接受请托人的财物，并积极想办法退回，甚至以上交单位及纪检部门为由主张退还的，可以认定为没有占有的故意。实践中，值得注意的是，当收受人或者请托人被纪检机关函询或者接受调查时，将财物退还的，不能视为及时退还。如果请托人已经被留置，将财物退还请托人的家属或者近亲属的，包括交给办公室主任保管的、上交廉政账户的，更不能视为及时退还，此时，只能认为是掩盖犯罪的一种手段。如案情 1 中，L 某通过其妻弟“挂名领薪”的方式收受 130 余万元，在长达 8 年的时间里都没有退还，而是在组织部门对其进行任职考核，担心自己的仕途受到影响时将财物退还。虽然是主动退还的，但是，L 某开始主观上就具有占有财物的故意，后来，因为主客观因素发生变化，自己主动退还财物，但是，这种主动退还，不能称为“及时退还”。L 某不仅有受贿的主观故意，而且其具有受贿的行为，在 8 年后才主动退还，犯罪行为已经实施完毕，只能作为量刑时的一个悔罪的从轻情节。案情 2 中的高某，虽然是在半年后、一年后将 1 万美元、2 万元人民币退回，但是其自始至终没有占有 L 某财物的主观故意，应视及时退还。案情 3 中的王某当日发现 S 某的财物后，第二天通过秘书将 S 某叫来，令其将 30 万美元拿回去，属于及时退还。因此，第三种意见是正确的。

① 参见［美］富勒:《法律的道德性》，耶鲁大学出版社 1977 年版，第 6~9 页。

21. 请托人本意为国家工作人员提供健康帮助，由此产生的利益被浪费的，是否构成受贿罪？

【案情】 X 某系某国有银行的董事长，Y 某系某科技产业集团董事长，主要经营药品生产、销售、投资珠宝、矿冶等。1999 年两人在北京相识之后，X 某给 Y 某提供过不少帮助，如 2010 年，X 某帮助 Y 某将其老家领导的儿子安排到银行总行工作；2012 年，在 X 某的帮助下，Y 某承接了农银大厦北楼地下车库照明改造项目。2013 年，被告人 X 某家住在金融街金宸国际公寓，当时，江西省某驻京办租用 X 某家对面的房间，专门做接待，每天喝酒很吵闹，影响 X 某的休息。2013 年 1 月的一天，X 某找到 Y 某说："你看能找找人说说这事。" Y 某几次找了些江西方面的人打招呼，但是都没有效果。过了几个星期以后，X 某让 Y 某以其个人的名义将这套房子租下来，Y 某当时就答应了，找到房东杨女士的联系方式。见面后，房东说："价格和租期之前已经谈好了。" Y 某当时想既然房子是 X 某要租的，价格也是他之前跟房东谈好的，Y 某按协议执行租期是三年，也就是从 2013 年 4 月至 2016 年 4 月。房子租好后，Y 某就打电话告诉了 X 某房子已经租好了。X 某说："我知道了，钥匙就先放你那吧。" 之后，这房子怎么处理，Y 某也问过 X 某，当时 X 某特意跟 Y 某说，他怕吵闹，这个房子空着就行了。这套房子的租金都是 Y 某付的，共支付了 105 万元。这个房子租了两年多一直空着，后来房东杨女士找 Y 某说，她不准备再把房子租给 Y 某了，Y 某就把这情况向 X 某汇报了，X 某也觉得那批吵闹的房客已经走了，这事就算过去了。房子虽然是以 Y 某名义租的，但具体怎么使用，只有 X 某能决定。Y 某之所以答应 X 某这些要求，一方面有对 X 某之前帮忙的感谢，另一方面也是为了能跟 X 某继续保持甚至拉近关系，以便将来能继续得到 X 某支持和帮助。

【问题】 上述案例中，被告人 X 某作为国家工作人员，利用自己的职务为请托人谋取利益，请托人 Y 某本意为其提供健康帮助，关于由此产生的利益被浪费的能否认定为受贿罪的问题，实践中有两种不同意见，一种意见认为，受贿罪的本质特征就是权钱交易，国家工作人员利用职务之便为请托人谋取利益，非法收受或者索取财物的才能构成受贿罪。目前，司法解释中对收受财物的范围进行了扩大解释，财物中包含物质性利益，但是本案中，X某让Y某与自己住处对面的办事处联系以及与房东联系将房屋租下的目的是不影响自己的休息，但是房屋租下后，Y某可以使用，只要不影响X某的休息就达到目的，并非一定空闲，因此，浪费的租金以及所产生的利益，Y某没有收益，X某也没有获得，因此，不能认定构成受贿罪。另一种意见认为，应当认定X某构成受贿罪。按照《刑法修正案（九）》以及"两高"司法解释中对受贿犯罪财物的扩大解释，受贿对象不仅包括财物，而且包括物质性的利益，Y某为了不影响X某的休息，按照其要求将对面的房屋租下并空置，无论是Y某还是X某都未使用，如果X某使用，可以认定为直接接受物质性利益，Y某没有使用，是因为X某并未允许Y某使用，即便Y某使用也许不会影响X某的休息，但是，没有X某的允许，Y某也不会使用，因此，这种看似浪费掉的物质利益仍然是被X某为获得更好的休息环境而获得，可以视为其获得实际物质性的利益，或者视为用支付货币方式获得的安静休息环境。

【解析】关于上述争论的问题，《贪污贿赂司法解释》对贿赂犯罪对象"财物"的范围作了扩大解释；《中共中央关于全面推进依法治国若干重大问题的决定》[①]提出，"把贿赂犯罪对象由财物扩大为财物和其他财产性利益"；2008年"两高"《办理商业贿赂案件意见》已经把财产性利益纳入贿赂对象范围。实践中的主要问题是财产性利益如何认定的问题，司法解释对这一问题作出更为具体的规定。《贪污贿赂司法解释》第12条的规定主要借鉴了《办理商业贿赂案件意见》第7条的规定，明确"商业贿赂中的财物，既包括金钱和实物，也包括可以用金钱计算数额的财产性利益，如提供房屋装修、含有金额的会员卡、代币卡（券）、旅游费用等。具体数额以实际支付的资费为准"。除文字调整之外，《贪污贿赂司法解释》将财产性利益作了进一步的归类细分，首次明确财产性利益包括可以折算为货币的物质利益和需要支付货币才能获得的其他利益两种。前者如房屋装修、债务免除等，其本质上是一种物质利益。后者如会员服务、旅游等，就其性质而言不属于物质利益，但由于取得这种利益需要支付相应的货币对价，故应当在法律上视同为财产性

①《中共中央关于全面推进依法治国若干重大问题的决定》于2014年10月23日由中国共产党第十八届中央委员会第四次全体会议通过。

利益。这一规定明确了贿赂犯罪对象由财物扩大为财物和其他财产性利益。上述案例中，Y 某租下房屋支付了相应的对价，获得的是房屋的使用权，但是，问题在于，在此期间，不仅 Y 某没有使用该房屋，X 某也没有使用该房屋，等于支付房屋的租金相对应的房屋的使用权被浪费掉了，那么，是否能认定 X 某的行为属于受贿呢？答案是肯定的，如同性贿赂一样，仅仅提供性服务不能认定为受贿，如果是嫖娼，有请托人支付相关费用的，其费用应当纳入受贿的数额。例如，媒体报道，[①] 广州市政府副秘书长晏某接受行贿人的安排，在宾馆开房嫖娼 200 次，每次由行贿人支付 3000~5000 元，法院认定晏某通过请托人支付嫖娼款受贿 60 万元。严格来讲，房屋看似没有使用，实际上是 X 某在使用，使用的方法是多样的，居住是一种方法，租住也是，空闲起来保持安静的环境也是使用的一种方法。用租金换取的安静的休息环境，就其性质而言，看似不属于物质利益，但由于取得这种利益需要支付相应的货币对价，属于需要支付货币才能获得的其他利益。X 某与 Y 某于 1999 年相识后，在交往的过程中，X 某给 Y 某提供过不少帮助，如帮助 Y 某家乡领导的儿子安排工作；帮助 Y 某承接农银大厦北楼地下车库照明改造项目。因此，当 X 某要求 Y 某以其名义租用房屋时，Y 某立即执行，但实际上，房屋还是 X 某使用的，受益人是 X 某。Y 某之所以答应 X 某这些要求，一方面是对 X 某之前的帮助表示感谢，另一方面也是为了能跟 X 某继续保持甚至拉近关系，以便将来能继续得到 X 某支持和帮助，仍然属于权钱交易的本质。因此，应认定 X 某构成受贿罪。第二种意见是正确的。

22. 国家工作人员的前妻办理移民时接受请托人的资助，是否构成受贿罪？

【案情】2005 年至 2013 年，被告人 J 某担任某省商业集团董事长期间，与同本单位有业务关系的美国一家设计公司驻中国代表李某认识。2009 年，J

① 上海热线要闻 2019 年 3 月 22 日报道。

某之子J某某在国外上预科，为了有助于J某某在美国申请上大学，J某接受李某的建议，让J某某在美国购买房产，2009年至2010年，J某让其妻子刘某陆续汇给J某某80余万美元，办理了房产的购房手续，但J某某去美国读书的事一直没有结果。李某又建议通过投资移民（EB-5）来解决J某某在美国上大学的问题。2010年下半年，李某告诉J某美国加州有个养老院项目，各方面条件都非常适合J某某和其母亲办理EB-5投资移民，经估算，收购这个养老院共需约275万美元。2010年年底的一天，J某把L某叫到家中，安排他和李某联系，J某告诉L某收购这个养老院大概需要275万美元，L某说钱由他出，J某同意了并告诉L某这件事准备委托李某办理。2010年年底至2011年年初，L某将钱分两笔转给李某，第一笔大概是75万美元，第二笔大概是200万美元，总数大概是275万美元。李某收到L某汇去的第一笔75万美元后，到J某办公室进行汇报。2011年下半年，李某告诉J某，收购美国养老院的事情已经办好了，J某安排他抓紧办理J某某及其母亲（J某前妻）移民的事。2013年，J某担任了副省长，J某担收J某某及其母亲办理移民的事情被发现。J某就提出让李某给L某打一个275万美元的借条，但李某不同意。后来，李某失联了。

另查明，J某当时是商业集团的负责人，L某和商业集团合作挣了不少钱，L某为了对J某表示感谢，以后还想让J某继续支持关照自己的公司，所以才按照J某的要求把钱汇给李某。

【问题】J某的前妻办理移民时接受请托人的资助，是否构成受贿？关于这个问题有两种不同意见，一种意见认为，J某系国家工作人员，在其担任国有企业董事长期间，曾为L某的公司谋取利益，J某的儿子在国外留学后又想通过投资的方式移民美国，投资款是L某所出，J某的妻子及儿子是其特定关系人，他们所收受的财物就应当视为J某所收，因此，应当认定J某构成受贿罪。另一种意见认为，将L某为J某之子移民美国所支付的费用认定为J某的受贿款没有异议，但是，对于L某为J某某的母亲即被告人的前妻同时移民所支付的费用，不应当认定为受贿款。

【解析】上述两种意见的共同点是，J某作为国家工作人员，在其担任国有企业的董事长期间，利用职务上的便利，在其主持商业集团工作期间，在商业集团及其下属单位与L某实际控制的房地产开发有限公司合作开发房地产项目的过程中，对L某所控制的公司在合作模式、持股比例、股权置换、股权转让以及工程投标等方面提供帮助。后来委托L某为其子及其前妻办理美国移民，先出资购买美国的房产，后又购买加州的养老院，L某为J某支付275万美元。认定J某收受L某财物构成受贿罪是没有争议的，问题是在认定受贿数额的时候，是否可以将J某前妻，即J某某母亲的费用扣除。

根据《办理受贿案件意见》对“特定关系人”的范围的规定，“特定关系人”是指与国家工作人员有近亲属、情妇（夫）以及其他共同利益关系的人。这里面包括三层含义：一是国家工作人员的近亲属，虽然我国民事法律和刑事法律对近亲属的规定有一定的差异，但是总体是一致的。《民法通则意见》[①]第12条规定的近亲属，《继承法》中的血亲和姻亲，以及第一顺位、第二顺位的继承人，应当包括配偶、父母、子女、兄弟姐妹、祖父母、外祖父母、孙子女、外孙子女。上述“两高”的司法解释属于刑事司法解释的范畴，与《刑事诉讼法》一样，更多是从规定的实质来确定。二是国家工作人员的情妇（夫）。三是国家工作人员的其他共同利益关系人，这里的共同利益主要是指经济利益，只要是与行为人有着共同利益，在近亲属范围之外，没有明确证据证明是情妇（夫）关系的人，一般都可以认定为有其他共同利益关系的人。其他共同利益关系包括经济利益关系、精神利益关系和其他利益关系等。本案中，J某的前妻虽然与J某结束了夫妻关系，但是，其是否能成为贿赂犯罪的特定关系人，有两种判别方式，一种情形是如果J某在不知情的情况下获得利益，不能认定为J某受贿，另一种情形就是J某与前妻通谋，或者是其前妻在获取利益后对其告知，其事后知情，同意或者默认，都可以认定J某构成受贿罪。根据J某前妻的证言证明，J某曾和其说过准备在美国购买一处养老院项目作为投资，并准备为其和其子J某某办理美国签证，还安排其到北京办理过一次美国签证，但被美国大使馆拒签了。至于美国养老院是怎样购买的，购买养老院花了多少钱，谁出的钱，其都不清楚。其记得有一次J某给其打电话让她到索菲特大酒店，并把李某介绍给她，让李某帮其

---

①《民法通则意见》于1988年1月26日由最高人民法院审判委员会讨论通过。因与《物权法》有关规定冲突，《最高人民法院关于废止2007年底以前发布的有关司法解释（第七批）的决定》废止《民法通则意见》第88条、第94条、第115条、第117条、第118条、第177条之规定。

和其子J某某办理购买美国养老院的手续，其在李某提供的英文文件和资料上签过一些字，但文件的内容看不懂，只按照J某的安排签了字。上述证言可以证明，J某对L某出资为其前妻和儿子J某某在美国投资购买养老院不仅是知情的，而且是其组织策划的，因此，可以认定J某前妻在本案中系其特定关系人。在认定受贿罪总额的时候，就不能将其前妻办理投资移民的费用从中减除。所以，本案也没有必要在事实部分来区分母子两人分别投资的数额，应整体认定，J某收受L某275万美元。第一种意见是正确的。

23. 国家工作人员要求请托人“接盘”其子投资亏损部分的股权和债权的，是否认定为受贿罪?

【案情】Y某是国家监管金融机构部门的负责人，2010年至2012年，Y某之子与L某（某房地产公司实际控制人）成立了资本管理中心，Y某之子任执行事务合伙人。2011年11月，资本管理中心分别投资300万元、1280万元购买医药科技有限公司65%的股权和电力科技股份公司64.75%的股权。2013年2月，Y某发现两家公司股权已贬值，要求L某收购资本管理中心对两家公司的股权和债权，并承诺为L某实际控制的房地产公司继续协调银行贷款。2013年5月至11月，L某向资本管理中心转款共计2300万元，并以2300万元购买了资本管理中心对两家公司的股权和债权。经评估，截至2014年8月10日，资本管理中心持有的医药科技公司、电力科技公司股权价值分别为113.72万元、-226.5万元。扣除医药科技公司股权价值113.72万元，原债权115万元，Y某获利共计2071.28万元。2014年8月10日，L某签订退出资本管理中心的协议。

另查明，2012年3月，Y某通过协调农商银行行长为L某控制的房地产公司在不符合贷款条件的情况下从农商银行取得贷款3亿元。由于贷款及时到位，加快了L某开发房地产的整体拆迁进度，节约了项目资金成本，给L某带来了2亿多元的利润。

【问题】L某应Y某的要求转入资本管理中心2300万元是履行出资义务，

还是向Y某行贿？对此，有两种不同意见，一种意见认为，L某与Y某之子签订合伙协议，成立的资本管理中心是一种有限的合伙企业，L某出资2300万元是履行出资义务，接收的两个投资企业也是正常的业务关系，有L某的书面认可，因此不能认定Y某受贿。另一种意见认为，L某与Y某之子签订合伙协议，成立的资本管理中心是一种有限的合伙企业，但是，成立之初合伙人是L某之子、袁某，二人均未实际出资。后来Y某让L某加入资本管理中心目的是由L某出资。Y某父子商量把严重亏损的电力科技公司和医药科技公司剥离出去由L某接盘，L某出资2300万元购买两个公司的股权和债权，L某鉴于Y某之前的帮助和为了获得Y某今后的继续支持，向资本管理中心转款2300万元。该2300万元转入资本管理中心后，由Y某通过其子支配，应认定为Y某受贿。

【解析】根据《办理受贿案件意见》对以交易形式收受贿赂问题的规定，国家工作人员利用职务上的便利为请托人谋取利益，以其他交易形式非法收受请托人财物的，以受贿罪论处。因此，判断这类案件不仅要从形式上，更要从内容和本质上来分析。交易型受贿犯罪构成的两个方面，一方面是形式上看似合法的国家工作人员及其特定关系人与请托人之间进行的正常的、平等主体之间的公平、等价、有偿的民事市场行为。另一方面是国家工作人员利用自己的职权为请托人谋取利益，与请托人通过形式上的合法交易掩盖非法获取的利益，本质上就是权钱交易。上述案例符合该意见中“以其他交易形式非法收受请托人财物的”的规定。Y某作为国家工作人员，又系领导干部，按规定不能经商办企业，因此，工商注册时合伙人只有Y某之子和他的大学同学袁某。Y某之子和袁某一起成立投资机构资本管理中心（有限合伙），虽以袁某的名义注册，但Y某之子和袁某都未实际出资，是Y某找他帮助过的柳某和L某出资。因此，资本管理中心不是一家正常的合伙企业。因为搞投资需要大量的资金，Y某之子与柳某、L某签订了一系列有关合伙的协议。签订的这些协议，从表面上看是合伙企业，是共同投资做生意。Y某让L某以有限合伙人的名义出资2300万元，归Y某和其子实际使用，虽然有L某的书面认可，但本质上就是不平等、不公平的，名义上是合伙企业，实质上是Y某家庭的企业，L某既没有企业合伙事务的决策权，也没有合伙企业利益分配权，合伙企业事务是Y某在幕后操纵，L某只承担风险，不参加分红和决策。Y 某之子也明白要不是 L 某之前接受 Y 某帮助，而且以后还需要 Y 某的帮助，即使让他们将来享受投资收益，他们也不可能向这样一名没有任何从商经验的年轻人投入这么多资金。2011 年 11 月，Y 某之子利用 L 某注入的资金分别投资 300 万元、1280 万元购买医药科技有限公司 65% 的股权和电力科技股份公司 64.75% 的股权。Y 某发现两家公司股权已贬值，要求 L 某收购两家公司的股权和债权，并承诺为 L 某实际控制的房地产公司继续协调银行贷款。按照 Y 某的指示，L 某用投资款购买两个亏损企业的股权和债权并退出资本管理中心，这是任何正常的投资人都不会做的，L 某之所以这样做，是因为 Y 某通过协调农商银行为 L 某控制的房地产公司在不符合贷款条件的情况下取得贷款 3 亿元，给 L 某带来了 2 亿多元的利润。实质上是 Y 某以此作掩护向他们要钱，Y 某之子把电力科技公司和医药科技公司卖给 L 某，是对 Y 某的利益输送。Y 某之子编造了这两份投资处置决议，从形式上营造出 L 某自愿用 2300 万元投资款收购资本管理中心购买的两家公司股权和债权并退出资本管理中心的假象。

以上可以看出，L 某出资 2300 万元加入 Y 某之子成立的公司，并非民事上平等主体之间在自愿、公平、等价和有偿基础之上作出的双方真实的意思表示，Y 某家未出一分钱，但实际控制着资本管理中心。一方面，Y 某之子在台前操作，对资本管理中心的经营既没有召开过股东会，也基本没有建立协商决策机制。公司大小笔开支、对各项目的投资情况，都是 Y 某之子说了算。另一方面，Y 某在幕后主导，重大事项 Y 某之子都要向 Y 某汇报，由 Y 某做决定。Y 某利用职权向 L 某要钱，亲自出面协调解决资本管理中心经营中遇到的困难和问题。证明资本管理中心名为合伙，实际由 Y 某父子控制，Y 某让 L 某转入 2300 万元用来接盘两个亏损公司的股权和债权，并失去相应的资本管理中心的股权。L 某是应 Y 某的授意而加入其子成立的公司，并不参与经营管理，在公司中并不是按照投资比例占有股权和享有决策权，完全违反《公司法》的规定，这是因为有 Y 某公权力介入，Y 某为 L 某实际控制的公司谋取过重大利益，其行为侵害的就是国家公职人员职务的廉洁性，虽然在交易的环节中，看似国家工作人员与请托人之间没有直接的联系，特别是由特定关系人以及与其职业有密切关系的工作来掩盖，实际上，体现出在一种合法的形式下掩盖的贿赂犯罪的本质。因此，本案中，存在 Y 某与 L 某的权钱交换关系，Y某利用放弃其子亏损的债权和股权，通过经营的方式收受L某的贿赂，L某的损失就是Y某及其子所得。

24. 请托人帮助国家工作人员代购房产，并暗中支付差价的，国家工作人员不知道房屋的真实价格，是否认定为受贿罪?

【案情】2005年至2013年，被告人J某在某省商业集团担任董事长。2006年下半年，J某跟其妻刘某说在青岛看好如意花园一套房子，房价差不多150万元，让商人李某帮忙买下，并让刘某联系李某。后李某向J某及其妻刘某说可以先办手续后付房款。不久，刘某准备了60万元的现金给了其二哥刘某某，让刘某某从招商银行给李某汇过去。2008年2月左右，刘某按照刘某某提供的账号去银行汇款50万元。2008年年底，刘某又去银行把剩余的40万元汇过去，共计150万元。房子一直落在刘某二哥刘某某名下。从2007年开始，J某和家里人每年都会到青岛度假，就住这套房子。因为每年到青岛住的时间也不长，所以在2010年，J某就让刘某某通过中介把房子租出去了。租金平均每年有十几万元，这些租金有一部分由刘某某陆续转给了J某之妻刘某，还有一部分暂时由刘某某代J某家保管着。

李某没有明确告诉J某购买如意花园这套房子他出了多少钱。但是他认为省里的房地产开发公司那几年在青岛开发了多处房地产项目，有些项目J某还亲自来青岛看过，J某对青岛当时的房价应该清楚，以这套房子的位置和实际面积，J某应该知道这套房子的价格肯定要远超过他付的150万元。李某实际为J某支付了250万元的房款差价款。

另查明，2005年至2013年，J某利用担任某省商业集团董事长职务的便利，在商业集团及其下属单位与李某实际控制的房地产开发有限公司合作开发房地产项目的过程中，对李某所控制的公司在合作模式、持股比例、股权置换、股权转让以及工程投标等方面提供帮助。

后来纪委一直调查J某，他对这件事比较紧张，多次找李某、刘某某商量。J某还和其妻子刘某说，买的房子不止150万元，李某给付了一部分房款；

J某及其妻子刘某跟刘某某讲，如果调查起来，就说这套房子是刘某某买的，通过汇款打过去150万元，其余的钱是刘某某拿现金给原房主的。

【问题】J某不知道李某为其支付房屋差价款的具体数额，能否认定J某构成受贿罪？对此，有两种不同的意见：一种意见认为，J某作为国有企业的负责人在与李某实际控制的房地产公司的合作开发过程中提供帮助，J某要求李某帮助其代购房产，虽然其不知道房产的具体价格，但是，其明确知道不止150万元，且李某为其支付部分差价款，是一种权钱交易行为，李某支付的差价款即应当认定为受贿数额；另一种意见认为，J某委托李某代理其购买房产，李某暗中为J某支付购房款的差价，但是J某并不知道差价的真实数额，所支付的差价是否明显高于市场正常价格，J某并不明知，李某也未说明其支付差价的具体数额，因此，只能认定J某是一种违反纪律的行为，不应以受贿罪来处理。

【解析】对于J某的上述行为，根据李某的证言证明：J某当时是商业集团的负责人，商业集团与李某实际控制的房地产公司正在合作，当时J某给了李某很多帮助，李某为J某支付250万元的房款差价，主要是为了表示对J某的感谢，也为了让J某今后继续对其进行支持、关照李某及其公司，给李某提供与商业集团更多合作的机会，获取更大的利润。

J某供述证明，李某给J某支付购房差价款主要因为他是省商业集团董事长，为了寻求或感谢其在与商业集团房地产项目合作中股份比例、股权置换上市、股权收购和工程承包等事项上对李某的关照和帮助，进一步加深与J某的感情，谋求今后与商业集团有更多的合作，以获取更大的利益。

J某购房支付的150万元的价格应该远远低于当时的房屋市场价，对此其是明知的，因为，省里几家房地产开发公司那几年在青岛开发了多处房地产项目，有些项目J某还亲自来青岛看过，J某对青岛当时的房价应该清楚，鉴于这套房子的位置和实际面积，J某应该知道这套房子的价格肯定要远超过他支付的150万元。上述行为本质上是一种权钱交易的行为，J某作为国有企业的董事长，系国家工作人员，其利用自己的职务便利帮助李某及其实际控制的公司，在经营过程中为其提供帮助，谋取利益。因此，J某要李某代其购买房产，虽然其不知房产真正的交易价格，但是，其对其中的差价是明知的，而且明知差价不止几万元，自己支付的只是其中的一小部分。根据2007年7

月 8 日公布的《办理受贿案件意见》的规定，新型受贿犯罪的主要类型划分为：交易型受贿；实际占有型受贿；干股型受贿；合作投资型受贿；挂名投资型受贿；期货、期权型受贿。其中，对以购买房产形式受贿规定得比较具体，“国家工作人员利用职务上的便利为请托人谋取利益，以下列交易形式收受请托人财物的，以受贿论处：（1）以明显低于市场价格向请托人购买房产、汽车等物品的……受贿数额按照交易时当地市场价格与实际支付价格的差额计算”。虽然本案中 J 某接受李某代为购买房产暗中支付差价与上述司法解释中以明显低于市场价格向请托人购买的规定有一定的差距，但是本质是一样的，因此，应当认定 J 某的行为构成受贿罪。第一种意见是正确的。

25. 国家工作人员帮助朋友之子调动工作，后来接受礼物的，是否认定为受贿罪?

【案情】 2006 年，被告人 Y 某在担任某省银监局局长期间，结识了做药材生意的张某，张某曾约过 Y 某聚餐，并介绍自己的儿子在 Y 某下属单位工作。2006 年年底，张某给 Y 某打电话，想让 Y 某帮忙将其子调到省里工作，Y 某说，“这个事很难办，我试试吧”。大概过了一周，张某之子就收到了省银监局的借调通知。张某之子借调到省银监局工作几个月后，Y 某就调到北京去了。此后，张某及其子就很少见到 Y 某了，偶尔张某之子去北京的时候会给 Y 某送两条烟，再就是每年春节的时候发个信息问候一下。2010 年，张某听其子说，他已经正式调到省银监局了，张某觉得没有 Y 某的帮助，其子肯定不能这么顺利地进入省局，当时，张某就想向 Y 某表示感谢，另外也是想和 Y 某搞好关系，Y 某毕竟是其子的领导。2011 年 6 月底，张某之子被上级机关抽调到北京参加专项检查工作，张某通过家人向其子银行卡内转款 13 万元，购买了一枚纪念金币送给了 Y 某。

【问题】 Y 某帮助朋友张某之子调动工作，事后接受礼品的行为是否构成受贿罪？对此，有两种不同意见，一种意见认为，Y 某帮助朋友之子调动工作是人之常情，在此之前，双方从未有帮忙之后会表示感谢的意思表示，在张某之子工作调动之后，Y 某已经调至上级机关工作，张某之子利用出差机会为 Y 某购买一枚纪念币作为礼物，具有人情往来的形式，属于一种违纪行为，不应认定为受贿。另一种意见认为，Y 某作为国家机关工作人员，为了友情，帮助自己的朋友张某之子从地方下级机关调到省级机关，并且没有按照正常的调动程序，是为亲友牟利的一种行为。虽然事前双方没有谈及是否表示感谢，没有谋取物质利益的表示，Y 某也从未提及，但是，在工作调动成功之后，Y 某接受张某之子赠送的礼物纪念币，如果纪念币的价值不高可以视为友情的一种往来，但是，纪念币价值人民币 13 万元，数额较大，超出正常人情往来的限度，其行为侵犯国家公职人员职务的廉洁性，应认定为受贿。

【解析】Y 某作为国家机关工作人员，为了友情，帮助自己的朋友张某之子调动工作，先是以借调的方式将其从地方市级机关借调到省级机关，后来没有按照正常的调动程序通过自己的职权将张某之子调入省级机关工作。这种行为是为亲友谋求私利的行为。如果 Y 某实施上述行为，仅仅是为亲友牟利，是违反规定的行为。张某作为 Y 某的朋友，虽然事前并没有向 Y 某作出对其感激的意思表示和给予其财物的表示。但是，在事后，Y 某接受了张某之子的财物，依据《贪污贿赂司法解释》针对事后受贿作出的新规定，履行职责时没有受贿故意，双方亦未就请托事项进行意思沟通，但在履行职责后收取他人财物的，只要收受财物与其先前职务行为存在关联，其收受财物的行为同样侵犯了国家工作人员的职务廉洁性。这一规定似乎超越了“为他人谋取利益”的内涵，但是，司法解释的规定表明事前受贿和事后受贿没有实质不同，关键在于收受财物与具体职务行为有无关联，而不在于何者为因、何者为果，也不在于时间先后。[①]Y 某在为张某之子调动工作成功之后，接受张某之子赠送的礼物纪念币，如果纪念币的价值不高，可以视为友情的一种往来，如此前张某之子偶尔看望 Y 某时赠送的两条香烟就属于友情来往。但是，纪念币价值人民币 13 万元，数额较大，超出正常人情往来的限度，其行为侵犯国家公职人员职务的廉洁性，应认定为受贿。

但是，需要说明的是，根据《最高人民法院关于国家工作人员利用职务

---

① 裴显鼎等：《〈关于办理贪污贿赂刑事案件适用法律若干问题的解释〉的理解与适用》，载《人民司法》2016 年第 19 期。

上的便利为他人谋取利益离退休后收受财物行为如何处理问题的批复》的规定，[①] 国家工作人员利用职务上的便利为请托人谋取利益，并与请托人事先约定，在其离退休后收取请托人财物，构成犯罪的，以受贿罪定罪处罚。2007年7月8日公布的《办理受贿案件意见》关于在职时为请托人谋利，离职后收受财物问题明确规定了两种情形，"国家工作人员利用职务上的便利为请托人谋取利益之前或之后，约定在其离职后收受请托人财物，并在离职后收受的，以受贿论处。国家工作人员利用职务上的便利为请托人谋取收益，离职前后连续收受请托人财物的，离职前后收受部分均应计入受贿数额"。上述规定明晰了离职、退休的国家工作人员尚需界定身份存续期间谋取利益与收受财物的关系。本案例中，Y某的离职是提升为更高级别的领导岗位，而不是退休或者离开与张某不具有制约关系的岗位，对此，应当将两者区别开来，所以第二种意见正确。

26. 国家工作人员退休后收受财物的如何认定？

【案情】 被告人S某在担任市委常委、组织部部长期间，利用职务的便利，为商人寿某、傅某、童某、徐某、谈某、金某和廖某等人谋取利益，在职期间收受他们巨额贿赂，退休后又分七次收受这些请托人的财物，数额较大，具体如下：（1）2014年5月初，收受寿某10万港元；（2）2014年上半年，收受傅某夫妇人民币20万元；（3）2013年年底，收受童某人民币50万元；（4）2013年年底，收受徐某价值7.5万元的金丝楠木茶几一套；2014年5月，收受徐某人民币20万元；（5）2014年春节、中秋节前后，分别收受谈某夫妇价值2万元购物卡、银行卡；（6）2014年2月，收受金某人民币10万元；（7）2014年春节、中秋节前后，收受廖某价值人民币3.2万元的购物卡。

【问题】 关于被告人S某退休后收受曾经的请托人财物是否构成犯罪以及

---

①《最高人民法院关于国家工作人员利用职务上的便利为他人谋取利益离退休后收受财物行为如何处理问题的批复》（法释〔2000〕21号）于2000年6月30日由最高人民法院审判委员会第1121次会议通过，自2000年7月21日起施行。

认定何种犯罪的问题，有三种不同的意见，第一种意见认为，应当认定受贿罪，因为这些赠送财物的人都是以前的请托人，退休后收受的财物是以前谋取利益事项的继续；第二种意见认为，按照我国《刑法》的规定，离职的国家工作人员或者其近亲属以及其他关系密切的人，利用该离职的国家工作人员原职权或者地位形成的便利条件实施受贿行为的，依照利用影响力受贿罪的规定定罪处罚；第三种意见认为，不应认定犯罪，因为S某退休后没有利用国家工作人员的职权，也没有利用原职权或者地位形成的便利条件实施为他人谋取利益的行为，曾经的请托人赠送财物是对其退休以后的看望和感谢，而且每笔的数额并不大，而且有些行贿人还证明主要是觉得退休后就不拜访感觉不近人情。因此，不认定犯罪为宜。

【解析】根据《最高人民法院关于国家工作人员利用职务上的便利为他人谋取利益离退休后收受财物行为如何处理问题的批复》的规定，国家工作人员利用职务上的便利为请托人谋取利益，并与请托人事先约定，在其离退休后收取请托人财物，构成犯罪的，以受贿罪定罪处罚。《办理受贿案件意见》关于在职时为请托人谋利，离职后收受财物问题明确规定了两种情形，“国家工作人员利用职务上的便利为请托人谋取利益之前或之后，约定在其离职后收受请托人财物，并在离职后收受的，以受贿论处。国家工作人员利用职务上的便利为请托人谋取收益，离职前后连续收受请托人财物的，离职前后收受部分均应计入受贿数额”。因该意见对离职人员构成受贿的情形作出了明确规定，对于S某收受徐某、谈某、金某、廖某等财物的行为，因离职前后收受财物时间间隔不长，存在连续性，可以认定为受贿。因此，第一种意见是正确的。

本案存在争议的原因是，S某退休后收受财物的事实中，在S某为请托人谋取利益之前或之后，双方并未约定S某在其离职后收受请托人财物；S某为请托人谋取收益，离职前后收受请托人财物的时间间隔也比较久远，跨度长达4~7年。在退休之后，也未利用自己的影响力为上述人员谋取利益，因此，第二种意见是错误的。同时，第三种意见认为该7起事实不符合意见所规定的受贿的构成条件，S某退休后收受财物的事实未被涵盖在该意见规定的构成受贿的情形之内。贪污贿赂犯罪具有其特殊复杂性，随着经济社会的发展变化，贪污贿赂犯罪呈现一些新情况、新特点，给司法实践带来了新的法律适用问题。《贪污贿赂司法解释》结合当前贿赂犯罪的新情况、新特点，对“为他人谋取利益”等贿赂犯罪构成要件适度作出扩张解释。针对事后受贿作出的新规定，履行职责时没有受贿故意，双方亦未就请托事项进行意思沟通，但在履行职责后收取他人财物的，只要该收受财物的行为与其先前职务行为存在关联，其收受财物的行为同样侵犯了国家工作人员的职务廉洁性。事前受贿和事后受贿没有实质不同，关键在于收受财物与具体职务行为有无关联，而不在于何者为因、何者为果，也不在于时间先后。“事后”的时间间隔没有限制，但收受财物与履职事项之间应存在实质关联。

结合刑法理论和司法实践对该意见进行分析，明晰该意见所列两种情形，不是认定构成受贿罪的全部依据，对一个鲜活的案件，要从主观与客观、形式与实质案件进行分析：一是主观上，双方具有行贿、受贿的合意，请托人之所以给予财物，是感谢S某为请托人谋取了利益，而S某亦明知对方是感谢其利用职权为请托人提供了支持和帮助或者希望继续得到他的关照，而且谋取的利益和提供的关照是现实的、具体的；二是客观上，S某是应请托人的请托而利用职务便利实施了为对方谋取利益的行为，谋取利益与收受财物之间有着直接的因果关系；三是这7起事实中，请托人给予S某的财物数额分别达到10万元、20万元、50万元，远远超出正常的人情交往，双方都有行贿、受贿之意，且S某从未给予对方相应的回馈，是权钱交易的体现。因而，S某的行为具备《刑法》关于受贿罪的构成要件，国家工作人员明知对方所送财物是对自己在职时为请托人谋取利益的不正当报酬，数额较大，也符合受贿罪“权钱交易”的本质，应当计入受贿数额，认定受贿罪。

27. 亲属间借款炒股、购房，案发前尚未归还的应如何认定?

【案情1】被告人S某在担任市委常委、组织部部长期间，曾多次利用职务的便利为自己的亲属、房地产开发公司董事长应某谋取利益。2007年5月，S某的妻子金某打电话给应某说：“现在股市很好，你手上有没有闲钱，借100万元给阿姨炒股。”应某同意并将100万元转到金某银行账户。金某就把该100万元转到自己的证券账户用于炒股。后来，由于股市行情不好，金某告诉应某100万元亏了，应某回答说："不要紧的，亏掉就亏掉了。"金某即认为该100万元不用还了。金某向应某借100万元之前向S某说过想向应某借100万元炒股，S某同意了。应某把100万元转给金某以及应某表示100万元不用还的事情，金某也告诉了S某，S某没有反对。S某供述，金某说应某把100万元拿给她了，当时其也没想过要还给应某。应某送钱给其是因为其在组织部部长的位置上，他可以找其帮忙，借亲戚关系去拓展生意。

【案情2】2009年年初的一天，金某告知应某其看中了一套房子，价款为575万元。金某让应某支付。应某便安排其公司员工韩某、方某将钱款转到金某指定的账户上。其支付房款心里是不舒服的，毕竟是几百万元，但因为S某是领导，其需要和他搞好关系，其公司发展需要得到他的关照，其还是照办了。2014年7月，应某在接到法院传票要求其缴纳风竹居别墅物业管理费时才知道自己名下还有这样一套房产。同年10月，其与S某夫妇聊天时才得知该房是S某夫妇以其名义购买的。2015年1月，社会上风传S某将被调查。2月初，应某接到金某的电话来到S某家，金某让其将风竹居别墅的房产资料拿回去，其便将资料带回家。

【问题】被告人S某的妻子金某向其亲属应某借款炒股、购房，在S某案发前，该款项尚未归，还能否认定受贿？对此，有两种不同的意见，一种意见认为，应当认定为受贿，因为S某之妻虽然与应某之间系亲属关系，但是，S某在担任组织部部长期间曾利用职权为应某谋取利益，金某向应某借款炒股、购房并非生活急需，均是为了获利，并且金某与S某在案发前尚未归还，事实上，二人也有不想归还的意思表示。另一种意见认为，被告人S某的妻子金某与应某系亲属关系，案情1中，金某向应某提出借款100万元就是用于炒股，并非以借为名的收取或者索要，后来100万元亏空，没有归还。案情2中，金某让应某支付其以应某名义购买的别墅，准备用于炒房赚取利益，是否归还本金双方没有约定，因案发前别墅尚未出售，金某便将购买别墅的整套手续给了应某，一方面是为了掩盖事实，另一方面客观上等于将购买别墅的钱款变相归还，因此，以不认定受贿为宜。

【解析】2003年11月13日，最高人民法院发布的《经济犯罪座谈会纪要》对以借款为名索取或者非法收受财物行为的认定作出规定，国家工作人员利用职务上的便利，以借为名向他人索取财物，或者非法收受财物为他人谋取利益的，应当认定为受贿。具体认定时，不能仅仅看是否有书面借款手续，应当根据以下因素进行综合判定：（1）有无正当、合理的借款事由；（2）款项的去向；（3）双方平时关系如何、有无经济往来；（4）出借方是否要求国家工作人员利用职务上的便利为其谋取利益；（5）借款后是否有归还的意思表示及行为；（6）是否有归还的能力；（7）未归还的原因，等等。上述规定明晰了如何判断以借为名进行的行贿、受贿犯罪和真正的民事借贷关系。但是，本案与其他以借为名的受贿有所不同：一是借款的理由是正当合理的炒股和买房，都是真实的，不存在虚拟的事实；二是借款的去向也明确就是炒股、买房；三是借款人与出借人之间是亲属关系，相互之间有经济往来，但更多的是出借人向借款人赠送财物；四是出借方要求国家工作人员利用职务上的便利为其谋取利益，这一点是明确的；五是借款后借款人对出借人表示 100 万元借款炒股亏掉，有不想偿还的意思表示，但是又有客观理由；六是借款人有归还的能力；七是未归还的原因有主观方面的，也有客观方面的，借款人本身有不想偿还的想法，客观上 100 万元炒股亏空，购买别墅尚未出售就案发，即便没有案发，金某也不一定归还，而是在听到 S 某有可能被调查的情况下将购买别墅的所有证照材料给了应某。因此，该纪要的规定不能涵盖上述两个案例的情形，既有符合的因素，又有多数的要素不能匹配，因而产生上述争议。同时，在司法实践中，在查处贿赂犯罪案件时，发生在亲属之间的多数属于特定关系人之间收受他人的贿赂，在亲属之间的行贿、受贿犯罪还极少，因此，实践中产生这样的争议也是自然的。

但是，根据《办理受贿案件意见》第 9 条的规定，“国家工作人员收受请托人财物后及时退还或者上交的，不是受贿。国家工作人员受贿后，因自身或者与其受贿有关联的人、事被查处，为掩饰犯罪而退还或者上交的，不影响认定受贿罪”。根据这一规定，可以认定 S 某构成受贿，因为，S 某作为国家工作人员利用自己的职权多次为应某谋取利益，其行为侵害国家公职人员职务的廉洁性。应某虽然与金某系亲属，但是，金某向其借款数额巨大，而且用途并非生活必需，一是炒股，二是以应某的名义购买别墅，应某并不知情。S 某对金某的行为是知情、认可的。S 某供述，金某说应某把 100 万元拿给她了，当时其也没想过要还给应某。应某送钱给其是因为其在组织部部长的位置上，他可以找其帮忙，借亲戚关系去拓展生意，S某有占有100万元的故意，由此证明，金某虽然是借款，并且有明确的用途指向，但是，其并没有归还的意思，即便炒股没有亏空也不会归还。关于购买别墅一事，应某当时并不知道金某购买什么房屋，当涉及诉讼后，S某在将被查处时才将购买别墅的材料交给应某，属于因自身或者与其有关联的人、事被查处，为掩饰犯罪而退还的情形，不影响认定受贿犯罪。因此，第一种意见是正确的。

28. 购买拟上市公司的股权，案发前退回的如何认定?

【案情】2008年至2014年，C某担任某市检察院检察长。2013年，白某实际控制的福寿园公司准备在我国香港特别行政区上市，白某请C某、律师付某和叶某一起吃饭时，答应拿出一些职工内部股来感谢C某、付某和叶某对公司上市提供的帮助，C某亦表示同意。之后，付某告诉C某可以购买2500万元的职工内部股，股权预计有3倍的盈利。C某表示同意，并让C某之子出面帮其购买持有职工内部股。C某之子根据付某的建议在我国香港特别行政区成立离岸公司，计划以离岸公司的名义来操作购买职工内部股。之后，付某告诉C某，根据我国香港特别行政区证券公司的规定，如果以离岸公司名义认购股份，股东在行使股权、操作买卖股票的时候还是会出现其子的名字，建议C某之子把钱打给叶某，让叶某来操作购买股权，以更好地保护C某。C某与付某、叶某、白某商议后，表示同意。2013年年底左右，福寿园公司股票在我国香港特别行政区上市，股票价格上升了大约3倍，当时C某之子还没有与白某签订股权转让有关协议。2014年3月、4月左右，由付某负责起草，C某之子和白某签订了股权转让及代持协议，约定C某之子以2500万元购买2100万股，协议的落款日期倒签于2013年1月。C某之子以2500万元人民币，即低于市场价人民币5167万余元的价格向白某实际控制的鸿福公司购买该公司通过中福公司间接持有的福寿园国际上市前1.4%的股权。2015年年初，C某因被组织约谈，担心福寿园股权的事情败露，与付某、白某和叶某商量后，决定退出持有福寿园公司股权，并由C某之子和叶某签订一份虚假的2500万元借款合同，约定借款利息按年息7%计算，以掩盖C某和C某之子购买股权的事实。2015年3月底，叶某陆续将钱款全部退给C某之子。经鉴定，上述股权在2014年3月12日的价值折合人民币为7667.78166万元。此前，C某曾多次利用自己的职务便利为白某谋取利益。因此，认定在该起事实中C某收受白某财物价值人民币5167.78166万元，在案发前退还。

【问题】关于C某在担任市检察院检察长时，收受商人白某的拟上市公司的股权，在案发前主动退还的行为如何认定，实践中有三种不同的意见，第一种意见认为，根据“两高”关于办理受贿刑事案件司法解释的规定，国家工作人员利用职务上的便利为请托人谋取利益，以合作开办公司或者其他合作投资的名义获取“利润”，没有实际出资和参与管理、经营的，以受贿论处。本案中，C某有投资，因此C某不构成受贿犯罪。第二种意见认为，C某是在纪检监察机关对其约谈后，担心自己的行为败露而退还钱款的，犯罪行为已经完成，退还只是对赃物的一种处分行为。对于股权的价值，应当将C某与白某签订《股份置换及代持协议》的实际时间认定为购买股权的时间。第三种意见认为，应当认定C某的行为构成受贿罪，但是，对于股权的价值，应以购买当时的差价计算数额，或者以上市时的差价计算其数额。

【解析】根据2007年7月8日《办理受贿案件意见》关于以开办公司等合作投资名义收受贿赂问题的规定，“国家工作人员利用职务上的便利为请托人谋取利益，以合作开办公司或者其他合作投资的名义获取‘利润’，没有实际出资和参与管理、经营的，以受贿论处”。本案中，商人白某为了感谢C某曾多次利用职务的便利对其关照，决定让C某购买其拟上市公司的职工内部股权。虽然C某有投资，但其购买的是职工内部股份，其是不享有该项权益的，其以低价购买拟上市公司的股份实质上是与白某进行的权钱交易。根据该意见关于以交易形式收受贿赂问题的规定，国家工作人员利用职务上的便利为请托人谋取利益，以其他交易形式非法收受请托人财物的，以受贿罪论处，受贿数额按照交易时当地市场价格与实际支付价格的差额计算。C某利用公权力为白某进行谋利，白某通过自己拟上市公司股价的升值为C某谋取利益，因此，可以认定C某的行为是以其他交易形式非法收受请托人财物的情形，构成受贿罪。根据该意见第9条关于收受财物后退还或者上交问题的规定，“国家工作人员收受请托人财物后及时退还或者上交的，不是受贿。国家工作人员受贿后，因自身或者与其受贿有关联的人、事被查处，为掩饰犯罪而退还或者上交的，不影响认定受贿罪”。虽然C某在纪检监察机关对其约谈后，主动将低价购买的上市公司股权退还，但是事实上，其受贿的行为已经完成。退还股权只是对赃物的一种处分行为，不影响罪行的认定。

关于购买的股权应当以什么时间节点计算价值的问题，根据证人白某、付某、C某之子、叶某的证言以及C某的供述可以认定，2014年3月，C某通过其子以2500万元的低价，购买白某实际控制的福寿园国际上市前1.4%股权的事实。关键在于如何确定C某购买福寿园国际股权的确切时间，因为涉案的1.4%股权并没有登记在C某或其指定的人名下，而是由行贿人白某实际控制的公司代持，所以检察机关将C某等人与白某签订《股份置换及代持协议》的实际时间认定为购买股权的时间，该意见是正确的。根据证人白某、付某的证言，白某根据中福公司变更登记表等书证的落款时间，付某根据与白某邮件往来的时间，均确定C某等人与白某签订《股份置换及代持协议》的实际时间是2014年3月12日，所以，认定实际签约时间是符合法律规定的，第二种意见是正确的。

第四章　索取贿赂问题

29. 在贿赂犯罪案件中，受贿人首先向行贿人提出财物要求的是否都认定为索贿?

【案情 1】L 某系市委宣传部部长，景某系 L 某的老同事，因受纪律处分下海经商。2011 年下半年的一天，景某到宣传部办公室送给 L 某 1 万元现金。景某之所以去看 L 某是因为 L 某升职了，且对 L 某曾给予他帮助表示谢意。在 2012 年春节前的一天，景某给 L 某拜年送了 2 万元现金。那天景某手上戴了一块价值几万元的瑞士某牌手表。L 某看到后，叫景某把手表摘下拿在手上把玩，说他喜欢收藏手表，家里有一些手表，但不如这块手表好，景某就说改天带一块手表来，L 某听完也没说什么。其看出 L 某对手表很感兴趣，明显有想要其送手表的意思，对此有些不舒服。随后在跟朋友姚某聊天时，姚某说也许以后还有事求 L 某呢，就送他一块表得了，她还说曾托上海朋友买过一块手表，可以转送给 L 某。过了几天，姚某拿了一块瑞士产某牌手表给景某，并告诉景某价格在 13 万元左右。2012 年下半年，景某把这块手表送给了 L 某。2013 年年初的一天，L 某的秘书裴某打电话给景某，说 L 某有一套房子正在装修，还缺 50 万元，叫景某帮忙解决一下。景某当时心里有些不愿意，就说这事其知道了。虽然心里不乐意，但考虑到 L 某以前曾经关照过自己，景某就觉得还是应该拿些钱给 L 某。过了几天，其来到 L 某的办公室，将装了 10 万元现金的纸袋放在办公桌旁的地上，对 L 某说，听说领导家里装修房子，这是一点心意。L 某嗯了一声，然后就和其聊其他的话题了。因为 L 某秘书此前说要 50 万元，景某给了 L 某 10 万元后，心里觉得太少了，又不想再继续送钱，其怕L某不高兴，过了几天，景某准备了5万元现金来到L某的办公室，将钱放在办公桌里侧的地上，并对L某说又为他准备了一点装修的钱。L某和其闲聊了一会儿，然后景某就走了。

【案情2】Y某系某省副省长，陈某系该省的企业家。2012年4月，Y某说他哥哥做生意资金有点困难，问陈某能不能借点钱给他，陈某问需要多少，Y某说1个亿，陈某一听就懵了，没想到Y某要这么多钱，但Y某是副省长，陈某不敢得罪Y某，就说可以，要分期分批给他凑，Y某同意并让陈某注意保密，不要从公司账上拿钱。陈某心里很清楚Y某是以借为名向其要感谢费。陈某安排公司财务人员先将公司资金转到账外控制，再以公司员工名义办理一批银行卡，将账外控制的资金转到这些银行卡内，后将银行卡提供给Y某。自2012年6月至2013年10月，分九次共送给Y某153张银行卡，金额为10万元、30万元、40万元、50万元、100万元不等，共计1.2亿元。

【案情3】Y某系某省副省长，与李某在日常工作中相识，李某在工作中曾请托Y某帮忙，但没有办成。2016年7月中旬，Y某对李某说他哥们要买房子，缺点钱，让李某准备2200万元，李某有点犹豫，觉得现在反腐力度很大，Y某让其别胆小，说会让人和其联系。后来，一个姓王的女人和其联系，说Y某让她来拿2200万元，李某正在医院看病，让女儿到公司，李某通过其女儿安排集团财务经理支付2200万元。2016年9月，Y某给李某说他弟弟看病需要2000万港元，让其救个急，李某说刚给过他2200万元，怎么又要钱，Y某说这次是看病救急，李某只好答应。Y某给了李某一张写着朱某名字和手机号的纸条，让李某通过这个手机号联系给钱事宜。李某让其女儿去办理给朱某转2000万港元的事，2016年11月初，李某对Y某说，其通过公司在瑞士银行我国香港特别行政区分行开设的理财账户汇给朱某2000万港元。

【案情4】2009年，陈某和表妹一起成立了房地产开发有限公司，陈某任公司董事长。Y某系某省副省长，2009年年底，陈某跟Y某说想为国有的实业公司做些工程，请Y某介绍其和国资委主任认识，Y某答应。过了几天，Y某说他跟国资委主任打过招呼了，让陈某有具体问题可以找国资委主任帮忙。后在国资委主任的帮助下，陈某于2010年1月顺利拿下了实业公司的职工公寓代建项目，也就是生态城项目。这个项目按照开发区招商引资的优惠政策，应该返还陈某公司3000万元土地出让金，但是管委会一直没有兑现，陈某于

2013 年 5 月请 Y 某帮忙落实，Y 某跟区委书记打了招呼。2011 年春节前，Y 某说他急需用钱，让陈某将 200 万元转账到朱某银行卡上，后陈某把人民币 100 万元转账至 Y 某提供的账户，又送给 Y 某现金人民币 100 万元。

【案情 5】被告人 S 某系国家工作人员，有 4 起受贿犯罪事实，根据 S 某的供述以及相关证人证言可以证明，S 某主动提出让行贿人送予其财物。简要事实如下：（1）S 某向曹某索要价值人民币 20 余万元的虫草 2 斤。S 某与曹某保持了长期的行贿、受贿往来，曹某在 S 某向其索要 2 斤虫草之前多次送给 S 某财物。S 某在临时需要送给他人礼品的情况下，都安排曹某为其准备。（2）S 某向郭某索要 3 万美元。S 某与郭某保持了长期的行贿、受贿往来，郭某在 S 某向其索要 3 万美元之前亦多次送给 S 某财物。S 某在临时需要美元的情况下，都安排郭某为其准备。（3）S 某向黑某索要价值近 70 万元的奥迪 Q5 汽车一辆。S 某向黑某索要奥迪车，是基于黑某之前主动提出以新的路虎汽车换取 S 某之妻的宝来车，使用 5 年后 S 某再提出以新车置换路虎车。（4）S 某向谢某索要价值 60 余万元的路虎牌越野汽车一辆。S 某找谢某借辆车给其妻使用。谢某证言证明，其心里不舒服，但考虑到 S 某的领导身份还是将车送给 S 某之妻。此外，谢某还主动送予 S 某 500 克金条和人民币 10 万元。

【问题】上述案例中提出的问题是，在行贿、受贿犯罪中，是否受贿人首先向请托人提出明确具体的财物要求就一律都认定为索贿？对此有两种不同的意见，一种意见认为，在行贿、受贿犯罪中，受贿人主动向请托人提出具体明确的财物要求，受贿人是主动的，而请托人是被动的，就应当认定为索贿；另一种意见认为，虽然索贿案件中，都是受贿人首先向请托人提出具体明确的财物要求，即索贿都是受贿人首先提出的，但是，并不一定受贿人首先向请托人提出具体明确的财物要求就一定构成索贿，还要根据受贿人给请托人谋取利益的大小，请托人事先是否对受贿人有承诺，受贿人提出的具体、明确的财物要求是否在请托人预先已知承受的范围之内，以及请托人得知受贿人的要求时内心的表现等多种因素进行考量，然后，才能确定是否构成索贿。

【解析】第二种意见是正确的。我们可以通过以上五个案例来辨析索贿与受贿之间的差异。

案情 1 中，关于被告人 L 某收受景某送予的某牌手表和人民币 15 万元装修费用是否构成索贿的问题。L某看到景某佩戴的手表后，主动向景某提出喜欢收藏手表，并且说该手表是其特别喜欢的款式，有明显索要的意思表示，在景某表示会给其带一块时，L某也予以默许。在L某秘书向景某提出要解决50万元装修费时，其也默许，后景某送钱给L某时，L某也收下了。考虑L某是否构成索贿，应重点审查认定两起事实的证据。根据景某的证言可以看出，景某之所以送给L某上述钱物，主要有两方面原因，一方面，感谢其过去对他的关照，尤其是在他被举报和受到纪检监察部门调查期间，L某帮他说话，跟主要领导同志打了招呼，建议他们作处分决定时考虑保留景某的公职，最后也保留了他的公职，算是对他从轻处理；另一方面，他希望和L某搞好关系，希望利用L某的权力继续给他提供帮助，虽然L某向其索要手表，其有不情愿的想法，L某的秘书向其提出L某装修房屋缺少50万元，对此，其内心也不是十分情愿的，但是，他认为L某对其有过帮助，并且希望以后继续得到L某的帮助，其还是主动送去手表和15万元，而且并非按照L某的要求将自己的手表送给L某，也没有按照L某秘书的要求提供50万元，最后，其所送的另外一块手表和15万元完全是由其自己决定的，并非因受到L某的压力而迫不得已做出，应该属于受贿而不是索贿。

案情2中，Y某也应当认定为受贿。根据证人陈某的证言证明，陈某曾对Y某说过，“有什么事情可以和其讲，能帮忙的其会帮忙”，后Y某向其提出借款1亿元；Y某供述，其向陈某提出借几百万元，陈某表现得比较积极，那段时间陈某有很多事情有求于他，每次见面陈某都先跟Y某说一些他公司项目上的事，然后再把银行卡给Y某。考虑到陈某向Y某作出“有事情会帮忙”的承诺在先，Y某向陈某提出借款在后，虽然陈某给予Y某上亿元有些不情愿，但是，陈某还是积极主动地完全按照Y某安排的形式，在1年4个月的时间，通过比较秘密的方式分九次共送给Y某153张银行卡，金额10万元到100万元不等，共计1.2亿元，因此，不宜认定Y某索取贿赂，应认定为收受贿赂。

案情3中，应当认定Y某向李某索取人民币2200万元、2000万港元。2016年7月，李某曾经向Y某请托事项，但是没有办成，随后，Y某便跟李某说他哥们要买房子，缺点钱，向李某索要2200万元，李某有点犹豫，觉得现在反腐力度很大感到害怕。2016年9月，Y某又与李某说他弟弟看病需要

2000万港元，让其救个急，李某说刚给过他2200万元，怎么又要钱。Y某说这次是看病救急，李某只好答应，李某按照Y某给其提供的账户汇给Y某2000万港元。李某本身没有给予Y某财物的意思表示，每次都是Y某主动提出，并且Y某并未为李某谋取什么利益，缺少交换的条件，而且，李某在向Y某请托之时或者之后，也没有作出过给付财物的意思表示，Y某索要财物的数量远远超出李某所要表达感谢Y某的预期，李某内心十分不情愿，无比痛苦，属于被迫给予。因此，应当认定为索贿。

案情4中，应当认定Y某构成索贿。虽然在2009年年底至2013年下半年，Y某利用担任副省长职务上的便利，为陈某的房地产开发有限公司联系开发房地产项目获得成功，但是，陈某的项目尚在进行中。而且，这个项目按照开发区招商引资的优惠政策，应该返还陈某公司3000万元土地出让金，但是管委会一直没有兑现，陈某始终处于无法获取利益的情形，于2013年5月请Y某帮忙也没有落实。在这种情况下，陈某尚未有对Y某给付财物的思想准备，也不具备给付财物的条件，Y某以他急需用钱为由向陈某索要200万元，陈某对其不仅没有给付财物的意思表示，也没有事先的承诺，在Y某索要200万元的情况下，陈某内心极度的痛苦，超出其想要对Y某感谢的预期，但是，基于Y某的职务和地位，被迫给付200万元，对陈某来说是一种心理的强制，是无奈之举，因此，应认定为索贿。

案情5中，四起案件都不能认定为索贿，只能认定为受贿。因为，S某与曹某、郭某都保持了长期的行贿、受贿往来，曹某、郭某在被S某索要财物之前亦多次送给S某财物。S某在临时需要礼品、美元时，都是曹某、郭某为其准备。S某向黑某索要车辆是基于黑某之前主动提出为其妻置换车辆，本次索要包含在黑某主动提出的送车行贿故意中。除此之外，曹某、郭某、黑某与谢某被S某索要财物之前已经多次主动行贿，以此推定其行贿故意包含被S某索要财物的范围。因此，上述四起事实是基于S某与行贿人之间已经形成了多次主动行贿、受贿的模式，即便有S某先提出、安排的成分，但均未超出行贿人的心理预期，没有对行贿人形成心理强制，达到行贿人内心极度痛苦、极不情愿拿出自己财物的程度，行贿人内心都是愿意接受的，不宜认定为索贿。

30. 索取贿赂是否需要以“为他人谋取利益”作为犯罪构成要件?

【案情 1】 被告人 Y 某在担任某省副省长分管城建工作期间，为企业家陈某的房地产建设变更设计规划提供帮助。2018 年 7 月，Y 某约陈某在省体育学院广场散步，Y 某谎称，其妹妹在北京住院治疗花费很高，要求陈某提供帮助，陈某表示同意，并主动提出给付 300 万元。Y 某认为陈某比较慷慨，过了一段时间，Y 某又谎称其哥哥做生意现金周转出现困难，请求陈某给予帮助，陈某当时征求 Y 某的意见，需要多少合适，Y 某提出先拿 1 亿元，当时，陈某内心感到极其痛苦，但是，鉴于 Y 某是副省长，并对其给予过帮助，将来还有可能需要 Y 某的帮助，无奈之下通过亲朋好友筹集 1 亿元，并按照 Y 某的要求自 2012 年 6 月至 2013 年 10 月，分九次共送给 Y 某 153 张银行卡，金额 10 万元、30 万元、40 万元、50 万元、100 万元不等，共计 1.2 亿元，用于 Y 某个人支配和挥霍。人民法院审理后，认定 Y 某构成受贿，没有认定索贿。

【案情 2】 被告人 Y 某在担任某省副省长期间，与李某在日常工作中相识，李某在工作中曾请托 Y 某帮忙，但没有办成。2016 年 7 月中旬，Y 某对李某说他哥们要买房子缺点钱，让李某准备 2200 万元，李某有点犹豫，觉得现在反腐力度很大，压力很大。Y 某让其别胆小，说会让人和其联系。后来，一个姓王的女人和李某联系，李某安排集团财务经理支付 2200 万元。2016 年 9 月，Y 某跟李某说他弟弟看病需要 2000 万港元，让其救个急，李某说刚给过他 2200 万元，怎么又要钱，Y 某说这次是看病救急，李某只好答应，Y 某给了李某一张写着朱某名字和手机号的纸条，让李某通过这个手机号联系给钱事宜。李某让其女儿去办理给朱某转 2000 万港元的事，2016 年 11 月初，李某对 Y 某说她通过公司在瑞士银行香港分行开设的理财账户汇给朱某 2000 万港元。人民法院审理后认为，被告人 Y 某系索取贿赂。

【问题】 上述案例引发这样一个问题，索取贿赂是否需要以为他人谋取利益作为犯罪构成要件？这是长期以来一直争论的问题，事实上，在长期的司法实践中，绝大多数索取贿赂的案件都或多或少存在为他人谋取利益的情形，对此有两种不同意见，一种意见认为，从案件的整体上看，索取贿赂仍然存在为他人谋取利益的情形，在案情2中，Y某与李某在日常工作中相识，李曾请托Y某帮忙，虽然没有办成，但是请托的事实已经发生。因而，索取贿赂仍然存在为他人谋取利益的情形。另一种意见认为，索取贿赂是不以为他人谋取利益为构成要件的，如案情2第一起事实中，李某在工作中曾请托Y某帮忙，是正常的工作事项，Y某也没有办成。Y某对李某谎称他哥们要买房子让李某准备2200万元，李某也无请托事项，无论是李某还是Y某都不存在谋取利益的意思表示和行为。第二起事实中，Y某向李某谎称他弟弟看病需要2000万港元，让李某救个急，李某说刚给过他2200万元，怎么又要钱，Y某说这次是看病救急，李某只好答应。从以上行为看出，李某既没有请托Y某谋利的事项，也没有希望将来谋取利益的表示，而且对Y某比较反感，完全是出于一种无奈，内心极度痛苦。实践中，还有一些新的犯罪形态，如有的国家工作人员向他人索取财物，被索取人误认为会为自己谋利，但是，该国家工作人员从内心里根本就不打算、实际中也没有为他人谋利的，这种情形同样侵害了国家公职人员职务的廉洁性，仍然认定为索贿犯罪，因此，为他人谋取利益不属于索取贿赂犯罪的构成要件。

【解析】关于索取贿赂是否要以为他人谋取利益为犯罪构成要件的问题，始终存在两种不同的观点。从历史的沿革上看，呈现逐步变化的趋势。如1985年《最高人民法院、最高人民检察院关于当前办理经济犯罪案件中具体应用法律的若干问题的解答（试行）》[①]中指出，受贿罪是指国家工作人员利用职务上的便利，为他谋取利益，而索取或者非法收受他人财物的行为。从语义上分析，其中，将“为他人谋取利益”作为索取或者非法收受他人财物的前提，因此，为他人谋取利益不仅是非法收受他人财物的构成要件，也是索取贿赂的构成要件。但是，1988年《全国人民代表大会常务委员会关于惩

---

①《最高人民法院、最高人民检察院关于当前办理经济犯罪案件中具体应用法律的若干问题的解答（试行）》[〔85〕高检会（研）3号]于1985年7月18日公布、施行，2013年1月18日废止。

治贪污罪贿赂罪的补充规定》[①]规定，国家工作人员利用职务上的便利，索取他人财物的，或者非法收受他人财物为他人谋取利益的，是受贿罪。从行文结构和语义分析上看，在非法收受他人财物中包含着为他人谋取利益，而在索取他人财物中没有规定，索取他人财物成为一种独立的受贿形式，与非法收受他人财物为他人谋取利益成为并列的两种方式。现行《刑法》第 385 条采用了与上述相同的表述方法，因此，对于索取贿赂的行为，有的是为他人谋取利益，也有没有为他人谋取利益的，同样构成受贿罪。[②]在案情 1 中，被告人 Y 某曾利用自己的职务便利为企业家陈某谋取利益，为其开发的房地产进行过规划的改变，Y 某以自己的妹妹在北京治病为由向陈某索取财物，陈某承诺给付 300 万元，此次 Y 某收取的财物是基于其为陈某谋取了利益。而后，Y 某以自己的哥哥经商资金短缺为由，直接向陈某索要 1 亿元人民币时，陈某并没有向其请托的事项，Y 某也未承诺为陈某谋取任何利益，陈某是在极其痛苦的情况下，非常不情愿地为 Y 某筹集 1 亿元人民币，并通过数十张银行卡转给 Y 某。Y 某的行为构成受贿罪，虽然 Y 某具有索贿的性质，但是，最后没有认定为索贿，因为，根据陈某的证言证明，鉴于 Y 某是副省长，并对其给予过帮助，将来还有可能需要 Y 某的帮助，其主动通过亲朋好友筹集 1.2 亿元，比 Y 某索要的数额还多给了 2000 万元，并按照 Y 某的要求转至 Y 某所指定的个人账户中，用于 Y 某个人支配和挥霍。在案情 2 的两起事实中，第一起，Y 某谎称其哥们要买房子向李某索要 2200 万元，李某有点犹豫，觉得现在反腐力度很大，压力很大。李某被迫支付 2200 万元。第二起，Y 某谎称他弟弟看病需要 2000 万港元，让李某救个急，李某明确表示不情愿，说刚给 2200 万元，怎么又要钱，Y 某说这次是看病救急，李某只好答应。李某没有谋取任何非法利益，也没有向 Y 某请托的事项，属于被勒索的情形，人民法院认定 Y 某构成索贿。《刑法》第 389 条第 3 款规定，被勒索给予国家工作人员财物，没有获得不正当利益的，不是行贿。李某的行为不构成行贿罪。因此，为他人谋取利益不属于索取贿赂犯罪的构成要件。第二种意见是正确的。

---

①《全国人民代表大会常务委员会关于惩治贪污罪贿赂罪的补充规定》于 1988 年 1 月 21 日由第六届全国人民代表大会常务委员会第二十四次会议通过，1988 年 1 月 21 日中华人民共和国主席令第 63 号公布施行，于 1997 年 10 月 1 日废止。

② 马克昌主编：《百罪通论》，北京大学出版社 2014 年版，第 1174 页。

31. 为什么以借为名的受贿，不能认定借款，也不能认定索贿？

【案情】2011年年底的一天，担任某市安全局局长的L某给其下属单位王某打电话说他在北京买了套房还差点钱，向王某借款120万元。王某当时表示同意并随后收到L某发来的一个建设银行卡号，第二天，王某就往这张银行卡中转入了120万元。后来有一次L某和王某聚餐，席间，L某对王某说上次买房你帮了大忙，这个钱要还你。王某对L某说："老大，你开什么玩笑，我孝敬你还来不及，怎么会要你还。"L某听后，就没有再说什么，也没有还款。此后，L某就没有再提过还钱的事情。王某当时之所以说那些话，是因为在王某从其他单位调入机关以及王某承包单位酒店的事情上L某曾帮过忙，王某总想报答L某，但是一直找不到合适的理由，这次L某找其借钱，王某认为是报答L某的好机会，就赶紧把钱转给他了。2015年3月，L某把王某叫到家中对王某说，如果组织找你调查这120万元的事情，你就跟组织说这120万元是我借你的。王某说，"没问题，这本来就是事实嘛"，随后L某写了一张借条并签名、写了日期，交给了王某。

【问题】L某以购房为名，主动向王某借款120万元，事后也没有归还，在其预知自己要被调查时，还伪造了借条，其行为如何定性？对此，有三种不同意见：第一种意见认为，对L某应当认定为受贿罪，并有索贿情节；第二种意见认为，L某的行为应认定为借款，不构成受贿罪，L某从开始到最后都认为是借款，从未有占有的意思表示，并且补充了借条；第三种意见认为，L某的行为不是借款，而是一种受贿行为，但是不能认定为索贿。

【解析】2003年11月13日最高人民法院发布的《经济犯罪座谈会纪要》对以借款为名索取或者非法收受财物行为的认定作出规定，国家工作人员利用职务上的便利，以借为名向他人索取财物，或者非法收受财物为他人谋取利益的，应当认定为受贿。具体认定时，不能仅仅看是否有书面借款手续，应当根据以下因素综合判定：（1）有无正当、合理的借款事由；（2）款项的去向；（3）双方平时关系如何、有无经济往来；（4）出借方是否要求国家工作人员利用职务上的便利为其谋取利益；（5）借款后是否有归还的意思表示及行为；（6）是否有归还的能力；（7）未归还的原因，等等。关于被告人L某以购房缺钱为由向王某借款人民币120万元一直到案发没有偿还，是否属于真正的借款，还是构成受贿、索贿的问题，根据上述司法解释可以得到明确的结论。2015年3月，L某把王某叫到家中，L某写了一张借条并签名写了日期，交给了王某。具体认定是否构成受贿时，不能仅仅看是否有书面借款手续，应当根据以上因素进行综合判定。一方面，L某有正当、合理的借款理由，L某是以购房为由主动向王某提出借款，事实确实是L某买房，款项去向明确，L某与王某是上下级的关系，平时没有经济往来，在王某调入机关和承包单位酒店时曾得到L某的帮助，即L某利用职务上的便利为王某谋取过利益。借款后，L某曾有过还款的意思表示，当王某将120万元汇入L某提供的银行卡后，并在后来的聚餐中，L某还曾提到过要偿还的话题，但是，当王某明确表示不需要偿还时，L某没有坚持，也没有反对，可以视为一种默许，因为L某只有还款的意思表示，但却没有行为。如果L某坚持偿还，后来又补充了借款手续，可以视为一种借款的延续；但是，L某没有坚持偿还，也没有说出不还的原因，那么，就是对王某不予偿还表示的默许。并且L某是在王某明确表示，"我孝敬你还来不及，怎么会要你还"的意思表示后进行的默认，可以视为对王某意思表示的认可。L某在王某调入机关工作和承包单位酒店的事情上曾经给予王某很大的帮助，王某始终也在寻找感谢L某的机会。L某不仅默许，也再未提及还款之事，因此，可以认定为是一种权钱交易的关系，构成受贿。另一方面，根据《办理受贿案件意见》第9条的规定，"国家工作人员收受请托人财物后及时退还或者上交的，不是受贿。国家工作人员受贿后，因自身或者与其受贿有关联的人、事被查处，为掩饰犯罪而退还或者上交的，不影响认定受贿罪"。L某预感到组织对其调查，不仅没有将赃物退还，而是把王某叫到家中与王某密谋对抗调查，并补写了一张借条，这属于因自身或者与其有关联的人、事被查处，为掩饰犯罪而写的借条，只是掩盖受贿犯罪的一种方式。是否考虑L某向王某索贿，根据王某的证言可以看出，王某之所以转给L某120万元，主要是王某在调入机关工作和承包单位酒店的事情上受到L某的关照并获利，对其表示感谢，同时也希望利用L某的权力继续给他提供帮助，L某以买房为由向其借款120万元，虽然是L某先提出的要求，但是王某没有不情愿的想法，对此，其内心也是十分情愿的，当L某找王某出具假借条时，其也是积极配合，并作出钱就是借的的“串供”意思表示，双方心领神会。因此，L某应该属于受贿而不是索贿。

第五章　受贿罪谋利事项问题

32. 受贿人没有“为他人谋取利益”而收受财物的能否认定为受贿罪？

【案情】2000年至2009年，被告人Y某担任某钢铁集团总经理、董事长等职务。张某担任法定代表人的多个公司在Y某担任董事长之前就与钢铁集团有业务往来，张某没有具体请托事项向Y某提出，只是希望Y某担任董事长后对其公司与钢铁集团的相关业务不设置障碍。Y某明知张某是与钢铁集团有业务往来的老板，张某也知道Y某对其业务上有绝对的决定权。2008年Y某担任董事长后，在出席相应活动发言时，明确要求加强钢铁集团与张某公司的合作，2000年春节前至2009年春节前，Y某在其集团办公室、住所地小区的住宅等地先后6次收受张某给予的人民币108万元、10万美元，共计折合人民币176万余元。

【问题】被告人Y某虽然收受张某给予的人民币108万元、10万美元，但张某证明他担任法定代表人的多家公司与Y某担任董事长的钢铁集团公司之间是正常的业务往来，Y某并未为其及所控制的公司提供任何帮助，那么，能否认定Y某构成受贿罪呢？对此，有两种意见，第一种意见认为，Y某虽没有为行贿人提供具体帮助，但根据法律、司法解释规定，可以认定为张某的公司谋取利益，符合谋利要件。收受钱款事实清楚，可以认定为Y某构成受贿罪。第二种意见认为，张某没有具体的请托事项，不符合权钱交易的特征，Y某没有为张某谋取利益，不能认定Y某构成受贿罪。

【解析】关于“为他人谋取利益”系非法收受财物构成受贿犯罪的构成

要件。司法实践中经常有被告人辩解称其虽然收受了财物，但是没有为请托人谋利，这种情形是否能认定为受贿罪呢？如何理解和认定“为他人谋取利益”是长期困扰司法实践的一个难题。那么，如何理解和认定“为他人谋取利益”呢？“为他人谋取利益”并非我国刑法关于受贿犯罪所特有，从世界范围来看，对于受贿罪客体的认识大致分为两类，其中之一就是罗马法的思想，认为贿赂犯罪系审查职务行为人执行公务是否公平正当，只要收受贿赂就应当以受贿罪论处。另一种是日耳曼法思想，认为贿赂犯罪系违背职务的对价，是值得惩罚的，违法性在于侵害了职务行为的公正性，故受贿罪的客体是侵犯职务行为的纯粹性即行为的不可侵犯性，而不违背职务收受贿赂行为不构成受贿罪。[①] 多数国家立法上两种观点是兼容的，因此，“为他人谋取利益”作为受贿罪构成要件在我国司法实践中采用了“正定义法”和“逆向适用”原则。“正定义法”就是规定“为他人谋取利益”是构成受贿罪的客观要件，那么，判别是否谋取利益，就要适用“逆向适用”原则。上述案例中，被告人Y某在2000年至2009年担任某钢铁集团总经理、董事长等职务。张某担任法定代表人的多个公司在Y某担任董事长之前就与钢铁集团有业务往来，张某没有具体请托事项向Y某提出，只是希望Y某担任董事长后对其公司与钢铁集团的相关业务不设置障碍。Y某明知张某是与钢铁集团有业务往来的老板，仍多次收受行贿钱款，且没有为难行贿人公司。此外，还有证据证明在2008年Y某担任董事长后，Y某在出席相应活动发言时，明确要求加强钢铁集团与张某公司的合作，可以认定为接受请托并为行贿人谋利，对此，应属于“权钱交易”。因Y某对张某业务上有绝对的决定权，只要Y某与张某不是法定的近亲属，两人之间不属于共同的经济体，又没有共同赡养或者扶助的义务，也不存在赠与关系、债权债务关系、礼尚往来关系和共同从事经营活动有利益分配的关系，那么，Y某与张某之间存在管理与被管理、制约与被制约关系，Y某收受张某给予的人民币108万元、10万美元，就应当视为Y某收受贿赂。关于Y某是否为张某谋取利益，根据Y某供述和张某证言，张某虽未明确提出请托事项，但Y某明知张某与钢铁集团有大量业务往来，其不刁难、不设置障碍的行为维持了张某的既得利益，2008年Y某担

---

① 张明楷：《外国刑法纲要》（第二版），清华大学出版社2007年版，第732~735页。

任董事长后，在出席相应活动时，明确要求加强钢铁集团与张某公司的合作，应当认定利用职务之便为张某谋取了利益。《贪污贿赂司法解释》第 13 条第 1 款列举了三种应当认定为“为他人谋取利益”的情形。根据第（1）项规定，承诺为他人谋取利益即可认定为为他人谋取利益，是否着手为他人谋取利益以及为他人谋利事项是否既已完成均在所不问，既不影响定罪也不影响既遂的认定。即“为他人谋取利益”包括“承诺、实施和实现三个阶段的行为”，只要实施其一即可认定。根据第（2）项规定，明知他人有具体请托事项而收受其财物的，视为承诺为他人谋取利益。本项规定的要点在于“具体请托事项”，只要收受财物与职务相关的具体请托事项建立起关联，即应以受贿犯罪处理。具体包括两种情况：一是行贿人告知受贿人具体请托事项，或者受贿人基于客观情况能够判断出行贿人有请托事项，受贿人收受对方财物的，虽然尚未实施具体谋取利益的行为，也应认定为受贿人“为他人谋取利益”；二是受贿人知道或应当知道行贿人的具体请托事项，但并不想具体实施为对方谋取利益的行为，此种情形同样属于基于具体职务行为的权钱交易行为，公职人员的职务廉洁性受到侵害，故也应认定为受贿人“为他人谋取利益”。事前受贿和事后受贿没有实质不同，关键在于收受财物与具体职务行为有无关联，而不在于何者为因、何者为果，也不在于时间先后。[①]

该解释第 13 条第 2 款规定，具有上下级关系、行政管理关系的，可能影响职权正常行使等都是这种思想的诠释。特别是随着经济社会的发展，谋取利益与收取财物之间的对应关系越来越模糊，时间跨度长、方法多样，用简单的商业交换形式来寻找法律的对应关系变得越来越不现实。因此，采用逆向适用方法是审判实践中根据贿赂犯罪的特质和犯罪客体的内涵作出的规律性总结，是科学合理的，审判实践中对为他人谋取利益的认定要将形式要件与实质要件相统一、客观与主观相统一进行判别，收受财物，是否为他人谋取利益的问题就解决了。

司法实践中还有一种情形，国家工作人员利用自己职权谎称要为他人谋取利益而收受财物，或者接受他人的请托，但是，国家工作人员没有为请托人谋取利益的意思表示，根本上就不想也没有为他人谋取利益，而是欺骗了请托人。这

---

① 裴显鼎等:《〈关于办理贪污贿赂刑事案件适用法律若干问题的解释〉的理解与适用》，载《人民司法》2016 年第 19 期。

类行为，因为承诺为请托人谋取利益就视为谋取利益的存在，无论国家工作人员承诺为请托人谋取利益，或是没有承诺，但是收取或者索要请托人的财物的，客观上都损害了国家公职人员职务的廉洁性，因此，都应当认定为受贿罪。

33. 国家工作人员督促有关机关依法履职，保护企业合法权益的，是否构成受贿罪的谋利事项？

【案情】商人刘某系某制药股份有限公司（以下简称制药公司）大股东、法定代表人、董事长。2008 年，制药公司与该市高性能复合材料公司签订过一份债权转让协议，约定制药公司支付给高性能复合材料公司人民币 200 万元，高性能复合材料公司与市金湾管理区之间的债务权益归制药公司所有。2013 年 1 月，制药公司向中国证监会申报 IPO。2015 年，高性能复合材料公司伪造了一份补充协议，要求制药公司给予 200 万原始股或者 2000 万元，又写信向中国证监会举报，想让制药公司无法上市，后又向区人民法院提起诉讼。2015 年 5 月，制药公司向市公安局金湾分局报案，案件受理进程缓慢。刘某很着急，向担任市委书记的 L 某做了汇报，希望 L 某过问此事。L 某要求市公安局局长张某办理。市公安局将该补充协议送至省公安厅进行司法鉴定，结论证明该补充协议系伪造。市公安局对高性能复合材料公司董事长尚某以涉嫌敲诈勒索立案。2015 年 12 月，制药公司顺利通过上市初审，进入发审委审核的关键时刻。证监会又收到高性能复合材料公司实名举报，举报制药公司制造假药。公安部门立案很长时间但尚某依然逍遥法外。2016 年 1 月，刘某又将此事通过短信告诉 L 某秘书，后又打电话给 L 某，要求 L 某亲自找一下公安局局长。后尚某很快被刑拘。2016 年 1 月 22 日，制药公司顺利通过发审委听证，取得 IPO 资格，正在排队等候发行。事后，L 某通过其弟接受刘某的巨额财物。

【问题】L 某利用担任市委书记的职权督促有关机关依法履职，保护企业合法权益的，是否视为受贿行为的谋利事项？对此，有两种不同的意见：一种意见认为，L 某在担任市委书记期间，接受刘某的请托，为使刘某的企业避免遭受犯罪的侵害而指令公安机关尽快破案，是一种正常履职的行为，不能认定为L某构成受贿罪的谋利事项；另一种意见认为，我国刑法规定的受贿犯罪要求国家工作人员利用职务上的便利，为请托人谋取利益，具有“权钱交易”的性质，无论是否正常履行职务，也不论为请托人谋取的是正当利益还是非法利益，因此收受请托人财物的，其履职行为也应成为受贿犯罪认定的谋利事项。

【解析】行贿、受贿犯罪的特征就是受贿人利用职务的便利，为行贿人谋取利益。这是受贿人与行贿人交换的条件，被称为“权钱交易”。所谓为他人谋取利益，是指受贿人为他人谋求取得某种特定的利益。首先，我们要明确什么是为他人谋取利益，这种利益可以是物质性的利益，也可以是非物质性的利益。实践中，通常认为，为他人谋取利益包括以下几个方面：一是已经许诺为他人谋取利益，当尚未实际进行，称为“承诺谋利”；二是正在实施为他人谋取利益的行为，但尚未取得成果，称为“事前谋利”；三是为他人谋取利益已经取得一定进展，但尚未完全实现，称为“事中谋利”；四是为他人谋取利益，已经全部实现了他人的要求，称为“事后谋利”。我们从中可以看出，为他人谋取利益，不限于为他人谋取到利益，而是只要许诺为他人谋取利益即可，而且无须过问这种许诺是明示还是暗示。其次，《贪污贿赂司法解释》第13条第1款列举了三种应当认定为“为他人谋取利益”的情形。其中第（3）项是针对事后受贿作出的新规定。履行职责时没有受贿故意，双方亦未就请托事项进行意思沟通，但在履行职责后收取他人财物的，只要该收受财物的行为与其先前职务行为存在关联，其收受财物的行为同样侵犯了国家工作人员的职务廉洁性。刘某两次请托L某，并通过L某要求公安局局长张某尽快依法履职，L某此时并无受贿的故意，也未与刘某进行沟通，依本项规定亦属于“为他人谋取利益”。最后，对于受贿犯罪是否需要为行为人谋取“不正当利益”，根据《刑法》第388条的规定，国家工作人员利用本人职权或者地位形成的便利条件，通过其他国家工作人员职务上的行为，为请托人谋取不正当利益，索取请托人财物或者接受请托人财物的，构成受贿罪，这里指的是斡旋受贿罪。而本案中，L某要求公安局局长张某履职不是利用张某的职权，而是直接利用自己的职权，L某利用职务的便利，为行贿人谋取利益，为他人谋取的利益既包括不正当利益，也包括正当利益。因此，上述问题中，L某利用担任市委书记的职权，督促有关机关依法履职，保护企业合法权益的，应视为受贿行为的谋利事项，适用《刑法》第385条之规定，后一种意见是正确的。

34. 帮助请托人约见著名企业家一起合影是否构成受贿罪的谋利事项？

【案情】 L某为网络信息部门的负责人，其在地方宣传部门担任领导时曾多次收受商人敖某赠送的大量财物，也愿意就敖某请托的事项提供帮助，虽然L某曾多次承诺利用职权为敖某谋取利益，但一直都未能实现。后来，敖某向L某提出要与国内著名的企业家认识，L某答应，但一直没有机会。2015年夏天，国内著名企业家到被告人所在单位开会。L某让其秘书陈某通知敖某到L某单位，敖某本来以为L某是要安排其跟著名企业家谈合作的事情，结果只是见了一个面，介绍了一下，事后拍了一个合影，没有详谈。案发后，L某供述，其作为领导干部不可能主动帮助敖某向著名的企业家提出具体的帮忙事项，之前其是答应帮敖某搞车联网业务（在互联网上购买、销售车辆）。敖某这些年来，给其输送了不少的利益，其内心是想帮他做成业务的，也帮忙找机会让他去认识著名的企业家，但是敖某没有提供具体实施方案，其又不能仅凭敖某的一个设想就去帮他联系著名企业家商谈。如果敖某提供给其方案了，其肯定还是会为他提供帮助的。

【问题】 L某上述行为能否认为是为敖某谋取利益？关于帮助请托人约见著名企业家一起合影是否构成受贿罪的谋利事项问题，实践中有两种不同的意见，一种意见认为，是否构成受贿罪中国家工作人员为请托人谋利事项，是受贿罪客观方面的重要特征，即国家工作人员是否利用职务的便利为请托人谋取利益，并索取或者非法收受请托人的财物。本案中，L某曾多次收受商人敖某赠送的大量财物，也很愿意就其请托的事项提供帮助，虽然L某曾多次承诺利用职权为敖某谋取利益，但一直都未能实现。关于受贿罪中的谋利事项，包括事前、事中和事后谋利，著名的企业家并非能随意约到并一起合影，即便没有谈什么合作，也对敖某提高知名度和今后的经营产生有利的影响，因此，应视为谋利事项。另一种意见认为，受贿罪以为他人谋取利益作为犯罪的构成要件，请托人的请托事项应当与其所支付的财物相当，称为“权钱交易”。敖某为了获取L某的帮助，给予L某大量的财物，其请托事项是为了与著名的企业家建立合作关系，因此，仅仅帮助请托人约见著名的企业家并合影，并不构成受贿罪的谋利事项。

【解析】关于受贿犯罪中“为他人谋取利益”要件的认定，是长期困扰司法实践的一个难题。该要件并非我国刑法所特有，受贿罪以“为他人谋取利益”为法定要件，但是否实际为他人谋取到利益、所谋取的利益正当与否均不影响受贿罪的认定，因为受贿罪侵害的客体是国家公职人员职务的廉洁性和公权力的不可收买性。从损害结果的角度看，受贿罪存在三种情形，分别是：收受财物后未实施相关职务行为；收受财物后正常履职；收受财物后违法行使职权为他人谋取不正当利益。上述案例属于第三种情形，收受财物后违法行使职权为他人谋取不正当利益。如何判定违法行使职权呢？2016年4月18日《贪污贿赂司法解释》对受贿犯罪中“为他人谋取利益”要件的认定作出了规定，关于该要件的理解和认定在《联合国反腐败公约》和国外刑法当中很少有类似规定，考虑到贿赂犯罪的本质在于侵害公权力的不可收买性以及该要件的规定在司法适用当中的诸多问题，理论界和实务界均有取消该要件规定的意见和建议。但是，在目前立法仍保留该要件规定的情况下，根据相关规范性司法文件规定并结合多年来的实践做法，《贪污贿赂司法解释》对“为他人谋取利益”要件进行了明确，以适应惩治受贿犯罪的实践需要。《贪污贿赂司法解释》第13条第（1）款列举了三种应当认定为“为他人谋取利益”的情形。第（1）项规定明确，承诺为他人谋取利益即可认定为为他人谋取利益，是否着手为他人谋取利益以及为他人谋利事项是否既已完成均在所不问，既不影响定罪也不影响既遂的认定。本项内容来源于2003年11月13日《经济犯罪座谈会纪要》关于受贿罪中“为他人谋取利益”的认定的规定，即“为他人谋取利益”包括承诺、实施和实现三个阶段的行为。只要具有其中一个阶段的行为，如国家工作人员收受他人财物时，根据他人提出的具体请托事项，承诺为他人谋取利益的，就具备了为他人谋取利益的要件。而“明知他人有具体请托事项而收受其财物的，视为承诺为他人谋取利益”，与《贪污贿赂司法解释》第 13 条第（2）项的规定是一致的。本项规定的要点在于“具体请托事项”，只要收受财物与职务相关的具体请托事项建立起关联，即应以受贿犯罪处理。具体包括两种情况：一是行贿人告知受贿人具体请托事项，或者受贿人基于客观情况能够判断出行贿人有请托事项，受贿人收受对方财物的，虽然尚未实施具体谋取利益的行为，也应认定为受贿人“为他人谋取利益”；二是受贿人知道或应当知道行贿人的具体请托事项，但并不想具体实施为对方谋取利益的行为，此种情形同样属于基于具体职务行为的权钱交易行为，公职人员的职务廉洁性同样受到侵害，故也应认定为受贿人“为他人谋取利益”。《贪污贿赂司法解释》中的规定似乎突破了“为他人谋取利益”的字面语义，但是《贪污贿赂司法解释》保留该项规定，其主要考虑事前受贿和事后受贿没有实质不同，关键在于收受财物与具体职务行为有无关联，而不在于何者为因、何者为果，也不在于时间先后。本案中，L 某供认，敖某这些年来，给其输送了不少的利益，其内心是想帮他做成业务的，也帮忙找机会让他去认识著名的企业家，之前其答应帮敖某搞车联网业务，但是敖某没有提供具体实施方案，其又不能仅凭敖某的一个设想就去帮他联系著名企业家商谈。如果敖某提供给其方案了，其肯定还是会为他提供帮助的。以上证据充分说明 L 某不仅帮助敖某与著名的企业家相见和合影，还有后续的行为，即便没有后续的行为仍然可以认定 L 某的该行为系为他人谋取利益。第一种意见是正确的。

35. 国家工作人员对涉及自己分管业务的有关企业提供咨询是否构成受贿罪的谋利事项?

【案情】许某于 1998 年创办了南国置业公司并任董事长。Z 某是许某在金融学院研究生的同学，时任深交所总经理，两人关系不错，工作之后一直有交往。2007 年上半年，许某到深圳约请 Z 某一起吃饭，Z 某说许某公司做得不错，应该争取上市。Z 某对许某讲，国家对于房地产企业的上市不存在限制问题，公司上市后对于公司的整体发展有好处，利大于弊，上市可以融资，企业现金更加充裕，可以提高企业知名度和影响力，提供更加宽阔的平台。Z某积极地鼓励许某将公司推动上市。因为许某与Z某关系比较好，Z某的意见和建议对许某决定公司上市起了主要推动作用。许某认为，Z某在证券系统从业多年，又是证券交易所总经理，人脉广泛，影响很大，公司改制上市也要经过证券交易所这一环节，所以，他能够在其公司改制上市的过程中给其帮助。许某当时找到Z某就是希望他能在其公司改制上市过程中帮忙，如果遇到问题，其希望Z某能够利用自己的职权或者影响给其帮忙。因为两人之间关系很好，凭借两人的关系，如果其公司在改制上市过程中遇到问题或困难，Z某知道了也会给其帮忙。事实上，许某公司上市过程中，关键时刻出现的问题都是Z某出面解决的。许某公司上市前，Z某购买100万元的内部股份，公司上市后，Z某收益达到上千万元。

【问题】关于国家工作人员对涉及自己分管业务的有关企业提供咨询是否构成受贿罪的谋利事项的问题，有两种不同意见，一种意见认为，不应当认定为谋利事项，因为Z某与许某系同学，关系比较密切，Z某所做的就是利用自己的业务知识对咨询作出解答，因此，不应当认定为受贿的谋利事项；另一种意见认为，Z某身为国家工作人员，利用其担任深交所总经理、掌握国家经济政策的形势和信息、熟知相关证券领域行业的业务知识等职务上的便利，接受许某的请托，积极为许某提供深度的关于企业改制、股票上市等情况的咨询和帮助，事后，又违反行业行规借机购买许某公司的原始股份，属于事前谋利、事后受贿的情形，此种行为应当认定为受贿罪的谋利事项。

【解析】贪污贿赂犯罪具有其特殊复杂性，随着经济社会的发展变化，贪污贿赂犯罪呈现出一些新情况、新特点，给司法实践带来了新的法律适用问题。《贪污贿赂司法解释》结合当前贿赂犯罪的新情况、新特点，对"为他人谋取利益"等贿赂犯罪构成要件适度作出扩张解释。受贿罪以"为他人谋取利益"为法定要件，但是否实际为他人谋取利益、所谋取的利益正当与否均不影响受贿罪的认定。对"为他人谋取利益"条件的理解和认定，根据《经济犯罪座谈会纪要》的规定，即"为他人谋取利益"包括"承诺、实施和实现三个阶段的行为"，只要实施其一即可认定。该解释还针对事后受贿作出新的规定，履行职责时没有受贿故意，双方亦未就请托事项进行意思沟通，但在履行职责后收取他人财物的，只要收受财物与其先前职务行为存在关联，其收受财物的行为同样侵犯了国家工作人员的职务廉洁性。事前受贿和事后受贿没有实质不同，关键在于收受财物与具体职务行为有无关联，而不在于何者为因、何者为果，也不在于时间先后。“事后”的时间间隔没有限制，但收受财物与履职事项之间应存在实质关联。上述规定，明晰了谋利事项的内涵逐步扩大，Z某有为许某公司上市提供帮助的一系列行为。Z某鼓励许某公司上市，对于一个长期在证监会工作后在深交所任总经理的领导干部，这种鼓励不仅是技术和专业方面的鼓励，更有将来上市过程中需要时即提供帮助排除障碍的默契，而让Z某购买公司原始股更是为帮助上市加码，这些不仅得到双方的供述确认，也被许某随后即启动公司上市的行动所印证。Z某身为国家工作人员，利用其担任深交所总经理、掌握国家经济政策的形势和信息、熟知相关证券领域行业的业务知识等职务上的便利，接受许某的请托，积极为许某提供深度关于企业改制、股票上市等情况的咨询和帮助，并在许某的公司上市过程中出现问题时出面帮助解决，违反行业行规借机购买许某公司的原始股份，且于出售后获取高额收益。故Z某在主观上具有受贿犯罪的故意，客观上实施了为许某提供帮助的行为。据此，Z某之行为属于为他人谋取利益。第二种意见是正确的。

36. 国家工作人员及其特定关系人为请托人及企业“站台”是否构成受贿罪的谋利事项？

【案情1】Z某系深交所的领导，其与花园置业有限公司董事长许某系同一个导师的研究生同班同学，两人关系很好，工作之后一直有交往。2007年上半年，许某约请Z某一起吃饭，Z某说许某公司做得不错，应该争取上市。Z某的意见和建议对许某决定公司上市起了主要推动作用。2008年1月，Z某到许某所在的城市参加企业上市推广和保荐会议，当时许某公司已经完成股份制改革和中介机构辅导，正在接受省证监局的辅导验收。会议前一天下午，许某到宾馆去找Z某说，已经跟省证监局的领导说好了，晚上请他们吃饭，让Z某带着深交所的领导都去，并邀请Z某有时间去公司看看，Z某都答应了。晚上吃饭时，Z某带着深交所的领导，省证监局的局长等人都去了，Z某向深交所和省证监局的领导介绍了许某是他的同学，两人关系不错，许某的公司正准备上市等。许某也简单介绍了自己经营花园置业有限公司和公司准备上市等情况。会议期间，Z某带领深交所的领导等人参观了花园置业有限公司，许某接待了他们，并介绍了公司的总体情况以及准备申请上市等情况。后来，在许某公司上市前，Z某购买许某公司的内部股份获利上千万元。

【案情2】张某系某控股集团董事长，并任某信息科技大学校友会的副会长和校友企业家联谊会的会长。张某与L某系朋友关系。两人交往中，张某曾送给L某大量财物。L某担任国家网络管理部门的负责人后，张某有与学校开展科技项目合作的意向，某控股集团想和某信息科技大学搞信息产业化合作。有一次，张某向L某提到牵头创办互联网大学的想法，向L某提出将互联网大学放在其母校某信息科技大学，并让某控股集团参与具体产业运作，L某表示支持。张某邀请L某找时间去学校考察，支持一下学校的信息化建设，L某答应了。2015年4月中旬，L某应张某的邀请到某信息科技大学调研和座谈，调研和座谈期间张某一直陪着L某。L某到学校调研完以后，学校领导对张某能争取到政策支持大有信心，某信息科技大学和某控股集团马上成立了“信息科技大学集团智慧城市发展中心”并举行了揭牌仪式。这次调研，扩大了张某在其母校的影响。过了一段时间，张某告诉L某，某控股集团和某信息科技大学签订了智慧城市发展中心合作协议，还举行了中心的揭牌仪式。

【案情3】2012年5月，在高压阀门有限公司担任董事长的陈某到时任市委书记的Y某的办公室，邀请Y某到陈某的高压阀门有限公司去视察，支持一下他的企业。Y某没有答应陈某，说以后有机会再去看。2013年3月底，Y某安排了市委秘书长高某联系陈某去其企业考察的事情，确定好日程后，Y某就带着市分管领导、市委秘书长、工信委、发改委等分管工业企业的负责人以传达贯彻省委关于企业共保互建精神的名义到陈某企业视察了一次。Y某在调研时要求相关部门支持陈某企业的发展。这扩大了公司影响力，为公司经营创造了更好的条件。Y某在此期间收受陈某数额巨大的财物。

【案情4】2012年至2015年，S某担任副省长期间，收受福建商会会长谢某及其实际控制的化工集团数额巨大的财物。2013年，谢某的儿子在福建老家结婚，邀请S某参加结婚仪式，S某抽不出时间，但是，为了显示诚意，其安排了妻子李某和秘书金某一起去福建参加了结婚仪式。参加婚礼的人知道S某妻子和秘书代表S某参加婚礼，都知道谢某和S某关系特别好，谢某的影响力又增加了，方便谢某更好地做生意。2014年年初，谢某邀请S某参加福建商会的春节团拜会，希望S某去给他“站台”，S某有事没有参加，但是，S某联系了几位省市工商联的领导去参加。

【问题】国家工作人员为企业或者请托人实际控制的企业“站台”的行为是否构成受贿罪的谋利事项？对此，有两种不同的意见，一种意见认为，地方党政的主要领导为了当地企业的发展壮大，出席开业典礼、上市和周年庆典，如果是为了工作的需要，经过集体讨论决定的正常的工作事项，不能成为受贿罪的谋利事项；如果出于个人关系的好坏、远近，或者私自出席某企业或者请托人实际控制企业为其“站台”的，构成受贿罪的谋利事项。另一种意见认为，如果仅仅从“站台”等行为判断，无论是出于工作的需要，还是出于个人关系的远近，以及个人的好恶，都不能构成受贿罪的谋利事项，但是，如果国家工作人员收受所“站台”企业或者实际控制人的财物的，该“站台”行为便构成受贿罪的谋利的事项。

【解析】根据《经济犯罪座谈会纪要》的规定，“明知他人有具体请托事项而收受其财物的，视为承诺为他人谋取利益”。本项规定的要点在于“具体请托事项”，只要收受财物与职务相关的具体请托事项建立起关联，即应以受贿犯罪处理。包括两种情况：一是行贿人告知受贿人具体请托事项，或者受贿人基于客观情况能够判断出行贿人有请托事项，受贿人收受对方财物的，虽然尚未实施具体谋取利益行为，也应认定为受贿人“为他人谋取利益”；二是受贿人知道或应当知道行贿人的具体请托事项，但并不想具体实施为对方谋取利益的行为，此种情形同样属于基于具体职务行为的权钱交易行为，公职人员的职务廉洁性受到侵害，故也应认定为受贿人“为他人谋取利益”。事前受贿和事后受贿没有实质不同，关键在于收受财物与具体职务行为有无关联，而不在于何者为因、何者为果，也不在于时间先后。《贪污贿赂司法解释》与上述纪要中关于受贿罪谋利要素的规定是一致的，也是目前形成的共性认识。《贪污贿赂司法解释》第13条第1款列举了三种应当认定为“为他人谋取利益”的情形。第（3）项就是针对事后受贿作出的新规定，履行职责时没有受贿故意，双方亦未就请托事项进行意思沟通，但在履行职责后收受他人财物的，只要收受财物与其先前职务行为存在关联，其收受财物的行为同样侵犯了国家工作人员的职务廉洁性。这一规定似乎超越了“为他人谋取利益”的内涵，但是，《贪污贿赂司法解释》的规定表明事前受贿和事后受贿没有实质不同，都应认定为受贿犯罪。特别是随着经济社会的发展，谋取利益与收取财物之间的对应关系越来越模糊，时间跨度长、方法多样，用简单的商业交换形式来寻找法律的对应关系变得越来越不现实。如案情 1 中，Z 某在许某启动上市工作、完成股改、准备向证监会递交上市材料的关键时刻，带领深交所管理层人员与省证监局相关领导一同参加许某宴请，并在饭局上点明两人关系、明确提出公司上市事宜，并随后带队考察了该公司，这一系列“站台”、造势行为均能体现 Z 某积极为许某公司上市提供帮助。而且，该项参观考察不是正式会务安排，Z 某也没有跟会务组沟通，是其接受许某的邀请，决定带着人去的。许某的证言证明，Z 某之所以给其“站台”是基于其让 Z 某给自己撑面子，许某想让深交所的领导都知道其与 Z 某是同学关系，如果其公司在改制上市过程中，有求于这些领导，看在 Z 某的面子上不要为难自己，或者给予其公司帮助。Z 某对其公司的参观调研活动，具有正面积极的影响，提高了公司的知名度和影响力，对公司申请上市工作起到了积极的推动作用，后来，许某公司上市前 Z 某购买了内部股份获利上千万元，Z 某属于为许某及单位谋取利益。在案情 2 中，张某与 L 某早就相互熟悉，L 某多次明确要为张某谋取利益，且 L 某收受了张某数额较大的财物。张某提出想将互联网大学放在其母校某信息科技大学，L 某做出承诺，并答应张某去某信息科技大学考察调研，学校领导接待了 L 某等人。L 某这次调研，扩大了张某在其母校的影响。尽管互联网大学的事最终没成，但 L 某的调研和重视对某控股集团公司与信息科技大学的合作有很好的推动作用，属于 L 某为张某谋取利益。在案情 3 中，Y 某带着市分管领导、市委秘书长、工信委、发改委等分管工业企业的负责人以传达贯彻省委关于企业共保互建精神的名义到陈某企业视察。Y 某在视察时要求相关部门支持陈某企业的发展，扩大了公司影响力，为公司经营创造了更好的条件。这种委托他人“站台”的行为为陈某担任董事长的高压阀门有限公司的经营活动提供了支持。后来 Y 某又收受陈某的巨额财物，“站台”行为构成受贿罪的谋利事项。在案情 4 中，谢某的证言证明，谢某生意上的事情直接请托过S某帮忙，就是利用他担任领导的影响力，有S某这种领导给其撑门面之后，谢某结交的人层次更高了，办事也更方便，大家知道S某和其的关系，生意上都要给其几分面子，这在某种程度上也给谢某提供了方便。S某参加或承诺参加谢某儿子的婚礼，无疑给其增加了影响力，有助于其生意开展，事后S某接受谢某的巨额财物，属于事后受贿的行为，这种“站台”的行为便成为谋利的行为，应认定为谢某谋取了利益。

如果“站台”之前，国家工作人员已经知道请托人有明确的请托意思表示，无疑是为他人谋取利益。但是，如果国家工作人员出于履行职务的要求，为有影响力的企业奠基、参加开业典礼等，并未有请托事项，就难以判断其行为是否构成受贿罪的谋利事项。如果在此之后，国家工作人员收受企业或者实际控制人财物的，就符合《贪污贿赂司法解释》第13条第1款第（3）项规定的实践中常见的“事后受贿”行为，即没有请托，正常履职，事后基于履行职务收受对方财物的行为，符合为他人谋取利益要素。根据对以上案例的分析，可以得出第二种意见是正确的。

37. 如何理解国家工作人员是利用职务上的便利，还是利用职权或者地位形成的便利条件为请托人谋取利益？（如何区分直接受贿还是斡旋受贿？）

【案情1】 2013年年初，沃某名下的汇银公司对下属子公司的账目进行内部审计时，发现下属公司原总经理徐某在职期间，将公司500余万元资金套现转出，涉嫌职务侵占，沃某向市公安局报案后，徐某被取保候审。2014年，徐某涉嫌职务侵占在区检察院审查起诉，但长时间没有进展。有一次，沃某在和担任市人民检察院检察长的被告人C某吃饭的时候，向C某反映上述情况，沃某希望他关心和过问此案，C某允诺，但是案件仍无进展。不久，沃某再次请C某吃饭时请求其继续关心一下徐某案件，C某让沃某找区检察院检察长朱某。沃某找到朱某，并转达C某的意见。区检察院于2015年将徐某以涉嫌职务侵占罪提起公诉。最终，经过区基层人民法院一审、市中级人民法院二审，徐某以职务侵占罪被判处有期徒刑一年六个月。2012 年、2013 年，C 某共收受沃某给予的名画 2 幅，分别价值人民币 33 万余元、32 万元。

【案情 2】2013 年至 2015 年，犯罪嫌疑人 Y 某利用担任省委常委、市委书记等职务上的便利，为蔡某担任董事长的物流公司在铁路专用线改线重建、租赁西固热电有限责任公司储灰场等建设工程项目上分别与所在市电力公司总经理、铁路局局长打招呼，为蔡某工程等事项提供帮助。2013 年 5 月至 2015 年春节，Y 某在家中、办公室等地先后 4 次收受蔡某给予的人民币 150 余万元、20 万美元、20 万欧元，共计折合人民币 430 万元。

【问题】关于案情 1 中的 C 某、案情 2 中的 Y 某为他人谋取利益，并非法收受他人财物的行为是直接利用职务的便利，还是利用职权或者地位形成的便利条件为他人谋取利益，即直接受贿还是斡旋受贿的问题，实践中有两种不同的意见，一种意见认为，C 某和 Y 某都属于利用本人职权和地位形成的便利条件的斡旋受贿。案情 1 中，C 某作为市检察院的检察长接受沃某的请托，但是其不能直接管理和办理下级检察院的案件，必须通过下级检察院检察长朱某才能实现，朱某可以为他办理，也可以不为他办理；案情 2 中，Y 某接受蔡某的请托分别向电力公司总经理、铁路局的局长打招呼关照蔡某时，其担任省委常委、市委书记。但是，电力公司是央企、铁路局亦是铁路运输总公司的直属管理单位，不归地方管理，所以，Y 某打招呼的行为属于利用本人职权或者地位形成的便利条件的行为，属于斡旋受贿。另一种意见认为，C 某和 Y 某都属于“利用职务上的便利”的直接受贿，案情 1 中，C 某时任市检察院的检察长，对下级区检察院的检察长朱某有领导和制约关系，下级检察院的检察长需要上级检察院的检察长提请同级人大批准任命，业务上和人事上也是领导关系。案情 2 中，Y 某是地方领导，虽然电力公司是央企，当地铁路局属于铁路总公司直属管理单位，也是央企，两系统的人财物均由总公司决定，不直接由地方省市管理，但他们属于双重领导关系，特别是在党务工作上直接受地方的领导，工作上仍受到省、市的制约，无论是电力公司总经理还是铁路局的局长，与 Y 某具有职务上的制约关系。两者都不属于斡旋受贿，属于直接受贿。

【解析】上述问题是在司法实践中经常出现并且容易产生争议的问题，关于国家工作人员为请托人谋取利益通过其他国家工作人员实施的情形，在我国刑法上涉及两个罪名，一是《刑法》第385条利用职务上的便利的受贿罪，二是《刑法》第388条斡旋受贿，即“利用本人职权或者地位形成的便利条件，通过其他国家工作人员职务上的行为，为请托人谋取不正当利益”。无论是利用职务上的便利，还是利用本人职权或者地位形成的便利条件为请托人谋取利益，在实践中都有通过其他国家工作人员实施的情形，但是，如果认定斡旋受贿，需要有为请托人谋取不正当利益的条件，有一种情况认定为斡旋受贿是非常明晰的，就是两个国家工作人员在不同的地区、区域，相互之间没有任何隶属关系、制约关系和监督关系，级别相近，完全是根据老同学、亲友、同事、朋友、老战友以血缘、婚姻、感情、友谊为基础形成的个人关系，相互请托为请托人谋取不正当利益。但是，在其他情形下，如何判断是利用职务的便利还是利用职权或者地位形成的便利条件，就要从以下几个方面加以区分：利用职权或者地位形成的便利条件，一是两个国家工作人员职务之间不具有制约性，即不存在领导与被领导、监督与被监督、制约与被制约的关系，在人力、物力和财力方面都不存在制约性；二是直接接受请托的国家工作人员利用自己的职务无法为请托人谋取利益，必须通过其他国家工作人员才能够实现；三是国家工作人员之间不存在职务上的制约关系，受请托的国家工作人员难以利用职务之便给其他国家工作人员带来不利的后果，其他国家工作人员是否按照受请托的国家工作人员要求为请托人谋取利益，总体上意志是自由的，是否为请托人谋取利益，决定权完全在于其他国家工作人员。案情1中，C某时任某市人民检察院检察长，朱某时任下属区检察院检察长，C某在向朱某进行请托时，两人之间存在职务上的隶属关系，存在领导与被领导的关系，C某可以直接要求朱某执行其意见，朱某必须执行，如果朱某不执行，C某仍然可以通过其他国家工作人员来实现，如果朱某不执行C某的意见，将给其带来不利的后果。因此，应当认定C某“利用职务上的便利”为他人谋取利益，而非利用本人职权或者地位形成的便利条件。案情2中，Y某担任省委常委、市委书记期间，向所在地的铁路局、电力公司的领导打招呼为蔡某的工程等事项谋取利益，虽然两个单位与地方省委、市委均无直接隶属关系，但两家单位在用地、征地拆迁以及水电配套、治安、职工生活保障等事项上离不开地方党委和政府的支持，如铁路局的安置房项目享受经济适用房的优惠政策须经市发改委和住房保障房管局同意，修建客运站所涉的拆迁工程等都需要地方党委、政府帮忙解决。另外，铁路局、电力公司的党组织要接受地方党委的领导。实践中，电力公司的领导多次向Y某汇报工作，并邀请Y某去电力公司视察。事实上，铁路局和电力公司作为企业，在许多具体方面受到省、市的制约。两家单位的领导与Y某具有职务上的制约关系，正如被告人Y某自己供述的那样，铁路和电力的组织和业务，省、市都没有管辖权，只是与所在地各职能部门有千丝万缕的联系，需要省委、市委、市政府在一些事情给予支持和帮助。所以自己给他们的领导打招呼，只要不是特别违背原则的事，应该都会按照自己的要求做。因此，Y某作为省委常委、市委书记，帮助蔡某打招呼的行为，属于利用职务上的便利，应认定为直接受贿，不宜认定斡旋受贿。

2003年《经济犯罪座谈会纪要》规定，利用职务上的便利既包括利用本人职务上主管、负责、承办某项公共事务的职权，也包括利用职务上有隶属、制约关系的其他国家工作人员的职权；担任单位领导职务的国家工作人员通过不属自己主管的下级部门的国家工作人员的职务为他人谋取利益的，应当认定为"利用职务上的便利"为他人谋取利益。据此，国家工作人员通过职务上有隶属、制约关系的其他国家工作人员的职权为请托人谋取利益的，应当直接适用《刑法》第385条的规定定罪处罚。需要注意的是，具有隶属、制约关系的其他国家工作人员不以主管直接下属为限，是否具有职务上的隶属、制约关系，应当结合国家工作人员任职单位的性质、职能以及所任职务等进行实质判断，不应简单、机械和狭义理解。经过司法实践，符合以下五个方面可以认定为"利用职务上的便利"：一是法律的规定，如党政机关、纪检监察机关、其他组织的工作人员在省、自治区、直辖市担任省部级领导的，他们可以利用自己的省、自治区、直辖市主要领导的身份来命令、影响具体负责某项工作的人员。有些国家工作人员根据自己的行政职责，如人大、政协有些人仅仅负责文教、卫生等部门，接受请托人的请托，委托其他国家工作人员为请托人谋取利益，从形式上看似乎不是利用职务的便利，但是事实上，这种"委托"实际是指令，同时，受"委托"的国家工作人员的意志自由不具有完全性。如果受"委托"的国家工作人员不按照委托的事项办理，国家工作人员就会给受"委托"的其他国家工作人员带来不利的后果，受

"委托"的其他国家工作人员是否按照被请托的国家工作人员的"委托"基本上没有意志的自由。纪检监察部门的领导和原来反贪部门的领导及工作人员都有这样的职务或地位带来的便利条件。二是政策的影响，如扶贫攻坚、扫黑除恶、环境治理工作监察督导人员在工作范围内委托其他国家工作人员的。三是实践形成的权力，如组织人事、公安、审计、宣传、卫生、财政、税收等对应的单位人员之所以能够达到某些特定的目的和效果，是由于他们职务便利带来的条件。四是国情形成的制度安排，如派驻机构、受双层领导机构的工作人员被有领导、制约作用的当地、上级领导委托的情形。五是考核制度等因素的制约，如一票否决、巡查巡视、上访考核成员对作为考核对象的国家工作人员的委托等。上述方式都属于利用职务之便，构成直接受贿罪。因此，第二种意见是正确的。

38. 国家工作人员没有为他人谋取到利益，接受对方馈赠的礼品是否认定为受贿罪?

【案情】2006年至2017年，被告人J某担任某商业集团董事长期间与书画城董事长Z某相识。2010年下半年的一天，Z某找到J某说，想利用书画城从市政府接手的会展中心、体育中心展厅和省商业集团合作搞文化产业项目等业务。J某当场表示同意，并安排当时省商业集团旗下银河零售业的负责人刘某与Z某具体接洽合作的事宜。刘某组成工作组考察论证合作事宜，最后认为合作前景不好。这件事就没有合作成功。

2011年下半年的一天，Z某找J某说，想和J某下属博物馆合作成立一家艺术品拍卖公司，J某答应可以。其间，Z某拿出一个档案袋交给J某说，他准备了一幅D某的画送给J某，J某客气了一下就收下了。然后，J某把银河博物馆馆长田某叫到接待室，让田某和Z某好好对接，争取和他们合作成功。田某和Z某一方商谈后，因双方的理念和定位不同，不具备合作基础。合作没有成功。

2012年下半年的一天，Z某来找J某表示之前虽然没有合作成功，但还是对J某非常感谢，并表示有机会还想跟商业集团合作，希望J某以后继续支持他的书画城的发展。J某表示以后只要有机会可以再合作。随后，Z某拿出一个档案袋交给J某，说是专门请著名画家刘某给J某画了一幅画，J某看是刘某画的一幅《相马图》，客气了一下就收下了。经文物鉴定中心鉴定，两幅画作于基准日的市场价格分别为：2011年的市场价格16万元；2012年的市场价格120万元。

2013年，J某当了副省长之后，分管文化方面的工作。Z某为了扩大他们公司具体承办的"中国书画年会"的影响，多次邀请J某出席，J某都去了。

【问题】J某没有为Z某谋取到利益，接受馈赠的礼品是否认定为受贿罪？对此，有两种不同的意见，一种意见认为，J某虽然接受了Z某的请托为Z某的企业发展和与自己下属单位进行合作提供便利，但这是一种正常的履行职务的行为。事实上，Z某三次都没有合作成功，也没有谋取到任何利益，从三次合作的情况来看，无论是工作理念，还是工作方法，两家公司存在较大差异，基本没有合作的可能。此后，J某接受Z某的两幅画作，应当不具有钱权交易的特征，因此，不能认定为受贿。另一种意见认为，J某作为国家工作人员，其履行正常的工作职责是无可厚非的，帮助Z某提供合作的便利，虽然合作没有成功，但是，J某接受Z某的礼品数额较大，特别是第一次接受画作是在请托之时接受的，其行为侵犯国家公职人员职务的廉洁性，应认定为受贿。

【解析】2016年4月18日《贪污贿赂司法解释》在第13条第1款中，共列举了三种应当认定为"为他人谋取利益"的情形。第（1）项规定明确，实际或者承诺为他人谋取利益的，即可认定为为他人谋取利益，是否着手为他人谋取利益以及谋利事项是否既已完成均在所不问，既不影响定罪也不影响既遂的认定。即"为他人谋取利益"包括承诺、实施和实现三个阶段的行为，只要实施其一即可认定。第（3）项规定，履职时未被请托，但事后基于该履职事由收受他人财物的，也应认定为"为他人谋取利益"，这是针对事后受贿作出的新规定。履行职责时没有受贿故意，双方亦未就请托事项进行意思沟通，但在履行职责后收取他人财物的，只要收受财物与其先前职务行为存在关联，其收受财物的行为同样侵犯了国家工作人员的职务廉洁性。上述案例中，2011年J某收受Z某第一幅画作的时候就是这种情形，2010年可以视为J某正常履行职务，为Z某提供合作的机会，但是，到了2011年，J某为Z某提供合作的机会就非正常履行职务，当时他收受了Z某的第一幅画作应当与第一次为Z某提供合作机会有关联，属于履行职务后收受他人财物的行为，符合第（3）项规定。

Z某于2012年来找J某表示之前虽然没有合作成功，但还是对J某非常感谢，并表示有机会还想跟商业集团合作，希望J某以后继续支持他的书画城的发展。J某表示以后只要有机会可以再合作，虽然当时没有具体的请托事项，但是，应当认定为J某为将来谋利事项的一种明确的“承诺”。随后，J某收受Z某第二幅画作，为事前承诺、事后实施的行为。特别是2013年J某当了副省长之后，分管文化方面的工作。Z某为了扩大他们公司具体承办的“中国书画年会”的影响，多次邀请J某出席，J某都去了，为其“站台”。按照J某的供述，其出席Z某公司的活动对Z某是很大的帮助和支持，也是对Z某送其两幅画的回报。可以看出，事前受贿和事后受贿没有实质不同，关键在于收受财物与具体职务行为有无关联，而不在于何者为因、何者为果，也不在于时间先后，虽然Z某提出的两个项目因种种原因致使双方未合作成功，但J某已应Z某请求派人考察有关项目的可行性，视为J某已承诺为Z某谋取利益，不影响受贿罪的成立。所以，第二种意见是正确的。

第六章　行贿问题

39. 为什么要加大对行贿犯罪的查处力度？

【案情1】被告人Z某利用其父亲系原省部级领导干部的资源，在其父亲的庇护下，用金钱开路，编制一张庞大的政商关系网，敛财的足迹遍及江苏、山东、河北、天津等地。在其行贿过程中，致使5名原省部级“大老虎”落马，涉案金额都在上千万元，自己也为此获得巨额的经济利益。为了围猎这些国家工作人员，Z某不惜投入重金在北京打造高档会所，供这些腐败分子吃喝玩乐，并成为行贿的窝点。此外，Z某还经常出面“打点”一些掌握实权的厅处级干部，有数十人被他的“糖衣炮弹”打中，甚至还将纪委的两名干部拉下水。Z某终究没有逃出法网，得到应有的惩罚。但是，像Z某这样大肆拉拢、腐蚀国家工作人员的行贿犯罪分子没有得到应有处罚的还大有人在，很多行贿犯罪分子多次行贿、跨省行贿，数额巨大、范围广，获取巨额利益并获得很多荣誉没有被追究，有的还异常活跃，招摇过市。

【案情2】L某是一名年龄造假、学历造假、入党材料造假、工作经历造假、家庭情况造假的“五假干部”。通过一系列的行贿手段，最后成为高级领导干部。1992年至2016年，被告人L某为了违规入党，谋取教师身份、荣誉称号、职务提拔及工作调动等，请托多名国家工作人员提供帮助，先后多次给予上述人员共计人民币1270余万元。1996年至2016年，被告人L某为其实际控制的科艺厂、工艺制品厂、阿胶厂、饭店管理有限公司违规获取贷款、低价收购资产、核定较低税额和破产逃避债务等，请托多名国家工作人员提供帮助，直接或者指使企业工作人员先后多次给予上述国家工作人员财物，共计折合人民币790余万元。人民法院以行贿罪判处L某有期徒刑十一年，以单位行贿罪判处其有期徒刑二年，决定执行有期徒刑十二年。

【问题】对行贿犯罪打击不力，究其原因：一是立法上的规定，受贿人索贿的，行贿人不构成犯罪，行贿人自首、检举他人犯罪的，可以减轻、免除处罚；二是司法实践中，办案机关为了确保受贿人能够被追究，给予行贿人一定的政策，担心一旦行贿人翻供，行贿、受贿两者都难以定罪；三是有些行贿人为了自保或者开脱罪责，将自己的行贿说成被索贿；四是受习惯思维和地方保护的思想的影响，很多行贿人是当地支柱企业负责人，为防止经济下滑、保障就业、保障上市公司股票不下跌等，一些行贿犯罪人没有被追究刑事责任。

【解析】目前对行贿犯罪惩罚的范围、力度仍然有限。根据近些年来对中国裁判文书网公布的行贿、受贿案件的初步统计，行贿犯罪案件数量2016年较2013年总计增长45.34%，在贪腐案件中的占比持续增长，由2013年的11.53%上升至2016年的17.74%，行贿案件与受贿案件的比例关系也由2013年的28.39%升至2016年的46.50%，这反映出加大对行贿犯罪打击力度取得了实效，但是，行贿案件仍然不足受贿案件半数；在日常生活和习惯中，社会似乎对行贿犯罪有一定的容忍度。司法实践中，行贿案件与受贿案件还不能形成相应的比例，说明行贿犯罪打击不力的问题仍然存在。对行贿犯罪的查处因为存在立法的规定、司法习惯的制约、传统思想的影响和各种利益的驱动，始终处于不断发展、不断完善的过程中。而且对此认识在逐步提高，但在实践中的具体落实需要一个漫长的过程。

一、重点打击受贿犯罪大要案中的严重行贿犯罪

1999年3月4日《最高人民法院、最高人民检察院关于在办理受贿犯罪大要案的同时要严肃查处严重行贿犯罪分子的通知》[①]中可以看出，司法机关在办理受贿犯罪大要案的时候认识到行贿犯罪的危害性，发现一些大肆拉拢、腐蚀国家工作人员的行贿犯罪分子没有受到应有的法律追究。当时，规定要特别注意依法严惩的严重行贿犯罪行为包括在受贿大要案中行贿数额巨大、多次行贿或者向多人行贿的；向党政机关和司法工作人员行贿的；为了

①《最高人民法院、最高人民检察院关于在办理受贿犯罪大要案的同时要严肃查处严重行贿犯罪分子的通知》（高检会〔1999〕1号）于1999年3月4日公布、施行。

进行走私、偷税、骗税、骗汇、逃汇、非法买卖外汇等违法犯罪活动，向海关、工商、税务、外汇管理等行政执法机关工作人员行贿的；为非法办理金融、证券业务，向银行等金融机构、证券管理机构工作人员行贿，致使国家利益遭受重大损失的；为非法获取工程、项目开发、承包、经营权，向有关主管部门及其主管领导行贿，致使公共财产、国家和人民利益遭受重大损失的；为制售假冒伪劣产品，向有关国家机关、国有单位及工作人员行贿，造成严重后果的；其他情节严重的行贿犯罪行为。由此可以看出，当时行贿犯罪打击的重点并不是全部行贿人，而是那些在重大受贿案件中查出的，其行为已经造成严重后果的行贿人。

二、行贿犯罪出现新的变化，要加大对行贿犯罪的打击力度

案情 1 中所提到被告人 Z 某利用金钱开路，敛财行贿的足迹遍及江苏、山东、河北、天津等地。在其行贿过程中，将 5 名原省部级“大老虎”拉下马，涉案金额都在千万元以上，同时也将一些厅处级干部拖下水。案情 2 中，L 某个人情况全面造假，金钱开道，投机钻营、跑官买官，通过行贿手段，从一名私营企业主一步一步变身为高级领导干部。这两个案例使我们进一步看到行贿犯罪的巨大危害性和破坏作用。因此，要对行贿犯罪加大打击的力度。其理由主要有以下几点：

1. 行贿、受贿是对合犯，没有行贿就没有受贿，只有索贿。而在行贿、受贿犯罪中，行贿犯罪是行贿、受贿犯罪的发起者和主导者，是诱发受贿犯罪的导火索和根源，行贿犯罪具有的社会危害性不容低估，很多国家工作人员走上受贿犯罪的道路除了自身的思想和世界观改造不够外，都是从一点一点地受贿开始的，而绝大多数受贿人的犯罪都是由行贿人的主动行贿而引起的，有的甚至是在行贿人的引诱，“糖衣炮弹”的进攻而倒下的。案情 1 中，5 个省市的省部级“大老虎”都是 Z 某直接拉下马的，厅处级干部也不例外。案情 2 中，L 某用金钱开道，腐蚀一大批领导干部，当然也有少数主观恶性深，飞蛾扑火的，其危害性与受贿罪相比表现在不同侧面，但是，一点都不比受贿罪逊色，有时会更大。

2. 实践证明，行贿犯罪行贿人一般都获取巨大的非法利益，却使国家和人民利益遭受重大的损失，特别是向海关、工商、税务、财政、金融等部门的国家工作人员行贿后，明目张胆地走私、制造销售伪劣产品、侵犯专利权、偷税、侵吞国家资金、骗取外汇等。案情 1 中，Z 某所获得的利益是其行贿所支付的款项的几十倍或者几百倍。Z 某向多名国家工作人员行贿，行贿数额每人上千万元，总数不足亿元，但是，Z 某从中获利数十亿元。接受贿赂的国家工作人员为其开发房地产扩大容积率、减免税款、减免配套费用等给国家直接或者间接造成的损失有些可以计算和量化，有些损失难以量化。案情 2 中，被告人 L 某虽然没有受贿犯罪，但其用来行贿的财物并非自己依靠辛勤劳动而获得，其中，其企业破产逃避银行的债务就达到上千万元，给国家和人民利益造成特别重大的损失。

3. 行贿如同“毒瘤”和“病菌”，对当地社会风气和人文精神有巨大杀伤力，行贿人到处行贿，如同“病菌”一样到处传染，使人难以提防。案情 2 中，L 某一路行贿，从农村到县城，从县城到省城，从省城到首都，其行为和手法如同“病毒”一样，在其所经之处迅速传播，毒倒一大片党员干部，给其经过的每一地区的政治生态都造成巨大损害。案情 1 中，Z 某行贿“遍地开花”，毒遍大江南北，这种巨大的危害性和腐蚀性如果流行，将对一个系统、一个地区造成毁灭性的打击，将导致社会道德水平的降低，败坏社会风气，助长以权谋私思潮的蔓延，使人民的主要精力不是用于兢兢业业、勤勤恳恳、廉洁奉公地工作，而是大行权钱交易、权色交易、以权谋私，将严重践踏正常的生产生活秩序，严重败坏党和政府在人民群众中的形象和声誉。

4. 行贿犯罪破坏了公平的经济环境，违背了经济社会发展规律，破坏社会经济秩序，违背公序良俗的原则和道德底线。没有优胜劣汰，到处鱼目混珠，其行为根本背离了市场经济的公平竞争秩序，破坏了正常的经济往来，破坏了市场、资源的合理配置，影响投资环境和改革开放的进程，造成国有资产的流失，破坏了市场经济的健康发展。

5. 对行贿犯罪的从轻处罚破坏了依法治国的根基，破坏了公平正义的价值取向。行贿行为的发展是对社会风气的一种严重的污染，诱发了各种不良风气的滋生和蔓延，挑衅国家公职人员职务廉洁性的底线，不仅严重损害国家工作人员的形象，也使国家机关蒙尘。有些受贿的国家工作人员收受贿赂后，失职渎职、徇私舞弊、滥用职权，给国家和人民利益造成特别重大的损失，破坏法治环境，也阻碍了依法治国的进程。

三、立法和司法实践中逐步重视对行贿犯罪的惩处

党的十八大以后，党中央吹响了反腐败的号角，并不断完善依法反腐的进程，提出全面推进依法治国的战略。2015 年对《刑法》进行了第九次修正，从立法上加大打击行贿犯罪的力度。2016 年“两高”出台了司法解释，对从严惩处行贿犯罪提出了具体的指引。

1. 提高对行贿罪从宽处罚的门槛。对于行贿罪的从宽处罚，《刑法修正案（九）》将《刑法》第 390 条第 2 款原规定的“行贿人在被追诉前主动交待行贿行为的，可以减轻或者免除处罚”修改为“行贿人在被追诉前主动交待行贿行为的，可以从轻或者减轻处罚。其中，犯罪较轻的，对侦破重大案件起关键作用的，或者有重大立功表现的，可以减轻或者免除处罚”。这是针对实践中“重打击受贿、轻打击行贿”这一突出问题作出的重要调整，对行贿罪的从宽处罚予以区别对待，对行贿罪减轻或者免除处罚设定更为严格的适用条件，有利于加大对行贿罪的处罚力度，从源头上惩治和预防行贿犯罪。其中将“犯罪较轻”明确为“可能判处三年有期徒刑以下刑罚”的犯罪。将已经或可能被判处十年有期徒刑以上刑罚的，或者在本省、自治区、直辖市或者全国范围内有重大影响的案件确定为“重大案件”。从线索提供、证据收集、追逃追赃等方面列举了“对侦破重大案件起关键作用”的四种具体情形。行贿人主动交代行贿事实，对侦破重大案件所起作用主要体现在两个方面：一是提供案件线索，即司法机关不掌握某一行贿、受贿案件的线索，由于行贿人主动交代，使得重大案件得以侦破。其中又分为两种情况，行贿人主动交代的行贿行为相对应的受贿本身就构成重大案件，以及行贿人主动交代的行贿行为相对应的受贿不构成重大案件，但以此为线索另外查出受贿人有其他重大受贿犯罪事实。二是对受贿案件的证据收集、事实认定、追逃追赃起关键作用，即司法机关虽掌握某行贿、受贿案件的线索，但未掌握追究刑事责任的足够证据，行贿人主动交代的事实为司法机关收集、完善、固定证据起到关键作用，或者行贿人主动交代的事实涉及受贿犯罪分子的行踪或者赃款赃物的去向等，对于办案机关抓捕受贿犯罪分子，追缴赃款赃物起到关键作用。

2.《贪污贿赂司法解释》对“向三人以上行贿的”“将违法所得用于行贿的”“通过行贿谋取职务提拔、调整的”“向负有食品、药品、安全生产、环

境保护等监督管理职责的国家工作人员行贿，实施非法活动的”“向司法工作人员行贿，影响司法公正的”“造成经济损失数额在五十万元以上不满一百万元的”作为行贿犯罪从重、加重处罚情节。

四、对行贿罪控制缓免刑适用

行贿罪案件缓免刑适用比例偏高，是立法、司法、观念、机制等多方面因素综合作用的结果。1996年《最高人民法院关于对贪污、受贿、挪用公款犯罪分子依法正确适用缓刑的若干规定》① 和2012年《职务犯罪案件适用缓、免刑意见》出台之前，贪污贿赂犯罪案件适用缓免刑较多，比较而言行贿犯罪更为突出，规定出台后有一定的限制作用，但过后很快反弹。要加大对行贿犯罪的打击力度，就要切实采取措施遏制缓免刑适用比例上升。要严格执行《职务犯罪案件适用缓、免刑意见》规定，该意见对于受贿犯罪案件缓免刑适用条件和不得适用缓免刑的情形的规定至今仍然有效，相关内容也没有过时。不能因为新的司法解释提高了定罪量刑数额标准，就不加区分地对数额相对较小的案件一概适用缓刑或者免予刑事处罚。要强化缓免刑适用的程序机制控制。党的十九大报告指出，“要坚持无禁区、全覆盖、零容忍，坚持重遏制、强高压、长震慑，坚持受贿行贿一起查，坚决防止党内形成利益集团”，体现出鲜明的惩治行贿犯罪的态度和明确的导向，一定要加大对行贿犯罪的处罚力度。

40. 如何在民营企业中区分单位行贿和个人行贿?

【案情】被告人L某系某煤电有限公司（以下简称煤电公司）董事长，其与刘某个人关系较好。刘某自1997年2月开始担任内蒙古地区铁路局运输处副处长、运输处处长，2003年8月任副局长。自2000年起，刘某在增加年度煤炭运输计划与报批车皮计划，以及安排装车等方面为L某公司提供帮助，L

①《最高人民法院关于对贪污、受贿、挪用公款犯罪分子依法正确适用缓刑的若干规定》（法发〔1996〕21号）由最高人民法院审判委员会第820次会议讨论通过，于2013年1月18日废止。

某于2005年与刘某协商一致，将L某个人持有的煤电公司的一部分股权（价值144万元）给予刘某，并以刘某女儿的名义在煤电公司股权中予以登记。根据公司账簿记载，刘某女儿名下2006年、2007年股利为27.6万元，2008年至2009年度股利为57.6万元，2010年股利为28.8万元。煤电公司的股东只有L某和他的妻子乔某二人，股权比例为L某1.98亿元，乔某200万元。2005年3月，煤电公司出台员工持股办法，50名员工购买L某夫妇持有的股份，员工不负担煤电公司对外贷款利息，但要在分红款中优先受偿，煤电公司每年按照20%固定分红，也未在工商管理部门登记。2012年3月，煤电公司出资将职工股购回，转至L某名下。公司实际控制人和决策人均为被告人L某，乔某未参加经营和管理，仅为挂名股东，公司财产均系夫妻二人共同财产。2015年7月12日，经人民法院审理，以行贿罪判处被告人L某有期徒刑五年，被告人L某不服，提出上诉，二审法院驳回上诉，维持原判。

【问题】被告人L某的行为是构成个人行贿罪还是单位行贿罪，对此有两种不同的意见：一种意见认为，对于私营公司收益就是个人股东收益的问题，不能因公司性质或者股东的多少而区别对待，从相关法律、司法解释关于单位与股东关系的规则看，我国《公司法》不但未禁止夫妻为股东设立有限责任公司的行为，还允许设立一人有限责任公司，并且规定只有公司财产与股东或者实际控制人财产出现混同时才要求股东对公司的债务承担连带责任，其他情况下仍然要坚持公司与股东的两个有限原则。在案发7年前，煤电公司还实施了内部职工持股制度，约50人持股但未进行工商变更登记，以此不能认定煤电公司为L某的“夫妻店”。从权钱交易获得利益来看，煤电公司首先获益后，作为股东的L某能否从公司此项收益中获益，尚依赖于公司年终的盈利分红数，结果不确定，因此，应认定L某为单位犯罪。另一种意见认为，煤电公司收益基本就是L某个人收益，因为煤电公司实际就是L某的“夫妻店”，阶段性少数职工入股没有改变公司股权结构，且在案发前已经全部收回，该公司的财产和L某个人财产存在基本重叠或等同。L某以其个人持有的该公司的股权行贿所谋取的利益既归属于该公司也属于其个人，故应当认定L某为个人行贿。

【解析】关于单位犯罪和个人犯罪的问题自刑法规定单位犯罪之初就始终存在争议，无论理论界还是实务界都是如此。单位犯罪设立之前，对经过集体决定，以单位方式进行的行为无法追究刑事责任。因此，单位犯罪的设立实质上就是解决法不责众的问题。虽然单位犯罪还存在《公司法》与《刑法》的衔接问题，特别是在民营企业中，在股东只有夫妻二人的情况下更是难以区分，但是，通过主客观相结合、形式要件与实质要件相结合的方法，这一问题也并非难以解决，正确判别单位犯罪和个人犯罪可以依据以下三个原则：

一、形式要件与实质要件相结合

个人利用单位犯罪、单位犯罪、为犯罪而成立公司的表现形式不同，本质内容也不尽相同。但是，通过将形式和内容相结合进行分析判断就可以明确。首先，并不是以单位的名义实施的行为就是单位犯罪。上述案例中，被告人 L 某请托刘某为煤电公司增加年度煤炭运输计划与报批车皮计划，L 某将其个人持有的煤电公司的一部分股权（价值 144 万元）给予刘某，并以刘某女儿的名义在煤电公司股权中予以登记。从表面看来，似乎 L 某是为公司谋取利益，那么，其行贿行为也是单位行贿。但是，我们再看其公司结构，东源公司的注册股东只有 L 某和他的妻子乔某二人，股权比例为 L 某 1.98 亿元，乔某 200 万元。公司实际控制人和决策人均为被告人 L 某，乔某未参加经营和管理，仅为挂名股东，公司财产均系其夫妻二人共同财产。因此，L 某之行为，形式上是为单位，实质上是为其个人。其次，以单位名义实施的个人犯罪在其他类罪中也经常出现。如在挪用公款犯罪的案件中比较普遍。因此，1998 年《最高人民法院关于审理挪用公款案件具体应用法律若干问题的解释》[①] 第 1 条规定，《刑法》第 384 条规定的“挪用公款归个人使用”，包括挪用者本人使用或者给他人使用。第 2 款规定，挪用公款给私有公司、私有企业使用的，属于挪用公款归个人使用。2001 年《最高人民法院关于如何认定挪用公款归个人使用有关问题的解释》[②] 第 1 条规定，国家工作人员利用职务上的便利，以个人名义将公款借给其他自然人或者不具有法人资格的私营独资企业、私营合伙企业等使用的，属于挪用公款归个人使用。2002 年

---

①《最高人民法院关于审理挪用公款案件具体应用法律若干问题的解释》（法释〔1998〕9 号）于 1998 年 4 月 6 日由最高人民法院审判委员会第 972 次会议讨论通过。

②《最高人民法院关于如何认定挪用公款归个人使用有关问题的解释》（法释〔2001〕29 号）于 2001 年 9 月 18 日由最高人民法院审判委员会第 1193 次会议讨论通过，2001 年 10 月 17 日公布，2001 年 10 月 26 日施行，2013 年 4 月 8 日废止。

《全国人民代表大会常务委员会关于〈中华人民共和国刑法〉第三百八十四条第一款的解释》[①]对《刑法》第384条第1款规定的国家工作人员利用职务上的便利，挪用公款“归个人使用”的含义问题进行了解释，规定“个人决定以单位的名义将公款供其他单位使用，谋取个人利益的”属于挪用公款“归个人使用”。这一系列的解释就是从形式到内容的具体结合。“揭开公司面纱制度”，即能帮助确定行贿犯罪的主体是真正的单位还是个人，如在职务侵占罪中的“单位”就不包括一人公司。将个人利用单位进行犯罪和单位犯罪剥离开。再次，根据《刑法》第393条的规定，单位为谋取不正当利益而行贿，或者违反国家规定，给予国家工作人员以回扣、手续费，情节严重的，对单位判处罚金，并对直接负责的主管人员和其他直接责任人员，处五年以下有期徒刑或者拘役，并处罚金。因行贿取得的违法所得归个人所有的，依照本法第389条、第390条的规定定罪处罚。该规定明确了用违法所得来判断行为是单位犯罪还是个人犯罪，上述案例中，被告人L某单位只有两个股东，又是夫妻，财产归其二人所有，属于个人行贿行为。《最高人民检察院关于人民检察院直接受理立案侦查案件立案标准的规定（试行）》[②]规定，因行贿取得的违法所得归个人所有的，依照本规定关于个人行贿的规定立案，追究其刑事责任。检察机关就是依此规定，以L某个人行贿向人民法院提起公诉，追究其个人的刑事责任的，与上述意见相互一致。L某行贿刘某的行为是以单位的名义进行的，违法所得属于其个人，应属于个人行贿。

二、主观要素与客观要素相结合

当一个具体犯罪的主体既可以是自然人又可以是单位时，应当从单位犯罪的意志和利益整体性去区分和判断是单位犯罪还是自然人犯罪，单位犯罪意志的整体性要求单位意志不是单位内部某个成员的意志，也不是各个成员意志的简单相加，而是单位领导或者在代表单位整体利益的领导、指挥、决

---

①《全国人民代表大会常务委员会关于〈中华人民共和国刑法〉第三百八十四条第一款的解释》于2002年4月28日由第九届全国人民代表大会常务委员会第二十七次会议通过。

②《最高人民检察院关于人民检察院直接受理立案侦查案件立案标准的规定（试行）》（高检发释字〔1999〕2号）于1999年8月6日由最高人民检察院第九届检察委员会第41次会议通过，1999年9月16日公布、施行。

策、执行过程中形成的具有单位整体性的意志，即单位整体的意志。上述案例中，L某个人的意志不应该是单位集体的意志，公司法上的单位并不都能自然成为单位犯罪的主体，如前文提到的职务侵占罪的犯罪主体就排除了一人公司，在单位行贿罪中也应当排除一人公司。《公司法》虽然没有明确对股份有限公司的股东的性质提出要求，但是，单位行贿罪的主体一般应当是以下几种情况：一是三人以上的股东，在职务犯罪中要有直接负责的主管人员和其他直接责任人员，还有未参加犯罪的无责任人员；二是直接负责的主管人员和其他直接责任人是同一个人，如两名股东的，有控股人员直接为了单位的利益实施的，另一个应当不涉及犯罪，也不能直接通过犯罪获得利益；三是全体股东通过公司获得股份内的间接利益；四是夫妻二人为两个股东的单位，二人共同研究为了单位的利益而实施的行贿一般认定为单位行为，这类存在单位利益与个人利益完全重合的问题；五是像上述案例那样，公司实际控制人和决策人均为被告人L某，乔某未参加经营和管理，仅为挂名股东，公司财产均系其夫妻二人共同财产。此种情形，就是L某以单位名义实施犯罪为个人谋取利益，不能认定为单位犯罪。

三、刑事法律与民事法律相互融合

在上述案例中，第一种意见认定构成单位行贿的依据就是《公司法》不但未禁止夫妻为股东设立股份有限公司，还允许设立一人公司，因此认为，只要不是个人为进行违法犯罪活动而设立公司实施犯罪的，为个人犯罪，否则，以单位的名义实施的行为都是单位犯罪。这是明显的偷换概念，无论民法、公司法都规定公司的财产与股东或者实际控制人个人的财产混同时，股东对公司的债务承担连带责任。这与刑法的规定是一致的。个人以单位为名，以谋取个人利益为实的行为都是个人行为。本案例中，被告人L某实施行贿行为，将自己的股权送给了刘某，并未按照公司法的规定，征得另一名股东其妻子的同意。公司财产的减少，其妻子也没有任何异议，没有尽到一名股东的职责，看似两名股东，但仅仅是为了满足公司注册形式上的需要，本质上是一人公司。此外，第一种意见提出，2005年3月，煤电公司出台员工持股办法，50名员工购买L某夫妇持有的股份，员工不负担煤电公司对外贷款利息，但要在分红款中优先受偿，煤电公司每年按照20%固定分红，也未在工商管理部门登记。2012年3月，煤电公司出资将职工股购回，转至L某名下。由此认为公司存在其他股东的意见更是没有法律依据。公司法、民法都规定，股东的变更是一种要式法律行为，要到工商机关登记过户，事实上，上述购买股权的行为在民事上属于借贷行为。此外，其他 50 名员工只享有权利无须履行义务。后来，L 某将这些员工股份购回也是公司出资，因此，公司与其他人无关，为 L 所有。上述案例认定为个人犯罪没有认定为单位犯罪还有一个实践因素，如果认定单位犯罪，难以确定谁为诉讼代表人代表单位参加诉讼，实践中无法进行。从实践的角度验证，这是一起个人行贿犯罪。因此，第二种意见是正确的。

41. 如何理解“向司法人员行贿，影响司法公正的”属于《刑法》第 390 条规定的从重情节?

【案情 1】 C 某系某市人民检察院检察长。2009 年 7 月左右，某实业集团有限公司员工胡某、沃某因被董事长兼总经理白某开除而不满，分别到北京、上海等地有关部门举报白某侵吞国有资产，该案由 C 某所在的市人民检察院负责调查。白某将自己被举报的事情告诉自己的好友律师付某。付某便召集白某、C 某等人一起吃饭。吃饭期间，白某将此事告诉 C 某，C 某说知道了。之后，C 某将举报线索批示给时任检察院分管反贪污贿赂局的副检察长郑某处理。在处理该线索过程中，C 某对郑某讲，白某是被重复举报，此前已调查过，让郑某看看这次举报有没有新的内容，如果有新的内容看看是否属于检察院管辖，并交代郑某关心一下，如果没有重大问题尽快结案，不要对企业造成影响。此后，郑某根据正常工作流程，将举报信批至市检控申处和反贪局，后来此信转至原承办单位调查。经调查，认为白某没有新的犯罪事实，不久上报对白某的调查报告，郑某审阅后表示同意，并将调查意见报给 C 某，C 某也没有表示不同意见。此后，C 某与白某一起吃饭时，白某还对 C 某在这件事上提供的帮助通过敬酒方式表示感谢。2008 年、2010 年，C 某直接或通过其妻何某先后两次以低于市场价共计人民币 89.8941 万元的价格向白某实际控制的实业发展有限公司购买位于市区的福寿园墓穴 4 宗。

【案情2】2011年11月22日，在某市检察院反贪局因办理其他职务犯罪案件对时任某公司总经理的常某调查时，常某主动交代收受吴某11万元贿赂的事实。该市检察院反贪局于次日立案侦查。同月30日，检察院以常某涉嫌受贿11万元报请逮捕，同年12月7日，市检察院批准逮捕。同月28日，检察院又收到两份举报常某涉嫌贪污的材料。2012年2月1日、2月28日，检察院先后两次以常某另涉嫌贪污犯罪为由提请市检察院延长侦查羁押期限以扩大侦查成果。请托人吴某通过个人关系与C某见面，请C某帮忙不要再追查下去，并对常某从轻处理。第二天，吴某又到C某家中，请C某帮忙向办理案件检察院的工作人员打招呼，不要继续调查常某案件，并且从轻处理。C某表示同意。之后，检察院只调查了常某受贿11万元，没有追查行贿人吴某及犯罪嫌疑人常某的其他问题。同年5月2日，经C某同意，常某涉嫌受贿案侦查终结，移送审查起诉。2012年6月14日，该市人民检察院以常某涉嫌受贿11万元向某市人民法院提起公诉。法院经开庭审理于2012年8月28日以受贿罪判处常某有期徒刑五年。2008年至2013年，C某及其妻先后六次收受吴某给予的3.3万美元、0.5万新加坡元及人民币2万元。

【问题】关于案情1中的白某、案情2中的吴某的上述行为已经构成行贿罪无异议，关于是否认定白某、吴某的行为构成对司法人员行贿，影响司法公正的从重、加重情节有两种不同的意见，一种意见认为，白某、吴某为了摆脱检察机关对本人或者他人的调查，向时任市检察院的检察长C某行贿，导致检察机关不再对其涉嫌犯罪的行为进行调查，其行为均属于向司法人员行贿，影响司法公正的行为；另一种意见认为，案情1中的白某向司法人员行贿的行为不构成影响司法的公正的行为，而案情2中吴某的行为构成对司法人员行贿影响司法公正的行为。

【解析】关于上述两种意见涉及对2016年4月18日《贪污贿赂司法解释》第7条第2款规定的理解与适用，第7条第2款规定："行贿数额在一万元以上不满三万元，具有下列情形之一的，应当依照刑法第三百九十条的规定以行贿罪追究刑事责任……（五）向司法工作人员行贿，影响司法公正的……"实际上这是对行贿罪加重处罚的规定。因为，第7条第1款规定，为了谋取不正当利益，向国家工作人员行贿，数额在3万元以上，应当依照《刑法》第390条的规定以行贿罪追究刑事责任，如果向司法工作人员行贿，影响司法公正的，入罪的门槛降低为普通行贿罪的一半，量刑时亦从重处罚。那么，判断白某、吴某的上述行为是否影响司法公正，依据上述司法解释，要正确理解构成影响司法公正的三个必备的条件，一是行贿人向司法工作人员行贿；二是司法人员接受贿赂以后，实施了干预司法的行为；三是司法人员通过职权对司法进行干涉，并到达了对犯罪嫌疑人、被告人减轻罪责或者使无辜的人遭受追究的情形。只有上述三个条件同时具备的，才能认定行为人符合上述规定。如果只具备其中一个或者两个条件，如案情1中，白某向C某行贿，但是，C某并没有利用司法权帮助其摆脱司法调查；或者虽然C某想帮助白某摆脱司法调查，但是，并没有如愿，而是按照正常法律程序办理，就不能认定白某具有从重、加重处罚的情节。又如案情2中，吴某请C某帮忙向办理案件检察院的工作人员打招呼，不要继续深入调查常某案件，并且从轻处理。经C某的工作，没有对常某案件贪污的事实进行深入调查，也没有对吴某进行调查，具备上述三个条件。所以，应当对这一条款进行客观、全面的理解，不能因对司法工作人员行贿一律降低门槛，行贿1万元即追究刑事责任，或者构成行贿罪的一律从重处罚。因此，案情1中，白某向司法人员行贿的行为不构成影响司法的公正。案情2中，吴某的行为构成向司法工作人员行贿，影响司法公正。第二种意见是正确的。

42. 如何认定行贿罪中的“谋取不正当利益”？

【案情】2012年12月，王某准备为其投资、控制的春园公司与瑞方公司竞拍市高新区两宗国有土地使用权，当其报名时发现报名设置条件，他根本报不上名。王某便找到时任市委书记的W某帮忙，请求W某向市国土局局长田某打招呼。当天，W某给市国土资源局的局长田某通过电话打了招呼。后来王某的公司顺利报了名。其后，王某发现参与竞拍的名单中还有一家公司是魏某的。王某知道魏某与W某关系很好，且魏某公司很有实力，王某担心自己不能摘牌，便再次找到W某让其跟魏某说一下，让魏某退出竞拍。后W某跟魏某说了，最后魏某放弃了竞拍。2013年2月，王某顺利摘牌了两宗共计43多亩土地的使用权。2009年至2010年，W某收受王某通过转账方式汇入其控制公司的人民币1800万元，W某之妻收受王某10万美元。

【问题】上述案例中，W某利用自己的职权为王某谋取利益，这种利益对受贿人W某来说，无论是合法还是非法，也无论利益是否正当，在此期间W某接受王某的财物价值1800余万元认定为受贿罪没有异议。但是，对于王某来说，要追究其行贿罪的责任，就需要确定其谋取的利益是不正当的。W某为王某谋取利益有两个事实，一是王某因参加土地竞拍活动报名受阻让W某与有关人员打招呼；二是为了让其他竞拍者退出，让W某出面打招呼迫使其他竞买人魏某退出。王某谋取的是否都是不正当利益呢？实践中有两种不同的意见，一种意见认为，两部分事实王某都属于谋取不正当利益，如果没有W某出面打招呼，其不可能报上名，也就不可能顺利摘牌获得两宗土地的使用权；另一种意见认为，王某请托W某让其报名参加土地使用权的竞拍活动不属于谋取不正当利益，因为开发区土地局设置的报名条件属于违法行为，W某虽然是利用职权为王某谋取利益，但是这种利益是合法的利益，是正当的利益。王某通过W某打招呼让魏某退出竞拍活动属于谋取不正当利益。

【解析】关于如何认定行贿犯罪中“谋取不正当利益”的问题，是行贿犯罪法律适用的一个难点。同时，斡旋受贿、利用影响力受贿的罪名，均有“谋取不正当利益”的要求，因而，这是贿赂犯罪认定中带有普遍性的问题。“谋取不正当利益”的具体认定，应正确理解：

1. 我国《刑法》第389条第1款规定，“为谋取不正当利益，给予国家工作人员以财物的，是行贿罪”。理论上有的意见认为，谋取不正当利益是构成行贿犯罪的主观要件，如果在获取不正当利益之后，再给予国家工作人员财物的，不构成行贿犯罪。同时，第389条第3款规定，“因被勒索给予国家工作人员以财物，没有获得不正当利益的，不是行贿”。因此，理论上有的意见认为，“谋取不正当利益”是客观要件，只有实际取得了不正当利益的，才构成行贿。这两种意见的存在长期影响实践中对谋取不正当利益的正确理解。“谋取不正当利益”与受贿罪中“为他人谋取利益”在理论依据、实践认定的方法方面是一致的。“谋取不正当利益”既包括提议给予、允诺给予，也包括实际给予，是主客观相结合、形式要件和实质要件密切结合的一个内容，不能截然分开、偏执一端。不管是在谋取不正当利益之前，还是在获取不正当利益之后，只要行贿人为了谋取不正当利益给予国家工作人员财物的，均应以行贿罪定罪处罚。上述案例中，W 某为王某谋取利益有两个事实，一是王某因参加土地竞拍活动报名受阻让 W 某与有关人员打招呼；二是为了让其他竞拍者魏某退出，让 W 某出面打招呼迫使其他竞买人退出。从形式上来看，两个事实都属于谋取不正当利益，如果王某不是通过 W 某的打招呼，其不可能参加土地使用权的竞拍报名，即便是土地局没有设置报名条件，其能够参与竞拍活动，没有 W 某要求魏某退出，王某的利益也难以实现。关于王某请托 W 某要求魏某退出竞拍活动一节，上述两种意见都认为属于谋取不正当利益。那么，W 某按照王某的要求向土地局打招呼一节，从形式上看是对土地局设置报名门槛的违法行为的纠正，实质上仍然属于谋取不正当利益的行为。

2. 关于“谋取不正当利益”的认定。《最高人民法院、最高人民检察院关于在办理受贿犯罪大要案的同时要严肃查处严重行贿犯罪分子的通知》《办理商业贿赂案件意见》及《行贿司法解释》[①] 均对“谋取不正当利益”的认定问题作了规定。其中，2012 年 12 月 26 日公布的《行贿司法解释》第 12 条规定，“谋取不正当利益”，是指行贿人谋取的利益违反法律、法规、规章、政策规定，或者要求国家工作人员违反法律、法规、规章、政策、行业规范的规定，为自己提供帮助或者方便条件，以及违背公平、公正原则，在经济、组织人事管理等活动中谋取竞争优势。据此，“谋取不正当利益”包括三种情形，一是谋取利益本身不正当，二是获取利益的手段不正当，三是违背公平公正原则谋取竞争优势。王某为了获取拍卖土地的摘牌成功，请托 W 某让其他竞拍者退出的行为属于获得利益的手段不正当，正当的手段应当是通过公开的招投标，击败其他竞争者成功摘牌。对于“谋取竞争优势”的认定，要注意结合有无违反相关条件、程序规定，是否对其他市场主体公平竞争造成实际影响等具体认定，不能直接根据行贿事实认定。那种认为只要给予受贿人财物就是谋取竞争优势的观点，逻辑上将会陷入给予财物就是谋取不正当

①《行贿司法解释》于 2012 年 5 月 14 日最高人民法院审判委员会第 1547 次会议，2012 年 8 月 21 日最高人民检察院第十一届检察委员会第 77 次会议通过，自 2013 年 1 月 1 日起施行。

利益，谋取不正当利益就是给予财物的循环论证的怪圈，实践中是非常有害的，将从实质上架空“谋取不正当利益”这一法定定罪要件。如上述案例中，王某因报名受阻让W某向国土局局长田某打招呼，以便其能够报名参加土地竞拍活动属于谋取竞争优势。从形式上看，王某为获得参加竞拍土地使用权的报名资格，破除当地国土部门设置的非法条件看似是合法的，但是，王某是通过不正当的手段获取的报名资格，即便土地局设置的条件有违法之处，致使很多具备条件的竞拍者不能报名，王某也是其中之一，其通过W某的职权获得报名权，看似是对违法行为的纠正，但是，并没有取消限制，而是其通过公权力的介入迈入“门槛”取得报名权，而对于其他尚未取得报名权的竞拍者是不公平的，因而属于谋得竞争的优势，因此，其上述两种行为都属于谋取不正当利益。而谋取真正的正当利益应当是在平等基础之上或者处于被动的行为。例如，为了子女的正当入学，给予有关部门及学校的“赞助费”“择校费”，为了亲人手术能够取得成功，给予医务人员的“红包”，因被勒索给予国家工作人员财物，未谋取竞争优势，没有获得不正当利益的，依法不能认定为行贿犯罪。因此，第一种意见是正确的。

43. 借用其他单位资质签订合同，在履行合同过程中给予对方工作人员财物的是个人行贿，还是单位行贿?

【案情】2011年，被告人L某在担任某市公安局局长期间，将本单位所属两家酒店交给原为本单位工作人员的王某承包，案发后，调取的书证（承包合同）显示，机关的两家酒店，是王某以市远景物业管理有限责任公司承包经营，租赁合同书却与市实业发展有限公司签订，但都是王某签名，王某为实际控制人。公安局局长办公会议纪要显示，酒店由市远景物业管理有限责任公司承包经营，承包合同书却是与王某签订，而卷内没有王某与远景物业管理有限责任公司、市实业发展有限公司关系的证据。王某的证言和L某的供述都证明是L某同王某协商签订的。后来，王某数次送给L某上百万元的现金。

【问题】关于L某收受的财物，是市实业发展有限公司、远景物业管理有限责任公司抑或王某个人支付的，换言之，L某接受的贿赂款是王某个人行贿，还是两家单位行贿？对此，有两种不同的意见，一种意见认为，是单位行贿，无论是合同的签订，还是最终的款项的输出，受益的都是单位，最终王某的利益也是通过单位的合法经营来实现的，如果单位的领导成员不同意，王某也拿不出数额如此巨大的款项，因此，是单位行贿；另一种意见认为，从形式要件上看，是实业发展有限公司与公安局签订的承包合同，经营是另一家物业管理公司，但是，王某是实际的承包人，即整个财物的实际控制人，虽然贿赂的财物源于单位，但是，完全受王某个人的支配，其单位并未从中谋利，因此，应认定王某个人行贿。

【解析】我国《刑法》第393条规定，单位行贿是指单位为了谋取不正当利益而行贿，或者违反国家规定，给予国家工作人员以回扣、手续费，情节严重的行为，单位行贿的主体是单位，所谓“单位”包括公司、企业、事业单位、机关、团体。单位行贿在客观方面表现为直接负责的主管人员或者直接责任人根据本单位的意志以单位的名义实施的行贿行为，具体包括两种情形，一是为谋取不正当利益而行贿，二是违反国家规定，给予国家工作人员以回扣、手续费等。从上述规定中可以看出，个人行贿和单位行贿的区别在于：一是犯罪主体不同，行贿罪的主体只能是自然人，而单位行贿罪的主体只能是单位。上述案例中，王某与L某个人感情非常好，承包酒店事前的酝酿、合同的签订以及履行都是通过两个人来进行的，虽然在合同中，体现的是市实业发展有限公司签订的和市远景物业管理有限责任公司承包经营，但是，最后的签字人是王某，可以说是王某借用了这两个单位的名义，或者这两个单位的实际控制人是王某。二是体现主体的意志不同。从合同的形式上看是两家公司在承包酒店，单位行贿应该体现单位的意志，但是，真正的控制人、决策人都是王某，没有上述单位的意见，也无相关人员，也没有为了单位的目的。而王某给予L某财物并非因为单位的经营需要L某提供帮助，与单位经营没有任何关系。三是谋取利益的目的不同。谋取利益的人都是王某，获取利益的也是王某，而非市实业发展有限公司和市远景物业管理有限责任公司。王某给予L某财物的目的是对L某为以前其调入机关和能够承包单位酒店提供帮助进行感谢，与两个单位的发展经营没有任何关系，现金的出处和决定的支配权都在王某。在此期间，没有任何单位形式的利益在案件中体现出来，通过形式要件与实质要件相结合，可以判断出真正的受益者和意志体现者就是王某本人，因此，本案属于个人行贿而非单位行贿。

第七章 特定关系人问题

44. 行贿、受贿案件中，“特定关系人”的范围如何界定？

【案情】尹某在担任市委书记期间，利用自己职务的便利以及职权和地位形成的便利条件，多次为有关单位和个人谋取利益，非法收受有关单位和个人的财物，且数额巨大，已构成受贿罪。纪检监察机关在调查尹某受贿犯罪时，发现其与一位女戏曲演员关系密切，该女演员利用尹某的职务便利收受数额巨大的财物。经调查发现，该戏曲演员与尹某并非情妇（夫）关系，只是尹某对该演员十分爱慕，对其容貌特别欣赏，对其说话的声音、语调以及行走的姿势非常喜欢，有时还要刻意模仿。该戏曲演员利用尹某的职务之便收受财物，是否可以认定其系尹某的“特定关系人”，还是特定关系人以外的第三人。

【问题】对于上述问题有两种截然不同的意见，一种意见认为，国家工作人员的特定关系人，是指与国家工作人员有近亲属、情妇（夫）以及其他共同利益关系的人。这位戏曲演员既不是尹某的近亲属，又不是其情妇，也谈不上共同利益的关系人，两个人之间应该没有什么共同的利益关系，因此，不应属于尹某的“特定关系人”。另一种意见认为，虽然该戏曲演员既不是尹某的近亲属，又不是其情妇，但是属于与尹某有共同利益关系的人，两个人之间的共同利益关系不仅包括共同的经济利益，也包括精神利益和其他利益。两人之间相互纠缠、勾结，以国家工作人员的职务便利条件获取利益，应该视为共同的利益关系，因此，该戏曲演员应当属于尹某的“特定关系人”。

【解析】根据《办理受贿案件意见》关于“特定关系人”范围的规定，

“特定关系人”是指与国家工作人员有近亲属、情妇（夫）以及其他共同利益关系的人。这里面包括三层含义：一是国家工作人员的近亲属，虽然我国民事法律和刑事法律对近亲属的规定有一定的差异，但是总体是一致的。《民法通则意见》第12条规定的近亲属，《继承法》中的血亲和姻亲，以及第一顺位、第二顺位的继承人，应当包括配偶、父母、子女、兄弟姐妹、祖父母、外祖父母、孙子女、外孙子女。上述“两高”的司法解释属于刑事司法解释的范畴，与《刑事诉讼法》一样，更多是从规定的实质来确定，因此，近亲属更多强调的是程序上行为人的权利，而民法上的近亲属包含相互的经济利益关系，因此，此处的近亲属更应当参照的是民事法关系的界定，特别是有共同的经济利益关系的，如具有共同赡养抚养扶助义务的人等。二是国家工作人员的情妇（夫），按照学理上的解释，就是男女两人，一方或双方已有配偶，男方是女方的情夫，女方是男方的情妇。三是与国家工作人员有其他共同利益关系的人，这里主要是指经济利益，只要是与行为人有着共同利益，在近亲属范围之外，没有明确证据证明是情妇（夫）关系的人，一般都可以认定为有其他共同利益关系的人。其他共同利益关系包括经济利益关系、精神利益关系和其他利益关系等。每个人都有不同的感情生活和精神世界，其感情利益关系以及精神利益关系也应当包含在共同利益关系之列。因此，尹某对该戏曲演员心存爱慕，两人虽然不是情妇（夫）关系，但是，有共同的利益，该戏曲演员是通过尹某的职权，为请托人牵线搭桥，谋取物质利益；尹某是通过利用自己的职权为该戏曲演员谋取经济利益，以维持和该戏曲演员之间的亲密关系，这种关系，属于精神上的依恋和依赖，是一种情感的寄托和依附关系，虽然它有别于经济关系，但是，对社会的危害性是一致的，对国家公职人员职务廉洁性的侵害是相同的，因此，应当认定该女戏曲演员系尹某的“特定关系人”，第二种意见是正确的。

45. 特定关系人以外的其他人同国家工作人员共同受贿中，单独“截留”及与中间人“私分”行为如何认定？

【案情】2011 年至 2019 年，某开发区管委会党委书记、主任 Z 某与其驾驶员钱某互相通谋，由钱某出面联系或接受请托，Z 某利用职务便利帮助办理或打招呼，为相关工程建设单位承揽开发区管委会辖区内工程项目、招投标、工程款支付等事项谋取利益，钱某出面收受财物。

1. 请托时 Z 某知道好处费为 70 万元，但钱某在此金额外向请托人索要 80 万元，Z 某对此不知情。2011 年，某私营工程建设企业主孙某，通过钱某请托 Z 某帮助中铁某局承接开发区 BT 项目，并承诺事成后给予好处费 70 万元。钱某向 Z 某汇报后，Z 某同意。同年 11 月，在 Z 某帮助下，中铁某局与开发区签订了工程项目建设合作协议，后相关工程项目陆续实际落地，孙某从中铁某局承接了部分工程。2012 年 8 月，孙某为感谢 Z 某和钱某，转账 70 万元给钱某，钱某收到款项后告知 Z 某，Z 某示意由钱某保管。2012 年 11 月，钱某为筹措购房资金，以借款为由向孙某索要了 80 万元。Z 某对此不知情。

2. 请托时 Z 某不知道具体数额，钱某收受 145 万元后，将其中 28 万元分给自己朋友，告知 Z 某收受 117 万元。Z 某对他人参与及分钱不知情。此外，钱某还单独收受请托人 40 万元，Z 某亦不知情。具体如下：2016 年下半年，某建筑公司企业主李某，通过钱某请托 Z 某帮助承揽辖区内项目土方工程，并承诺事成后给予好处费。钱某向 Z 某汇报后，Z 某同意并帮助李某承揽相关工程。其间，钱某授意其朋友周某出面和李某商谈好处费金额为工程量的 1%，并收取好处费交给钱某。2017 年至 2018 年上半年，周某累计向李某收取好处费 145 万元，钱某实得 117 万元，分给周某 28 万元。钱某拿到好处费后，向 Z 某报告。Z 某供述，钱某每次汇报收到 50 万元左右，并交给 Z 某 20 万元现金，其余钱款 Z 某指示由钱某保管。Z 某对周某参与及分钱不知情。2018 年 5 月，钱某在未向 Z 某报告的情况下，以购买房屋缺少资金为由，从李某处以要求帮忙解决困难为由索要 40 万元，用于购买房屋。Z 某辩解对此不知情。

3. 请托时Z某不知具体数额，钱某收受230万元，分给其朋友吴某60万元，钱某实得170万元，告知Z某收受160万元，Z某对具体金额记不清，只记得两次共100余万元。具体如下：2016年下半年，中建某局副经理郑某，通过钱某的朋友吴某找到钱某，请托Z某帮助获取辖区内项目，并承诺事成后给予好处费。钱某向Z某汇报后，Z某同意后帮助中建某局获得项目。2016年10月至11月，郑某分两次通过吴某送给钱某80万元好处费。钱某收到第一笔40万元好处费后告知Z某，Z某指示由钱某保管。第二笔40万元好处费由吴某从郑某处拿到后交给钱某，钱某没有告知Z某，并分给吴某20万元，Z某对吴某参与及分钱不知情。2017年上半年，郑某又通过吴某找到钱某，再次请托Z某帮助获取其他项目，约定好处费150万元。后钱某向Z某汇报给予好处费事宜，但未说明具体数额，Z某同意后帮助中建某局获得项目。2017年下半年，钱某通过吴某从郑某处拿到70万元。2018年上半年，吴某从郑某处拿到80万元交给钱某，钱某分给吴某40万元。钱某供述，向Z某报告收到好处费120万元。Z某供述，具体数额钱某说过，但具体记不清了，只记得两次（包括前述40万元）各有几十万元，共计100余万元。对吴某参与并分得40万元，Z某辩解不知情。

【问题】被告人Z某系某开发区管委会党委书记、主任，与其驾驶员钱某互相通谋，由Z某利用职务便利帮助办理或打招呼，为相关单位谋取利益，由钱某出面联系或接受请托并收受财物。其间，钱某收受的财物有三种情形（1）Z某与钱某共同了解具体数额；（2）Z某不知具体数额，钱某收受财物后，又单独收取受请托人财物；（3）Z某不知具体数额，钱某收受后自己和案外人“截留”部分财物。特定关系人同国家工作人员共同受贿中，关于单独“截留”及与中间人“私分”行为的认定的问题，司法实践中，常见的有三种意见，第一种意见认为，案情1中，应当认定Z某和钱某共同受贿70万元，钱某利用影响力受贿80万元。案情2中，应当认定Z某和钱某共同受贿117万元，钱某和中间人周某共同利用影响力受贿28万元，钱某单独利用影响力受贿40万元。案情3中，应认定Z某和钱某共同受贿160万元，钱某与吴某利用影响力受贿70万元（40万元加上30万元）。第二种意见认为，关于案情1，与第一种意见一致。在案情2中，应当认定Z某和钱某共同受贿117万元，中间人周某利用影响力共同受贿28万元，钱某单独利用影响力受贿40

万元。在案情 3 中，应当认定 Z 某和钱某共同受贿 160 万元。钱某和中间人吴某共同利用影响力受贿 70 万元，中间人吴某利用影响力受贿 60 万元，并以行贿 230 万元对吴某进行数罪并罚。第三种意见认为，关于案情 1 与前两种意见一致。在案情 2 中，应当认定 Z 某和钱某共同受贿 117 万元，钱某和中间人周某利用影响力受贿共同受贿 68 万元。在案情 3 中，应当认定 Z 某和钱某收受 170 万元，钱某和中间人吴某共同利用影响力受贿 70 万元，其中中间人吴某分得 60 万元，钱某在利用影响力受贿中实得 10 万元。虽然 Z 某事先对具体金额记不清，只记得两次共 100 余万元。但是对接受 100 余万元是一种概括的故意，相差 10 万元应当在其故意的范围之内。

【解析】有关上述问题的争论，第二种意见是正确的。

根据 2007 年 7 月 8 日公布的《办理受贿案件意见》关于“特定关系人”的范围的规定，“特定关系人”是指与国家工作人员有近亲属、情妇（夫）以及其他共同利益关系的人。这里面包括三层含义：一是国家工作人员的近亲属，虽然我国民事法律和刑事法律对近亲属的规定有一定的差异，但是总体是一致的。《民法通则意见》第 12 条规定的近亲属，《继承法》中的血亲和姻亲，以及第一顺位、第二顺位的继承人，应当包括配偶、父母、子女、兄弟姐妹、祖父母、外祖父母、孙子女、外孙子女。上述“两高”的司法解释属于刑事司法解释的范畴，与《刑事诉讼法》一样，更多是从规定的实质来确定，因此，近亲属更多强调的是程序上行为人的权利，而民法上的近亲属包含相互的经济利益关系，因此，此处的近亲属更应当参照的是民事法关系的界定，特别是有共同的经济利益关系的，如具有共同赡养抚养扶助义务的人等。二是国家工作人员的情妇（夫），按照学理上的解释，就是男女两人，一方或双方已有配偶，男方是女方的情夫，女方是男方的情妇。三是与国家工作人员有其他共同利益关系的人，这里主要是指经济利益，只要是与行为人有着共同利益，在近亲属范围之外，没有明确证据证明是情妇（夫）关系的人，一般都可以认定为有其他共同利益关系的人。[①] 如实践中，有共同合伙、经营等共同利益的人。本案中，钱某是 Z 某的司机，非国家工作人员，因为 Z 某与其驾驶员钱某互相通谋，由钱某出面联系或接受请托并收受财物，且

① 马克昌主编：《百罪通论》，北京大学出版社 2014 年版，第 1186~1187 页。

收受的财物绝大部分在钱某处保管，两人构成共同犯罪，钱某并非Z某的特定关系人，而是特定关系人以外的其他人员。

关于国家工作人员与特定关系人共同受贿的问题，《办理受贿案件意见》在关于由特定关系人收受贿赂的问题中规定："国家工作人员利用职务上的便利为请托人谋取利益，授意请托人以本意见所列形式，将有关财物给予特定关系人的，以受贿论处。特定关系人与国家工作人员通谋，共同实施前款行为的，对特定关系人以受贿罪的共犯论处。特定关系人以外的其他人与国家工作人员通谋，由国家工作人员利用职务上的便利为请托人谋取利益，收受请托人财物后双方共同占有的，以受贿罪的共犯论处。"在案情1中，Z某和钱某事前通谋知道好处费为70万元，在Z某帮助下，孙某承接了部分工程。2012年8月，孙某为感谢Z某和钱某，转账70万元给钱某，钱某收到款项后告知Z某，Z某示意由钱某保管。应当认定Z某和钱某共同受贿70万元。在案情2中，Z某和钱某事前通谋，虽然不知道具体数额，但Z某概括故意是只要对方给予其和钱某财物就接受，即两人共同知情的数额，钱某收受145万元后，将28万元分给自己朋友周某，钱某告知Z某收受117万元。Z某对他人参与及分钱不知情。所以，认定Z某和钱某共同受贿117万元。在案情3中，Z某和钱某事前通谋，但是Z某不知具体数额，其故意的内容限于钱某告知其收受的数额，钱某告知Z某收受160万元，据此，就应当认定Z某和钱某共同受贿160万元。根据《办理受贿案件意见》精神，在特定关系人以外的其他人与国家工作人员是否构成受贿共犯这一问题上，没有采用共同犯罪的一般认定标准，而是要求特定关系人以外的其他人在主观上与国家工作人员具有受贿通谋的情况下才构成共犯，实践中要注意区分把握。这里的"通谋"，主要是指特定关系人以外的其他人代请托人转达请托事项，提议向他人收受财物，以及直接向请托人索取财物等情形。对于特定关系人以外的其他人既未转达请托事项，也未提议收受或者索取财物的，仅仅单纯收受财物的情况一般不宜作为共犯处理，只能认定为利用影响力受贿罪。在案情1中，钱某为筹措购房资金，以借款为由向孙某索要了80万元，Z某对此不知情。在案情2中，钱某将28万元分给自己朋友周某，还单独收受请托人40万元，Z某亦不知情。在案情3中，钱某告知Z某收受160万元，Z某对分给中间人吴某60万元以及钱某自己"截留"10万元并不知情，也没有事前通谋。因此，上述钱某与中间人“截留”款项的行为，应当认定为利用影响力受贿罪。

关于特定关系人之外的第三人居间介绍贿赂行为的处理问题，就是除了钱某之外，还涉及本案的钱某的朋友，两个中间人周某和吴某，根据《办理受贿案件意见》精神，特定关系人之外的第三人在介绍贿赂过程中，在国家工作人员不知情的情况下索取或者非法收受请托人财物并占为己有的，对该第三人以利用影响力受贿罪定罪处罚。在案情2中，中间人周某利用影响力共同受贿28万元。在案情3中，中间人吴某利用影响力受贿60万元。请托人同时构成行贿罪和对有影响力的人行贿罪的，实行数罪并罚。案情3中，2016年10月至11月，郑某分两次通过吴某送给钱某80万元好处费，钱某分给吴某20万元。2017年下半年，钱某通过吴某从郑某处拿到70万元。2018年上半年，吴某从郑某处拿到80万元交给钱某，钱某分给吴某40万元。因此，可以对吴某行贿230万元和利用影响力受贿60万元进行数罪并罚。特定关系人之外的第三人在请托人和国家工作人员之间介绍贿赂，同时为请托人向国家工作人员转送贿赂的，一般以介绍贿赂罪定罪处罚，转送贿赂事实作为量刑情节予以考虑。本案中，周某、吴某也是特定关系人以外的其他人，因为钱某系Z某的司机，并非国家工作人员，但是，其与Z某系共同犯罪，因此，不能认定吴某构成介绍贿赂罪。

46. 如何理解特定关系人挂名领取薪酬的几种形式?

【案情1】2007年，L某系某市市委书记，吴某系L某的好朋友，两人经常在一起打牌。吴某为得到L某的关照，便提出要与L某之妻共同成立公司，L某在明知其妻子不会实际出资的情况下，仍表示支持。同年5月，L某之妻安排其弟黄某以挂名股东的方式，与吴某成立了兴瑞科技有限公司（以下简称兴瑞公司）。2009年，应吴某请托，L某给省化工控股集团公司董事长任某打招呼，要求支持吴某开展业务，后兴瑞公司承接了代理省化工控股集团下属企业天华富邦化工公司购买日本氢气压缩机业务。2012年年初，应吴某请托，L某给市银行股份有限公司董事长李某打招呼，要求支持吴某贷款，后兴瑞公司在市银行贷款300万元。2008年至2015年年初，L某之妻在未实际出资、未参与管理、未到兴瑞公司工作的情况下，以黄某的名义挂名从兴瑞公司领取薪酬和分红款共计107万余元。其中薪酬共计72.392万元，分红款共计35万元。事后L某之妻将该情况告知L某。

【案情2】2002年至2003年，被告人S某在担任某省主要领导期间，利用职务上的便利，接受某集团董事长王某、副总经理李某等人请托，为该集团在该省开发矿产资源项目提供帮助，S某安排分管工业、矿产的副手蒋某具体负责此事。李某等人以照顾S某工作、生活为由，提出将S某之妻于某的工作关系调入该集团，S某夫妇同意。后S某要求蒋某继续对相关项目予以支持。其间，于某偶尔到单位，传阅一下文件，实际上没有被安排或者从事任何具体工作。2009年1月，于某将工资、档案关系转出该集团。自2003年2月至2009年1月，于某在该集团的税前应发薪酬数额为268万余元，实发194万余元（扣除个人缴纳五险、补充养老保险、公积金、个人所得税），其中打入工资卡160余万元，现金34万余元。另外，企业为于某缴纳五险、补充养老保险、公积金共计26万余元。综上，该集团共计为于某支出人民币294万余元。

【案情3】2014年2月至2015年2月，被告人H某在担任西北地区人民银行行长期间，多次为担任石油、化工、金融等公司实际控制人的Y某在安排银行贷款、申请金融牌照等事项上提供帮助。H某因其特定关系人X某的女儿到国外读书需要陪读，要求Y某为其特定关系人X某调到Y某在美国公司提供一个工作岗位，X某在美国的一年多的时间里，被告人H某没有和X某进行联系，H某不知其具体工作任务、经营指标和考核等情况。实际上，X某在不用坐班、不实际工作的情况下，领取薪金和住房补贴，共计薪酬人民币67万余元、30余万港元、20万美元，共计折合人民币213万余元。

【问题】上述案情1到案情3都是涉及挂名领取薪酬的受贿的案例，对于挂名领取薪酬的受贿案件，实践中有三种不同的情形：第一种情形是案情1中，L某之妻作为国家工作人员的特定关系人在请托人的企业中未实际出资、未参与管理、未实际到单位工作的情形。第二种情形是国家工作人员的特定关系人未实际出资、未参与管理，但是，特定关系人到所在单位参加工作，有自己的实际工作岗位，办理正常的入职手续，缴纳“五险一金”，有一起工作的同事，只是其收入明显高于相同或者相类似岗位的同事。如案情 2 中的于某就是如此。第三种情形就是特定关系人有上述两种情形，但是，国家工作人员不知情，事后知情的情形。上述三种情形是否都一律认定为挂名领取薪酬的受贿呢？

【解析】根据《办理受贿案件意见》关于特定关系人“挂名”领取薪酬问题的规定，国家工作人员利用职务上的便利为请托人谋取利益，要求或者接受请托人以给特定关系人安排工作为名，使特定关系人不实际工作却获取所谓薪酬的，以受贿论处。根据该意见关于由特定关系人收受贿赂问题的规定，国家工作人员利用职务上的便利为请托人谋取利益，授意请托人以本意见所列形式，将有关财物给予特定关系人的，以受贿论处。特定关系人与国家工作人员通谋，共同实施前款行为的，对特定关系人以受贿罪的共犯论处。特定关系人以外的其他人与国家工作人员通谋，由国家工作人员利用职务上的便利为请托人谋取利益，收受请托人财物后双方共同占有的，以受贿罪的共犯论处。因此，上述案情 1 就是挂名领取薪酬的第一种形式，L 某之妻在未实际出资、未参与管理、未到兴瑞公司工作的情况下，以黄某的名义挂名从兴瑞公司领取薪酬和分红款共计 107 万余元。其中薪酬共计 72.392 万元，分红款共计 35 万元。事后 L 某之妻将该情况告知 L 某，应当视为 L 某和其妻子共同受贿。第二种挂名领取薪酬的形式就是国家工作人员的特定关系人在请托人之处或者请托人提供条件的单位真实地参加工作，建立工作关系，有一起工作的同事，有明确的工作地点和岗位，但是，就是不能保持出勤，偶尔去几次。如果特定关系人的报酬与相同或者相类似岗位的工作人员的薪酬相当，就不应当认定为受贿。如果与相同或者相类似岗位的人员的薪酬待遇存一定的差额，无论其差额部分是否基于国家工作人员接受请托人的安排，并为请托人谋取利益，都不能视为以挂名领取薪酬的形式受贿，只能视为国家工作人员利用职权谋取私利的违纪行为。但是，如果差额较大，应当认定为受贿。如案情 2 中，李某以照顾 S 某工作、生活为由，将于某的工作关系调入该集团，但是，在此期间，于某偶尔到单位，传阅一下文件，实际上没有被安排或者从事任何具体工作。在不到 6 年的时间里，于某在该集团的税前应发薪酬数额为 268 万余元，实发 194 万余元（扣除个人缴纳五险、补充养老保险、公积金、个人所得税）。另外，公积金共计26万余元，明显高出正常的工作收入，且于某基本没有工作，应认定为挂名领取薪酬。此外，还一种情形，就是请托人为国家工作人员及其特定关系人输送利益的，如有些人利用“五险一金”使特定关系人与其他人具有明显的差额，每个月达到几万元，明显高于其他人的部分“差额”数额较大，体现权钱交易的性质，应认定为受贿数额，属于另一种输送利益的方式，特殊形式的受贿。第三种挂名领取薪酬的形式包含两种情形，一是国家工作人员的特定关系人在请托人处挂名领取薪酬，“吃空饷”未实际出资、未参与管理、未到公司工作的，如果国家工作人员不知情，应当认定为国家工作人员不构成犯罪，特定关系人构成利用影响力受贿罪；二是如果国家工作人员事先不知其特定关系人挂名领取薪酬，事后知情并默认的，应认定为共同受贿。案情3中，X某就是如此，其可以一直陪女儿和母亲，不用上班，Y某并说如果她对待遇有什么不满意，可以向他提出来，而这些情况都是被告人H某事前得知的，因此，应当认定X某为挂名领取薪酬。如果事后知情，要求其特定关系人及时退还的，特定关系人没有退还，国家工作人员不知情的不构成共犯，如果国家工作人员要求特定关系人退还，而特定关系人坚持不退还的，要求国家工作人员及时上报或者举报，否则，仍然可以认定挂名领取薪酬的受贿。

47. 国家工作人员的特定关系人接受请托人出资，购买著名企业拟上市的股票，上市后，将本金和盈利部分返还出资人的是否构成受贿罪？

【案情】2009年，C某在担任市检察院检察长期间认识上海籍商人王某。2009年开始，王某和C某两家人经常在一起吃饭，王某多次当着C某的面提出让其儿子和C某之子一起投资做生意，C某之子有好的机会就带带王某儿子一起参与，本钱由王某出，赚了就由C某之子与王某之子分利润，亏了就由王某来承担损失。C某表示默认。王某之所以提出让其子与C某之子一起投资做生意，一方面可以让其子赚点钱，另一方面可以通过这种方式向C某进行利益输送，感谢C某对自己的帮助，拉近自己与C某的关系，并希望C某对自己以后的生意有更大帮助。

2012年7月底，C某告诉王某世界著名企业准备在美国上市，C某之子有渠道拿到200万美元的原始股，并认为该股票会赚钱，但C某之子没什么钱，问王某是否能支持。王某听后立即表示支持，由王某出资，亏损算王某的，赚钱扣除本金后，利润由C某之子和王某之子平分。C某表示同意。几天后，C某又告诉王某，只要出100万美元就可以，王某对C某表示没问题。2012年8月上旬，王某出资100万美元直接汇到美国的基金公司，购买了55 806股世界著名企业的股票。C某之子告诉王某股票需要在上市半年后才可以在市场上抛售，并且每年要向基金公司交管理费。2013年，王某将2万美元现金给其子用于向基金公司交纳管理费。2014年9月，世界著名企业上市。2015年6月，王某提出要把股票抛售套现，但C某之子不想卖出。王某告诉C某之子，让C某之子先从股票总额（600万美元左右）中把王某的本金扣除，再多扣除12万美元，还要扣除总盈利部分的20%作为基金公司手续费，剩下的利润由C某之子和王某之子两人平分。抛售王某之子分得的34 100股股票后，C某之子将约294万美元分多次汇到王某在我国香港特别行政区的中国银行账户上。

【问题】关于王某通过C某让自己的儿子与C某之子共同投资世界著名企业股票，由王某出资，盈利后本金返还王某，利润由C某之子与王某之子平分，C某是否构成受贿的问题，有两种不同的意见：一种意见认为，C某不构成受贿罪，根据“两高”关于办理受贿刑事案件司法解释的规定，国家工作人员利用职务上的便利为请托人谋取利益，以合作开办公司或者其他合作投资的名义获取“利润”，没有实际出资和参与管理、经营的，以受贿论处。本案中，C某虽然没有投资，但是其子参与了经营管理，并且处于主导地位，因此C某不构成受贿。另一种意见认为，C某之子与王某之子共同投资购买世界著名企业的股份，不仅没有投资，实际上也没有参与管理，因为此类公司不是一般的管理，而是由基金管理公司管理，并且每年要向基金公司交管理费。2013年，王某将2万美元现金给其子用于向基金公司交纳管理费，因此，C某通过其子与王某之子共同购买世界著名企业股票，由王某出资，虽然抛售股票后本金归还王某，但是所收取的收益应当认定为受贿。

【解析】2015 年 6 月 2 日，C 某之子与王某之子通过王某出资共同购买了价值人民币 1202 万余元的 55 806 股世界著名企业的股票。虽然，王某对其儿子说 C 某之子找他合作投资世界著名企业在美国原始股的事，王某心里清楚这次投资有风险，但毕竟 C 某此前已经向王某打了招呼，王某也答应了 C 某。考虑到与 C 某的关系，王某同意了这次投资。

C 某之子与王某之子合作投资私募基金，王某出资 100 万美元，并承诺亏损由其承担。C 某、C 某之子在没有实际出资，不承担投资风险的情况下，于 2015 年 6 月 2 日获得 21 706 股世界著名企业股票的“利润”。

根据 2007 年 7 月 8 日《办理受贿案件意见》关于以开办公司等合作投资名义收受贿赂问题的规定，“国家工作人员利用职务上的便利为请托人谋取利益，以合作开办公司或者其他合作投资的名义获取‘利润’，没有实际出资和参与管理、经营的，以受贿论处”。在该起事实中，C 某之子与王某之子共同投资购买世界著名企业的股份，但是 C 某与其子并没有出资，而是由王某出资，实际上也没有参与管理，投资股权事实上并不涉及管理的问题，不同于实业企业，事实上是由基金管理公司管理。2013 年，王某将 2 万美元给其子用于向基金公司交纳管理费。因此，C 某通过其子与王某之子共同购买世界著名企业股票，由王某出资，虽然抛售股票后本金归还王某，但是所收取的收益应当认定为受贿，应当以 C 某实际获得的“利润”认定其受贿数额。2015 年 6 月，王某、王某之子向 C 某之子提出抛售股票，以支付王某的出资款 100 万美元和王某之子的收益。王某、C 某之子核算后，于 2015 年 6 月 2 日抛售 34 100 股王某之子分得的股票（包含费用部分），用于支付王某的本金和王某之子的收益，账户内剩余的 21 706 股即为 C 某、C 某之子获取的“利润”。根据 2015 年 6 月 2 日该企业股票的收盘价、人民币对美元汇率中间价，计算出该 21 706 股股票市值为 1202 万余元，以此认定 C 某收受王某财物的犯罪数额。第二种观点是正确的。

48. 特定关系人收受“借条”的行为是否构成受贿罪?

【案情 1】被告人L某在担任市委书记期间，其特定关系人张某接受商人祁某的请托，为祁某的土地变性向L某求情。2014年11月的一天，祁某为了感谢张某要送给她200万元好处费，张某没有要。2015年11月，祁某坚持要送给张某200万元，张某同意了。当祁某给张某200万元好处费的时候，张某对祁某说，她现在不需要那么多现金，这200万元给她打个借条，钱还放在祁某那里收利息，祁某同意。张某就让祁某将这次给她的200万元好处费加上之前祁某给其出具的借条300万元，让祁某给她打了一张500万元的借条，同时约定月息2分，然后将以前祁某给她打的300万元借条销毁了。

有一次L某给张某打电话聊天时，张某说祁某非常感谢L某在变更土地性质的事情上帮忙，给了张某200万元好处费。L某电话里说是看张某的面子才帮忙打招呼的，但和钱有关的事不让张某提。L某没有要求张某将这200万元退还给祁某或上交给有关部门。

【案情 2】被告人Y某在担任某市城建局局长期间，接受尚某的请托，利用自己职务的便利和职权地位形成的影响力，委托其他国家工作人员为尚某建设工程的规划、容积率的调整、土地出让金的减免等提供帮助，尚某于2008年送给Y某人民币200万元。后来，Y某又为尚某开发房地产、承揽修路工程提供帮助，尚某因感谢Y某的帮助，准备送给Y某人民币500万元，但是，因为尚某的工程量过大，现金紧缺，便与Y某协商，决定给Y某出具一张向Y某借款人民币500万元的借条，Y某接受，后来，由于尚某向其他人行贿的事被调查，500万元未支付。

【问题】关于案情1中，L某的特定关系人张某接受祁某200万元借条的行为，以及案情2中，Y某接受尚某500万元借条的行为是否构成受贿罪的问题，有两种不同的意见，一种意见认为，受贿罪的特征和本质是国家工作人员利用职权为他人谋取利益、收取财物，借条不属于受贿犯罪对象中财物的范畴，它不同于其他有价证券，可以不受限制随时兑现。借条只是一种债权的凭证，是否具有效力，是否能够实现债权，具有很大的不确定性，即便实现，也要经历一个不确定的过程，包括对方的偿付能力、是否超过诉讼时效期间等。因此，借条虽然具有财物的属性，但是其不能等同于财物，国家工作人员及其特定关系人接受借条的行为，不能认定为受贿罪。另一种意见认为，借条是一种债务的凭证，证明债务人对债权人负债的事实，如果债权债务关系并不存在，那么，借条就是对支付对方财物的一种承诺，"两高"《贪污贿赂司法解释》将受贿犯罪对象的财物范围扩展到包括财产性利益，那么，借条就是一种待实现财产性利益的承诺的凭证，因此，国家工作人员及其特定关系人收受借条的行为可以认定为受贿罪。

【解析】上述问题争论的焦点就是关于贿赂的对象问题，这一问题是随着经济社会的不断发展而不断变化的内容。从最初受贿罪立法本意上分析，贿赂就是财物，1952年《惩治贪污条例》[①]对贿赂的定义就是财物，1988年《全国人民代表大会常务委员会关于惩治贪污罪贿赂罪的补充规定》中的贿赂也指的是财物。在过去的司法实践中，如果国家工作人员利用职务之便为他人谋取利益，只要不收受财物，就不视为受贿，属于违纪，按照党纪政纪处理。[②]自2015年11月1日起施行的《刑法修正案（九）》及2016年4月18日公布实施的《贪污贿赂司法解释》就是为了解决经济社会的发展变化给司法实践带来的新的法律适用问题在贪污贿赂犯罪中产生的新情况、新问题。其中，明确提出贿赂应该包括财物和其他非法利益，不限于财物，这是在符合立法本意的前提下，摒弃了对财物机械化的理解，对贿赂的范围适度进行了扩大解释，这种解释是必要的，也是适当的，更不违反罪刑法定的原则。

案情1中L某的特定关系人张某收受祁某的借条，其中200万元L某是知情的，并且是在张某接受祁某向L某的请托，L某完成委托事项后收受的。当祁某给张某200万元好处费的时候，张某对祁某说，她现在不需要那么多现金，这200万元给她打个借条，钱还放在祁某那里，但要利息。张某接受

---

①《惩治贪污条例》于1952年4月18日由中央人民政府委员会第十四次会议批准，于1987年11月24日由《全国人民代表大会常务委员会关于批准法制工作委员会关于对1978年底以前颁布的法律进行清理情况和意见报告的决定》宣布失效。

② 马克昌主编:《百罪通论》，北京大学出版社2014年版，第1175页。

后又将 200 万元退回，实际上，张某已经接受了 200 万元，又退回给祁某，可以理解为是收受贿赂后对赃款的一种处理方式，事后，张某告知 L 某，L 某默认。所以，应当认定 L 某与张某共同受贿。但是，如果仅仅出具了借条，实际上并未支付相应的款项的，如案情 2 中，尚某为感谢 Y 某的帮助决定送给 Y 某一定的财物，但是，因为尚某的工程量过大，现金紧张，便给 Y 某出具一张向 Y 某借款人民币 500 万元的借条，这种情形，应当认定 Y 某接受借条的行为属于受贿未遂。因为接受了借条等于接受了财产性利益的承诺和保证。但是，借条项下的财物是否真正能够实现，需要各种因素的保障，存在如出具借条的人不认可，即便通过诉讼的形式能够确认，借条是否超过法定的诉讼时效期间，出具借条的人是否有履行的能力等一系列的问题，所以，借条的利益包括部分期待的利益，但是行贿、受贿已经达成了权钱交易的合意，犯罪行为已经完成了，借条项下的财物还应当排除各种意志以外的因素才能最终兑现，因此，收受借条但未收到相应款项的行为属于受贿未遂。

49. 国家工作人员通过特定关系人将自己的资金借给尚未谋取利益的人并收取高额利息的是否构成受贿罪?

【案情】被告人 Y 某自 2012 年在某市担任检察院检察长。后不久，Y 某与当地商人卢某相识。卢某为了日后得到 Y 某的帮助，与 Y 某拉近关系，在 2012 年至 2016 年，卢某借 Y 某妻子生病，女儿读书、结婚、生子等时机，多次向 Y 某赠送财物。2013 年年初，Y 某妻子投资失败，卢某借机以高息借款的方式向 Y 某赠送财物，进一步与之建立密切联系。2013 年至 2015 年 12 月，卢某以高息借款的方式向 Y 某夫妇借款 1000 余万元并支付 20% 的利息。2015 年 10 月至 2019 年 1 月，Y 某对卢某公司及亲属等单位和个人进行关照和帮助而谋取利益。借款的方式系 Y 某妻子汇款至卢某单位相关账户后，财务以往来款名义记账。但支付利息时，卢某通过和 Y 某妻子签订咨询服务协议的方式，以咨询费的名义将利息给予 Y 某妻子，上述事实有卢某、Y 某妻子的证言和 Y 某的供述相互印证。

【问题】关于卢某向Y某夫妇借款1000余万元，而收取20%利息的行为是否构成贿赂犯罪的问题，实践中有两种不同的意见，一种意见认为，Y某不构成受贿罪，主要理由：一是卢某在向Y某夫妻借款之时，虽然有为了日后得到Y某的帮助与Y某拉近关系的表示，并借Y某妻子生病，女儿读书、结婚、生子等时机，多次向Y某赠送财物，但是并没有任何的请托事项；二是卢某向Y某请托的时间是在向Y某夫妇借款之后，借款的时间是2013年至2015年12月，而Y某对卢某公司及亲属等单位和个人进行关照和帮助而谋取利益的时间是在2015年10月至2019年1月；三是双方约定的20%的利息虽然在当地略高，但是，在发达地区这个利息属于比较低的利息，同时，按照最高人民法院关于民事借贷的相关规定，没有超过银行同类贷款利率的4倍数，也没有超过年利率的24%的利息都属于法定的利息，是合法有效的。因而，Y某的行为不构成受贿罪。另一种意见认为，Y某的行为构成受贿罪，属于放贷收息型受贿，主要理由：一是Y某作为国家工作人员，有为卢某谋取了利益的行为，自2015年10月至2019年1月，Y某对卢某公司及亲属等单位和个人进行关照和帮助；二是Y某以借款的方式收取卢某的财物，在卢某所在的中部地区，20%是相当高的利息，属于高利贷之列；三是虽然收受财物在谋取利益之前，但是其符合法律及司法解释的规定，谋利包括事前谋利、事中谋利和事后谋利；四是Y某夫妇在明知卢某资金充足，不需要向其借款的情况下，接受放贷吃利息，明显具有收取卢某以利息形式给予其财物的主观故意，而卢某为了获取Y某利用职务的帮助，在无须借款的情况下主动支付高额利息显然具有以利息作为财物送给Y某的故意，形成对合，因而，Y某的行为属于受贿犯罪。

【解析】上述案情中，第二种意见是正确的，被告人Y某的行为构成受贿罪，理由如下：

1. 被告人Y某及行贿人卢某对以高息借款方式给予Y某好处费的事实有被告人的供述，行贿人卢某的证言证明。从证据上看，卢某以高息借款的方式给予Y某夫妇好处费发生在2013年至2015年12月，但Y某为卢某公司及亲属等单位和个人谋取利益是在2015年10月至2019年1月。受贿案件中，谋利事项和收受财物时常不能一一对应。《贪污贿赂司法解释》第13条第1款列举了三种应当认定为“为他人谋取利益”的情形。根据第（2）项规定，明知他人有具体请托事项而收受其财物的，视为承诺为他人谋取利益。本项规定的要点在于“具体请托事项”，只要收受财物同与职务相关的具体请托事项建立起关联，即应以受贿犯罪处理。具体包括两种情况：一是行贿人告知受贿人具体请托事项，或者受贿人基于客观情况能够判断出行贿人有请托事项，受贿人收受对方财物的，虽然尚未实施具体谋取利益行为，也应认定为受贿人“为他人谋取利益”；二是受贿人知道或应当知道行贿人的具体请托事项，但并不想具体实施为对方谋取利益的行为，此种情形同样属于基于具体职务行为的权钱交易行为，公职人员的职务廉洁性受到侵害，故也应认定为受贿人“为他人谋取利益”。卢某、Y 某妻子的证言和 Y 某的供述能够证明，双方自 2012 年认识后不久，卢某为了日后得到 Y 某的帮助，于 2012 年至 2016 年，借 Y 某之妻生病，女儿读书、结婚、生子等时机，多次向 Y 某送财物。2013 年年初，Y 某之妻投资失败，卢某借机以高息借款的方式向 Y 某送财物，进一步与之建立密切联系，便于后期得到 Y 某的关照和帮助。该事实能得到卢某、Y 某之妻的证言和 Y 某的供述相互印证。因此，Y 某夫妇基于客观情况能够判断出行贿人有请托事项，Y 某具有为“为他人谋取利益”的情形。

2. 根据《办理受贿案件意见》关于以委托请托人投资证券、期货或者其他委托理财的名义收受贿赂问题的规定，国家工作人员利用职务上的便利为请托人谋取利益，以委托请托人投资证券、期货或者其他委托理财的名义，未实际出资而获取“收益”，或者虽然实际出资，但获取的“收益”明显高于出资应得收益的，以受贿论处。受贿数额，前一情形，以“收益”额计算；后一情形，以“收益”额与出资应得收益额的差额计算。卢某的公司原本不需要向 Y 某之妻借款，更谈不上为了借款而支付高息。在案书证和相关证人证言能印证，该公司资金雄厚，即使有借款需求，通常也是以 4%~9% 的利率向银行等金融机构贷款，没有必要为了借 Y 某之妻 1000 余万元而支付 20% 的利息。该行为本身不具有合理性。因此，该行为属于以其他委托理财的名义获取利益的行为，属于受贿的一种方式。受贿数额按照上述规定，以“收益”额与实际出资应得收益额的差额计算。关于犯罪金额的认定，应当以同期银行的贷款利息的差额计算。因为货币毕竟是一种特殊的商品，货币与其他财物不同之处就是自然产生孳息，在当前货币市场属于资方市场的情况下，只要认定Y某的1000万元属于合法的财产，那么，获取利息或者获取一定限度的高额利息有其合理性，不能将其视为犯罪工具而扩大打击的范围，否则不利于私有财产的保护。

3. 从卢某支付利息的具体方式看，Y某之妻汇款至卢某公司账户后，财务以往来款名义记账。但支付利息时，卢某通过和Y某之妻签订虚假的咨询服务协议的方式，以咨询费的名义将利息给予Y某之妻，这说明该公司并不认可该借款利息，二人是以虚假的咨询服务协议为掩盖，并不存在真实的借款。上述以借款方式收取利息的受贿犯罪不能依据最高人民法院1991年发布的《关于人民法院审理借贷案件的若干意见》① 中关于司法保护民间借贷利率不超过银行同类贷款利率的4倍的规定，也不能依据最高人民法院2020年修正的《关于审理民间借贷案件适用法律若干问题的规定》② 中关于司法保护的民间借贷利率不超过合同成立时一年期贷款市场报价利率的规定确定利息是否合法有效，因为上述规定适用的是平等的民事主体之间的借贷行为，即主体之间不存在领导与被领导、管理与被管理、监督与被监督、制约与被制约、请托与被请托的关系，而是公平、等价、有偿的，当事人的意思完全自治。如不是平等的民事主体，有公权力的介入，平等的天平将失衡，无须借款而借款，无等价可言，因此，本案例不适用民事法律的相关规定。

50. 特定关系人利用请托人的资金炒股，案发时，请托人已将资金转至自己名下的如何认定？

【案情】 被告人L某在担任某省组织部部长期间与商人王某相识，2008

---

①《最高人民法院关于人民法院审理借贷案件的若干意见》于1991年7月2日由最高人民法院审判委员会第502次会议讨论通过，于1991年8月13日公布、施行，自2015年9月1日起废止。

②《最高人民法院关于审理民间借贷案件适用法律若干问题的规定》（法释〔2020〕6号）于2015年6月23日由最高人民法院审判委员会第1655次会议讨论通过，根据2020年8月18日最高人民法院审判委员会第1809次会议《关于修改〈关于审理民间借贷案件适用法律若干问题的规定〉的决定》修正，该修正自2020年8月20日起施行。

年春节前后，王某在请L某夫妇吃饭时提出，在我国香港特别行政区以L某女儿的名字开立账户炒股，L某女儿去我国香港特别行政区上学后自己炒，账户资金作为毕业后的创业基金。2008年2月，L某妻子带女儿到王某家中，王某以L某女儿的名义填写香港东亚银行股票开户资料及授权王某代理买卖股票委托书。2008年3月3日至2012年12月2日，王某分五次向L某女儿股票账户存入235万港元（其中，2008年3月3日开户时存入5万港元；2010年9月21日存入55万港元；2010年10月8日存入40万元，应L某妻子要求，王某又存入95万港元用于购买L某妻子指定的4只股票。2011年12月2日，王某为了请求L某帮助销售大力神250燃机，向L某女儿账户存入40万港元）。事后，王某将当年股票交易清单交给L某妻子，并说明注资及购买股票收益情况。2011年，L某妻子提出自己操作该股票账户，王某没有同意。2013年5月15日，王某将L某女儿股票账户注销，将该账户内的所有股票及资金全部转入王某自己名下的股票账户中。销户及转移账户情况，王某没有告诉L某夫妇及L某女儿。L某被调查后，王某证明，2013年为了不给L某制造麻烦，私自将L某女儿股票账户注销并将股票转入自己名下，转入的股票一直没有动过。L某之妻认为目前该股票账户仍由王某代为保管，随时可以让王某为其支取账户中的资金。

【问题】关于L某妻女借用王某的现金炒股，案发时，王某在未通知L某妻女的情况下，擅自将现金转至自己名下的行为能否认定为受贿罪的问题，在办理案件过程中有两种不同的意见，一种意见认为，不宜认定L某受贿。因为王某提出以L某之女名义办理香港东亚银行股票账户为L某之女炒股，但股票账户一直由王某控制，L某之女的名字是王某签的，根本不需要L某之女本人到场，甚至不需要知情和再委托，L某之妻曾提出想自己操作股票账户，王某没有答应。虽然L某之妻见过几张清单，但对账户没有任何控制力，2013年，王某私自把L某之女股票账户上的资金及股票转入自己的股票账户，并将L某之女股票账户注销清户，且一直未将此事告知L某及其家人直到案发，可见L某及其家人对这个股票账户及其中资金没有实际控制力，L某及其家人未从该账户获得任何利益，故235万港元不宜认定为L某的受贿数额。另一种意见认为，该235万港元应该认定为L某的受贿数额。因为，被告人L某系国家工作人员，利用自己的职务便利，为王某谋取利益，L某允许其妻女利用王某的现金235万港元在我国香港特别行政区开立账户进行炒股，虽然后来王某在尚未通知L某及家人的情况下将账户注销，将L某之女的账户注销是基于担心L某被查，为了不给L某制造麻烦，将L某女儿股票账户注销并将股票转入自己名下，转入的股票一直没有动过。L某之妻亦证明，目前该股票账户仍由王某代为保管，随时可以让王某为其支取账户中的资金。上述证据证明，账户内的资金仍然在L某之妻控制之下，行贿、受贿犯罪的合意已经完成，因此，应该认定L某构成受贿罪。

【解析】关于王某通过L某之女股票账户存入235万港元，应认定为L某构成受贿罪。理由如下：

1. 根据《办理受贿案件意见》关于以委托请托人投资证券、期货或者其他委托理财的名义收受贿赂问题的规定，国家工作人员利用职务上的便利为请托人谋取利益，以委托请托人投资证券、期货或者其他委托理财的名义，未实际出资而获取“收益”，或者虽然实际出资，但获取“收益”明显高于出资收益应得，以受贿论处。受贿数额，前一情形，以“收益”额计算；后一情形，以“收益”额与出资应得收益额的差额计算。L某及其妻女接受王某现金在境外建立账户炒股是共同商量决定的，且L某及妻女没有出资。L某作为国家工作人员，利用自己的职务便利为王某谋取利益，虽然具体的谋利事项在后，特别是2011年12月2日，王某为了请求L某帮助销售大力神250燃机，又向L某女儿账户存入40万港元，无论是事前的承诺，还是事后的实施，L某已经实际完成请托事项，并且合意收受王某的财物，共同商议将账户现金作为其女毕业后的创业基金。本案的贿赂对象就是通过王某投资证券而获取的本金及收益。虽然股票账户始终由王某操作，但是，应该在L某之妻的掌控范围之内。2010年9月21日，王某存入55万港元，2010年10月8日王某又存入40万港元，后应L某妻子要求，王某又存入95万港元用于购买L某妻子指定的4只股票。事后，王某将当年股票交易清单交给L某妻子，并说明注资及购买股票收益情况。L某之妻将股票清单拿回家保管，并认为该股票账户仍由王某代为保管，随时可以让王某为其支取账户中的资金。王某的证言证明，2011年，L某妻子提出自己操作该股票账户，王某嫌麻烦没有同意。2013年5月15日，王某将L某女儿股票账户注销，将该账户内的所有股票及资金全部转入王某自己名下的股票账户是为了不给L某制造麻烦，转入的股票一直没有动过。虽然L某及其家人未从该账户获得任何利益，但是，L某与王某的权钱交易已经实施完毕，行贿、受贿犯罪行为已经全部完成，至于L某是否可以取得上述财物，是犯罪形态的问题。

2. L某构成受贿罪未遂。虽然L某与王某的行贿、受贿犯罪已经完成，但是股票账户内的资金始终掌握在王某的手中，2011年年初，L某之妻提出想自己操作股票账户，王某没有答应。虽然L某之妻见过几张清单，并指令王某购买某只股票，但其对账户没有完全的控制力，其认为该股票账户仍由王某代为保管，随时可以让王某为其支取账户中的资金。但是，2013年，王某私自把L某之女的股票账户上的资金及股票转入自己的股票账户，并将L某之女股票账户注销清户，且一直未将此事告知L某及其家人直到案发。由此可见，L某之女名下的股票账户一直由王某具体控制，L某之女的名字是王某签的，根本不需要L某之女本人到场，甚至不需要知情和再委托，L某及其家人对这个股票账户及资金不具备完全的控制力，虽然王某证明，2013年其注销并将股票转入自己名下是为了不给L某制造麻烦，且由L某女儿股票账户转入的股票一直没有动过，但是，L某及其家人要真正获得该股票账户内的资金也需要一个过程，并且还有许多不确定的因素，取决于王某的意愿、王某账户内的资金是否安全、是否存在其他的债权债务、以及是否涉及其他案件等，即便不存在上述因素，直至本案案发，L某及家人尚未取得该项财物，因此，该235万港元应认定为受贿未遂。

51. 为特定关系人购房向请托人要求汇款200万元，后又退回100万元，应如何认定？

【案情】被告人L某系国有大型能源企业的负责人，在任职期间，曾多次为油大公司的实际控制人操某的企业谋取利益，并接受操某数额巨大的财物。2010年4月，被告人L某的情妇刘某和其母亲看中国际城小区价值300余万元的房产一套，请求L某帮助解决购房款差额200万元。L某表示同意并要了刘某提供的账户和户名。2013年4月，L某给操某打电话说他亲戚买房需要200万元，并将账号和户名发给操某。2013年5月11日，操某将200万元汇到L某指定账户。刘某收到操某汇款200万元，用此款支付房款。2013年6月，L某给刘某70万元，加上刘某个人的30万元，共计100万元，L某安排刘某汇给操某。2013年7月15日，L某要了操某的账号和户名给操某汇回100万元。认定上述事实的证据有中国工商银行个人客户业务申请书、个人业务凭证、银行交易明细复印件等书证，证人操某、刘某及其母亲的证言，与L某的供述相互印证。

【问题】关于被告人L某因自己的特定关系人购买房屋资金不足，要求请托人汇款200万元，后又退回100万元，退回的100万元是否认定为受贿数额以及是否具有索取贿赂情节的问题，实践中有三种不同的意见，第一种意见认为，应当认定受贿200万元，其中返还的100万元系犯罪后对赃款的处理，并且具有索取贿赂的情节；第二种意见认为，应当认定受贿100万元，虽然当时要求汇款200万元，无论是借用还是收受都没有明示，但是，无论借款还是收受都是在操某可接受的范围之内，不应当认定索贿；第三种意见认为，应当认定L某索取贿赂100万元，主动退回的100万元可以不予认定。

【解析】在上述意见中，第二种意见是正确的。理由是：

一、被告人L某与操某之间具有行贿、受贿的故意

在L某向操某提出要为亲属解决购房款差额时，操某不但默许，而且积极主动汇款给L某，L某也收下了。操某之所以给L某汇款200万元，主要有两方面原因，一方面是感谢L某过去对他的关照；另一方面他希望和L某搞好关系，希望利用L某的权力继续给他提供帮助，L某主动提出需要200万元，对此，虽然L某没有明确表示是借款还是收受，操某内心是十分情愿的，在其可承受和自愿接受的范围内，因此，符合借款或者是受贿。

二、被告人L某的行为不能认定为索取贿赂，只能认定为受贿

因为L某和操某保持了长期的行贿、受贿往来，在L某向操某提出需要200万元为其亲属购买房屋之前，操其亦多次送给L某财物。本次L某提出需要200万元，数量没有超出操某所要进行权钱交易的预期，可以认定操某的故意包含在愿意支出的财物范围内。因此，上述事实是基于L某与操某之间已经形成了多次主动行贿、受贿的模式，即便有L某先提出、要求的成分，但均未超出操某的心理预期，对操某来说并非一种心理的强制，无奈之举，没有达到内心极度痛苦，极不情愿支出自己财物的程度，不宜认定为索贿。

三、L 某主动将 100 万元退回不应当认定为受贿

根据《办理受贿案件意见》第 9 条关于收受财物后退还或者上交问题的规定，“国家工作人员收受请托人财物后及时退还或者上交的，不是受贿。国家工作人员受贿后，因自身或者与其受贿有关联的人、事被查处，为掩饰犯罪而退还或者上交的，不影响认定受贿罪”。这里明确提出“及时退还”的情形，客观上要求接受财物的人表现为及时退还，及时退还时间上要尽可能短暂，但是，更重要的是看接受人本身是否有占有财物的故意，根据被告人的主客观上的表现进行认定。被告人 L 某在操某未提出归还的情况下，2 个月后，主动筹集 100 万元返还操某，开始主观上是否具有占有 200 万元财物的故意无法判断，后来，无论是因为主客观因素发生变化还是其本身就不想占有 200 万元，自己主动退还 100 万元，这种主动退还可以称为“及时退还”。因为时间较短，当时 L 某和操某都没有被查处，也没有被调查的传闻，L 某又非将 200 万元全部退还操某，只退回 100 万元，对另外 100 万元具有占有故意，也没有偿还的意思表示。因此，认定受贿 100 万元，而非索取贿赂的意见是正确的。

52. 特定关系人与请托人共同投资中，向请托人借款出资或者少出资多收益的，是否认定为受贿罪以及数额如何确定？

【案情 1】被告人 S 某在担任市委常委、组织部部长期间，曾多次利用职务的便利为小商品集团公司法定代表人寿某谋取利益。2007 年 7 月，寿某对 S 某之妻金某说购买商业银行股份肯定赚钱，只是赚多赚少的问题，并为其预留 200 万股原始股。金某说拿不出这么多钱，寿某便说股本金由其公司先借给她，亏了算寿某的，金某表示同意。金某考虑到影响就将股权办在其妹妹的名下，还以其妹妹的名义写了一张 312 万元的借条给寿某，委托其办理购买商业银行股权的事。寿某在借条上签字办理了该 312 万元的出账手续，通过其公司下属人员转款到商业银行认购股权，将200万股商业银行的股权办理到S某妻妹名下。2009年，寿某建议将该200万股股权转让出去，金某表示同意。200万股股权转让所得价款共计900万元，本金扣除后剩下588万元收益。寿某将588万元存入金某股票账户绑定的银行卡，并按金某要求将证券账号、现金密码和交易密码告诉给她。借条原件还给了金某，被她当面撕掉。金某将借款及收益之事告诉S某，S某默认。

【案情2】被告人S某在担任市委常委、组织部部长期间，与其下属旅游局局长赵某关系密切，S某曾多次为赵某及其妻子祖某工作提供帮助。S某之妻金某与赵某之妻祖某关系很好。2009年9月，金某委托祖某帮她投资炒同人山庄别墅。祖某以赵某表妹的名义购买了该房。在金某的要求下，祖某出资202.552万元，金某出资135万元，共计人民币337.552万元。2011年4月，房价涨了，经金某同意，祖某将该别墅以600万元的价格卖给赵某表妹，将获得的利润260万元分三次到S某家送给了金某。按出资比例祖某应得的利润是157.485万元，但其仅留下付款过程中产生的2.448万元零头，把其应得利润155.037万元给了金某。祖某证明，其考虑到金某丈夫S某是领导，其丈夫、女儿、女婿都是公务员，曾经得到他的关照，而且还希望S某能继续提供帮助。S某之妻将上述情况都告诉了S某，S某当时说这样不太好，但还是默认了。

【问题】根据上述两个案例，关于特定关系人与他人共同投资，但未出资或者少出资多收益的，如何认定受贿数额的问题，实践中还存在一定的争议，对是否构成受贿犯罪以及数额的确定有以下两种意见，一种意见认为，案情1中的S某不应当认定构成犯罪，因为S某与寿某两家关系特殊，S某之妻接受寿某的意见进行投资，虽然金某没有出资，但是，金某明确表明是借款，并履行相应的手续，最后予以偿还。司法解释规定，以委托请托人投资证券的名义未实际出资而获取收益的构成犯罪，但是，本案中金某并非未出资，而是借款出资，同时，金某只是向寿某借款购买商业银行的股份，并未委托寿某投资。案情2中S某应认定构成受贿，关于数额的认定，按照“两高”司法解释的规定，实际出资的受贿数额，以“收益”额与实际出资应得收益额的差额计算，完全按照出资的比例进行计算。另一种意见认为，案情1、案情2都应当认定为受贿犯罪，案情1不仅要认定588万元为受贿数额，还应当包括2007年至2009年312万元本金产生的利息，因为根据“两高”司法解释关于以委托请托人投资证券的名义收受贿赂问题的规定，以委托请托人投资证券名义未实际出资而获取“收益”的，以受贿论处。受贿数额，以“收益”额计算。案情1中，虽然S某与寿某两家关系特殊，但是，S某利用国家工作人员职务的便利曾多次为寿某谋取利益，寿某应为请托人。S某之妻接受寿某的意见进行投资，虽然金某明确提出向寿某借款，并履行相应的手续，最后予以偿还。但是，寿某还明确表示，股本金由其公司先借给她，亏了算寿某的，金某应当没有任何的风险，只赚不赔。因此，金某的借款实际上是一种形式上的借款，并非真正意义上的借款，相当于没有出资。案情2中，受贿数额的认定，不能只以双方的出资比例来进行计算，还应当包含出资中形成的税费以及各项费用等，将所有的费用和税款扣除后，才能视为司法解释中的“收益”。

【解析】关于上述案例中的争论，第二种意见是正确的。根据《办理受贿案件意见》关于以委托请托人投资证券、期货或者其他委托理财的名义收受贿赂问题的规定，国家工作人员利用职务上的便利为请托人谋取利益，以委托请托人投资证券、期货或者其他委托理财的名义，未实际出资而获取“收益”，或者虽然实际出资，但获取“收益”明显高于出资应得收益的，以受贿论处。受贿数额，前一情形，以“收益”额计算；后一情形，以“收益”额与出资应得收益额的差额计算。

案情1中，被告人S某系国家工作人员，在担任领导职务期间，曾多次利用职务的便利为寿某谋取利益。寿某属于请托人。金某虽然购买的不是寿某公司的股份，而是商业银行的股份，但是金某并不熟悉和了解，是通过寿某的关系对接的，因此，本质上是金某委托寿某，特别是寿某向S某之妻承诺购买商业银行股份肯定赚钱，只是赚多赚少的问题。当金某说拿不出这么多钱，寿某便说股本金由其公司先借给她，亏了算其自己的。因此，金某就不存在投资的风险，只有利益，没有风险，这种情形下的借款盈利即还，亏了可以不还，实际上等于寿某代替金某出资，金某实际上没有出资，符合上述司法解释的规定，应以受贿罪论处。关于受贿的数额，按照司法解释的规定，受贿数额以“收益”额计算。这里的“收益”不仅包括购买200万股商业银行股份扣除本金后剩下的588万元收益，还应当包括向寿某所借的312

万元自 2007 年 7 月到 2009 年出售股份之间的利息和实现利润的其他费用。而并非由寿某承担其他所用的费用后，再将纯利润对应 200 万股银行股份的利润视为“收益”。

案情 2 中，被告人 S 某系国家工作人员，在担任职务期间，曾多次利用职务的便利为赵某及其妻子祖某工作提供帮助。赵某及其妻子祖某属于请托人。S 某之妻金某主动联系祖某帮她投资炒同人山庄别墅，这属于双方共同出资的投资。在金某的要求下，祖某出资 202.552 万元，金某也出资 135 万元，共计人民币 337.552 万元。2011 年 4 月，房价涨了，经金某同意，祖某将该别墅以 600 万元的价格卖给赵某表妹。按照共同投资的原则，谁投资谁收益，获得的利益按照各自的投资比例进行计算。按出资比例，祖某应得的利润是 157.485 万元，但其仅留下付款过程中产生的 2.448 万元零头，而祖某将其获得的利润 260 万元送给了金某。这符合上述司法解释中关于以委托理财的名义收受贿赂的规定。关于受贿数额，按照司法解释的规定，以“收益”额与实际出资应得收益额的差额计算。本案中，应当将卖掉别墅所获得的 600 万元减掉费用，对应 337.552 万元的比例计算。祖某出资 202.552 万元，应得利润中的 155.037 万元给了金某。金某出资 135 万元，应得利润 107.411 万元，受贿额为 155.037 万元。如果在买卖过程中存在其他费用，还应当按比例分摊后再确定对应收益的比例。

53. 特定关系人为国家工作人员的监督企业谋取利益，以律师代理的名义收取费用的是否都纳入受贿数额？

【案情】2011 年 12 月，环球股份有限公司因信息披露违法被证监会调查，该公司负责人得知证监会负责处理该事务的 Y 某妻子在律师事务所工作，便找到该所合伙人张某请托帮助协调被处罚事宜，达到不公开处罚的目的。张某与 Y 某妻子商议后，Y 某妻子表示同意，并向 Y 某提出请托。张某遂与环球股份有限公司签订委托代理协议，张某收受环球股份有限公司代理费 800 万元。此后，Y 某通过向处罚部门的负责人焦某、孙某打招呼、作批示提供帮助，最后，环球股份有限公司获得不公开处罚，其间Y某妻子未提供任何法律服务。2012年12月，Y某妻子以律师代理费名义收受张某转付的158.7万元。Y某知情。事后，张某送给Y某四瓶外国红酒。

【问题】关于Y某作为证监会处理环球股份有限公司信息披露违法一事的负责人，其妻子接受在同一律师事务所的合伙人张某的委托，以律师代理费的名义收取的费用是否都应纳入受贿数额的问题，实践中有两种不同的意见，一种意见认为，环球股份有限公司因信息披露违法被证监会调查，在调查阶段，通过寻找关系人来达到请托的目的是一种违法行为，不属于正常的律师代理的范畴，所签订的代理协议是违法的，通过代理协议所收取的所谓"代理费"都应视为受贿的数额；另一种意见认为，上述意见有其合理性，但是作为律师所签订的代理合同是否违法，应当有待司法行政机关作出最后的界定，实践中，律师能够证明提供服务的事项应属于合法的范畴，如果不是司法行政机关允许的代理范围应当是非法的，收取的代理费属于违法所得，对于没有提供任何服务所获得费用应当认定为受贿的数额。

【解析】根据《办理受贿案件意见》关于以交易形式收受贿赂问题的规定，国家工作人员利用职务上的便利为请托人谋取利益，以下列交易形式收受请托人财物的，以受贿罪论处：（1）以明显低于市场的价格向请托人购买房屋、汽车等物品的；（2）以明显高于市场的价格向请托人出售房屋、汽车等物品的；（3）以其他交易形式非法收受请托人财物的。关于交易型的受贿犯罪，我们不能仅仅局限在买卖的交易中，随着经济社会的发展，这种交易型的犯罪还包括提供劳动或者服务的交易形式。本案中以律师费的名义收取财物即是新型的交易受贿犯罪形式，不是买卖商品，而是提供劳动或者服务。因此，判断这类案件不仅要从形式上，更要从内容和本质上来分析。交易型受贿犯罪构成包括两个方面：一方面是形式上看似合法的国家工作人员的特定关系人与请托人之间进行的正常的、平等主体之间的公平、等价、有偿的民事市场行为；另一方面是国家工作人员利用自己的职权为请托人谋取利益与请托人通过形式上的合法交易掩盖非法获取的利益，但本质上就是权钱交易。首先侵害的就是国家公职人员职务的廉洁性，虽然在交易的环节中，看似国家工作人员与请托人没有直接的联系，特别是有特定关系人以及与其职业有密切关系的工作来掩盖，实际上，体现出在一种合法的形式下掩盖的贿赂犯罪的本质。这一点从上述的案件中得到印证，认定构成行贿、受贿犯罪已经达成共识。关于认定的数额是本案的难点，问题在于形式是否合法。但是，我们可以明晰 Y 某受贿的数额。环球股份有限公司因违规被调查，该公司得知 Y 某妻子在律师事务所工作，便找到该所合伙人张某请托帮助协调达到不公开处罚的目的。张某与 Y 某妻子商议后，Y 某妻子表示同意，并向 Y 某提出请托。张某遂与环球股份有限公司签订委托代理协议，张某收受环球股份有限公司代理费 800 万元。Y 某利用职权提供帮助，使环球股份有限公司获得不公开处罚，Y 某妻子收受张某 158.7 万元。张某送给 Y 某四瓶外国红酒。其间，Y 某妻子未提供任何法律服务，可以认定 Y 某之妻收受的 158.7 万元为受贿数额。能否认定 800 万元为受贿的数额需要解决两个问题：一是张某与环球股份有限公司签订的委托代理合同是否合法，按照司法行政机关关于律师代理业务范围以及工作范畴的规定，应当由司法行政机关界定，如果不允许签订此类的服务合同，合同本身具有违法性，那么，收取律师费也是违法的；二是张某与环球股份有限公司签订的合同属于部分有效和部分违法，那么，违法部分应当予以没收，合法的部分应当视为提供法律规定所允许的服务所获得的合理的报酬。无论违法行为的大小，可没收数额的多少，Y 某之妻没有提供任何的服务和付出劳动，其所收取的 158.7 万元认定为受贿数额是没有问题的。因此，第二种意见是正确的。

第八章　财物性质问题

54. 如何在行贿、受贿犯罪事实中甄别出借款行为？

【案情1】被告人L某在担任省领导期间，利用职务上的便利，为建工集团谋取利益，2007年下半年至2011年2月，该集团董事长张某通过装修住房、高价租房、低价售房、出资购房等方式，多次通过L某之妻为L某家支付钱款，共计人民币360余万元，L某均知情。2013年，张某被纪委"双规"，在"双规"期间交代了送给L某家购房款190万元以及200万元装修费的事。L某和其妻李某因为怕出事，在家商量决定把张某为他们购买康都佳园支付的50万元连同购买白鹭洲双拼别墅时支付的140万元，共计190万元一起还给张某。2013年春节期间，李某让其女儿去银行开了一张银行卡，李某把190万元转到这张银行卡上，让其女儿去还给张某的妻子。L某让其妻子李某和张某对质，要把张某送给L某家的190万元购房款说成是L某向张某借的，以应付组织的调查，200万元装修费的事情根本没有。L某之妻在君临天下小区会所的包间里找张某谈了三次，并且在第三次谈话时还用录音笔将整个对话都录了音。

【案情2】被告人C某系某市人民政府副秘书长，曾任下属县县委副书记、县长。C某在担任县长期间与办公室李某确立情人关系，并育有一子。由于李某性情极端暴戾，多次要挟C某离婚不成，数次割腕、跳楼自杀，持刀刺伤C某，并不断向C某索要财物。2001年至2014年，C某利用职务便利，为某置业有限公司、某房地产开发有限公司等单位在竞拍土地使用权、用地拆迁、协调贷款、转让土地、调整工程项目规划等事项上提供帮助，索取或者非法收受上述单位给予的财物共计折合人民币1.1亿余元，C某将全部款项交给李某。李某听闻C某与宋某关系暧昧后，又以上吊自杀、告发C某的方式逼迫C某给予其财物。此外，还有两起事实，第一，根据C某的供述和安某、张某的证言证明，C某以其朋友张某经营资金紧张为由，让安某借款给张某，安某同意后，张某即以借款人身份与安某签订正式借款合同，约定了借款1100万元及还款期限和利率，借款到期后，安某即直接或通过C某催促张某还款，后来宋某知道借款被C某用了，实际上，C某将此款也给了其情人李某。但是，安某并没有放弃债权，仍继续向二人催要，C某以张某资金紧张为由推脱。第二，C某直接以自己的名义借款。C某在情妇李某的紧逼下，两次向尚某提出借款600万元，并由其弟出具借条，承诺很快归还。后来尚某多次向C某催要借款，C某始终承认借款，还曾提出用字画来抵债，尚某未同意，直至案发。

【问题】在司法实践中，有很多犯罪分子为了掩盖罪行，在接受行贿款之后或者听到纪检监察机关对其进行查处时给行贿人出具借条，用来抵抗对其受贿犯罪实施的调查，企图达到否定犯罪的目的。同时，我们也不能否认在其中确实存在一些民事借贷关系，但是，对此问题不能一概而论，否则就混淆了罪与非罪的界限，实践中，确实存在行贿、受贿行为中有借款行为的情况。上述案例中是否存在上述情况呢？对此，有两种不同的意见，一种意见认为，案情1中的L某、案情2中的C某都是以借款为名来掩盖受贿犯罪；另一种意见认为，案情1中的L某夫妇是以借款为名掩盖受贿犯罪。案情2中，后面的两起事实属于民事借款行为，并非行贿、受贿犯罪。

【解析】关于是以借款为名的行贿、受贿犯罪，还是真正的民事借款的判断问题，2003年11月13日最高人民法院发布的《经济犯罪座谈会纪要》针对以借款为名索取或者非法收受财物的行为规定，国家工作人员利用职务上的便利，以借为名向他人索取财物，或者非法收受财物为他人谋取利益的，应当认定为受贿。具体认定时，不能仅仅看是否有书面借款手续，应当根据以下因素进行综合判定：（1）有无正当、合理的借款事由；（2）款项的去向；（3）双方平时关系如何、有无经济往来；（4）出借方是否要求国家工作人员利用职务上的便利为其谋取利益；（5）借款后是否有归还的意思表示及行为；（6）是否有归还的能力；（7）未归还的原因，等等。上述规定明晰了如何判断以借为名进行的行贿、受贿犯罪和真正的民事借贷。案情 1 是实践中较为常见的为了掩盖行贿、受贿犯罪而出具假借条的行为，通过对证据的审查判断，通过对借条的真伪、行贿人的证人证言以及款项交付等情况的调查就可以查清。L 某让其妻子李某和张某对质，要把张某送给 L 某家的 190 万元购房款说成是 L 某向张某借的，200 万元装修费的事情根本没有，以应付组织的调查。L 某之妻找张某谈了三次，并且还用录音笔将整个对话都录了音。即便如此，真的就是真的，假的就是假的，经过办案机关的认真调查，被告人 L 某的供述、其妻子以及张某的证言都证明该借款属于虚假。如 L 某妻子证言证明，当时主要是因为张某出了事，如果张某不被“双规”，事情也就这样过去了，我们是不会去归还这 190 万元的。虽然有录音，但也并非事实，不是借款，而是行贿、受贿。如果没有严格按照上述的规定进行，执法人员不尽职尽责，或者存在徇私枉法的情形，就有可能将行贿、受贿误认为民事借贷。例如，某被告人 C 某在大学负责招生期间，通过关系人介绍为数十名人员的子女违规入学提供帮助，在查办其案件时，有一笔几百万元的款项，被告人供述说是借款，向其借款的人在境外，而此人就是与多起犯罪事实相关的人，有很多人就是通过他的介绍认识被告人并将自己的子女通过特招的方式送入名牌大学的。我们对照司法解释的规定，被告人没有正当的借款理由，供述称是买房子，但是，被告人收受的房屋就有数套，其中外地的别墅不止一套，而且也未提出到底是购买何处的房屋。同时，其款项混杂在其个人的巨额财产之中，无法分辨。双方之间就是行贿、受贿的关系和介绍贿赂的关系，有证据证明被告人曾多次利用职务上的便利为出借人谋利。借款后没有任何证据证明被告人有归还的意思表示及行为，而且被告人有足够的归还能力，案发时，查获其存款达到上亿元，但是，其从未有过归还的意思表示，也没有说明没有归还的原因，所以，应当认定为受贿款项。实践中，对既存在行贿、受贿犯罪，又存在借款的情况是比较难判断的，如案情 2 中，认定 C 某利用职务便利，为某置业有限公司、某房地产开发有限公司等单位提供帮助，索取或者非法收受上述单位给予的财物共计折合人民币 1.1 亿余元没有问题。而对于后两起事实，第一，因为 C 某受到李某的要挟，C 某以其朋友张某经营资金紧张为由，让安某借款给张某 1100 万元，实际上，C 某将此款也给了其情人李某。虽然 C 某通过介绍张某向安某借款达到自己用钱的目的清楚，但对安某并没有说明，安某完全按正常的民事借贷关系来对待，与张某签订借款合同，已形成合法有效的民事借贷关系，有权利向张某追索欠款，当然因C某使用了该款，张某有权向C某追索。尽管C某要求张某向安某借款，安某能够答应，与C某的职权因素和前期谋利分不开，但是，安某并没有放弃债权，仍继续向二人催要。C某以各种理由推脱。虽然C某也曾为安某谋取过利益，但是，在上述上亿元的受贿款中就有安某给予的，安某已经对C某进行了酬谢，也没再有向C某请托的事项，此项借款既没有请托事项，也不是对谋取利益的酬谢，完全属于借款。因此，不能将此民事法律关系上升为刑事犯罪，导致安某合法的民事权利受损。第二，C某在情妇李某的紧逼下，直接以自己的名义向尚某借款600万元，并由其弟出具借条。后来尚某多次向C某催要借款，C某始终承认借款，还曾提出用字画来抵债，尚某未同意。尽管C某能从尚某处获得借款，与C某的职权因素和前期谋利分不开，且C某也采取了一定的欺诈手段，但双方均认可借款，并有催款和抵债行为，尚某有权追索借款，因C某无款可还，到案发时该款项尚未归还，但是，尚某并没有放弃债权的意思表示，应当视为借款。此外，“以借为名”情形的受贿，行贿、受贿双方对“以借为名”主观上必须有一致认识，否则认定受贿就存在障碍，C某曾经为上述出借人谋取过利益，上述出借人也曾给予过C某财物，之后，C某还向上述人员索取过财物，由于C某在特定关系人李某的威逼之下，通过受贿、索贿所获得的财物仍然不能满足李某的欲望，无奈通过举债的方式获得财物，以减少李某的威逼，如果认定为行贿就会损害出借人的合法财产权益，因此，案情2中的后面两起事实属于借款。第二种意见是正确的。

55. 在办理贿赂案件中，对被告人接受的“走访金”如何认定?

【案情】被告人S某在担任某市市长期间，分别于2002年、2003年、2004年、2005年和2006年节假日先后9次收受了下属办公厅主任郑某给予的“走访金”共计13万元，其中2001年、2003年中秋节前各收受1万元，2002

年、2003 年、2004 年、2005 年春节各收受 2 万元，2003 年、2004 年、2005 年端午节各收受 1 万元。证人郑某和后勤保障处处长张某证明，2002 年至 2005 年，郑某用汽车修理费、运费、汽油费等费用发票变通报销处理了 25 万余元，这些钱均用于走访领导，其中也包括给被告人 S 某，经调取财务单据，证明了上述事实。

【问题】在办理贿赂案件中，关于有些被告人在担任市、县、区机关的主要领导期间，接受下属单位及个人在节日期间的“走访金”应当如何认定的问题，实践中看法不一。一种意见认为，不应当认定为犯罪，我们民族有自己的传统和习惯，在节日期间相互拜访，赠送一些节日的礼品和少量的现金属于礼尚往来和节假日的走动，联络友情和亲情，而且没有明确的请托事项，是共同工作的同事和好友，因此，“走访金”最多只能算不正之风，违反党纪政纪，不应以受贿犯罪论处；另一种意见认为，被告人在担任主要领导期间，接受下属单位及个人在节日期间的“走访金”，如果数额特别小，相互之间私交很好，并且有相互往来的情形，可以认定为礼尚往来；如果数额较小，尚未达到《刑法》规定的数额较大的情形时，可以认定为违纪行为；如果数额较大，达到《刑法》规定的受贿犯罪的起点的，应当认定为受贿行为。

【解析】关于在办理贿赂案件中，发现有的被告人在担任市、县、区机关的主要领导期间，接受下属单位及个人在节日期间的“走访金”应当如何认定的问题，不能一概而论，要根据案件的事实、证据，主客观要件相结合进行综合判断。

首先，要看“走访金”的来源是否合法。如本案中，“走访金”来源于办公厅的办公经费，是通过汽车修理费、运费、汽油费等费用变通报销处理套取的，无论数额大小，即便是几千元也属于违法违纪。如果数额较大，达到《刑法》所规定的数额较大的入罪起点的，应当认定构成受贿犯罪。其次，如果“走访金”的来源合法，是对贫困户以及患有重大疾病人员的补助和慰问老党员、离退休干部等，法律、法规和政策允许的现金，是合理合法的；有的“走访金”，来源于下级个人合法收入，如果数额特别小，有相互之间的往来可以接受，但是，如果数额较大，也属于违法违纪行为，如果数额达到《刑法》规定的数额较大的入罪标准时构成受贿行为。最后，接受“走访金”的人不能与支付“走访金”的单位和个人有请托关系或者存在行政上的隶属关系，即管理与被管理、制约与被制约以及领导与被领导的关系。上述案例中，被告人S某与其下属办公厅及工作人员存在领导与被领导的隶属关系，按照《贪污贿赂司法解释》第13条第1款的规定，应当认定为“为他人谋取利益”的情形。其中，“国家工作人员索取、收受具有上下级关系的下属或者具有行政管理关系的被管理人员的财物价值三万元以上，可能影响职权行使的，视为承诺为他人谋取利益”。因此，上述案例中，应认定被告人S某受贿人民币13万元，第二种意见是正确的。

56. 被告人接受下属公司的干股，该公司未上市，以利息名义返还的现金如何认定?

【案情】2017年3月，被告人S某在担任某市市长期间，其市内一家国有煤炭企业募集资金准备上市，S某接受该公司董事长李某赠送的50万元股份。一年以后，该公司没有上市，李某对S某说，由于该公司没有上市，股权转让给了他人，除转让款外，还有分红利益10万元，共给予S某60万元。案发后，经司法机关调查发现，该案中的50万元干股进行了股权转让登记，并且在退股时是由另一出资人李某以1∶1的价值即50万元收购S某名下的股权，股份并未增值。且该公司投资过程也未产生收益，在该公司的账目上也从未有过任何分红记录。同时，根据现金的流向和相关账目查明，“退股”时向S某账户内多转入的10万元是该公司的账外现金。

【问题】被告人S某接受50万元干股，在公司没有上市的情况下，该公司以退股的名义给其60万元，称10万元为分红利益，对此，关于S某受贿数额的认定有两种意见，一种意见认为，应当认定S某直接受贿60万元，因为50万元股份与所谓的10万元的利益在本质上是一致的，因为S某本身并未出资购买，而是收受的干股。另一种意见认为，应当认定S某受贿50万元，10万元视为违法所得，虽然50万元与10万元的性质是一致的，但是表现形式不同。如果认定为受贿罪必须行贿、受贿达成合意。被告人S某并不知道10万元来自下属单位的账外资金，其误以为是50万元的收益，这也符合常理，所以，认定 50 万元为受贿款，10 万元为违法所得。

【解析】对被告人 S 某的受贿数额认定为 60 万元更为科学。60 万元由两部分组成，第一，S 某收受的 50 万元干股。根据《办理受贿案件意见》关于收受干股问题的规定，干股是指未出资而获得的股份。国家工作人员利用职务上的便利为请托人谋取利益，收受请托人提供的干股的，以受贿论处。进行了股权转让登记，或者相关证据证明股份发生了实际转让的，受贿数额按转让行为时股份价值计算，所分红利按受贿孳息处理。股份未实际转让，以股份分红名义获取利益的，实际获利数额应当认定为受贿数额。该案中 50 万元干股并无收益。50 万元干股进行了股权转让登记，并且在退股时是由另一出资人李某以 1∶1 的价值即 50 万元收购 S 某名下的股权，也就是说实际退股所得应为 50 万元，股份并未增值。如果该公司能够成功上市，相对应的股价发生变化，无论是几倍的数额，多出的部分则属于利益。虽然该公司未成功上市，但是，如果公司生产经营过程中产生效益，投资过程中的收益应当视为 50 万元股份的孳息，即便公司在此期间没有产生效益，如果公司对每个投资者都给予一定利益亦可以视为股权的收益。然而，事实上该公司未产生收益，在该公司的账目上也从未体现过任何分红记录。第二，S 某又以分红款的名义受贿 10 万元。从现金的流向和相关账目来看，“退股”时向 S 某的账户内多转入的 10 万元并不是该公司的正常资金，而是该公司的账外现金，因此不应当认定为投资收益，而应是该公司董事长李某以利息为名再次行贿的款项，即 S 某又收受 10 万元。60 万元应当作为两次受贿来认定，第一次为 50 万元，第二次为 10 万元。通过其他证据显示，该公司董事长李某还以同样的方式向原省煤炭工业局局长赵某行贿 60 万元，该事实已经被其他法院判决确认，为保证已生效判决对同一事实认定的一致性，认定 60 万元较为稳妥。故此，60 万元应该包括 S 某收受的 50 万元干股和 S 某以 50 万元干股收益的名义收受的 10 万元。

57. 国家工作人员接受老领导拜年赠送的财物，是否认定为受贿犯罪?

【案情】被告人S某在担任某省矿务局副局长期间，分管下属煤矿企业改制工作，张某系省矿务局下属市级矿务局的局长，改制后成为某市矿业集团的董事长，个人占有很大的股份。被告人S某曾是张某的下属，两人关系一直比较密切，后来，S某提拔担任省矿务局副局长。从2005年开始，矿务局按计划开始改制，在改制期间，企业的发展规划、采矿权的分配、人事使用等方面，S某都听取张某的建议，在资源配备、股权分割等方面都给予关照。经过一年多的时间，企业改制工作取得成功。2009年春节期间，张某以拜年为由送给S某人民币20万元。

【问题】关于被告人S某在2009年春节期间，接受张某以拜年为由赠送的20万元人民币是否构成受贿罪的问题，有两种不同的意见。一种意见认为，不应认定为犯罪，应当属于礼尚往来。因为张某作为比被告人S某资格更老的领导干部，受当地社会风气的影响，在年节期间向被告人S某赠送钱物，确实没有从被告人处谋取个人利益，现金来源为个人款项，改制后的企业与省矿务局没有直接的隶属关系，不宜认定为受贿；另一种意见认为，虽然张某作为比被告人S某资格更老的领导干部，且担任过S某的领导，过去两人关系一直比较密切，但是张某的证言体现了其作为企业的负责人，并且占有股份，企业的发展对其至关重要，企业发展得好其个人的收入也高，为了感谢S某对市矿务局改制的支持而送钱，因而，其还是为了谋取自己的利益，而且赠送钱款数额较大，并非礼尚往来，还是应当认定为受贿罪。

【解析】关于被告人S某在担任某省矿务局副局长期间，接受其老领导张某以拜年为由赠送的20万元人民币是否构成受贿罪的问题，第二种意见是正确的。理由如下：第一，虽然张某作为比被告人S某资格更老的领导干部，且担任过S某的领导，过去两人关系一直比较密切，但是，此种行为并非礼尚往来。因为没有证据证明S某曾给过张某相同或者价值相同的礼金或者礼品，S某在接受20万元以后，也未在节假日回馈张某任何礼物。只是一种有来无往的单向行为，因此，不属于亲朋好友正常的礼尚往来。第二，S某有为张某谋取利益的行为，这从张某的证言中可以得到证明。张某作为企业的负责人，自己占有股份，企业的发展对其至关重要，企业发展得好其个人的收入也高，其是为了感谢S某对市矿务局改制的支持而送钱。有证据证明，2005年市矿务局改制为矿业集团，S某作为主管部门的负责人从企业改制、人事使用等方面对张某予以关照，使企业顺利改制成功，关于采矿权的分配问题，在S某的主持下最终由省矿务局决定。S某在企业改制过程中为张某谋取了利益。第三，张某的企业改制以后变为股份制的矿业集团，但是国有股份仍然占有很大的比例。省矿务局对张某的矿业集团仍然具有业务上的指导、国家计划配额的调整等多方面的制约关系，仍然属于法律上的隶属关系。依据《贪污贿赂司法解释》第13条第1款的规定，应当认定为“为他人谋取利益”的情形。其中，“国家工作人员索取、收受具有上下级关系的下属或者具有行政管理关系的被管理人员的财物价值三万元以上，可能影响职权行使的，视为承诺为他人谋取利益”。因此，应当认定S某构成受贿罪。

58. 如何判定国家工作人员为家乡“做功德”是否属于受贿犯罪？

【案情】L某在担任市委书记期间，接受家乡村支部书记的请托，要为家乡前进村筹集资金修路“做功德”。L某找到其曾多次提供过帮助的商人温某，要求温某提供资助。温某根据L某的要求，以自己广东企业的名义捐给前进村人民币20万元，前进村为温某开具了发票，前进村对外公开的碑文上没有写L某的名字，但是，“功德簿”上记载了L某的名字。

【问题】关于温某根据L某的要求捐给前进村20万元能否认定L某构成受贿的问题，有两种不同的意见：一种意见认为，温某虽然有求于L某，但这与典型的权钱交易有一定区别，钱款并非L某个人占有，且村里开具的发票抬头也是广东企业。此类行为应认定为温某的捐款，危害性并不大，毕竟钱款是用于公益事项。此类情形在现实中大量存在，与拉赞助、拉捐款没有很明显的界限区分，如果定罪影响面广，社会效果不好，不宜作刑事追究。

另一种意见认为，L某接受家乡村书记的请求，为家乡修路“做功德”捐款，这本来是对L某的要求，L某有能力可以捐款，没有能力可以少捐或者不捐，其并不具有法律上或者合同上的义务。L某本人没有捐款，而是找到自己曾多次提供过帮助的商人温某，温某根据L某的要求以自己广东企业的名义捐给前进村人民币20万元，前进村为温某开具了发票，虽然对外公开的碑文上没有写L某的名字，但是，捐款簿上记载有L某的名字，可认定为L某构成受贿。

【解析】对于国家工作人员来说，自己没有收受财物，而是要求请托人将财物捐赠给自己的家乡修路“做功德”，该种行为是否构成受贿罪，取决于国家工作人员是否利用自己的职务为请托人谋取利益，取决于请托人按照国家工作人员的要求进行的捐赠是基于其本人的捐赠习惯，还是按照国家工作人员的主观意愿完成，而不取决于是将财物捐赠给国家工作人员的家乡，还是将财物送给国家工作人员本人。是否构成受贿罪，要看受贿罪保护的法益是否被侵害，即国家公职人员职务的廉洁性是否被侵害，至于是将财物交给国家工作人员还是捐赠给国家公职人员的家乡不影响犯罪的构成。从上述事实来看，L某曾多次为温某谋取利益，并多次收受温某的财物，L某的行为构成受贿罪毋庸置疑。而其中有20万元是温某按照L某的要求捐给了其家乡前进村，主要缘由是L某基于家乡村书记的要求要为家乡修路“做功德”，并非温某是慈善家经常捐款，事实上，其只有这一笔捐款。正如温某所证明的那样，因为其不了解前进村，其捐款完全是按照L某的要求进行的，如果L某不提出，其也不会捐款。温某实质不是捐款，是冲着L某的权力、执行L某的要求而送钱，因而，温某对前进村没有法律或者合同的义务。L某按照前进村父老乡亲的请求，为了给家乡“做功德”将自己主动承诺的义务转嫁给请托人，为了谋求自己的功德，将自己的受贿所得转给家乡前进村。这种财物的转移，改变不了国家工作人员职务被收买的结果，也不能弥补对国家工作人员职务廉洁性所造成的侵害，又有具体谋利事项，应该说权钱交易特征是明显的，因而，应当认定为L某构成受贿罪。

随着经济社会的发展变化，贪污贿赂犯罪呈现出一些新情况、新特点，给司法实践带来了新的问题。正如过去司法实践中遇到的被告人将贪污贿赂款物用于公务支出等情形一样，属于赃物的去向问题，并不能改变犯罪的本质。根据《贪污贿赂司法解释》的规定，贪污贿赂款物用于公务支出的问题，根据在案证据可以明确认定存在贪污、受贿主观故意的，将不影响定罪。

诚然，请托人的捐款行为并非一律作为犯罪评价，如果请托人是一名慈善家，捐款行为不是基于L某的要求，而是通过其他渠道得知的，主动自愿捐献，与其请托L某的行为没有必然的联系，也不是基于谋取利益而捐款的，就不能认定L某构成受贿犯罪。

59. 国家工作人员低价购买房屋获取差价的是否一律都认定为受贿犯罪?

【案情】2007年，某集团有限公司副总经理沃某打电话给董事长孙某称市委副秘书长被告人C某想购买集团开发的国际花园小区的房子，询问是否有房源及优惠情况。之后，时任集团总经理的张某告诉孙某，沃某亦打电话给张某说C某想买国际花园的房子。孙某提出因C某在项目上帮忙解决了动迁居民上访、封路的问题，按照国际花园小区开盘前领导班子开会决议，给C某最高的购房优惠（打九折），张某表示同意，由张某负责对接购房事宜。后来，C某购买了国际花园两套房子。国际花园小区2007年卖给C某房子都是按2006年的价格出售的。国际花园小区购房者中属于公司的熟人或朋友但重要性不大、贡献程度不高的一般打九七折、九八折；属于公司的员工或者公司熟人、朋友并且重要性大、贡献程度高、比较熟悉的打九六折及以下的折扣；公司一般的熟人或朋友介绍其朋友过来购买的就不给予购房折扣了。

当时，孙某和C某只是认识，彼此并不熟悉，也没有私下的往来，更没有什么交情。所以C某想购买国际花园的房子就通过沃某提出。国际花园小区是2005年开盘销售的，C某购买的这两套房子位于国际花园小区的11号楼，是2006年推出销售的第三期房子，当时的平均售价为17 000元左右，房子卖得较好。到了2007年，国际花园的房子已经基本售完，没剩几套了，剩下的房子基本是之前预留给熟人或朋友的，公司就不再做对外推广和宣传。在2007年的时候，C某通过沃某和张某向孙某提出要购买国际花园小区的房子时，公司的销售部都去销售另一个项目的房子了，没有再针对包括11号楼在内剩下的房子确定销售价格，虽然当时市场价已经涨了，沃某还是按照2006年预售时的价格打九折卖给C某两套房子。根据房地产的价格认定结论，涉案两套房产的市场价共计604万余元，C某家属的购买价格为466万余元，低于市场价138万余元。

【问题】关于国家工作人员低价购买房屋获取差价是否一律认定为受贿的问题，多大的差距才能认定为受贿呢？针对此案有两种不同的意见：一种意见认为，C某的行为属于事后利用2004年解决部分居民阻堵该集团公司工地施工矛盾的事由，接受集团给予的九折优惠，低价购买涉案两套房产，损害了职务行为的廉洁性，可以认定为受贿。另一种意见认为，认定C某受贿的事实不清，认定C某家属以明显低于市场的价格购买房屋的证据不足。根据国际花园销售名单，在购买房屋的客户中，除C某家属外还有五户房屋享受九折优惠，而2006年、2007年购买国际花园房屋的客户中，甚至有以八七折、八九折购买的情况，而享受九三折至九八折购买房屋的客户还有更多，在案证据无法确定国际花园事先设定的不针对特定人的最低优惠价格。同时参考合同法的相关司法解释，“明显不合理的低价”指转让价格不足70%，C某家属以九折的价格购买房屋不属于明显低价。

【解析】根据2007年7月8日《办理受贿案件意见》关于以交易形式收受贿赂问题的规定，国家工作人员利用职务上的便利为请托人谋取利益，以下列交易形式收受请托人财物的，以受贿论处：（1）以明显低于市场的价格向请托人购买房屋、汽车等物品的……从上述司法解释可以看出，以交易形式收受贿赂的问题中关于低价购买房屋，需要具备三个条件：一是购买人一定是国家工作人员，如果不是国家工作人员这一特定主体的不受此限；二是国家工作人员是购买人，并且利用职务上的便利为出售人谋取过利益；三是购买人必须是以明显低于市场的价格向请托人购买的。C某是市委副秘书长，作为国家工作人员是没有争议的，C某在沃某的公司开发项目上帮助沃某所在集团公司解决了动迁居民上访、封路的问题，就属于对沃某的公司有重要帮助，即为其谋取利益也是有证据可以证明的。问题在于C某以九折的优惠购买房屋，是否属于明显低于市场的价格。第二种意见提出，除C某家属外还有五户房屋享受九折优惠，而2006年、2007年购买国际花园房屋的客户中，甚至有以八七折、八九折购买的情况，而享受九三折至九八折购买房屋的客户还有更多。关于“明显不合理的低价”指转让价格不足70%，这种观点存在的问题就是过于简单化和机械化，我们不能只根据折扣来评判是否属于明显低于市场价。七八折肯定明显低于市场价，但是，九折、九五折就不是低于市场价吗，显然是错误的。例如，某市市委副书记以九五折的折扣购买三套房屋的差价就是上千万元。折扣的大小是一方面。另一方面还要看房价的基数和总数，一二线城市房屋九五折的价格的差距可能要比三四线城市的五折的数额还要大。同理，转让价格不足70%也是一样的，要根据房价基数和总数才能确定。正如《办理受贿案件意见》所规定的，受贿数额按照交易时当地市场价格与实际支付价格的差额计算。市场价格包括商品经营者事先设定的不针对特定人的最低优惠价格。根据商品经营者事先设定的各种优惠交易条件，以优惠价格购买商品的，不属于受贿。这里有一个问题容易产生混淆，就是其他人有更低的折扣购买房屋与本案的关系问题，本案中，八七折、八九折购买房屋的客户很多。国际花园小区开盘前，集团领导班子曾经开过会，会议讨论决定，该小区房子在销售过程中，经董事长或总经理同意，最高的购房优惠可以打九折。具体给哪些人打什么样的折扣，由董事长和总经理自己把握。但公司并没有对优惠对象的范围作出具体的要求，也没有发布正式的文件。沃某给予九折的优惠购房的对象主要是那些对公司发展有重要帮助的人。因为九折优惠是比较大的优惠范围，所以虽然公司会议没有明确给予九折优惠的对象范围，但在沃某的实际操作过程中，沃某给予九折优惠的客户，都是对集团的发展有重要帮助的人，如在公司发展业务过程中给予公司重要帮助的客户，或是在公司遇到困难时给予重要帮助的领导等。从上述规定可以看出，C某获得的折扣是明显低于一般人的，因此，C某购买房屋完全符合上述《办理受贿案件意见》规定的三个方面的要求，按照第一种意见，应当认定为以交易形式收受贿赂。事实上，存在以更低的价格和折扣购买房屋的客户，但是，那些都是特定的人。C某并非享有该折扣的特定人员，他所购买的房屋是否属于明显低于市场价格应当以不特定人的价格进行比较，即以社会公众的标准来衡量，除C某以外的不特定其他人是否能够以C某当时的交易价格获取房屋。如果他人能够获取，可以认定交易行为不构成受贿，如果其他人不可能以同等价格获取房屋，C某的行为就应当认定为受贿行为。同时，以同样折扣购买房屋的客户中既存在按照规定享有购房权的人，也不排除与C一样以交易形式收受贿赂的国家工作人员。

60. 通过宗教人士接受贵重礼物的是否认定为受贿犯罪？

【案情】被告人L某在担任国有大型企业总裁期间与商人李某关系密切，并多次接受李某的请托为李某谋取利益。2013年5月15日，李某陪同被告人L某及其妻子一起到名山旅游，并安排L某夫妇与方丈见面。临走时，方丈送给L某一尊金质地藏王菩萨像和一尊金质谛听像，在回去的路上，李某反复告诉L某这很珍贵、很贵重。L某夫妇也知道自己没有给名山捐赠及作出其他贡献，方丈正常情况下是不可能给其如此贵重的礼物的。经鉴定，地藏王菩萨像和谛听像价值分别为人民币99.4万元和18万元，总价值117.4万元。经查，李某于2012年10月让秘书黄某通过银行汇给名山方丈490余万元，2013年1月又让黄某汇款200万元，共计690余万元，委托方丈用这笔钱中的一部分购买一批纯金佛像并让其把佛像都开了光，目的是送给相关领导。2013年5月15日，李某陪同L某夫妇去名山拜佛还愿，其授意方丈将一尊地藏王菩萨像和一尊谛听像送给L某夫妇。

【问题】关于L某通过宗教人员接受贵重佛像能否认定为受贿的问题，实践中有两种不同的意见。一种意见认为，L某通过宗教人员接受的贵重佛像不应当认定为受贿。一是L某在接受财物时只知道是宗教人员所送，不知是李某所送；二是接受的宗教人员的物品都是佛像类非卖品，虽然贵重但是并非流通物；三是虽然L某意识到物品很贵重，与李某可能有一定的关联，但不能确定为李某购买。另一种意见认为，应当认定L某构成受贿罪。一是L某作为国家工作人员利用职务上的便利曾多次为李某谋取利益，节假日携家人一同与李某到名胜游览，并非公务活动，明知其费用由李某承担；二是L某接受方丈给予的财物时知道圣像非常珍贵，内心明知自己没有给名山捐赠及作出其他贡献，方丈正常情况下是不可能给其如此贵重的礼物的；三是在回去的路上，李某反复告诉L某礼物很珍贵、很贵重。L某内心明知礼物系李某提供费用购买，而非方丈所赠送。

【解析】上述案情中，第二种意见是正确的。

1. L某明知收受的贵重佛像并非方丈赠送。被告人L某及其妻子在李某陪同下一起到名山旅游，李某安排L某夫妇与方丈见面，如果没有特殊安排，方丈是不会随意接见的，且在临走时方丈送给L某一尊金质地藏王菩萨像和一尊金质谛听像。L某夫妇也知道自己没有给名山捐赠及作出其他贡献，方丈正常情况下是不可能给其如此贵重的礼物的。因此，L某内心清楚，其虽然不知道赠品价值117.4万元，但是应当与普通的旅游纪念品有明显的区别，故该财物并非方丈赠送的旅游纪念品。

2. L某明知贵重佛像应当是李某通过方丈之手转送的。L某夫妇来名山游玩是李某陪同的，一路上的接待都是李某安排的，包括与方丈的见面，并收受贵重礼物，超出正常的旅游范围。在从名山回去的路上，李某反复告诉L某这很珍贵、很贵重。L某应当知道该两尊佛像系李某通过方丈之手转送给其的财物，否则，李某如何知道佛像的贵重，因此，L某应明知系李某所送而收受。

3. 认定L某构成受贿罪有相应的证据证明。被告人L某为李某谋取利益，并收取贵重佛像的事实，不仅有相关的合同及付款凭证、银行交易明细及汇款凭证等书证证明，还有证人李某、黄某及方丈的证言证明，且被告人L某对此供认，并与上述证言相互印证，足以认定。

4. 贵重佛像可以视为李某为L某及家人旅游所支出的费用。《中共中央关于全面推进依法治国若干重大问题的决定》提出，"完善惩治贪污贿赂犯罪法律制度，把贿赂犯罪对象由财物扩大为财物和其他财产性利益"。2008年"两高"《办理商业贿赂案件意见》已经把财产性利益纳入贿赂对象范围，实践中对这一问题作出更为具体的规定。《贪污贿赂司法解释》第12条的规定借鉴了商业贿赂的规定，将财产性利益作了进一步的归类细分，首次明确财产性利益包括可以折算为货币的物质利益和需要支付货币才能获得的其他利益两种。前者如房屋装修、债务免除等，其本质上是一种物质利益。后者如会员服务、旅游，就其性质而言不属于物质利益，但由于取得这种利益需要支付相应的货币对价，故应当在法律上视同为财产性利益。实践中，提供或者接受后者利益主要有两种情形：一是行贿人支付货币购买后转送给受贿人消费；

二是行贿人将在社会上作为商品销售的自有利益免费提供给受贿人消费。两种情形实质相同，均应纳入贿赂犯罪处理，但因表现形式不同有可能导致第二种情形在数额认定上存在意见分歧，故该解释同时明确，“后者的犯罪数额，以实际支付或者应当支付的数额计算”。因此，本案中，即便L某接受方丈的贵重佛像时，经客观分析，其并不知道佛像真正的价值，可以视为旅游过程中旅游景点赠送的礼物，但此系李某所支付旅游费用的一部分，L某接受费用支出是具有概括故意的，由李某支付对价是明知的，对此L某也是认可的，因此，可以认定为受贿。

61. 行贿人与受贿人约定了行贿、受贿数额并由行贿人在异地保管，案发时，受贿人尚不知道行贿款的具体数额和存放地点应如何认定?

【案情】被告人Y某与商人都某是多年的好友，Y某在担任某省会城市市委书记期间曾数次接受都某的请托，为都某谋取利益，并多次收受都某的巨额财物。都某与Y某分别住在东西部两个省会城市。2013年下半年，都某对Y某说，近来比较忙，也考虑到国家反腐形势严峻，不方便东西部两个城市来回跑，Y某提出让都某不用来回跑，每年往银行里给他存点钱就行了。都某答应Y某每年给他存30万元左右人民币，并由其妻子申请银行保险柜存钱。2014年存入60万元，视为2013年、2014年每年送给Y某30万元。2015年，都某考虑到物价上涨，存入70万元，视为2015年、2016年两年送给Y某的金钱。都某分别于2014年、2016年两次告诉过Y某，2016年时其已存入100余万元，并说存在保险柜里，但没有说保险柜在哪个银行。同时，都某认为虽然当时其有很多债务，但其答应了Y某，故均定时存了足量的钱，保证Y某需要时随时拿给他。虽然保险柜中存放了其个人文件，但其能够分清哪些是Y某的钱。这些钱的实际所有权人是Y某，其只是帮Y某暂时保管。Y某亦认为，这些钱算是都某暂时帮其保管在银行的，只要其需要，即便都某没有把钱放到银行，也肯定会按照每年30万元左右的标准把钱给他。相关银行书证证明，该保险柜系都某之妻租用的银行保管箱，并授权都某使用。租用人在银行营业期间需携带钥匙、验证指纹（或密码）、身份证件办理开箱业务进行使用，书证证明都某将人民币130万元存入保险箱内。

【问题】上述案例争议焦点集中在Y某是否构成犯罪以及犯罪形态的认定。对此，有三种不同的意见。第一种意见认为，Y某不构成犯罪，虽然Y某与都某相互之间达成了行贿、受贿的合意，都某每年在其所在地银行存入30万元左右的人民币给Y某留用，暂时由都某保管，但这只是形成犯意，即行贿、受贿的故意。虽然都某已经开始并完成了每年存款的数量，但是行贿、受贿犯罪系对合犯，单独一方的积极行为也只能完成贿赂犯罪的一半。虽然Y某两次听都某说其在银行存款已经有100余万元，但是，他们分别住在两个城市，相距1000多公里，Y某并不知道都某存款的银行，也没有存款的凭证，也不知道具体的数额，更不知道地址和如何取得，特别是如果没有都某的配合无从获得。同时，还有其他证据证明，需要开户人携带钥匙、验证指纹（或者密码）、身份证件才能使用保险箱，获取保险箱内的存款。这些条件Y某均不具备，何以获得保险箱内的存款？都某存放保险箱的存款仍然是他的存款，Y某的受贿故意仍然停留在犯意阶段，因此，Y某不构成受贿罪。第二种意见认为，应当认定Y某受贿犯罪既遂。从证据上看，Y某在客观上没有实际收到过该笔钱款，需要依赖都某开箱取款。但在主观认知上，虽然Y某不明知具体金额、存放地点、存放方式，但是行贿、受贿双方对该笔款项送给了Y某且能随时支取的认识高度统一。从都某的证言得知，都某虽然当时承担很多债务，但其答应了Y某，故均定时存入了足量的钱，保证Y某需要时随时拿给他。这些钱的实际所有权人是Y某，其只是帮Y某暂时保管。Y某亦供述，这些钱算是都某暂时帮其保管在银行的，只要其需要，即便都某没有把钱放到银行，也肯定会按照每年30万元左右的标准给钱，其有信心认为自己对130万元的存款有完全、绝对的控制权，随时都能实现对130余万元的占有和使用，因此，应当认定为受贿既遂。第三种意见认为，应认定Y某构成犯罪未遂。虽然都某证言证明其答应了Y某定时存入足量的钱，保证Y某需要时随时拿给他。事实上也是这样做的，Y某的供述亦证明这些钱只要其需要，即便都某没有把钱放到银行，也肯定会按照每年30万元左右的标准给钱，其对130万元的存款随时都能实现占有和使用。但事实上，该想法会受到各种因素的影响，实现还需要一个过程，如一直到案发，Y某都没有获得该笔款项，因此，应当认定Y某为受贿未遂。

【解析】上述分歧意见中，第三种意见是正确的，应当认定Y某的行为构成受贿犯罪未遂。关于认定受贿罪既遂未遂，理论界也有三种判断标准，一是以受贿人是否作出利用职务之便为行贿人谋取利益的承诺作为划分标准；二是以受贿人是否为行贿人谋取到利益作为判断标准；三是目前共同采用的判断标准，即以受贿人是否收到财物作为既遂未遂的判断标准。被告人Y某与商人都某是多年的好友，Y某利用自己的职务便利曾数次接受都某的请托，为都某谋取利益，并多次收受都某的巨额财物，双方有着多年的行贿、受贿历史。双方存在高度的信任，并且相互之间达成了行贿、受贿的合意，都某每年在其所在地银行存入30万元左右的人民币给Y某留用，当月存款稍晚时马上补足，并且考虑物价上涨因素每年还略有增加，并分别于2014年、2016年两次与Y某确认过存钱的事实。虽然Y某与都某分别居住在相距千里之外的两个城市，Y某不知道都某为其存款的银行，也没有存款的凭证，不知道具体的数额，更不知道如何取得，同时，其他证据证明需要开户人携带钥匙、验证指纹（或者密码）、身份证件才能使用保险箱，获取保险箱内的存款，这些条件Y某都不具备，但是，行贿、受贿犯罪系对合犯，行贿、受贿双方对该笔款项送给了Y某且能随时支取的认识高度统一。因为从都某的证言及Y某的供述都可以证明行贿、受贿犯罪行为的完成，都某对银行存款的保管仅仅是一种存放的方式，因此，可以认定Y某的行为构成受贿罪。

从证据上分析，Y某在客观上没有实际收到过该笔钱款，需要依赖都某开箱取款。但在主观认知上，虽然Y某不明知具体金额、存放地点、存放方式，甚至二人不在一个城市，但是，行贿、受贿双方对该笔款项送给了Y某且能随时支取的认识高度统一。都某的证言表示，虽然当时其有很多债务，但其答应了Y某，故均定时存入了足量的钱，保证Y某需要时随时拿给他。这些钱的实际所有权人是Y某，其只是帮Y某暂时保管。Y某亦供述，这些钱算是都某暂时帮其保管在银行的，只要其需要，即便都某没有把钱放到银行，也肯定会按照每年30万元左右的标准给钱，其有信心认为自己对130万元的存款有完全、绝对的控制权，随时都能实现对130余万元的占有和使用。但事实上，Y某要真正实现对130万元的完全控制还受到各种因素的影响以及各种主客观条件的限制，如都某或者其妻子因为其他债务的纠纷，保险箱被查封，银行遇到不可抗力导致保险箱毁损，都某因为其他重大事项急需资金临时使用保险箱内的资金等，都可能造成 Y 某不能实现对 130 万元的占有和使用，且都某还有很多债务，随时可能受到债权人的讨债以及法律的强制执行。Y 某理论上获得 130 万元的存款没有任何障碍，但是实践中真正实现还需要一个过程，正如到案发，Y 某都不知该笔款项的具体数字，因此，应当认定 Y 某为受贿未遂。

本案属于典型的约定型受贿，随着打击贪污受贿犯罪的力度逐渐加大，犯罪分子越来越狡猾，犯罪手段也不断翻新，目前查处的受贿方式有：人为阻隔权钱交易的对应性，致使谋取利益与非法收受财物的一一对应关系越来越弱化，有的故意拉长谋取利益和收受财物的时间段，如约定退休受贿等。上述案例中，Y 某在案发时尚未收到财物，甚至都不知财物在何处，这就是约定型受贿的特点，也是为避免贿赂犯罪被查出而采用的一种新的手段，是犯罪方式的变异。

第九章　受贿数额问题

62. 以借款形式收受贿赂，案发后，其中已经偿还部分应否纳入受贿犯罪数额?

【案情】被告人W某曾担任多个城市的主要领导，Y某系能源公司的总经理，W某曾多次利用职务上的便利为Y某谋取利益。2011年，被告人W某与其妻子协商准备让Y某出资为其儿子及儿媳购买一套大一点的房子。后来，W某在Y某请其夫妇吃饭期间对Y某说了，Y某表示同意。W某之子及儿媳选了一套价值1300万元的房子，房款由Y某支付。W某认为直接收受Y某1300万元太露骨，便跟其子商量以其儿媳母亲的名义向Y某借款，既然是借款，在形式上必须体现出还款。W某儿子及儿媳表示同意。2013年和2014年，W某儿子及儿媳每年还款100万元，钱转到Y某妻子的银行账户。2015年和2016年，每年还款50万元。2013年到2016年，一共还了300万元。2016年年底巡视工作开始后，W某的秘书被调查。W某就感觉到自己将要被组织调查，W某催促其儿子及儿媳要尽快把Y某夫妇给的近1300万元全部还清。到2017年5月的时候，W某的儿子及儿媳分数笔转给Y某妻子共980万元。还款数额比借款多一点，据此，1300万元全部还清。2013年左右，W某之妻曾对Y某之妻说过，购房的1300万元会慢慢还给你们，就是做个样子，对外表示这笔钱好像真的是借的一样，以后需要用时再要。因为这笔钱是通过银行转账的，是有痕迹的，所以通过每年象征性地还一点钱，让这笔钱从表面上看是借款，不容易被发现。

【问题】上述案例中，对于W某以借款形式收受贿赂的认识是一致的，至于案发后，其中已经偿还部分应否纳入受贿数额的问题，实践中有两种不同的意见。一种意见认为，2013 年和 2014 年，W 某的儿子及儿媳每年还款 100 万元。2015 年和 2016 年，每年还款 50 万元。2013 年到 2016 年，一共还了 300 万元。此时巡视尚未开始，该 300 万元不应认定为受贿数额。因为按照“两高”司法解释的规定，国家工作人员受贿后，因自身或者与其受贿有关联的人、事被查处，为掩饰犯罪而退还或者上交的，不影响认定受贿罪。后续还的 1000 余万元应予认定。另一种意见认为，1300 余万元都应认定为受贿数额，按照“两高”司法解释的规定，国家工作人员受贿后，因自身或者与其受贿有关联的人、事被查处，为掩饰犯罪而退还或者上交的，不影响认定受贿罪。而被告人 W 某虽然并非在查处或者将要被查处时偿还 300 万元，但是，其仍然是为了掩饰罪行而进行的退还，特别是还准备在需要的时候要回，因此，整体上在事前就做好了掩饰受贿的准备，应当予以认定。

【解析】2003 年 11 月 13 日最高人民法院发布的《经济犯罪座谈会纪要》对以借款为名索取或者非法收受财物的行为作出了认定，国家工作人员利用职务上的便利，以借为名向他人索取财物，或者非法收受财物为他人谋取利益的，应当认定为受贿。具体认定时，不能仅仅看是否有书面借款手续，应当根据以下因素进行综合判定：（1）有无正当、合理的借款事由；（2）款项的去向；（3）双方平时关系如何、有无经济往来；（4）出借方是否要求国家工作人员利用职务上的便利为其谋取利益；（5）借款后是否有归还的意思表示及行为：（6）是否有归还的能力；（7）未归还的原因，等等。上述司法解释的规定明晰了以借款为名索取或者非法收取财物行为的关键所在，本案在是否有正当合理的借款事由、款项的去向、双方平时关系、有无经济往来、借款后是否有归还的意思表示及行为等方面似乎完全符合上述司法解释列举的情况，因此，第一种意见的错误就在于没有透过现象看本质，这也是本案的特殊点，即该受贿犯罪是明知故犯，是有意为了规避法律而进行的受贿行为，在实施犯罪前预先设计，但是，仍然没有完全逃脱法律的规定，如上述司法解释中“（4）出借方是否要求国家工作人员利用职务上的便利为其谋取利益”这一点制约了其逃避犯罪的可能性。

根据《办理受贿案件意见》关于收受财物后退还或者上交问题的规定，“国家工作人员收受请托人财物后，及时退还或者上交的，不是受贿。国家工作人员受贿后，因自身或者与其受贿有关联的人、事被查处，为掩饰犯罪而退还或者上交的，不影响认定受贿罪”。第一种意见根据这一规定认为，当W某因自身以及其秘书被调查而决定让其儿子、儿媳将全部1000余万元款项退还可以认定为受贿，而之前的300万元不认定受贿是对上述司法解释机械的理解。该意见规定的及时退还的本质是收受人主观上没有占有财物的故意而退还，W某归还的300万元看似是退还的，但是，都是事前有意设计的，甚至还用儿媳母亲的身份出具了借款协议，其本质上是W某与Y某的权钱交易关系，Y某不会没有任何利益就借给W某儿媳的母亲1300余万元，所以，无论是借款协议还是之前归还的300万元，都是掩盖行贿、受贿的手段。正如W某的妻子对Y某妻子所讲，购房的1300万元会慢慢还给你们，就是做个样子，对外表示这笔钱好像真的是借的一样，以后需要用时再要。因为这笔钱是通过银行转账的，是有痕迹的，所以每年象征性地还一点钱，让别人看上去是借款，不容易被发现。退还300万元并非W某的真实意思表示，而是一种假象，其始终具有占有受贿款的主观故意，因此，全部1300万元应当认定为受贿数额，而且是既遂。上述第二种意见是正确的。

63. 受贿人已经消费掉的储值卡应否计入受贿犯罪数额?

【案情】被告人S某在担任某市市长期间，利用自己职务上的便利以及职权和地位形成的便利条件，接受自己的好友、本市企业家周某的请托，在城建拆迁、规划调整、石油管道的铺设等多方面提供多次帮助。2012年7月上旬和下旬某日，周某为了感谢S某的帮助，分别送给S某某大酒店价值5万元的储值消费卡一张，以及内存人民币200万元的银行无记名储蓄卡一张。5万元储值卡被S某用于公务接待和个人消费。当月，S某趁去西藏出差之机，用该银行卡购买天珠、南红等物品，刷卡消费185.6万元，回来后，将银行卡还给周某。某大酒店出具说明，该店办理储值卡不实行实名登记，且储值卡去向不明。被告人S某的供述及证人周某的证言对上述事实予以认可，并有多名证人证明，S某在某大酒店进行过公务接待。

【问题】被告人S某接受其好友、企业家周某赠送的某大酒店价值5万元的储值消费卡一张，用于公务接待和个人消费，内存人民币200万元的银行无记名储蓄卡一张，用于出差时购买天珠、南红等物品，刷卡消费185.6万元后将银行卡还给周某。关于受贿数额的认定问题，有三种不同的意见：第一种意见认为，储值消费卡5万元和银行卡200万元都应该认定为受贿；第二种意见认为，储值卡5万元可以不认定为受贿，银行卡200万元应当认定为受贿；第三种意见认为，储值卡5万元可以不认定为受贿，银行卡中消费掉的185.6万元应认定为受贿。

【解析】依据本案的事实和证据，根据司法实践进行研判，第三种意见是正确的，理由如下：

1. 关于某大酒店5万元的消费储值卡不应当认定为受贿。首先，从证据分析来看，虽然被告人S某对收受5万元消费储值卡的事实供认不讳，证人周某对此也予以证明，但是，某大酒店出具说明，该店办理储值卡不实行实名登记，且储值卡去向不明，所以，收受储值卡的事实可以认定，但是，准确认定储值卡的数额就是5万元的证据不足；其次，某大酒店的储值卡在出售过程中存在打折的情形，如对重要客人、对酒店有过贡献的人、长期客户等出售时，卡上所载明的数额与周某购买时所支付的货币不是一一对应关系，因此，数额不准确；再次，某大酒店的储值卡只能用于吃饭，不能进行兑现，因此其性质与请吃饭相类似，属于违法违纪的范畴；最后，S某储值卡大部分用于公务招待，少部分用于私人消费，其中的数额很难区分，根据刑法的谦抑性原则，以不认定受贿为宜。

2. 关于S某收受周某无记名银行卡一张，内存人民币200万元的事实应予认定为受贿行为。一是被告人S某在担任某市市长期间，利用自己职务上的便利以及职权和地位形成的便利条件，接受周某的请托，为其在城建拆迁、规划调整、石油管道的铺设等多方面提供多次帮助，不仅有明确的为周某谋取利益的表示，也有为周某谋取利益的行为，并多次实施；二是周某为了感谢S某的帮助，分别送给S某某大酒店价值5万元的储值消费卡一张，内存人民币200万元的银行无记名储蓄卡一张，S某收受的财物数额巨大，损害了国家公职人员职务的廉洁性，属于受贿行为；三是周某是基于S某为自己谋取利益而进行的感谢，虽然二人是好友，但是并非礼尚往来的关系，而是典型的权钱交易关系。

3. 认定S某收受的数额应当是185.6万元。一是2012年7月，S某收受周某给予的银行卡一张，说明双方已经达成收受财物的故意，并且实施。二是银行卡是货币的载体，本身并没有实际的价值，价值体现在卡上存有资金的数额。当时，S某收受银行卡就是为了去西藏购物，而周某愿意承担S某购物的费用。三是S某用银行卡内的存款购买天珠、南红等物品，消费185.6万元。因此，不应当认定周某送给S某的是银行卡，应认定用银行卡内的资金购买财物的价值，受贿数额以S某个人实际消费数额计算。四是S某在回来后将银行卡及卡内的存款返还周某，应视为S某没有占有银行卡内剩余资金的故意，因此，第三种意见是正确的。

64. 受贿人收受同一行贿人多辆轿车，并且用后车还前车的，数额如何认定?

【案情】2004年2月，被告人Y某在担任市委书记期间，其妻李某购买了一辆价值22.78万元的大众宝来轿车一辆。2005年，私营企业主白某主动提出让Y某将上述宝来车抵给自己，自己再给Y某妻子李某购买一辆新的路虎车，Y某同意。

2005年8月，李某将宝来轿车过户给白某，在二手车交易发票上的交易金额为17万元。但因为系交换车辆，实际上白某并未向李某支付钱款，该发票仅是为了过户而开的一张形式上的发票。故宝来汽车过户给白某时的价值没有证据予以确定。同年9月，白某以其公司的名义购买价值45万元（现有证据能够证明路虎车的购买价格，但不能证明车辆购置税的价格）的路虎自由人车一辆，将该车交给李某使用。该车登记在白某公司名下，行驶证为李某。2012年1月，白某将上述宝来轿车用于向他人抵债，具体向谁抵债，抵了多少债，白某已记不清了。

2010年下半年，Y某认为路虎车车况不好，且行驶证与车辆户主登记不一致，不合适，遂提出将路虎车归还给白某，再由白某重新购买一辆车给李某，白某同意。2011 年 1 月，经李某同意，白某购买价值 69.02 万元的奥迪 Q5 汽车一辆送给李某并登记在李某名下。李某将路虎车归还给白某，白某于 2011 年 11 月将该路虎车用于向他人抵债 30 余万元。

【问题】关于被告人 Y 某及其妻子李某接受白某两辆车的行为如何计算数量和价值，对此，在实践中有三种不同的意见。第一种意见认为，白某的证言证明，Y 某同意用宝来车换路虎车，又在 5 年之后将路虎车还给白某，相当于 Y 某用旧宝来车换了路虎车 5 年的使用权，白某最终送的就只是一辆奥迪车。依照该意见，受贿金额即为奥迪车的价值。第二种意见认为，Y 某先后收受白某两辆车，双方对于两辆车都是送给 Y 某的达成合意，且两辆车也都实际由李某使用，路虎车未登记在李某名下不影响受贿罪的认定，虽然李某后来将路虎车还给白某，但是系受贿既遂后对财物的处置问题。因此，路虎、奥迪两辆车均应认定为受贿既遂。第三种意见认为，将整体事实概括来看，Y 某用宝来车换了白某的新车，无论新车是路虎还是奥迪，Y 某占有并使用的都只有一辆车。Y 某、李某虽实际使用了路虎车，但该车所有权并未转移，且事后也将该车还给白某，白某购买路虎车的价值为 45 万元，归还后用于抵债 30 余万元，可见白某的路虎车的经济利益并未受损，因此，不应将路虎车计入受贿金额。根据该意见，受贿金额即为奥迪车的价值减去宝来车的鉴定价值。

【解析】根据《办理受贿案件意见》关于收受贿赂物品未办理权属变更问题的规定，国家工作人利用职务上的便利为请托人谋取利益，收受请托人房屋、汽车等物品，未变更权属登记或者借用他人名义办理权属变更登记的，不影响受贿罪的认定。行贿人白某的证言证明，Y 某之妻用自己的宝来轿车置换了白某的路虎车，按照上述意见的规定，李某收受的路虎车和奥迪 Q5 都可以认定为受贿。如果认定 Y 某通过李某先后收受白某路虎车和奥迪 Q5 两辆车，即第二种意见，因为“双方对于两辆车都是送给 Y 某的”已达成合意，且两辆车也都实际由 Y 某妻子李某使用，路虎车未登记在李某名下不影响受贿罪的认定，虽然李某后来将路虎车还给白某，但是系受贿既遂后对财物的处置问题。因此，路虎、奥迪两辆车均应认定为受贿既遂。如果按照此意见，受贿的数额就是路虎车的价值减去宝来车的价值，再加上奥迪车的价值。这就需要通过鉴定确定宝来车送给白某时的价值，但是，宝来车已经灭失，难以确定其价值。同时，白某又将路虎车抵债30余万元，这部分钱款如果不予减除也是不合情理的，但是，30余万元也不是一个准确的数额，是白某与其他人协商的结果，实际上，应该减掉的是路虎车还给白某时的价值，但是无法确定。此外，无论是从整体数额中减掉还是在奥迪车的价值上减掉，都存在不合理性。这种意见理论上是最科学的，但是实践中无法实现。如果按照第三种意见，Y某用旧宝来车换了白某的新车，无论新车是路虎还是奥迪，Y某占有并使用的都只有一辆车。Y某、李某虽实际使用了路虎车，但该车所有权并未转移，且事后也将该车还给白某，白某购买路虎车的价值为45万元，归还后用于抵债30余万元，可见白某的路虎车的经济利益并未受损，因此，不应将路虎车计入受贿金额。根据该意见，受贿金额即为奥迪车的价值减去宝来车的鉴定价值。但是，此种意见没有考虑到路虎车的使用费用15万元，同时，对路虎车的性质没有界定，也存在不合理之处。按照第一种意见，李某用宝来车与白某的路虎车交换使用，李某又在5年之后将路虎车还给白某，白某将路虎车用于抵债30余万元，可以视为白某用路虎车换了宝来车使用，也可以视为Y某之妻李某用自己的旧宝来车换了白某路虎车5年的使用权。白某最终送的就只是一辆奥迪车。依照这种意见，受贿金额即为奥迪车的价值。因此，路虎车使用5年的价值已经接近宝来车的价值，但就收受而言，无论是Y某及其妻子李某还是白某都认为只收了一台奥迪车。根据纪检监察机关出具的情况说明，也只认定了Y某收受白某奥迪车一辆。此外，宝来车已经被白某用于抵债，没有提取到案，无法评估该车转让时的价值，即根据第二种、第三种意见均无法计算准确数额。故第一种意见比较合理。

65. 收受二手高尔夫球员会籍的价值如何计算?

【案情】2009年8月，C某在担任市检察院检察长期间认识了上海籍商人沃某。2006年，沃某自称花费43万元人民币购买了一张天马高尔夫球会员卡自己使用。2012年左右，沃某告诉C某说，其手里有几张高尔夫球卡，想转一张高尔夫球卡给C某之子。C某说用不着的，沃某说会处理好的，C某没有拒绝表示默认。之后，沃某和C某之子一起到天马高尔夫球俱乐部将自己购买的会员卡的名字变更为C某之子。沃某向高尔夫球场支付了11万元人民币的转让手续费。不久，C某知道其子手里有高尔夫球卡后，让其子安排沃某、付某打一场高尔夫球。2015年，沃某听到C某要被调查的传言，担心查到送会员卡给C某之子的事，便向C某之子提出支付天马高尔夫球卡转让费的事情，但C某之子一直没有付钱。天马俱乐部提供的情况说明证明，2006年4月30日，沃某从他人处将俱乐部会籍转至自己名下，转让费用为3000多美元（会籍申请表注明收到转让款人民币31万元）；2012年8月23日，沃某将其名下俱乐部会籍转至C某之子名下。天马俱乐部销售汇总表证明，2011年至2013年，俱乐部的销售及会籍市场定价情况证明个人会籍市场定价均为95万元人民币。

【问题】关于C某之子接受二手高尔夫俱乐部会籍价值的认定的问题，有两种不同的意见：一种意见认为，应当认定为42万元或54万元，因为无论是沃某的证言，还是俱乐部的书证都证明转让费用是3000多美元，折合人民币31万元，但沃某自称还给中间人部分费用，购卡花费的43万元加上向高尔夫球场支付的转让手续费11万元，共计54万元，不应当认定为95万元。另一种意见认为，应当认定为95万元，一是根据俱乐部销售汇总表证明，当时俱乐部的销售及会籍市场定价情况证明个人会籍市场定价均为95万元人民币。虽然沃某接受他人转让时支付了43万元，并支付11万元的转让手续费，总计54万元，但是这种转让是由于市场变动的特殊情形，有人急于转让而低价卖出形成的，并非真正的市场价值。二是重新转让或者出售时也应遵循市场的定价，因此，应当认定为95万元。

【解析】根据2016年4月18日《贪污贿赂司法解释》第12条的规定："贿赂犯罪中的'财物'，包括货币、物品和财产性利益。财产性利益包括可以折算为货币的物质利益如房屋装修、债务免除等，以及需要支付货币的其他利益如会员服务、旅游等。后者的犯罪数额，以实际支付或者应当支付的数额计算。"以沃某向C某之子转让天马高尔夫俱乐部会籍的时间为基准日，根据俱乐部销售汇总表认定该起事实中C某收受沃某财物的数额为95万元。虽然沃某自称2006年接受他人转让时已支付43万元，2012年又支付转让费11万元，实际共支付54万元人民币，但认定95万元的价值是正确的。首先，该会籍的市场价格并非固定不变，始终是在变动中，有最高点也有最低点，要遵循经济规律，如同外币的汇率一样，我们不能以市场上黄牛交换的价格作为实际的价值，因为有高也有低，应当以人民银行的外汇牌价计算；其次，沃某在接受高尔夫会籍时遇到特殊的情形，即由内部人员信息沟通得知有人转让，并且是急于出手低价转让的，额外支付中间人的费用为 12 万元；最后，应当以当时的市场价来计算，因为该会籍在出让时仍然存在价值的问题，依据的标准就是相关部门市场的定价。因此，以沃某向 C 某之子转让会籍时的公开市场价格认定犯罪数额更为恰当，故第二种意见是正确的。

66. 国家工作人员向请托人高价出售自己的房屋，在被查处时，房屋的价格远远高于交易时的价格，如何处理？

【案情】2005 年至 2015 年，被告人 X 某利用其担任国有银行副行长、银行股份有限公司董事长等职务上的便利以及本人职权、地位形成的便利条件，接受商人钟某的请托，在为钟某子女安排及调动工作、钟某朋友王某的提拔以及钟某的朋友涉及违纪案件向相关人员打招呼、说情等方面提供帮助。2009 年 10 月下旬的一天，X 某打电话给钟某，约其到金融街七彩云南喝茶，X 某对钟某说，他现在急着用钱，想把自己华荣公寓的那套房子卖给钟某，当时钟某也不清楚 X 某为什么突然提出这件事情，不过也不好细问，觉得既然 X 某要卖就答应了。X 某接着跟钟某说："房子是 2007 年花 2 万元一平方米购买的，现在 4 万多元一平方米了，就按 4 万元一平方米吧。"钟某当时心里算了下，那套房子有 260 平方米，按 4 万元一平方米算的话，也要 1040 万元，其考虑 X 某这个人还是很好相处的，虽然是高级领导干部，在其面前一点架子都没有，其儿子进入央行工作包括调整岗位都是找 X 某帮忙办的，之前还答应了帮朋友提拔的事，算是很给其面子了。钟某就跟 X 某说："也别 1000 多万元了，不如凑个整数，就 1100 万元吧。"X 某听了很高兴，当时说："行，就按你说的办吧。"经鉴定，该房产在 2009 年 10 月的市场价值为人民币 784 万元，房屋差价款人民币 316 万元；案发后，该房屋已升值至人民币

3000余万元。

【问题】上述案例中，被告人X某向请托人高价出售自己的房屋，按照房屋当时的市场价值差价为316万元，但是，当X某被查处时，该房屋的价值已经升至3000余万元。对此如何处理，有两种不同的意见。一种意见认为，被告人X某利用自己的职权为请托人谋取利益，虽然X某被查处时，房屋的价格远远高于交易时的价格，但是，按照“两高”关于以交易形式收受贿赂的问题解释的规定，国家工作人员利用职务上的便利为请托人谋取利益，以明显高于市场的价格向请托人出售房屋的，以受贿罪论处。理论上认定X某构成受贿罪是成立的，但是，鉴于本案的特殊情形，X某当时急需用钱，正常情况下，此地段的房子是很少出售的。案发时，请托人不但没有遭受损失，反而有较大的盈利，危害性不大，可以依据《中国共产党纪律处分条例》规定的前三种形态进行纪律处分，不作为犯罪追究。另一种意见认为，上述情形应当按照受贿罪定罪处罚。根据“两高”的司法解释，本案属于典型的利用交易形式收受贿赂的犯罪，应当以房屋交易时的差价款人民币316万元认定受贿数额，虽然案发时该房屋的价格达到3000余万元，但那是由于市场情况的变化而带来的，不能因市场的变化而影响犯罪的构成。

【解析】根据《办理受贿案件意见》关于以交易形式收受贿赂问题的规定，国家工作人员利用职务上的便利为请托人谋取利益，以下列交易形式收受请托人财物的，以受贿论处：（1）以明显低于市场的价格向请托人购买房屋、汽车等物品的；（2）以明显高于市场的价格向请托人出售房屋、汽车等物品的；（3）以其他交易形式非法收受请托人财物的。受贿数额按照交易时当地市场价格与实际支付价格的差价计算。前款所列市场价格包括商品经营者事先设定的不针对特定人的最低优惠价格。根据商品经营者事先设定的各种优惠交易条件，以优惠价格购买商品的，不属于受贿。本案的被告人X某属于上述司法解释规定的利用交易形式收受贿赂的典型例子，即以交易形式收受请托人财物，以明显高于市场的价格向请托人出售房屋。案涉房产在2009年10月的市场价值为人民币784万元，而X某向请托人收取1100万元，房屋差价为人民币316万元。按照上述司法解释的规定，受贿数额按照交易时当地市场价格与实际支付价格的差价计算，即316万元。虽然X某当时不得已将房屋高价出售有急需用钱的因素，通常情况下，此地段的房子是很少出售的，但是，X某毕竟还是针对特定人钟某提高了价位出售，并且X某也因此多获得316万元。案发时，虽然房屋升值至人民币3000余万元，这是由市场因素决定的，看似请托人并没有受到财物的损害，还因此获利，但是，事实上，请托人要付出购买房屋后支付本金的财务成本，同时，还要承担房屋降价的风险。因此，上述行为的严重后果是侵害国家公职人员职务的廉洁性，X某利用国家工作人员职务上的便利，为请托人谋取利益，在当时的条件下获取了巨额的财物316万元，属于典型的权钱交易，按照《刑法》及相关司法解释的规定属于数额巨大的情形，如果案件起诉到人民法院就应该按照受贿罪定罪处罚。因此，第二种意见是正确的，至于是否按照违法违纪的形态处理不属于审判中讨论的问题。

67. 在行贿人没有向受贿人提出请托事项之前，行贿人送给受贿人不足3万元人民币是否要加入后来受贿犯罪的总额中？

【案情】2000年至2009年，被告人S某担任某市分管城市建设的副市长。张某系房地产建设开发公司的董事长。张某与S某以前就很熟悉，但没有向S某提出过具体请托事项，在某次饭局后，张某送给S某人民币2万元。此后，S某在出席相关活动、对相关部门讲话时，明确要求城镇建设相关部门要与张某的公司搞好关系。在很长一段时间后，张某向S某说明其房地产开发公司在市内有很多项目需要得到S某的帮助，向S某提出明确的请托，并送给S某200余万元的现金。

【问题】张某在向S某提出请托事项以及送给S某200余万元之前所送的2万元是否加入受贿总额中，对此，有两种不同的意见。一种意见认为，应当计入总的受贿额中；另一种意见认为，不应当加入总额中。

【解析】关于行贿人在没有向受贿人提出请托事项之前，送给受贿人不足3万元人民币的，是否要加入后来受贿数额中的问题，实际涉及两个方面的问题：一是张某送给S某2万元人民币时，S某是否存在为张某谋利的行为？二是S某接受2万元与张某事后向S某的请托是否有关联？《贪污贿赂司法解释》第13条第1款列举了三种应当认定为“为他人谋取利益”的情形。根据第（2）项规定，明知他人有具体请托事项而收受其财物的，视为承诺为他人谋取利益。本案中，行贿人张某向时任某市分管城市建设的副市长的S某赠送2万元人民币时，张某并没有具体请托事项向S某提出，张某系房地产建设开发公司的董事长，并且其房地产开发公司在本市内有很多项目，虽然张某没有明确的请托事项，但是，S某知道张某从事房地产开发建设项目，并且在本市有很多工程，S某对此内心是明知的。根据上述解释的规定，只要收受财物同与职务相关的具体请托事项建立起关联，即应以受贿犯罪处理。受贿人基于客观情况能够判断出行贿人有请托事项，一是受贿人收受对方财物的，虽然尚未实施具体谋取利益的行为，也应认定为受贿人“为他人谋取利益”；二是受贿人知道或应当知道行贿人的具体请托事项，无论是否实施为对方谋取利益的行为，此种情形同样属于基于具体职务行为的权钱交易行为，公职人员的职务廉洁性受到侵害，也应认定为受贿人“为他人谋取利益”。但是，S某收受张某2万元，没有达到定罪的起点，此时，不能认定为受贿。在经过一段时间后，张某向S某提出明确的请托事项，并送给S某200余万元的现金属于“权钱交易”。但是，关于在张某向S某请托之前所送的2万元是否要加入受贿总额中的问题，就S某最初收受张某的钱款来看，虽然张某送给S某单笔人民币2万元，未达到3万元，但是，S某在出席相应活动对相关部门讲话时，明确要求城镇建设的相关部门要与张某公司搞好关系，应视为接受请托为请托人谋利，故在接受请托谋利前收受的2万元的钱款应计入受贿数额。事前受贿和事后受贿没有实质不同，关键在于收受财物与具体职务行为有无关联，而不在于何者为因、何者为果，也不在于时间先后。

实践中，针对行贿人长期连续给予受贿人超出正常人情往来范围的财物，收受财物与具体请托事项不能对应情况下受贿数额如何计算的问题，收受不足3万元财物的事实应当严格把握，要判断行贿人长期连续给予受贿人财物，是否超出正常人情往来，其间只要发生过具体请托事项，就要将收受的总金额及每次金额的大小、时间跨度和谋利事项结合起来进行综合判断，将具有社会危害性、具备权钱交易本质特征，影响职务正常行使，侵犯国家公职人员职务廉洁性的行为认定为犯罪，可以把这些连续收受的财物视为一个整体，全额认定受贿数额。另外也不能扩大化，要注意多次收受财物之间应具有连续性，这是得以在法律上将收受财物与谋利事项建立联系进而将之作为整体受贿行为对待的事实基础。上述案例中，如果张某送给S某2万元后没有继续行贿的，就不能认定为犯罪。本案中，第一种意见是正确的。

68. 行贿人在异地参加受贿人女儿的婚礼，在此期间，行贿人所支付的其家人以及受贿人家属的食宿费用是否应纳入受贿犯罪数额?

【案情】2012年，Y某担任某省会城市市委书记期间，其女儿在外省举行婚礼，其间，Y某之妻及多名亲友（包括都某一家等行贿人）住在某酒店，共计产生费用10余万元。都某在征得Y某之妻同意后向酒店支付了该笔费用。书证显示，上述住宿费用包括Y某之妻等人的食宿，也包括都某等共计20余人的食宿费用。Y某与都某系多年的好友，Y某曾数次接受都某的请托为都某及其所控制的单位谋取利益，并多次收受都某数额巨大的财物。

【问题】关于都某为Y某结算的其女儿婚礼费用10余万元是否计入受贿数额的问题，对此有两种意见：一种意见认为，上述10余万元应当计入受贿数额。因为Y某女儿举行婚礼，其亲友来参加婚礼，Y某应当承担亲友的食宿费用，都某结算Y某女儿婚礼费用10余万元是替Y某结账，虽然上述费用中包括了其他人甚至都某本人及其妻子的食宿费用，但鉴于上述消费产生于Y某女儿举办婚礼期间，根据风俗习惯，加之Y某及其妻子、都某三人关于费用承担的证言证明，多名亲友共同居住于同一酒店，且并未分开结账是Y某家事先安排的结果。故都某结账系送予Y某的财产性利益，应计入受贿数额。另一种意见认为，上述10余万元不应计入受贿数额。因为Y某与都某系多年的好友，都某带着自己的妻子去参加Y某女儿的婚礼，表现出一种亲情，都某所支付的10余万元费用主要是食宿费，包括Y某的亲友，甚至还包括都某自己和妻子的费用，按照风俗习惯，亲友参加婚礼的食宿费用应当由Y某及家庭来承担，但是，实践中也并非如此，特别是其他人的食宿费用不能认定为Y某所获得的财产性利益。此外，其他亲友的费用，如果都某不支付，也不一定需要Y某来支付，很多亲友可能自行承担。

【**解析**】《贪污贿赂司法解释》第12条规定："贿赂犯罪中的'财物'，包括货币、物品和财产性利益。财产性利益包括可以折算为货币的物质利益如房屋装修、债务免除等，以及需要支付货币的其他利益如会员服务、旅游等。后者的犯罪数额，以实际支付或者应当支付的数额计算。"上述案例中，都某所支付的10余万元食宿费用属于财产性利益，应当计入受贿数额。因为Y某与都某系多年的好友，抛开双方之间存在行贿、受贿关系，Y某的女儿举行婚礼，其亲友来参加婚礼，根据风俗习惯，Y某应当承担亲友的食宿费用，都某在征求Y某妻子的意见后结算本应由Y某承担的费用10余万元，实质上是替Y某结账，虽然费用中包括了其他人甚至都某本人及其妻子的食宿费用，但按照风俗习惯，参加婚礼的亲友都带有礼金，招待这些亲友的费用应当由Y某承担，事实上，Y某也做了这样的准备，统一住在固定的宾馆，如果都某不去结算，Y某也会承担，都某为了取得Y某的好感，没有告知Y某而是在征求Y某妻子的意见后进行了结算，实质上是送予Y某的财产性利益，应计入受贿数额。所以，第一种意见是正确的。

69. 被告人收受轿车后担心被查处将车退还的，受贿犯罪数额如何计算?

【**案情**】被告人L某系国家网络部门的负责人，2012年下半年，L某与请托人何某聊天时，说到其妻想买辆车。何某提出他公司有很多辆车，可以安排一辆车给L某之妻使用，L某答应了。不久，何某开过来一辆新买的黑色沃尔沃XC60越野车。L某接受了并给其妻子使用。何某的公司支付了车价42.29万元、车辆首年保险费1.25万元、购置税3.6万元和上牌、检测等杂费1000元，共计47.25万元，另外公司还为该车支付了2014年至2016年的保险费和维修费，共计3万余元。2016年6月，L某被组织调离原职位，其感觉到自己有严重的经济问题，让别人看到其妻子天天开着高档轿车感觉有风险，就决定把车退还给何某。2016年下半年，L某说服其妻子将车退还给了何某。其妻子告诉他这辆车的保险费、维修费用、保养费用以及部分加油费用是何某安排支付的。何某之所以要送给L某之妻一辆车并承担汽车使用的日常费用，是因为何某看中了L某手中有权力，想要讨好L某并希望利用其权力为他做生意提供帮助。而L某也确实利用职权为何某的经营提供了不少帮助，何某也获取了大量的经济利益。

【问题】L某之妻收受何某的沃尔沃轿车的行为认定为受贿没有异议。但是，如何认定受贿的数额产生两种不同的意见：一种意见认为，L某还车发生在2016年6月，当时并没有确切的证据证明已经要对其采取措施，只是其感觉职务调整不正常，担心被查处而将车辆退还。因此，车辆是其主动退回的，在计算受贿数额时，应当按照该车的购买价格、购置税、三年使用期间的保险费、维修费这些费用，减去归还时的车辆鉴定价值，即以L某之妻实际使用车辆所产生的费用来认定L某的受贿金额。另一种意见认为，应当以L某通过其妻收受何某所送沃尔沃的价值认定，包括新车裸车价、购置税、首年保险费及上牌费等所有费用。购买价格、购置税、三年使用期间的保险费、维修费这些费用，因为L某通过其妻收受车辆的行为已经完成，三年后将车退还给何某，是担心犯罪事实暴露，只是隐藏犯罪的一种手段，也是对赃物的一种处理方式。

【解析】本案中，关于L某收受何某的一辆沃尔沃轿车的事实没有争议，二人之间有行贿、受贿的故意，何某送车给L某之妻，实际上是送车给L某，希望通过这种方式讨好L某，而且L某也同意了何某送车的行为，所以，这种行为本质上就是L某收受了何某的贿赂。何某证明，其看中了L某手中有权力，想要讨好L某，希望利用其手中的权力为他做生意提供帮助。而L某也确实利用职权为他的经营提供了不少帮助，并获取了大量的经济利益。L某在案发前主动将车退还给何某的行为不能视为主动退回，因为L某最初并非没有占有的故意，只是其担心自己被查出为了掩盖罪行而退还车辆。根据《办理受贿案件意见》的规定，“国家工作人员收受请托人财物后及时退还或者上交的，不是受贿。国家工作人员受贿后，因自身或者与其有关联的人、事被查处，为掩饰犯罪而退还或者上交的，不影响认定受贿罪”。因而，不能认定L某的行为是及时退回的行为，而应认定为受贿罪。关于数额的认定，L某之妻在使用车辆三年后退回，是基于L某工作的调动，担心被组织查处，因此，退车是迫不得已的，并非没有占有故意的主动退回，但是，退车后，实际上L某及其妻子之前占有的就是何某车辆三年的使用权和相关的费用，主动放弃对这辆车的占有是客观事实。但是，在认定行贿、受贿犯罪数额的时候应当主客观要件相结合，被告人L某与何某达成的行贿、受贿犯罪的合意就是整辆车，而非车辆的使用权，事实上，L某之妻也使用车辆达三年之久，行贿、受贿的行为已经实际完成，L某之妻后来将车退还的行为是对赃物的一种处分，因其对车辆有完全的占有和支配权，其可以将车卖掉，可以送给他人，也可以毁损，返还给行贿人只能说是更高级的隐瞒犯罪的一种方式和对赃物的一种处理方式，因此，应当认定被告人L某收受这辆车，其价值包括新车裸车价、购置税、首年保险费及上牌费等所有费用。所以，第二种意见是正确的。

70. 在行贿人为受贿人保管赃款过程中，行贿人又私自向存有赃款的银行卡存入的资金，是否应纳入受贿犯罪数额？

【案情】被告人Y某在担任市委书记期间，利用职务上的便利曾多次为商人杨某谋取利益。2013年春节，杨某曾先后三次送给Y某存单3张，价值100万元，后Y某让杨某将3张存单内本金及利息共计110万元取出，存入杨某单位出纳员胡某的招商银行卡中，后将该卡及密码交给Y某之妻李某。2013年，杨某又安排胡某向该银行卡中存入50万元，并告知Y某。2014年，李某将银行卡退还给胡某，胡某将卡内钱款部分用于理财。2015年，李某又要回该卡。2011年，杨某向自己的建设银行卡内汇入40万元后，将卡附有密码交给Y某夫妇。2012年，Y某夫妇将该卡交给杨某保管前，Y某将该部分行贿款存为定期。2014年，杨某向该卡存入行贿款20万元，并告知Y某直至案发。

【问题】关于杨某将以自己名字开设的建设银行卡，以及以其单位出纳员胡某名义开设的招商银行卡交给Y某夫妇使用，在Y某夫妇掌握银行卡，以及没有掌握银行卡期间，杨某都分别向银行卡内存入了资金，这部分钱款是否纳入受贿数额的问题，实践中有三种不同的意见：第一种意见认为，杨某向以其单位出纳员胡某名义开设的招商银行卡内先存入的110万元和后续存入的50万元的资金都应当认定为受贿。因为，110万元是受贿3张存单转化而来，后来存入的50万元，虽然都是杨某私自存入的，但是之后都告知了Y某，银行卡在Y某夫妇手中，并知道密码，有完全的支配权。2014年，李某将卡退还给胡某，胡某将卡内钱款部分用于理财，可以认为是受贿款的保管方式。随后，2015年李某又要回该卡。杨某向以自己的名义开设的建设银行卡内存入的40万元、20万元，虽然是私自存入的，但是事后都告知了Y某，存入20万元时，虽然银行卡在杨某手中，但是，Y某夫妇可以随时提出使用，具有完全的支配权，因此，都应当认定为受贿。第二种意见认为，杨某向以其单位出纳员胡某名义开设的招商银行卡内先存入的110万元应当认定为受贿，因为，110万元是受贿3张存单转化而来。2014年，李某将卡退还给胡某，胡某将卡内钱款部分用于理财，虽然2015年李某又要回该卡，但是用于理财的资金Y某夫妇无法支配，应当认定为未遂。2011年，杨某在向自己开设的建设银行卡内汇入40万元后，将卡和密码交给Y某夫妇，40万元已经在Y某夫妇的手中，因此，40万元应当认定为受贿。2012年始，Y某夫妇将该卡交给杨某保管，2014年，杨某向该卡内存入行贿款20万元，在此之后告知了Y某，虽然Y某知情，但是银行卡在杨某手中，无法使用，20万元应当认定为未遂。第三种意见认为，杨某向以其单位出纳员胡某名义开设的招商银行卡内先存入的110万元和后续存入的50万元的资金都应当认定为受贿既遂，理由与第一种意见相同。关于杨某在向自己开设的建设银行卡内汇入40万元后，将卡和密码交给Y某夫妇，40万元已经在Y某夫妇的手中，因此，40万元应当认定为受贿。2012年，Y某夫妇将该卡交给杨某保管前，Y某将该部分行贿款存为定期。2014年，杨某向该卡存入行贿款20万元，并告知Y某。虽然Y某对20万元知情并默许，但是，至案发时20万元没有使用，仍然在杨某掌握的银行卡中，应当认定为未遂。

【解析】在司法实践中，关于判断受贿罪既遂与未遂的标准有三个方面：第一，以受贿人是否做出利用职务之便为行贿人谋取利益的承诺为划分既遂或者未遂的标准，受贿人做出利用职务上的便利为行贿人谋取利益的承诺的是既遂，没有做出承诺的是未遂；第二，以受贿人是否为行贿人谋取到利益为标准，受贿人为行贿人谋取到利益的是受贿既遂，没有谋取到利益的是未遂；第三，以受贿人是否收到贿赂作为划分既遂和未遂的标准。受贿人收到贿赂的是受贿罪既遂，没有收到的是受贿罪未遂。前两种意见是根据受贿罪构成要件来进行的区分，更严格意义上是罪与非罪的划分，更趋向于将有关犯罪客体侵害作为标准，主要是针对受贿人已经收受到贿赂，从有关受贿人是否利用职务上的便利、是否为行贿人谋取利益的角度进行判断。本案中，Y某利用职务上的便利为杨某谋取利益已经是既定的事实。以第三种判断标准来判断既遂和未遂是准确的，即以受贿人是否收到贿赂作为划分既遂和未遂的标准，本案的特殊之处就在于如何判断受贿人是否收到财物。随着经济社会的发展，贿赂犯罪的财物经历了从物品到货币，再到财产性利益的不断扩展，货币也发生了从纸币到电子符号的转变，如何来界定既遂和未遂还要回到刑法理论中关于对财物占有的理论上来分析。在刑法的理论上关于对财物是否真正的占有主流的意见有三种，即控制说、失控说、失控说加控制说，公认的就是失控说加控制说，即凡是财物已经脱离行贿人或者保管人的控制，并已经实际置于受贿人或者共同受贿人控制之下，即为受贿罪的既遂，否则为未遂。行贿、受贿犯罪区别于其他侵犯财产类的犯罪，受贿罪的客观方面表现为利用职务上的便利，索取他人财物，或者非法收受他人财物，为他人谋取利益的行为。非法收受他人财物，属于行贿、受贿人的共同故意，存在财物在行贿、受贿人之间流转的问题，这与其他对财产所有权的控制和失控具有明显的区别，在财物流转之间，存在由于行贿人谋取的利益没有得到，出现反悔的情形，当案发时，行贿人又称代受贿人保管等问题，因此，行贿、受贿犯罪之中的既遂与未遂的界定是一个复杂而烦琐的问题。

上例中，Y某曾先后三次收受杨某存单3张共100万元，后杨某按照Y某的要求将3张存单内本金及利息共计110万元取出，存入胡某招商银行卡中后，胡某将该招商银行卡及密码交给Y某之妻李某，100万元行贿、受贿已经完成。2013年，杨某又安排胡某向该银行卡中存入50万元，并告知Y某。银行卡在Y某妻子李某手中且李某掌握密码，50万元相当于直接给了李某。因为，50万元实际上已经在Y某夫妇的控制之下，杨某和胡某完全失去了控制权，行贿、受贿已经完成。2014年，李某将卡退还给胡某，是基于当时巡视组开始巡视的背景，是Y某夫妇处理赃款的一种方式，是主动退回还是暂时由胡某保管没有明示。当时，胡某将卡内钱款部分用于理财，但是款项始终在银行卡上，胡某也许认为现金存在卡上过于浪费，其只有占有理财收益或者理财收益与活期存款利息差的故意，从未有占有本金的想法。2015年，李某又向胡某将银行卡要回。可以看出，李某并非将银行卡上的存款退回，而是暂时交由胡某保管，即便是退回也改变不了行贿、受贿的事实，且属于犯罪既遂。

关于杨某2011年曾向自己的建设银行卡内汇入40万元，并将卡和密码交给Y某夫妇，此40万元已实际转移至Y某，行贿、受贿的犯罪事实已经完成。40万元已经在Y某夫妇的手中，2012年，Y某夫妇将该卡交给杨某保管前，Y某将该40万元行贿款存为定期，因此，40万元应当认定为受贿。2014年，杨某向该卡存入行贿款20万元，并告知Y某。虽然Y某对20万元知情并默许，但是，至案发时20万元没有使用，仍然在杨某掌握的银行卡中，杨某也知道密码，此外，杨某对于卡内转换的定期的资金可以随时通过提前支取、挂失等方式进行掌控和处理，对于20万元也可以用上述方法进行控制，但是，由于主观上受巡视的震慑，客观上至案发前尚未动用，虽然行贿、受贿达成合意，但是无法实现对20万元的完全掌控。因此，20万元应当认定为未遂。第三种意见是正确的。

71. 国家工作人员将自己持有的股权转让给他人，后又向被转让人索取分红款的，应如何认定？

【案情】2011年，被告人Y某在担任市委书记期间，收受了商人陈某出资购买的宏丰公司价值200余万元的股份，2012年年初，陈某因车祸去世。Y某觉得名下有陈某出钱购买的股份，可能会对自己进步产生不利影响，2012年下半年的一天，Y某把自己曾多次利用职权帮助谋取利益的商人曹某叫到办公室，说其有一些宏丰公司的股份看能不能转让给曹某，当时购买用了200余万元，因有一些溢价，提议转让价300万元，曹某表示同意。几天后的晚上，曹某到Y某家里，将一个装有300万元现金的大号拉杆箱交给Y某用于购买股份。2013年年底，Y某让曹某去办股权转让变更登记。2014年1月，这只股票分红，曹某工商银行卡上分了370余万元，建行卡上分了440余万元，一共810余万元。

2014年年底的一天，曹某说以他个人的名字给Y某之妻李某开个证券账户，并把第一次股票分红的370余万元拿给李某炒股。2015年，李某要求曹某把存有股票第二次分红440万元的建行卡拿给她，曹某同意但没有告诉李某密码。2016年10月，因为巡视组进入该市，李某把证券账户的相关资料，包括建设银行卡退给了曹某。工商银行卡上还有250余万元的资金，建设银行卡中加上利息一共是444万余元没有动。对于将370万元用于炒股的事实，李某曾跟Y某说过，Y某默许。

【问题】上述案例中，对于Y某通过李某收取存有370万元的工商银行卡用于炒股和收受存有440万元的建行卡是否构成受贿罪的问题，实践中有三种意见：第一种意见认为，Y某不构成受贿罪。Y某转让股票给曹某，购买时价值300万元，股票分红810万元，应该说，股份的对价应当是810万元，交易时曹某多得510万元。曹某用第一次分红款为Y某之妻提供炒股资金370万元，并提供存有440万元的银行卡，但是未告知密码，其内心想给李某使用的数额就是控制在370万元以内，即第一次分红款的数额之内，440万元没有想给李某的意思，李某炒股所用370万元在510万元的差价内，因此，不能认定Y某构成受贿罪。第二种意见认为，370万元应认定为受贿，因为Y某与曹某之间已经就200万元股份达成交易，溢价100万元，并且办理了过户手续，股份已经完全归曹某所有，当时尚未分红，无论几次分红，抑或没有分红，完全应当由曹某承担责任和享有利益，与Y某夫妇无关。因此，李某收受的370万元，属于Y某利用职权为曹某谋取利益，曹某对其表示感谢给予的财物，440万元也是如此，但是，因为曹某没有告诉李某密码，李某无法对440万元完全掌控，可以认定为未遂。第三种意见认为，370万元应当认定为既遂，理由与第二种意见一致。但是对于440万元不予认定，主要理由就是曹某故意没有告诉李某密码，虽然银行卡在李某处，但是对银行卡内的资金李某没有任何方法获得，在曹某的主观意识范围内也没有想给李某440万元，因此，可以不予认定。

【解析】根据2007年7月8日公布的《办理受贿案件意见》关于以交易形式收受贿赂问题的规定，国家工作人员利用职务上的便利为请托人谋取利益，以下列交易形式收受请托人财物的，以受贿论处：（1）以明显低于市场的价格向请托人购买房屋、汽车等物品的；（2）以明显高于市场的价格向请托人出售房屋、汽车等物品的；（3）以其他交易形式非法收受请托人财物的。受贿数额按照交易时当地市场价格与实际支付价格的差额计算。前款所列市场价格包括商品经营者事先设定的不针对特定人的最低优惠价格。根据商品经营者事先设定的各种优惠交易条件，以优惠价格购买商品的，不属于受贿。本案中，被告人Y某就是以其他交易形式非法收受请托人财物的。当时的股份价值是200万元，其实际收取300万元，实际上就是一种受贿的行为。按照司法解释的规定，受贿数额按照交易时当地市场价格与实际价格的差额计算。事实上，股份的价值也在增长，因此，根据刑法的谦抑性，该100万元可以不予认定。

关于Y某夫妇收受曹某370万元炒股资金的犯罪形态，Y某明知李某与曹某双方形成合意，且银行卡、密码均由李某实际控制，李某曾跟Y某说过，Y某默许。2016年10月，因为巡视组进入该市，Y某夫妇为逃避打击，案发前返还银行卡、炒股工具等，因Y某曾多次利用职权帮助曹某谋取利益，曹某才为李某提供370万元用于炒股，属于典型的权钱交易行为，实际上已经与股份的买卖没有任何关系，因此，该行为不影响犯罪既遂的认定。

关于是曹某主动给予炒股资金还是李某向曹某索要440万元建设银行卡上的分红款的问题，没有明确的证据证明，不应认定索贿。根据曹某的证言，曹某将存有该笔钱款的建设银行卡交给李某，但没将银行卡密码告诉李某，其内心并没有将此款给予李某的真实意思表示，李某事实上也无法取得该款项，后李某将该银行卡归还。对此节事实，没有证据认定Y某对此知情，因此，可不予认定。故第三种意见是正确的。

72. 商品房有多种销售价格的，如何界定作为贿赂的“明显低于市场价格”？

【案情】被告人L某在担任国家网络信息部门的负责人期间，其曾利用职务上的便利为某房地产开发公司董事长何某在企业投资经营等方面提供很大帮助，何某获得巨额经济利益。2015年春节前，L某姐夫胡某对其说他们想买金科小区顶层一套复式房，想让L某跟何某打个招呼能“多便宜些”。胡某所说的“多便宜些”，因胡某是何某公司的员工，公司对员工购房本身就有一定的优惠，但这种优惠相对于房屋总价来说是非常有限的。胡某说自己只有20万元，就是想要只花20万元就把房子买下来。2015年春节后，L某跟何某说其姐夫胡某想买金科小区一套复式房的事情，让何某少收点钱。何某说没问题，他会与胡某联系安排。其所说的“少收点钱”的意思，就是以尽可能低的价格把房子卖给胡某。2016年春节，L某回老家期间，胡某说他买的房子已经搞好了，带L某去看了他的新房，他又说起感谢L某打招呼，何某给了很大的优惠。根据L某的供述，其之所以要为胡某低价购房的事向何某打招呼，并同意何某给予几十万元的优惠，是因为胡某是其亲姐夫，且夫妻俩都没有正式的工作，平时在老家照顾自己的父母，家境比较困难。L某也很想给予他们帮助，这次胡某提出要低价购房，这个忙其肯定是要帮的。书证及证人证言证明，胡某购买金科小区一套复式房子按当时价格要80万元左右，员工可以打八五折，打折后是67.9235万元。但是，胡某只支付了20万元，差额是47.9235万元。

【问题】关于被告人L某作为国家工作人员利用自己职务上的便利以及职权和地位形成的便利条件为某房地产开发公司董事长何某谋取利益，通过何某为其姐姐家低价购买何某公司开发的房屋，是否构成受贿以及受贿数额如何认定的问题，有三种不同的意见：第一种意见认为，胡某作为何某单位的职工本身享有一定的优惠条件，除去其自身享有的优惠条件外其所支付房款的差价即视为L某受贿的数额；第二种意见认为，胡某作为何某单位的职工，本身享有一定的优惠政策，单位对出售房屋有不同的优惠价格，L某虽然与何某打招呼将房子低价出售给胡某，但可以以单位其他人员享有的最高优惠折扣计算少支付的房款作为受贿的数额；第三种意见认为，商品房对外出售有多种价格，胡某作为何某单位的职工本身就享有一定的优惠条件，这种条件可以放宽，如果何某单位出售的商品房有与胡某购买相同价位或者还低于胡某的价位的就不能认定为受贿，胡某超出最低价位的数额达到受贿罪入罪的标准才符合“明显偏离市场价格”，才能定罪。

【解析】根据2007年7月8日公布的《办理受贿案件意见》关于“特定

关系人”范围的规定，“特定关系人”是指与国家工作人员有近亲属、情妇（夫）以及其他共同利益关系的人。这里面包括三层含义，其中之一是国家工作人员的近亲属，虽然我国民事法律和刑事法律对近亲属的规定有一定的差异，但总体上是一致的。《民法通则意见》第12条规定的近亲属，《继承法》中的血亲和姻亲，以及第一顺位、第二顺位的继承人，应当包括配偶、父母、子女、兄弟姐妹、祖父母、外祖父母、孙子女、外孙子女。上述“两高”的司法解释属于刑事司法解释的范畴，与《刑事诉讼法》一样，更多是从规定的实质来确定，因此，近亲属更多强调的是程序上行为人的权利，而民法上的近亲属包含相互的经济利益关系，因此，此处的近亲属更应当参照的是民事法关系的界定，特别是有共同的经济利益关系的，如有共同赡养抚养扶助义务的人等。根据L某的供述，其之所以要为胡某低价购房问题向何某打招呼，并同意何某给予几十万元的优惠，是因为胡某是其亲姐夫，且夫妻俩都没有正式的工作，平时在老家照顾L某的父母，家境比较困难。L某也很想给予他们帮助，这次胡某提出要低价购房，这个忙其肯定是要帮的。可以明确胡某系L某的特定关系人，胡某低价购买房屋的差价应当视为何某为L某输送的利益。

根据《办理受贿案件意见》关于以交易形式收受贿赂问题的规定，国家工作人员利用职务上的便利为请托人谋取利益，以下列交易形式收受请托人财物的，以受贿论处：（1）以明显低于市场的价格向请托人购买房屋、汽车等物品的；（2）以明显高于市场的价格向请托人出售房屋、汽车等物品的；（3）以其他交易形式非法收受请托人财物的。受贿数额按照交易时当地市场价格与实际支付价格的差额计算。前款所列市场价格包括商品经营者事先设定的不针对特定人的最低优惠价格。根据商品经营者事先设定的各种优惠交易条件，以优惠价格购买商品的，不属于受贿。胡某购买何某开发的房屋时，L某提出“少收点钱”，虽然没有说具体数字，何某的想法就是满足胡某的任何要求，所以，胡某所享受的价格，并非商品经营者事先设定的不针对特定人的最低优惠价格，而是对其量身定制的价格，案涉房屋也不是上述《办理受贿案件意见》中根据商品经营者事先设定各种优惠交易条件，以优惠价格购买的商品，因此，其行为属于受贿。根据《办理受贿案件意见》的规定，只有明显低于市场价格的交易行为才属于受贿犯罪。实践中并没有一个明确的标准，低于或者高于市场价格可以根据交易行为的客观情况进行界定。是否“明显低于”应综合各种因素来判断，包括当地的经济情况，以及行为双方是否存在权钱交易等。本案中，L某利用职务之便曾为何某谋取过巨额经济利益，何某给予胡某最大的优惠，虽然何某对本单位员工有优惠政策，胡某是可以享有的，但是，他只能享有其本身可以享有的部分，而不能比照高管或者其他特殊贡献人员的待遇，因为，那些价格是针对特定人的价格。胡某购买金科小区一套复式房子按当时价格要80万元左右，打八五折后是67.9235万元，胡某自己支付了20万元，差额是47.9235万元，所以，应当认定L某受贿数额是47.9235万元。第二种意见认为，胡某可以销售给其他高管在2013年预售时的挂牌价每平方米3200元为基础价格再打折，即48万余元，减去胡某支付的20万元，受贿数额是28万余元的计算方法是错误的，一是胡某不具有享受该价格的权利，其不是高管，也不是作出过特殊贡献的人；二是即便享有也不能按照两年前的价格作参照。第三种意见认为，商品房对外出售有多种价格，如果何某单位出售的商品房有与胡某购买相同价位或者还低于胡某的价位的就不能认定为受贿。这种观点就是对上述《办理受贿案件意见》中“明显低于市场的价格”的错误理解，明显低于市场价格的对照标准就是交易时当地市场价格与实际价格的差价。市场价格包括商品经营者事先设定的不针对特定人的最低优惠价格。针对特定人的特定价格不受此限，特定的价格有两种：一种是为合作互惠的民事主体设定的价格，另一种就是为与本案一样利用公权力为何某谋取利益的行为人所设定的价格。“明显偏离市场价格”是针对特定人的最低优惠价格。因此，第一种意见是正确的。

73. 行贿人将行贿的股权又进行质押贷款的应如何认定?

【案情】2013年，Y某担任某省会城市的市委书记，其告诉请托人王某该市的商业银行要增资扩股并将要上市的消息，让王某考虑购买股份。因为该股份系法人股，只有有一定资质实力的公司才能购买并持有，Y某本想自己投资该股份，所以在王某决定参与股份购买后，就让王某帮助自己购买股份并代为持有。王某通过Y某的帮助，以其自有公司的名义，总共购买了商业银行法人股7000万股。在筹资购买商业银行股份过程中，王某将其自行出资购买的股份中的1000万股送给Y某。Y某安排由其特定关系人周某（系王某公司财务总监）代持。周某通过王某知道自己代持的情况，并与Y某核实过。其中1000万商业银行法人股份支付对价为人民币2520万元。

王某还给其妻儿交代过股份所有权划分情况，让他们不要惦记送给Y某的股份。购买股份后，王某给Y某之妻出具书面字据，用以证明其出资购买股份的情况，并将股份分红款按比例折算后支付给Y某之妻。根据Y某的安排，王某暂时保管该1000万股的分红款。

2014年，王某告诉Y某其公司需要资金想用股权质押贷款，Y某考虑到自己收受的1000万股份就是王某所送，故没有作出是否允许抵押的表示。王某为周转资金继续经营，瞒着Y某及Y某妻子，将7000万股整体质押给银行贷款2亿元。周某和王某基于相同的考虑，在其知晓王某质押股份后，没有告知Y某。Y某在案发后才知道该情况，表示很生气。

【问题】行贿人王某送给Y某1000万元商业银行法人股，在受贿人的特定关系人周某（同时为王某的下属）代保管期间，行贿人和Y某的特定关系人在未经Y某同意的情形下将股份抵押的，能否认定Y某构成受贿罪，行贿、受贿行为处于何种形态？对此有三种不同的意见：第一种意见认为，依据《办理受贿案件意见》关于收受干股问题的规定，因为银行的股份是法人股份，Y某本人无法转让，也未获得过分红。虽然Y某与行贿人达成口头协议，王某为Y某之妻出具过书面字据，但是，如果没有王某的同意，Y某永远不会获得1000万的股份，事实上，该股份已被王某质押，Y某客观上已不可能得到该股份，因此，1000万的股份不能计入受贿数额，Y某不构成受贿罪。第二种意见认为，根据《办理受贿案件意见》和《贪污贿赂司法解释》的规定，贿赂犯罪中的“财物”包括货币、物品和财产性利益。本案中的1000万商业银行法人股份虽然自然人不能直接变更，但是通过一定的方式可以实现财产性的利益，应当以王某实际支付的购买股份金额计算受贿数额，即人民币2520万元。在案发前，行贿、受贿已经实施完毕，案发时，股份被质押，虽然未经Y某同意，可能因为贷款不能偿还导致受贿款无法兑现，但是，也应当认定为受贿未遂。第三种意见认为，依据《办理受贿案件意见》关于以委托请托人投资证券、期货或者其他委托理财的名义收受贿赂问题的规定，国家工作人员利用职务上的便利为请托人谋取利益，以委托请托人投资证券、期货或者其他委托理财的名义，未实际出资而获取“收益”，或者虽然实际出资，但获取“收益”明显高于出资应得收益的，以受贿论处。受贿数额，前一情形，以“收益”额计算；后一情形，以“收益”额与出资应得收益额的差额计算。所以，应当以查处时的收益额计算受贿数额。

【解析】上述案例是关于收受股份是否计入受贿数额及其犯罪形态的争议，实质问题集中于如何适用司法解释对其定性。

1. 依据《办理受贿案件意见》关于收受干股问题的规定，国家工作人员利用职务上的便利为请托人谋取利益，收受请托人提供的干股的，以受贿论处。进行了股权转让登记，或者相关证据证明股份发生了实际转让的，受贿数额按转让行为时股份价值计算，所分红利按照受贿孳息处理。本案中，Y某未出资而获取干股，从行为类型上属于收受干股。《办理受贿案件意见》从语义上理解，似乎仅将干股定义为受贿方未出资而获得的请托人的股份，行贿人个人所有或控制的公司股份，且送予时股份一般没有对应价值。事实上并非如此，受贿人接受请托人个人公司或者其实际控制公司的干股都认定为受贿犯罪，那么，已经由请托人支付对价的股份更应包括在内，因此，这里的干股不仅包括请托人自己公司的股份，当然也包括其他公司的股份，只要受贿人没有出资，就视为收取干股。Y某收受1000万股银行干股的价值就是当时支付的对价，即人民币2520万元。因为Y某与王某事先已经达成了行贿、受贿的合意，Y某已寻找自己的特定关系人周某为代持人并对分红等事项进行安排、处置，结合王某对其妻儿关于该笔财物的交代，行贿、受贿行为已经完成，Y某已经对该笔财产进行了实际处置，王某向Y某之妻出具了书面的凭证，即债权凭证。事后王某未征得Y某的同意，Y某的特定关系人周某作为代持人也未对Y某告知，王某即将该股份质押贷款，但这些都是行贿、受贿完成后的处置行为，均不影响受贿犯罪的认定。

2. 依据《办理受贿案件意见》第4条关于以委托请托人投资证券、期货或者其他委托理财的名义收受贿赂问题的规定，国家工作人员利用职务上的便利为请托人谋取利益，以委托请托人投资证券、期货或者其他委托理财的名义，未实际出资而获取“收益”，或者虽然实际出资，但获取“收益”明显高于出资应得收益的，以受贿论处。《办理受贿案件意见》的内容定性为委托投资理财，从行为类型上应当排除股份，是与股份相互并列的选项，而且该规定主要是对“收益”的规制，由于该股份还未上市，没有市场价，仅有购买价和案发后的拍卖价，不好计算“收益”，且有大幅增加受贿数额的倾向，具有明显的不确定性，也不利于被告人，这种观点明显不合理。

3. 根据《贪污贿赂司法解释》第 12 条的规定，贿赂犯罪中的“财物”，包括货币、物品和财产性利益。定性为财产性利益最利于计算犯罪数额和解决犯罪形态争议。但是，司法解释将财产性利益定义为，可以折算为货币的物质利益如房屋装修、债务免除等，以及需要支付货币的其他利益如会员服务、旅游等。该司法解释是在《办理受贿案件意见》后出台的，应该是对原来没有规定的问题的补充和已有问题的完善，受贿股份的问题早已有明确规定，财产性利益的规定是对在过去司法实践中法律、司法解释没有规定，或者是没有被认定为犯罪情形的一种补充和完善，是在严厉打击贪污贿赂犯罪的背景下从重从严的规定，收受银行股份本身具有可以量化的财产权利，将其视为财产性利益是没有科学依据的。

4. 关于王某将 1000 万股股份送给 Y 某后又在银行质押贷款的行为的认定，第二种意见是正确的。因为王某经营的不确定性，可能因为逾期贷款，在银行用来贷款质押的股份会无法收回，即便 Y 某与王某达成了一致的收受的意向，并且 Y 某也为股份寻找了代持人，因为代持人没有告知 Y 某即同意用包括 1000 万股份在内的银行股份进行质押，即便没有案发，Y 某事实上也具有无法得到 1000 万股份的可能性，但是王某与 Y 某的债权还是存在的，如果此时或者在诉讼时效期间内 Y 某没有向人民法院主张债权，1000 万股份的法定之债变成自然之债，王某仍然具有主动偿还的可能，除非此时王某拒绝偿还或者无力偿还，Y 某才真正地得不到财物，故此，应认定 Y 某受贿未遂。

第十章　渎职问题

74. 何种情形下受贿罪与渎职罪并罚？

【案情1】1999年至2012年，被告人L某利用其担任某省会城市副市长、市长、市委书记、省委副书记等职务便利，为他人在土地开发、企业重组、工程承揽等方面谋取利益，单独或者通过其妻曲某等人非法收受怡和企业有限责任公司实际控制人刘某给予的530万元、14万美元、840万港元及价值1522.7052万元的房屋2套，阳光建筑装饰工程有限公司、阳光伟业园林绿化工程有限公司实际控制人滕某给予的购房款112万元及房屋装修费用150.8884万元，同泰房地产开发有限公司实际控制人史某给予的420万元、30万欧元，宝光集团有限公司董事长汪某给予的200万元，共计折合人民币3979万余元。

2001年至2011年，被告人L某在担任市长、市委书记期间，在其原上级领导的授意下，违反相关规定，为何某控制的国腾集团有限公司及其关联公司低价获取1113余亩土地使用权提供帮助，造成国家财产损失5306万余元；为该集团提供4000万元五年期无息借款及贷款贴息，造成国家财产损失3488万余元；为曹某控制的西部影视有限公司非法占用的青羊区苏坡乡清江村358余亩土地不被政府收回提供帮助，造成国家财产损失1.5亿余元；为该影视公司非法参与市青羊区苏坡乡清波村、清江村约780亩土地收益分成及提前结算分成款提供帮助，造成国家财产损失3.3亿余元；其还动用财政资金做“法事”，造成国家财产损失300万元。人民法院经审理认为，被告人L某身为国家工作人员，利用职务上的便利，为他人谋取利益，非法收受他人财物，数额特别巨大；L某身为国家机关工作人员，滥用职权，致使公共财产遭受重大损失，情节特别严重，应当以受贿罪、滥用职权罪追究其刑事责任。L某一人犯数罪，依法应予数罪并罚。L某所犯受贿罪具有坦白情节，所犯滥用职权罪具有自首情节，L某还具有立功表现。故以受贿罪判处其有期徒刑十二年，并处没收个人财产人民币100万元，以滥用职权罪判处有期徒刑二年，决定执行有期徒刑十三年。

【案情2】2008年至2013年，被告人C某利用担任省人民政府副省长、省委常委、市委书记职务上的便利，为相关单位和个人在企业生产经营、职务晋升等事项上谋取利益，直接或者通过其妻非法收受上述单位、个人所送的财物，共计折合人民币91万元。

2005年5月至2007年11月，被告人C某在担任太钢集团兼太钢国贸公司董事长期间，违规擅自决定并直接指挥子公司太钢香港公司在境外进行大量期货交易，造成国有资产损失1.1亿余美元，折合人民币9亿余元。人民法院经审理认为，被告人C某身为国家工作人员，利用职务上的便利，为他人谋取利益，非法收受他人财物，数额巨大；被告人C某身为国有公司工作人员，滥用职权，违规擅自决定进行国有资产高风险投资，造成国有公司严重损失，致使国家利益遭受特别重大损失，其行为分别构成受贿罪、国有公司人员滥用职权罪。被告人C某一人犯数罪，应当数罪并罚。以受贿罪判处有期徒刑三年，并处罚金人民币30万元，以国有公司人员滥用职权罪判处其有期徒刑五年六个月，决定执行有期徒刑六年六个月，并处罚金人民币30万元。

【案情3】2006年10月至2013年10月，被告人S某利用担任中国黄金集团公司总经理职务上的便利，接受红旗－金泰金矿实际控制人李某、华泰龙矿业开发有限公司实际控制人王某等相关单位和个人的请托，为上述单位和个人在企业生产管理、资源收购和干部提拔等方面提供帮助。2005年至2014年，S某直接或通过其妻子非法收受李某、王某等12人给予的财物，共计折合人民币3880余万元。截至案发前，S某家庭财产、支出明显超过合法收入，其对共计968万余元的财产不能说明来源。

2008年3月和2009年6月，S某利用职务便利，先后两次指示下属公司对李某的红旗金矿进行考察。其间，李某为达到金矿被收购的目的，指使他人弄虚作假提高金矿考察储量，并于2009年至2011年先后送给S某两个古董花瓶及人民币10万元。下属公司在考察期间未尽考察职责，未按规定调取红旗－金泰金矿的历年地质勘察材料、核实金矿金属储量，而是将虚假结论作为参考依据形成考察报告。2011年7月至12月，中国黄金集团三次召开项目专题会讨论收购红旗－金泰金矿项目，部分与会人员质疑红旗－金泰金矿储量，建议进一步打孔验证，面对此问题，S某未履行监管职责，未安排重新考察确认。2011年12月21日，S某在中国黄金集团总经理办公会上，在红旗－金泰金矿储量未经重新考察核实的情况下，决定收购红旗－金泰金矿，约定收购价格2.32亿元。2012年7月，李某应S某要求送给S某7块金月饼，价值人民币140万元。中国黄金集团全面接手红旗－金泰金矿后，陆续投入4500万元用于生产经营，但发现该矿没有继续开采价值，给国家造成巨大经济损失。人民法院经审理认为，被告人S某的行为构成受贿罪、巨额财产来源不明罪，应依法数罪并罚。鉴于S某到案后，如实供述自己的罪行，主动交代办案机关尚未掌握的大部分受贿犯罪事实，认罪悔罪，积极退赃，赃款赃物已全部追缴，具有法定、酌定的从轻处罚情节，依法可以从轻处罚。以受贿罪判处其有期徒刑十五年，没收个人财产人民币355万元，以巨额财产来源不明罪判处有期徒刑五年，决定执行有期徒刑十六年，没收个人财产人民币355万元。没有认定滥用职权罪。

【案情4】2006年至2014年，被告人H某利用其担任市委书记、"大滁城"项目建设指挥部政委、省政府秘书长、省政协副主席等职务便利，为他人在土地出让、项目建设、工程承揽、人事任免等事项上谋取利益，本人或通过特定关系人收受黄某、唐某等18人贿送的财物共计折合人民币2300余万元。其中，2009年至2013年，被告人H某本人或通过特定关系人收受黄某价值人民币354万余元的财物。

2008年2月至2012年2月，被告人H某在担任市委书记、"大滁城"项目建设指挥部政委期间，徇私舞弊，以"大滁城"建设指挥长会议集体决定的形式，违反规定，向黄某、唐某所控制的企业低价出让土地使用权，减免国有土地逾期付款违约金，造成国家损失共计人民币2.2亿余元。

据此，人民法院经审理认为，被告人H某的行为构成受贿罪和滥用职权罪，鉴于被告人H某到案后如实供述自己的罪行，主动交代办案机关尚未掌握的大部分受贿犯罪事实，其中受贿939万元属于未遂，认罪悔罪，积极退赃，受贿赃款已全部追缴，具有法定、酌定的从轻处罚情节，依法可以从轻处罚，故以受贿罪判处H某有期徒刑十四年，并处没收个人财产人民币100万元，以滥用职权罪判处其有期徒刑五年，决定执行有期徒刑十六年，并处没收个人财产人民币100万元。

【问题】随着经济社会的发展变化，贿赂犯罪呈现出一些新情况、新特点，给司法实践带来了新的法律适用问题。在受贿犯罪当中，受贿人往往在为请托人谋取利益时存在渎职行为。在受贿行为和渎职行为均构成犯罪的情况下，是择一重罪处罚还是实行数罪并罚上，理论界争议不休，实践中也有不同的意见，上述四个案例全面介绍了目前对于何种情形下对受贿罪与渎职罪并罚共同适用的问题，实践中有三种意见：第一种意见认为，在受贿犯罪中，由于受贿人滥用职权的行为给国家造成损失的应当数罪并罚，“两高”在《贪污贿赂司法解释》中有明确的规定，应当按照规定执行。第二种意见认为，受贿犯罪中，受贿人的渎职行为给国家财产造成损失是由于受贿行为与渎职行为属于牵连犯罪，应当按照从一重罪处罚的规定。“两高”在《办理国家出资企业职务犯罪案件意见》中已经明确规定，应当按照一罪处罚。第三种意见认为，关于受贿犯罪中由于受贿行为给国家财产造成损失的是否同渎职罪并罚的问题，还应当区分不同规定的情况处理，有的要并罚，有的不能并罚，即便并罚，理由也有不同，应当具体问题具体分析。

【解析】根据2016年4月18日《贪污贿赂司法解释》第17条的规定，不管是国家机关工作人员还是国有公司、企业的工作人员，同时构成受贿罪和刑法分则第三章第三节、第九章规定的渎职犯罪的，除刑法另有规定外，均应当以受贿罪和渎职犯罪数罪并罚。这种观点与2013年1月9日实施的《渎职司法解释》关于“国家机关工作人员实施渎职犯罪并收受贿赂，同时构成受贿罪的，除刑法另外有规定外，以渎职犯罪和受贿罪数罪并罚”的规定是一致的。但是，上述解释与此前发布的《办理国家出资企业职务犯罪案件意见》关于国家工作人员实施渎职犯罪并收受贿赂，同时构成受贿罪的，择一重罪处罚的规定相左，影响到了司法处理的统一性和严肃性。对于多个司法解释如何来理解，我们可以通过实践来探索。根据案件的事实、证据和情节依法作出判断。

一、受贿犯罪与渎职行为互不联系的并罚

1. 渎职行为虽然不是基于受贿发生，但是，也不是在正常履职的过程中进行，是独立的犯罪行为。案情 1 中，被告人 L 某在其原上级领导的授意下，违反相关规定，为何某控制的企业低价获取土地使用权等提供帮助，造成国家财产损失 5.6 亿余元。其还动用财政资金做“法事”，造成国家财产损失 300 万元。L 某滥用职权的行为与行贿人没有任何的关系，其滥用职权的行为是基于其原上级领导的授意，或者出于感恩之情做出的，造成国家财产损失数额特别巨大，独立构成滥用职权罪，一人犯数罪，对其实行数罪并罚，属于一般情形的数罪并罚。

2. 渎职行为不是基于受贿发生，而是在正常的履职过程中进行，也应与受贿犯罪实行并罚。案情 2 中，被告人 C 某在任公司董事长期间，为了自己的政绩和树立个人权威，违规擅自决定并直接指挥子公司在境外进行大量期货交易，造成国有资产损失 1.1 亿余美元，折合人民币 9 亿余元。其滥用职权的行为与其个人工作的职责有关联，是职务行为，但是与其上述的受贿行为及行贿人没有任何关系，虽然是在正常的履职的过程中进行的，但是其行为违反法律的规定，也应定罪处罚。《期货交易管理暂行条例》第 48 条规定，国有企业、国有资产占控股地位或者主导地位的企业进行期货交易，限于从事套期保值业务。第 49 条第 1 款规定，未经批准，任何单位和个人不得直接或间接从事境外期货交易。确需利用境外期货市场进行套期保值的，由中国证监会会同国务院有关部门审核，报国务院批准后，颁发境外期货业务许可证。[①]《国务院关于进一步整顿和规范期货市场的通知》(国发〔1998〕27 号)明确严格控制境外期货交易，国务院再次重申，未经批准，任何机构和个人均不得擅自进行境外期货交易。对确需利用境外期货市场进行套期保值的少数进出口企业，由中国证监会会同国家经贸委、外经贸部等部门进行严格审核，报国务院批准后，颁发境外期货业务许可证。取得境外期货业务许可证的企业，在境外期货市场只允许可行套期保值，不得进行投机交易。未经批准，禁止境外中资机构在境外擅自从事期货交易，违者要追究有关人员的责任。对违反上述规定的企业及境外中资机构要严加惩处，对企业负责人和直

---

①《期货交易管理暂行条例》已于 2007 年 4 月 15 日被《期货交易管理条例》废止。相关规定参见 2017 年 3 月 1 日施行的《期货交易管理条例》第 41 条、第 42 条。

接责任人员由其上级主管部门给予撤职直至开除的处分，同时追究主管部门领导的责任；构成犯罪的，移交司法机关追究刑事责任。虽然《期货交易管理条例》近年来多次修订，但均未取消国有以及国有控股企业进行境外期货交易，应当遵循套期保值原则的规定，均对国有资产进入期货市场设定了准入条件。《国务院关于进一步整顿和规范期货市场的通知》无论属于国务院的决定还是无权规定行政许可事项的普通规范性文件，均是国家大政方针的体现，截至目前，没有废止或变更相关规定。被告人C某所在的企业是纯国有资本出资，其作为董事长，依所有者权益对公司实施管理，行使重大经营决策权、经营选择权、资产收益权。对国家承担国有资产保值、增值的责任，不允许投机经营。经营镍期货超出了本单位的经营范围，《公司法》、公司章程等均规定重大事项需董事会研究、授权，国有公司企业还应将相关情况上报国资委等主管部门。C某未经董事会决议，未经证监会、国资委等部门审批，擅自决定利用太钢香港公司经营期货，对因决策失误造成的国有资产损失应承担相应责任。故此，人民法院经审理认为，被告人C某在工作过程中滥用职权，违规擅自决定进行国有资产高风险投资，使国家利益遭受特别重大损失，符合国有公司人员滥用职权罪的构成要件。一人犯数罪，应当数罪并罚。

二、受贿犯罪与渎职行为相互关联但不能并罚

在案情3中，被告人S某利用职务上的便利，接受李某的请托，为收购李某的金矿提供帮助。李某于2009年至2011年先后送给S某两个古董花瓶及人民币10万元。2012年7月，S某又收受李某赠予的7块金月饼，价值人民币140万元。S某利用职务便利为李某提供帮助，并收受李某的财物，在专题会讨论收购金矿项目时，与会人员质疑金矿储量，建议进一步验证，S某未履行监管职责，未安排重新考察确认。在总经理办公会上，决定以2.32亿元价格收购李某的金矿。中国黄金集团陆续投入4500万元用于生产经营，但发现该矿没有继续开采价值，给国家造成巨大经济损失。S某以权谋私，收受李某的贿赂，并滥用职权为李某谋取利益，其受贿犯罪与滥用职权密切相关，但是，却不能数罪并罚。因为，S某的身份不符合滥用职权罪的主体要件要求。第一，根据《刑法》第397条、《全国人民代表大会常务委员会关于〈中华人民共和国刑法〉第九章渎职罪主体适用问题的解释》及《渎职司法解释》

第7条的规定，滥用职权罪的犯罪主体包括：（1）国家机关工作人员；（2）在依照法律、法规规定行使国家行政管理职权的组织中从事公务的人员；（3）在受国家机关委托代表国家机关行使职权的组织中从事公务的人员；（4）虽未列入国家机关人员编制，但在国家机关中从事公务的人员。第二，《国务院关于组建中国黄金集团公司有关问题的批复》《国家经济贸易委员会关于印发〈中国黄金集团公司组建方案〉和〈中国黄金集团公司章程〉的通知》等书证证明，中国黄金集团公司是经国务院批准，在原中央所属黄金企事业单位基础上组建的国有企业，不承担政府职能，是自主经营、自负盈亏、自我发展、自我约束的企业法人实体。第三，关于S某的主体身份。因中国黄金集团公司系国有企业，故S某虽系国家工作人员，但不属于国家机关工作人员。因国务院在组建中国黄金集团公司时以政企分开为原则，已明确中国黄金集团公司不承担政府职能，故中国黄金集团公司不属于依法或者受委托行使国家行政管理职权的组织，S某也就不属于在依法或者受委托行使国家行政管理职权的组织中从事公务的人员。关于S某的行为性质。根据《刑法》第168条的规定，S某在中国黄金集团收购金矿过程中滥用职权的行为，符合国有公司、企业人员滥用职权罪的构成要件。李某为达到金矿被收购的目的，指使他人弄虚作假提高金矿考察储量，中国黄金集团下属公司在考察期间未尽考察职责，未按规定调取金矿的历年地质勘察材料、核实金矿金属储量，而是将虚假结论作为参考依据形成考察报告。由于S某在实施上述滥用职权行为的同时，有收受贿赂行为，参照《办理国家出资企业职务犯罪案件意见》第4条“从一重罪处罚”的规定，对其以受贿罪一罪定罪处罚。没有认定滥用职权罪。

三、受贿犯罪与渎职行为相互关联，数罪并罚

在案情4中，被告人H某利用职务便利，为黄某等人在土地出让等事项上谋取利益，本人或通过特定关系人收受财物共计折合人民币2300余万元，其中黄某贿送的财物价值人民币354万余元。被告人H某徇私舞弊，以集体决定的形式，违反规定向黄某、唐某所控制的企业低价出让土地使用权，减免国有土地逾期付款违约金，造成国家损失共计人民币2.2亿余元。据此，人民法院经审理认为，根据《渎职司法解释》第1条第2款第（2）项的规定，造成经济损失150万元以上的，属于情节特别严重。因此，H某滥用职权的行为属于情节特别严重。被告人H某的行为构成受贿罪和滥用职权罪，依法数罪并罚。这就符合《贪污贿赂司法解释》第17条明确从重打击滥用职权损害国家、人民利益的受贿犯罪，明确国家工作人员收受贿赂、违反规定为他人谋取利益，同时构成受贿罪和渎职犯罪的，实行数罪并罚。

四、在受贿犯罪中渎职的是否要数罪并罚

在受贿犯罪中渎职的是否要数罪并罚，其争论之点无非是牵连犯择一重罪处罚的理论，以及是否存在重复评价问题。事实上，在刑法理论上也不乏类似的规定，有的择一重罪处罚，如案情3；有的重复评价，如案情4。最终不能说明哪一个更有根据和更有理论价值，最终的检验标准体现在量刑上，是否造成罪刑失衡，是否有利于法律适用标准的统一掌握。因此，该问题具有一定的复杂性，应当慎重对待、妥善处理，不能简单地以违反禁止重复评价为由而不适用数罪并罚，也不能因为有司法解释的规定，只要受贿中给造成国家财产损失的就一律数罪并罚。因此，在具体案件中，要根据受贿犯罪、渎职犯罪的事实、社会危害性、量刑的标准进行比较平衡。通常情况下，数罪并罚的案件，渎职罪造成的危害后果要远远大于受贿罪造成的危害，在对受贿罪进行评价达不到罪刑相适应的目的时才进行数罪并罚。同时，即便适用数罪并罚，还要考虑犯罪的事实、社会危害性，采用的是限制加重原则，给执行刑期有较大的裁量空间，对于存在上述情节竞合的情形，是否适用数罪并罚，其本身不是问题，关键是要把握好总的执行刑期，做到罪责刑相适应、罚当其罪，这才是立法和司法的真谛所在。

75. 国家工作人员在履行职务过程中，因违规决策或者决策失误造成损失的，是否都认定为滥用职权罪？

【案情1】 L某在担任市委书记期间，为改善接待条件，2003年9月16日，经市委常委会决定，以改建市委招待所名义投资修建市接待中心。因该项目违反相关规定，不允许政府资金继续投入，2000余万元的待建工程处于停滞状态。2004年8月10日，L某主持召开市委常委会，决定对接待中心项目招商引资。研究招商方案，确定以合资、整体转让等方式招商和以低地价方式吸引投资商的招商原则，决定将该项目以整体转让的方式招商引资。

2004年12月，该项目相关负责人员按照市委常委会确定的招商原则，与房地产开发公司初步达成转让意向，商定项目用地按每亩3万元的价格转让等优惠条件。L某在听取时任市委副书记张某汇报接待中心项目转让意见时，明知该项目转让存在国有资产未经评估、划拨土地未经有形市场公开交易、低价转让土地资产等违规行为，为推进该项目建设，不仅对该违规行为表示同意，还要求张某安排相关人员研究好、规避好相关法规，并决定提请市委常委会审议。

2004年12月26日，L某主持召开市委常委会，会议形成了“原则同意接待中心项目整体转让给房地产公司”的决议，导致该项目土地资产被转让，案发后评估国有资产损失5662.007万元。

【案情2】2002年9月，L某任某市市委书记期间，某省房地产公司法定代表人张某取得市南大会场地块国有土地使用权。2005年7月，国土局对该地块进行地籍确权，确认该宗地面积为47 644.54平方米，省房地产公司按该面积缴纳了土地出让金1.057亿余元。

2006年12月，张某为减少登记土地面积、退回部分土地出让金，通过向国土局地籍科副科长梁某、有色地质工程勘察公司工程师王某行贿，让王某擅自改变原规划拐点重新测量，测得面积较之前减少1399.29平方米。后梁某违规以新测量的面积登记并颁发土地使用证。

据此，张某于2008年7月在L某信访日接访时要求退还部分土地出让金310.6372万元。L某要求时任财政局局长李某尽快退款。李某了解情况后向L某说明房地产公司所办理的土地证有问题，建议由相关部门核实情况后再决定是否退款，但L某依然催促其尽快退款。李某即向分管国土的副市长姜某汇报，姜某再次向L某说明该土地证存在问题不应该退款，但L某仍未理会市政府意见，在未经调查核实和会议研究的情况下，执意要求市政府尽快同意退款。2008年8月22日，市财政局将310.6372万元现金退给了房地产公司。退款当日即9月11日，姜某两次召集国土、财政等有关部门研究后均认为不应该退款，市政府再次向L某递交报告说明该土地证系违规办理，不应该退款，并建议追回已退现金，L某以钱已退还、已息访罢访为由，要求时任市长李某不再追究，造成国家财政资金损失 310.6372 万元。

【问题】国家工作人员在履行职务过程中，因违规决策或者决策失误造成损失的，是否都认定为滥用职权罪？对此，有两种意见：一种意见认为，滥用职权是指国家机关工作人员不正确行使职权或者超越职权处理其权限范围内的公务，致使国家和人民利益遭受重大损失的行为。因此，国家工作人员在履行职务过程中违规决策或者决策失误，造成损失的，就应当认定为滥用职权罪，案情 1 中的 L 某和案情 2 中的 L 某都构成滥用职权罪。另一种意见认为，滥用职权是指国家机关工作人员不正确行使职权或者超越职权处理其权限范围内的公务，致使国家和人民利益遭受重大损失的行为。它侵犯的客体是国家机关的正常管理职能，违规决策或者决策失误造成了公共财产、国家和人民利益的重大损失，同时，国家工作人员对自己超越职权、不正确行使职权以及放弃职守的行为必须出于主观故意，对由此可能造成的危害后果或者心存侥幸、放任不管，或者任由危害结果发生，即行为人必须具有罪过心理。如果是违规解决发展中的实际困难和问题，主观意愿是为了经济的发展和解决债务问题，虽然违规决策造成损失，也不宜认定为滥用职权罪。因此，案情 1 中的 L 某不构成滥用职权罪，案情 2 中的 L 某构成滥用职权罪。

【解析】滥用职权是指国家机关工作人员不正确行使职权或者超越职权处理其权限范围内的公务，致使国家和人民利益遭受重大损失的行为，如案情 1 和案情 2 中，L 某都存在不正确行使职权的情形，从表面上看，在案发时都造成了公共财产重大损失的后果。但是，滥用职权侵犯的客体是国家机关的正常管理职能，同时，法律规定滥用职权行为分为滥用职务范围内的权力和超越职权两种类型，这种滥用职权的行为会致使公共财产、国家和人民利益遭受重大损失。看行为人是否滥用职权，就要看其是否不正当行使职权、是否超越职权。不正当行使职权或者超越职权的，可能构成犯罪，反之，不能认定为犯罪。根据《渎职司法解释》第 5 条第 1 款的规定，国家机关负责人员违法决定，或者指使、授意、强令其他国家机关工作人员违法履行职务或者不履行职务，构成刑法分则第九章规定的渎职犯罪的，应当依法追究刑事责任。

在案情 1 中，L 某在担任市委书记期间，为改善接待条件，投资修建市接待中心项目，因违反相关规定，政府已经投入 2000 余万元的待建工程处于停滞状态。当时，酒店业不景气，没有其他公司接盘，因此，招商方案确定了以合资、整体转让等方式招商和以低地价方式吸引投资商的招商原则，决定将该项目以整体转让方式招商引资。该项目相关负责人员按照市委常委会确定的招商方案，与房地产开发公司初步达成转让意向。L 某在听取时任市委副书记张某汇报接待中心项目转让意见时，明知该项目转让存在违规行为，为推进该项目建设对该违规行为表示同意，并决定提请市委常委会审议，形成了“原则同意接待中心项目整体转让给房地产公司”的决议，导致该项目土地资产被转让，案发后评估国有资产存在损失。但是，如果政府的烂尾工程不能及时化解，将产生更大的损失，在市场条件下，如果不是采取该招商方式，就无法化解已有的风险，该方案是由分管的市政府领导率先提出，常委会集体决定的，L 某也是服从大家的意见。他本人没有违法决定，或者指使、授意、强令其他国家机关工作人员违法履行，其决策是违反规定的，是当时条件下的无奈之举。滥用职权犯罪的行为人对自己超越职权、不正确行使职权以及放弃职守的行为必须出于主观故意，对由此可能造成的危害后果或者心存侥幸、放任不管、任由危害结果发生，即行为人必须具有罪过心理。而 L 某的主观故意是为了自己的政绩，为了化解风险和促进经济的发展。在当时主观故意就是化解风险，也是常委会达成的共识。根据《渎职司法解释》第 8 条第 1 款的规定，本解释规定的“经济损失”，是指渎职犯罪或者与渎职犯罪相关联的犯罪立案时已经实际造成的财产损失，包括为挽回渎职犯罪所造成损失而支付的各种开支、费用等。立案后至提起公诉前持续发生的经济损失，应一并计入渎职犯罪造成的经济损失。而本案认定造成国有资产损失 5662.007 万元的鉴定是在若干年案发后，土地价格飙升以后作出的，因此，案情 1 中，L 某不宜认定为滥用职权罪。

在案情 2 中，L 某在处理张某上访事件时，虽然不知张某的土地证是通过行贿手段取得的，但是，当时副市长姜某、财政局局长李某就提出反对意见。L 某没有把有关领导和部门召集到一起专门研究这个问题，在前期，有两名分管的领导同志都反映过上访人的诉求不合理，建议 L 某要高度重视，并且市政府还专门为他写了报告，但他没有认真阅读报告，没有召集有关部门共同研究，而是有严重的官僚主义，独断专行，日常形成了权力膨胀，由于自己严重不负责任，对城市公共设施占地是否应由政府埋单产生模糊认识，违反了行政程序，超越了职权，强行决定了政府、财政、国土等职能部门应该决定的事情，符合《渎职司法解释》第5条的规定，L某违法决定，或者指使、授意、强令其他国家机关工作人员违法履行职务，强行命令财政局退款，使已经纳入财政的310.6372万元被退回造成政府财政巨大损失。因此，L某构成滥用职权罪。第二种意见是正确的。

76. 在企业改制过程中，国家工作人员没有严格执行规定程序，公共财产损失系执行人员的违法违纪行为造成的，国家工作人员是否构成滥用职权罪？

【案情】 2002年年底至2003年年初，某县著名白酒集团时任董事长、总经理乔某与县委书记蒋某二人分别多次向被告人L某汇报白酒集团拟采用企业现有管理层作为经营团队控股、职工持股、引入战略投资伙伴股的改制模式即MBO模式进行国有企业产权制度改革，L某当时作为市委书记，为了快速推动白酒集团的改制，出政绩，得到领导认可，有助于其升迁，对乔某与蒋某所提意见表示支持。2003年4月11日，县委、县政府向市委、市政府报送了《关于对白酒集团有限责任公司进行产权制度改革的报告》，L某违反《关于财政方面重大事项审查和财政性大额度现金使用审批的意见》的规定，在市政府及所属相关部门尚未提出具体审查意见，且未按规定组织召开市委常委会进行审议的情况下，于4月14日擅自对该文件签署了“原则同意”的批示，违反程序同意县委、县政府启动白酒集团产权改革，为白酒集团在产权改制过程中巨额国有资产流失埋下了重大隐患。

2003年年初，蒋某向L某提议增补乔某为县委常委，L某明知乔某作为白酒集团MBO模式改制的最大持股者和受益者，任命其担任县委常委，增补其为白酒集团改制领导小组副组长，使乔某在改制过程中既当运动员又当裁判员，在制订相关改制方案中可能造成国有资产流失，仍然于2003年4月28日同意并主导市委常委会审议通过这一提议。在改制过程中，L某听不进市政府及所属相关职能部门对白酒集团改制的合理意见，擅自表态同意乔某、蒋某提出的白酒集团改制方案。乔某利用白酒集团董事长、总经理和县委常委、白酒集团改制领导小组副组长双重身份所形成的职权便利，在改制过程中实施了虚列支出多报债务、违规截留职工工资基金和福利费、转移国有资产等违法犯罪行为，隐匿国有资产4.3亿元。

2003年9月30日，县政府与乔某等人签订了国有股权转让的协议书，免收收购方投资公司5年分期支付股权转让款利息6280万元，减值白酒集团国有资产16 381万元，导致国有资产损失2.2亿元。经鉴定，共计造成国有资产损失13亿元。

【问题】2003年，L某在白酒集团改制过程中，在明知违反相关规定且可能会给国有资产造成损失的情况下，启动白酒集团改制程序，将白酒集团改制审批权下放给县里，由于具体操作人员违法犯罪，从而造成国有资产损失13亿元。对此，L某是否构成滥用职权罪？实践中有两种不同的意见：一种意见认为，L某明知市委常委会未形成决议，白酒集团改制审批权属于市政府，仍告诉蒋某由县里审批，擅自决定将属于市政府的审批权下放给县里，违反财政部《企业国有资本与财务管理暂行办法》[①]等文件的规定，导致市政府及相关职能部门对白酒集团无法监管，使上述违法犯罪行为得以实现，因而造成国有资产的损失，构成滥用职权罪。另一种意见认为，虽然L某明知市委常委会未形成决议，但是，L某为了快速推动白酒集团的改制，出政绩，得到领导认可，有助于其升迁，对乔某与蒋某所提意见表示支持。擅自对该文件签署了“原则同意”的批示，违反财政部《企业国有资本与财务管理暂行办法》等文件的规定，违反程序启动白酒集团产权改革，为白酒集团在产权改制过程中巨额国有资产流失埋下了重大隐患。但是，L某不是出于不法目的或者以不法方法实施背离职务行为宗旨的行为，对于可能造成的危害后果或者心存希望，或者心存侥幸、放任不管、任由危害后果的发生。国有资产遭受损失是由乔某等人在执行过程中违法犯罪造成的，与L某的行为没有直接的因果关系，因此，L某不构成滥用职权罪。

【解析】滥用职权，是指国家机关工作人员不正确行使职权或者超越职权处理其权限范围内的公务，致使国家和人民利益遭受重大损失的行为。滥用

---

①《企业国有资本与财务管理暂行办法》（财企〔2001〕325号）由财政部于2001年4月28日发布。

职权侵犯的客体是国家机关的正常管理职能，滥用职权的行为分为滥用职务范围内的权力和超越职权两种类型，同时，法律规定滥用职权必须产生使公共财产、国家和人民利益遭受重大损失的后果。看行为人是否滥用职权，就要看其是否不正当行使职权、是否超越职权。不正当行使职权或者超越职权的，可能构成犯罪，反之，不能认定为犯罪。

根据《渎职司法解释》第5条第1款的规定，国家机关负责人员违法决定，或者指使、授意、强令其他国家机关工作人员违法履行职务或者不履行职务，构成刑法分则第九章规定的渎职犯罪的，应当依法追究刑事责任。L某在白酒集团改制过程中，违规决策，启动白酒集团改制程序，明知市委常委会未形成决议，白酒集团改制审批权属于市政府，仍告诉蒋某由县里审批，违反财政部《企业国有资本与财务管理暂行办法》等文件的规定，将白酒集团改制审批权下放给县里，应当视为不正当行使职权或者超越职权。但是，L某的行为尚未达到违法决定的程度，更没有指使、授意、强令其他国家机关工作人员违法履行职务或者不履行职务。同时，滥用职权犯罪的行为人对自己超越职权、不正确行使职权以及放弃职守的行为必须出于主观故意，对由此可能造成的危害后果或者心存侥幸、放任不管、任由危害结果发生，即行为人必须具有罪过心理。本案中，L某的滥用职权行为是由于其想出政绩，得到领导认可，有助于其升迁，对下属所提意见表示支持。虽然滥用职权行为也造成了实际的损害后果，但由于其不是出于主观故意，不能构成滥用职权罪。另外，根据《渎职司法解释》第8条第1款的规定，本解释规定的“经济损失”，是指渎职犯罪或者与渎职犯罪相关联的犯罪立案时已经实际造成的财产损失，包括为挽回渎职犯罪所造成损失而支付的各种开支、费用等。立案后至提起公诉前持续发生的经济损失，应一并计入渎职犯罪造成的经济损失。经鉴定，本案犯罪行为共计造成国有资产损失13亿元。但是，这些损失并非L某滥用职权造成的，而是由于具体操作人员违法犯罪造成的。

滥用职权罪中，滥用职权的行为无论是滥用职务范围内的权力还是超越职权，必须产生使公共财产、国家和人民利益遭受重大损失的后果。行为与损失结果之间必须存在因果关系。马克思主义哲学认为，考察各种现象的因果关系，“必须把它们从普遍的联系中抽出来，孤立地考察它们，而且在这里不断更替的运动就显现出来，一个为原因，一个为结果”。[①]滥用职权的行为与损害结果之间的关系是必然的、排他的，损害结果的发生排除其他因素，是由滥用职权的行为造成的，而不是诱因。L某滥用职权的行为与损失结果之间没有必然的因果关系，因为其滥用职权是将改制权下放到县里，由县委、县政府来主导改制，不能由此认为下级政府主导改制就一定造成国有资产的损失。本案的真正损失是由具体操作人员违法犯罪导致的，应当直接追究违法犯罪人员的刑事责任，涉及其他犯罪的，同时追究其他犯罪的刑事责任。因此，第二种意见是正确的。

---

①［德］恩格斯:《自然辩证法》，载中共中央马克思、恩格斯、列宁、斯大林著作编译局编译:《马克思恩格斯选集》（第3卷），人民出版社1972年版，第552页。

第十一章　证据问题

77. 为什么纪检监察机关要将职务犯罪案件被告人到案经过的材料（自首及立功）提交法庭?

【案情】被告人L某在庭审过程中对自己贪污犯罪的事实供认不讳，但是，其辩称，其贪污犯罪事实办案机关并不掌握，是其在办案机关调查其受贿犯罪事实时主动向办案机关交代的，法庭遂休庭，要求检察机关说明情况，检察机关没有调取相关的证据，经检察机关向办案机关了解，被告人在办案机关已经掌握其受贿犯罪事实的情况下，对被告人进行讯问时，被告人主动交代其贪污的犯罪事实，其贪污罪构成自首。随后，被告人L某又辩称，其受贿事实绝大部分是自己主动交代的，办案机关只掌握其一小部分犯罪事实，经办案机关补充证明，被告人的供述属实。法庭遂继续开庭对案件进行审理，最后，认定L某贪污罪构成自首，受贿罪具有如实供述的法定从轻情节，并依此作出判决。

【问题】在审理的职务犯罪案件中，由于各种原因，有很多案件缺少被告人到案经过的书证材料，有的是由于办案机关没有及时出具，有的是体现在对被告人的第一次讯问笔录中。重大的职务犯罪案件，办案机关都能及时出具被告人到案的书证材料，有些案件，办案机关没有及时出具或者没有出具给审判工作带来困难，使案件的审判质量和效率大打折扣。那么，办案机关在此种情况下是否需要提交被告人到案的书证材料以及何时提交？对此，有两种不同的意见：一种意见认为，被告人到案的材料办案机关应当及时提交法庭，否则，被告人是否存在自首、立功等情形无法判定，影响审判工作进程；另一种意见认为，只有在当被告人到案后，提出自己有自首或者如实供述的情形下，办案机关可以向法庭提交，否则，不需要提交。

【解析】关于上述问题，第一种意见是正确的，这是因为被调查人到案情况的材料是对被告人定罪和量刑的最重要证据。被告人的自首和立功情形，是独立于犯罪事实之外的事实，与案件本身的事实和证据没有必然的联系。被告人是否具有自首或者立功的表现，对于贪污贿赂犯罪的案件，人民法院完全依赖于纪检监察机关出具的证明材料，否则，量刑就失去了唯一信赖的基础。

一、缺少被告人到案经过的证据材料，审判工作将受到影响或者停止

我国《刑法》第 67 条第 1 款规定："犯罪以后自动投案，如实供述自己的罪行的，是自首。对于自首的犯罪分子，可以从轻或者减轻处罚。其中，犯罪较轻的，可以免除处罚。"第 2 款规定："被采取强制措施的犯罪嫌疑人、被告人和正在服刑的罪犯，如实供述司法机关还未掌握的本人其他罪行的，以自首论。"第 3 款规定："犯罪嫌疑人虽不具有前两款规定的自首情节，但是如实供述自己罪行的，可以从轻处罚；因其如实供述自己罪行，避免特别严重后果发生的，可以减轻处罚。"有些职务犯罪案件的被告人对犯罪的事实都供认不讳，但是，有些案件在审判阶段被告人提出自己系自首或者部分自首、有些犯罪事实是自己主动交代的，就是说被告人如实供述犯罪事实，是法定的从轻情节，对量刑有重大影响，需要在判决书上予以阐明。如果缺少被告人到案的书证材料，就无法认定被告人自首或者如实供述犯罪事实，我国《刑事诉讼法》第 50 条第 2 款规定："证据必须经过查证属实，才能作为定案的根据。"所有的证据都应当在庭审中出示，当庭质证、认证才能作为定案的依据，如果没有到案经过的证明材料，举证、质证都无法进行。个别地方法院通过变通的形式先开庭，当被告人在法庭上提出自己系自首或者如实供述犯罪事实的，法庭要休庭，等办案单位提交被告人到案经过的材料，再组织当事人进行第二次开庭，劳民伤财，浪费司法资源；有的甚至不再开庭，只给被告人、辩护人看一下，这是违反法律规定的。如果办案机关没有提交证明被告人自首或者如实供述的材料，那么，只要被告人判决后不服提出上诉，就此问题上级法院应依据《刑事诉讼法》第 236 条第 1 款第（3）项的规定，原判决事实不清或者证据不足的，可以在查清事实后改判；也可以裁定撤销原判，发回原审人民法院重新审判。按照事实不清、证据不足将案件发回原审法院重新审判，合议庭成员都需要重新更换。实践中，这种现象不多，但是，不严格依法办案，一旦出现这种后果，人民法院只能等待办案机关将能够清楚证明案件事实的材料提交法庭后继续开庭审理。

二、办案机关提交的到案材料尽可能详细

按照《刑法》第67条的规定，以及《自首立功司法解释》[①]《最高人民法院、最高人民检察院关于办理职务犯罪案件认定自首、立功等量刑情节若干问题的意见》（法发〔2009〕13号）的规定，自首存在三种形态：一是标准的自首，犯罪后自动投案，如实交代罪行的；二是余罪自首，被采取强制措施的犯罪嫌疑人、被告人和正在服刑的罪犯，如实供述司法机关还未掌握的本人其他罪行的，以自首论；三是疑罪自首，罪行未被办案机关掌握，仅因可疑被传唤，经教育主动交代犯罪事实的。三种自首的形态到底是哪一种，这些内容都要在判决书上进行论证，没有被告人到案的证据材料是不可能实现上述目的的。

三、被告人到案的证据材料除证明自首外，还可以证明如实供述犯罪事实

我国《刑法》第67条第3款规定："犯罪嫌疑人虽不具有前两款规定的自首情节，但是如实供述自己罪行的，可以从轻处罚；因其如实供述自己罪行，避免特别严重后果发生的，可以减轻处罚。"因为如实供述，即坦白，也是法律规定的从轻情节，但是坦白了多少也需要在到案证据材料中注明，因为量刑幅度差距很大，如有的犯罪嫌疑人到案时组织只掌握一幅几十万元的画作，但其主动交代受贿8000余万元的犯罪事实，主动交代99%，具有较大幅度的从轻情节。

四、被告人到案的证据材料还应当包括被告人是否揭发他人犯罪的内容，用以证明被告人是否具有立功表现

根据《行贿司法解释》的规定，被告人在接受调查期间如果揭发他人犯罪、检举立功的，相关材料应及时提交法院。这也是对被告人进行量刑必不可少的证据材料，《刑法》第68条规定，犯罪分子有揭发他人犯罪行为，查证属实的，或者提供重要线索，从而得以侦破其他案件等立功表现的，可以

①《自首立功司法解释》于1998年4月6日由最高人民法院审判委员会第972次会议通过，于1998年5月9日施行。

从轻或者减轻处罚；有重大立功表现的，可以减轻或者免除处罚。如果被告人在庭审中或者在庭审后提出，但是，办案机关没有提供证据材料的，法院量刑缺少依据。即便被告人揭发他人犯罪的事实一时没有查清，办案机关也应当提交情况说明，待查证属实后，证明是该被告人揭发，不是其他人揭发，可以作为被告人服刑期间减刑或假释的依据。

五、出具被告人自首或者立功的材料应当严肃规范，出具的材料不能与其他证据材料相矛盾

有三种情形，一是被告人在被审查期间有自首表现，但是，在后续审查其他被告人的案件时，又出现具有自首情节的被告人系被他人揭发的情况；二是有的被告人具有立功表现，揭发了其他被告人的犯罪事实，但是，在审查其揭发的案件中，有证据证明，还有其他的犯罪嫌疑人和被告人揭发了同一个人的；三是在提交被告人到案证据材料时出现矛盾。司法实践中有一种现象，有两种情形，一种是被告人在被审查期间有自首表现，因在后续的审查期间被告人有辩解，办案机关的个别人员认为被告人认罪态度不好，本来应当出具被告人自首的材料而不出具；另一种是因犯罪嫌疑人在审查起诉前对部分犯罪事实的供述有反复的情况，办案机关的个别人员参加庭审旁听，在庭前会见被告人，如果认为其态度好就向法庭提供被告人自首的材料，如果认为态度不好就不向法庭提供。甚至还出现不真实、不准确的被告人自首或者立功的证明材料，值得深思。

78. 立案前获取的证人证言是否能作为证据使用?

【案情】被告人B某在担任国有企业董事长期间因遭到举报被当地的纪检监察机关纪律审查时，纪检监察机关通过证人对B某违纪的事实进行调查，但没有得出结论。后来，纪检监察机关又接到新的举报，发现B某有严重违纪和职务犯罪行为，决定对其进行监察调查，后移送司法机关。在检察机关对B某的犯罪事实进行审查时发现，认定B某犯罪事实的有些证人证言是在其进行违纪审查时纪检监察机关调取的，这些证人证言调取的时间是在监察机关立案之前，所以，纪检监察机关对这些证人的证言进行重新调取，保证刑事诉讼证据的合法性。

【问题】立案前获取的证人证言是否能作为证据使用，在理论界和实践中都存在争议，是否需要进一步转化立案前收集的证人证言，即立案前的证人证言在刑事诉讼中能否作为证据使用？对此，有两种不同的意见，一种意见认为，不能使用，因为其违反了证据的合法性，刑事诉讼证据必须是司法机关依照法定的程序调取的，纪检监察机关在处理违纪问题中调取的证人证言是纪律处分所需要的材料，不能视为有效的证据。另一种意见认为，在刑事立案之前调取的证据可以使用，因为在调查职务犯罪案件过程中，纪检监察机关不仅具有执纪的权力也具有执法的权力，在查办职务犯罪案件过程中是统一的，特别是检察机关转隶后，职务犯罪的侦查权由纪检监察机关来行使，因此，其在立案之前调取的证据具有合法性，可以作为证据使用。

【解析】《刑事诉讼法》第54条第1款、第2款规定，人民法院、人民检察院和公安机关有权向有关单位和个人收集、调取证据。有关单位和个人应当如实提供证据。行政机关在行政执法和查办案件过程中收集的物证、书证、视听资料、电子数据等证据材料，在刑事诉讼中可以作为证据使用。上述案例中，纪检监察机关是政治机关，不是司法机关，那么，比照行政机关其在执纪过程中收集的物证、书证、视听资料、电子数据等证据材料可以在刑事诉讼中作为证据使用，但是，不包括证人证言。证人证言，是指证人就自己所知道的案件的情况向司法机关所作的陈述。证人证言具有一定的客观性、可塑性和含有非客观叙述的内容，所以，对证人证言要进行严格的审查和判断。在调查职务犯罪案件的过程中，在《监察法》实施前，纪检机关对违纪人进行调查所形成的材料都不能作为刑事诉讼证据使用，要经过司法机关的证据转化，证人证言要通过司法机关的司法人员重新调取才能作为刑事诉讼证据。在《监察法》实施后，纪检监察机关的设立是深化国家监察体制改革，加强对所有行使公权力的公职人员的监督，实现国家监察全覆盖，深入开展反腐败工作，推进国家治理体系和治理能力现代化的需要和反腐败工作的现实需求。《监察法》第4条第2款规定，监察机关办理职务违法和职务犯罪案件，应当与审判机关、检察机关、执法部门互相配合，互相制约。第11条第（2）项规定，监察委员会依法对涉嫌贪污贿赂、滥用职权、玩忽职守、权力寻租、利益输送、徇私舞弊以及浪费国家资财等职务违法和职务犯罪进行调查。因此，纪检监察机关是行使国家监察职权的专责机关，对所用行使公权力的公职人员进行监察，调查职务违法和职务犯罪工作。在上述案例中，B某因遭到举报被当地的纪检监察机关纪律审查，纪检监察机关通过证人对B某违纪的事实进行调查，同时，也是对其违法犯罪的事实进行调查，两者是合二为一的，虽然没有得出结论。后来，纪检监察机关又接到新的举报，发现B某有严重违纪和违法行为，决定对其进行监察调查，后移送司法机关。那么，前期纪检监察机关在对B某进行违纪调查时的证人证言仍然可以作为证据使用。如果上述证人证言不能作为刑事诉讼证据使用，有些证人已经到境外隐匿，无法取证，那么，B某案件就会出现停滞，无法进行。所以，纪检监察机关立案前调取的证人证言的使用既符合立法本意，也符合现实诉讼需求。有一点需要说明，这些证人证言应当适用于对职务犯罪的调查，如果是证明B某涉及杀人、抢劫、贩毒、内幕交易等犯罪仍然需要公安机关进行侦查，纪检监察机关调取的证人证言就不能作为证据使用。

79. 行贿人在境外的自书材料、寄回信函、语音视频以及办案人员在境外的谈话记录能否作为证据使用?

【案情】2002年至2009年，被告人Y某利用担任某钢铁集团董事长职务的便利，为商人姜某实际控制的华令电缆集团有限责任公司在向钢铁集团供应电缆线等事项上提供帮助。2002年下半年至2009年3月，Y某在其钢铁集团办公室、阳光大酒店等地，先后8次收受姜某给予的人民币45万元、16万美元，共计折合人民币163万余元。

案发时，姜某因身体原因在境外治疗，没有入境接受办案机关询问。由其朋友武某从境外带回证明姜某向Y某行贿的自书材料转交给办案机关。案卷材料中，有姜某的自书材料（含委托书）、包装自书材料的信封、侦查机关对武某的询问笔录、武某拍摄姜某亲笔书写自书材料的视频。

【问题】姜某在境外的自书材料、受委托人武某拍摄的姜某亲笔书写自书材料的视频能否作为刑事诉讼证据使用？对此，有两种意见，第一种意见认为，根据《刑诉法司法解释》第405条第1款的规定，姜某的自书材料来源清楚，提供人和提供时间清楚，提取人及提取时间明确，符合《刑事诉讼法》的规定，可以作为证据使用。第二种意见认为，根据《刑诉法司法解释》第405条第2款的规定，当事人提供来自境外的证据材料应当经过相应的公证、认证程序。因此，这种由案外人受委托从境外带回的行贿人自书材料，不能作为证据使用。

【解析】上述问题争论的焦点是解决行贿人在境外的自书材料、视频等证据的收集程序合法性问题，案例中证人（行贿人）姜某境外的自书材料能否作为证据使用的问题。依据《刑诉法司法解释》第405条第1款的规定，对来自境外的证据材料，人民法院应当对证据材料来源、提供人、提供时间以及提取人、提取时间进行审查。经审查，能够证明案件事实且符合刑事诉讼法规定的，可以作为证据使用，但提供人或者我国与有关国家签订的双边条约对材料的使用范围有明确限制的除外；材料来源不明或者其真实性无法确认的，不得作为定案的根据。《刑诉法司法解释》第405条第2款规定，当事人及其辩护人、诉讼代理人提供来自境外的证据材料的，该证据材料应当经所在国公证机关证明，所在国中央外交主管机关或者授权机关认证，并经我国驻该国使、领馆认证。

上述案例中，证人姜某因身体原因在境外治疗，没有入境接受办案机关询问。其证明向Y某行贿的自书材料是由其朋友武某从境外带回，转交给办案机关的。案卷材料中，有姜某的自书材料（含委托书）、装载自书材料的信封、办案机关对武某的询问笔录、武某拍摄姜某亲笔书写自书材料的过程的视频。上述材料是否可以作为Y某受贿案件中使用的证据呢？依据上述司法解释的规定，人民法院应当对这些证据材料进行审查，就是审查是否符合证据的客观性、关联性和合法性。办案机关对武某的询问笔录是合法的证据材料，但是武某不是本案的证人，且其在笔录中叙述的内容的客观性、真实性无保证，因为没有其他证据对其叙述的事实加以证明。武某提供的姜某的自述材料、信函、视频资料真实性、客观性法律上不允许轻易相信，因为这些材料造假极其容易，司法史上不乏其例。同时，应当清醒地认识到，这些材料已经不是证人证言，看似是直接证据的证言，事实上是间接的传来证据。

同时，视频资料属于《刑事诉讼法》中的一种位阶性最低的证据——视听资料、电子数据的种类，其与传来证据相互叠加，这种拼凑的“散兵游勇”式的“独创”性的“证据”不能作为独立的诉讼证据。审查境外证据最重要的就是审查其合法性，严格意义上的境外证据材料需要对提供人的身份进行审查、对提供人的提取时间进行审查，审查提供人是否为本案的证人，提取人是否为司法人员，我国的司法人员在境外是没有执法权的，包括我国香港特别行政区和澳门特别行政区也是如此。因此，我国的司法人员在境外提取的证据，包括以私人身份或者以游客的身份找到证人提取证据材料的，都不具有合法性，拍摄的视频都不符合证据的要素，使用微信视频都不能成为合法的证据材料。正当的程序是：首先，应当由境外具有司法权的机关及其工作人员按照程序提取证据材料；其次，这些证据材料要在境外的公证机关证明，或者经所在国中央外交主管机关或者其授权的机关认证，并经我国驻该国使、领馆认证，才能作为定案的依据。正常的情况下，在案件的侦查、起诉和审理阶段，因证据缺失的，都应当提交各自最高的上级机关，由国家监察委员会、最高人民法院、最高人民检察院通过中央主管机关，国家监察委员会或者司法部将调取证据的申请通过外交途径交给境外的司法机关，根据《国际刑事司法协助法》[①] 第 9 条、第 10 条、第 11 条和第 12 条的规定执行。否则，上述案例中的证据材料不能作为独立的证据使用。虽然境外的书证没有这些合法的程序不能作为证据使用，但要与另一种情形相区分。例如，有一被告人在境外接受请托人赠送的一件价值几十万元的貂皮大衣，貂皮大衣是被告人的妻子与请托人的妻子共同购买的，二人都能够证明购买的过程，并且回到国内接受司法机关司法人员的询问，被告人的妻子和请托人的妻子作为提供人，这样的证言符合《刑诉法司法解释》第 405 条第 1 款的规定，可以作为证据使用。相反，境外购买貂皮大衣的付款凭证不能作为独立的书证使用，只能配合证人证言具有辅助证明作用以取得法官的内心确认，但不是独立的书证。又如，有一被告人带领本省的企业家代表团去南非，很多企业家都购买了一些碎裸钻赠送给被告人，他们用银行卡支付的价款，但都与他们购买其他的商品混杂在一起，无法辨别哪一款项是购买碎裸钻，其中又有多

①《国际刑事司法协助法》于 2018 年 10 月 26 日由中华人民共和国第十三届全国人民代表大会常务委员会第六次会议表决通过，自公布之日起施行。

少赠送给被告人了，特别是被告人回国后，又将这些裸钻赠送他人的，没有实物的物证，难以通过书证认定。再如，在一起贿赂案件中，证人的妻子自美国寄回的自书材料未转化为证人证言，并且在自书材料中，不仅记录了受贿人的犯罪事实，还在自书材料中称，行贿人在我国香港特别行政区时，还给被告人的女儿买过一块价值 20 余万港元的手表，对此，没有其他证据证明，客观性、关联性、合法性都无法确认，难以采信。复如，某些证人提供的我国香港特别行政区公司财务资料系在我国香港特别行政区取得，但无该公司盖章或者签名，而又无该证人往来我国香港特别行政区的出入境记录，这些资料都不能作为定案的证据。值得注意的是，上述境外材料如果提供人系本案的证人，其亲自经历案件事实的，该书证材料可以适用《刑诉法司法解释》第 405 条第 1 款的规定，否则，上述材料相当于当事人提供来自境外的证据材料，应当适用《刑诉法司法解释》第 405 条第 2 款的规定，有些案件即使是办案机关要求证人用上述方法提供材料，也仍然属于当事人提供的范畴，应当按照上述法律规定办理。

80. 被调查人在境外收受外币的，要调取哪些证据？

【案情】 2009 年 8 月左右，作为某市委主要负责人的 L 某带领市经贸代表团到我国香港特别行政区考察，当时，与 L 某关系密切的商人李某也在我国香港特别行政区游玩。有一天晚上 9 时左右，李某提着一个袋子来到 L 某的房间，把袋子递给了 L 某，说这是港币让其拿着用。李某走后，L 某打开袋子看了一下，里面有 100 万港元，百达翡丽牌腕表一块，金条五根。L 某就把这个袋子交给了其妻子，让她出去玩时可以用这些港币，L 某妻子说这么多用不完，L 某说把剩下的存到银行。后来其妻说，这些港币她存到了我国香港特别行政区的一家银行。2016 年年底，L 某之妻把这张银行卡拿给 L 某，L 某把这张银行卡剪碎，扔到马桶里冲走了，手表和金条退还给了李某。

【问题】 被调查人在境外收受外币的，要调取哪些证据？对此，有两种不同的意见：一种意见认为，在调查境外行贿、受贿犯罪案件时，如果行贿款花掉或者灭失，无从查找，只要有行贿人证人证言，被告人的供述，行贿、受贿双方所证明的事实内容是一致的就可以认定，如果被告人拒不供认，或者行贿人不予证明就不能认定；另一种意见认为，在调查境外行贿、受贿案件中，即便是行贿人的证言与被告人的供述内容一致，也需要调查行贿款的来源，被告人的出国批件、被告人及行贿人的出入境记录、境外的照片和视频、当时外币的汇率等情况。即便被告人翻供，只要有行贿人的证言，被告人曾经供述过，也可以认定。

【解析】关于被调查人在境外收受外币要调取哪些证据的问题，还是要从证据的特点入手。上述案例中，行贿人证明送给L某100万港元和百达翡丽牌腕表一块以及金条五根，被告人L某对收受金条和手表是供认的，并称及时退还了，但是，其否认有100万港元，因为银行卡已经毁掉，其认为找不到证据。与100万元有关的是金条和手表，通过重新调取李某的证言以及李某提供的证据线索，首先，按照证据的位阶性原理，调取的是证明力最高的证据是物证，上述案例中的金条和手表无疑是最有证明力的证据，特别是在本案中的百达翡丽品牌腕表是特定的物证。根据这一特定的物证的关联性，提取到李某在境外刷银行卡的记录，包括购买金条的记录等书证。其次，调取100万港元的来源，根据证人李某的证言，钱是其在我国香港特别行政区的分公司准备的，调取的李某我国香港特别行政区分公司财务资料的书证证明，经办人陈某于2009年8月在分公司提取100万港元。陈某证言证明，其将100万港元交给其老板李某。根据李某的证言，确定其购买金条和手表的时间段，以及李某回国后没有携带大量港币的事实。再次，根据调查省政府出国、赴港澳任务批件，出国人员名单（附件），因公出国（赴港澳）任务审核意见报批表，关于代表团赴我国香港特别行政区访问办理审批手续和通行证的请示等书证，L某于2009年至2010年因公赴港澳情况说明、内地居民因私出境证件签发信息等，证明L某于2009年8月30日至2009年9月3日，因公赴我国香港特别行政区，同时，还有L某参加各种活动的照片证明。根据L某和李某出入境记录，证明李某于2009年8月31日因私赴我国香港特别行政区，2009年9月3日入境返回，证明李某与L某之妻在同一时间段同在我国香港特别行政区。最后，调取L某妻子的证言，其不仅证明收受100万港元的事实，还证明L某销毁银行卡的事实，并提供其在我国香港特别行政区的存款凭条、在李某处扣押的金条、中国商业联合会钟表眼镜商品质量监督检测中心手表质量判定报告、宝石鉴定中心对百达翡丽品牌腕表和金条所作的真伪鉴定和价格鉴定检验报告，形成对境外收受财物完整的证据锁链，能够得出唯一的和排他的结论。符合《刑事诉讼法》第55条第2款规定的定罪量刑的事实都有证据证明，据以定案的证据均经法定程序查证属实，综合全案证据，对所认定事实已排除合理怀疑。符合《刑事诉讼法》第55条第1款“没有被告人供述，证据确实、充分的，可以认定被告人有罪和处以刑罚”中证据确实、充分的要求。故第二种意见是正确的。

81. 办理行贿、受贿案件时，是否要调查行贿人行贿款物的来源？

【案情1】 Y某系某省会城市市委书记，姜某系商人，双方之间存在多次行贿、受贿关系。2009年8月底至9月初，姜某听说Y某要去我国香港特别行政区出差，就让自己下属公司的财务人员何某准备100万港元。姜某和Y某在我国香港特别行政区见面后，把准备好的100万港元装在一个大文件袋里拿给了Y某。Y某将100万港元带回境内兑换成人民币存入银行。在起诉阶段，Y某对收受100万港元的事实进行辩解，在案证据有被告人在侦查阶段的供述，有行贿人姜某的证言，经过侦查机关的补充侦查，调取姜某下属公司财务人员何某的证言，以及相关人员的证言和大量的书证，被告人最后对犯罪事实予以供认。

【案情2】 2013年年初，担任某地方国有大型企业董事长的S某的女儿结婚，与该国有企业有业务关系的个体商人姜某就从自己实际控制的机电公司的财务处拿了人民币20万元，又从家里拿了10万元备用金，凑了30万元，放在一个纸口袋里，袋子上面用报纸遮盖。姜某给S某打了个电话，S某告知其在外地，其妻李某在家里，让姜某过去就是。姜某到了S某家中，把装有30万元的口袋送给了李某。案发后，S某辩称，姜某给其打过电话，但是，姜某是否去了他家送了30万元其不知情。

【问题】 上述案例中提出一个问题，就是在调查行贿、受贿案件时，是否要调查行贿人行贿款物的来源。对此，有两种不同意见：一种意见认为，在调查行贿、受贿犯罪案件时，如果有行贿人的证人证言，被告人的供述，行贿、受贿双方所证明的事实内容是一致的，无须调查行贿款的来源；另一种意见认为，在行贿、受贿案件中，即便是行贿人的证言与被告人的供述内容一致，也需要调查行贿款的来源，否则，一旦被告人翻供，行贿人的证言便成为孤证，难以达到事实清楚、证据确实充分的程度，无法认定受贿罪的成立。

【解析】在行贿、受贿案件中，收受和给予的财物是犯罪的对象，是构成行贿、受贿犯罪的重要条件，被告人收受的财物即便是种类物的货币，也要证明其来源、用处及如何处理。受贿款物的来源是认定犯罪重要的客观证据，如果收受的财物是特定物，一旦查出，是证明犯罪的最有力证据，对于证人证言、书证等证据都会迎刃而解。特别是在一些特定的行贿、受贿案件中，有些被告人在刚开始被调查时迫于压力如实供述犯罪事实，在审查起诉以及在审判过程中，有的对法律常识有一些掌握，对以前的供述开始反悔，还有的串供对犯罪事实进行狡辩和抵赖。如果仅仅有行贿人的证言和被告人的供述，案件的事实就难以认定。如果在调查阶段就掌握了行贿款物的来源和出处以及其他证据，即便被告人进行辩解也很难抵赖，依靠证据完全可以认定被告人有罪和处以刑罚。《刑事诉讼法》第 55 条第 1 款规定："对一切案件的判处都要重证据，重调查研究，不轻信口供。只有被告人供述，没有其他证据的，不能认定被告人有罪和处以刑罚；没有被告人供述，证据确实、充分的，可以认定被告人有罪和处以刑罚。"如案情 1 中，被告人在侦查阶段有过供述，在审查起诉阶段进行辩解，应当视为没有被告人 Y 某对犯罪事实认可的供述。案情 2 中，被告人 S 某辩解，姜某是给他打过电话，但是，不知道姜某是否到其家里去了，也不知道其妻子是否收受姜某的 30 万元。同样，等于没有被告人 S 某对犯罪事实认可的供述。那么，只有其他证据确实、充分，才能对其定罪。《刑事诉讼法》第 55 条第 2 款规定："证据确实、充分，应当符合以下条件：（一）定罪量刑的事实都有证据证明；（二）据以定案的证据均经法定程序查证属实；（三）综合全案证据，对所认定事实已排除合理怀疑。"在案情 1 中，重新调查的证据证明，行贿人姜某的行贿款来源于其下属公司，下属公司的财务人员何某证明，其从公司账户上先取出 10 万美元兑换成77万余港元，又从公司的备用金里拿了20余万港元，共计100万港元，并证明其包装物的形状，交付给姜某的时间，这与被告人之前的供述、行贿人姜某的证言证明的内容一致，并与银行将10万美元兑换77万余港元以及公司备用金取出的手续等书证完全吻合。同时，还调取被告人妻子回国后兑换人民币存入银行的书证等，被告人在这些证据面前供认不讳，达到证明的目的。在案情2中，侦查机关调取了姜某下属企业财务人员张某的证言，证明案发前，姜某说需要从公司支取20万元。2013年1月17日，其从北京办事处的银行账户上支取了16万元，又从公司备用金中拿了4万元，拿给了姜某20万元，姜某给写了一张借据。后来与其他费用一起以差旅费等支出的名义进行了冲抵。姜某的妻子证明，姜某在相关时段从家中拿过10万元送给S某，同时，有银行转账凭证、姜某出具的借条等大量书证，同时，重新调取S某妻子李某的证言，其证明收到30万元。S某据此又供认上述事实。

综上，在调查行贿、受贿案件时，是否要调查行贿人行贿款物来源的问题不能一概而论，如果是特定物，很少出现对整个事实的否定，只是对物品的质量、成色、含量等进行辩解。出现问题较多的就是种类物，主要是货币，特别是没有通过银行卡、微信、支付宝等形式收受款项而留痕的，那么，就要严格按照定罪量刑的事实都有证据证明的标准，调取能够调取到的证据，不留瑕疵和隐患。同时，按照据以定案的证据均经法定程序查证属实的要求进行质证、认证，最后，综合判断全案证据，对所认定事实排除合理怀疑。故第二种意见是正确的。

82. 行贿人、受贿人供证一致，行贿、受贿3根金条，案发后仅提取1根，是否据此认定3根金条及其价值？

【案情】被告人Y某与商人都某是多年的好友，Y某在担任某省会城市市委书记期间曾数次接受都某的请托，为都某谋取利益，并多次收受都某的巨额财物。2012年1月，都某陪同Y某在长沙市会友期间，用随身携带的备用金购买3根金条，行贿人都某证言证明，每根金条特征相同、重量一致，每条重 30 克，并将全部 3 根金条送给 Y 某，都某提供购买时的发票和质保卡。Y 某对此予以供述。因 Y 某将其中 2 根金条送给他人，自留 1 根，案发后，仅提取到金条 1 根。经鉴定，该金条重 30.03 克，价值 1.026 万元。办案机关提供物证金条 1 根，被告人 Y 某对金条进行认证，供述其送出的 2 根与提取物证规格、重量一致。案发后，办案机关调查接受 Y 某 2 根金条的另外两人，证言证明内容一致，只是金条已经灭失了。

【问题】上述案例的症结在于，根据现有的证据，认定被告人 Y 某受贿金条 1 根，价值 1.026 万元，抑或认定受贿金条 3 根，价值 3.078 万元？对此，有两种不同的意见：一种意见认为，应当认定受贿金条 3 根，价值 3.078 万元。因为三根金条是都某在同一时间、同一地点购买，特征、重量均一致，虽然另外 2 根已经由 Y 某送给别人，无法作辨认和价格鉴定，但被告人 Y 某稳定的供述和证人都某的证言能够证明购买 3 根同样的金条，总计价值 3.078 万元。另一种意见认为，因为原始的物证金条 2 根没有找到下落，认定没有提取到的另两根金条的存在，尚未达到事实清楚、证据确实充分的程度，根据刑法的谦抑性原则，从有利于被告人的角度，不予认定为宜。

【解析】本案例争议的问题是如何运用证据来证明物证灭失后的案件事实，本案的证据由物证金条 1 根，证人（行贿人）的证言和被告人的供述三种类型的证据组成。待证的事实是被告人 Y 某是否收受都某的 3 根金条。《刑事诉讼法》第 55 条第 1 款规定："对一切案件的判处都要重证据，重调查研究，不轻信口供。只有被告人供述，没有其他证据的，不能认定被告人有罪和处以刑罚；没有被告人供述，证据确实、充分的，可以认定被告人有罪和处以刑罚。"本案从现有的证据来看，证人都某的证言证明其购买 3 根金条送给 Y 某，Y 某的供述予以认可。既有被告人的供述，又有证人的证言，还有物证，但是只有 1 根金条，能否认定另外 2 根呢？《刑事诉讼法》第 55 条第 2 款规定："证据确实、充分，应当符合以下条件：（一）定罪量刑的事实都有证据证明；（二）据以定案的证据均经法定程序查证属实；（三）综合全案证据，对所认定事实已排除合理怀疑。"这既是定罪也是量刑的要求。根据 Y 某供述和都某证言，Y 某此次收受都某给予的购买时间、地点、规格一致的金条 3 根，办案机关调查接受 Y 某 2 根金条的另外两人，证言证明内容一致。据此，可以认为定罪的事实有证据证明，据以定案的证据均经法定程序查证属实。

根据《刑诉法司法解释》第69条第（5）项的规定，与案件事实有关的物证、书证要全面收集。第70条第3款规定，物证的照片、录像、复制品，经与原物核对无误、经鉴定为真实或者以其他方式确认为真实的，可以作为定案的根据。本案中，有行贿人的证言、被告人的供述，并有证人对物证的指认，其他证人证言证明接受Y某金条的事实，可以认定以其他方式确认为真实的，可以作为定案的根据。物证、证人证言和被告人的供述形成完整、封闭的证据锁链，得出的结论是唯一的和排他的，虽然在案扣押的只有1根金条，鉴于都某所送3根金条在重量、成色上完全一致，可以认定被告人Y某收受都某金条3根，价值人民币3.078万元。如果是货币，被告人供述已经用于平时生活支出了，大多数情况下对这一事实不会有异议，上述证据足以认定。那么，金条为什么就会产生异议呢？实践中，金条这种最原始的货币本身是种类物，由于现行在民间流通减少，多数情况下被认为是特定物。事实上，它也是流通的货币，但是，现在更多的用途是收藏、投资等待其升值。在上述证据中，如果只有都某的证言，被告人供述中予以否认，或者只有被告人Y某的供述，都某的证言予以否认，都不能认定Y某收受都某的3根金条。在本案例中，如果只有证人都某的证言，被告人Y某没有供述收受3根金条，只承认收受1根金条，那么，根据被告人的供述、证人证言和物证能够证明被告人Y某收受1根金条是事实清楚、证据确实充分的。如果被告人一根都不承认，那么，认定被告人Y某收受1根金条也符合有利于被告人的原则，因为证人都某证言证明其给Y某3根金条，另外接受Y某金条二人的证言需要Y某的供述相互印证。Y某予以否认，证据链条就不完整，另外接受Y某金条二人的证言无法与都某的证言相互连接。办案机关根据在案的证据提取的1根金条证明是都某所购买，Y某拒不供认收受都某金条的事实，那么，在此情形下，认定Y某收受都某1根金条也是适用刑法的谦抑性，符合有利于被告人的原则。

第十二章　量刑问题

83. 受贿人收受的财物用于公务接待的，其定罪量刑如何体现？

【案情】 被告人L某系某自治区司法部门主要负责人，2013年5月的一天，在与曾长期得到其关照的唐某聊天的过程中，L某对唐某说，中央“八项规定”管得严，来这里旅游的朋友多，其接待任务重，经费比较紧张，唐某为表示感谢L某对其的帮助，答应帮助L某解决一部分。唐某就在中国银行用自己的身份证新办了一张银行卡并转账存入60万元，后在L某家中将银行卡交给了L某。后L某将此款部分用于私人的接待，部分用于对外省熟悉的公务人员额外的招待。

【问题】 随着经济社会的发展变化，贪污贿赂犯罪呈现出一些新情况、新特点，给司法实践带来了新的法律适用问题。自2015年11月1日起施行的《刑法修正案（九）》，以及于2016年4月18日公布实施的《贪污贿赂司法解释》为了解决贪污贿赂犯罪中的新情况、新问题，对过去长期存在的老问题以及出现的新问题进行规范，比如，司法实践当中经常遇见被告人辩称贪污贿赂款物用于公务支出等情形，这些情形对于定罪量刑究竟有没有影响？对此，有两种不同的意见：一种意见认为，贪污贿赂款物用于公务支出的，只是一个量刑的情节，应当认定为犯罪，并且属于犯罪既遂，在量刑时作为酌定的从轻情节考量。另一种意见认为，贪污贿赂款物用于公务支出的，不仅是定罪问题，同时也是量刑问题，而且在贪污贿赂犯罪中要有所区分。如上述案例中，被告人收受的60万元部分用于私人消费，部分用于公务接待，如在公务接待部分确实属于必须，又不是超规格接待的部分，在认定犯罪数额时就可以减掉，如果是超规格接待的部分应认定犯罪数额，贪污罪也是如此，公用的部分都视为从轻的量刑情节，但是，对于极其特殊的案件，由于公用最终也无法报销或返还的，可以认定为未遂。

【解析】上述问题既关系到法律的统一适用，也关系到依法惩治腐败的实际效果，司法解释对此明确规定为犯罪，那么，量刑时是认定为一般的从轻情节还是认定为未遂，实践中应当如何把握？《刑法修正案（九）》以及《贪污贿赂司法解释》的公布实施是按照全面依法治国、全面从严治党的战略部署，根据中央就反腐败工作提出的一系列新精神、新要求，对贪污贿赂犯罪的新情况、新问题进行的重新规范。在坚决依法从严惩治腐败犯罪，持续保持高压态势，有效遏制腐败蔓延势头的同时，把制度反腐、法治反腐提到了更加突出、更加重要的位置，要求坚持运用法治思维和法治方式惩治腐败，适应社会发展变化需要不断提高惩治腐败的法治水平，做到宽严得当、于法有据。正是在这一背景之下，立法机关通过制定《刑法修正案（九）》，对贪污贿赂犯罪的刑法规定作出调整；最高人民法院、最高人民检察院梳理出贪污贿赂刑事案件办理当中需要解决的具体法律适用问题。其中，对于司法实践中出现的新情况、新问题在刑法规定框架内积极予以回应，使长期存在争议的问题形成共识。针对实践中常见的被告人辩解贪污贿赂款物用于公务支出的问题，明确根据在案证据可以认定存在贪污、受贿主观故意的，将不影响定罪。从过去的司法实践来看，有些接受财物用于公务支出的行为，有的定罪，有的没有定罪，上述司法解释对贪污贿赂犯罪的界限又进行了重新界定，对上述行为认定犯罪有了明确的法律依据。那么，对此情形量刑时如何考虑呢，是认定未遂，还是认定为一般的酌定从轻情节呢？对此不能一概而论，应当根据不同的案件、不同的情节作出相应的处理。实际中，有的犯罪情节轻微，纪检监察机关没有起诉到法院，因此不能进行刑事追究；有些案件起诉到法院，但是，贪污受贿的财物用于公务也要分为不同的情形，如同一单位的同事是否知情以及知情的程度等因素都是考量量刑的情节，如果同一部门的同事不知道被告人将贪污受贿的财物用于公务支出，只有被告人自己知情，那么，事后还需要偿还以及可以后续报销，如果是这样，就属于一般的量刑情节。如果贪污受贿的财物用于公务支出，而且这项支出是一项长远性的支出，是否将来可以报销或者归还等都是未知的因素，单位其他成员可能不愿意付出，而单位也不能付出，并且单位同事均知晓此情形的，可以认定为未遂。如果同一单位的同事均不知情，只能认定为一般的从轻情节。此外，对于贪污受贿犯罪定罪量刑情节的理解和适用中，《贪污贿赂司法解释》对于受贿罪规定的情节，既适用于定罪，也适用于加重量刑。如赃款赃物用于非法活动的，这是基于两次违法行为的特殊危害性而作出的否定评价，贪污后进而将赃款赃物用于非法活动，具有更为严重的危害性。实践中可以根据个案情况结合非法活动的比例数和绝对数综合判断。又如，拒不交代赃款赃物去向致使赃款赃物无法追缴或者拒不配合追缴工作，致使无法追缴的，这是综合行为人认罪悔罪态度和损害后果而提出的，不同于客观原因不能追缴，因行为人拒绝配合致使赃款赃物无法追缴的，不仅损失后果不能依法挽回，而且反映出行为人毫无认罪悔罪之态度。相反，就贪污受贿的财物用于公务活动的行为在量刑时应当与用于非法活动对比来掌握，如上述案例中，L某受贿的60万元，有多大的比例用于公务接待，这种接待是否是必需的，是否属于超规格的，是否属于边疆地区无法解决的问题等应进行详细区分，同时，还要考察被告人的主观故意，贪污受贿财物就是为了公用，还是主要以占有为目的，只有很少部分财物用于公用等，然后根据实际情况作出判断，有些可以认定为未遂，有些只是酌定的从轻量刑情节，如果伴有自首、立功等情形，可以作为减轻的量刑情节。对于《贪污贿赂司法解释》规定的其他相关定罪量刑情节，也应当秉承这一思路进行认定。因此，第二种意见是正确的。

84. 利用赌博方式收受贿赂的，是否应与赌博罪并罚？

【案情】1999年至2017年，被告人P某利用担任某市副市长、市长、省委组织部常务副部长、市委书记等职务上的便利以及职权或者地位形成的便利条件，为有关单位和王某、吴某等24人在企业重组、工程承揽、项目开发、人事调整等事项上谋取利益，提供帮助。1998年至2018年，P某直接或者通过特定关系人非法收受上述单位或者个人给予的财物，共计折合人民币7100余万元。在此期间，P某除收受杨某以股票股权置换为名所送人民币1848万余元，直接或通过特定关系人收受蒋某所送房产、汽车，共计折合人民币1504万余元，通过其子收受何某以借款利息为名所送人民币320万元外，其余3428万余元都是P某在1999年至2018年以数十次同王某等22人赌博方式收取的财物。被告人P某因受贿罪被判处无期徒刑。

【问题】上述案例中，被告人P某利用职务上的便利以及职权或者地位形成的便利条件，为有关单位和个人谋取利益，非法收受财物构成受贿罪无疑。在7100余万元的受贿款中，有3428万余元都是P某在1999年至2018年以赌博方式收取的财物。按照《刑法》第303条的规定，其行为已经构成赌博罪。因此，在实践中，对其处罚有两种意见：一种意见认为，对被告人P某应当以受贿罪和赌博罪并罚，虽然“两高”关于办理受贿刑事案件的司法解释中有以赌博形式收受贿赂的规定，本案中认定以赌博的形式收受贿赂是没有问题的，但是，被告人P某的行为不仅是为了掩盖受贿的方式，而且已经成为公知的手段，还要享受赌博的过程，具有赌博犯罪的危害性，因此，要对其数罪并罚。另一种意见认为，还是应该认定受贿罪为宜，将赌博行为视为受贿的一种方式和手段，并作为量刑的从重情节。因为本质上，赌博虽然也是被告人P某追求的目的之一，但是，其最终的目的还是为了收取财物，并且赌博的人都是向被告人进行请托的人，被告人也为他们谋取利益，并非不特定的人，因此，不宜重复评价，应以受贿罪从重处罚。

【解析】上述两种意见各有道理，依据司法实践按照第二种意见处理更为适宜。

一、从理论上，可以认定被告人P某构成赌博罪

我国《刑法》第303条规定，以营利为目的，聚众赌博或者以赌博为业的构成赌博罪。对赌博罪侵犯的客体虽然表述不同，但可以归纳为社会管理秩序和社会风尚，特别是社会主义的社会风尚。赌博罪虽然表面上只是造成参与者财产的损失，但实际上对社会安全与善良风俗造成了损害，所以，赌博罪是破坏社会主义风尚的犯罪。构成赌博的客观方面的表现有两个，一是聚众赌博，指组织、聚集不特定多数人参与赌博。聚众者称为“赌头”，指组织、召集者。关于赌博行为的认定，2005年5月13日实施的《最高人民法院、最高人民检察院关于办理赌博刑事案件具体应用法律若干问题的解释》[①]第1条规定："以营利为目的，有下列情形之一的，属于刑法第三百零三条规定的'聚众赌博'：（一）组织3人以上赌博，抽头渔利数额累计达到5000元以上的；（二）组织3人以上赌博，赌资数额累计达到5万元以上的；（三）组织3人以上赌博，参赌人数累计达到20人以上的……"上述任何一种情形都构成赌博罪。二是以赌博为业，公认的意见是虽然有正当的谋生手段，但是以赌博为兼业，长期在业余时间从事赌博，输赢数额大大超过正常收入，就可以认定为以赌博为业。被告人P某为国家机关工作人员，在长达19年的时间里、在当地政商的圈子中，其赌博已经成为公开的秘密，请托人22人参与，每场每人输掉5~100万元，因此，完全可以认定被告人P某构成赌博罪。

二、在实践中，认定被告人P某构成受贿罪，赌博行为作为受贿犯罪的从重情节

最高人民法院、最高人民检察院于2007年7月8日公布的《办理受贿案件意见》关于以赌博形式收受贿赂的认定问题中规定，根据《最高人民法院、最高人民检察院关于办理赌博刑事案件具体应用法律若干问题的解释》第7条规定，国家工作人员利用职务上的便利为请托人谋取利益，通过赌博方式收受请托人财物的，构成受贿。并且明确了实践中区分赌博活动、娱乐活动的界限，具体认定时的界限。在此，就明晰了以赌博方式收受贿赂的，以受贿罪定罪处罚。同时，根据该解释第5条的规定，具有国家工作人员身份的人参加赌博的从重处罚。所以，以赌博方式收受贿赂的应当以受贿罪定罪处罚，赌博行为虽然已经构成犯罪，但应作为受贿罪从重处罚的情节。

三、本案以受贿罪定罪处罚，赌博行为作为从重处罚的情节更能罚当其罪

无论以受贿罪和赌博罪并罚，还是受贿、赌博择一罪从重处罚，最终的目的都是保证量刑的平衡，贯彻罪刑相适应的原则。被告人P某通过赌博的方法受贿3428万余元，依据《刑法》及相关司法解释的规定，按照数额加情节的量刑原则，应当判处无期徒刑，如果认定赌博罪，按照《刑法》第303

---

①《最高人民法院、最高人民检察院关于办理赌博刑事案件具体应用法律若干问题的解释》于2005年4月26日由最高人民法院审判委员会第1349次会议通过，2005年5月8日由最高人民检察院第十届检察委员会第34次会议通过，2005年5月11日公布，自2005年5月13日起实施。

条的规定，只能判处三年以下有期徒刑或者拘役，三年以下有期徒刑与无期徒刑明显不成比例。数罪并罚的原则是限制加重，最后是看决定执行的刑期，如果两罪并罚，也要执行无期徒刑，赌博罪的刑期就会被受贿罪的无期徒刑所吸收。所以，要根据被告人的犯罪事实、情节和社会危害程度以及两个罪名之间量刑的比例关系来判断。否则，认定两个罪名增加诉累，浪费审判资源，法律效果、社会效果都不好，也不利于被告人的认罪服法和改造。

85. 对犯有两个以上罪名的职务犯罪的被告人数罪并罚后是否可以适用缓刑？

【案情】被告人H某系市房改办主任兼资金管理中心主任，系“百名红通人员”[①] 第9号人员。被告人H某出逃前，在国内犯有滥用职权罪和单位受贿罪。

1. 滥用职权罪

1996年12月至1998年2月，被告人H某在担任房改办主任兼资金管理中心主任期间，违反国务院住房制度改革领导小组《关于加强住房公积金管理的意见》和市人民政府《关于加强售房款管理的通知》的有关规定，在未经批准的情况下，擅自决定将资金管理中心的公积金和售房款人民币4740余万元汇入中创公司购买国债。1997年8月至1998年4月，资金管理中心收回到期购买国债资金2740余万元。1998年3月，H某再次违规决定将到期兑付资金中的1500万元委托中创公司购买国债。1998年6月，中创公司因严重违规经营，被中国人民银行关闭清算。2006年2月28日，清算组返还购买国债款2728万余元，另有772万余元无法追回。

2. 单位受贿罪

2000年4月，交行桃北支行承揽了资金管理中心的储蓄业务，此后，资

①“百名红通人员”，是指按照“天网”行动统一部署，国际刑警组织中国国家中心局集中公布针对100名涉嫌犯罪的外逃国家工作人员、重要腐败案件涉案人等人员的红色通缉令。

金管理中心陆续在交行桃北支行存款共计7000余万元。2001年年底，资金管理中心准备安排职工外出旅游，H某安排资金管理中心副主任朱某让有存款业务的银行提供赞助资金。朱某遂向交行桃北支行提出解决职工旅游费用15万余元的要求。2002年1月18日，交行桃北支行将15万余元转入资金管理中心账户。经H某同意，支出职工旅游款6.8万余元，单位其他费用1.1万余元，剩余资金7.08万余元由单位财务人员存入个人账户管理。2002年4月，审计局对资金管理中心进行清产核资审计时，将剩余资金全部没收上缴财政。

案发前，H某于2002年7月29日因私出国，在澳大利亚滞留未归。2018年1月24日，H某回国到监察委员会投案，并退缴5万元赔偿滥用职权造成的损失。人民法院经审理，以被告人H某犯滥用职权罪，判处有期徒刑二年，缓刑二年；犯单位受贿罪，免予刑事处罚。数罪并罚，决定执行有期徒刑二年，缓刑二年。

【问题】关于对犯有两个以上罪名的职务犯罪的被告人在数罪并罚后是否可以适用缓刑的问题，实践中始终存在争议。一种意见认为，判处缓刑的前提条件是犯罪分子被判处拘役、三年以下有期徒刑，说明被告人的罪行较轻，社会危害性较小，一名被告人犯有两个职务犯罪罪名就说明被告人有两个犯意，社会危害性一定大于一个犯罪，两个罪数罪并罚一般情况下都远远超出三年以上有期徒刑，如果判处缓刑就需要在决定执行的刑期上大大减少，这样的处罚不仅与其他犯罪的量刑失衡，而且社会效果不好，很容易对案件的审判产生不公正的认识，社会对此也会质疑，一名被告人犯有两个罪，特别是涉及职务犯罪的，现行《刑法》以及相关司法解释都对职务犯罪的数额进行大幅度的提高，犯有一个罪名的社会危害性就很大，因此，不宜判处缓刑。另一种意见认为，从法律的规定上看，并没有一名被告人犯有两个职务犯罪不能判处缓刑的禁止性规定，只要两个罪的决定执行刑期在三年以下，被告人认罪悔罪，没有再犯罪危险的，且判处缓刑对所居住社区没有重大不良影响，就可以适用缓刑，最高人民检察院为此还专门作过答复予以说明，绝大多数犯有两个罪，并为职务犯罪罪名的案件是不宜判处缓刑的，但是，对于极其特殊的案件，还要兼顾刑事政策，实事求是，对有自首立功的被告人，虽然犯有两个罪，决定执行的刑期仍在三年以下，并符合判处缓刑的其他条件的，可以判处缓刑。

【解析】有关上述问题的处理，第二种意见是正确的。

一、立法方面并无禁止性的规定

1.《刑法》没有限制性规定。我国《刑法》第72条第1款、第2款规定："对于被判处拘役、三年以下有期徒刑的犯罪分子，同时符合下列条件的，可以宣告缓刑，对其中不满十八周岁的人、怀孕的妇女和已满七十五周岁的人，应当宣告缓刑：（一）犯罪情节较轻；（二）有悔罪表现；（三）没有再犯罪的危险；（四）宣告缓刑对所居住社区没有重大不良影响。宣告缓刑，可以根据犯罪情况，同时禁止犯罪分子在缓刑考验期限内从事特定活动，进入特定区域、场所，接触特定的人。"立法上，对一人犯有两个以上的罪行，特别是职务犯罪的被告人，并没有对其不允许判处缓刑的限制性规定，主要的依据还是事实和法律，要看两个犯罪事实相加后，整体的犯罪事实是否属于犯罪情节较轻的，是否具有悔罪表现，是否有重新犯罪的可能性，宣告缓刑对所居住社区有无重大不良影响。一人犯两罪，不能依据在第一个犯罪后又实施第二个犯罪而认定被告人存在再犯的危险，判断的标准应当是犯罪分子在犯罪接受处罚后，接受司法程序的教育和挽救后，是否具有重新犯罪的可能性。因而，并不能以有第二次犯罪作为依据判断被告人在刑罚执行中仍然具有再犯的可能性。

2.最高人民检察院对此问题专门作过答复。《最高人民检察院法律政策研究室关于对数罪并罚决定执行刑期为三年以下有期徒刑的犯罪分子能否适用缓刑问题的复函》（〔1998〕高检研发第16号）中明确，根据《刑法》第72条的规定，可以适用缓刑的对象是被判处拘役、三年以下有期徒刑的犯罪分子；条件是根据犯罪分子的犯罪情节和悔罪表现，适用缓刑确实不致再危害社会。对于判决宣告以前犯数罪的犯罪分子，只要判决执行的刑罚为拘役、三年以下有期徒刑，且符合根据犯罪分子的犯罪情节和悔罪表现，适用缓刑确实不致再危害社会的案件，依法可以适用缓刑。最高人民检察院的答复具有准司法解释的效能，应该是对这一问题的明确意见。但是，由于该复函时间久远，我国的社会经济发生了深刻的变化，特别是针对职务犯罪的法律也发生了巨大的变化，因此，关于职务犯罪涉及两个罪名在数罪并罚后能否适用缓刑的争议没有平息。目前，虽然贪污贿赂犯罪的数额在大幅度提高，量刑的情节也发生巨大的变化，职务犯罪的社会危害性也在凸显，在对职务犯罪从重打击的形势下，两个职务犯罪判处缓刑的案件鲜有出现。但是，最高人民检察院答复中体现的法律主旨及法律思想是符合司法规律和运用法治思维、法治方法处理疑难复杂问题所要求的。

二、司法解释作出限制性规定，实践中从严要求

司法实践中，职务犯罪案件适用缓免刑比例与其他刑事案件相比偏高，这是立法、司法、传统观念、司法体制机制以及案件特点等多方面因素综合作用的结果，有着特殊的复杂经济、社会和历史文化背景。从历史上看，最高人民法院在1996年6月26日公布的《关于对贪污、受贿、挪用公款犯罪分子依法正确适用缓刑的若干规定》[①]明确："对下列贪污、受贿、挪用公款犯罪分子不适用缓刑：（一）犯罪行为使国家、集体和人民利益遭受重大损失的；（二）没有退赃，无悔改表现的；（三）犯罪动机、手段等情节恶劣，或者将赃款用于投机倒把、走私、赌博等非法活动的；（四）属于共同犯罪中情节严重的主犯，或者犯有数罪的；（五）曾因经济违法犯罪行为受过行政处分或刑事处罚的；（六）犯罪涉及的财物属于国家救灾、抢险、防汛、优抚、救济款项和物资，情节严重的。"特别是第（4）项明确提出，犯有数罪的不适用缓刑。最高人民法院这个司法解释是在1996年6月下发的，最高人民检察院给山东省人民检察院的答复是在1998年9月作出的，两个解释明显存在冲突。因此，最高人民法院、最高人民检察院于2012年8月8日联合发布《职务犯罪案件适用缓、免刑意见》对此问题进行统一。《职务犯罪案件适用缓、免刑意见》第2条明确："具有下列情形之一的职务犯罪分子，一般不适用缓刑或者免予刑事处罚：（一）不如实供述罪行的；（二）不予退缴赃款赃物或者将赃款赃物用于非法活动的；（三）属于共同犯罪中情节严重的主犯的；（四）犯有数个职务犯罪依法实行并罚或者以一罪处理的；（五）曾因职务违纪违法行为受过行政处分的；（六）犯罪涉及的财物属于救灾、抢险、防汛、优抚、扶贫、移民、救济、防疫等特定款物的；（七）受贿犯罪中具有索贿情节的；（八）渎职犯罪中徇私舞弊情节或者滥用职权情节恶劣的；（九）其他不应适用缓刑、免予刑事处罚的情形。""两高"共同明确了职务犯罪案件不能适用缓刑、免予刑事处罚的意见，其中第（4）项规定，犯有数个职务犯罪

---

① 该规定已被《最高人民法院关于废止1980年1月1日至1997年6月30日期间发布的部分司法解释和司法解释性质文件（第九批）的决定》于2013年1月18日废止。

依法实行并罚或者以一罪处理的不适用缓刑，但是对适用前提作出了相应的修改，由原来的“不适用缓刑”，改为“一般不适用缓刑或者免予刑事处罚”，对限制条件进行放宽。同时规定，审理法院认为确有必要适用缓刑或者免予刑事处罚的，应经审判委员会讨论决定。司法实践中，职务犯罪案件缓免刑适用比例呈现出波浪式的趋势，两个文件出台有效控制一段时间之后又很快回升。司法部门对此足够警惕，切实采取了一系列的措施遏制缓免刑适用比例上升的苗头。目前，贯彻执行《职务犯罪案件适用缓、免刑意见》规定非常彻底。但是，随着职务犯罪入罪门槛和法定刑的提高，个别地方又出现不加区分地对数额相对较小的贪污贿赂案件一概适用缓刑或者免予刑事处罚的情况。因此，全国各级司法机关应不断强化缓免刑适用的程序机制控制，对贪污贿赂犯罪判处缓刑的一律从严掌握。

三、尊重司法规律，实践中从严掌握

关于被告人犯有两个职务犯罪的是否可以判处缓刑的问题，应当依据事实和法律，并正确贯彻宽严相济的刑事政策与法律适用的有机统一。

1. 依据事实和法律作出准确判断。上述案例中，被告人 H 某滥用职权的行为，是在未经批准的情况下，两次擅自决定将公积金和售房款人民币 4740 余万元以及 1500 万元汇入中创公司购买国债。因中创公司严重违规经营，被中国人民银行关闭清算。除清算组返还 2728 万余元外，772 万余元无法追回。H 某滥用职权造成 772 万余元的损失，属“情节特别严重”，不符合《刑法》第 72 条判处缓刑的必要条件之一“犯罪情节较轻”，《刑法》第 397 条第 1 款规定，滥用职权罪，处三年以下有期徒刑或者拘役；情节特别严重的，处三年以上七年以下有期徒刑。其单一犯罪最低刑期是三年，如果适用最低的法定刑三年，才具备适用缓刑的条件。关于单位受贿，受贿数额 15 万余元，与立案标准的规定数额相差不大，且其中 7 万余元已被收缴，属于罪行轻微。根据《刑法》第 387 条第 1 款的规定，单位受贿犯罪对其直接负责的主管人员和其他直接责任人员，处五年以下有期徒刑或者拘役。单位受贿犯罪的数额是 15 万元，可以判处拘役或者免予刑事处罚。

根据上述事实，被告人 H 某数罪并罚可以判处三年有期徒刑，但是，由于其滥用职权造成 772 万余元的损失，属“情节特别严重”，处三年以上七年以下有期徒刑。如果正常的情况下，判处 H 某三年有期徒刑的法定最低刑明显偏低，就需要看其是否有其他法定和酌定的量刑情节。

2. 综合考量全部量刑情节。第一，被告人H某滥用职权的行为造成经济损失具有一定的特殊性。国债是以国家信誉做担保发行的债券，其安全性通常有保障，以正常人的认知能力购买国债应该不会有损失。H某决定购买国债是为公积金保值、增值，该初衷是好的，并对具有国债一级自营商资质的中创公司的营业执照、经营范围、资质情况、资金安全、投资回报率等予以考察，履行了一定的注意义务，且在购买3500万元国债前所购买的国债，均能正常兑付。本案最终造成损失有一定的特殊性，即中创公司严重违规经营，被主管机关依法关闭。此种情形导致不能支付到期债务属于正常人意志之外的因素，其本人难以避免，这是酌定的从轻情节，但仍然要判处三年以上有期徒刑。第二，被告人H某系自首。依据《刑法》第67条的规定，对自首的犯罪分子可以从轻或者减轻处罚，被告人H某犯滥用职权罪的法定刑是三年以上七年以下有期徒刑，如适用减轻处罚就可以在三年有期徒刑以下判处刑罚。但是，"两高"《职务犯罪案件适用缓、免刑意见》规定，犯有数个职务犯罪依法实行并罚或者以一罪处理的一般不适用缓刑，但审理法院认为确有必要适用缓刑或者免予刑事处罚的，应经审判委员会讨论决定。该意见又作出了留有余地的规定，即"根据全案事实和量刑情节"，作出综合判断。

3. 贯彻宽严相济的刑事政策，兼顾法律效果与社会效果的统一。上述案例具备"两高"《职务犯罪案件适用缓、免刑意见》中审理法院认为确有必要适用缓刑的情形，一是被告人H某系"百名红通人员"第九号，主动回国投案，依法可以从轻、减轻处罚；二是被告人认罪、悔罪并主动上缴5万元，用于弥补其滥用职权行为造成的经济损失；三是被告人H某从境外主动回国自首有一定的示范效应，与缉拿归案的被告人黄某[①]以及通过遣返、引渡经过数年才将其绳之以法的外逃人员形成鲜明对比；四是对反腐败追逃追赃工作具有极大的推动工作，对其在法律规定的范围内从轻、减轻处罚，判处缓刑，即属于“根据全案事实和量刑情节”，审理法院认为确有必要适用缓刑的情形，符合法律和司法解释的规定。

86. 贪污、贿赂犯罪中罚金和没收财产的附加刑如何适用？[②]

【背景】随着我国反腐败工作的不断深入，人民法院审理的贪污贿赂案件亦日渐增多。目前，基于对中国裁判文书网上公开的部分贪污、受贿案件裁判文书及新闻公布的大要案判决结果的研究分析，发现法院对贪污贿赂案件被告人判罚财产刑时存在适用财产刑种类、判罚数额的差异。造成上述现状的原因在于我国《刑法》对于贪污贿赂犯罪财产刑判罚的规定较为宽泛，虽然相关司法解释对贪污贿赂犯罪如何适用财产刑进一步予以明确，但仍存在诸多不明确之处。《刑法修正案（九）》生效实施前《刑法》对犯罪数额5万元以上，处五年以上有期徒刑的贪污、受贿犯罪规定了并处没收财产的财产刑处罚，对犯罪数额5万元以下的贪污、受贿犯罪并没有规定财产刑的惩罚措施。2015年11月1日生效的《刑法修正案（九）》则加以修改，对于贪污

---

①黄某涉嫌走私普通货物罪，偷逃税款7.17亿元人民币，于1998年8月出逃。2001年，我国通过国际刑警组织对黄某发布红色通报。2008年10月，秘鲁警方根据国际刑警组织红色通报逮捕黄某，我国立刻根据2001年签署的《中秘引渡条约》请求引渡黄某。为了抗拒引渡，黄某聘请了秘鲁著名的律师，诬称其被引渡回国会面临死刑问题（所谓的“人权”问题），几乎用尽了所有法律手段，将案件两度上诉至秘鲁最高法院、两度上诉至秘鲁宪法法院，然后又申诉至美洲人权委员会，后被美洲人权委员会提交美洲人权法院，案件被拖入旷日持久的法律战。秘鲁宪法法院和美洲人权法院都曾作出不利于引渡的裁判，使得引渡几度中止、搁置。此案历时8年，历经秘鲁国内和美洲人权体系所有法律程序最终将黄某引渡回国受审。张恩杰：《中国最复杂引渡案：历时8年 北师大教授出国作证》，载《法制晚报》2016年9月24日。

② 王晓东、曲鹏程：《论贪污贿赂犯罪财产刑的适用》，载《法律适用》2019年第11期，略有改动。

贿赂犯罪中的部分罪名增加了罚金刑的适用。2016年4月18日实施的《贪污贿赂司法解释》则对贪污贿赂犯罪如何适用罚金刑、没收财产刑进一步予以明确，该解释对贪污贿赂犯罪判处罚金的数额判罚区间进行了规定，但对罚金、没收财产如何选择适用，没收部分财产还是没收全部财产，没有更进一步的明确，而是赋予了法官一定的自由裁量权，实践中，对于贪污罪及受贿罪并处罚金刑、没收财产刑的判罚存在一定差异，那么，罚金和没收财产的附加刑如何适用是我们审理贪污贿赂犯罪案件亟待解决的一个问题。

【问题】关于财产刑的改革司法界的呼声很高，有的意见主张废除没收财产刑，实践中，如英国已经通过《英国废除没收财产法》废除了个人犯罪没收财产的刑罚，《法国刑法典》原则取消了一般的没收制度，德国以及俄罗斯都有类似的规定。在我国，也有提出废除没收财产刑的主张，但是，鉴于我国的国情，在短期内取消没收财产刑还不现实。目前的主要问题是如何完善适用。由于全国各省（市）、自治区经济发展存在差异，即便在同一省（市）、自治区内各地区之间经济发展亦不平衡，且不同的罪犯的经济状况亦不相同，司法人员能力、水平、思维模式存在很大的差异性，因此，实践中各地法院对贪污贿赂案件并处罚金及没收财产刑的量刑存在差异。在中国裁判文书网上检索对比发现，在同一省（市）、自治区乃至全国范围内具有较大影响的重大职务犯罪案件，在罚金刑与没收财产刑的判罚上具有一定的规律可循，做法相对统一，且较为规范。根据新华网、中国法院网、《法制日报》等相关媒体报道，2015年至2017年全国各级法院审结的在全国范围内具有较大影响的重大职务犯罪案件中，判处罚金和没收财产的都在犯罪数额的10%左右。例如，贵州省原省委常委、遵义市市委书记L某受贿、滥用职权案，认定受贿1324万元，被陕西省西安市中级人民法院数罪并罚，决定执行有期徒刑十六年，并处没收个人财产人民币130万元。湖北省省委原副省长G某受贿2379.26万元，被河南省南阳市中级人民法院判处有期徒刑十五年，没收个人财产人民币200万元。山西省原省委常委、秘书长N某受贿4458.12万元，被江苏省南通市中级人民法院判处有期徒刑十五年，并处没收个人财产人民币400万元。辽宁省原政协副主席C某受贿2195万元，被黑龙江省哈尔滨市中级人民法院判处有期徒刑十三年九个月，并处没收个人财产人民币200万元。河北省原省委常委、组织部部长L某受贿557万元，被辽宁省鞍山市中级人民法院判处有期徒刑八年，并处罚金人民币50万元。河南省原人大常委会党组书记、副主任Q某受贿2086万元，被山东省淄博市中级人民法院判处有期徒刑十三年六个月，并处罚金人民币200万元。山西省原政协副主席L某受贿1067万元，被江苏省常州市中级人民法院判处有期徒刑十二年六个月，并处罚金人民币150万元。原中国石油化工集团公司党组成员、总经理W某受贿3347万元、贪污79万元，被江西省南昌市中级人民法院判处有期徒刑十五年六个月，并处罚金人民币320万元。北京市原市委副书记L某受贿1878.66万元，被吉林省吉林市中级人民法院判处有期徒刑十三年，并处罚金人民币200万元。黑龙江省原人大常委会党组书记、副主任G某受贿2303.6万元，被天津市第一中级人民法院判处有期徒刑十四年，并处罚金人民币200万元。原武汉钢铁集团董事长、党委书记D某受贿5539.77万元，被广东省佛山市中级人民法院判处有期徒刑十五年，并处罚金人民币500万元。四川省原副省长L某受贿636.34万元，被贵州省六盘水市中级人民法院判处有期徒刑十年，并处罚金人民币60万元。原国家开发银行监事长Y某受贿3619.62万元，被河北省保定市中级人民法院判处有期徒刑十四年，并处罚金人民币350万元。从上述案件结合近年来各地法院审结的全国范围内具有较大影响的重大职务犯罪案件不难看出，在已追缴犯罪分子全部违法所得的基础上，财产刑的判罚数额具有一定规律。但是，其他贪污贿赂案件财产刑运用差异较大。因全国各省（市）经济发展存在差异，同一省（市）内各地区之间经济发展亦有不同，且不同的罪犯的经济状况亦不相同，所以实践中各地法院对贪污、受贿案件并处罚金刑及没收财产刑的量刑存在差异。以中国裁判文书网上公开的2014年至2017年北京市基层法院与中级法院审结的一审受贿案件及上海市基层法院与中级法院审结的一审贪污案件为例，2014年至2017年，北京市两级法院共审结受贿案件229件（各基层法院共审结149件、各中级法院共审结80件），其中并处罚金161件（各基层法院共97件、各中级法院共64件），并处没收财产10件（各基层法院共1件、各中级法院共9件）；上海市两级法院共审结贪污案件138件（各基层法院共134件、各中级法院共4件），其中并处罚金77件（各基层法院共75件、各中级法院共2件），并处没收财产30件（各基层法院共28件、各中级法院共2

件）。[1] 从上述统计结果及相关案件不难看出，实践中贪污、受贿案件判处财产刑时存在较大差异，在《刑法修正案（九）》生效实施前，有的法院倾向不并处没收财产，《刑法修正案（九）》生效实施后，可在罚金刑和没收财产刑之间选择并处时，则均倾向并处罚金刑，使法律设置的并处没收财产刑被束之高阁，且存在同案不同判的情况。

【**解析**】贪污贿赂犯罪案件中财产刑的适用，经过近几年的司法实践总结，无论在理念、规则还是在适用方法上都需要规范和完善。

一、适用财产刑存在的问题

实践中适用没收财产刑较少的原因如下：

1. 没收财产表述的模糊性。实践中大部分涉及没收全部财产或没收部分财产的刑事判决的财产刑判项，均是一笔带过，判处财产刑的判项，除没收全部财产外，基本上表述人民币的数额，大多没有列明财产的内容。界定被告人财产归属较困难，判项表述亦较为困难，没有具体列明所没收的财产的名称、数量等情况。例如，有的被告人有多处房产或者多辆车，但其个人财产中钱款较少，判项表述为"没收个人财产人民币 ×× 元"，没收的是人民币；而有的则没有具体财物的内容，这样的判决在执行中就会产生歧义。

2. 没收财产数量的不确定性。没收财产不仅包括金钱，还包括物品，对没收的物品不需要进行货币换算，但实践中没收部分财产往往需要进行货币换算，以量化的人民币形式表现出来，此种没收财产的判决与罚金就没有区别、与罚金混同。故在《刑法修正案（九）》实施后，各法院较倾向适用罚金刑。没收的物品往往是在案扣押的赃物，而不是具有惩罚性质的没收财产刑。其原因是办案机关在调查阶段很少查封、扣押被调查人合法的财产，涉案财产一旦不能证明是犯罪所得的赃物，立即返还被调查人。

3. 财产权属具有不确定性。要适用没收财产刑，实践中遇到的问题是需要查清被告人名下的个人财产，如何对被告人名下的个人财产与其家属或第三人的财产进行区分是需要解决的一大难题，是由侦查部门在侦查阶段将个人财产进行详细的侦查，还是由法院在审理阶段或执行阶段进行调查区分，实践中较为混乱，对家庭财产的分割，需要一个民事的确认之诉，要有提起

---

① 参见中国裁判文书网，http：//wenshu.court.gov.cn/。

人，实践中，犯罪嫌疑人和被告人不会主动提起，是否需要由司法机关提起尚无明确规定。在区分过程中，物品往往会存在利害关系人，如何保护利害关系人的权益等，均是需要解决的问题。

4. 法律规定。以贪污罪、受贿罪为例，在《刑法修正案（九）》实施前，《刑法》对贪污犯罪及受贿犯罪规定的财产刑惩处规则是大多数情况下"可以"而非"必须"，如第383条第（1）项、第（2）项的规定，"个人贪污数额在十万元以上的，处十年以上有期徒刑或者无期徒刑，可以并处没收财产；情节特别严重的，处死刑，并处没收财产。个人贪污数额在五万元以上不满十万元的，处五年以上有期徒刑，可以并处没收财产；情节特别严重的，处无期徒刑，并处没收财产"。法律条文的这一设置，使贪污、受贿案件中只有情节特别严重的被判处无期徒刑或死刑的犯罪分子必须并处没收财产，而其他情形下则是选择适用是否并处没收财产或未规定财产刑惩罚措施。出于对后续执行工作的考虑，在《刑法修正案（九）》实施前，有的法院在对贪污犯罪、受贿犯罪被告人判罚时倾向不并处没收财产刑。以北京市各基层法院2014年审结的受贿案件为例，全年共审结受贿案件40件共43人，其中法院判处五年以上有期徒刑的共24人，除1人外（没收财产数额与在案扣押钱款数额一致），其余均未并处没收财产。

二、刑法规定对贪污罪、贿赂犯罪增加了罚金刑

（一）增加罚金刑的原因

要有效地预防一个犯罪再次发生，就必须加大对犯罪人的震慑力度，加大其犯罪成本，使其受到的惩罚大于其因犯罪所得到的利益，避免因惩罚力度不够而诱惑其产生犯罪动机。对于罪犯来说，因为刑罚未使其受到严厉的报应，再犯的可能性会大大增加，一个惩罚力度不足的刑罚，对于其他人来说，则是鼓励和刺激人们去犯罪。对于贪污贿赂犯罪，仅规定剥夺犯罪分子的自由，不足以达到预防犯罪的目的，要在经济上对其严厉惩罚，加大其犯罪成本，使其欲得反亏，从而起到预防犯罪的目的，因此《刑法修正案（九）》加大了对贪腐犯罪的惩罚力度，对于贪污罪、受贿罪、行贿罪等罪名增加了罚金刑的适用，弥补了实践中因没收财产范围界定困难等问题导致一些地方法院倾向不适用没收财产刑，又无其他法定经济惩罚手段，从而对贪腐分子不能罚当其罪的不足。

（二）罚金与没收财产的区别

罚金，是法院判处犯罪人向国家缴纳一定数额金钱的刑罚方法。[①] 没收财产，是指剥夺犯罪人个人财产，无偿收归国有的一种刑罚方法。[②] 二者虽均是财产刑，但存在以下区别：第一，惩罚的内容不同。罚金以判处被告人缴纳一定数额钱款为惩罚内容；没收财产不局限于钱款，还包括剥夺罪犯个人所有的其他财物。虽然没收财产时也包括罪犯的钱款，但与罚金不同，因为没收的钱款是以罪犯现有的金钱为限，而罚金则是责令其缴纳一定数额的钱款，此数额不以罪犯实际拥有钱款为限。第二，适用对象不同。我国《刑法》刑罚体系中主刑和附加刑都是按照各自的严厉程度由轻到重依次排列的，附加刑的排列顺序亦是如此，因此，没收财产刑较罚金刑更为严厉，故没收财产刑应适用于犯罪情节及社会危害较严重的犯罪，罚金刑则适用于相对较轻的犯罪。第三，执行方式不同。罚金可以一次性缴纳，亦可分期缴纳，如确有困难，可延期缴纳或酌情减免，部分缴纳罚金的，人民法院在任何时候发现被执行人有可供执行的财产，都可以予以追缴，[③] 一追到底，永不清零；而没收财产是一次性剥夺罪犯个人现实所有财产的一部分或者全部，不存在分期及减免的情况，更要进行财产权属区分，并保护正当债权，避免伤及无辜，没收全部财产的，还要对犯罪分子个人及其扶养的家属保留必需的生活费用。[④]

（三）《刑法》对财产刑规定范围较为宽松

从北京、上海抽样的 367 份判决中，有 40 件案件并处了没收财产，除 5 件并处没收全部财产外，其余 35 件案件均并处没收部分财产，没收部分财产的财产刑判项均以量化的人民币的形式予以表述，其中最低没收数额 5000 元，最高没收数额 100 万元。以北京市某中级人民法院审理的被告人 W 某受贿案及被告人 Y 某某受贿案两件案件为例，法院最终认定二人的受贿金额均为 1000 余万元，赃款、赃物均被收缴，二人均有从轻或减轻处罚情节，W 某被判处有期徒刑八年，Y 某某被判处有期徒刑十年，但是 W 某并处没收财产 8 万元，Y 某某并处没收财产则为 100 万元。案情基本相似的两件案件，在

---

①马克昌：《刑罚通论》，武汉大学出版社 1999 年版，第 191 页。

②邹瑜：《法学大辞典》，中国政法大学出版社 1991 年版，第 12 页。

③参见《刑法》第 53 条。

④参见《刑法》第 59 条。

财产刑的判罚上有如此之大的差距，使人们对财产刑的适用产生合理的怀疑，但该判罚并未违反法律的规定。

刑法总则条文中仅概括性地规定了判处刑罚时的一般原则，刑法分则条文中仅笼统地规定贪污、受贿“数额较大”“数额巨大”“数额特别巨大”等情节，并处罚金或没收财产，没有明确具体判罚标准，对于没收财产刑和罚金刑各自的特点、功能以及何种情况下适用不清晰明确，在量刑上缺少统一的方法、标准，适用时较为混乱，没收财产刑和罚金刑各自的优势没有发挥出来。对于何时适用没收财产，是部分财产没收，还是全部财产没收没有明确的规定，由法官自由裁量，各地区又没有统一的指南，由于规定的不明确性，并且没收财产刑没收的是罪犯的个人合法财产，包括罪犯个人的钱和物，不是以量的形式存在，但是部分没收财产则往往以量的形式表现出来，致使实践中具体判罚时又出现了诸如没收财产范围界定、没收财产数量如何确定等问题，由于认识不一，导致实践中判罚不一。同时判决生效后，没收财产的执行又同样面临刑罚不明确、没收财产范围界定困难等难题，进而影响没收财产的执行率，给执行部门造成执行困难。由于存在上述问题，致使法官在判罚中较倾向适用规定较明确、执行较便捷的罚金刑，而忽视没收财产刑的适用。《贪污贿赂司法解释》虽规定了罚金刑的区间，但范围有些宽松，实践中依然会出现判罚不一的情况。

三、对贪污贿赂犯罪运用财产刑应坚持的原则

（一）罪责刑相适应原则

“罪责刑相适应原则”的含义是“犯多大的罪，就应承担多大的刑事责任，法院也应判处其相应轻重的刑罚，做到重罪重罚，轻罪轻罚，罚刑相称，罚当其罪；在分析罪重罪轻和刑事责任大小时，不仅要看犯罪的客观社会危害性，而且要结合考虑行为人的主观恶性和人身危险性，把握罪刑和罪犯各方面因素综合体现的社会危害性程度，从而确定其刑事责任程度，适用相应轻重的刑罚”。[①] 具体到贪污、受贿犯罪案件的财产刑判罚，则要求判处的财产刑的种类、轻重程度要与主刑的轻重相一致，主刑与财产刑要确定一个相应的比例，即犯罪数额与罚金数额或没收财产的数量要相对应，但同时避免

---

①高铭暄、马克昌主编：《刑法学》（第三版），北京大学出版社、高等教育出版社2007年版，第33页。

主刑有从重情节，而财产刑与之不相对应，同时，要与行为的社会危害性大小相均衡，避免轻罪重罚或重罪轻罚，主刑的刑期高而财产刑的数量小，或者主刑的刑期低而财产刑的数量大，防止司法专横罪刑擅断和各种非法定因素的干扰。

（二）兼顾适用报复主义原则

刑法旧学派（报应刑论者）认为，刑罚目的是报应，主张罪刑的绝对均衡。因此，在适用罚金刑时就会只看罪犯的责任大小而不顾罪犯的资力，这当然常常导致对有产者无关痛痒，对无产者如临深渊的不平等，也导致罚金刑的执行困难等后果。而刑法学新派，尤其是20世纪中叶后崛起的新社会防卫学者则认为，刑罚的目的是防卫社会，改善个人，并使罪犯重新复归社会，主张刑罚个别化。因此，强调适用罚金刑时，不仅要看责任大小，更重要的是看罪犯的资产多少，不追求罚金数额表面的平等，而追求受刑者实际感受的平等性。①

近年来报道的“天价罚金”案件就属于不加任何区分，单纯地运用报复主义原则对被告人判处财产刑的案件，这是不可取的，完全超出了罪犯的实际承受能力的判决财产刑部分不可能完全执行到位，等同于空判，结果既造成判决的不严肃，又影响了罪犯的改造，所以在财产刑的判罚时应坚持罪责刑相适应原则。《刑法修正案（九）》及《贪污贿赂司法解释》在贪污、受贿犯罪等贪腐犯罪的刑罚设置上，对刑法学新旧两个学派的观点兼顾考虑，对于贪腐犯罪分子的惩处，规定剥夺罪犯自由的同时并处罚金或没收财产，又规定了罚金数额的区间范围，之所以只规定了区间，就是为了实际判罚时针对每一个案件都能够坚持罪责刑相适应原则，对于预防、打击贪腐犯罪均能起到良好的效果，符合《联合国反腐败公约》规定的“各缔约国均应当努力制订和促进各种预防腐败的有效做法，定期评估有关法律文书和行政措施，以确定其能否有效预防和打击腐败”的要求。

（三）实践的原则

司法实践证明，如果一味地并处罚金刑，忽视没收财产刑的作用，不但违背了罪责刑相适应原则，还会出现下列问题：第一，与立法本意“没收财

---

①马克昌：《刑罚通论》，武汉大学出版社1999年版，第200~201页。

产刑重于罚金刑”相违背。实践中可能出现罚金刑重于没收财产刑“倒挂”的情况。《刑法》第53条规定，“对于不能全部缴纳罚金的，人民法院在任何时候发现被执行人有可以执行的财产，应当随时追缴”，一追到底，永不清零。而没收财产刑的执行，以刑事裁判生效时为时间点，此时如果罪犯没有个人财产，则没收财产执行终结。例如，罪犯的个人财产价值50万元，那么判处其罚金60万元，就比判处其没收个人全部财产要重，并且根据罚金刑的特点只有全部金额执行到位才终结执行，只有在确有困难的情况下才可延期缴纳或酌情减免，由此可见，在特定情况下，罚金刑要重于没收财产刑。第二，罚金刑不能有效阻止罪犯再犯其他犯罪的可能。因经济情况的不同，有资产的罪犯可轻松缴纳罚金，罚金对其既起不到惩戒作用，又没有剥夺其再犯的资本，对于那些屡教不改的有资产的被告人，在罚金刑与没收财产刑之间选择适用时，应选择适用没收财产刑，剥夺其再犯的经济基础。贪污贿赂案件中以行贿罪较为突出，对于那些曾因犯行贿罪被判处刑罚的再犯，如判处十年以上有期徒刑或无期徒刑，应优先考虑适用并处没收财产刑。第三，实践中确定判罚罚金数额时，往往会考虑后续的执行工作，有的法院会以被告人实际愿意缴纳的数额作为罚金数额，很难保证罚金刑罚当其罪，又会造成不良的社会效果，亦不利于惩罚与预防犯罪。

因此，对于财产刑的判罚，应遵循一定的步骤程序，用程序正义规范抽象的财产刑量刑，以实现财产刑量刑的公平正义及罪责刑相适应原则。对此，可以借鉴《最高人民法院关于常见犯罪的量刑指导意见》中确定的量刑的指导原则①及基本方法：“（1）根据基本犯罪构成事实在相应的法定刑幅度内确定量刑起点。（2）根据其他影响犯罪构成的犯罪数额、犯罪次数、犯罪后果等犯罪事实，在量刑起点的基础上增加刑罚量确定基准刑。（3）根据量刑情

---

①《最高人民法院关于常见犯罪的量刑指导意见》第1条规定了量刑的指导原则：“1. 量刑应当以事实为依据，以法律为准绳，根据犯罪的事实、性质、情节和对于社会的危害程度，决定判处的刑罚。2. 量刑既要考虑被告人所犯罪行的轻重，又要考虑被告人应负刑事责任的大小，做到罪责刑相适应，实现惩罚和预防犯罪的目的。3. 量刑应当贯彻宽严相济的刑事政策，做到该宽则宽，当严则严，宽严相济，罚当其罪，确保裁判法律效果和社会效果的统一。4. 量刑要客观、全面把握不同时期不同地区的经济社会发展和治安形势的变化，确保刑法任务的实现；对于同一地区同一时期、案情相似的案件，所判处的刑罚应当基本均衡。”

节调节基准刑，并综合考虑全案情况，依法确定宣告刑。”

例如，被告人共收受他人贿赂 10 次，其中 3 次索贿，受贿金额共计 400 万元，案发后，被告人主动到监察委员会投案自首。根据《刑法》及《贪污贿赂司法解释》的规定，受贿数额在 300 万元以上的，依法可以判处十年以上有期徒刑、无期徒刑或者死刑，并处 50 万元以上犯罪数额二倍以下的罚金或者没收财产，那么被告人受贿 300 万元就是基本犯罪构成事实，假设受贿 300 万元，可以在 50 万元至 80 万元之间确定财产刑的量刑起点，据此我们将财产刑的量刑起点确定在判处罚金 50 万元，之后在量刑起点的基础上，根据其他影响犯罪构成的犯罪事实确定基准刑。本案中被告人另外收受的 100 万元是其他影响犯罪构成的犯罪事实，假设每增加 100 万元，财产刑数额增加 10~20 万元，我们决定财产刑增加 10 万元，那么在 50 万元的量刑起点基础上增加 10 万元，本案的财产刑基准刑便是 60 万元。确定财产刑的基准刑后，便要根据量刑情节对财产刑的基准刑予以调整，具有单个量刑情节的，根据量刑情节的调整比例直接调整财产刑的基准刑；具有多个量刑情节的，根据同向相加、逆向相减的方法调整。还以前述例子为例，被告人同时具有索贿的从重处罚情节及自首的从轻或减轻处罚情节，假设自首可减少财产刑基准刑的 20%~40%，索贿可增加 20%~40%，我们决定自首减少 20%、索贿增加 30%，那么本案中的财产刑数额为 60×（1+30%-20%），即 66 万元。最后再根据是否减轻处罚、是否在法律及司法解释规定的法定数额幅度内、查明的被告人的财产状况等情况进行调整，做到罪责刑相适应，决定最终的财产刑种类和数量。各地可根据自身经济发展等情况制定相应的规则，从制度上规范财产刑的判罚。

四、对贪污贿赂犯罪适用财产刑的科学方法

（一）充分发挥罚金刑与没收财产刑各自的优势

1. 罚金的特点和优势。（1）罚金刑对于打击以获取不正当利益为目的的贪腐犯罪更具有针对性，使腐败分子欲得反亏；（2）罚金刑在惩处贪污贿赂犯罪时可根据违法所得数额大小，按比例惩处；（3）即使罪犯自由刑执行完毕，但罚金没有全部缴纳，则任何时候发现被执行人有可以执行的财产，人民法院可随时追缴罚金，一追到底，永不清零。

2. 没收财产刑的特点和优势。没收财产，是指剥夺犯罪人个人财产，无偿收归国有的一种刑罚方法。（1）没收的财产不局限于金钱，还包括剥夺罪犯个人所有的其他财物。《联合国反腐败公约》[①]对“财产”作如下定义：“各种资产，不论是物质的还是非物质的、动产还是不动产、有形的还是无形的，以及证明对这种资产的产权或者权益的法律文件或者文书”，我国《刑法》第92条对“公民私人所有的财产”定义为，“公民的合法收入、储蓄、房屋和其他生活资料；依法归个人、家庭所有的生产资料；个体户和私营企业的合法财产；依法归个人所有的股份、股票、债券和其他财产”。（2）适用没收财产比罚金更为严厉，没收财产刑适用于犯罪情节及社会危害性较为严重的犯罪。适用上有上限的罚金刑不能做到罚当其罪的时候，没收财产比罚金更能预防、震慑犯罪。（3）没收财产是一次性剥夺罪犯个人现实所有财产的一部分或者全部，不存在分期或减免的情况。没收财产可有效剥夺罪犯再犯其他犯罪的能力，更有效打击了利益团体，能更好地保护国家及人民利益。

（二）罚金、没收财产选择适用

对于贪污、受贿犯罪的惩处，《刑法》第383条规定，对于判处三年以下有期徒刑或者拘役的，并处罚金；处无期徒刑或者死刑的，并处没收财产，该两层次主刑判罚并处财产刑时不涉及财产刑种类的选择适用，对于“贪污、受贿数额巨大或者有其他严重情节的，处三年以上十年以下有期徒刑；贪污、受贿数额特别巨大或者有其他特别严重情节的，处十年以上有期徒刑或者无期徒刑，并处罚金或者没收财产”，此时并处财产刑，涉及罚金刑、没收财产刑的选择适用，这也是实践中如何并处财产刑问题较为突出的地方。

《刑法》第52条规定，“根据犯罪情节决定罚金数额”，《刑法》总则虽没

---

①《联合国反腐败公约》是唯一一份具有法律约束力的国际性反腐败文件。公约中的方法和意义深远，其中许多条款具有强制性，为全面解决世界全球反腐败问题提供了独特的蓝本。公约主要涵盖五个方面：预防措施、定罪和执法、国际合作、资产的追回，以及技术援助和信息交流。公约中提及了不同形式的腐败现象，如影响力交易、滥用职权，以及私营部门内的各种腐败行为。公约中还有一个关键组成部分，即其中有一章专门介绍资产的追回，这是许多国家关注的重点，因为他们想追回被指控或发现有腐败行为的前任领导等官员的财产。越来越多的国家成为公约的缔约国，这进一步证明了公约具有全球性和广泛性的特点。根据公约第68条第（1）项规定，公约于2005年12月14日开始生效。对于每个加入公约的国家或区域经济一体化组织，本公约自该国或者该组织交存有关文书之日后第30天起开始生效。目前公约有140个签署国，172个缔约国。2005年10月27日，第十届全国人大常委会第18次会议批准通过《联合国反腐败公约》。

有具体的条文规定没收财产刑应遵循的原则，但根据《刑法》第 61 条规定的根据犯罪分子犯罪的事实、性质、情节和对社会的危害程度判处刑罚及刑法分则具体罪名对并处没收财产的表述，亦有应根据犯罪情节判处没收财产之意。分析认为，《贪污贿赂司法解释》第 19 条虽未对何时适用罚金，何时适用没收财产，是没收全部财产还是没收部分财产，没收部分财产的数量幅度更进一步明确，但是其以主刑为基础，对贪污罪、受贿罪的罚金刑判罚进行了数额幅度规定，使并处罚金的数额幅度与自由刑量刑幅度相对应。因判定主刑时充分考虑了犯罪行为人犯罪的主观恶性、社会危害性等情节，再适用相对应的罚金刑，在一定程度上规范了罚金刑的量刑，但具体判罚时仍需根据具体情节坚持罪责刑相适应原则进一步确定罚金的具体数额。同理，判处没收财产刑时亦应考虑与主刑的轻重相对应，决定适用没收部分财产还是没收全部财产，除判处没收全部财产外，判处没收部分财产的，亦应根据其犯罪的情节、认罪悔罪态度等量刑情节，最终确定没收财产的数量，可参照《贪污贿赂司法解释》中对罚金数额的规定进行判罚，但又不局限于罚金规定的数量限制。

实践中，对贪污贿赂犯罪分子的违法所得全部追缴后，如其已无钱款缴纳罚金，但是其个人具有一定的物质、非物质财产，此时在罚金刑与没收财产刑选择适用时，并处罚金刑则陷入罚金不能及时执行或财产可能被转移的境地，造成空判，导致判决不严肃，且未坚持罪责刑相适应原则，亦没有有效惩处犯罪。此时，应适用没收财产刑，使剥夺腐败分子的合法财产于法有据，既充分坚持了罪责刑相适应原则，又提高了腐败分子的犯罪成本，震慑、预防腐败犯罪。又如，按照《贪污贿赂司法解释》中规定的罚金刑幅度判罚罚金时，对于那些能够轻松缴纳罚金数额上限的屡教不改的行贿人而言，如其行贿行为面临罚金刑与没收财产刑选择适用时，对其判处犯罪数额二倍的罚金也不足以动摇其根本，反而因其轻松缴纳罚金体现了认罪悔罪态度，使其又在量刑上占尽了便宜，此时对其适用没收财产刑才能动其根本，伤其元气，剥夺其再犯的可能，才能从根本上震慑行贿犯罪。一般情况下，对贪污、贿赂犯罪案件主刑为有期徒刑十年以下的判处罚金，有期徒刑十年以上的判处没收财产，无期徒刑以上的，适用没收财产。

（三）财产刑适用避免伤及无辜

《刑法》第 59 条规定："没收财产是没收犯罪分子个人所有财产的一部或

者全部。没收全部财产的，应当对犯罪分子个人及其扶养的家属保留必需的生活费用。在判处没收财产的时候，不得没收属于犯罪分子家属所有或者应有的财产。”此条文的目的是在判处没收财产时避免株连，避免伤及无辜。实践中，适用财产刑则面临财产权属难以区分的难题，没收的罪犯的“个人财产”极大可能关乎第三人的权益，由于审判机关不具有侦查权，故财产权属区分则势必应在侦查阶段或审查起诉阶段予以明晰，经庭审质证后予以确定，但此问题往往被侦查部门和公诉机关忽视，对并处没收财产的判罚与执行造成障碍，不但影响了审理案件的效率，更有可能侵犯第三人的权益，故关于产权明晰的责任问题急需在立法层面予以解决。

实践中，大多数贪污贿赂犯罪分子违法所得及收益被追缴后，其合法的财产已不能足额履行财产刑，为了能够帮助腐败分子履行财产刑，争取宽大处理，其亲属四处借钱为其履行财产刑，对贪污贿赂犯罪分子的判罚应是针对腐败分子本人，可是对于财产刑部分的不良后果却是其亲属为其承担，实际惩罚的是其无辜的亲属，所以在财产刑的判罚时要避免伤及无辜的亲属。同时，还有一些贪污贿赂犯罪分子犯罪所得的财物用来挥霍或者包养情人、包装“网红”等，其家庭合法财产中几乎没有灰色收入，判处较重财产刑会伤及无辜，也不公平。

（四）财产刑数量应与犯罪数额、赃款收缴相匹配

对于贪污、受贿犯罪分子，其财产来源大致可分为两大块，一是贪污、受贿违法所得及产生的收益，二是自己的薪金及相应收益。根据《联合国反腐败公约》的精神，任何人不得通过欺诈行为、自己的错误行为、不正当行为获得利益，更不得通过自己的犯罪行为获得财物，对于违法所得及其收益应予追缴并没收。赃款收缴数额应等于犯罪数额，如赃款产生了收益，则收缴数额应大于犯罪数额，但因存在贪污贿赂犯罪分子对赃款进行挥霍或拒不交代去向等情形，实际收缴的赃款数额往往低于犯罪数额，同时因赃款与犯罪分子的合法收入发生了混同，收缴的“赃款”中一定夹杂着犯罪分子的合法收入，此种情形下，根据前述财产刑判罚方法，犯罪分子的犯罪数额属于其他影响犯罪构成的犯罪事实，而赃款收缴、财产刑担保缴纳情况均属量刑情节，判罚财产刑时均会予以考虑，财产刑判罚数量与被告人的犯罪数额成正比关系，与赃款收缴、财产刑担保缴纳情况成反比关系，根据同向相加、

逆向相减的调整方法，在财产刑判罚时则充分考虑了上述量刑情节。既不让犯罪分子用隐匿的赃款作为缴纳财产刑的担保从判罚上占到便宜，又不因将其合法收入作为“赃款”予以收缴而少缴纳财产担保影响其从轻处罚。但值得注意的是，实践中在查办贪污贿赂犯罪案件中，查封、扣押犯罪嫌疑人大量财物，对赃物进行追缴后，遗留的资产中现金或其他财物的数量也是决定罚金和没收财产的一个参考依据。

（五）财产刑数量与犯罪数额应确定动态比率

犯罪数额在贪污贿赂犯罪中是影响量刑的一个重要情节，其直接反映被告人的主观恶性及社会危害性，对主刑量刑具有直接影响，即便存在其他量刑情节，财产刑量刑与犯罪数额仍成正比关系。但是，财产刑数量随着犯罪数额的增加而增加，对违法所得及其收益全部追缴后，大多数犯罪分子其可供执行的合法财产较少，如果一味地追求形式上的平等，不区分情况，均适用相同的固定比率进行判罚，则难免陷入机械执法、简单比例的怪圈，最终相对于犯罪分子的实际财产状况形成“天价罚金”，无法执行，造成空判。所以，实践中，财产刑的判罚应摒弃固定比率，而采用动态比率，即随着犯罪数额的增加，选择的比率逐渐降低，犯罪数额低的，应选择较高的比率，比率在犯罪数额逐渐变化中做动态调整，但是当犯罪数额达到相应临界点时，则应是比率的转换点，在一定区间内，例如，受贿数额1000万元，罚金100万元，受贿2000万元，罚金200万元，比率为10%，受贿1亿元，罚金500万元，比率为5%，只有适用动态比率才能避免作出的财产刑判罚相对于被告人而言为“天价罚金”，既罚当其罪，又不失严肃性。各省、自治区、直辖市，甚至经济发展不平衡的地区也应相应确定当地财产刑的比率。

（六）财产刑适用要兼顾执行因素

对被告人判处财产刑后，面临的最大问题便是对财产刑的执行问题，如果裁判时未兼顾后期的执行工作，作出不切实际的判罚或者不明确的判罚，则势必为执行工作带来新的难题。例如，罪犯的全部财产亦不够缴纳的“天价罚金”，造成财产刑最终不能执行到位；在未查清被告人的财产数量、范围、权属的情况下，作出以量化的人民币形式表述的没收部分财产的判项，或笼统地表述为没收个人全部财产的判项，则势必造成“执行难”，上述情形均会影响判决的严肃性和司法的权威性，同时如执行部门不能顺利执行罪犯的财产刑，又对罪犯的减刑造成影响，影响对罪犯的改造。面临的又一问题是，有的被告人在自由和钱财面前，选择放弃自己的自由，宁愿被从重判处主刑，也拒不履行财产刑。因此在作出判决前，要彻底查清被告人的财产状况，从而有的放矢地选择适用罚金刑还是没收财产刑，如判处没收财产，在判决后要附有没收财产清单，为后续执行工作提供便利。实践中，有的法院的做法条理清晰，对在案扣押的财产进行区分，对赃款赃物予以追缴，剩余部分作为财产刑予以执行，如仍有剩余则依法返还被告人；如没有在案扣押的财产或在案扣押的财产均为赃款赃物，则法官对被告人及家属进行释法明理，讲明缴纳财产刑担保是对被告人认罪悔罪态度的考察，对被告人的量刑及后续的减刑均具有积极的影响，有的罪犯及家属则会积极配合缴纳财产刑所确定的内容，罪犯在服刑阶段，为争取减刑，亦会自觉履行财产刑，上述做法值得借鉴，但应杜绝为了财产刑的执行而违反罪责刑相适应原则与被告人及家属在财产刑的数额上“讨价还价”。

（七）没收个人全部财产的执行

按照刑罚设置，没收个人全部财产是财产刑中最重的刑罚方式，相对应的主刑亦是无期徒刑、死刑这两种重刑。没收个人全部财产的顺利执行需要办案机关、检察部门在案件移送审判机关之前对被告人的个人财产的范围、数量、权属予以明晰，庭审中对被告人的个人财产情况予以质证，审判机关据此作出清晰明确的判罚，执行部门根据明确的财产清单进行执行。

《刑法》第59条仅笼统地规定，“没收全部财产的，应当对犯罪分子个人及其扶养的家属保留必需的生活费用。在判处没收财产的时候，不得没收属于犯罪分子家属所有或者应有的财产”。条文中没有对“必需的生活费用”和“家属所有或应有的财产”进一步明确。分析认为，此处可以参照《最高人民法院关于人民法院民事执行中查封、扣押、冻结财产的规定》第5条前6项[①]

①《最高人民法院关于人民法院民事执行中查封、扣押、冻结财产的规定》第5条规定前6项规定：“人民法院对被执行人下列的财产不得查封、扣押、冻结：（一）被执行人及其所扶养家属生活所必需的衣服、家具、炊具、餐具及其他家庭生活必需的物品；（二）被执行人及其所扶养家属所必需的生活费用。当地有最低生活保障标准的，必需的生活费用依照该标准确定；（三）被执行人及其所扶养家属完成义务教育所必需的物品；（四）未公开的发明或者未发表的著作；（五）被执行人及其所扶养家属用于身体缺陷所必需的辅助工具、医疗物品；（六）被执行人所得的勋章及其他荣誉表彰的物品。”

的规定，对被执行人不得查封、扣押、冻结的财产加以区分。

值得注意的是，2000 年 11 月 15 日通过的《最高人民法院关于适用财产刑若干问题的规定》第 3 条第 2 款规定：“一人犯数罪依法同时并处罚金和没收财产的，应当合并执行；但并处没收全部财产的，只执行没收财产刑。”该条司法解释与《刑法修正案（八）》增加的“数罪中有判处附加刑的，附加刑仍须执行，其中附加刑种类相同的，合并执行，种类不同的，分别执行”（2011 年 5 月 1 日施行，即《刑法》第 69 条第 3 款）的规定相冲突。根据法的位阶性，应以《刑法修正案（八）》的规定为准。因此，数罪中判处的附加刑既有没收财产又有罚金的，如没收的是部分财产，没收部分财产与罚金刑分别执行；如果没收的是全部财产，因被判处没收全部财产的被告人的主刑一般是无期徒刑或者死刑，根据罚金刑的特点，为避免罚金刑执行案件久拖不决，应决定只执行没收个人全部财产。

实践中，没收个人全部财产的执行仍然是一个难点，判处死刑的基本没有执行，受传统的“人命大于天”的影响，执行机关不再执行。判处死缓和无期徒刑的也很难执行，执行机关也不愿意执行。因为，首先要确定被告人的财产在家庭财产或联营、合伙、股份中的财产比例，家庭中要分家析产，企业中要进一步清算，涉及一个新的民事诉讼，那么，由谁提起，哪个部门裁决，尚无法律明文规定。分析认为，应当借鉴民事执行措施，由执行部门限定被执行主体在一定的期限内申报财产份额，由执行部门确认。无异议的进行执行，有异议的，可以由异议方提起诉讼，涉及其他当事人的还要提起一个新的民事确认之诉。

实践中，有个别法院对贪污贿赂犯罪案件的裁判思维仍停留在只重视自由刑的判罚上，忽视财产刑的适用，在财产刑的量刑上不注重量刑情节，仍停留在过去简单机械的量刑方式上，不注重个案的特点，只要不违反法律规定，在规定的区间内判罚数额就视为合法，不注重罪责刑相适应原则的适用，究其原因，主要有以下几个方面：

1. 估堆计算的习惯。由于《刑法》条文规定的不明确，有一些使用“数额较大”“数额巨大”“较重情节”“其他严重情节”“判处罚金或没收财产”等用语，所以有的法官不严格区分量刑情节、刑罚的轻重程度，仅凭个人的经验、阅历和个人对法律的理解进行综合估量，对财产刑进行判罚。此种量刑方法，没有明确的统一的标准，因法官个体的差异，对判决结果造成很大的不确定性，相同或者相类似的案件各地财产刑数额差异较大。

2. 传统思维的制约。实践中，重主刑、忽视财产刑判罚的传统思维仍然存在，认为只要主刑判罚得当，财产刑形式上符合规格即可，忽视财产刑判罚亦应遵循罪责刑相适应原则，致使有关财产刑的判项要么不明确，要么畸轻或畸重，为后续的执行工作造成困难，相同地区，财产刑差距较大的现象仍存在，有的案件影响罪犯的改造。

3. 简单确定比率。对案件的具体情节考量不足，适用简单的固定比率进行财产刑的判罚，忽视个案的特点，忽视犯罪数额与财产刑的比率的动态关系，不论犯罪数额大小，都适用同一比率，并且比率过高，结果达不到打击、预防犯罪的目的。

4. 忽视个案情节，甚至引发次生舆情。人们更多关注的是那些罪大恶极的腐败案件，而忽视了那些本性并不十分恶劣，有的出于客观因素无奈收受贿赂或者贪污公款的案件。例如，现实中有的被告人家中上有老，下有小，父母多年疾病缠身，其又是家中唯一经济来源，虽日子过得清贫，但对待工作始终兢兢业业，尽职尽责，从未有违法违纪现象发生，且多次拒绝他人所送贿赂，一日家中父亲突发疾病，急需钱来救命，其工作多年攒下的一点积蓄面对巨额医疗费简直就是杯水车薪，借遍了亲戚朋友，仍无力支付巨额医疗费，无奈之下利用职务便利，侵吞了一笔公款用于救治自己的父亲，除此之外亦再无违法违纪情况发生。此类案件，如仍按照法律规定的财产刑幅度进行判罚，根据被告人的经济状况，完全是脱离了情理的机械执法，不仅判决财产刑部分无异于空判，达不到财产刑应有的效果，也与正常的情理相悖，极易产生负面效果，还会引起社会对裁判的质疑。

5. 固守报复主义理念。主张罪刑的绝对均衡，忽视个案的特点，实践中，对等思想、报复主义、重刑思想，夸大惩罚效果，看似法律面前人人平等，但实际上却是造成不平等的根源所在，随着法治的发展进步，直接采用报复主义的思想在弱化，但是在具体的量刑中有时有意无意浮现，也应当引起高度关注。

综上，当前，反腐败斗争形势依然严峻复杂，巩固压倒性态势、夺取压倒性胜利要坚持无禁区、全覆盖、零容忍，坚持重遏制、强高压、长震慑，强化不敢腐的震慑，扎牢不能腐的笼子，增强不想腐的自觉，最终实现全面依法治国的新时代的指导思想，倡导严格执法，建议各省（市）高级人民法院根据各地自身实际情况，以《刑法》及相关司法解释为基础，在一省（市）范围内制定统一标准，对贪腐案件的财产刑适用加以规范。

87. 在贪污贿赂犯罪案件中，何种情形可以判处终身监禁？

【案情 1】2014 年 11 月至 2018 年 11 月，被告人 X 某在担任区管委会下属企业发展公司财务负责人、兼任出纳员期间，利用其保管单位财务专用章、法定代表人章、支票和汇票的职务便利，采取支出不入账、伪造每月银行对账单、伪造银行支付凭证和领导签字、虚造银行利息回单等方式，通过重复报账和虚报、多报项目开支等形式，将单位资金取现或转账至本人实际控制或者其亲属指定的银行账户。2014 年 11 月至 2018 年 11 月，X 某从企业发展公司等 9 个账户共侵吞资金 2.9 亿元，上述资金主要用于个人购买网络彩票赌博，少量资金用于个人购买房产及归还个人债务、生活开支等。赃款绝大部分挥霍。

此外，2013 年 1 月至 2014 年 10 月，被告人 X 某还以支付项目政策处理补偿款、拆迁补偿款、退还履约保证金等名义开具支票、汇票，并通过支出不入账、伪造每月银行对账单等方式予以掩饰，X 某多次将公司 6 个银行账户的资金挪至个人或者他人账户，共计人民币 2336 万元。2018 年 3 月，单位会计发现单位账面资金不足，向领导汇报后，被告人 X 某在单位领导和亲属的劝说下到监察机关投案自首。

【案情 2】2000 年至 2013 年，被告人 B 某利用其担任几个省份的领导、人大相关委员会副主任委员等职务上的便利以及职权和地位形成的便利条件，为某投资集团有限公司、房地产开发有限公司等 17 个单位和个人，在工程建设、房地产开发、获取矿权、拓展公司业务及职务晋升等事项上提供帮助，直接或通过其妻张某非法收受上述单位和人员给予的财物共计折合人民币 2.46 亿余元。

截至案发前，被告人B某及其家庭财产以及部分珠宝玉石和国家一、二级珍稀动植物制品，以及个人和家庭房产共计折合人民币上亿元，不能说明来源。

【案情3】被告人W某利用担任市公安局局长、公安交通管理局局长、市政协副主席等职务上的便利，通过其实际控制的公司非法占有公共财物共计人民币3.42亿余元；为他人谋取利益，直接或通过亲属先后多次收受他人财物共计折合人民币8440余万元；挪用公款人民币1.01亿余元归个人使用，进行营利性活动。W某为使其实际控制的多家公司获取不当利益，直接或指使上述公司人员向多名国家工作人员行贿，共计折合人民币1057万元。W某在担任市公安局局长、副局长期间，滥用职权，对他人采取刑侦措施，损害他人合法权益，情节特别严重；徇私枉法，接受他人请托，包庇犯罪嫌疑人，使之未被追究刑事责任。法院审理后，以贪污罪判处其终身监禁。

【问题】《刑法修正案（九）》中规定了贪污贿赂犯罪案件可以判处终身监禁，对此，"两高"的司法解释也进行了细化，但是，在实践中该如何掌握有两种不同的意见：一种意见认为，死刑的终身监禁体现在刑法修正案中，应该是一种独立的刑罚，在决定刑罚的时候，判处终身监禁的被告人，罪行要轻于判处死刑立即执行的被告人，要重于判处死刑缓期二年执行的被告人，因此，在量刑时就要确定其是否适用终身监禁。另一种意见认为，贪污贿赂犯罪案件中判处终身监禁不是一种独立的刑罚，是判处死刑的一种特殊的执行方式，死刑包括三种执行方式，一是死刑立即执行；二是死刑终身监禁；三是死刑缓期二年执行。死刑的终身监禁就是应当判处死刑的被告人，鉴于其有其他的从轻或者减轻的情节，按照宽严相济的刑事政策，可以暂不予执行死刑，判处缓期二年执行，但是不同于一般的死刑缓期二年执行，两者区别巨大，终身监禁二年以后改判为无期徒刑后，不得减刑和假释；一般的死刑缓期二年执行经过两年后可以减为无期徒刑或者有期徒刑。与第一种意见相同，死刑的终身监禁作为可以不执行死刑的一种替代方法，但是，需要在对被告人决定刑罚时一并作出。

【解析】根据2015年11月1日实施的《刑法修正案（九）》对《刑法》第383条的修改，第1款第（3）项规定，"贪污受贿数额特别巨大或者有其他特别严重情节，处十年以上有期徒刑或者无期徒刑，并处罚金或者没收财产；数额特别巨大，并使国家和人民利益遭受特别重大损失的，处无期徒刑或者死刑，并处没收财产”。第4款规定，“犯第一款罪，有第三项规定情形被判处死刑缓期执行的，人民法院根据犯罪情节等情况可以同时决定在其死刑缓期二年期满依法减为无期徒刑后，终身监禁，不得减刑、假释”。2016年4月18日公布的《贪污贿赂司法解释》对死刑的终身监禁进行了细化，第4条规定，贪污、受贿数额特别巨大，犯罪情节特别严重、社会影响特别恶劣、给国家和人民利益造成特别重大损失的，即“四个特别”，可以判处死刑。符合前款规定的情形，但具有自首、立功，如实供述自己罪行、真诚悔罪、积极退赃，或者避免、减少损害结果的发生等情节，不是必须立即执行的，可以判处死刑缓期二年执行，符合第1款规定情形的，根据犯罪情节等情况可以判处死刑缓期二年执行，同时裁判决定在其死刑缓期执行二年期满依法减为无期徒刑后，终身监禁，不得减刑、假释。根据上述法律、司法解释的规定，对贪污贿赂犯罪判处死刑终身监禁的需要把握以下几个方面：

1. 判处死刑终身监禁的被告人首先需要达到判处死刑的条件。《刑法》第383条第1款第（3）项规定，贪污受贿数额特别巨大，并使国家和人民利益遭受特别重大损失的，处无期徒刑或者死刑。《刑法》中判处死刑有两个条件，而这两个条件应当包括死刑立即执行、死刑终身监禁和死刑缓期二年执行三种情形。在司法解释中，将死刑的条件细化为“四个特别”，即贪污、受贿数额特别巨大，犯罪情节特别严重、社会影响特别恶劣、给国家和人民利益造成特别重大损失。犯罪数额虽然不是量刑的唯一标准，但是也是一个重要的、其他情节不可替代的情节。什么样的情形可以判处死刑呢？第一是数额特别巨大。《刑法》规定数额特别巨大的起点标准300万元，是判处十年以上有期徒刑、无期徒刑的起点，实践中发现，已经判处死刑终身监禁的案件犯罪数额都在2亿元以上。案情1中，被告人X某具有这一条件，2014年11月至2018年11月，X某从企业发展公司等9个账户共侵吞资金2.9亿元属于贪污数额特别巨大。第二是犯罪情节特别严重。被告人X某利用其保管单位财务专用章、法定代表人章、支票和汇票的职务便利，采取支出不入账、伪造每月银行对账单、伪造银行支付凭证和领导签字、虚造银行利息回单等方式，通过重复报账和虚报、多报项目开支等形式侵吞公款2.9亿元属于犯罪情节特别严重。第三是社会影响特别恶劣。被告人X某在2014年11月至2018年11月4年的时间里，从单位9个账户中共侵吞资金2.9亿元，上述资金主要用于个人购买网络彩票赌博，少量资金用于个人购买房产及归还个人债务、生活开支等，属于社会影响特别恶劣。第四是给国家和人民利益造成特别重大的损失。被告人 X 某侵吞单位资金 2.9 亿元，赃款绝大部分挥霍，案发后，无法弥补给国家造成的特别重大的损失。对其应当判处死刑。案情 2 中，被告人 B 某利用职务上的便利以及职权和地位形成的便利条件，在 13 年期间，为 17 个单位和个人提供帮助，直接或通过其妻张某非法收受上述单位和人员给予的财物共计折合人民币 2.46 亿余元，达到判处死刑的条件。案情 3 中，被告人 W 某利用职务上的便利，通过其实际控制的公司非法占有公共财物共计人民币 3.42 亿余元，也到达判处死刑的条件。

2. 根据《贪污贿赂司法解释》第 4 条第 2 款、第 3 款的规定，符合"四个特别"，可以判处死刑的情形，但具有自首、立功，如实供述自己罪行、真诚悔罪、积极退赃，或者避免、减少损害结果的发生等情节，不是必须立即执行的，可以判处死刑缓期二年执行；根据犯罪情节等情况可以判处死刑缓期二年执行，同时裁判决定在其死刑缓期执行二年期满依法减为无期徒刑后，终身监禁，不得减刑、假释。案情 1 中，被告人 X 某在单位会计发现单位账面资金不足，向领导汇报后，在单位领导和亲属的劝说下到纪检监察机关投案自首。X 某的行为符合上述规定，属于应当判处死刑，但是，因为有自首情节，不是必须立即执行的，可以判处死刑缓期二年执行。案情 2 中，被告人 B 某除如实供述了办案机关已经掌握的受贿事实外，还主动交代了办案机关尚未掌握的大部分受贿事实，具有坦白情节；当庭真诚认罪、悔罪；涉案赃款赃物已全部追缴，具有法定从轻处罚情节，也属于不是必须立即执行死刑的，可以判处死刑缓期二年执行的罪犯。案情 3 中，被告人 W 某能够如实供述自己的罪行，并主动交代办案机关尚未掌握的部分受贿事实，认罪悔罪，积极退赃，有提供线索得以侦破其他案件的立功表现，具有法定、酌定的从轻处罚情节，依法可以从轻处罚。因而，也属于不是必须立即执行死刑的，可以判处死刑缓期二年执行的罪犯。

3. 判处死刑终身监禁与一般的死缓的区别。终身监禁具有制度刚性，一旦作出将无条件执行，不受服刑期间表现的影响，即便服刑期间有重大立功表现，也不得减刑、假释，属于仅次于死刑立即执行的刑罚方法。一般的被判处死刑缓期二年执行的被告人，在二年缓刑执行期间没有发现违法犯罪的，在二年执行期满后应当减为无期徒刑，死缓执行期间有重大立功表现可以减为二十五年有期徒刑。而判处死刑终身监禁的被告人在二年缓刑执行期间即便有重大立功表现，也不能减刑、假释，不适用《刑法》第78条的规定。因此，《刑法》第67条、第68条规定，自首、立功包括重大立功都属于可以从轻、减轻处罚的情节，不再有必须减轻的规定，避免与终身监禁的条文发生冲突。案情1中，被告人X某贪污2.9亿元，数额特别巨大，将贪污款项主要用于赌博等违法活动，犯罪情节特别严重，社会影响特别恶劣，案发后没有退赃，给国家和人民利益造成特别重大损失，依法可以判处被告人X某死刑，但因其有自首的法定从轻、减轻情节，故此案可以判处被告人X某死刑缓期二年执行，但是，考虑到案件的事实、情节，也不能判处一般的死刑缓期二年执行。因为其除贪污2.9亿元外，还挪用公款人民币2336万元，应判处被告人X某终身监禁。判处终身监禁的案件与判处一般的死刑缓期执行案件相比，具有以下几个特点：一是被告人的主观恶性大、恶性深，犯罪结果往往都是其积极追求的目的。二是社会影响恶劣，犯罪的时间长、次数多，在受贿犯罪中都是积极主动为请托人谋取非法利益，非法收受贿赂每次数额都特别大，毫无顾忌。三是伴有其他犯罪，有的贪污数额特别巨大，同时还伴有受贿、挪用公款、巨额财产来源不明等罪行。四是从重、加重的情节多，如干预司法、插手干部提拔任用等，严重破坏公平竞争的社会秩序，社会反响强烈。如果本应判处死刑立即执行的被告人，因其在服刑期间有立功等其他表现，通过减刑等方式，实际服刑的期限可能还会低于一般判处无期徒刑的罪犯，那样，就属于量刑偏轻，违反了罪刑相适应的原则和宽严相济的刑事政策，达不到刑罚应有的目的和设立终身监禁的初衷。案情2中，被告人B某除受贿人民币2.46亿余元外，其家庭财产以及部分珠宝玉石和国家一、二级珍稀动植物制品，以及个人和家庭房产共计折合人民币上亿元，不能说明来源，构成巨额财产来源不明罪，并且差额特别巨大。案情3中，被告人W除贪污3.42亿余元，还受贿人民币8440余万元、挪用公款人民币1.01亿余元、单位行贿人民币1057万元，伴有滥用职权罪和徇私枉法等6种犯罪，不能判处一般的死刑缓期二年执行。那样，就属于量刑偏轻，违反了罪刑相适应的原则和宽严相济的刑事政策，所以，应当判处终身监禁。

4. 判处终身监禁值得注意的问题。对于终身监禁规定的执行，要从实体和程序两个方面来把握其具体适用：第一，通过《刑法》第383条直接对接，明确判处终身监禁主要适用于原本可能判处死刑立即执行的被告人，必须达到应当判处死刑的条件。第二，明确一审、二审人民法院针对死刑终身监禁的判决要在作出死刑缓期二年执行的判决中同时作出，不是在死刑缓期二年执行期满减为无期徒刑时作出。第三，在判决书上的表述为：被告人X某犯贪污罪，判处死刑缓期二年执行，在缓期二年执行期满减为无期徒刑后不得减刑、假释。第四，对于符合终身监禁适用条件的要坚决判处终身监禁，以此发挥终身监禁在填补死刑立即执行和一般死缓之间的空档、严肃惩治严重腐败犯罪中的特殊作用，为严格控制死刑立即执行的适用赢取有利的外部环境，杜绝依法应当判处终身监禁的被告人降低为普通的死刑缓期二年执行。第五，对终身监禁要慎重适用，防止出现片面从重，切忌防止将依法应当适用一般死缓的被告人为显示从重执法而不当升格拔高判处终身监禁。

88. 焚烧外币的行为是否能认定为给国家和人民利益造成重大损失?

【案情】1996年至2017年，被告人W某先后担任省团委副书记、市长、市委书记、省委秘书长等职务，其利用职务上的便利，在企业经营、干部选拔任用等方面为十余人谋取利益，单独或通过他人收受财物共计人民币8300余万元。从1993年开始，W某就陆陆续续将其收到的他人的钱款交给其弟弟保管，包括外币也都放在其弟弟家里保管。2017年4月，向W某行贿的张某等人被纪检监察机关带走协助调查。清明节后的一天，W某要求其弟弟将其放在其弟弟家里保管的外币用两个箱子装好，转移到另一表弟处保管。2017年5月下旬，W某安排其弟弟和表弟将放在其表弟家中的外币全部烧毁。W某的弟弟和表弟在其表弟家后院的空地上将两箱子装有180余万美元、40余万欧元、20余万港元、1万余英镑及少量其他币种，折合人民币1500余万元的外币全部烧毁。

【问题】关于焚烧外币的行为是否属于给国家和人民利益造成重大损失的

问题，实践中有两种不同的意见：一种意见认为，在我国烧毁人民币属于违法，按照《人民币管理条例》[①]第42条的规定，损毁人民币的属于行政违法，由公安机关给予警告或者罚款处理；焚烧外币不属于违法行为，不应当属于给国家和人民利益造成重大损失的行为。另一种意见认为，根据国际上货币的管理和交易原则，我国所使用的外币都是同相关国家进行对等交换的，货币项下包含商品和劳动的价值，烧毁外币，就等于我国无偿向国外提供商品和服务，因此，该行为属于给国家和人民利益造成重大损失。

【解析】《外汇管理条例》规定了外汇管理的基本原则和制度。各国对外汇管理的制度主要有三种类型，一是严格型外汇管理体制，对经常项目和资本项目都实行管制，实行这种管制的国家通常是经济比较落后的国家，外汇资金短缺，市场机制不发达，通过集中分配使用外汇以维护稳定物价、保障国际收支平衡，维护民族经济的发展；二是部分型外汇管制，对经常项目的外汇原则上不加限制，对资本项目的外汇交易进行一定的限制，一些经济发达的国家采用这种方式；三是完全自由型外汇管制，对经常项目和资本项目的外汇交易均不进行限制，外汇可以自由兑换、自由流通、自由出入国境，实行金融自由化。我国的外汇管理体制基本上属于部分型外汇管制，对经常项目事项可兑换，对资本项目实行一定的管制，对金融机构的外汇业务实行监管，禁止外币境内计价结算流通，这种管理体制适应我国当前市场经济的发展要求，也符合国际惯例。

我国的管理制度对外币也实行保护政策，我国《刑法》在伪造货币罪中，不仅保护我国货币管理制度，同时也包括外国货币管理制度，[②]其目的是保护作为经济交易重要手段的货币的公共信用。最初的货币是以黄金为基础的，与黄金可以自由兑换，两者同时流通。后来纸币逐渐成为主要的流通货币，但是它仍然由黄金作为发行的保障。现在流通的货币在现代领域是专门在物

---

①《人民币管理条例》于1999年12月28日由国务院第24次常务会议通过，国务院令第280号发布，自2000年5月1日起施行。根据2014年7月29日《国务院关于修改部分行政法规的决定》第一次修订，根据2018年3月19日《国务院关于修改和废止部分行政法规的决定》第二次修订。

② 高铭暄、马克昌主编：《刑法学》，北京大学出版社、高等教育出版社2000年版，第418页。

资和服务交换中充当等价物的特殊商品，是人们商品价值观的物质附属物和符号附属物。所以，如果烧毁货币，也就相当于将外币所代表的商品以及服务的价值毁灭掉。烧毁了外币，就是让相对国占有我们的商品和财富以及让我们付出的服务变为无偿付出，无须任何代价和支付对价。这是物质上的损失，同时，在文化和精神层面，使人们对外币的价值产生怀疑，实质上是侵犯货币作为流通工具而必须具备的公共信用。根据《贪污贿赂司法解释》第1条第2款第（1）项的规定，贪污救灾、抢险、防汛、优抚、扶贫、移民、救济、防疫、社会捐助等特定款物的，在实践中理解为给国家和人民利益造成重大损失，这属于可以量化的损失，第3款第（2）项是为他人谋取不正当利益，致使公共财产、国家和人民利益遭受损失。受贿罪以“为他人谋取利益”为法定要件。从损害结果的角度看，受贿罪存在三种情形，分别是：收受财物后未实施相关职务行为；收受财物后正常履职；收受财物后违法行使职权为他人谋取不正当利益。前两种情形一般不会造成具体的损失后果，第三种情形则直接以妨害公权力正当行使、损害国家或者他人利益为交换条件，明显具有更为严重的危害性。此种情况下有两种损失，一种是可以量化的，行贿人获取巨大的经济利益，使国家利益遭受损害；另一种是不可以量化的，对国家荣誉和声誉造成损害，如行贿、受贿犯罪的危害性和腐蚀性，以及滥用职权为“老赖”谋取利益等属于不可量化的损失。焚烧外币的危害性与贪污救灾、抢险、防汛、优抚、扶贫、移民、救济、防疫、社会捐助等特定款物的危害性相当，贪污受贿特定款物可以追缴，焚烧的外币已经销毁，无法追缴，还类似于贪污受贿成箱茅台酒因担心被查处，将酒倒入下水道中，为行贿人谋取巨额利益使国家财政收入减少或者税收减少等滥用职权所造成的损害，因此，焚烧价值1500余万元人民币的行为，属于可以量化的损失，应当视为给国家和人民利益造成重大损失的行为，故第二种意见是正确的。

89. 在贪污贿赂犯罪案件中，何种情形可以在法定刑以下判处刑罚?

【案情1】被告人Z某在担任某村党支部书记兼村委会主任期间，为帮助在银行工作的朋友完成揽储任务，利用其受政府委托收取、保管廉租房项目中回迁村民购买安置房房款的职务便利，于2017年1月14日擅自将其中的251万元在商丘市某农村商业银行宋州分理处购买了“个人七天理财”产品，2017年1月22日，该理财产品期满销户后，Z某按规定将其中的160万元转入商丘市睢阳区财政局，将剩余的90万元再次购买了“个人七天理财”产品，直至2017年3月30日案发，产生利息共计3624.43元。案发后，所挪用资金本息已全部上交政府财政。

河南省商丘睢阳区人民法院于2018年4月17日作出刑事判决，认定被告人Z某犯挪用公款罪，判处有期徒刑五年。宣判后，被告人Z某不服，提出上诉。商丘市中级人民法院审理后作出刑事判决，认定上诉人Z某犯挪用公款罪，判处有期徒刑二年六个月。经河南省高级人民法院复核，同意原判并依法报请最高人民法院核准。

【案情2】被告人W某系渭南市原工业和信息化局纪委书记，曾任渭南市国有资产监督管理委员会党委副书记、纪委书记。2009年2月，渭南市乡镇企业供销公司（以下简称供销公司）成立破产清算组，任命W某为清算组主任。同年7月16日，渭南市中级人民法院受理供销公司破产清算申请，指定供销公司破产清算组担任破产管理人，W某任管理人主任。10月，陕西金花拍卖有限公司（以下简称金花拍卖公司）渭南办事处经理孙某找到W某，称其欲承揽供销公司的拍卖业务，并竞拍获取供销公司土地进行房地产开发，同时答应送给W某人民币50万元。11月初，根据孙某的要求，W某向孙某写了自己的身份证号码和名字，后又提供了身份证复印件。11月6日，孙某在中国建设银行渭南中心支行营业部办理了户名为W某的存有50万元的银行存折一张，并于当晚在W某家交予W某。随后，W某安排清算组工作人员对金花拍卖公司的资质进行审查，于11月13日向法院进行了申报，获批准后，清算组与金花拍卖公司于12月15日签订了委托拍卖合同。在拍卖公告期间，因供销公司职工集体上访，法院决定暂停拍卖。2010年1月15日，W某安排清算组工作人员向法院提请恢复拍卖程序，未获批准。在金花拍卖公司无法继续进行该笔拍卖业务的情况下，W某将所收存折退还给孙某。孙某分别于同年6月21日、7月13日将存折中的50万元取走。渭南市中级人民法院于2014年12月2日作出刑事判决，认定被告人W某犯受贿罪，在法定刑以下判处有期徒刑五年。宣判后，在法定期限内没有上诉、抗诉。陕西省高级人民法院经复核，同意原判，并依法报请最高人民法院核准。

【问题】关于对被告人判处法定刑以下刑罚的问题，虽然在《刑法》以及刑事诉讼解释中都有明确的规定，但是在司法实践中，特别是在贪污贿赂犯罪案件中，具有什么样的情形才能在法定刑以下判处刑罚，审判中如何把握，程序如何？这些问题始终困扰一些法院的法官，那么，实践中如何把握呢？

【解析】依据《刑法》第63条第2款的规定，犯罪分子虽然不具有本法规定的减轻处罚情节，但是根据案件的特殊情况，经最高人民法院核准，也可以在法定刑以下判处刑罚。这就是在法定刑以下判处刑罚的依据。那么，什么情形属于案件的特殊情况，通过上述两个案例可以推断其司法依据。

在案情1中，被告人Z某作为依照法律从事公务的基层组织人员，利用职务上的便利，挪用暂时保管的公款251万元购买理财产品，其行为已构成挪用公款罪，属情节严重，依照《刑法》第384条的规定，应当判处五年以上有期徒刑。河南省商丘市睢阳区人民法院作出刑事判决，认定被告人Z某犯挪用公款罪，判处有期徒刑五年符合法律规定。宣判后，被告人Z某不服，提出上诉。商丘市中级人民法院审理后，认定Z某犯挪用公款罪，在法定刑以下判处有期徒刑二年六个月。经河南省高级人民法院复核同意，并依法报请最高人民法院核准。核准的理由是被告人Z某挪用公款是为帮助他人完成揽储任务，追求个人获利的主观意愿不强烈，主观恶性不深；公款一直存在银行，且随时可以支取，在一定程度上降低了风险；案发时挪用的公款及利息一直在银行卡内，未造成实际损失，社会危害性较小；被告人归案后认罪态度较好等特殊情况，鉴于该案存在以上具体情况，判处五年以上有期徒刑明显偏重，故对其在法定刑以下判处刑罚。

在案情2中，被告人W某身为国家工作人员，利用担任供销公司破产清算组管理人主任的职务便利，收受他人财物，为他人谋取利益，收受贿赂 50 万元，其行为构成受贿罪。依照《刑法》第 383 条的规定，依法应判处十年以上有期徒刑，W 某虽不具有法定减轻处罚情节，但鉴于其在接受存有现金的存折后未动用存折内款项，在案发前主动将存折退还，主观恶性和社会危害性相对较小，且能够认罪悔罪等具体情况，对其可在法定刑以下判处刑罚。庭审中，W 某表示完全服从法院判决，宣判后未上诉，表明其已认罪，以受贿罪对其在法定刑以下判处有期徒刑五年。

一、对“根据案件的特殊情况”的实质判定

有关案件的特殊情况千差万别，从案情 1 中可以看出，被告人 Z 某是为帮助他人完成揽储任务，并非主要追求个人获利，并且公款一直存在银行，且随时可以支取，在一定程度上降低了风险，案发时未造成实际损失。案情 2 中，被告人 W 某在接受存有现金的存折后未动用存折内款项，在案发前主动将存折退还。两个案件的共性就是主观恶性不深，社会危害性较小，以及被告人归案后能够认罪悔罪等。上述属于个案的具体情况和表现形式。那么，法定刑以下判处刑罚的实质性要求应当体现在立法精神上，依据《刑法》第 63 条第 1 款的规定，犯罪分子具有本法规定的减轻处罚情节的，应当在法定刑以下判处刑罚；本法规定有数个量刑幅度的，应当在法定量刑幅度的下一个量刑幅度内判处刑罚。第 2 款规定明确了犯罪分子在不具有本法规定的减轻处罚情节基础上采取的量刑方法。我们知道，刑法规定的减轻处罚的量刑情节就是自首和立功，此外，还有《刑法》第 67 条第 3 款规定的，“犯罪嫌疑人虽然不具有前两款规定的自首情节，但是如实供述自己罪行的，可以从轻处罚；因其如实供述自己罪行，避免特别严重后果发生的，可以减轻处罚”。从这里，我们清楚地看到案件的特殊情况包括三个方面，一是总的原则，根据《刑法》第 61 条的规定，对犯罪分子决定刑罚的时候，应当根据犯罪的事实、犯罪的性质、情节和对社会的危害程度，依照本法的有关规定判处。二是案件的具体表现，虽然千差万别，但是最终都体现在主观恶性和社会危害性以及被告人认罪悔罪等方面。三是最本质的特征，就是在法定刑以下判处刑罚的案件的量刑情节一定要同自首、立功所达到的法律效果和社会效果相适应，最终实现刑罚的目的，即教育、惩罚、预防，或者因如实供述自己的罪行，避免特别严重后果的发生。上述两个案例都具有这样的情节，达到了与自首、立功以及如实供述避免特别严重后果发生相等同的情形，这是在法定刑以下判处刑罚的根本考量所在。

二、法定刑以下判处刑罚应遵守的程序

第一，审理法院首先作出判决。原审人民法院认为应当适用法定刑以下判处刑罚的，无须征得上级法院的同意后再审理，由审理法院独立作出判决。根据《刑诉法司法解释》第336条第（1）项的规定，“被告人未上诉，人民检察院未抗诉的，在上诉、抗诉期间届满后三日内，报请上一级人民法院复核。上一级人民法院同意原判的，应当书面报最高人民法院核准”。如案情2中，W某在法院宣判后未上诉，表明其已认罪，检察机关也未提出抗诉，法院以受贿罪对其在法定刑以下判处有期徒刑五年，报请上级人民法院复核并逐级报请最高人民法院核准。上级法院不同意的，应当裁定发回重新审判，或者改变管辖按照第一审程序重新审理。原判是基层人民法院作出的，高级人民法院可以指定中级人民法院按照第一审程序重新审理。

第二，根据《刑诉法司法解释》第336条第（2）项的规定，被告人上诉或者人民检察院抗诉的，应当依照第二审程序进行审理。第二审维持原判，或者改判后仍在法定刑以下判处刑罚的，应当依照前项规定层报最高人民法院核准。如案情1中，河南省商丘市睢阳区人民法院认定被告人Z某犯挪用公款罪，判处有期徒刑五年。宣判后，被告人Z某不服，提出上诉。商丘市中级人民法院审理后作出刑事判决，认定上诉人Z某犯挪用公款罪，判处有期徒刑二年六个月。经河南省高级人民法院复核，同意并依法报请最高人民法院核准。人民法院经审理，认为上诉、抗诉没有道理的，应当驳回上诉或者抗诉，维持原判，并按照上述解释的规定，作出同意法定刑以下判处刑罚的意见，逐级报请最高人民法院核准。

第三，上级人民法院有不同意的权利。如案情2是由陕西省渭南市中级人民法院所作出的判决，那么，无论被告人是否上诉、同级检察机关是否抗诉，陕西省高级人民法院都有权不同意在法定刑以下判处刑罚，高级人民法院可以以适用法律不当为由发回重审，无须报请最高人民法院。案情1是由河南省商丘市睢阳区人民法院作出的判决，认定被告人Z某犯挪用公款罪，判处有期徒刑五年，并没有在法定刑以下判处刑罚。宣判后，被告人Z某不服，提出上诉。商丘市中级人民法院审理后，在法定刑以下判处Z某有期徒刑二年六个月，经河南省高级人民法院复核同意。如果河南省商丘市睢阳区人民法院最初是适用在法定刑以下判处刑罚，那么，商丘市中级人民法院、河南省高级人民法院在复核期间都有否决权。河南省高级人民法院如果不同意在法定刑以下判处刑罚的，以适用法律不当，撤销原判，发回重审，原审法院应当在法定刑以内作出判决，无须报请最高人民法院核准。

第四，最高人民法院核准。根据《刑诉法司法解释》第338条的规定，对在法定刑以下判处刑罚的案件，最高人民法院予以核准的，应当作出核准裁定书；不予核准的，应当作出不核准裁定书，并撤销原判决、裁定，发回原审人民法院重新审判或者指定其他下级人民法院重新审判。最高人民法院根据案件的犯罪事实、性质、情节、社会危害程度的大小及与被告人所应当承担的刑事责任相适应的情况，将作出同意法定刑以下判处刑罚的裁定，或者作出不同意在法定刑以下判处刑罚的裁定，如果同意的将作出核准裁定，如果不同意的，将撤销原判决、裁定，发回原审法院重新审理，无论是中级法院还是基层法院，由最高人民法院直接发回，无须逐级发回。

法定刑以下判处刑罚是调整立法与司法的平衡器，是立法的稳定性原则和法律规则冲突间的关键变量，其本质就是尊重司法规律，保护被告人的合法权益，与《刑法》历史的发展规律是一脉相承的。1979年《刑法》第59条第2款规定："犯罪分子虽然不具有本法规定的减轻处罚情节，如果根据案件的具体情况，判处法定刑的最低刑还是过重的，经人民法院审判委员会决定，也可以在法定刑以下判处刑罚。"1997年《刑法》将这一条款删除，但是，其初衷并非对这一制度的废除，而是防止其被滥用，法定刑以下判处刑罚的精神一直留存，只是规定了更加严格的条件和程序，将"具体情况"变更为"特殊情况"，将由审理法院的审判委员会决定变更为逐级报请最高人民法院核准，体现在现行《刑法》第63条第2款的规定之中。

90. 被调查人在得知组织在调查其违法违纪时，专门找人培训应对组织审查技巧的，是否应从重、加重处罚？

【案情】 S某曾担任某省会城市的市委书记，在得知纪检监察机关正在对其进行调查时，S某为对抗纪检监察机关对其进行审查工作事先进行了充分准备，曾专门找人培训应对组织审查技巧，在留置审查期间，故意回避自己的问题，还一度编造虚假情况干扰调查。后经过办案人员谈话教育，S某逐渐认识到自己的错误，开始配合组织查明了主要违法犯罪问题，陆续交代了大部分涉案赃款赃物的去向，有认罪和悔过的表现，并主动要求上交收受他人的违纪违法所得。

【问题】 针对上述案例中S某的行为，在审判时是否应当从重、加重处罚，对此，有三种不同意见：第一种意见认为，应当从重处罚。在审判过程中，被告人拒不认罪，不具有悔罪表现，拒绝或者对抗国家的纪检监察机关和司法机关，是对法律的一种蔑视，法律规定如实供述犯罪的，可以从轻处罚，相反，拒不认罪的，应当从重处罚。第二种意见认为，被告人不认罪就从重处罚是没有任何依据的，我国刑法对犯罪情节从重、加重处罚要有法律依据，不认罪，对抗纪检监察机关的审查不是法定情节，因此，不能从重处罚。第三种意见认为，被告人认罪或者不认罪不应以被告人在某一阶段的表现为依据，要整体考虑，趋利避害是被告人的一种正常反应，只要到审判阶段能够客观供述犯罪事实都不应从重处罚。但是，被告人始终拒绝供认犯罪事实属于酌定的从重处罚情节，可以从重处罚，但不能加重处罚。

【解析】 按照《刑法》的规定，量刑分为法定情节和酌定情节，上述案例中涉及的是法定的从重、加重情节和酌定从重情节。法定的从重量刑情节是法律明文规定在量刑时应当予以考虑的从重情节，酌定的从重量刑情节是法律没有明文规定，根据立法精神和刑事政策，由人民法院通过审判实践总结出来的，在量刑时酌定考虑的从重情节。在刑法中，从重处罚的法定量刑情节有第29条第1款规定的教唆犯，教唆不满18岁周岁的人犯罪的，应当从重处罚；第65条第1款规定的累犯，被判处有期徒刑以上刑罚的犯罪分子，刑罚执行完毕或者赦免后，在5年以内再犯应当判处有期徒刑以上刑罚之罪的，是累犯，应当从重处罚；以及刑法分则中各罪名的从重处罚情节。

根据自2016年4月18日起实施的《贪污贿赂司法解释》的规定，关于贪污犯罪从重处罚的法定情节有五项：一是贪污救灾、抢险、防汛、优抚、扶贫、移民、救济、防疫、社会捐助等特定款物的。二是曾因贪污、受贿、挪用公款受过党纪、行政处分的。三是曾因故意犯罪受过刑事追究的。四是赃款赃物用于非法活动的。五是拒不交代赃款赃物去向或者拒不配合追缴工作，致使无法追缴的。这是综合行为人认罪悔罪态度和损害后果而提出的，反映出行为人毫无认罪悔罪之态度。其中，第（1）项是针对贪污罪的从重情节，第（2）项至第（6）项同时也是受贿罪的从重量刑情节。此外，关于受贿罪的从重量刑情节，《贪污贿赂司法解释》规定了三种情形，分别是：多次索贿；为他人谋取不正当利益，致使公共财产、国家和人民利益遭受损失；为他人谋取职务提拔、调整。贪污贿赂犯罪的酌定从重情节有：（1）犯罪手段恶劣；（2）犯罪对象特殊；（3）犯罪后果严重；（4）犯罪动机卑劣；（5）认罪态度不好；（6）犯罪人的一贯表现不好；（7）犯罪人曾有违法违纪行为；（8）犯罪对经济国际环境造成影响；（9）其他酌定的从重情节。酌定情节与法定情节有的有交集和衔接，但不是重合。那么，对于被告人量刑时的法定从重情节是非常明晰的，按照法律的规定，在法定刑之内从重处罚。从上述规定看，被告人不认罪，在得知组织在调查其违法违纪行为时，专门找人培训应对组织审查技巧的，不是法定的从重处罚情节。《刑事诉讼法》第51条规定，公诉案件中被告人有罪的举证责任由人民检察院承担，自诉案件中被告人有罪的举证责任由自诉人承担。即被告人没有自证其罪的义务。因此，仅仅因为被告人不认罪是不能加重处罚的。被告人如实供述罪行，可以从轻处罚，但是，并不意味着拒不认罪就加重处罚，如果被告人的犯罪事实应当在一定的法定刑内量刑，那么，法官不能因为被告人态度不好，拒不认罪就加重被告人的刑期。

但是，对于被告人这种情形是否可以从重处罚呢？根据上述酌定从重处罚的规定，上述行为是可以从重处罚的。

我国法律未赋予法官解释法律的权力，认不认罪是被告人的一种态度，但是，被告人不认罪也应当在法律规定的刑期内判处刑罚，被告人没有自证其罪的义务，同时，也享有自己辩解的权利，但是，故意混淆视听、浑水摸鱼、转移调查方向、嫁祸于人等，不仅浪费司法资源，也是对法律的亵渎，可以从重处罚。对一个具体的案件应当整体和全面分析，如上述案例中，S某虽然最初找人培训，想办法抵赖，但被留置后认罪态度有一个逐渐转化、向好的过程，加上除了主动交代办案机关已经掌握的犯罪事实，还主动交代了办案机关不掌握的大部分犯罪事实，所以，在最后的判决中，仍然可以表述为S某到案后，如实供述了全部犯罪事实，而不对其在“留置”期间对抗组织审查的行为作为单独的评价，这符合罪刑法定精神。

同时，根据《最高人民法院关于被告人对行为性质的辩解是否影响自首成立问题的批复》（法释〔2004〕2号）的规定，根据《刑法》第67条第1款和《自首立功司法解释》第1条的规定，犯罪以后自动投案，如实供述自己罪行的，是自首。被告人对行为性质的辩解不影响自首的成立。被告人的正当辩解不影响自首的认定，自首的条件就是如实供述犯罪事实。因此，要正确区分被告人是正当的辩解还是拒绝认罪，不能因为被告人的正当辩解或者某一时间段不认罪而视为认罪态度不好，从重处罚，故第三种意见正确。

91. 下属人员工作平级调动，或者办理提前退休手续是否属于行贿、受贿犯罪中“为他人谋取职务提拔、调整”的其他较重情节？

【案情】被告人L某在担任市委书记期间，多次收受自己的两名下属综合处副处长徐某和办公室主任姜某的巨额财物。2004年7月，L某根据徐某的请求将其从综合处副处长调任人事处副处长。同年年底，市属机关进行人事调整，L某根据姜某的请托将其调任城建局担任局长。2013年，因为姜某在担任城建局局长期间工作作风粗暴，还涉嫌贪污受贿等问题，遭到多人举报，姜某请托L某将其调离热门单位或者提前退休，半年后，L某先将姜某调任老干部局任局长，后办理提前退休手续。

【问题】关于被告人L某利用自己的职权，将多次赠送其财物的徐某从综合处副处长调任人事处任副处长，将办公室主任姜某调任城建局担任局长，根据姜某的请求，又将姜某从城建局局长调任老干部局任局长，后办理提前退休的问题是否属于司法解释中关于“为他人谋取职务提拔、调整的”其他较重的量刑情节，实践中有三种不同的意见：第一种意见认为，被告人L某将徐某调任人事处副处长，姜某调任城建局局长以及又将姜某从城建局局长调任老干部局局长，后办理提前退休，都属于上述情节；第二种意见认为，被告人L某将徐某调任人事处副处长，姜某调任城建局局长属于上述从重的量刑情节，但是，将姜某从城建局局长调任老干部局局长，后又办理提前退休不属于上述情节；第三种意见认为，被告人L某只有将姜某调任城建局局长属于上述从重的量刑情节，将徐某调任人事处副处长，以及将姜某从城建局局长调任老干部局局长，后又办理提前退休都不属于上述情节。

【解析】上述意见不同之处就是对司法解释中“其他较重情节”中“为他人谋取职务提拔、调整的”的不同理解。《贪污贿赂司法解释》第1条第3款第（3）项规定了为他人谋取职务提拔、调整属于《刑法》第383条第1款规定的“其他较重情节”作为量刑的从重情节，但是，实践中具体如何适用有不同的理解。第一种意见是从语义上进行分析的，只要国家工作人员收受他人财物，存在“为他人谋取职务提拔、调整”，无论是从高向低调整，还是从低向高调整，抑或平级调整，都应当视为该从重情节。因此认为，被告人L某将徐某调任人事处副处长，姜某调任城建局局长以及又将姜某从城建局局长调任老干部局局长之后，办理提前退休都属于上述情节。第二种意见是从利益和价值层面上分析的，认为为他人谋取职务提拔、调整，应该是从低级别向高级别调整，次要的部门向核心部门调整，利益小的部门向利益大的部门调整。因此认为，被告人L某将徐某调任人事处副处长，姜某调任城建局局长属于上述从重的量刑情节，将姜某从城建局局长调任老干部局局长，后又办理提前退休不属于上述情节。第三种意见是从行政规范的角度理解的，认为只有明确地、明显地高于原有级别的才视为提拔和调整，同一级别的调整不属于上述情节，因此认为，被告人L某只有将姜某调任城建局局长属于上述从重的量刑情节，将徐某调任人事处副处长，又将姜某从城建局局长调任老干部局局长都不属于上述情节。根据《贪污贿赂司法解释》的本义，对上述受贿罪关于“为他人谋取职务提拔、调整”的定罪量刑从重情节，该解释主要考虑的是该行为直接以妨害公权力正当行使、损害国家或者他人利益为交换条件，具有明显更为严重的危害性，理应从严惩处。通过贿赂买官卖官的行为严重违反党的组织纪律，严重败坏政治生态，当前查处的区域性腐败、系统性腐败案件往往与此有关，危害性十分严重，故有必要对这类腐败案件加大惩处力度。适用本项规定时应当注意的是：第一，“为他人谋取职务提拔、调整”不要求实际谋取，只要有承诺、实施、实现三个阶段中任何一个阶段的行为均应认定为本项规定的情形。《贪污贿赂司法解释》第7条关于行贿罪定罪量刑情节规定中的“谋取职务提拔、调整”也作此理解。第二，职务“调整”包括职务的平级调整，如徐某从综合处副处长调任人事处副处长是平调，但位置更重要，更接近领导层。对离职、退休等从重要部门向非重要部门，从热点部门向清静、边缘部门的调整一般不宜认定为这里的职务调整。但是，本案中姜某的调整是例外，他与L某有着密切的关系，从办公室主任到城建局局长再从城建局局长到老干部局局长，是一个完整的过程，是整个权钱交易的一个重要环节，特别是2013年，因为姜某在担任城建局局长期间工作作风粗暴，还涉嫌贪污受贿等问题，遭到多人举报，姜某请托L某将其调离热门单位或者提前退休，L某于半年后将姜某调任老干部局局长，避免遭到举报和查处，这是前期谋利行为的继续，从表面上看来，姜某没有到更高的或者强势的部门，但是，这种调整是以前调整的继续，是对姜某违法行为的保护，其直接妨害公权力正当行使、损害国家或者他人利益的危害性并未因此减少或者削弱，而且更加隐蔽和危险，因此，这种调整，包括利用政策提前退休的也应当视为量刑的从重的特殊的情形，属于定罪量刑中“其他较重情节”。

第十三章　程序问题

92. 在查办职务犯罪案件过程中，发现被调查人还涉嫌犯有其他机关主管的犯罪，是否必须移送？已经起诉的，人民法院应否退回补充侦查？

【案情】被告人J某于2000年至2013年在某大学学院担任副院长期间，有人举报其利用职务之便，采取收款不入账、虚报课时费和虚列开支等手段先后从学院财务处贪污公款310余万元。纪检监察机关接到举报以后，对其进行留置，经调查证明，该大学系民办大学，J某在其担任副院长期间利用职务侵占630余万元。在侦查终结准备移送起诉时，发现其还伙同该市分管金融工作的副市长共同犯有内幕交易罪，纪检监察机关一并侦查后移送检察机关。检察机关以被告人J某犯有职务侵占罪、内幕交易罪向人民法院提起公诉，法院审查后认为，被告人应当认定为内幕交易罪和侵占罪。因为其占有的630余万元都是其他股东的财物，对此，人民法院应当如何处理？

【问题】上述案例中，纪检监察机关接到举报，在查办贪污犯罪案件中，发现被调查人实际上犯有职务侵占罪以及内幕交易罪，按照《监察法》《刑事诉讼法》的规定，贪污贿赂犯罪案件由纪检监察机关主管，职务侵占罪、内幕交易罪案件由公安机关负责侦查。在法院审理过程中又发现，被告人犯有侵占罪而非职务侵占罪，而侵占罪属于自诉案件，自诉案件应当由自诉人向人民法院起诉。因此，在同一案件的处理中，对于一个机关调查的案件，发现不属于本机关主管的，以及在调查中被调查人还涉嫌犯有其他机关主管罪名的是否应当移送其他机关进行侦查的问题，无论理论上还是实践中均有两种不同的意见。一种意见认为，在查办职务犯罪案件过程中，纪检监察机关发现被调查人还涉嫌内幕交易罪的应当移送公安机关，公安机关在侦查中发现犯罪嫌疑人的行为并非职务侵占罪，而是侵占罪，就应当中止侦查，由受害人自己决定是否提起诉讼。上述情况起诉到人民法院的，人民法院应当退回检察机关变更侦查机关，否则以证据不合法不予认定。另一种意见认为，在纪检监察机关办理贪污犯罪案件过程中，发现被调查人还涉嫌犯有内幕交易罪可以移送公安机关，有时情况紧急，也可以由公安机关配合侦查，如果纪检监察机关将整个案件移送公安机关，公安机关在侦查时发现职务侵占罪实际上是普通侵占罪时也应当继续调查，掌握证据后是否起诉由被害人决定，不应放弃侦查。对于具有上述情形的案件，起诉到人民法院的，如果被告人及其辩护人没有提出非法证据排除的，人民法院应当继续审理作出判决，如果确有错误的，应予以纠正。

【解析】上述案例涉及刑事诉讼中职能管辖的问题。职能管辖，实际上是机关的主管问题，是关于哪一类案件由哪些机关受理的规定，又称为“部门管辖”，它既是纪检监察机关和司法机关追究犯罪的司法权力在各部门之间的分配，同时也是各个机关承担的追究犯罪、保护当事人合法权益、维护社会稳定的法定职责，又是在刑事诉讼职能的分工中，纪检监察机关、司法机关按照各自的职能对刑事案件主管的划分。《监察法》《刑事诉讼法》和相关的司法解释对职能管辖作了很多具体的规定。按照《监察法》第4条第2款的规定，监察机关办理职务违法和职务犯罪案件，应当与审判机关、检察机关、执法部门互相配合、互相制约。依据《刑事诉讼法》第3条第2款的规定，人民法院、人民检察院和公安机关进行刑事诉讼，必须严格遵守本法和其他法律的有关规定。第19条规定，刑事案件的侦查由公安机关进行，法律另有规定的除外。目前这种例外的规定就是《监察法》和《国家安全法》的规定。人民检察院在对诉讼活动进行监督时，发现的司法工作人员利用职权实施的非法拘禁、刑讯逼供、非法搜查等侵犯公民权利、损害司法公正的犯罪，可以由人民检察院立案侦查。对于公安机关管辖的国家工作人员利用职权实施的重大犯罪案件，需要由人民检察院直接受理的时候，经省级以上人民检察院决定，可以由人民检察院立案侦查。自诉案件由人民法院直接受理。职能管辖是刑事诉讼中特有的。“六部委”曾对公安机关、检察机关的管辖问题作出相关的规定，对于我们处理类似案件具有一定的指导意义，对此，根据上述案例分为以下情形来处理：

1. 案发后涉及数个罪名的，如被告人 J 某采取收款不入账、虚报课时费和虚列开支等手段先后从学院财务处侵吞公款 310 余万元。纪检监察机关接到举报以后，对其进行留置，这属于纪检监察机关主管的案件。在侦查终结准备移送起诉时，发现其还伙同某市分管金融工作的副市长共同犯有内幕交易罪，内幕交易罪属于公安机关主管，此时，纪检监察机关和公安机关对此案分别具有管辖权。两个机关应当协商解决，确定由哪一机关管辖，对于数个罪中能够分清主罪和次罪的，原则上由对主罪有管辖权的机关立案，也可以由一个机关受理后几个机关联合或者分别进行侦查调查。本案贪污犯罪系主要罪行，应当由纪检监察机关管辖，公安机关配合侦查。

2. 对于数个罪名中难以分清主罪从罪的，可以由首先接受报案、检举、控告、举报和犯罪嫌疑人自首的机关立案。上述案例中，就是纪检监察机关首先接到贪污的举报立案调查的，原则上由纪检监察机关管辖，公安机关配合调查。在调查过程中，调查机关发现案件的事实证据发生变化，调查的罪名不属于该机关主管时，应当及时移送，但是，如果调查即将结束时发现，为了防止调查的迟延或者侦查资源的浪费，也可以由原来机关继续调查之后移送。上例中，纪检监察机关在调查过程中发现，该大学系民办大学，J 某在担任副院长期间利用职务侵吞的 630 余万元原来是以贪污犯罪进行调查的，经过调取证据，很难认定为贪污行为，纪检监察机关认为应构成职务侵占罪。职务侵占罪虽然属于公安机关管辖的范围，但是，为了防止资源的浪费和调查的迟延，还可以由纪检监察机关继续调查。在调查之后移送公安机关，或者分别移送检察机关提起公诉。

3. 纪检监察机关、人民检察院和公安机关按照其各自的职能管辖范围受理案件后，在侦查和审查的过程中，又发现犯罪嫌疑人或者被告人犯有不属于自己管辖的罪行，应当分别按照上述情况处理。在法院审理阶段，一些案件的性质认定可能会发生变化。如上例，监察机关以涉嫌贪污犯罪调查的案件，法院审理后认为不构成贪污，认为属于职务侵占，职务侵占罪也属于公安机关主管的范围，案件的整体就应当移送公安机关侦查，纪检监察机关无须继续办理。检察机关以被告人 J 某犯有职务侵占罪、内幕交易罪向人民法院提起公诉，经法院审查后认为，被告人应当认定为内幕交易罪和侵占罪。人民法院应当对内幕交易罪作出判决，对侵占罪可以由侦查机关征求被害人的意见作出最后的处理，虽然，侵占罪系告诉才处理的犯罪，但是，人民法院不能借此为由直接将侵占罪置之不理，等待被害人自行起诉。因为不同办案机关、不同办案阶段对案件性质认定存在不同看法是正常的，不能因为事后性质认定变化而否定之前办案程序的合法性。首先，要遵守立法的本意。各机关相互配合、相互制约，是有机的统一体，不能片面强调哪一方。各机关按照职能管辖的规定在分工负责的基础上，还需要相互支持、通力合作，在法律没有明确规定时，应当以立法本意，即立法精神为指导。其次，要体现诉讼效率的原则。刑事诉讼的目的是打击与惩罚并重，同时也要兼顾公平与效率，节约司法资源，才能起到维护经济社会发展的作用，否则，就会造成人力、物力的巨大浪费，人民群众会质疑，不利于维护司法事业的健康发展。再次，注重保护人权，促进公正司法。保障和尊重诉讼当事人的合法权益的刑事诉讼理念应贯彻到整个刑事诉讼始终，也是宪法对人权保护的原则在刑事诉讼中的具体体现，如果上述案件出现长期推诿得不到解决的情况，对始终处于待定状态的犯罪嫌疑人或者被告人的人权保护不利，可能会因为诉讼程序问题导致对案件公正性的合理怀疑。最后，将职能管辖绝对化是与职能管辖立法精神相悖的，违反管辖范围的取证并不必然导致证据无效，人民法院不应当将需要变更管辖的案件退回或者不予受理，这样的做法是没有法律依据的，也不符合职能管辖的本意，对于指控的罪名与审理认定的罪名不一致的，审理法院应当根据《刑事诉讼法》第200条以及《刑诉法司法解释》第241条的规定，直接以审理认定的罪名作出判决。

93. 在办理职务犯罪案件过程中，需要指定管辖的，如何确定管辖法院？

【案情1】2000年至2014年，被告人W某在担任某市市长、市委书记期间，利用职务上的便利和职权地位形成的便利条件，为他人在企业发展、项目开发、职务晋升等事项上谋取利益，直接或者通过其特定关系人索取、非法收受他人财物，共计人民币 1 亿余元，被判处无期徒刑。其中，一名行贿人向其行贿数额达到人民币 7000 余万元。被告人和行贿人分别在一个省的两个法院审理，被告人在省会城市审理，行贿人在铁路运输法院审理。在高级人民法院审查时发现，检察机关向法院起诉行贿人行贿数额只有 300 万元人民币，与受贿人认定的数额差别巨大，经上级检察机关与人民法院协商予以纠正。

【案情 2】1993 年至 2016 年，被告人 X 某利用担任市公安局分局局长、市政法委副书记、卫生系统党工委书记、直属机关工委书记、市委副秘书长和省法院执行局局长等职务上的便利以及职权和地位形成的便利条件，为某医疗有限公司、酒店有限公司、发展公司以及个人在企业发展、项目开发、涉及行政处罚和民事纠纷的司法活动等事项上提供便利和谋取利益，本人直接或者通过其特定关系人非法收受上述企业和个人给予的财物，共计折合人民币 4000 余万元。因其主动投案，经最高人民法院指定其他省份的中级人民法院审理，以受贿罪判处其有期徒刑十二年。

【案情 3】被告人 W 某在担任某市中级人民法院民庭庭长期间，利用职务的便利，在办理案件中为有关涉案单位、当事人、律师在办理、处理案件上提供帮助，非法收受相关单位和个人给予的财物，共计折合人民币 300 余万元。该案由该市中级人民法院下属的区级人民法院受理。以受贿罪判处 W 某有期徒刑十年，W 某不服提出上诉，二审法院就是 W 某原工作单位，W 对二审合议庭成员提出回避，更换几次人员后，W 某仍然提出回避，省高级人民法院决定对此案进行提审，直接指定另一中级人民法院进行二审。

【问题】上述案例涉及办理职务犯罪案件指定管辖的问题，一些重大职务犯罪案件在查办过程中，纪检监察机关需要其他机关的协助，有些情况下需要地方纪检监察机关的配合才能完成，为了节省司法资源，提高工作效率，一般情况下要将案件指定到参与办案机关所在的当地法院进行审理，一是当地机关熟悉案情，需要进行补充侦查证据时能够迅速有效执行；二是一些重大的职务犯罪案件的被告人在其工作地和出生地具有很大的影响，尽可能回避；三是参与办案的机关一般远离被告人的出生地或者工作地，在审理地没有被告人的近亲属以及熟悉的人员，保证案件不受干扰顺利审判。在实践中各有不同的做法，有些案件一涉及法院的法官，总是要求上级法院将其指定到其他无关的法院进行审理，有些案件即便在当地有很大的影响，与当地社会关系错综复杂仍然坚持在当地法院进行审理，此类案件争夺管辖的并不多，多数是希望其他法院进行管辖。那么，在办理职务犯罪案件过程中，什么情况下需要指定，什么情况下不需要指定，在指定过程中需要遵循哪些原则和规定，应当注意哪些问题呢？

【解析】根据《刑事诉讼法》第 27 条的规定，上级人民法院可以指定下级人民法院审判管辖不明的案件，也可以指定下级人民法院将案件移送其他人民法院审判。指定管辖，是指上级人民法院以决定方式，指定下级人民法院对某一案件行使管辖权。指定管辖的实质是法律赋予上级人民法院在特殊的情况下有权变更和确定案件管辖法院，以适应审判实践的需要，保障案件及时正确地审判。实践中，有管辖权的人民法院不能行使管辖权的原因主要有两个方面：

1. 法律上的原因。如有管辖权法院的审判人员，因当事人申请回避或者审判人员自行回避，无法组成合议庭对案件进行审判。这类案件包括：重大职务犯罪案件，一是涉案的数额特别巨大。如案情 1 中，被告人 W 某涉案数额达到上亿元，涉案人数众多；二是被告人级别较高，有的还曾经担任分管政法的领导；三是被告人在案发地工作的时间长，在多个关键部门担任过重要职务，如案情 2 中，被告人 X 某在当地有很大的社会影响，案件涉及多个部门或者人数众多。这类案件需要指定到除了案件发生地，被告人工作地、学习地以外的法院审判，才能够保证案件公平公正审判。

2. 事实上的原因。即有管辖权的法院遇到不可抗力的事由，地震、水灾、火灾、疫情等无法行使管辖权。如 2020 年年初发生的新型冠状病毒疫情导致武汉法院不能及时行使管辖权，有些案件已经指定到武汉法院进行审理，还需要重新指定其他省市法院管辖。出现上述情形的，应当由上级人民法院在其他辖区内指定其他适合管辖的人民法院管辖。

随着指定管辖案件的不断增多，也出现了事先沟通不畅、管辖地确定无章可循、证据补查困难、关联案件处理不协调等问题。指定异地管辖有利于排除案件查处工作中的各种干扰、阻力，消除社会公众的疑虑，避免不必要的猜测，如案情 1、案情 2 分别指定到其他省份进行审判，确保审判工作顺利进行和取得良好效果，是我们办理职务犯罪案件的一个重要经验，总体上应予肯定。同时，对于实践中存在的问题也要引起重视，如案情3中，省级法院无须对此案进行提审，也不能直接指定其他中级人民法院审理。被告人作为一位中级人民法院的民庭庭长，也许个别人与其有矛盾和过节，但是，无须整个法院对其回避，绝大多数这类案件是不需要指定其他中级人民法院审理的。有些省份的高级人民法院的副院长自参加工作以来一直就在同一单位工作，其还分管过几十年的刑事审判，但是，仅此也无须指定到其他省份进行审理，否则会造成司法资源的巨大浪费，也可能导致形成当地法院不敢担当的不良形象。案情2中，被告人W某不同，因其担任过市公安局分局局长、市政法委副书记、卫生系统党工委书记、直属机关工委书记、市委副秘书长和省法院执行局局长等多个重要职能部门的领导，任职时间长，影响力大，涉及的部门、单位人员众多，家族人员庞大，指定管辖有利于排除干扰，公正审理此案。因此，在指定管辖时应注意以下几个方面：

第一，建立健全相关制度和机制加以解决。要进一步完善商请指定管辖机制，对于需要指定异地管辖的职务犯罪案件，监察机关与人民法院、检察机关原则上应在移送审查起诉之前共同协商确定。

第二，确定指定管辖地法院，最重要的是看管辖地法院的法官政治素质、业务素质是否过硬，同时，对检察院的工作团队也要进行政治上的考核，看本身素质能力是否过硬，是否能胜任重大职务犯罪案件的审判工作。如有的案件指定到某一中级人民法院管辖，但是，该审判庭的审判人员在“扫黑”中多人涉案；有的检察院的检察长在接受指定管辖案件后，亲自组建公诉团队，担任公诉人，但不久，因涉嫌受贿被留置。同时，身体健康等条件也都是上级法院必须考虑的问题。

第三，确定指定管辖地法院，还要对拟指定管辖法院的办案场所、羁押场所、交通条件等因素进行考察，实践中，有的检察机关刚刚成立不久，对办理职务犯罪案件有很高的热情，人员素质过硬，积极向上级法院和检察院申请办理职务犯罪的大要案，但是，他们忽略了本级的法检二院都是刚刚成立不久，尚在租借的办公楼内办公，没有自己的办公楼，更没有法庭，自己办理案件还在借用其他区法院的法庭，无法审判指定类的重大职务犯罪案件。

第四，确定指定管辖地法院，还要考虑被告人的主要犯罪地、主要任职地、出生地、成长地、主要涉案单位和涉案人所在地等因素，确保案件不仅得到公平公正的司法处理，而且收到良好的社会效果。例如，某受贿案件在指定管辖法院时，已经充分考虑被告人任职地、出生地、成长地、主要涉案单位的问题，指定到地理位置相对较远的法院进行审理，但是，却是被告人情妇的出生地和成长地，对案件审理造成一定的影响。

第五，确定指定管辖地法院，除了要考虑调查人员对案件相对熟悉，便于对证据补查、关联案件协调处理等问题，还要从便于加强沟通协作等方面来考量。我国《刑事诉讼法》规定刑事案件的指定管辖的本意是在人民法院管辖权发生争议或者特殊的情况下才能使用，不宜为了工作方便或者避嫌而随意行使指定管辖权，行贿和受贿犯罪应尽可能在一个城市或者同一省份进行审理，保证法律的统一实施。也有特殊情况，如行贿人牵扯几个受贿案件的，也尽可能在一个省份进行审理，即便不在一个省份审理，也要加强沟通，分清主次，主要案件和次要案件认定的事实要相互一致，避免出现案情 1 中行贿、受贿数额出现较大差异的问题。

94. 调取物证时是否需要被搜查人及其家属或者见证人在场？

【案情】被告人 B 某曾在多个省份担任领导职务，2000 年至 2013 年，被告人 B 某利用职务上的便利以及职权和地位形成的便利条件，为他人在房地产开发、获取矿权、职务晋升等事项上谋取利益，直接或者通过其妻收受他人财物，共计折合人民币 2.4 亿元，还有巨额财产明显超过合法收入，不能说明来源。侦查机关为调取物证，到被告人 B 某的住宅搜查、扣押赃物时，由于数量特别大，办案人员对赃物搜查时对物品进行登记，并全程录音录像，在搜查期间，有的时间段没有被告人的家属和见证人在场，在审查起诉时，侦查人员要求被告人家属在勘验、检查笔录上签名，被告人家属提出在家中的两颗“夜明珠”不在勘验、检查记录中，经调取录像发现，两颗“夜明珠”被两名侦查人员顺手牵羊，经鉴定，夜明珠的数额巨大，两名侦查人员被追究刑事责任。

【问题】办案机关在查办贪污贿赂案件过程中，有时需要调取物证，关于对被搜查人的住宅等进行搜查时，是否需要被搜查人或者他的家属、邻居或者其他见证人在场的问题，实践中有三种不同的意见。第一种意见认为，根据司法解释的规定，进行搜查时，必须有被搜查人或者他的家属在场，同时也应有他的邻居或者见证人在场。第二种意见认为，在搜查时，应有被搜查人或者他的家属在场，同时有邻居或者见证人在场。如果没有邻居或者见证人的，被搜查人或者家属在场，并有全程的录像也可。第三种意见认为，只要办案机关二人以上在场，搜查过程全程录像，无须被搜查人或者家属以及邻居、见证人在场。

【解析】《刑事诉讼法》第 133 条规定："勘验、检查的情况应当写成笔录，由参加勘察、检查的人和见证人签名或者盖章。"第 139 条第 1 款规定："在搜查的时候，应当有被搜查人或者他的家属，邻居或者其他见证人在场。"从《刑事诉讼法》的规定上看，无论搜查，还是勘验、检查都是需要有见证人参加的，因此，有见证人参加是一个硬性规定。同时，《刑诉法司法解释》第 67 条规定："下列人员不得担任刑事诉讼活动的见证人：（一）生理上、精神上有缺陷或者年幼，不具有相应辨别能力或者不能正确表达的人；（二）与案件有利害关系，可能影响案件公正处理的人；（三）行使勘察、检查、搜查、扣押等刑事诉讼职权的公安、司法机关工作人员或者其聘用的人员。由于客观原因无法由符合条件的人员担任见证人的，应当在笔录材料中注明情况，并对相关活动进行录像。"《刑诉法司法解释》第 88 条第（1）项规定，对勘验、检查笔录应当着重审查勘验、检查是否依法进行，笔录的制作是否符合法律、有关规定，勘验、检查人员和见证人是否签名或者盖章。从上述司法解释中可以看出，搜查、勘验、检查应当有见证人在场，因此，第一种意见的表述是没有错误的，根据司法解释的规定，进行搜查时，必须有被搜查人或者他的家属在场，同时有他的邻居或者见证人在场，这是最规范的。但是，根据司法实践的情况，一般的贪污贿赂犯罪的犯罪嫌疑人以及证人之间关系密切、错综复杂，一般情况下被搜查人不在场，那么，只有他的家属在场，有的家属也是共犯或者与案件有关联，但是，作为在场见证人是没有问题的；如果家属也是共犯，那么其他家属或者邻居在场也是可以的；如果没有邻居，见证人又不合格，就应当由被搜查人当地的居委会、派出所或者被搜查人单位指定的人到场，同时，对相关活动进行录像。因此，第二种意见也是正确的。在搜查时，应有被搜查人或者他的家属在场，同时有邻居或者见证人在场，如果没有邻居或者见证人的，或者邻居、见证人不符合上述司法解释的规定的，应当有被搜查人或者他的家属在场，或者居委会、派出所指定的见证人在场，并要对相关活动进行录像。在此，应当注意的是，被搜查人的家属也应当符合上述司法解释的规定，要有成年的、心智健全的人在场。因此，第三种意见是错误的，办案机关二人以上是办理案件法定的基本要求，并不是搜查的要求，我们应该相信办案人员，但信任不能代替监督，应按照法定要求，避免在办理贪腐案件过程中发生贪污贿赂犯罪问题。

95. 在贪污贿赂案件中，对禁止流通物和限制流通物如何确定其价值？

【案情】 2009 年至 2010 年，被告人 W 某在担任市委书记期间，利用职务上的便利，为商人李某在土地开发、建筑工程承包、亲属工作调动等方面多次谋取利益。2010 年中秋节，2011 年中秋节、春节，2012 年春节、中秋节，2014 年春节期间，李某都到 W 某的办公室，以拜年、拜节的名义分 6 次每次都送给 W 某 1 根重 1 公斤的金条，2012 年中秋节，李某给 W 某拜节时，还送给 W 某象牙 2 根。经省质量技术监督珠宝首饰产品质量检验站 W170263 检测报告、省价格认定局价格认定结论书等证据证明：编号 JBWC75、编号 JBCWC76 的象牙，在 2011 年每根价值人民币 25 万元，两根象牙共计价值人民币 50 万元，6 根金条价值 186.8936 万元。

【问题】 在贪污贿赂案件中，定罪量刑都涉及数额的计算问题，最后均以人民币计价定罪量刑，外币要折算成人民币，对其他财物要经过定价。实践中，纪检监察机关和司法机关都是通过鉴定机构对涉案物品进行鉴定。但是，对一些禁止流通物和限制流通物，如象牙、犀牛角、虎皮、豹子皮、麝香等，没有鉴定机构和鉴定人员具有鉴定这类物品的资质，那么，如何确定这类财物的价值呢？实践中的做法有两种，一种做法是聘请一般的鉴定机构对其鉴定，虽然没有资质，对其根据市场的情况进行评估来确定其价值；另一种做法是聘请国家允许使用该类物品的机构进行真伪检测，再聘请价格认定机构评估其价值，同时，根据行贿人、出卖人的证言，市场中普遍认定的标准进行认定。

【解析】《刑事诉讼法》第 50 条规定："可以用于证明案件事实的材料，都是证据。证据包括：（一）物证；（二）书证；（三）证人证言……（五）犯罪嫌疑人、被告人供述和辩解；（六）鉴定意见……证据必须经过查证属实，才能作为定案的根据。"从上述规定中可以看出，鉴定意见是刑事诉讼法中位阶性较低的证据，属于间接性的、主观判定的范畴，是在物证、书证、证人证言以及依据被告人的供述和辩解等直接证据无法确定下的无奈之举，容易产生误差和错误，应当引起高度注意，实际中，对待鉴定意见采取的主要做法有：

一、不应鉴定的情形

不应鉴定的情形，是指贪污贿赂案件中的有些财物实物不存在，出售人与购买人的证言对价格证明的内容一致，被告人对财物的价值也认可，与购买人、出售人的认识一致。实践中，不明显违背市场规律或者实物不存在的情形下，无须对财物进行鉴定。如一起受贿案件中，行贿人送给被告人一块玉石，行贿人向被告人讲明购买的价格，办案机关调取出售人的证言，证明购买的价格与行贿人向被告人所述的价格一致。但是，办案机关认为要保持案件整体的一致性，涉案的其他财物都鉴定了，那么，这块玉石也应当鉴定，鉴定机构根据照片进行鉴定，鉴定意见的结论得出的价格是证人证言和被告人供述的 10 倍，偏离了实际价格。最后，人民法院判决时采用的是证人证言和被告人的供述，没有使用鉴定意见。

二、需要鉴定的情形

需要鉴定的情形，是指贪污贿赂案件中的财物实物存在，但无购买凭证和付款凭证，财物真伪存疑、价值存疑，收受时间与购买时间不同，被告人不认可调查机关调取的行贿人证言证明的价格，此外，证人证言所证明内容之间矛盾。这种情形下，需要对财物进行鉴定，特别是字画、工艺品、黄金和文物。如字画，特别是名人字画，首先要对涉案画作进行真伪鉴定，然后，要进行价值的鉴定。需要注意的是，在进行价值鉴定的时候，特别是名人的字画的鉴定，参照物要精准，不能以作者最有价值、得到最高荣誉的字画作为直接的比照。同时，对鉴定人的选取要十分慎重，有些作者对涉案作品一律不承认是出自自己之手，对于涉案的作品都说是赝品，这类作者轻易不要邀请，实际上，对于名人作品，很多行业内研究人员比作者自己还清楚其作品与其他人作品的不同之处，因此，即便作者健在，也不一定要聘请其本人。鉴定结论要科学、合理，程序合法。对工艺品的鉴定，如瓷板画、挂毯、玉石制品、金银制品、陶泥制品等，也不能仅仅根据大师的签名、盖章的真伪就判断作品的真伪。还有黄金的鉴定主要是看黄金的成色，实践中，有被告人在黄金中包着金属钨来冒充黄金的案例，因为在金属中两者的比重最为接近。

三、对限制流通物和禁止流通物的鉴定

根据《刑事诉讼法》第146条的规定，“为了查明案情，需要解决案件中某些专门性问题的时候，应当指派、聘请有专门知识的人进行鉴定”。根据《刑诉法司法解释》第84条的规定，“对鉴定意见应当着重审查以下内容：（一）鉴定机构和鉴定人是否具有法定资质……”但是实践中，有些限制流通物和禁止流通物的鉴定，并没有相应的机构和相应的人员。如黄唇鱼肚、象牙、犀牛角、虎皮、豹子皮、麝香等。有些机构为了提高自己的知名度，或者基于收费以及办案机关个别人与鉴定机构个人之间的关系等也作出一些鉴定，出具的一些鉴定意见与实际价值差距较大。实践中，对限制流通物和禁止流通物，没有鉴定此类物品的机构及相关人员的，首先可以聘请国家允许使用该类物品的相关单位和机构出具检测真伪的意见，以单位证明的形式对财物的属性进行评定，如动物是否属于某个种类，对于价值，其可以作出估价或者聘请一般的鉴定机构作出评估，其次根据行贿人、出售人的证言，市场中大众普遍认定的标准进行论证；最后还需要法官用社会经验和辅助知识进行判定，这完全符合《刑事诉讼法》对可以用于证明案件事实的材料都是证据，证据必须经过查证属实，才能作为定案的依据的要求。因此，第二种意见是正确的。

96. 受贿案件中，国外购买的财物价格如何认定？

【案情】Z 某在担任金融机构领导期间，利用自己的职权地位形成的便利条件，向某著名院校的校长 C 某打招呼，帮助自己的朋友裘某的侄女在低于该校录取分数线的情况下，被该校录取为研究生，并且分到了理想的专业。2013 年，Z 某被派往美国学习，Z 某的妻子也去陪读，同年 10 月，裘某与妻子去美国看望 Z 某，当时，美国的天气比较冷，裘某的妻子与 Z 某的妻子一起逛街购物时，裘某的妻子为 Z 某买了一件裘皮外套。案发后，Z 某夫妇证明裘皮外套价格为 6000~7000 美元；裘某夫妇证明价格为 7000~8000 美元。书证证明，裘某妻子在境外刷卡消费 14691.89 美元，其中包括裘某妻子购买的裘皮外套和其他物品。办案机关经鉴定，该件购买于 2013 年 10 月 28 日的诺悠翩雅牌（Lora Piana）型号为 FAE5649 的男大衣，市场零售价（以国内市场价格作为认定价格）为人民币 7 万元整。

【问题】关于该裘皮外套的价值应当如何认定？对此，有两种意见：一种意见认为，应当以鉴定的价格为准，因为，此件裘皮外套虽然是在境外购买的，但是主要是在国内使用，在国内购买的价格就是鉴定的价格，市场出售也是同样的价格。虽然裘某妻子在境外购买的价格要低于 7 万元，但是，到国内后包括税费和运费，Z 某接受的财物的价值就是 7 万元。另一种意见认为，应当根据客观事实，实事求是认定裘皮外套的价值，从客观证据上看，鉴定意见明显高出实际的价值，因为裘某妻子的刷卡消费记录证明购买裘皮外套以及其他物品消费共计 14691.89 美元，按照当时的汇率，裘皮外套的价值不应达到 7 万元，所以，应当以同期美国市场的价格认定裘皮外套的价值。

【解析】上述案例涉及的就是国外购物价值如何计算的问题，以上两种意见各有道理。如第一种意见认为，此件裘皮外套虽然是在境外购买的，但是主要是在国内使用，在国内购买的价格就是鉴定的价格，市场出售也是同样的价格，虽然，实际购买的价格要低于鉴定价格，但是，在国内的价格包含进口税和运费等价值，该外套虽然不是通过商业渠道带回国内，但是，其中也包含国家之间运输的费用，只是包含在购买人旅途费用之中。第二种意见认为，应当根据客观事实，实事求是认定裘皮外套的价值，从客观证据上看，鉴定意见明显高出实际的价值，因为裘某妻子的刷卡消费记录证明购买裘皮外套以及其他物品消费共计 14691.89 美元，按照当时的汇率，裘皮外套的价值不应达到 7 万元，所以，应当以同期美国市场的价格认定裘皮外套的价值。但是，这种意见存在的问题在于，信用卡消费记录作为书证应当通过法定程序调取，而事实上，该记录只是裘某之妻自己保存，无书证来源说明，同时，因与其他消费混同，无法确切证实具体购买价格。对此，分析认为，就本案而言，第二种意见更有合理性，如果 Z 某是在国内接受裘皮外套，可以按照第一种意见以鉴定意见认定的 7 万元处理。但是，当时，Z 某也在国外，并且外套是裘某的妻子与 Z 某的妻子共同逛街时购买，在美国就交给了 Z 某，因此，不存在关税和运输费用，即使存在也凝结在 Z 某所支出的旅途费用之中，因此，本案有四种方式可以补救：一是通过国际合作的形式，通过国外的司法机关对该款裘皮外套的价格进行确认，转交我国司法机关作为证据使用；二是由于价格差异不是很大，通过司法协助途径得不偿失，可以通过使领馆认证的方式提供证据；三是以购买当日美国的价格为基准重新鉴定；四是以 Z 某之妻所证明的价值为准，体现刑法的谦抑性和有利于被告人的原则，使这一问题得到解决。

97. 作为贿赂犯罪赃物的同一幅画作，内容真伪相互混杂的如何确定其价值?

【案情】 2003 年至 2013 年，被告人 J 某担任某商业集团董事长，其主管的银河博物馆主要从事艺术品收藏，需要采购大量书画等艺术品，J 某出于和 X 某的关系以及对他的信任，银河博物馆成立初期，J 某就把银河博物馆馆长田某介绍给 X 某认识，并告诉田某，可以从 X 某的画廊选购书画作品。在 J 某兼任银河博物馆法定代表人期间，J 某亲自或安排田某等人从 X 某画廊购买了大量书画等艺术品，并与 X 某画廊进行过投资合作，照顾了 X 某的生意，X 某从中赚了不少钱。

X某为感谢J某在上述事情上对他的帮助和关照，先后送给J某5件名家书画艺术品，J某都收下了，其中，有3幅是补画。2005年下半年的一天，J某到著名书画家F某家做客，X某正好拿着几幅画家董某画的竹子，请F某补画、题款，其中一幅F某在董某画的竹子上补画了一个小孩，并题了款。X某就把那幅画送给了J某，J某就收下了。2008年下半年的一天，J某到X某的画廊找其聊天、欣赏作品。那天X某拿出一幅董某画的墨竹，跟J某说："这幅作品是董老的，上面盖了很多董老的印章，F某在上面也补了题词，送给您吧。"J某就收下了。后来，J某又到画廊找X某聊天，临走时，X某拿出一幅画跟J某说："赵某画了头小毛驴，F某给补了人物，送给您吧。"J某跟X某客气了几句就收下了。

【问题】作为赃物的同一幅画作，有的内容是由两名著名的画家共同完成的，有的是著名画家在赝品上进行补画、补提款的，如何确定其价值？对此，有以下几种不同的认识，关于两名著名的画家合作的作品价值的认定有三种不同意见，第一种意见认为，应当分别鉴定，根据每名画家画作的价值分别定价，然后综合评定其价值。第二种意见认为，应当以主画画家为主鉴定其价值，辅助画家也按照主画画家的标准认定。第三种意见认为，应当以知名度低的画家的画作的日常售价作为整幅画作的价值，知名度较高也以知名度低的为标准。关于著名画家在赝品上补画、题款的画作的价值认定也有三种意见，第一种意见认为，应以著名画家的补画和题款鉴定价值，赝品部分不鉴定。第二种意见认为，著名画家在赝品上补画、题款是在假的作品上进行的补画、题款，因此，失去应有的价值，应当以假画认定其无价值。第三种意见认为，赝品也有其价值，应当对赝品和名家补画分别鉴定，根据每名画家画作的价值分别定价，最后综合认定。

【解析】2005年至2011年，被告人J某安排下属工作人员向X某画廊购买书画艺术品及与X某画廊进行投资合作的事实有商业集团及其下属单位工作人员的证言及相关书证证明。在J某安排下，银河博物馆向X某购买大量书画艺术品，X某获取不少利益，能够证明J某利用职务之便为X某谋利的事实。J某先后收受X某给予的5幅画作，其中，有3幅画作是"补画"作品，1幅是两名画家合作的画作，还有2幅是著名画家在赝品上进行补画和题字、题款。如何认定其价值有不同的观点，对两种作品应当分别对待，第一类情况，关于由两名画家共同完成的作品，三种观点都有其合理的成分，一是分别鉴定，根据每名画家画作的价值分别定价；二是以主画画家的为主鉴定其价值；三是以知名度较低的画家的画作的日常售价作为整个画作的价值。经分析认为，首先，不能以知名度较低的画家的画作的日常售价作为整个画作的价值，因为，由于知名度更高的画家的补画和题字、题款，无形中提高了画作的价值，更多的人更认可著名书画家的笔墨，虽然存在瑕疵，不是全部的真品，但是，有部分的真迹，瑕不掩瑜，真实性是存在的，如果仅仅以知名度较低的书画家的画作来确定其价值，明显是对合作画作的价值的低估。其次，也不能以主画画家为主鉴定其价值，与此同理，如果因知名度较低的画家占有的画面较大，就以其作品的价值定价，就低估了作品的价值，也就失去了补画和题款的意义。如果知名度高的画家的画面占据篇幅较大，就以此认定为知名度高的书画家作品的价值，显然是高估了，并且有乱真的嫌疑。再次，应当对合作的画作分别进行鉴定，综合两名画家的书画价值进行认定，认定的价值应当在知名度较低的画家独立完成的画作价值之上，在知名度较高的书画家独立完成作品的价值之下，上述意见是在两名画家所付出的时间、精力、劳动强度相当的情况下作出的，否则不完全是这样的价值。最后，要考虑完成画作的质量，两名画家所付出的劳动强度、时间、完成质量等综合情况。第二类情况，即关于著名画家在赝品上补画、题款的画作的价值的三种意见，一是认为应以著名画家的补画和题款鉴定价值；二是认为著名画家在赝品上补画、题款是在假的作品上进行的补画、题款，真伪混淆，失去了应有的价值，应当以假画认定其无价值；三是应当对赝品和名家补画分别鉴定，根据每名画家画作的价值分别定价，赝品也有其价值，最后，综合认定。对此情况，第三种意见是正确的，这种情形不能以完全是假的作品来认定，假的就是假的，真的就是真的，要去伪存真，鉴定著名书画家补画或者题款的价值，然后根据赝品对整个画作的影响程度进行综合判断。如果在鉴定人之间出现不同的意见，出现不同的鉴定价格，应当采取有利于被告人的原则。上述案例就是采用这样的原则，分别对两幅“画假题真”的画作按照收受的时间进行鉴定的，鉴定画作的价格分别为 2005 年的市场价格 9 万元，2008 年的市场价格 8 万元，取得了很好的法律效果和社会效果。

98. 如何对逃匿、死亡的犯有贪污贿赂犯罪的犯罪嫌疑人、被告人启动违法所得没收程序?①

【案情1】2010年至2017年，犯罪嫌疑人P某单独或伙同其妻子贾某等人，利用P某担任市住房与建设委员会副主任，市轨道交通集团有限公司党委书记、董事长等职务上的便利，为有关单位和个人在工程承揽、土地承租、设备采购等事项上谋取利益，收受有关单位、个人给予的财物共计折合人民币2.3亿余元和12万美元。2012年至2017年，犯罪嫌疑人P某通过地下钱庄或者借用他人账户将非法所得转移至境外。P某、贾某分别于2017年3月24日、3月10日逃往境外，2017年5月10日，国际刑警组织对其发布红色通报，至法院公告前未到案。人民法院经审理认为，本案证据证明犯罪嫌疑人P某实施了受贿犯罪，贾某实施了受贿、洗钱犯罪，检察机关申请没收的P某、贾某在境内外的有关财产属于二人违法所得及其他涉案财产，依法应当适用违法所得没收程序裁定没收。故裁定没收犯罪嫌疑人P某与贾某在境内的违法所得人民币1.038亿余元、黄金制品以及在澳大利亚、塞浦路斯、新加坡等国共计5套房产、250万欧元国债、50余万美元；对P某、贾某违法所得追缴不足部分，继续追缴。

【案情2】1993年至2000年，犯罪嫌疑人H某利用担任市物资总公司总经理、物资局副局长等职务上的便利，违反财务规定，将物资总公司自有资金、银行贷款、融资借款转入中国国际期货经纪有限公司上海分公司及其苏州经营部进行期货交易，融资借款入金4.0004亿元，其中3.3617亿元未纳入财务管理，出金5.754亿元，有5.289亿元未纳入公司财务管理。1997年7月至1999年4月，H某伙同近亲属等人，从中国国际期货经纪有限公司上海分公司及其苏州经营部账户中，转出巨额资金到其控制、使用的桂林方正商贸有限公司、灵川宏远装饰材料有限责任公司等公司账户，又转出3000.35万元

①裴显鼎、王晓东、刘晓虎:《〈关于犯罪嫌疑人、被告人逃匿、死亡案件适用违法所得没收程序若干问题的规定〉的理解与适用》，载《人民司法》2017年第16期，略有改动。

作为购房款，先后在上海市购买了 52 套房产。在公司改制过程中，H 某隐匿上述涉案房产并占为己有，后又指使他人将所购买的房产虚假过户，部分出租、出售，所得款项部分存入银行，部分购买了 6 套房产。犯罪嫌疑人 H 某涉案房产 23 套，涉案银行存款人民币 90.632159 万元、27918.66 美元被依法查封、冻结。

人民法院经审理认为，犯罪嫌疑人 H 某因涉嫌贪污罪被国际刑警组织发布红色通报，通缉一年后不能到案，申请没收的涉案房产均属于 H 某用贪污的公款购买并登记在他人名下；冻结的银行存款，均系出售、出租上述房产所得及利息，应当予以追缴，依法裁定没收。

【问题】追逃追赃工作，是惩治贪污贿赂犯罪的重要组成部分。惩治贪污贿赂犯罪不仅要惩处境内的贪污贿赂犯罪分子，对逃往境外的还要开展追逃与追赃工作，一是能够将逃往境外的犯罪分子追回，绳之以法；二是对暂时无法追回的外逃贪污贿赂犯罪分子在境内外的违法所得予以没收。实践中，对追逃追赃工作有三种不同的认识。第一种意见认为，对于逃往境外的贪污贿赂犯罪嫌疑人一定要千方百计将其缉拿归案、绳之以法，追逃最重要，不惜一切代价都要将犯罪嫌疑人追回，即便没有任何财产也要让其接受审判，方能彰显法律的公平正义和国家法律的权威，绝不能让犯罪分子逍遥法外。第二种意见认为，对于逃往境外的犯罪嫌疑人追赃比追逃更为重要，有些国家只注重追赃，只要将赃款追回，犯罪嫌疑人在其他国家也很难生存，最终，犯罪嫌疑人无路可逃，只能回国。第三种意见认为，追逃追赃同样重要。对逃往境外的贪污贿赂犯罪分子的追逃追赃相辅相成。追逃若不彻底，就意味着犯罪分子找到了避罪的“天堂”，逍遥法外，追赃若不彻底，就必然会促使更多的腐败分子携款外逃，国家和人民的利益损失就无法挽回。只有坚持追逃与追赃两手抓，最终人赃俱获，才能实现除恶务尽、大快人心之目的。

【解析】关于追逃追赃的问题，无疑第三种意见是正确的，此外，导致产生另外两种认识误区的还有一个重要的因素，因违法所得没收程序在我国是一个新的制度设计，法律适用存在较多困惑，难以满足办案需要。特别是犯罪嫌疑人携款潜逃境外后取得外国国籍的案件，如果没有具体的可供操作的司法程序，限制或者没收境外赃款的请求难以获取被请求国的协助执行。这种现状严重影响了反腐败战略的实施和成效。为了严密追逃追赃法网，2012

年《刑事诉讼法》修订时首次规定了违法所得没收程序，为犯罪嫌疑人、被告人逃匿、死亡情况下没收违法所得及其他涉案财产提供了直接法律依据。为充分发挥违法所得没收程序的积极作用，切实提高反腐败国际追逃追赃工作成效，极大促进国内规则与国际规则形成良性互动和有效对接，推动违法所得没收程序规范、统一适用，“两高”针对办理没收违法所得案件比较突出的法律适用问题起草了系统指导意见，《违法所得没收程序规定》对追逃追赃工作制定了明确的以追赃促追逃的司法解释，明确了犯有贪污贿赂罪的犯罪嫌疑人、被告人逃匿、死亡的，并有财产可以没收的，应当适用财产没收程序。为了使纪检监察机关、检察机关以及人民法院办理贪污贿赂犯罪案件的工作人员能够迅速适用这一司法程序，应当掌握以下内容：

一、哪些贪污贿赂案件可以提起违法所得没收程序

对于贪污、贿赂犯罪案件的犯罪嫌疑人、被告人并非都一概能够适用违法所得没收程序，启动该程序，需要同时具备以下几个方面的条件：

1. 违法所得没收程序适用的罪名的限定。第一，犯罪嫌疑人、被告人逃匿、死亡的贪污贿赂犯罪案件适用该程序。《刑事诉讼法》第 298 条规定的“对于贪污贿赂犯罪、恐怖活动犯罪等”中，贪污贿赂犯罪指的是贪污贿赂的类罪，包括 14 个罪名。一是贪污类犯罪，有 6 个罪名，包括贪污罪、挪用公款罪、巨额财产来源不明罪、隐瞒境外存款罪、私分国有资产罪和私分罚没款罪；二是贿赂类犯罪，有 8 个罪名，包括受贿罪、单位受贿罪、斡旋受贿罪、利用影响力受贿罪、行贿罪、对单位行贿罪、介绍贿赂罪、单位行贿罪。其他职务犯罪的罪名如职务侵占罪、侵占罪等不适用该程序。上述案情 1 中，犯罪嫌疑人 P 某单独或伙同其妻子贾某等人，利用 P 某职务上的便利，为有关单位和个人谋取利益，收受有关单位、个人给予的财物共计折合人民币 2.3 亿余元和 12 万美元。犯罪嫌疑人 P 某实施了受贿犯罪，贾某实施了受贿、洗钱犯罪，符合违法所得没收程序的罪名要求，所以适用该程序。案情 2 中，H 某也是如此，有证据证明其转出 3000.35 万元作为购房款先后在上海市购买了 52 套房产，在公司改制过程中，H 某隐匿上述涉案房产并占为己有构成贪污罪。第二，例外的是，《六部门刑事诉讼规定》第 38 条第 2 款规定，人民法院在审理案件过程中，被告人死亡的，应当裁定终止审理；被告人脱逃的，应当裁定中止审理。人民检察院可以依法另行向人民法院提出没收违法所得的申请。该规定对在人民法院审理过程中出现的“死亡”“脱逃”两种情形作了突破现行法律的规定，即在人民法院审理过程中“死亡”“脱逃”的被告人适用违法所得没收程序没有罪名的限制条件。无论何种罪名的被告人在人民法院审理过程中“死亡”“脱逃”的，有非法所得可以没收的，适用该程序。第三，《监察法》规定监察机关调查案件中，适用违法所得没收程序的罪名范围较《刑事诉讼法》及《六部门刑事诉讼规定》有所增加。《监察法》第48条明确规定，监察机关负责调查的案件包括失职渎职犯罪案件，依法可以适用违法所得没收程序。此处的失职渎职犯罪，不仅包括《刑法》第九章规定的国家机关工作人员渎职犯罪，还包括《刑法》其他章节规定的国家工作人员失职渎职犯罪，下一步，需要《监察法》与《刑事诉讼法》对接才能具体实施。

2. 适用违法所得没收程序的案件必须是重大的贪污贿赂犯罪案件。对“重大”采取了原则性规定，包括以下三点：一是援引《自首立功司法解释》和《贪污贿赂司法解释》，在全省、自治区、直辖市具有较大影响的犯罪案件；二是在全国范围内具有较大影响的犯罪案件；三是犯罪嫌疑人、被告人逃匿境外的贪污贿赂犯罪案件。逃往境外的贪污贿赂案件一般犯罪数额都较大，不仅在本省、自治区、直辖市，甚至在全国都具有较大影响，且判处的刑罚一般不会轻，更何况对逃匿境外的犯罪嫌疑人、被告人进行追赃，是严密法网，挽回国家和人民损失，切断外逃人员财路，促使其回国受审的重要途径。在某种意义上可以说，对逃匿境外的犯罪嫌疑人、被告人进行追赃是《刑事诉讼法》增设违法所得没收程序最基本的动因，故此将逃往境外作为重大标准。事实上，逃往境外的都属于重大案件。那么，是否所有的犯罪嫌疑人、被告人逃匿的案件都是重大案件呢，当然不是，因为有的犯罪嫌疑人虽然是逃匿，但是隐藏在境内，并没有明确在境外，有的逃往境外，但是在境内外没有违法所得财物，也不适用该程序，这符合立法的本意。

3. 适用违法所得没收程序的案件必须是犯罪嫌疑人、被告人“逃匿”或者“死亡”的案件。关于逃匿的认定，第一，关于“逃匿”的一般认定。司法实践中对“逃匿”的认定要坚持主客观统一原则，从客观和主观两个维度对“逃匿”作出界定：客观方面，犯罪嫌疑人、被告人存在潜逃、隐匿行为；主观方面，犯罪嫌疑人、被告人必须是为了逃避侦查和刑事追究。犯罪嫌疑人、被告人离开居住地、工作地，逃避侦查和刑事追究的，属于最典型的“逃匿”；犯罪嫌疑人、被告人未离开居住地、工作地，在原地隐匿起来逃避侦查和刑事追究的，亦属于“逃匿”情形；犯罪嫌疑人、被告人为了将来逃避侦查和刑事追究逃匿境外，在案发前出境，后因各种原因不能或者不愿回国受审的，均应视为“逃匿”。第二，关于“逃匿”的特殊认定。一是将犯罪嫌疑人、被告人“在刑事诉讼过程中脱逃的”情形明确为“逃匿”。二是将民事程序中两类宣告死亡情形明确为“逃匿”。犯罪嫌疑人、被告人因意外事故下落不明满二年，或者因意外事故下落不明，经有关机关证明该公民不可能生存的，如犯罪嫌疑人在“马航”的航班上，可以认定为逃匿，依照“逃匿”情形处理。将上述两种下落不明情形明确了依照“逃匿”情形处理。因意外事故下落不明毕竟在直观上与“逃匿”不同，故未直接将上述两种下落不明情形明确为“逃匿”，而是依照逃匿情形处理。第三，《民事诉讼法》第184条规定了公民下落不明满4年的宣告死亡情形。此种情形相对于犯罪嫌疑人、被告人实施犯罪后不久下落不明，更有理由推定犯罪嫌疑人、被告人具有逃避侦查和刑事追究的目的。如犯罪嫌疑人、被告人实施犯罪后下落不明满4年，在没有客观意外情况发生的情况下，更有理由认定犯罪嫌疑人、被告人逃匿。故此类情形可直接依照一般逃匿情形处理。关于死亡的认定中，行为人在纪检监察阶段或者在公安立案侦查前就死亡的，是否可以界定为“犯罪嫌疑人”？依据《刑事诉讼法》表述的“犯罪嫌疑人”的外延包括但不限于刑事立案后的主体。如《刑事诉讼法》第110条第1款规定，任何单位和个人发现有犯罪事实或者犯罪嫌疑人，有权利也有义务向公安机关、人民检察院或者人民法院报案或者举报。第2款规定，被害人对侵犯其人身、财产权利的犯罪事实或者犯罪嫌疑人，有权向公安机关、人民检察院或者人民法院报案或者控告。由上述“犯罪嫌疑人”的表述推断，对于上述所列罪名的主体，即使是在刑事立案之前，也可用“犯罪嫌疑人”进行表述。据此，行为人在纪检监察阶段或者在公安机关立案侦查前就死亡的，可以认定为犯罪嫌疑人，适用违法所得没收程序没有法律障碍，实践中也有这样的案例。如R某为某省副省长，犯有受贿、贪污、巨额财产来源不明罪，2014年8月29日，纪委对R某涉嫌违法违纪问题立案调查，考虑立案时，R某因患肺癌晚期已在北京医院住院治疗，处于病危状态，办案机关未对R某采取强制措施。9月30

日，R某死亡。虽然未进入刑事诉讼程序，但是，仍然认定其为犯罪嫌疑人，适用该程序没收其违法所得。[①]

4. 适用违法所得没收程序的案件必须是犯罪嫌疑人、被告人通缉一年不到案的案件。上述案情1中，犯罪嫌疑人P某和贾某分别于2017年3月24日、3月10日逃往境外。2017年5月10日，国际刑警组织对其发布红色通报。到2019年6月法院发布公告前，已经超过2年的时间，符合通缉一年不到案的规定。案情2中，H某于2002年8月14日因涉嫌犯贪污罪被检察机关立案侦查，同月16日被决定刑事拘留，同年12月30日被决定逮捕，2005年5月23日被国际刑警组织发布红色通报通缉（编号A-812/5-2005），至2019年未到案，符合逃匿通缉一年未到案的规定。关于通缉还要注意以下问题：第一，关于通缉的认定。"网上追逃"等不能认定为"通缉"。理由有三：一是"网上追逃"既可以适用于逮捕对象，也可以适用于刑事拘留对象，甚至包括侦查、调查的对象。二是从《刑事诉讼法》第155条规定分析，"通缉"的对象只能是应当逮捕的犯罪嫌疑人，而"网上追逃"的对象则是可能被刑事拘留的犯罪嫌疑人。如《公安机关办理刑事案件程序规定》[②]中规定，"应当逮捕的犯罪嫌疑人在逃的，经县级以上公安机关负责人批准，可以发布通缉令，采取有效措施，追捕归案"。三是从规范违法所得没收程序的角度看，"网上追逃"不属于实质意义上的"通缉"，为督促侦查机关规范通缉权限，也不应将"协查通报""内部通报"认定为《刑事诉讼法》第298条第1款规定的"通缉"。第二，关于A、B级通缉令的区分。一是无须区分A、B级通缉令。根据《公安部关于实行"破案追逃"新机制的通知》（公通字〔1999〕91号），A、B级通缉令仅指公安部发布的通缉令。而实践中，重大犯罪案件并非都是由公安部发布通缉令，各地公安机关根据《刑事诉讼法》的相关规定，可以在自己管辖的地区范围内发布通缉令。因此，不对通缉令作A、B级限制。二是国际刑警组织发布红色通报（俗称红色通缉令）。公安部凭逮捕证可以向国际刑警组织请求发布红色通报。红色通报在有些国家可

① 王晓东、刘晓虎、张宇：《任润厚贪污、受贿、巨额财产来源不明违法所得没收裁定书评析》，载《人民法院报》2017年9月20日，第6版。

②《公安机关办理刑事案件程序规定》根据2020年7月20日公安部令第159号《公安部关于修改〈公安机关办理刑事案件程序规定〉的决定》修正。

以作为提请临时羁押的事由，故国际刑警组织发布红色通报在国际惯例上往往被视为“通缉”。故明确公安部通过国际刑警组织发布红色国际通报应当认定为“通缉”。第三，特殊情形无须通缉。根据《六部门刑事诉讼规定》第38条第2款的规定，人民法院在审理案件过程中，被告人死亡的，应当裁定终止审理；被告人脱逃的，应当裁定中止审理。人民检察院可以依法另行向人民法院提出没收违法所得的申请。该规定对在人民法院审理过程中出现的“死亡”“脱逃”两种情形作了突破现行法律的规定，即在人民法院审理过程中“死亡”“脱逃”的被告人适用违法所得没收程序不受是否通缉的条件限制。①

二、纪检监察机关与检察机关的工作职责

1. 通过调查和监察工作，取得逃匿、死亡的犯罪嫌疑人、被告人的违法所得财物的证据。犯罪嫌疑人、被告人将违法所得款物用于投资所形成的财产系违法所得还是属于涉案财产？如受贿后用于购买房产、书画、玉石珠宝，投资股票或者开设公司等形成的财产，并非行为人直接犯罪所得，其中还包含了行为人的投资智慧甚至是直接生产经营活动，如认定为违法所得似有不妥，宜认定为与案件相关的涉案财产。因认定犯罪金额只能以犯罪时所获得的款物来计算，如上述款物通过投资行为获得了增值，没收的是其犯罪所得金额还是现有的财产价值，等等。参考《联合国反腐败公约》第2条“术语的使用”第（5）项、第31条“冻结、扣押和没收”第4款、第5款、第6款的规定，明确了不同情形下对违法所得的认定：第一种是初级形态情形，也即原始形态的违法所得，是指通过实施犯罪直接或者间接产生、获得的任何财产；第二种是中级形态情形，也即转变、转化形态的违法所得，是指违法所得已经部分或者全部转变、转化为其他财产的，转变、转化后的财产；第三种是高级形态情形，也即单纯收益和添附收益形态的违法所得，是指来自违法所得转变、转化后的财产收益，或者来自已经与违法所得相混合财产中违法所得相应部分的收益。要掌握上述这些财产所处的地点、取得的方式，需要查封、冻结的要查封、冻结，同时，要掌握犯罪嫌疑人、被告人在境外的财产，在境外的财产要通过有关国家的司法机关、国内的与案件有关的人

---

① 裴显鼎、王晓东、刘晓虎：《违法所得没收程序疑难问题解读》，载《法律适用》2017年第13期。

员调查清楚，调查的内容包括资金的走向、在境外购买资产的信息等。

2. 调取利害关系人、其他利害关系人的信息。《刑事诉讼法》既规定了“利害关系人”，又规定了“其他利害关系人”，但对“其他利害关系人”的概念未明确。实践中，“其他利害关系人”和“利害关系人”的认定可能发生争议，在此明确了两者逻辑种属关系，虽然《刑诉法司法解释》对“其他利害关系人”的概念作了解释，但将“利害关系人”限制为对申请没收的财产主张所有权的人范围似乎过窄，故将此概念扩大到对财物主张权利的人，除对财物主张所有权的人外，还包括主张他项权益的人，如主张留置权、担保物权等权利的人都应当参加到诉讼中来，以保障程序和实体的公正。如美国学者富勒对审判程序的描述，“审判的实质在于受判决直接影响的人能够参加判决的制作过程”，“一种法律制度如果不能保障当事人参加到审判活动中来，就会使审判的内在品质受到破坏”。[①] 如在按揭贷款情形中，银行对涉案房产行使担保权，银行应当被认定为利害关系人。这种情况不仅发生在国内，很多犯罪嫌疑人逃往境外后用非法所得购买了当地的房产，又在当地银行进行了抵押，这些境外的银行也属于利害关系人。如案情 1 中，P 某在其他国家贷款购买房产，借款银行即为本案的利害关系人。因此，要提起违法所没收程序就需要调取所有的利害关系人以及其他利害关系人的地址和联系方式，案情 2 中，在监察机关向检察机关移送起诉审查时，就通知利害关系人 SXG（美利坚合众国国籍），利害关系人 D 某（系犯罪嫌疑人 H 某的母亲）及利害关系人中国民生银行股份有限公司上海分行、中国光大银行股份有限公司上海市南支行、中国工商银行股份有限公司上海市虹桥开发区支行及其他利害关系人参加诉讼。强化诉讼的救济功能，要求利害关系人参加到案件的解决过程中来，并且对诉讼的结果产生影响。

3. 协调公安机关对犯罪嫌疑人、被告人发布通缉令。因为只有犯罪嫌疑人、被告人被通缉一年不到案的案件才能适用违法所得没收程序。公安机关可以发布通缉令，采取有效措施，追捕归案。无须区分 A、B 级通缉令，只要及时发布即可。最好是通过国际刑警组织发布红色通报（俗称红色通缉令）。上述两个案例的被告人都是“百名红通人员”。一是国际刑警组织发布

---

①陈瑞华:《程序正义论纲》，载陈光中主编:《诉讼法论丛》，法律出版社 1998 年版，第 22 页。

红色通报在国际惯例上往往被视为“通缉”。故明确公安部通过国际刑警组织发布红色国际通报应当认定为“通缉”。二是国际刑警组织发布红色通报后逃往境外的犯罪嫌疑人、被告人无法取得所在国家的永久居住权或者获得该国的国籍。对于人民法院审判过程中“死亡”“脱匿”两种情形的被告人无须发布通缉令。实践中，值得注意的问题是，有些检察机关对该程序不够了解，有时拒绝签发监察机关和公安机关请求通缉犯罪嫌疑人的逮捕决定，监察机关和公安机关无法通缉，也无法请求国际刑警组织发布红色通报。因此，迅速熟悉和掌握该程序显得十分重要。

4. 纪检监察机关配合检察机关完善违法所得没收申请的内容。违法所得没收申请的内容要在申请书中载明。申请的内容应当包括犯罪嫌疑人、被告人的基本情况以及案件来源；犯罪嫌疑人、被告人脱逃、下落不明的情形；申请没收财产的价值；有无利害关系人的内容；申请没收的财产与犯罪嫌疑人、被告人犯罪事实的关联性及相关证据的要求；还有兜底项、翻译件随案移送。对于申请没收的财产，部分在境内，部分在境外的，宜一并提出申请，即在同一没收申请中提出。检察机关提出没收违法所得申请时，申请书应当载明相关的犯罪事实及证据，这些犯罪事实及证据的认定一般是围绕犯罪构成要件进行的，故在认定事实时应当确定相关罪名。

三、人民法院审理违法所得没收申请案件的工作职责

1. 正确理解“有证据证明有犯罪事实”的规定。将此项内容的审查作为人民法院受理条件，是对立案审查的一个创设性规定。“有证据证明有犯罪事实”的认定标准：第一，有证据证明发生了犯罪事实；第二，有证据证明该犯罪事实是犯罪嫌疑人、被告人实施的；第三，证明犯罪嫌疑人、被告人实施犯罪行为的证据已经查证属实。没收违法所得申请的案件不同于普通的刑事案件，本质上就是民事财产所有权确权之诉案件，它是一个特别程序。没收违法所得申请案件与普通刑事案件相比降低了立案的门槛。这种门槛的降低，正是与对庭审过程中财产所有权确权采用高度盖然性证据证明标准相匹配，也是针对该类案件特征进行的专门制度设计。对于没收违法所得申请案件，由于犯罪嫌疑人、被告人逃匿、死亡，对犯罪事实认定及相关证据收集的难度比普通刑事案件要大，如采用普通刑事案件证据证明标准，则绝大多数案件难以顺利推进。加上此类案件仅是对财产进行处理，且犯罪嫌疑人、被告人一旦到案，则终止审理。这些特征决定了此类案件的证明标准相对于普通刑事案件要有所降低。故参照逮捕阶段对证据证明标准的要求，明确没收违法所得申请案件立案审查阶段刑事部分的证据证明标准，具有合理性。

2. 关于公告的规定。第一，关于公告的内容及性质。一是公告的期间为6个月，且不适用中止、中断、延长的情形。公告的发布日期必须自人民法院受理没收违法所得申请之日起15日之内。二是公告的内容，包括申请没收的财产与犯罪嫌疑人、被告人犯罪事实的关联性；案件来源，证明属于受理法院管辖；犯罪嫌疑人、被告人的基本情况，脱逃、下落不明；查封、扣押、冻结财产价值以及已查封、扣押、冻结财产的清单和相关法律手续；不按规定期限、方式申请参加诉讼所应承担的不利后果。公告主要起到公示催告利害关系人尽快行使权利的作用，故载明申请参加诉讼的期限、方式的同时，应当明确不按规定期限、方式申请参加诉讼所应承担的不利法律后果。公告不包括与犯罪事实相关的刑事部分证据内容。对以通知形式告知已申请参加诉讼的利害关系人的，公告仍然需要持续至6个月。公告的作用不仅在于发现利害关系人和公示催告利害关系人行使权利，更重要的是，公告本身就是一种送达的方式，它是对于无法查到的犯罪嫌疑人、被告人或者他们不愿意接受传票的另一种送达方式，是一种拟制的送达，公告一旦发出，无论犯罪嫌疑人、被告人以及利害关系人是否真正看到公告，都视为对其送达，并已知公告的内容。此外，利害关系人是一个不确定的群体，即使根据在案证据能够确信所有利害关系人已申请参加诉讼，也不排除根据新的证据发现新的利害关系人，或者权利人根据新发现的证据申请参加诉讼而成为新的利害关系人。因此，公告依然要持续到6个月的法定期限。第二，关于公告内容的发布、张贴及意义。公告是没收违法所得申请案件审理的必经程序。公告除公示催告犯罪嫌疑人、被告人外，还有发现利害关系人、通知其参加诉讼的功能。因此，没收违法所得申请案件在审理前都必须公告。公告内容应当在全国公开发行的报纸、信息网络等媒体和最高人民法院的官方网站刊登、发布。公告在人民法院公告栏张贴。必要时，公告可以在犯罪地、犯罪嫌疑人和被告人居住地或者被申请没收财产所在地张贴。公告最后被刊登、发布、张贴日期为公告日期。公告的发布、张贴即视为对逃匿、死亡的犯罪嫌疑人、被告人及利害关系人的送达。值得注意的是，境外犯罪嫌疑人、被告人、利害关系人拒绝接受开庭通知，对公告内容佯装不知，对此，视为已经送达。但是，如果犯罪嫌疑人、被告人在所在国有财产需要没收的，出于对被请求国法律和司法主权的尊重，为顺利推进境外协助执行请求最终得到执行，参考近年来刑事司法协助条约、多边条约以及国际惯例的做法，如果所在国家（地区）主管机关明确提出应当向受送达人送达含有公告内容的通知的，受理没收违法所得申请案件的法院可以综合案情决定是否送达。决定送达的，应由提出要求的请求国代为送达含有公告内容的通知。

3. 关于申请没收的财产与犯罪的关联性的证明标准。申请没收的财产具有高度可能属于违法所得及其他涉案财产的，应当认定为属于违法所得及其他涉案财产。明确了高度盖然性[①]的证明标准，采用了“优势证据”证明标准的表述。主要理由如下：第一，符合立法本意和司法实践需求。违法所得没收程序是《刑事诉讼法》规定的一个特别程序，与普通刑事诉讼程序存在较大区别。普通刑事诉讼程序旨在查明犯罪事实，对被告人定罪处罚，适用的是事实清楚、证据确实充分的证明标准。而违法所得没收程序的基本法理依据在于“不让犯罪分子通过犯罪获得任何收益”，旨在查明申请没收的财产与犯罪事实之间的关联性，确认申请没收的财产是否属于违法所得及其他涉案财产。两者最大的区别在于，在普通刑事诉讼程序中，被告人在场，不但可以获取其供述，而且可以根据其供述进一步获取客观性证据。而在违法所得没收程序中，犯罪嫌疑人、被告人不在案，既不能获取其供述，也不能收集根据其供述而可能发现的其他客观性证据。此种情况下，绝大多数案件都难以达到普通刑事诉讼程序排除合理怀疑的标准。另外，没收违法所得是对物的审理，并非对人的审判，坚持排除合理怀疑的标准，既不现实也没有必要。2012 年《刑事诉讼法》在刑事诉讼程序中增设违法所得没收程序，旨在满足实践需要，有效解决实践中存在的问题。因此，在没收违法所得申请案件中采用高度盖然性的证明标准，是基于立法原意和实践需要而作出的合理解释。

---

①所谓“盖然性”，是指一种可能而非必然的性质，高度盖然性即从事物发展的高度概率中推定案情、评定证据，是对证据和案件事实的认识达不到逻辑必然性条件下不得不使用的手段。英美法系国家对刑事案件与民事案件的证明要求是分别对待的，大陆法系各国对刑事与民事案件的证明要求是实行“无差别待遇”的，两者都要求达到“高度盖然性”。

第二，符合违法所得没收程序的本质特性。首先，违法所得没收程序是针对与犯罪行为相关联的财产的没收程序，与普通刑事诉讼程序不同，不涉及对犯罪嫌疑人、被告人的人身自由及名誉权的剥夺，而是对犯罪嫌疑人、被告人因犯罪行为而获得的财产的处理，本质上是对财产所有权的确认之诉。这一本质特征决定了其证明标准与普通刑事诉讼程序相比可以有所降低。其次，高度盖然性证据证明标准既适用于检察机关没收违法所得的申请，也适用于利害关系人对申请没收的财产主张权利。一方面，根据“谁主张、谁举证”的举证原则，检察机关提出的证据证明，申请没收的财产具有高度可能属于违法所得及其他涉案财产，除返还被害人以外，就应当没收；另一方面，利害关系人提出的证据证明，申请没收的财产具有高度可能不属于犯罪所得或者其他涉案财产的，就应当支持其诉讼请求。保持这种平衡，可以有效避免因为适用高度盖然性标准而出现单向损害犯罪嫌疑人、被告人、利害关系人合法权利的现象。因此，对双方都采用高度盖然性标准，符合违法所得没收程序的基本特质。第三，借鉴境外多数国家理论和实践。在国际上，很多国家将违法所得没收规定为民事没收程序，其中，对于申请没收财产与犯罪事实的关联性，美国、英国、加拿大、澳大利亚和新西兰等国家均采用的是优势证据的证明标准。如美国民事没收只需以优势证据证明拟没收的财产被用于或者源于非法活动。2000 年《美国民事资产没收改革法》改变之前的做法，由联邦政府负责证明财产与非法活动的关联性。《美国法典》第 18 章第 983 条民事没收违法所得一般规定也明确了举证责任，并明确只需优势证据，联邦政府就算履行了举证责任，即可提出民事没收程序。又如，根据《澳大利亚 2002 年犯罪收益追缴法》的规定，民事没收程序适用民事举证标准。[①] 这些国家用自身的经验和做法证明了优势证据用于不定罪没收制度的可行性和重要意义。这些立法规定和司法实践经验为在违法所得没收程序中采用高度盖然性证明标准，增加了实践认同和确信。[②]

4. 关于境外财产的查封、冻结和执行。第一，可以接受其他机关的委托

① 张磊译：《澳大利亚 2002 年犯罪收益追缴法》，中国政法大学出版社 2008 年版，第 221~222 页。

② 裴显鼎、王晓东、刘晓虎：《违法所得没收程序三类证明标准的把握和适用》，载《人民法院报》2018 年 3 月 21 日。

进行诉前保全。随着违法所得没收程序适用罪名范围的扩大，办案机关包括公安机关、检察机关、国家安全机关及监察委员会。贪污贿赂案件的办理主要是监察机关。对于恐怖活动、电信诈骗、集资诈骗等资产在境外的案件也可以接受公安机关的委托对境外的财产进行查封、冻结。不少国家要求裁定发文主体必须是法院。特别是英美法系国家的司法制度要求扣押、冻结等裁定的制发主体必须是法院。这种要求在一定程度上影响了我国境外追逃追赃的工作效率，但这种制度要求并非针对某个国家作出的特别规定，旨在明确扣押、冻结措施的中立性。从境外追赃实际出发，基于对等互惠原则，根据具体情况，明确境外查封、冻结、没收请求符合被请求国制度要求，既有必要，也可行。故明确被请求国家（地区）的主管机关提出，查封、扣押、冻结法律文书的制发主体必须是法院的，负责立案侦查的公安机关、人民检察院、监察委员会等侦查、调查机关可以向同级人民法院提出查封、扣押、冻结的申请，人民法院经审查同意后制作查封、扣押、冻结令以及协助执行查封、扣押、冻结令的请求函，层报最高人民法院后，由最高人民法院依照刑事司法协助条约、多边公约，或者按照对等互惠原则，向违法所得或者其他涉案财产所在地国家（地区）的主管机关请求协助执行。第二，诉讼保全的程序。关于请求境外限制措施协助执行规程，参照 1992 年《司法部、最高人民法院、外交部关于执行海牙送达公约的实施办法》第 8 条、第 9 条关于刑事司法协助条约、多边条约以及国际惯例的做法，明确违法所得或者其他涉案财产在境外的，人民检察院应当制作申请书，向同级的人民法院提出申请，受理案件的人民法院层报最高人民法院依照刑事司法协助条约、多边公约，或者按照对等互惠原则，向违法所得或者其他涉案财产所在地国家（地区）的主管机关请求协助执行。第三，关于境外没收的协助执行。国外协助执行没收令要求必须是生效裁判，如《联合国反腐败公约》第 55 条第 3 款明确要求，向缔约国提出的没收的请求应当包括下列内容：一是应当提供有关应当予以没收财产的说明，尽可能包括财产的所在地和相关情况下的财产估计价值，以及关于请求缔约国所依据的事实的充分陈述，以便被请求缔约国能够根据本国法律取得没收令；二是应当有请求缔约国发出的据以提出请求的法律上可以采信的没收令副本、关于事实和对没收令所请求执行的范围的说明、关于请求缔约国为向善意第三人提供充分通知并确保正当程序而采取的措施的具体陈述，以及关于该没收令为已经生效的没收令的陈述；三是应当有请求缔约国所依据的事实陈述和对请求采取的行动的说明，如有据以提出请求的法律上可以采信的没收令副本，应当一并附上。请求函的内容包括：案由以及没收令发布主体具有管辖权；属于生效裁定；犯罪嫌疑人、被告人涉嫌犯罪的事实及相关证据，但可能妨碍正在或者即将进行的刑事侦查的证据除外；犯罪嫌疑人、被告人逃匿、被通缉、脱逃、死亡的基本情况；发布公告情况、通知利害关系人参加诉讼以及保障诉讼参与人依法行使诉讼权利等情况；请求没收违法所得及其他涉案财产的种类、数量、价值、所在地等情况以及查封、扣押、冻结相关法律手续；请求没收的财产属于违法所得及其他涉案财产的相关事实及证据材料；请求没收财产的理由和法律依据；被请求国家（地区）要求载明的其他内容。层报最高人民法院后，由最高人民法院依照刑事司法协助条约、多边公约，或者按照对等互惠原则，向违法所得或者其他涉案财产所在地国家（地区）的主管机关请求协助执行。如案情 1 中，就是检察机关向同级人民法院申请依法没收 P 某、贾某在境外的违法所得。故人民法院裁定没收犯罪嫌疑人 P 某与贾某在澳大利亚、塞浦路斯、新加坡等国共计 5 套房产、250 万欧元国债、50 余万美元等违法所得的财物，上述国家接受我国法院的请求，对上述有关财产予以查封、扣押和冻结。

99. 对犯有贪污贿赂犯罪的犯罪嫌疑人、被告人如何启动缺席审判程序？[①]

【背景】2016 年 7 月，全国人大常委会法工委提出了关于建立刑事缺席审判制度的研究报告。2018 年 4 月，全国人大常委会在吸收中央纪委建议的基础上，为加强境外追逃追赃工作的力度和手段，在《刑事诉讼法（修正草

①王晓东：《国际追逃追赃视野下的我国刑事缺席审判制度》，载《法律适用》2018 年第 23 期，略有改动。

案)》中增设了刑事缺席审判制度的规定，[1]这是继2012年《刑事诉讼法》增设“犯罪嫌疑人、被告人逃匿、死亡案件违法所得的没收程序”之后又一新的突破，对追逃追赃程序的完善，确保反腐败国际追逃追赃工作更上一个新的台阶有重大意义。2018年10月26日公布的《刑事诉讼法》第291条第1款规定，对于贪污贿赂犯罪案件，被告人潜逃境外，监察机关移送起诉，人民检察院认为犯罪事实已经查清，证据确实、充分，依法应当追究刑事责任的，可以向人民法院提起公诉。人民法院进行审查后，对于起诉中有明确的指控犯罪事实，符合缺席审判程序适用条件的，应当决定开庭审判。在我国刑事诉讼的历史上开启了缺席审判的先河，这是对贪污贿赂犯罪依法惩治的又一利器，在中国司法史上掀开崭新的一页。

【问题】刑事缺席审判制度的设立无疑具有重大的历史意义和现实意义，是惩治腐败、依法办理贪污贿赂犯罪案件的又一利器，关于在司法实践中如何运用有两种不同的意见：一种意见认为，对于贪污贿赂犯罪案件，犯罪嫌疑人、被告人逃往境外的，监察机关认为犯罪事实已经查清，证据确实、充分，依法应当追究刑事责任的，经过劝返拒绝回国的，就应当适用刑事缺席审判程序；另一种意见认为，刑事缺席审判程序是特别程序，是对犯罪嫌疑人、被告人逃匿、死亡案件违法所得没收程序的补充，只对极少数案件适用。首先，适用缺席审判程序的贪污贿赂犯罪案件事实清楚，证据确实、充分；其次，适用缺席审判的案件是重大案件，证明犯罪嫌疑人、被告人逃往境外没有死亡；再次，需要相应的程序，对犯罪嫌疑人、被告人进行通缉，在一定的时间内不能到案的；最后，还要甄别确有价值的案件，如逃往境外后拒绝回国归案，没有固定的居所下落不明，有的取得所在国的国籍拒绝回国，由于身体等客观条件限制不能回国等。同时，监察机关、检察机关穷尽了一切手段，如劝返、请求引渡、请求遣返、在国外提起民事诉讼，仍不能归案的才适用刑事缺席审判程序。

【解析】追逃追赃工作，是反腐败斗争的重要组成部分，监察机关、各级人民法院、人民检察院、公安机关、外交部门和金融部门积极参加追逃、境

---

① 参见全国人大常委会法制工作委员会主任沈春耀于2018年4月25日在第十三届全国人民代表大会常务委员会第二次会议上所作的《关于〈中华人民共和国刑事诉讼法(修正草案)〉的说明》。

外缉捕联络工作，协调中美执法合作、中法追逃追赃工作等，参与外逃人员的境外缉捕工作，最后引渡、遣返、劝返众多的外逃人员。外逃人员回国有的案件已经顺利审结，有的案件将会陆续进入审判阶段，促进了“天网”“猎狐”行动的深入开展。“百名红通人员”现在已经缉拿过半，但是，追回的人数多，追赃数额小，特别是有些外逃人员是主动潜回，此外，境外劝返工作受到阻碍，英美法系国家不承认我国侦查机关查封、扣押财产决定，人员出入境有时受到限制。

“法与时转则治，治与世宜则有功”，[①] 追逃与追赃工作相辅相成。追逃若不彻底，就意味着犯罪分子找到了避罪的“天堂”，逍遥法外；追赃若不彻底，断不了腐败分子的“营养源”，就会助长更多的腐败分子携款外逃，国家和人民的利益损失就永远无法得到弥补。只有坚持追逃与追赃两手抓，以追赃促追逃，最终实现人赃俱获，才能深入推进追逃追赃工作的新发展。2012年《刑事诉讼法》修正时首次规定了“犯罪嫌疑人、被告人逃匿、死亡案件违法所得没收程序”，为犯罪嫌疑人、被告人缺席情况下没收违法所得及其他涉案财产提供了直接法律依据。但因违法所得没收程序在我国是一个全新的产物，对传统刑事诉讼理念冲击较大，加上《刑事诉讼法》及相关司法解释的规定比较原则，实践中法律适用争议较多。我国自2014年开展追逃追赃工作，在党中央的坚强领导下，工作取得突飞猛进的发展。习近平总书记等党和国家领导人多次在外交场合主动设置反腐败国际合作议题，共同商讨反腐败追逃追赃，旗帜鲜明地表达我国追逃追赃的坚定立场和态度。既遵循国际规则，又推动形成反腐败追逃追赃国际合作新秩序，把追逃追赃“天网”织严、织密、织牢。鉴于上述情况，最高人民法院、最高人民检察院按照中央决策部署，在中央纪委、中央政法委的领导下，在全国人大常委会法制工作委员会、公安部、外交部、司法部等中央机关、部门的大力支持下，以国内调研和对外逃人员比较集中的美加澳新等国家不定罪没收制度的考察成果为基础，总结吸收国际国内先进理论和成熟经验，对当前办理没收违法所得申请案件比较突出的法律适用问题进行了认真分析研究，并广泛征求了立法机关、各级司法机关及社会各界人士的意见，制定了《违法所得没收程序规

---

①《韩非子·心度》。

定》，开启了追逃追赃的新局面。《违法所得没收程序规定》旨在解决当前司法实践中争议较大、反映突出的法律适用问题，从我国司法实际出发，既充分吸收了中华法学理论研究成果，又合理借鉴了国外成功司法经验；既保证了合法性，又力求有所突破，以求准确把握违法所得没收程序的发展态势和规律。《违法所得没收程序规定》不仅对实践中容易引发争议的概念进行了界定，明确了认定犯罪事实、申请没收的财产与犯罪事实关联性的两个证明标准，还对涉及的每个具体程序以及法律文书格式、内容、送达方式作了具体规定，增强了违法所得没收程序的实践可操作性，为实践中适用违法所得没收程序提供了直接依据，有利于推进违法所得没收程序的规范、统一适用，有利于全面推进反腐败追逃追赃工作。

实践中，绝大多数逃往境外的腐败分子是经劝返或者主动回国的，数量不少，但是追缴的财产有限，平均下来的数字很低。所以，创设违法所得没收程序适用规范，使人民法院通过没收程序在贪腐人员逃往境外的情况下，不仅可以没收其境内的非法财产，也可以没收其境外的非法所得，并且协助公安机关、检察机关查封、扣押贪腐人员境外的资产。2017 年《违法所得没收程序规定》实施后，对逃往境外的犯罪嫌疑人的财产可以通过申请财产所在地的国家进行查封、冻结，还可以申请外逃人员财产所在地法院协助我国法院依据没收裁定没收犯罪嫌疑人的财产，包括诉讼前的查封、扣押和冻结，也包括裁定生效后的没收裁定的执行。到目前为止，我国已经向外逃人员比较集中的国家发出数个关于请求诉讼前对犯罪嫌疑人财产进行查封、扣押、冻结的申请，总标的达 5 亿多元，有的国家的法院已经作出了冻结被告人在境外财产的决定。随着境外追逃追赃工作的深入，新情况、新问题的不断出现，刑事缺席审判制度应运而生。

我国《刑事诉讼法》增加了对贪污贿赂犯罪进行缺席审判的程序是历史的选择和现实的需要，具有重要的历史意义和现实价值，正如马克思的著名论断："如果审判程序只归结为一种毫无内容的形式，那么，这样空洞的形式就没有任何独立的价值了……实体法却具有本身特有的必要的诉讼形式……审判程序和法两者之间的联系如此密切，就像植物的外形与植物的联系，动物的外形与血肉的联系一样。审判程序和法律应该具有同样的精神，因为审判程序只是法律的生命形式，因而也是法律的内部生命的表现。”[①] 马克思的观点不仅论证了程序法与实体法之间的关系，同时也揭示了通过必要的程序实现实体内容的重要性。这在缺席审判的程序中能够突出体现出来。

一、建立刑事缺席审判制度的必要性

首先，刑事缺席审判制度是实现全面依法治国的需要。党的十八届四中全会指出，全面推进依法治国，总目标是建设中国特色社会主义法治体系，建设中国特色社会主义法治国家，必须坚持立法先行，发挥立法的引领和推动作用，深入推进科学立法、民主立法。我国《刑事诉讼法》的基本立法目的就是惩罚犯罪、保障人权，以实现公平正义，保障无罪的人或者依法不应被追究刑事责任的人不受刑事追究，同时，保障犯罪的人受到公正的刑罚处罚。刑事缺席审判制度就是在这种环境下诞生的，改变了在刑事诉讼中因犯罪人不能到庭而不能接受审判的情况，特别是贪腐官员携款外逃的犯罪行为给国家和人民利益造成的损失无法弥补，更重要的是因为犯罪分子不能得到应有的惩罚使法律的正义得不到伸张，使得社会公众质疑法律的威力，国家的法律尊严和权威将得不到尊重和信任，大大影响法律的公信力。因此，建立刑事缺席审判制度，能够防止犯罪分子故意逃避审判，保证有罪的人被依法追究，实现社会最基本的公平和正义。

其次，刑事缺席审判是国际追逃追赃工作的需要。党中央把追逃追赃工作纳入反腐败工作的总体部署，提升至国家政治和外交的层面，国际追逃追赃工作取得重要的阶段性胜利，成为全面从严治党、遏制腐败蔓延势头的重要一环，赢得了党心民心。在党的十九大报告中，习近平总书记提出：“不管腐败分子逃到哪里，都要缉拿归案、绳之以法。”[②] 发出了国际追逃追赃工作的最强音，充分说明党和政府除恶务尽的雄心壮志。党和政府对腐败“零容忍”，对因贪污贿赂等潜逃境外的犯罪分子及时、有效地追究刑事责任，让腐败分子为自己的腐败行为付出应有的代价，实现社会的公平正义。党的十八

---

①［德］马克思：《关于林木盗窃法的辩论》，载中共中央马克思、恩格斯、列宁、斯大林著作编译局编译：《马克思恩格斯全集》（第1卷），人民出版社1956年版，第126页。

②习近平：《决胜全面建成小康社会 夺取新时代中国特色社会主义伟大胜利——在中国共产党第十九次全国代表大会上的报告》，载新华网，http://www.xinhuanet.com//2017-10/27/c_1121867529.htm。

大以来，“百名红通人员”中已有60人到案，红通人员332人，追回7200人，全国各级人民法院共审理外逃回国人员案件879件，对800多名犯罪分子判处刑罚。依法追缴、没收涉案财物和判处罚金、没收财产折合人民币27亿元，裁定没收违法所得4000万元，请求境外协助查封、扣押、冻结涉案财产5亿元，国内涉案财产100多亿元。我国的反腐败工作取得明显成效。但是，“零容忍”的目标远未达到，当前反腐败斗争形势依然严峻，仍然要深入推进，尤其在海外追逃追赃工作中，尚存有制度性缺陷，虽然犯罪嫌疑人、被告人逃匿、死亡案件违法所得的没收程序在很大程度上解决了海外追逃追赃的问题，但其仅针对涉案财物的没收，对人的追逃是间接的，显然达不到反腐败工作的“零容忍”的要求，总会有漏网之鱼，而在符合国际法框架内实现外逃人员的引渡和遣返是实现“零容忍”要求的关键。《联合国反腐败公约》第44条第1款规定：“当被引渡人在被请求缔约国领域内时，本条应当适用于根据本公约确立的犯罪，条件是引渡请求所依据的犯罪是按请求缔约国和被请求缔约国本国法律均应当受到处罚的犯罪。”在此，并没有关于用普通程序还是缺席审判程序判处刑罚的规定，因此，刑事缺席审判制度建立后，我国法院可依法对潜逃境外的腐败分子进行审理并作出判决，并根据《联合国反腐败公约》的规定，要求被请求缔约国履行“或引渡或执行刑罚”的义务，这无疑将对腐败分子产生极大的震慑作用，缺席审判制度的建立能使我们同联合国反腐败的立法规定相衔接，保障引渡申请或谈判的顺利进行，有助于加强追逃追赃的国际合作。[①]

最后，刑事缺席审判是震慑、预防贪腐犯罪逃匿的需要。刑罚的目的除了惩罚犯罪之外，更重要的是预防犯罪的发生。通过刑事缺席审判制度对潜逃境外的贪腐犯罪分子判处刑罚，是对其犯罪行为的一种应有的惩罚，如能够没收其非法所得，既是物质的补偿，也是对国家和人民利益的一种精神性的补偿。反腐败斗争的最终目的不是惩罚而是教育、挽救和预防，预防犯罪，特别是预防腐败犯罪，使社会形成“不敢腐、不想腐、不愿腐”的态势，建立“海晏河清、朗朗乾坤”的盛世局面。由于人的思想意识在很大程度上受到周围环境的影响和制约，一个地区的社会风气、道德风尚与腐败犯罪发生

---

① 陈光中：《刑事诉讼法修正草案：完善刑事诉讼制度的新成就和新期待》，载《中国刑事法杂志》2018年第3期。

的概率有很大的关系，例如，某省塌方式的腐败，有8名原省部级的“老虎”落马，涉案人数较多。周围环境的影响起了非常重要的作用，因此，完全可以利用刑事缺席审判的震慑作用来发挥一般预防的功能，无论腐败分子逃到哪个国家，无论多长时间，无论是否加入该国的国籍，无论距离多么遥远都逃不出法律的制裁。对潜逃境外的腐败分子给予法律上、精神上、人格上的否定，对具有潜逃动机的腐败犯罪分子给予震慑，使其放弃逃亡之路，正是人们对示范有效性的承认与接收，并且从具体案例中受到警示，使守法意识得到不断的巩固。因此，通过刑事缺席审判制度对潜逃国外拒不归国的腐败分子作出否定性评价，增强刑罚的可感知性，有助于及时打击犯罪，弥补国家利益的损失，教育、震慑和警诫其他有犯罪意图的人，使之不敢以身试法。

二、刑事缺席审判制度现存困境

国际追逃追赃工作是反腐败斗争的重要组成部分，是国际上公认的跨国境、跨部门、跨领域的工作，涉及不同的法律体系和国家制度，时间长、跨度大、任务重、难度大，要实现追逃追赃的任务，不仅要熟悉有关国家的法律制度和操作惯例，同时，我们国家也需要有与之相对应的配套法律制度。

在过去追逃追赃的实践中主要采用的一些方式是：首先是核查外逃线索、摸清外逃人员去向，尽快查清犯罪事实和资金等财务的流向，决定逮捕、发布红色通缉令；其次是依据公约和国内法开展国际刑事司法协助，与没有签订条约的国家依据互惠原则开展国际司法协助，通过国际司法协助请求引渡，或者要求对外逃的犯罪嫌疑人、被告人进行遣返，包括移民遣返和刑事遣返；最后是劝返，有犯罪嫌疑人主动联系后由办案机关直接劝返、有通过犯罪嫌疑人亲属的劝返、朋友的劝返、律师的劝返以及同案犯的劝返等。实践中，逃往境外的犯罪嫌疑人由于劝返回国接受司法机关审判的占有很大的比例。随着反腐败国际追逃追赃工作的不断发展变化，出现了许多新情况、新问题，对境外追逃追赃工作发起新挑战、提出新要求。在实践中，外逃的犯罪嫌疑人有以下几种情形：一是有的外逃人员数年不见踪影、下落不明、杳无音讯；二是有的外逃人员虽然有藏身之所，但是，年老体弱，财产消耗殆尽，没有回国投案的意愿；三是有的外逃人员已经加入他国的国籍，虽然在居住国有大量的财产，但是，相对国以保护其公民合法权益为借口，不支持我国所提出的引渡、遣返等请求，本人又不接受劝返。对上述几类人员的追逃追赃陷入困境。分析认为，上述几类人员如果潜逃境外时犯有贪污贿赂犯罪的，可以适用已经确立的刑事缺席审判程序。也只有这两类犯罪，上述三种情形的外逃人员适用缺席审判的程序，事实上，在国际追逃追赃工作中，经过多年的实践，追赃的方式、方法和程序相对比较完备，《违法所得没收程序规定》的公布和实施对追赃问题设计了比较完备的模式，并且与普通的刑事诉讼程序进行无缝的对接，刑事缺席审判对逃往境外的犯罪嫌疑人拒不归案、死亡两种情形给予法律最终评价，是一种宣言性、弥补性的制度，不仅在立法上要设定严格的程序，在适用上更应慎之又慎，防止不分主次、本末倒置，发挥不出应有的作用。

（一）没有明确规定缺席起诉的条件，适用存在障碍

1. 缺少适用缺席审判具体情形的规定。《刑事诉讼法》第 291 条第 1 款规定，对于贪污贿赂犯罪案件，犯罪嫌疑人、被告人潜逃境外，监察机关移送起诉，人民检察院认为犯罪事实已经查清，证据确实、充分，依法应当追究刑事责任的，可以向人民法院提起公诉。人民法院进行审查后，对于起诉书中有明确的指控犯罪事实，符合缺席审判程序适用条件的，应当决定开庭审判。从以上规定可以看出，对于贪污贿赂犯罪案件，犯罪嫌疑人、被告人潜逃境外，监察机关移送起诉，人民检察院认为犯罪事实已经查清，证据确实、充分，依法应当追究刑事责任的，就可以进入刑事缺席审判的程序。随着我国侦查手段的进步、科学技术的广泛适用和纪检监察人员素质能力的大幅度提高，有的外逃的贪腐犯罪分子的犯罪事实当时虽然被掩盖，但是，当其逃往境外后，犯罪事实立即暴露，纪检监察机关迅速就可以查清犯罪事实。但是，是不是贪腐贿赂犯罪案件的嫌疑人、被告人只要逃往境外，只要监察机关移送起诉，人民检察院移送起诉的案件人民法院都可以进行缺席审判呢，这种理解显然是错误的。如果逃往国外的犯罪嫌疑人经过一段时间的思考，受到亲友、律师或司法机关的教育、感化，短时间内回国投案自首，主动退回赃款赃物的，不宜适用缺席审判程序，实践中这样的例子很多。还有一些贪污贿赂犯罪案件的犯罪嫌疑人本身携带的赃款就不多，在境外语言不通，没有生存能力，在短暂的时间内回国投案，或者通过整容、化妆，有的更换了一下身份就回到国内，这些情况显然不能适用刑事缺席审判程序。分析认为，适用缺席审判的刑事程序起码具备以下三种情形之一：一是犯罪嫌疑人、

被告人逃往境外后拒绝回国归案，这类犯罪人潜逃的时间长、没有固定的居所、下落不明；二是虽然有固定的住所，有的甚至取得所在国的国籍，但拒绝回国；三是年老体衰，主观上想回国归案，但是，由于身体等客观条件限制无法回国。同时，监察机关、检察机关穷尽了一切手段，如劝返、请求引渡、请求遣返、在国外提起民事诉讼，仍不能归案的。

2. 缺乏逃匿境外、通缉和重大案件的前置条件。刑事缺席审判除上述实质上的要件外，在程序上也应当具备以下三个条件：

一是逃匿境外，犯罪嫌疑人、被告人逃往境外。《违法所得没收程序规定》从客观和主观两个维度对“逃匿”作了界定：客观方面，犯罪嫌疑人、被告人存在潜逃、隐匿行为；主观方面，犯罪嫌疑人、被告人必须是为了逃避侦查和刑事追究。犯罪嫌疑人、被告人离开居住地、工作地，逃避侦查和刑事追究的，属于最典型的“逃匿”；犯罪嫌疑人、被告人未离开居住地、工作地，在原地隐匿起来逃避侦查和刑事追究的，亦属于“逃匿”情形；犯罪嫌疑人、被告人为了将来逃避侦查和刑事追究逃匿境外，后因各种原因不能或者不愿回国受审的，均应视为“逃匿”。适用刑事缺席审判程序也应将逃往境外作为要件之一。

二是“通缉”。既包括国内的通缉，也包括国际刑警组织发布红色通报（俗称红色通缉令），红色通报在有些国家可以作为提请临时羁押的事由，故国际刑警组织发布红色通报在国际惯例上往往被视为“通缉”。在刑事缺席审判程序实施时应当对其进行规制，如同普通程序的拘留、逮捕等强制措施，以证明犯罪嫌疑人、被告人需要提交审判。

三是重大案件。上文提到，并非所有的逃往境外的贪污贿赂案件即便事实清楚、证据确实充分的，监察机关都要移交人民检察院进行起诉，还要有诉讼成本的核算，如果贪污受贿几万元的犯罪嫌疑人因身体虚弱，虽有回国意愿，但是客观原因不能归国是否一律适用刑事缺席审判程序值得商榷。建议采用《违法所得没收程序规定》中附加的“重大案件”的条件，即以“在全省、自治区、直辖市或者全国范围内具有较大影响的犯罪案件”的标准，或是以犯罪嫌疑人、被告人逃匿境外经劝返拒不回国的作为适用刑事缺席审判的前置条件。

（二）没有明确起诉、送达的时限，实践中不宜操作

《刑事诉讼法》第292条规定，人民法院应当通过有关国际条约规定的或者外交途径提出的司法协助方式，或者被告人所在地法律允许的其他方式，将传票和人民检察院的起诉书副本送达被告人。从追逃追赃的司法实践来看，送达是困难的。《违法所得没收程序规定》第14条第4款明确了开庭通知以及通知送达方式、日期。通知送达的对象包括人民检察院、利害关系人及其诉讼代理人、证人、鉴定人员、翻译人员。通知送达的方式依照《违法所得没收程序规定》第12条第2款的规定，即依照公告送达通知方式执行。除了上述内容，考虑到境外通知的送达需要的时间一般比国内更长，故《违法所得没收程序规定》第14条第4款明确了开庭准备的时间，即受送达人在国内的，开庭准备时间至少为3日；受送达人在境外的，开庭准备时间至少为30日。司法实践中，通知最终都是以公告的形式送达的，上述规定的时限还没有真正彻底落实。司法实践中有这样的例子，被告人在国内犯有贪污罪，在取保候审期间逃往境外，国内对其开庭的通知一律拒收，但是，其却在我国驻外领馆申请见证委托国内的律师在国内追索债权，这样的认证当然不会被允许，但是，从另一个侧面可以看出，向逃往境外的犯罪嫌疑人、被告人送达通知是多么艰难。同样，刑事缺席审判的程序也会遇到同样的问题，特别是没有明确的起诉、应诉和答辩时间，送达的期限，开庭提前通知中有很多不确定的因素，而普通的刑事诉讼程序又没有很好的参考价值，因此，在实践中刑事缺席审判的起诉、送达等方面都存在很大困难，不宜操作。

（三）受普通程序和境外追逃追赃程序制约

1. 利害关系人及近亲属交叉重叠。《违法所得没收程序规定》第13条第1款明确了利害关系人参加诉讼的申请时间以及所需提交的证明材料。利害关系人包括但不限于主张财产所有权的人，主张留置权、质押权、抵押权等担保物权的，也属于利害关系人。《违法所得没收程序规定》第13条第2款明确了利害关系人可以委托诉讼代理人参加诉讼。《违法所得没收程序规定》第13条第3款还明确了利害关系人未申请参加诉讼的救济原则。此外，还包括“其他利害关系人”，并对利害关系人的范围进行了界定，基本按照《婚姻法》及《继承法》中规定的血亲、姻亲以及第一顺序继承人、第二顺序继承人和犯罪嫌疑人、被告人是否有共同的赡养扶助义务、经济共同体等进行界

定，应当是比较完备的。刑事缺席审判制度也规定了近亲属参加诉讼，那么，近亲属与利害关系人的关系应当是交叉和重叠的，有的近亲属为利害关系人，有的近亲属不属于利害关系人，有的利害关系人不是近亲属，如果不是首先启动追逃追赃的特别程序，直接启动刑事缺席审判的，那么，有近亲属参加诉讼，也有利害关系人参加诉讼的，就会发生混乱，刑事和民事诉讼交叉重叠、叠床架屋诉讼的情形就会出现在缺席审判程序中。

2. 缺席审判与劝返、引渡及遣返的碰撞。缺席审判彰显法治的威慑力和国家的尊严，劝返、引渡和遣返首先要尊重和执行双边条约和多边条约，将国内法的权力让渡于国际法，二者是存在相互摩擦和碰撞的，但是也并非不能解决。如果根据顺序的先后对逃往境外的贪腐分子首先适用劝返、遣送或者引渡，在穷极所有的法律手段后仍然无法达到追逃追赃目的的可以适用刑事缺席审判程序，这样就能巧妙避开双方之间的碰撞和冲突，从而形成合力。如根据《违法所得没收程序规定》，我国各级人民法院可以根据检察机关的申请，请求犯罪嫌疑人、被告人逃往的国家冻结其所在国涉及犯罪的资产，目前，我国法院在澳大利亚、新加坡、塞浦路斯等国成功冻结了潜逃国外犯罪分子的财物，开创了国际合作的新篇章，这些工作离不开国际合作，相互尊重、相互包容、团结协作，如果脱离这些方式方法和手段直接采用缺席审判的方式，效果不是最好的，但是，和谈必有武备，在国际合作遇到困难、有些敌对势力企图践踏我国的主权的时候，我们需要彰显国威，适用刑事缺席审判的利器。刑事缺席审判与追逃追赃没收程序相互配合，与劝返、遣返和引渡多管齐下、相得益彰，一定能够在国际反腐败追逃追赃工作中发挥巨大的优势。

3. 对没收财物的规定存在差异。刑事缺席审判依照生效判决、裁定对罪犯的财产进行处理。刑事缺席审判程序属于刑事诉讼程序，应当严格按照《刑法》《刑事诉讼法》的规定对罪犯的财产进行处理，其依据就是《刑法》第 64 条的规定，“犯罪分子违法所得的一切财物，应当予以追缴或者责令退赔；对被害人的合法财产，应当及时返还；违禁品和供犯罪所用的本人财物，应当予以没收……”根据最高人民法院、最高人民检察院在 2017 年 1 月出台的《违法所得没收程序规定》第 6 条的规定，违法所得分为以下情形：第一，原始形态的违法所得，指通过实施犯罪直接或者间接产生、获得的任何财产；第二，转变、转化形态的违法所得，是指违法所得已经部分或者全部转变、转化后的财产；第三，单纯收益及添附收益形态的违法所得，是指违法所得转变、转化后的财产收益，或者已经与违法所得相混合财产中违法所得的相应部分的收益。追逃追赃工作是反腐败的重要组成部分，这一规定适应了《联合国反腐败公约》的规定，对违法所得作了扩大解释。

三、建立刑事缺席审判程序的路径探析

（一）完善刑事缺席审判立法的相关规定

1. 明确规定刑事缺席审判的定义。刑事缺席审判制度是我国刑事诉讼制度的创新，这种制度的创制目前缺少严谨的细则，因此，尚不能充分发挥在实践中的带领和示范作用，不利于有力惩治逃往境外的贪腐犯罪行为。事实上，我国刑事法律界一直在对刑事缺席审判制度进行探讨。早在 1997 年《刑法》通过前的《刑法（草案）》中就有这样的声音，但是，其主要是对分裂国家的叛国分子主张进行缺席审判。2005 年 10 月 27 日，第十届全国人民代表大会常务委员会第十八次会议决定批准《联合国反腐败公约》，此后对于缺席审判程序的呼声就未曾中断，但是，2012 年《刑事诉讼法》修改时增设“犯罪嫌疑人、被告人逃匿、死亡案件违法所得的没收程序”，并没有设立缺席审判制度，因此，产生了一系列的探讨，有人认为这一程序是否就是缺席审判的程序，因为它与普通程序相比是没有被告人参加的刑事审判，即被告人缺席的审判程序。直到 2017 年最高人民法院、最高人民法院检察院制定了《违法所得没收程序规定》，在《违法所得没收程序规定》中明确了违法所得没收程序是针对犯罪嫌疑人、被告人财产进行的诉讼，是在刑事诉讼框架内的关于是否为犯罪所得财物的一个民事确认之诉，针对的是财物，而不是被告人，换言之，是对物的诉讼，不是对人的诉讼。因此，始终没有一个关于刑事缺席审判的定义。2016 年 7 月，全国人大常委会法工委提出了关于建立刑事缺席审判制度的研究报告。2018 年 4 月，全国人大常委会在吸收中央纪委建议的基础上，为加强境外追逃追赃工作的力度和手段，在《刑事诉讼法（修正草案）》中增设了刑事缺席审判制度的规定，[①] 这是第一次正式明确提出刑事

---

① 参见全国人大常委会法制工作委员会主任沈春耀于 2018 年 4 月 25 日在第十三届全国人民代表大会常务委员会第二次会议上所作的《关于〈中华人民共和国刑事诉讼法（修正草案〉的说明》。

缺席审判的定义，虽然作为一个刚刚出炉的新鲜事物不能求全责备，但是，当修正案公布后，无论是理论界还是实务界对刑事缺席审判制度讨论最为集中的问题就是其明确的内涵。分析认为，作为刑事缺席审判的内涵，不仅要体现这种程序的一般属性，更应体现其特有的属性，即刑事缺席审判与普通程序有何区别，与犯罪嫌疑人、被告人逃匿、死亡案件违法所得的没收程序有何区别，也只有这样才能便于立法适用，才能对司法实践中缺席审判程序的运用起到指导作用。目前《刑事诉讼法》采用了叙述的形式，目的式的定义方式，第 291 条第 1 款规定，对于贪污贿赂犯罪案件，犯罪嫌疑人、被告人潜逃境外，监察机关移送起诉，人民检察院认为犯罪事实已经查清，证据确实、充分，依法应当追究刑事责任的，可以向人民法院提起公诉。人民法院进行审查后，对于起诉中有明确的指控犯罪事实，符合缺席审判程序适用条件的，应当决定开庭审判。该规定虽然没有完整地解释刑事缺席审判的内涵，但是还是明确揭示了刑事缺席审判的本质特征，只不过需要进一步明确其目的要求，明确界定刑事缺席审判的内涵和外延。

2. 合理设置刑事缺席审判犯罪的种类范围。《刑事诉讼法》关于缺席审判程序部分规定有 7 个条文，第 291 条至第 297 条。从适用程序的案件类型来看分为三种：第一，潜逃境外的贪污贿赂等犯罪案件（第 291 条）；第二，被告人因病无法出庭的案件（第 296 条）；第三，被告人死亡的案件（第 297 条）。从中可以看出，《刑事诉讼法》将案件的性质界定为“贪污贿赂等案件”，结合犯罪嫌疑人、被告人逃匿、死亡案件违法所得的没收程序的规定，《刑事诉讼法》将案件的性质表述为：贪污贿赂、恐怖活动等重大犯罪案件。理论界和实务界对违法所得没收程序适用的罪名范围存在一定争议。争议的焦点问题是对《刑事诉讼法》第 298 条规定的“等”应当作等内解释，还是等外解释。《违法所得没收程序规定》采纳了等外解释的观点。《违法所得没收程序规定》第 1 条所列罪名共 5 项，将“等”扩展为三类犯罪：第（1）项以占有性、挪用性犯罪为主。第（2）项基本上是受贿类、行贿类犯罪。第（3）项是恐怖活动犯罪，包括《刑法修正案（九）》新增设的几类恐怖活动犯罪。第（4）项是类罪，包括洗钱罪及其上游犯罪。未将破坏金融管理秩序罪规定在内，保留了洗钱罪。第（5）项是两类新型特殊诈骗犯罪。其中第（4）项、第（5）项内容就是“等”扩展而来。

《监察法》规定监察机关调查案件违法所得没收程序适用的罪名范围较《刑事诉讼法》及《违法所得没收程序规定》有所增加。《监察法》第48条明确规定，监察机关负责调查的案件包括失职渎职犯罪案件，依法可以适用违法所得没收程序。此处的失职渎职犯罪，不仅包括《刑法》第九章规定的国家机关工作人员渎职犯罪，还包括《刑法》其他章节规定的国家工作人员失职渎职犯罪。《监察法》第48条采用的是“监察机关在调查贪污贿赂、失职渎职等职务犯罪案件过程中”的表述，这就必然在实践引发该规定中的“等”是作等外解释还是等内解释的分歧。《监察法》第48条中的“等”应当作等外解释，那么《监察法》第48条中的“贪污贿赂、失职渎职等职务犯罪案件”包括《刑法》第八章贪污贿赂罪、第九章渎职罪以及《刑法》其他章节的部分犯罪。如非法经营同类营业罪（《刑法》第165条），为亲友非法牟利罪（《刑法》第166条），国有公司、企业、事业单位人员滥用职权罪（《刑法》第168条），徇私舞弊低价折股、出售国有资产罪（《刑法》第169条），等等。

因此，结合缺席审判制度的功能，移送起诉的主体为监察机关，目前应限定在贪污贿赂等犯罪，至于以后基于实践需要可以像上述司法解释一样扩大案件的范围，如全国人大常委会对《刑事诉讼法（修正草案）》所作的说明也提到“对刑事缺席审判适用案件的范围，将在下一步工作中继续深入研究”。换言之，立法的目的就是解决当前外逃贪腐犯罪的追逃追赃问题，主要是追逃。待通过一段时间的实践，需要时再适度扩大到其他案件，可以说，此处的“等”目前是等内等，将来是等外等，与不定罪的没收程序是一致的。

（二）完善刑事缺席审判立法的细密化

刑事缺席审判立法的细密化，是指对于境外追逃追赃可能出现的，而且目前我国《刑事诉讼法》以及《违法所得没收程序规定》中尚未规制的问题予以明确，或者已经有规定的进一步严密规制刑事缺席审判的法网。

1. 严格刑事缺席审判适用条件。刑事缺席审判制度是一种特别的特别程序，因此，不同于普通的刑事诉讼程序，也不同于一般的特别程序。《违法所得没收程序规定》将违法所得没收程序适用的条件定为重大犯罪，缺席审判作为更为特别的程序，适用重大犯罪案件是一个基本的条件。当时设定这一条件的依据有两个，一是1998年出台的《自首立功司法解释》第7条第2款明确的“可能被判处无期徒刑以上刑罚或者案件在本省、自治区、直辖市或者全国范围内有较大影响等情形”的犯罪案件；二是2016年“两高”出台的《贪污贿赂司法解释》第14条第2款明确的“已经或者可能被判处十年有期徒刑以上刑罚的，或者案件在本省、自治区、直辖市或者全国范围内有较大影响的”犯罪案件。

《违法所得没收程序规定》第2条采取了原则性规定：一是援引《自首立功司法解释》《贪污贿赂司法解释》将“重大犯罪案件”定位在“在省、自治区、直辖市或者全国范围内具有较大影响”的标准；二是明确了犯罪嫌疑人、被告人逃匿境外的犯罪案件也是重大犯罪案件。

《监察法》规定适用《违法所得没收程序规定》的案件类型是“有必要继续调查的”，经省级以上监察机关批准，应当继续调查并作出结论。虽然《监察法》未直接明确违法所得没收程序必须适用于“重大犯罪案件”和“依照刑法规定应当追缴违法所得及其他涉案财产”的案件类型，但从《监察法》“有必要继续调查的，经省级以上监察机关批准，应当继续调查并作出结论”的规定，可以推论出监察机关适用违法所得没收程序的案件类型：一是“有必要继续调查”。二是“经省级以上监察机关批准”。该规定一方面明确了监察机关继续调查的批准权限，另一方面体现了案件比较重大，在审批权限的级别上对应省级以上监察机关。三是“应当继续调查并作出结论”。上述第三点是对继续调查必须作出结论的专门要求，综合上述关于“有必要继续调查”和“经省级以上监察机关批准”的分析，《监察法》关于违法所得没收程序适用案件类型的规定更加原则，但最终实践指向都是重大且依照《刑法》应当追缴违法所得及其他涉案财产的犯罪案件。从这个意义上讲，《监察法》和《刑事诉讼法》关于违法所得没收程序适用案件类型的规定可谓完全一致。

刑事缺席审判的程序应当比《违法所得没收程序规定》规定得更加严格和苛刻，只适用于那些逃往境外，经劝返、引渡、遣返方式仍拒绝归案，或者已近死亡，有必要对其财产没收，或者必须给予刑罚处罚的腐败分子。

2. 规定律师强制辩护。在刑事诉讼中，犯罪嫌疑人、被告人的辩护权要贯彻刑事诉讼的始终，这不仅是一项诉讼权利，也是宪法赋予的权利，因此，刑事诉讼中的辩护权还是一项监督权，保证刑事诉讼按照法律规定的程序进行。在《违法所得没收程序规定》制定过程中，就有关于是否允许没有到案的犯罪嫌疑人、被告人委托律师的讨论，因为追逃追赃的没收程序实质上是对物的诉讼，但是，为了保障犯罪嫌疑人和被告人的合法权益，《违法所得没收程序规定》明确，在追逃追赃的没收程序中，如果犯罪嫌疑人、被告人聘请律师作为他的代理人，虽然规定限制条件，但人民法院也不是绝对禁止的。但是，律师在诉讼中只针对检察机关提出没收申请的财物是否为犯罪嫌疑人、被告人所有进行举证、质证和发表代理意见。那么，在对犯罪嫌疑人、被告人作出人身和财产处罚的时候就更应当允许其聘请律师作为其辩护人。特别是刑事缺席审判，在被告人不在场的情况下，如何客观全面查明案件的事实、正确适用法律，充分保护不在场的犯罪嫌疑人、被告人的合法权益，不仅应当允许其聘请律师作为其辩护人，即便犯罪嫌疑人、被告人在进入刑事缺席审判程序时没有委托辩护人的，人民法院也要为其指定辩护人。如果没有辩护人就不是完整的庭审，从而无法保证查明案件事实、正确适用法律、保障被告人的合法权益。在刑事缺席审判的程序中，应该实施强制辩护，在普通的诉讼程序中，针对盲人、聋哑人、未成年人和有可能判处死刑的被告人实行强制代理的制度，目前，在我国正在实施刑事案件律师全覆盖的背景下，在刑事缺席审判这种特殊程序中，实施律师的强制辩护制度应该是顺理成章的，不仅是现实的需要，也是法律本质使然。

3. 规定禁止判处死刑。我国是为数不多保留并执行死刑的国家之一，我国判处死刑具有严格苛刻的条件，只有罪行极其严重的犯罪分子才适用死刑。即便这样，死刑刑罚的规定仍然是一些国家拒绝向我国遣返和引渡一些外逃贪污贿赂犯罪分子的噱头。在过去的司法实践中，先后有赖昌星、黄海勇的引渡案，被请求国都要求我们国家作出不判处死刑的承诺。特别是黄海勇引渡案件，我国在作出外交承诺的前提下，还曾遭到宪法法院对政府允许引渡的裁决予以否决。最后，由最高人民法院向秘鲁作出不判处死刑的承诺。因此，死刑制度是在遣返、引渡过程中多多少少都涉及的问题。即便罪行极其严重的犯罪分子拒不回国，也不会适用缺席审判的程序，换言之，即便适用缺席审判的程序，也不会判处死刑。相反，如果在被告人缺席的情况下将其判处死刑，那么，只能为引渡遣返制造障碍，也违背了设立缺席审判制度的初衷，所以，为了避免不必要的阻力和增加可操作性，不适用死刑和判决死刑。

（三）完善刑事缺席审判与违法所得没收程序的衔接

1. 将追逃追赃程序设置为前置程序。由于刑事缺席审判的程序创立不久，很多条件尚不具备，更没有充足的时间进行司法实践。缺席审判制度的许多原则、规定、程序都是借助于《违法所得没收程序规定》建立起来的，完全可以预见适用刑事缺席审判的案件是极少数的案件，毕竟它是特别程序中的特别程序，在尚未建立独立体系之前，仍在普通程序和《违法所得没收程序规定》中生存，注定是小众的。刑事缺席审判程序适用的前提、范围、罪名种类与《违法所得没收程序规定》都是相同的，我们设立缺席审判的目的就是将逃往境外的腐败分子绳之以法，最理想的效果就是人赃俱获，追逃又追赃。按照现行的司法规律和长期的司法实践，研究认为，刑事缺席审判的前置条件就是适用犯罪嫌疑人、被告人逃匿、死亡的财产没收程序。首先，适用刑事缺席审判程序的对象是逃往境外的贪污贿赂犯罪分子，这与追逃追赃特别程序所规定的主体是相同的。其次，追逃追赃的特别程序要求对犯罪嫌疑人或者被告人进行通缉，在通缉一年不到案后才可以启动申请没收财产的程序，那么，刑事缺席审判也需要一定的强制措施，犯罪嫌疑人、被告人在境外，也需要通缉的强制措施，时间不一定需要一年，但是，应当经过必要的程序，特别是用国际刑警组织的红色通报，其他国家的警察和国际刑警组织就有义务对境外的犯罪嫌疑人、被告人进行限制人身自由的盘问和羁押。最后，无论是追逃追赃的财产没收程序抑或刑事缺席审判程序，都需要对犯罪嫌疑人或者被告人进行通知，上述程序是完全相同的。我们相信，外逃的腐败犯罪分子绝大多数通过劝返、引渡和遣返是可以达到回国的目的的，所以，对外逃的腐败分子优先使用的是这些追逃追赃的方式，在拒不回国的犯罪分子中，启动财产没收程序可以查封、扣押、冻结其境内外的财产，只有这些程序完成之后，仍然拒不回国的犯罪分子才适用刑事缺席审判程序。只有极其个别的案件、极少数的犯罪分子才适用缺席审判的程序，因此，刑事缺席审判也是刑事诉讼特别程序中的特别程序，在实施中，应当以犯罪嫌疑人、被告人逃匿、死亡的财产没收程序为前置条件。

2. 经过长期实践后进行修改完善。马克思关于经济基础和上层建筑关系的论断是马克思主义的经典。法是建立在一定经济基础之上的上层建筑的重要组成部分，经济基础的性质决定法的性质，立法一定受经济发展的制约。

恩格斯曾指出："人们首先必须吃、喝、住、穿，然后才能从事政治、科学、艺术、宗教等。所以，直接的物质的生活资料的生产，从而一个民族或者一个时代的一定的经济发展阶段，便构成基础，人们的国家制度、法的观点、艺术以至宗教观念，就是从这个基础上发展起来的。"①作为上层建筑的重要组成部分的法律一定随着经济的发展而发展，随着经济的变化而变化，法律即为经济的影子。关于立法方面，马克思曾指出，无论是政治的立法或市民的立法，都只是表明和记载经济关系的要求而已。实践中，《刑事诉讼法》关于犯罪嫌疑人、被告人逃匿、死亡案件的财产没收特别程序的制定就是随着经济发展对立法的修改。法律的发展永远滞后于社会的发展和变革，成文法更是如此。在惩治贪腐犯罪的过程中，随着经济的发展和社会的变革，新情况、新问题会不断出现，立法也需要理论与实践的统一。霍姆斯那耳熟能详的"法律的生命不在于逻辑，而在于经验"的箴言应该对立法有所启迪，司法工作者的最大责任和义务就是用实务法学来推动理论法学的发展，理论是灰色的，而生命之树常青，理论是应然的，实践结果是丰富多彩的，立法者、司法者的眼光应经常在理论与实践之间流转，刑事缺席审判的立法和司法实践将能够为中国法律发展作出应有的贡献。

100. 对贪污贿赂犯罪案件的减刑、假释要执行哪些特殊规定？

【案情】2007 年 2 月 12 日，某省饮料集团董事长 Z 某利用职务之便，将本单位的财物非法占为己有，侵占饮料集团资金 1.2 亿余元，挪用本单位资金 8600 余万元归个人使用，法院以职务侵占罪判处其有期徒刑十年，以挪用资金罪判处其有期徒刑七年，数罪并罚，决定执行有期徒刑十五年。2008 年 9 月 27 日，二审法院认定 Z 某检举他人犯罪立功，将原审判决有期徒刑十五年改为有期徒刑十年，其间，Z 某又有重大立功表现，服刑满六年于 2011 年

---

①［德］恩格斯：《在马克思墓前的讲话》，载中共中央马克思、恩格斯、列宁、斯大林著作编译局编译：《马克思恩格斯选集》（第 3 卷），人民出版社 1995 年版，第 776 页。

1月26日，Z某获得减刑后被释放。这一时引起社会热议，认为减刑、假释案件审理不够公开，透明度低。高级人民法院经审理认为，Z某在监狱服刑期间的立功、重大立功均属虚假，对Z某二次减刑的裁定予以撤销。此案共有24人被立案，司法行政系统11人，社会人员7人，律师2人，法院1人。根据《检察日报》2014年2月25日的报道，根据检察机关公布的数字，2013年全国检察机关共监督纠正刑罚变更不当16 708人，其中减刑不当13 214人，假释不当2181人。

【问题】关于对职务犯罪的罪犯减刑、假释是从宽还是从严的问题，无论在理论的争议上还是在实践的执行中都分成明显的两种不同的意见。一种意见认为，职务犯罪是非暴力犯罪，这些特殊主体的犯罪主要是利用其掌握的权力和职务的便利条件，侵吞公共财物或者非法收取或者索取财物，为他人谋取非法利益的犯罪，如果一旦判处刑罚被追究刑事责任，其职权就自动丧失，这些人容易改造，相对文化素质较高，出狱后一般不再危害社会，所以，这些罪犯可以大幅度减刑、假释，而且实践中也是这样做的。另一种意见认为，职务犯罪虽然是非暴力犯罪，但是其危害性并不小，这些人利用国家和人民赋予的权力，为他人谋取利益，非法收受财物，或侵吞公共财物，给国家和人民利益造成巨大损失，而且这类犯罪故意性非常明显，严重破坏改革开放的进程，对国家、社会具有很强的危害性和腐蚀性，是当前和今后一个时期打击的重点。因此，对职务犯罪的罪犯不仅要加大打击的力度，同时，也要严格减刑、假释的条件，这样才能体现司法为民和司法的公平公正。如上述案例中的被告人对司法造成的危害是极大的，对职务犯罪罪犯的减刑、假释必须从严。

【解析】党的十八大以来，在实施全面依法治国战略的背景下，反腐败斗争取得压倒性的胜利，"打虎""拍蝇"的成绩举世瞩目，世界各国无不交口称赞。腐败蔓延的势头得到有效遏制。我国目前正在建立长效的机制，实施全面依法治国的方略，对于职务犯罪的犯罪分子减刑、假释、赦免等，为实现"让人民群众在每一个司法案件中感受到公平正义"的目标，应更加严格、慎重和规范。故第二种意见是正确的。

一、刑法对减刑、假释的条件规定明确

1. 我国《刑法》第78条规定："被判处管制、拘役、有期徒刑、无期徒刑的犯罪分子，在执行期间，如果认真遵守监规，接受教育改造，确有悔改表现的，或者有立功表现的，可以减刑；有下列重大立功表现之一的，应当减刑：（一）阻止他人重大犯罪活动的；（二）检举监狱内外重大犯罪活动，经查证属实的；（三）有发明创造或者重大技术革新的；（四）有在日常生产、生活中舍己救人的；（五）在抗御自然灾害或者排除重大事故中，有突出表现的；（六）对国家和社会有其他重大贡献的。减刑以后实际执行的刑期不得少于下列期限：（一）判处管制、拘役、有期徒刑的，不能少于原判刑期的二分之一；（二）判处无期徒刑的，不得少于十三年；（三）人民法院依照本法第五十条第二款规定限制减刑的死刑缓期执行的犯罪分子，缓期执行期满后依法减为无期徒刑的，不能少于二十五年，缓刑执行期满后依法减为二十五年有期徒刑的，不能少于二十年。”

2. 我国《刑法》第 81 条第 1 款规定：“被判有期徒刑的犯罪分子，执行原判刑期的二分之一以上，被判处无期徒刑的犯罪分子，实际执行十三年以上，如果认真遵守监规，接受教育改造，确有悔改表现，没有再犯罪的危险的，可以假释。如果有特殊情况，经最高人民法院核准，可以不受上述执行期限的限制。”第 3 款规定：“对犯罪分子决定假释时，应当考虑其假释后对所居住社区的影响。”

二、司法解释对减刑、假释规定精细并趋于严格

1.《最高人民法院关于办理减刑、假释案件具体应用法律若干问题的规定》（法释〔1997〕6 号，以下简称《1997 年规定》）[①] 对《刑法》中关于减刑、假释的规定进行了细化。第 1 条第（1）项对“确有悔改表现”界定为四个方面：一是认罪服法；二是认真遵守监规，接受教育改造；三是积极参加政治、文化、技术学习；四是积极参加劳动，完成劳动任务。第（2）项对“立功表现”进行了界定，包括五个方面：一是检举、揭发监内外犯罪活动，或者提供重要的破案线索，经查证属实的；二是阻止他人犯罪活动的；三是在生产、

---

①《最高人民法院关于办理减刑、假释案件具体应用法律若干问题的规定》（法释〔1997〕6 号）于 1997 年 10 月 28 日由最高人民法院审判委员会第 940 次会议通过，自 1997 年 11 月 8 日起公布、施行，该规定已被《最高人民法院关于废止 1997 年 7 月 1 日至 2011 年 12 月 31 日期间发布的部分司法解释和司法解释性质文件（第十批）的决定》废止。

科研中进行技术革新，成绩突出的；四是在抢险救灾或者排除重大事故中表现积极的；五是有其他有利于国家和社会的突出事迹的。

（1）关于减刑方面。《1997年规定》第2条对减刑以后实际执行的刑期进行细化，对有期徒刑罪犯在刑罚执行期间，符合减刑条件的减刑幅度为：如果确有悔罪表现的，或者有立功表现的，一般一次减刑不超过一年有期徒刑；如果确有悔罪表现并有立功表现，或者有重大立功表现的，一般一次减刑不超过两年有期徒刑。被判处十年以上有期徒刑的罪犯，如果悔改表现突出的，或者有立功表现的，一次减刑不得超过两年有期徒刑；如果悔改表现突出并有立功表现，或者有重大立功表现的，一次减刑不得超过三年有期徒刑。第3条对有期徒刑罪犯的减刑起始时间和间隔时间进行细化，有期徒刑罪犯的减刑起始时间和间隔的时间为：被判处五年以上有期徒刑的罪犯，一般在执行一年半以上方可减刑；两次减刑之间一般应当间隔一年以上。被判处十年以上有期徒刑的罪犯，一次减二年至三年有期徒刑后，再减刑时，其间隔时间一般不得少于二年。被判处不满五年有期徒刑的罪犯，可以比照上述规定，适当缩短起始和时隔时间。确有重大立功表现的，可以不受上述减刑起始和间隔的限制。第6条规定，无期徒刑罪犯在执行期间，如果确有悔改表现的，或者有立功表现的，服刑二年以后，可以减刑。减刑幅度为：对确有悔改表现的，或者有立功表现的，一般可以减为十八年以上二十年以下有期徒刑；对有重大立功表现的，可以减为十三年以上十八年以下有期徒刑。第8条规定，对判处无期徒刑的罪犯减刑后，实际执行的刑期不能少于十年，其起始时间应当自无期徒刑判决确定之日起计算。第9条规定，死刑缓期执行罪犯在死刑缓期执行期间，如果没有故意犯罪，二年期满后，减为无期徒刑；如果确有重大立功表现，二年期满以后，减为十五年以上二十年以下有期徒刑。对死刑缓期执行罪犯经过一次或几次减刑后，其实际执行的刑期，不得少于十二年（不含死刑缓期执行的二年）。

（2）关于假释方面。《1997年规定》第10条对原《刑法》第81条第1款“不致再危害社会”解释为罪犯在刑罚执行期间一贯表现好，确已具备认真遵守监规，接受教育改造，确有悔改表现的，或者有立功表现的情形，不致违法、重新犯罪的，或者年老、身体有残疾（不含自伤致残），并丧失作案能力的。第11条对《刑法》第81条假释中规定的“特殊情况”进行解释，是指有国家政治、国防、外交等方面特殊需要的情况。第 14 条对老年和身体残疾（不含自伤致残）罪犯的减刑、假释，应当主要注重悔罪的实际表现。对除《刑法》第 81 条第 2 款（不得假释）规定的情形之外，有悔罪表现，丧失作案能力或者生活不能自理，且假释后生活确有着落的老残犯，可以依法予以假释。第 15 条规定对死刑缓期执行罪犯减为无期徒刑或者有期徒刑后，符合《刑法》第 81 条第 1 款（减刑适用的条件）和本规定第 9 条第 2 款（死缓实际执行期限）规定的，可以假释。第 16 条规定，被假释的罪犯，除有特殊情形，一般不得减刑，其假释考验期也不能缩短。第 17 条规定罪犯减刑后又假释的间隔时间，一般为一年；对一次减二年或者三年有期徒刑后，又适用假释的，其间隔时间不得少于二年。

2.《最高人民法院关于办理减刑、假释案件具体应用法律若干问题的规定》(法释〔2012〕2 号，以下简称《2012 年规定》)[①] 对《刑法》中关于减刑、假释的规定进一步明晰，规定的适用条件更加严格，需要执行的刑期都有所增加。第 2 条对"确有悔改表现"重新界定为四个方面：一是认罪悔罪；二是认真遵守法律法规及监规，接受教育改造；三是积极参加思想、文化、职业技术教育；四是积极参加劳动，努力完成劳动任务。内容与《1997 年规定》相比略有变化，更加符合新时代要求和实事求是精神。如将政治学习改为思想学习，考虑有些年老体弱的罪犯确实存在无法完成劳动任务的可能性，将完成劳动任务改为努力完成劳动任务，将认真遵守监规改为遵守法律法规及监规，更加科学合理。同时，增加了"罪犯积极执行财产刑和履行附带民事赔偿义务的，可视为有认罪悔罪表现，在减刑、假释时可以从宽掌握；确有执行、履行能力而不执行、不履行的，在减刑、假释时应当从严掌握"的规定。把罪犯积极履行财产刑作为认罪悔罪的表现，这对职务犯罪的减刑、假释提出新的要求。《2012 年规定》对立功表现也进行了修改，在原来 5 项的基础上增加了 1 项，即协助司法机关抓捕其他犯罪嫌疑人（包括同案犯）的，

---

①《最高人民法院关于办理减刑、假释案件具体应用法律若干问题的规定》(法释〔2012〕2 号）于 2011 年 11 月 21 日由最高人民法院审判委员会第 1532 次会议通过，2012 年 1 月 17 日公布，自 2012 年 7 月 1 日起施行，该规定已依据《最高人民法院关于废止部分司法解释（第十三批）的决定》被《最高人民法院关于办理减刑、假释案件具体应用法律的规定》代替。

也作为立功表现。但是，对原来第（5）项“在其他有利于国家和社会的突出事迹的”修改为“对国家和社会有其他贡献的”，将事迹改为贡献，更加注重效果，对立功也提高了门槛，相对于减刑、假释的条件提高了。对重大立功表现也增加了一项，即协助司法机关抓捕其他重大犯罪嫌疑人（包括同案犯）的，与上文一般的立功表现相呼应。

（1）关于减刑方面。第5条对减刑的幅度的规定与《1997年规定》相比更加严格，将原来的“悔改表现突出并有立功表现，或者有重大立功表现的，一次减刑不得超过三年有期徒刑”的规定取消。以后一般减刑的最大幅度就是两年。同时，在第6条中对一次减三年有期徒刑的规定相应取消。第7条规定，无期徒刑罪犯减刑的幅度为：确有悔改表现的，或者有立功表现的，一般减为二十年以上二十二年以下有期徒刑，与《1997年规定》一般可以减为十八年以上二十年以下有期徒刑相比，减刑的起点和执行的终点都分别增加了两年；对有重大立功表现的，可以减为十五年以上二十年以下有期徒刑，与《1997年规定》可以减为十三年以上十八年以下有期徒刑的规定相比，也各增加了两年。第8条规定，无期徒刑罪犯经过一次或几次减刑后，其实际执行的刑期不得少于十三年，与《1997年规定》规定的不得少于十年相比，实际执行的刑期增加了三年。第9条规定，死刑缓期执行罪犯减为无期徒刑后，确有悔改表现，或者立功表现的，服刑二年以后可以减为二十五年有期徒刑；有重大立功表现的，服刑二年以后可以减为二十三年有期徒刑，与《1997年规定》规定的减为十五年以上二十年以下有期徒刑相比，提高了相当大的幅度；对于死刑缓刑实际执行的期限不得少于十五年，比《1997年规定》规定的十二年提高了三年。

（2）关于假释方面。《2012年规定》因为《刑法》将原来第81条规定的“不致再危害社会”改为“没有再犯罪的危险”，对“没有再犯罪的危险”的内涵进行了界定，除符合《刑法》第81条规定的情形外，还应根据犯罪的具体情节，原判刑罚情况，在刑罚执行中的一贯表现，罪犯的年龄、身体状况、性格特征，假释后生活来源以及监管条件等因素综合考虑。第17条将《刑法》第81条规定的“特殊情况”由《1997年规定》规定的“有国家政治、国防、外交等方面特殊需要的情况”改为“与国家、社会利益有重要关系的情况”，这是与时俱进的标志。第20条将《1997年规定》规定的对“有悔罪表现，丧失作案能力或者生活不能自理，且假释后生活确有着落的老残犯，可以依法予以假释”中的条件进行了修改，将“丧失作案能力或者生活不能自理”修改为“基本丧失劳动能力、生活难以自理的老年、身体残疾、患严重疾病”，并明确规定，对身体残疾的罪犯和患有严重疾病的罪犯进行减刑、假释，其残疾、疾病程度应由法定鉴定机构依法作出认定，体现了假释的条件更加严格。第22条将《1997年规定》中“对一次减二年或者三年有期徒刑后，又适用假释的，其间隔时间不得少于二年”的规定予以修改，不再有一次减三年的内容。第25条规定，人民法院审理减刑、假释案件，应当一律予以公示。公示的地点为罪犯服刑场所的公共区域。有条件的地方，应当面向社会公示，接受社会监督。第28条规定，减刑、假释的裁定，应当在裁定作出之日起7日内送达执行机关、人民检察院以及罪犯本人，体现人民法院审理减刑、假释案件要公开、公正，依法进行，接受各方的监督。

三、中央政法委文件、司法解释对职务犯罪的减刑、假释的特殊规定

1. 中央政法委对职务犯罪、破坏金融管理秩序犯罪等罪犯减刑、假释等提出明确的要求。针对社会反映强烈的“有权人”“有钱人”被判刑后减刑快、假释及暂予监外执行的比例高、实际服刑时间偏短等现象，为了严格规范减刑、假释、暂予监外执行，《中共中央政法委关于严格规范减刑、假释、暂予监外执行切实防止司法腐败的意见》对减刑、假释等进行了规范。该意见主要针对的就是职务犯罪、破坏金融管理秩序和金融诈骗犯罪以及组织（领导、参加、包庇、纵容）黑社会性质组织犯罪等。其中，职务犯罪在首位，在职务犯罪中有贪污、贿赂和渎职犯罪，贪污贿赂犯罪是重要的部分。该意见对减刑、假释提出明确具体的要求，对有些法律定义进行了扩张解释，如对“确有悔改表现”的认定除《2012年规定》明确的四个方面外，还应当考察其是否通过主动退赃、积极协助追缴境外赃款赃物、主动赔偿损失等方式，积极消除犯罪行为所产生的社会影响。对服刑期间利用个人影响力和社会关系等不正当手段企图获得减刑、假释机会的，不认定其“确有悔罪表现”。对“在生产、科研中进行技术革新，成绩突出”或者“对国家和社会有其他贡献”及《2012年规定》中认定为“立功表现”的问题也进行了细化，规定该技术革新或者其他贡献必须是该罪犯在服刑期间独立完成，并经省级主管部门确认。对《2012年规定》的“重大立功表现”中“有发明创造或者重大技术革新”的标准也进行限定，规定该发明创造或者重大技术革新必须是该罪犯在服刑期间独立完成并经国家主管部门确认的发明专利，且不包括实用新型专利和外观设计专利；拟按法律规定的“对国家和社会有其他重大贡献”认定为“重大立功表现”的，该重大贡献必须是该罪犯在服刑期间独立完成并经国家主管部确认的劳动成果。对职务犯罪的罪犯，要从严把握减刑的起止时间、间隔时间和幅度。将原来判处十年以下有期徒刑的罪犯的减刑时间从“一般在执行一年六个月以上方可减刑”改为“执行二年以上方可减刑”，将原来一次可以减刑二年的内容修改为“一次减刑不超过一年有期徒刑”，两次减刑之间应当间隔一年以上。被判处十年以上有期徒刑的，执行二年以上方可减刑，一次减刑不超过一年有期徒刑，两次减刑之间间隔由原来的一年改为一年六个月以上。判处无期徒刑的，将原来的服刑二年以后可以减刑改为“执行三年以上方可减刑”。同时增加规定，可以减为二十年以上二十二年以下有期徒刑；减为有期徒刑后，一次减刑不超过一年有期徒刑，两次减刑之间应当间隔二年以上。死刑缓期执行罪犯减为无期徒刑后，将原来“确有悔改表现，或者有立功表现的，服刑二年以后可以减为二十五年有期徒刑”，改为“执行三年以上方可减刑，可以减为二十五年有期徒刑；减为有期徒刑后，一次减刑不超过一年有期徒刑，两次减刑之间应当间隔二年以上”。同时还规定，对职务犯罪案件的减刑、假释的计分考核、行政奖励、立功表现等信息应当在罪犯服刑场所及时公开，拟提请减刑、假释的，一律提前予以公示，减刑、假释的裁定书一律上网公开。对原县处级以上的贪污贿赂犯罪案件及渎职案件罪犯的减刑、假释一律开庭审理。健全检察机关对减刑、假释案件的同步监督机制，审判机关在审理减刑、假释的案件时，对检察机关提出的不同意见未予采纳的，应当予以回复或者在裁定书中说明理由。推进刑罚执行机关、审判机关、检察机关减刑、假释网上协同办案平台建设，对执法办案和考核奖惩中的重要事项、重点环节，实行网上录入、信息共享、“全程留痕”，从制度和技术上确保监督到位。对原厅局级以上贪污贿赂、渎职犯罪罪犯减刑、假释的，裁定、决定或者批准后10日内，由省级政法机关向相应的中央政法机关逐案报请备案审查。对原县处级贪污贿赂、渎职犯罪罪犯减刑、假释的，裁定、决定或者批准后10日内，由地市级政法机关向相应的省级政法机关逐案报请备案审查（省级政法机关裁定、决定或者批准除外)。中央和省级政法机关对报请备案审查的减刑、假释案件，应当认真审查，发现问题的，立即责成下级政法机关纠正。最后，要求最高人民法院、最高人民检察院、公安部、国家安全部、司法部对相关的司法解释或者规范性文件相应作出修改，确保本意见切实得到执行。

2. 最高人民法院司法解释对职务犯罪减刑、假释内容进行补充，体现了中央政法委意见的从严精神。《减刑、假释规定》[①] 对《1997 年规定》《2012 年规定》规定的有关减刑、假释的司法解释进行重新梳理，将上述中央政法委意见的内容囊括其中，将政策转化为司法解释。

（1）关于减刑方面。对减刑的案件不仅要考察监狱内的执行情况，还要考察犯罪的性质和具体情节、社会危害程度、原判刑罚中财产性刑罚执行的内容。规定被判处不满五年有期徒刑的，应当执行一年以上方可减刑；五年以上不满十年有期徒刑的，应当执行一年六个月以上方可减刑；十年以上有期徒刑的，应当执行二年以上方可减刑。确有悔改或者立功表现的，将原来的一次减刑不超过一年有期徒刑改为九个月；确有悔改表现并有立功表现的，一次减刑不超过一年有期徒刑；有重大立功表现的，一次减刑不超过一年六个月有期徒刑；确有悔改表现并有重大立功表现的，一次减刑不超过二年有期徒刑。被判处不满十年有期徒刑的罪犯，两次减刑间隔时间不得少于一年；被判处十年以上有期徒刑的罪犯，两次减刑间隔时间不得少于一年六个月。减刑间隔时间不得低于上次减刑减去的刑期。被判处无期徒刑的罪犯在刑罚执行期间，符合减刑条件的，执行二年以上，可以减刑。确有悔改表现或者立功表现的，可以减为二十二年有期徒刑；确有悔改表现并有立功表现的，可以减为二十一年以上二十二年以下有期徒刑；确有悔改表现并有重大立功表现的，可以减为十九年以上二十年以下有期徒刑。无期徒刑罪犯减为有期徒刑后再减刑时，两次减刑间隔时间不得少于二年。死刑缓期执行罪犯减为无期徒刑后，确有悔改表现或者有立功表现的，执行三年以后方可减刑。确有悔改表现或者有立功表现的，可以减为二十五年有期徒刑，确有悔改表现并有立功表现的，可以减为二十四年以上二十五年以下有期徒刑；有重大立功表现的，可以减为二十三年以上二十四年以下有期徒刑；确有悔改表现并

---

①《减刑、假释规定》于 2016 年 9 月 19 日由最高人民法院审判委员会第 1693 次会议通过，2016 年 11 月 14 日公布，自 2017 年 1 月 1 日起施行。

有重大立功表现的，可以减为二十二年以上有期徒刑，二十三年以下有期徒刑。对判处死刑缓期执行的职务犯罪的罪犯，确有履行能力而不履行或者不全部履行生效裁判中财产性判项的罪犯，减为无期徒刑后，符合减刑条件的，执行三年以后方可减刑，一般减为二十五年有期徒刑，有立功表现或者重大立功表现的，可以比照本规定第10条减为二十三年以上二十五年以下有期徒刑；减为有期徒刑后再减刑时，减刑幅度比照本规定第6条从严掌握，一次不超过一年有期徒刑，两次减刑之间应当间隔二年以上。死刑缓刑执行罪犯在缓刑执行期间不服从监管、抗拒改造，尚未构成犯罪的，在减为无期徒刑后再减刑时应当适当从严。

（2）关于假释方面。《减刑、假释规定》规定，被判处死刑缓期执行的罪犯减为无期徒刑或者有期徒刑后，实际执行十五年以上，方可假释，该实际执行时间应当从死刑缓期执行期满之日起计算。死刑缓期执行期间不包括在内，判决确定以前先行羁押的时间不予折抵。《减刑、假释规定》将"特殊情况"恢复为《1997年规定》中规定的"有国家政治、国防、外交等方面特殊需要的情况"。在对有些罪犯在适用假释时可以依法从宽考虑中不包括贪污、贿赂犯罪。第27条明确规定，对于生效裁判中有财产判项，罪犯确有履行能力而不履行或者不全部履行的，不予假释。

3.最高人民法院专门针对贪污贿赂罪犯的减刑、假释制定补充规定，这是一个极为特殊的司法解释。《减刑、假释补充规定》就是针对依照刑法分则第八章贪污贿赂罪处罚的原具有国家工作人员身份的罪犯的减刑、假释所作的规定，作为上文《减刑、假释规定》的补充。《减刑、假释补充规定》对贪污贿赂犯罪的减刑、假释提出了更加严格的条件。虽然只有7个条文，但是每一个条文都内容明确、针对性强。《减刑、假释补充规定》第1条规定，对拒不认罪悔罪的，或者确有履行能力而不履行或者不全部履行生效裁判中财产性判项的，不予假释，一般不予减刑。第2条规定，被判处十年以上有期徒刑，符合减刑条件的，执行三年以上方可减刑；被判处不满十年有期徒刑，符合减刑条件的，执行二年以上方可减刑。确有悔改或者立功表现的，一次减刑不超过六个月有期徒刑；确有悔改表现并有立功表现的，一次减刑不超过九个月有期徒刑；有重大立功表现的，一次减刑不超过一年有期徒刑。被判处十年以上有期徒刑的，两次减刑之间应当间隔二年以上；被判处不满十年有期徒刑的，两次减刑之间应当间隔一年六个月以上。第3条规定，被判处无期徒刑，符合减刑条件的，执行四年以上方可减刑。确有悔改表现的，可以减为二十二年以上二十三年以下有期徒刑；有重大立功表现的，可以减为二十一年以上二十二年以下有期徒刑。无期徒刑减为有期徒刑后再减刑时，减刑幅度比照本规定第2条的规定执行。两次减刑之间应当间隔二年以上。第4条规定，被判处死刑缓期执行的，减为无期徒刑后，符合减刑条件的，执行四年以上方可减刑。确有悔改表现或者有立功表现的，可以减为二十五年有期徒刑；确有悔改表现并有立功表现的，可以减为二十四年六个月以上二十五年以下有期徒刑；有重大立功表现的，可以减为二十四年以上二十四年六个月以下有期徒刑。减为有期徒刑后再减刑时，减刑幅度比照本规定第二条的规定执行。两次减刑之间应当间隔二年以上。第5条规定，罪犯有重大立功表现的，减刑时可以不受上述起始时间和间隔时间的限制。第6条规定，对本规定所指的贪污贿赂犯罪适用减刑时，应当从严掌握。第7条规定，本规定自2019年6月1日起施行。此前发布的司法解释与本规定不一致的，以本规定为准。《减刑、假释补充规定》总体上体现了宽严相济的刑事政策，对贪污贿赂犯罪罪犯的减刑、假释规定得更加严格和精细，首先，将认罪悔罪、积极履行财产性判项作为减刑、假释的刚性条件。这是符合司法理念和司法规律的，有些罪犯口口声声说认罪悔罪，甚至痛哭流涕，见到执法人员就下跪，打自己耳光，但是，就是不执行财产性判项，故意隐匿赃款。其次，贯彻了从严的理念。对贪污贿赂罪犯的减刑、假释突破了以往减刑、假释的规定，对贪污贿赂罪犯减刑、假释进行重新规定。强调从重从严的思想，表现在每个刑种和刑期上，在有期徒刑的刑种上，每个法定刑的节点都进行加重限制，被判处十年以上有期徒刑，符合减刑条件的，由执行二年以上方可减刑提高到三年以上；被判处不满十年有期徒刑，符合减刑条件的，由执行一年六个月以上方可减刑提高到二年以上。确有悔改或者立功表现的，一次减刑由不超过九个月有期徒刑降低到六个月有期徒刑；确有悔改表现并有立功表现的，一次减刑由不超过一年有期徒刑降低到九个月有期徒刑；有重大立功表现的，一次减刑由不超过一年六个月有期徒刑降低到一年有期徒刑。在减刑的间隔时间上，被判处十年以上有期徒刑的罪犯，两次减刑之间的间隔由不得少于一年六个月提高到二年以上；被判处不满十年有期徒刑的，两次减刑之间的间隔时间由不得少于一年提高到一年六个月以上。在无期徒刑刑种上，被判处无期徒刑的罪犯，符合减刑条件的，由执行二年以上方可减刑提高到四年以上方可减刑。确有悔改表现或者立功表现的，可以减刑的幅度由可以减为二十二年，提高到减为二十二年以上二十三年以下有期徒刑，精细到以月计算；有重大立功表现的，可以减刑的幅度由可以减为二十年以上二十一年以下，提高到减为二十一年以上二十二年以下有期徒刑，幅度提高一年。无期徒刑减为有期徒刑后再减刑时，减刑幅度比照本规定第2条的规定执行。两次减刑之间应当间隔二年以上。在死刑缓期执行方面，被判处死刑缓期执行的，减为无期徒刑后，符合减刑条件的，由执行三年以上提高到执行四年以上方可减刑。确有悔改表现或者有立功表现的，可以减为二十五年有期徒刑没有改变；确有悔改表现并有立功表现的，减刑幅度由二十四年以上二十五年以下提高到可以减为二十四年六个月以上二十五年以下有期徒刑，最低刑提高六个月；有重大立功表现的，减刑幅度由二十三年以上二十四年以下提高到可以减为二十四年以上二十四年六个月以下有期徒刑，最低刑提高一年，最高刑提高六个月。两次减刑之间应当间隔二年以上没有改变。罪犯有重大立功表现的，减刑时可以不受上述起始时间和间隔时间的限制，体现了实事求是、宽严相济的刑事司法政策。同时规定，对贪污贿赂罪犯适用减刑时，应当从严掌握。该补充规定施行后，此前发布的司法解释与本规定不一致的，以本规定为准。对贪污贿赂罪犯的减刑、假释提高到空前的严格和精细程度。

四、实践中对贪污贿赂犯罪的减刑、假释十分慎重

法律的生命在于实施。关于贪污贿赂犯罪的减刑、假释，我们制定了史上最严格的法律制度，制度的落实关键在执行，我们既要严格依法办案，又不能将减刑、假释制度废止不用，应采取法律思维、法治方式，在从严总基调的基础上，严肃、认真、慎重处理贪污贿赂罪犯的减刑、假释工作。

1. 严格依据法律程序受理贪污贿赂罪犯减刑、假释案件。人民法院在受理贪污贿赂案件的减刑、假释案件时，按照以下程序进行：第一，要审查执行机关移送的材料是否齐全。具体材料包括减刑或者假释建议书，终审法院的裁判文书、执行通知书、历次减刑裁定书的复印件，罪犯确有悔改或者立功、重大立功的具体事实的书面证明材料，罪犯评审鉴定表、奖励审批表等，以及应案件审理需要应当移送的其他材料。提请假释的，应当附有社区矫正机构关于罪犯假释后对所居住社区影响的调查评估报告，一并移送。此外，还应提交人民检察院对提请减刑、假释案件的检察意见。材料齐全、齐备的，应当立案，不齐备的，应当通知执行机关补充。第二，人民法院审理贪污贿赂罪犯的减刑、假释案件，一律公示。公示的地点为罪犯服刑的场所或者公共区域。有条件的地方应当向社会公示，公示的内容包括罪犯的姓名；原判认定的罪名和刑期；罪犯历次减刑情况；执行机关的减刑、假释建议和依据；公示期限；意见反馈方式等。第三，人民法院审理贪污贿赂罪犯的减刑、假释案件原则上应公开审理。对于因罪犯重大立功而提请减刑、假释的贪污贿赂案件，原则上一律组成合议庭开庭审理。人民法院在审理贪污贿赂罪犯的减刑、假释案件时，检察机关应当派员出庭并发表意见，人民法院对检察机关提出的不同意见未予采纳的，应当回复或者在裁定书中说明理由。第四，人民法院审理贪污贿赂罪犯的减刑、假释案件应主动接受监督。人民法院在办理贪污贿赂罪犯的减刑、假释案件应积极与刑罚执行机关、检察机关在网上协同办案，对重要事项、重点环节，实行网上录入、信息共享、全程留痕，从制度和技术上接受监督。人民法院作出的减刑、假释裁定书，一律上网公开，主动接受监督机关、人民群众和社会舆论的监督。同时，完善报备制度，按照规定对原不同级别职务犯罪罪犯的减刑、假释在规定的时间内，向省级政法机关及相应的中央政法机关逐案报请备案审查。

2. 严把事实、证据关。严格审查执行机关移送的材料，减刑、假释的建议书内容是否真实；终审法院的裁判文书、执行通知书、历次减刑裁定书的复印件与原件是否相符；罪犯确有悔改或者立功、重大立功的具体事实的书面证明材料是否真实有效。对“确有悔改表现”的认定，除“认罪悔罪；认真遵守法律法规及监规，接受教育改造；积极参加思想、文化、职业技术教育；积极参加劳动，努力完成劳动任务”四个方面外，还要审查其是否通过主动退赃、积极协助追缴境外赃款赃物、主动赔偿损失等方式，积极消除犯罪行为所产生的社会影响；对服刑期间利用个人影响力和社会关系等不正当手段企图获得减刑、假释机会的，不认定其“确有悔罪表现”。对“在生产、科研中进行技术革新，成绩突出”或者“对国家和社会有其他贡献”的，应审查该技术革新或者其他贡献是否是该罪犯在服刑期间独立完成，并经省级主管部门确认。对“有发明创造或者重大技术革新”的，应审查该发明创造或者重大技术革新是否是罪犯在服刑期间独立完成并经国家主管部门确认的发明专利，且不包括实用新型专利和外观设计专利。“对国家和社会有其他重大贡献”的，应审查该重大贡献是否是该罪犯在服刑期间独立完成并经国家主管部确认的劳动成果。此外，还要审查罪犯评审鉴定表、奖励审批表内容的真实性；要审查罪犯的计分考核、行政奖励、立功表现等信息是否在罪犯服刑的场所公开，是否提前予以公示。

3. 强化责任，杜绝腐败行为。在办理贪污贿赂罪犯减刑、假释的案件中，按照“让审理者裁判，由裁判者负责”的理念，承办人要把好事实关、证据关，强化承办人、合议庭、审判人员的责任。每个人都对自己职责之内的办案质量终身负责。对于在办理贪污贿赂罪犯减刑、假释的案件中因故意或者重大过失使减刑、假释多个环节共同造成案件在认定事实或者适用法律确有错误的，应根据具体违法或者过错追究责任。

人民法院要与纪检监察机关、检察机关、刑罚执行机关加强联系沟通，纪检监察机关对减刑、假释中有关司法人员涉嫌违法犯罪的举报、控告和相关线索要依法查处。检察机关根据情况及时提出纠正违法或者不当的建议，对涉及违法犯罪的，依规依纪进行纪律处分，或者依法追究刑事责任。

对执法的司法人员在贪污贿赂罪犯减刑、假释案件中捏造事实、伪造材料、收取财物、徇私舞弊、权钱交易、失职渎职的，根据情节轻重，给予党纪、政纪处理，构成犯罪的，依法追究刑事责任。对非执法的单位和个人，为贪污贿赂罪犯减刑、假释出具虚假证明材料，违法违规提供便利条件的，或者在罪犯减刑、假释执行中搞权钱交易的，司法机关应当建议主管部门依法依纪追究责任，构成犯罪的，依法追究刑事责任。

对于任何单位和个人干预贪污贿赂罪犯的减刑、假释的，或者施加压力要求司法人员违法违规办理减刑、假释的，执法的司法机关及其工作人员应当坚决抵制，并向上级机关报告。有关机关应当依法严肃追究有关单位和个人的违纪违法责任。

附　录

中华人民共和国刑法（节录）

（2017 年 11 月 4 日修正）

第二十五条 【共同犯罪的概念】共同犯罪是指二人以上共同故意犯罪。二人以上共同过失犯罪，不以共同犯罪论处；应当负刑事责任的，按照他们所犯的罪分别处罚。

第三十条 【单位负刑事责任的范围】公司、企业、事业单位、机关、团体实施的危害社会的行为，法律规定为单位犯罪的，应当负刑事责任。

第三十一条 【单位犯罪的处罚原则】单位犯罪的，对单位判处罚金，并对其直接负责的主管人员和其他直接责任人员判处刑罚。本法分则和其他法律另有规定的，依照规定。

第四十八条 【死刑、死缓的适用对象及核准程序】死刑只适用于罪行极其严重的犯罪分子。对于应当判处死刑的犯罪分子，如果不是必须立即执行的，可以判处死刑同时宣告缓期二年执行。

死刑除依法由最高人民法院判决的以外，都应当报请最高人民法院核准。死刑缓期执行的，可以由高级人民法院判决或者核准。

第四十九条 【死刑适用对象的限制】犯罪的时候不满十八周岁的人和审判的时候怀孕的妇女，不适用死刑。

审判的时候已满七十五周岁的人，不适用死刑，但以特别残忍手段致人死亡的除外。

第五十条 【死缓变更】判处死刑缓期执行的，在死刑缓期执行期间，如果没有故意犯罪，二年期满以后，减为无期徒刑；如果确有重大立功表现，二年期满以后，减为二十五年有期徒刑；如果故意犯罪，情节恶劣的，报请最高人民法院核准后执行死刑；对于故意犯罪未执行死刑的，死刑缓期执行的期间重新计算，并报最高人民法院备案。

对被判处死刑缓期执行的累犯以及因故意杀人、强奸、抢劫、绑架、放火、爆炸、投放危险物质或者有组织的暴力性犯罪被判处死刑缓期执行的犯罪分子，人民法院根据犯罪情节等情况可以同时决定对其限制减刑。

第五十一条 【死缓期间及减为有期徒刑的刑期计算】死刑缓期执行的期间，从判决确定之日起计算。死刑缓期执行减为有期徒刑的刑期，从死刑缓期执行期满之日起计算。

第五十二条 【罚金数额的裁量】判处罚金，应当根据犯罪情节决定罚金数额。

第五十三条 【罚金的缴纳】罚金在判决指定的期限内一次或者分期缴纳。期满不缴纳的，强制缴纳。对于不能全部缴纳罚金的，人民法院在任何时候发现被执行人有可以执行的财产，应当随时追缴。

由于遭遇不能抗拒的灾祸等原因缴纳确实有困难的，经人民法院裁定，可以延期缴纳、酌情减少或者免除。

第六十七条 【自首】犯罪以后自动投案，如实供述自己的罪行的，是自首。对于自首的犯罪分子，可以从轻或者减轻处罚。其中，犯罪较轻的，可以免除处罚。

被采取强制措施的犯罪嫌疑人、被告人和正在服刑的罪犯，如实供述司法机关还未掌握的本人其他罪行的，以自首论。

犯罪嫌疑人虽不具有前两款规定的自首情节，但是如实供述自己罪行的，可以从轻处罚；因其如实供述自己罪行，避免特别严重后果发生的，可以减轻处罚。

第六十八条 【立功】犯罪分子有揭发他人犯罪行为，查证属实的，或者提供重要线索，从而得以侦破其他案件等立功表现的，可以从轻或者减轻处罚；有重大立功表现的，可以减轻或者免除处罚。

第六十九条 【数罪并罚的一般原则】判决宣告以前一人犯数罪的，除判处死刑和无期徒刑的以外，应当在总和刑期以下、数刑中最高刑期以上，酌情决定执行的刑期，但是管制最高不能超过三年，拘役最高不能超过一年，有期徒刑总和刑期不满三十五年的，最高不能超过二十年，总和刑期在三十五年以上的，最高不能超过二十五年。

数罪中有判处有期徒刑和拘役的，执行有期徒刑。数罪中有判处有期徒刑和管制，或者拘役和管制的，有期徒刑、拘役执行完毕后，管制仍须执行。

数罪中有判处附加刑的，附加刑仍须执行，其中附加刑种类相同的，合并执行，种类不同的，分别执行。

第七十条 【判决宣告后发现漏罪的并罚】判决宣告以后，刑罚执行完毕以前，发现被判刑的犯罪分子在判决宣告以前还有其他罪没有判决的，应当对新发现的罪作出判决，把前后两个判决所判处的刑罚，依照本法第六十九条的规定，决定执行的刑罚。已经执行的刑期，应当计算在新判决决定的刑期以内。

第七十一条 【判决宣告后又犯新罪的并罚】判决宣告以后，刑罚执行完毕以前，被判刑的犯罪分子又犯罪的，应当对新犯的罪作出判决，把前罪没有执行的刑罚和后罪所判处的刑罚，依照本法第六十九条的规定，决定执行的刑罚。

第七十二条 【适用条件】对于被判处拘役、三年以下有期徒刑的犯罪分子，同时符合下列条件的，可以宣告缓刑，对其中不满十八周岁的人、怀孕的妇女和已满七十五周岁的人，应当宣告缓刑：

（一）犯罪情节较轻；

（二）有悔罪表现；

（三）没有再犯罪的危险；

（四）宣告缓刑对所居住社区没有重大不良影响。

宣告缓刑，可以根据犯罪情况，同时禁止犯罪分子在缓刑考验期限内从事特定活动，进入特定区域、场所，接触特定的人。

被宣告缓刑的犯罪分子，如果被判处附加刑，附加刑仍须执行。

第七十三条 【考验期限】拘役的缓刑考验期限为原判刑期以上一年以下，但是不能少于二个月。

有期徒刑的缓刑考验期限为原判刑期以上五年以下，但是不能少于一年。

缓刑考验期限，从判决确定之日起计算。

第七十四条 【累犯不适用缓刑】对于累犯和犯罪集团的首要分子，不适用缓刑。

第七十五条 【缓刑犯应遵守的规定】被宣告缓刑的犯罪分子，应当遵守下列规定：

（一）遵守法律、行政法规，服从监督；

（二）按照考察机关的规定报告自己的活动情况；

（三）遵守考察机关关于会客的规定；

（四）离开所居住的市、县或者迁居，应当报经考察机关批准。

第七十六条 【缓刑的考验及其积极后果】对宣告缓刑的犯罪分子，在缓刑考验期限内，依法实行社区矫正，如果没有本法第七十七条规定的情形，缓刑考验期满，原判的刑罚就不再执行，并公开予以宣告。

第七十七条 【缓刑的撤销及其处理】被宣告缓刑的犯罪分子，在缓刑考验期限内犯新罪或者发现判决宣告以前还有其他罪没有判决的，应当撤销缓刑，对新犯的罪或者新发现的罪作出判决，把前罪和后罪所判处的刑罚，依照本法第六十九条的规定，决定执行的刑罚。

被宣告缓刑的犯罪分子，在缓刑考验期限内，违反法律、行政法规或者国务院有关部门关于缓刑的监督管理规定，或者违反人民法院判决中的禁止令，情节严重的，应当撤销缓刑，执行原判刑罚。

第七十八条 【减刑条件与限度】被判处管制、拘役、有期徒刑、无期徒刑的犯罪分子，在执行期间，如果认真遵守监规，接受教育改造，确有悔改表现的，或者有立功表现的，可以减刑；有下列重大立功表现之一的，应当减刑：

（一）阻止他人重大犯罪活动的；

（二）检举监狱内外重大犯罪活动，经查证属实的；

（三）有发明创造或者重大技术革新的；

（四）在日常生产、生活中舍己救人的；

（五）在抗御自然灾害或者排除重大事故中，有突出表现的；

（六）对国家和社会有其他重大贡献的。

减刑以后实际执行的刑期不能少于下列期限：

（一）判处管制、拘役、有期徒刑的，不能少于原判刑期的二分之一；

（二）判处无期徒刑的，不能少于十三年；

（三）人民法院依照本法第五十条第二款规定限制减刑的死刑缓期执行的犯罪分子，缓期执行期满后依法减为无期徒刑的，不能少于二十五年，缓期执行期满后依法减为二十五年有期徒刑的，不能少于二十年。

第七十九条 【减刑程序】对于犯罪分子的减刑，由执行机关向中级以上人民法院提出减刑建议书。人民法院应当组成合议庭进行审理，对确有悔改或者立功事实的，裁定予以减刑。非经法定程序不得减刑。

第八十条 【无期徒刑减刑的刑期计算】无期徒刑减为有期徒刑的刑期，从裁定减刑之日起计算。

第八十一条 【假释的适用条件】被判处有期徒刑的犯罪分子，执行原判刑期二分之一以上，被判处无期徒刑的犯罪分子，实际执行十三年以上，如果认真遵守监规，接受教育改造，确有悔改表现，没有再犯罪的危险的，可以假释。如果有特殊情况，经最高人民法院核准，可以不受上述执行刑期的限制。

对累犯以及因故意杀人、强奸、抢劫、绑架、放火、爆炸、投放危险物质或者有组织的暴力性犯罪被判处十年以上有期徒刑、无期徒刑的犯罪分子，不得假释。

对犯罪分子决定假释时，应当考虑其假释后对所居住社区的影响。

第八十二条 【假释的程序】对于犯罪分子的假释，依照本法第七十九条规定的程序进行。非经法定程序不得假释。

第八十三条 【假释的考验期限】有期徒刑的假释考验期限，为没有执行完毕的刑期；无期徒刑的假释考验期限为十年。

假释考验期限，从假释之日起计算。

第八十四条 【假释犯应遵守的规定】被宣告假释的犯罪分子，应当遵守下列规定：

（一）遵守法律、行政法规，服从监督；

（二）按照监督机关的规定报告自己的活动情况；

（三）遵守监督机关关于会客的规定；

（四）离开所居住的市、县或者迁居，应当报经监督机关批准。

第八十五条 【假释考验及其积极后果】对假释的犯罪分子，在假释考验期限内，依法实行社区矫正，如果没有本法第八十六条规定的情形，假释考验期满，就认为原判刑罚已经执行完毕，并公开予以宣告。

第八十六条 【假释的撤销及其处理】被假释的犯罪分子，在假释考验期限内犯新罪，应当撤销假释，依照本法第七十一条的规定实行数罪并罚。

在假释考验期限内，发现被假释的犯罪分子在判决宣告以前还有其他罪没有判决的，应当撤销假释，依照本法第七十条的规定实行数罪并罚。

被假释的犯罪分子，在假释考验期限内，有违反法律、行政法规或者国务院有关部门关于假释的监督管理规定的行为，尚未构成新的犯罪的，应当依照法定程序撤销假释，收监执行未执行完毕的刑罚。

第三百八十二条 【贪污罪】国家工作人员利用职务上的便利，侵吞、窃取、骗取或者以其他手段非法占有公共财物的，是贪污罪。

受国家机关、国有公司、企业、事业单位、人民团体委托管理、经营国有财产的人员，利用职务上的便利，侵吞、窃取、骗取或者以其他手段非法占有国有财物的，以贪污论。

与前两款所列人员勾结，伙同贪污的，以共犯论处。

第三百八十三条 【贪污罪的处罚规定】对犯贪污罪的，根据情节轻重，分别依照下列规定处罚：

（一）贪污数额较大或者有其他较重情节的，处三年以下有期徒刑或者拘役，并处罚金。

（二）贪污数额巨大或者有其他严重情节的，处三年以上十年以下有期徒刑，并处罚金或者没收财产。

（三）贪污数额特别巨大或者有其他特别严重情节的，处十年以上有期徒刑或者无期徒刑，并处罚金或者没收财产；数额特别巨大，并使国家和人民利益遭受特别重大损失的，处无期徒刑或者死刑，并处没收财产。

对多次贪污未经处理的，按照累计贪污数额处罚。

犯第一款罪，在提起公诉前如实供述自己罪行、真诚悔罪、积极退赃，避免、减少损害结果的发生，有第一项规定情形的，可以从轻、减轻或者免除处罚；有第二项、第三项规定情形的，可以从轻处罚。

犯第一款罪，有第三项规定情形被判处死刑缓期执行的，人民法院根据犯罪情节等情况可以同时决定在其死刑缓期执行二年期满依法减为无期徒刑后，终身监禁，不得减刑、假释。

第三百八十四条 【挪用公款罪】国家工作人员利用职务上的便利，挪用公款归个人使用，进行非法活动的，或者挪用公款数额较大、进行营利活动的，或者挪用公款数额较大、超过三个月未还的，是挪用公款罪，处五年以下有期徒刑或者拘役；情节严重的，处五年以上有期徒刑。挪用公款数额巨大不退还的，处十年以上有期徒刑或者无期徒刑。

挪用用于救灾、抢险、防汛、优抚、扶贫、移民、救济款物归个人使用的，从重处罚。

第三百八十五条 【受贿罪】国家工作人员利用职务上的便利，索取他人财物的，或者非法收受他人财物，为他人谋取利益的，是受贿罪。

国家工作人员在经济往来中，违反国家规定，收受各种名义的回扣、手续费，归个人所有的，以受贿论处。

第三百八十六条 【受贿罪的处罚规定】对犯受贿罪的，根据受贿所得数额及情节，依照本法第三百八十三条的规定处罚。索贿的从重处罚。

第三百八十七条 【单位受贿罪】国家机关、国有公司、企业、事业单位、人民团体，索取、非法收受他人财物，为他人谋取利益，情节严重的，对单位判处罚金，并对其直接负责的主管人员和其他直接责任人员，处五年以下有期徒刑或者拘役。

前款所列单位，在经济往来中，在帐外暗中收受各种名义的回扣、手续费的，以受贿论，依照前款的规定处罚。

第三百八十八条 【受贿罪】国家工作人员利用本人职权或者地位形成的便利条件，通过其他国家工作人员职务上的行为，为请托人谋取不正当利益，索取请托人财物或者收受请托人财物的，以受贿论处。

第三百八十八条之一 【利用影响力受贿罪】国家工作人员的近亲属或者其他与该国家工作人员关系密切的人，通过该国家工作人员职务上的行为，或者利用该国家工作人员职权或者地位形成的便利条件，通过其他国家工作人员职务上的行为，为请托人谋取不正当利益，索取请托人财物或者收受请托人财物，数额较大或者有其他较重情节的，处三年以下有期徒刑或者拘役，并处罚金；数额巨大或者有其他严重情节的，处三年以上七年以下有期徒刑，并处罚金；数额特别巨大或者有其他特别严重情节的，处七年以上有期徒刑，并处罚金或者没收财产。

离职的国家工作人员或者其近亲属以及其他与其关系密切的人，利用该离职的国家工作人员原职权或者地位形成的便利条件实施前款行为的，依照前款的规定定罪处罚。

第三百八十九条 【行贿罪】为谋取不正当利益，给予国家工作人员以财物的，是行贿罪。

在经济往来中，违反国家规定，给予国家工作人员以财物，数额较大的，或者违反国家规定，给予国家工作人员以各种名义的回扣、手续费的，以行贿论处。

因被勒索给予国家工作人员以财物，没有获得不正当利益的，不是行贿。

第三百九十条 【行贿罪的处罚规定】对犯行贿罪的，处五年以下有期徒刑或者拘役，并处罚金；因行贿谋取不正当利益，情节严重的，或者使国家利益遭受重大损失的，处五年以上十年以下有期徒刑，并处罚金；情节特别严重的，或者使国家利益遭受特别重大损失的，处十年以上有期徒刑或者无期徒刑，并处罚金或者没收财产。

行贿人在被追诉前主动交待行贿行为的，可以从轻或者减轻处罚。其中，犯罪较轻的，对侦破重大案件起关键作用的，或者有重大立功表现的，可以减轻或者免除处罚。

第三百九十条之一 【对有影响力的人行贿罪】为谋取不正当利益，向国家工作人员的近亲属或者其他与该国家工作人员关系密切的人，或者向离职的国家工作人员或者其近亲属以及其他与其关系密切的人行贿的，处三年以下有期徒刑或者拘役，并处罚金；情节严重的，或者使国家利益遭受重大损失的，处三年以上七年以下有期徒刑，并处罚金；情节特别严重的，或者使国家利益遭受特别重大损失的，处七年以上十年以下有期徒刑，并处罚金。

单位犯前款罪的，对单位判处罚金，并对其直接负责的主管人员和其他直接责任人员，处三年以下有期徒刑或者拘役，并处罚金。

第三百九十一条 【对单位行贿罪】为谋取不正当利益，给予国家机关、国有公司、企业、事业单位、人民团体以财物的，或者在经济往来中，违反国家规定，给予各种名义的回扣、手续费的，处三年以下有期徒刑或者拘役，并处罚金。

单位犯前款罪的，对单位判处罚金，并对其直接负责的主管人员和其他直接责任人员，依照前款的规定处罚。

第三百九十二条 【介绍贿赂罪】向国家工作人员介绍贿赂，情节严重的，处三年以下有期徒刑或者拘役，并处罚金。

介绍贿赂人在被追诉前主动交待介绍贿赂行为的，可以减轻处罚或者免除处罚。

第三百九十三条 【单位行贿罪】单位为谋取不正当利益而行贿，或者违反国家规定，给予国家工作人员以回扣、手续费，情节严重的，对单位判处罚金，并对其直接负责的主管人员和其他直接责任人员，处五年以下有期徒刑或者拘役，并处罚金。因行贿取得的违法所得归个人所有的，依照本法第三百八十九条、第三百九十条的规定定罪处罚。

第三百九十四条 【贪污罪】国家工作人员在国内公务活动或者对外交往中接受礼物，依照国家规定应当交公而不交公，数额较大的，依照本法第三百八十二条、第三百八十三条的规定定罪处罚。

第三百九十五条 【巨额财产来源不明罪】国家工作人员的财产、支出明显超过合法收入，差额巨大的，可以责令该国家工作人员说明来源，不能说明来源的，差额部分以非法所得论，处五年以下有期徒刑或者拘役；差额特别巨大的，处五年以上十年以下有期徒刑。财产的差额部分予以追缴。

【隐瞒境外存款罪】国家工作人员在境外的存款，应当依照国家规定申报。数额较大、隐瞒不报的，处二年以下有期徒刑或者拘役；情节较轻的，由其所在单位或者上级主管机关酌情给予行政处分。

第三百九十六条 【私分国有资产罪】国家机关、国有公司、企业、事业单位、人民团体，违反国家规定，以单位名义将国有资产集体私分给个人，数额较大的，对其直接负责的主管人员和其他直接责任人员，处三年以下有期徒刑或者拘役，并处或者单处罚金；数额巨大的，处三年以上七年以下有期徒刑，并处罚金。

【私分罚没财物罪】司法机关、行政执法机关违反国家规定，将应当上缴国家的罚没财物，以单位名义集体私分给个人的，依照前款的规定处罚。

第三百九十七条 【滥用职权罪；玩忽职守罪】国家机关工作人员滥用职权或者玩忽职守，致使公共财产、国家和人民利益遭受重大损失的，处三年以下有期徒刑或者拘役；情节特别严重的，处三年以上七年以下有期徒刑。本法另有规定的，依照规定。

国家机关工作人员徇私舞弊，犯前款罪的，处五年以下有期徒刑或者拘役；情节特别严重的，处五年以上十年以下有期徒刑。本法另有规定的，依照规定。

第三百九十八条 【故意泄露国家秘密罪；过失泄露国家秘密罪】国家机关工作人员违反保守国家秘密法的规定，故意或者过失泄露国家秘密，情节严重的，处三年以下有期徒刑或者拘役；情节特别严重的，处三年以上七年以下有期徒刑。

非国家机关工作人员犯前款罪的，依照前款的规定酌情处罚。

第三百九十九条 【徇私枉法罪】司法工作人员徇私枉法、徇情枉法，对明知是无罪的人而使他受追诉、对明知是有罪的人而故意包庇不使他受追诉，或者在刑事审判活动中故意违背事实和法律作枉法裁判的，处五年以下有期徒刑或者拘役；情节严重的，处五年以上十年以下有期徒刑；情节特别严重的，处十年以上有期徒刑。

【民事、行政枉法裁判罪】在民事、行政审判活动中故意违背事实和法律作枉法裁判，情节严重的，处五年以下有期徒刑或者拘役；情节特别严重的，处五年以上十年以下有期徒刑。

【执行判决裁定失职罪；执行判决裁定滥用职权罪】在执行判决、裁定活动中，严重不负责任或者滥用职权，不依法采取诉讼保全措施、不履行法定执行职责，或者违法采取诉讼保全措施、强制执行措施，致使当事人或者其他人的利益遭受重大损失的，处五年以下有期徒刑或者拘役；致使当事人或者其他人的利益遭受特别重大损失的，处五年以上十年以下有期徒刑。

司法工作人员收受贿赂，有前三款行为的，同时又构成本法第三百八十五条规定之罪的，依照处罚较重的规定定罪处罚。

第三百九十九条之一 【枉法仲裁罪】依法承担仲裁职责的人员，在仲裁活动中故意违背事实和法律作枉法裁决，情节严重的，处三年以下有期徒刑或者拘役；情节特别严重的，处三年以上七年以下有期徒刑。

第四百条 【私放在押人员罪】司法工作人员私放在押的犯罪嫌疑人、被告人或者罪犯的，处五年以下有期徒刑或者拘役；情节严重的，处五年以上十年以下有期徒刑；情节特别严重的，处十年以上有期徒刑。

【失职致使在押人员逃脱罪】司法工作人员由于严重不负责任，致使在押的犯罪嫌疑人、被告人或者罪犯脱逃，造成严重后果的，处三年以下有期徒刑或者拘役；造成特别严重后果的，处三年以上十年以下有期徒刑。

第四百零一条 【徇私舞弊减刑、假释、暂予监外执行罪】司法工作人员徇私舞弊，对不符合减刑、假释、暂予监外执行条件的罪犯，予以减刑、假释或者暂予监外执行的，处三年以下有期徒刑或者拘役；情节严重的，处三年以上七年以下有期徒刑。

第四百零二条 【徇私舞弊不移交刑事案件罪】行政执法人员徇私舞弊，对依法应当移交司法机关追究刑事责任的不移交，情节严重的，处三年以下有期徒刑或者拘役；造成严重后果的，处三年以上七年以下有期徒刑。

第四百零三条 【滥用管理公司、证券职权罪】国家有关主管部门的国家机关工作人员，徇私舞弊，滥用职权，对不符合法律规定条件的公司设立、登记申请或者股票、债券发行、上市申请，予以批准或者登记，致使公共财产、国家和人民利益遭受重大损失的，处五年以下有期徒刑或者拘役。

上级部门强令登记机关及其工作人员实施前款行为的，对其直接负责的主管人员，依照前款的规定处罚。

第四百零四条 【徇私舞弊不征、少征税款罪】税务机关的工作人员徇私舞弊，不征或者少征应征税款，致使国家税收遭受重大损失的，处五年以下有期徒刑或者拘役；造成特别重大损失的，处五年以上有期徒刑。

第四百零五条 【徇私舞弊发售发票、抵扣税款、出口退税罪】税务机关的工作人员违反法律、行政法规的规定，在办理发售发票、抵扣税款、出口退税工作中，徇私舞弊，致使国家利益遭受重大损失的，处五年以下有期徒刑或者拘役；致使国家利益遭受特别重大损失的，处五年以上有期徒刑。

【违法提供出口退税证罪】其他国家机关工作人员违反国家规定，在提供出口货物报关单、出口收汇核销单等出口退税凭证的工作中，徇私舞弊，致使国家利益遭受重大损失的，依照前款的规定处罚。

第四百零六条 【国家机关工作人员签订、履行合同失职被骗罪】国家机关工作人员在签订、履行合同过程中，因严重不负责任被诈骗，致使国家利益遭受重大损失的，处三年以下有期徒刑或者拘役；致使国家利益遭受特别重大损失的，处三年以上七年以下有期徒刑。

第四百零七条 【违法发放林木采伐许可证罪】林业主管部门的工作人员违反森林法的规定，超过批准的年采伐限额发放林木采伐许可证或者违反规定滥发林木采伐许可证，情节严重，致使森林遭受严重破坏的，处三年以下有期徒刑或者拘役。

第四百零八条 【环境监管失职罪】负有环境保护监督管理职责的国家机关工作人员严重不负责任，导致发生重大环境污染事故，致使公私财产遭受重大损失或者造成人身伤亡的严重后果的，处三年以下有期徒刑或者拘役。

第四百零八条之一 【食品监管渎职罪】负有食品安全监督管理职责的国家机关工作人员，滥用职权或者玩忽职守，导致发生重大食品安全事故或者造成其他严重后果的，处五年以下有期徒刑或者拘役；造成特别严重后果的，处五年以上十年以下有期徒刑。

徇私舞弊犯前款罪的，从重处罚。

第四百零九条 【传染病防治失职罪】从事传染病防治的政府卫生行政部门的工作人员严重不负责任，导致传染病传播或者流行，情节严重的，处三年以下有期徒刑或者拘役。

第四百一十条 【非法批准征收、征用、占用土地罪；非法低价出让国有土地使用权罪】国家机关工作人员徇私舞弊，违反土地管理法规，滥用职权，非法批准征收、征用、占用土地，或者非法低价出让国有土地使用权，情节严重的，处三年以下有期徒刑或者拘役；致使国家或者集体利益遭受特别重大损失的，处三年以上七年以下有期徒刑。

第四百一十一条 【放纵走私罪】海关工作人员徇私舞弊，放纵走私，情节严重的，处五年以下有期徒刑或者拘役；情节特别严重的，处五年以上有期徒刑。

第四百一十二条 【商检徇私舞弊罪】国家商检部门、商检机构的工作人员徇私舞弊，伪造检验结果的，处五年以下有期徒刑或者拘役；造成严重后果的，处五年以上十年以下有期徒刑。

【商检失职罪】前款所列人员严重不负责任，对应当检验的物品不检验，或者延误检验出证、错误出证，致使国家利益遭受重大损失的，处三年以下有期徒刑或者拘役。

第四百一十三条 【动植物检疫徇私舞弊罪】动植物检疫机关的检疫人员徇私舞弊，伪造检疫结果的，处五年以下有期徒刑或者拘役；造成严重后果的，处五年以上十年以下有期徒刑。

【动植物检疫失职罪】前款所列人员严重不负责任，对应当检疫的检疫物不检疫，或者延误检疫出证、错误出证，致使国家利益遭受重大损失的，处三年以下有期徒刑或者拘役。

第四百一十四条 【放纵制售伪劣商品犯罪行为罪】对生产、销售伪劣商品犯罪行为负有追究责任的国家机关工作人员，徇私舞弊，不履行法律规定的追究职责，情节严重的，处五年以下有期徒刑或者拘役。

第四百一十五条 【办理偷越国（边）境人员出入境证件罪；放行偷越国（边）境人员罪】负责办理护照、签证以及其他出入境证件的国家机关工作人员，对明知是企图偷越国（边）境的人员，予以办理出入境证件的，或者边防、海关等国家机关工作人员，对明知是偷越国（边）境的人员，予以放行的，处三年以下有期徒刑或者拘役；情节严重的，处三年以上七年以下有期徒刑。

第四百一十六条 【不解救被拐卖、绑架妇女、儿童罪】对被拐卖、绑架的妇女、儿童负有解救职责的国家机关工作人员，接到被拐卖、绑架的妇女、儿童及其家属的解救要求或者接到其他人的举报，而对被拐卖、绑架的妇女、儿童不进行解救，造成严重后果的，处五年以下有期徒刑或者拘役。

【阻碍解救被拐卖、绑架妇女、儿童罪】负有解救职责的国家机关工作人员利用职务阻碍解救的，处二年以上七年以下有期徒刑；情节较轻的，处二年以下有期徒刑或者拘役。

第四百一十七条 【帮助犯罪分子逃避处罚罪】有查禁犯罪活动职责的国家机关工作人员，向犯罪分子通风报信、提供便利，帮助犯罪分子逃避处罚的，处三年以下有期徒刑或者拘役；情节严重的，处三年以上十年以下有期徒刑。

第四百一十八条 【招收公务员、学生徇私舞弊罪】国家机关工作人员在招收公务员、学生工作中徇私舞弊，情节严重的，处三年以下有期徒刑或者拘役。

第四百一十九条 【失职造成珍贵文物损毁、流失罪】国家机关工作人员严重不负责任，造成珍贵文物损毁或者流失，后果严重的，处三年以下有期徒刑或者拘役。

中华人民共和国刑事诉讼法（节录）

（2018 年 10 月 26 日修正）

第五十条 可以用于证明案件事实的材料，都是证据。

证据包括：

（一）物证；

（二）书证；

（三）证人证言；

（四）被害人陈述；

（五）犯罪嫌疑人、被告人供述和辩解；

（六）鉴定意见；

（七）勘验、检查、辨认、侦查实验等笔录；

（八）视听资料、电子数据。

证据必须经过查证属实，才能作为定案的根据。

第五十一条 公诉案件中被告人有罪的举证责任由人民检察院承担，自诉案件中被告人有罪的举证责任由自诉人承担。

第五十二条 审判人员、检察人员、侦查人员必须依照法定程序，收集能够证实犯罪嫌疑人、被告人有罪或者无罪、犯罪情节轻重的各种证据。严禁刑讯逼供和以威胁、引诱、欺骗以及其他非法方法收集证据，不得强迫任何人证实自己有罪。必须保证一切与案件有关或者了解案情的公民，有客观地充分地提供证据的条件，除特殊情况外，可以吸收他们协助调查。

第五十三条 公安机关提请批准逮捕书、人民检察院起诉书、人民法院判决书，必须忠实于事实真象。故意隐瞒事实真象的，应当追究责任。

第五十四条 人民法院、人民检察院和公安机关有权向有关单位和个人收集、调取证据。有关单位和个人应当如实提供证据。

行政机关在行政执法和查办案件过程中收集的物证、书证、视听资料、电子数据等证据材料，在刑事诉讼中可以作为证据使用。

对涉及国家秘密、商业秘密、个人隐私的证据，应当保密。

凡是伪造证据、隐匿证据或者毁灭证据的，无论属于何方，必须受法律追究。

第五十五条 对一切案件的判处都要重证据，重调查研究，不轻信口供。只有被告人供述，没有其他证据的，不能认定被告人有罪和处以刑罚；没有被告人供述，证据确实、充分的，可以认定被告人有罪和处以刑罚。

证据确实、充分，应当符合以下条件：

（一）定罪量刑的事实都有证据证明；

（二）据以定案的证据均经法定程序查证属实；

（三）综合全案证据，对所认定事实已排除合理怀疑。

第五十六条 采用刑讯逼供等非法方法收集的犯罪嫌疑人、被告人供述和采用暴力、威胁等非法方法收集的证人证言、被害人陈述，应当予以排除。收集物证、书证不符合法定程序，可能严重影响司法公正的，应当予以补正或者作出合理解释；不能补正或者作出合理解释的，对该证据应当予以排除。

在侦查、审查起诉、审判时发现有应当排除的证据的，应当依法予以排除，不得作为起诉意见、起诉决定和判决的依据。

第一百一十八条 讯问犯罪嫌疑人必须由人民检察院或者公安机关的侦查人员负责进行。讯问的时候，侦查人员不得少于二人。

犯罪嫌疑人被送交看守所羁押以后，侦查人员对其进行讯问，应当在看守所内进行。

第一百一十九条 对不需要逮捕、拘留的犯罪嫌疑人，可以传唤到犯罪嫌疑人所在市、县内的指定地点或者到他的住处进行讯问，但是应当出示人民检察院或者公安机关的证明文件。对在现场发现的犯罪嫌疑人，经出示工作证件，可以口头传唤，但应当在讯问笔录中注明。

传唤、拘传持续的时间不得超过十二小时；案情特别重大、复杂，需要采取拘留、逮捕措施的，传唤、拘传持续的时间不得超过二十四小时。

不得以连续传唤、拘传的形式变相拘禁犯罪嫌疑人。传唤、拘传犯罪嫌疑人，应当保证犯罪嫌疑人的饮食和必要的休息时间。

第一百二十条 侦查人员在讯问犯罪嫌疑人的时候，应当首先讯问犯罪嫌疑人是否有犯罪行为，让他陈述有罪的情节或者无罪的辩解，然后向他提出问题。犯罪嫌疑人对侦查人员的提问，应当如实回答。但是对与本案无关的问题，有拒绝回答的权利。

侦查人员在讯问犯罪嫌疑人的时候，应当告知犯罪嫌疑人享有的诉讼权利，如实供述自己罪行可以从宽处理和认罪认罚的法律规定。

第一百二十八条 侦查人员对于与犯罪有关的场所、物品、人身、尸体应当进行勘验或者检查。在必要的时候，可以指派或者聘请具有专门知识的人，在侦查人员的主持下进行勘验、检查。

第一百三十三条 勘验、检查的情况应当写成笔录，由参加勘验、检查的人和见证人签名或者盖章。

第一百三十九条 在搜查的时候，应当有被搜查人或者他的家属，邻居或者其他见证人在场。

搜查妇女的身体，应当由女工作人员进行。

第一百四十六条 为了查明案情，需要解决案件中某些专门性问题的时候，应当指派、聘请有专门知识的人进行鉴定。

第一百七十二条 人民检察院对于监察机关、公安机关移送起诉的案件，应当在一个月以内作出决定，重大、复杂的案件，可以延长十五日；犯罪嫌疑人认罪认罚，符合速裁程序适用条件的，应当在十日以内作出决定，对可能判处的有期徒刑超过一年的，可以延长至十五日。

人民检察院审查起诉的案件，改变管辖的，从改变后的人民检察院收到案件之日起计算审查起诉期限。

第一百七十三条 人民检察院审查案件，应当讯问犯罪嫌疑人，听取辩护人或者值班律师、被害人及其诉讼代理人的意见，并记录在案。辩护人或者值班律师、被害人及其诉讼代理人提出书面意见的，应当附卷。

犯罪嫌疑人认罪认罚的，人民检察院应当告知其享有的诉讼权利和认罪认罚的法律规定，听取犯罪嫌疑人、辩护人或者值班律师、被害人及其诉讼代理人对下列事项的意见，并记录在案：

（一）涉嫌的犯罪事实、罪名及适用的法律规定；

（二）从轻、减轻或者免除处罚等从宽处罚的建议；

（三）认罪认罚后案件审理适用的程序；

（四）其他需要听取意见的事项。

人民检察院依照前两款规定听取值班律师意见的，应当提前为值班律师了解案件有关情况提供必要的便利。

第一百七十四条 犯罪嫌疑人自愿认罪，同意量刑建议和程序适用的，应当在辩护人或者值班律师在场的情况下签署认罪认罚具结书。

犯罪嫌疑人认罪认罚，有下列情形之一的，不需要签署认罪认罚具结书：

（一）犯罪嫌疑人是盲、聋、哑人，或者是尚未完全丧失辨认或者控制自己行为能力的精神病人的；

（二）未成年犯罪嫌疑人的法定代理人、辩护人对未成年人认罪认罚有异议的；

（三）其他不需要签署认罪认罚具结书的情形。

第一百七十六条 人民检察院认为犯罪嫌疑人的犯罪事实已经查清，证据确实、充分，依法应当追究刑事责任的，应当作出起诉决定，按照审判管辖的规定，向人民法院提起公诉，并将案卷材料、证据移送人民法院。

犯罪嫌疑人认罪认罚的，人民检察院应当就主刑、附加刑、是否适用缓刑等提出量刑建议，并随案移送认罪认罚具结书等材料。

第一百九十条 开庭的时候，审判长查明当事人是否到庭，宣布案由；宣布合议庭的组成人员、书记员、公诉人、辩护人、诉讼代理人、鉴定人和翻译人员的名单；告知当事人有权对合议庭组成人员、书记员、公诉人、鉴定人和翻译人员申请回避；告知被告人享有辩护权利。

被告人认罪认罚的，审判长应当告知被告人享有的诉讼权利和认罪认罚的法律规定，审查认罪认罚的自愿性和认罪认罚具结书内容的真实性、合法性。

第二百零一条 对于认罪认罚案件，人民法院依法作出判决时，一般应当采纳人民检察院指控的罪名和量刑建议，但有下列情形的除外：

（一）被告人的行为不构成犯罪或者不应当追究其刑事责任的；

（二）被告人违背意愿认罪认罚的；

（三）被告人否认指控的犯罪事实的；

（四）起诉指控的罪名与审理认定的罪名不一致的；

（五）其他可能影响公正审判的情形。

人民法院经审理认为量刑建议明显不当，或者被告人、辩护人对量刑建议提出异议的，人民检察院可以调整量刑建议。人民检察院不调整量刑建议或者调整量刑建议后仍然明显不当的，人民法院应当依法作出判决。

第二百二十二条 基层人民法院管辖的可能判处三年有期徒刑以下刑罚的案件，案件事实清楚，证据确实、充分，被告人认罪认罚并同意适用速裁程序的，可以适用速裁程序，由审判员一人独任审判。

人民检察院在提起公诉的时候，可以建议人民法院适用速裁程序。

第二百二十六条 人民法院在审理过程中，发现有被告人的行为不构成犯罪或者不应当追究其刑事责任、被告人违背意愿认罪认罚、被告人否认指控的犯罪事实或者其他不宜适用速裁程序审理的情形的，应当按照本章第一节或者第三节的规定重新审理。

第二百九十一条 对于贪污贿赂犯罪案件，以及需要及时进行审判，经最高人民检察院核准的严重危害国家安全犯罪、恐怖活动犯罪案件，犯罪嫌疑人、被告人在境外，监察机关、公安机关移送起诉，人民检察院认为犯罪事实已经查清，证据确实、充分，依法应当追究刑事责任的，可以向人民法院提起公诉。人民法院进行审查后，对于起诉书中有明确的指控犯罪事实，符合缺席审判程序适用条件的，应当决定开庭审判。

前款案件，由犯罪地、被告人离境前居住地或者最高人民法院指定的中级人民法院组成合议庭进行审理。

第二百九十二条 人民法院应当通过有关国际条约规定的或者外交途径提出的司法协助方式，或者被告人所在地法律允许的其他方式，将传票和人民检察院的起诉书副本送达被告人。传票和起诉书副本送达后，被告人未按要求到案的，人民法院应当开庭审理，依法作出判决，并对违法所得及其他涉案财产作出处理。

第二百九十三条 人民法院缺席审判案件，被告人有权委托辩护人，被告人的近亲属可以代为委托辩护人。被告人及其近亲属没有委托辩护人的，人民法院应当通知法律援助机构指派律师为其提供辩护。

第二百九十四条 人民法院应当将判决书送达被告人及其近亲属、辩护人。被告人或者其近亲属不服判决的，有权向上一级人民法院上诉。辩护人经被告人或者其近亲属同意，可以提出上诉。

人民检察院认为人民法院的判决确有错误的，应当向上一级人民法院提出抗诉。

第二百九十五条 在审理过程中，被告人自动投案或者被抓获的，人民法院应当重新审理。

罪犯在判决、裁定发生法律效力后到案的，人民法院应当将罪犯交付执行刑罚。交付执行刑罚前，人民法院应当告知罪犯有权对判决、裁定提出异议。罪犯对判决、裁定提出异议的，人民法院应当重新审理。

依照生效判决、裁定对罪犯的财产进行的处理确有错误的，应当予以返还、赔偿。

第二百九十六条 因被告人患有严重疾病无法出庭，中止审理超过六个月，被告人仍无法出庭，被告人及其法定代理人、近亲属申请或者同意恢复审理的，人民法院可以在被告人不出庭的情况下缺席审理，依法作出判决。

第二百九十七条 被告人死亡的，人民法院应当裁定终止审理，但有证据证明被告人无罪，人民法院经缺席审理确认无罪的，应当依法作出判决。

人民法院按照审判监督程序重新审判的案件，被告人死亡的，人民法院可以缺席审理，依法作出判决。

第二百九十八条 对于贪污贿赂犯罪、恐怖活动犯罪等重大犯罪案件，犯罪嫌疑人、被告人逃匿，在通缉一年后不能到案，或者犯罪嫌疑人、被告人死亡，依照刑法规定应当追缴其违法所得及其他涉案财产的，人民检察院可以向人民法院提出没收违法所得的申请。

公安机关认为有前款规定情形的，应当写出没收违法所得意见书，移送人民检察院。

没收违法所得的申请应当提供与犯罪事实、违法所得相关的证据材料，并列明财产的种类、数量、所在地及查封、扣押、冻结的情况。

人民法院在必要的时候，可以查封、扣押、冻结申请没收的财产。

第二百九十九条 没收违法所得的申请，由犯罪地或者犯罪嫌疑人、被告人居住地的中级人民法院组成合议庭进行审理。

人民法院受理没收违法所得的申请后，应当发出公告。公告期间为六个月。犯罪嫌疑人、被告人的近亲属和其他利害关系人有权申请参加诉讼，也可以委托诉讼代理人参加诉讼。

人民法院在公告期满后对没收违法所得的申请进行审理。利害关系人参加诉讼的，人民法院应当开庭审理。

第三百条 人民法院经审理，对经查证属于违法所得及其他涉案财产，除依法返还被害人的以外，应当裁定予以没收；对不属于应当追缴的财产的，应当裁定驳回申请，解除查封、扣押、冻结措施。

对于人民法院依照前款规定作出的裁定，犯罪嫌疑人、被告人的近亲属和其他利害关系人或者人民检察院可以提出上诉、抗诉。

第三百零一条 在审理过程中，在逃的犯罪嫌疑人、被告人自动投案或者被抓获的，人民法院应当终止审理。

没收犯罪嫌疑人、被告人财产确有错误的，应当予以返还、赔偿。

中华人民共和国监察法（节录）

（2018 年 3 月 20 日）

第三条 各级监察委员会是行使国家监察职能的专责机关，依照本法对所有行使公权力的公职人员（以下称公职人员）进行监察，调查职务违法和职务犯罪，开展廉政建设和反腐败工作，维护宪法和法律的尊严。

第十五条 监察机关对下列公职人员和有关人员进行监察：

（一）中国共产党机关、人民代表大会及其常务委员会机关、人民政府、监察委员会、人民法院、人民检察院、中国人民政治协商会议各级委员会机关、民主党派机关和工商业联合会机关的公务员，以及参照《中华人民共和国公务员法》管理的人员；

（二）法律、法规授权或者受国家机关依法委托管理公共事务的组织中从事公务的人员；

（三）国有企业管理人员；

（四）公办的教育、科研、文化、医疗卫生、体育等单位中从事管理的人员；

（五）基层群众性自治组织中从事管理的人员；

（六）其他依法履行公职的人员。

第二十九条 依法应当留置的被调查人如果在逃，监察机关可以决定在本行政区域内通缉，由公安机关发布通缉令，追捕归案。通缉范围超出本行政区域的，应当报请有权决定的上级监察机关决定。

第三十条 监察机关为防止被调查人及相关人员逃匿境外，经省级以上监察机关批准，可以对被调查人及相关人员采取限制出境措施，由公安机关依法执行。对于不需要继续采取限制出境措施的，应当及时解除。

第三十一条 涉嫌职务犯罪的被调查人主动认罪认罚，有下列情形之一的，监察机关经领导人员集体研究，并报上一级监察机关批准，可以在移送人民检察院时提出从宽处罚的建议：

（一）自动投案，真诚悔罪悔过的；

（二）积极配合调查工作，如实供述监察机关还未掌握的违法犯罪行为的；

（三）积极退赃，减少损失的；

（四）具有重大立功表现或者案件涉及国家重大利益等情形的。

第三十二条 职务违法犯罪的涉案人员揭发有关被调查人职务违法犯罪行为，查证属实的，或者提供重要线索，有助于调查其他案件的，监察机关经领导人员集体研究，并报上一级监察机关批准，可以在移送人民检察院时提出从宽处罚的建议。

第三十三条 监察机关依照本法规定收集的物证、书证、证人证言、被调查人供述和辩解、视听资料、电子数据等证据材料，在刑事诉讼中可以作为证据使用。

监察机关在收集、固定、审查、运用证据时，应当与刑事审判关于证据的要求和标准相一致。

以非法方法收集的证据应当依法予以排除，不得作为案件处置的依据。

第四十五条 监察机关根据监督、调查结果，依法作出如下处置：

（一）对有职务违法行为但情节较轻的公职人员，按照管理权限，直接或者委托有关机关、人员，进行谈话提醒、批评教育、责令检查，或者予以诫勉；

（二）对违法的公职人员依照法定程序作出警告、记过、记大过、降级、撤职、开除等政务处分决定；

（三）对不履行或者不正确履行职责负有责任的领导人员，按照管理权限对其直接作出问责决定，或者向有权作出问责决定的机关提出问责建议；

（四）对涉嫌职务犯罪的，监察机关经调查认为犯罪事实清楚，证据确实、充分的，制作起诉意见书，连同案卷材料、证据一并移送人民检察院依法审查、提起公诉；

（五）对监察对象所在单位廉政建设和履行职责存在的问题等提出监察建议。

监察机关经调查，对没有证据证明被调查人存在违法犯罪行为的，应当撤销案件，并通知被调查人所在单位。

第四十六条 监察机关经调查，对违法取得的财物，依法予以没收、追缴或者责令退赔；对涉嫌犯罪取得的财物，应当随案移送人民检察院。

第四十七条 对监察机关移送的案件，人民检察院依照《中华人民共和国刑事诉讼法》对被调查人采取强制措施。

人民检察院经审查，认为犯罪事实已经查清，证据确实、充分，依法应当追究刑事责任的，应当作出起诉决定。

人民检察院经审查，认为需要补充核实的，应当退回监察机关补充调查，必要时可以自行补充侦查。对于补充调查的案件，应当在一个月内补充调查完毕。补充调查以二次为限。

人民检察院对于有《中华人民共和国刑事诉讼法》规定的不起诉的情形的，经上一级人民检察院批准，依法作出不起诉的决定。监察机关认为不起诉的决定有错误的，可以向上一级人民检察院提请复议。

第四十八条 监察机关在调查贪污贿赂、失职渎职等职务犯罪案件过程中，被调查人逃匿或者死亡，有必要继续调查的，经省级以上监察机关批准，应当继续调查并作出结论。被调查人逃匿，在通缉一年后不能到案，或者死亡的，由监察机关提请人民检察院依照法定程序，向人民法院提出没收违法所得的申请。

第五十条 国家监察委员会统筹协调与其他国家、地区、国际组织开展的反腐败国际交流、合作，组织反腐败国际条约实施工作。

第五十一条 国家监察委员会组织协调有关方面加强与有关国家、地区、国际组织在反腐败执法、引渡、司法协助、被判刑人的移管、资产追回和信息交流等领域的合作。

第五十二条 国家监察委员会加强对反腐败国际追逃追赃和防逃工作的组织协调，督促有关单位做好相关工作：

（一）对于重大贪污贿赂、失职渎职等职务犯罪案件，被调查人逃匿到国（境）

外，掌握证据比较确凿的，通过开展境外追逃合作，追捕归案；

（二）向赃款赃物所在国请求查询、冻结、扣押、没收、追缴、返还涉案资产；

（三）查询、监控涉嫌职务犯罪的公职人员及其相关人员进出国（境）和跨境资金流动情况，在调查案件过程中设置防逃程序。

第六十六条 违反本法规定，构成犯罪的，依法追究刑事责任。

第六十七条 监察机关及其工作人员行使职权，侵犯公民、法人和其他组织的合法权益造成损害的，依法给予国家赔偿。

最高人民法院
关于适用《中华人民共和国刑事诉讼法》的解释（节录）

2013年1月1日　　　　法释〔2012〕21号

第六十七条 下列人员不得担任刑事诉讼活动的见证人：

（一）生理上、精神上有缺陷或者年幼，不具有相应辨别能力或者不能正确表达的人；

（二）与案件有利害关系，可能影响案件公正处理的人；

（三）行使勘验、检查、搜查、扣押等刑事诉讼职权的公安、司法机关的工作人员或者其聘用的人员。

由于客观原因无法由符合条件的人员担任见证人的，应当在笔录材料中注明情况，并对相关活动进行录像。

第六十九条 对物证、书证应当着重审查以下内容：

（一）物证、书证是否为原物、原件，是否经过辨认、鉴定；物证的照片、录像、复制品或者书证的副本、复制件是否与原物、原件相符，是否由二人以上制作，有无制作人关于制作过程以及原物、原件存放于何处的文字说明和签名；

（二）物证、书证的收集程序、方式是否符合法律、有关规定；经勘验、检查、搜查提取、扣押的物证、书证，是否附有相关笔录、清单，笔录、清单是否经侦查人员、物品持有人、见证人签名，没有物品持有人签名的，是否注明原因；物品的名称、特征、数量、质量等是否注明清楚；

（三）物证、书证在收集、保管、鉴定过程中是否受损或者改变；

（四）物证、书证与案件事实有无关联；对现场遗留与犯罪有关的具备鉴定条件的血迹、体液、毛发、指纹等生物样本、痕迹、物品，是否已作DNA鉴定、指纹鉴定等，并与被告人或者被害人的相应生物检材、生物特征、物品等比对；

（五）与案件事实有关联的物证、书证是否全面收集。

第八十条 对被告人供述和辩解应当着重审查以下内容：

（一）讯问的时间、地点，讯问人的身份、人数以及讯问方式等是否符合法律、有关规定；

（二）讯问笔录的制作、修改是否符合法律、有关规定，是否注明讯问的具体起止时间和地点，首次讯问时是否告知被告人相关权利和法律规定，被告人是否核对确认；

（三）讯问未成年被告人时，是否通知其法定代理人或者有关人员到场，其法定代理人或者有关人员是否到场；

（四）被告人的供述有无以刑讯逼供等非法方法收集的情形；

（五）被告人的供述是否前后一致，有无反复以及出现反复的原因；被告人的所有供述和辩解是否均已随案移送；

（六）被告人的辩解内容是否符合案情和常理，有无矛盾；

（七）被告人的供述和辩解与同案被告人的供述和辩解以及其他证据能否相互印证，有无矛盾。

必要时，可以调取讯问过程的录音录像、被告人进出看守所的健康检查记录、笔录，并结合录音录像、记录、笔录对上述内容进行审查。

第八十四条 对鉴定意见应当着重审查以下内容：

（一）鉴定机构和鉴定人是否具有法定资质；

（二）鉴定人是否存在应当回避的情形；

（三）检材的来源、取得、保管、送检是否符合法律、有关规定，与相关提取笔录、扣押物品清单等记载的内容是否相符，检材是否充足、可靠；

（四）鉴定意见的形式要件是否完备，是否注明提起鉴定的事由、鉴定委托人、鉴定机构、鉴定要求、鉴定过程、鉴定方法、鉴定日期等相关内容，是否由鉴定机构加盖司法鉴定专用章并由鉴定人签名、盖章；

（五）鉴定程序是否符合法律、有关规定；

（六）鉴定的过程和方法是否符合相关专业的规范要求；

（七）鉴定意见是否明确；

（八）鉴定意见与案件待证事实有无关联；

（九）鉴定意见与勘验、检查笔录及相关照片等其他证据是否矛盾；

（十）鉴定意见是否依法及时告知相关人员，当事人对鉴定意见有无异议。

第八十五条 鉴定意见具有下列情形之一的，不得作为定案的根据：

（一）鉴定机构不具备法定资质，或者鉴定事项超出该鉴定机构业务范围、技术条件的；

（二）鉴定人不具备法定资质，不具有相关专业技术或者职称，或者违反回避规定的；

（三）送检材料、样本来源不明，或者因污染不具备鉴定条件的；

（四）鉴定对象与送检材料、样本不一致的；

（五）鉴定程序违反规定的；

（六）鉴定过程和方法不符合相关专业的规范要求的；

（七）鉴定文书缺少签名、盖章的；

（八）鉴定意见与案件待证事实没有关联的；

（九）违反有关规定的其他情形。

第八十六条 经人民法院通知，鉴定人拒不出庭作证的，鉴定意见不得作为定案的根据。

鉴定人由于不能抗拒的原因或者有其他正当理由无法出庭的，人民法院可以根据情况决定延期审理或者重新鉴定。

对没有正当理由拒不出庭作证的鉴定人，人民法院应当通报司法行政机关或者有关部门。

第八十七条 对案件中的专门性问题需要鉴定，但没有法定司法鉴定机构，或者法律、司法解释规定可以进行检验的，可以指派、聘请有专门知识的人进行检验，检验报告可以作为定罪量刑的参考。

对检验报告的审查与认定，参照适用本节的有关规定。

经人民法院通知，检验人拒不出庭作证的，检验报告不得作为定罪量刑的参考。

第二百四十一条 对第一审公诉案件，人民法院审理后，应当按照下列情形分别作出判决、裁定：

（一）起诉指控的事实清楚，证据确实、充分，依据法律认定指控被告人的罪名成立的，应当作出有罪判决；

（二）起诉指控的事实清楚，证据确实、充分，指控的罪名与审理认定的罪名不一致的，应当按照审理认定的罪名作出有罪判决；

（三）案件事实清楚，证据确实、充分，依据法律认定被告人无罪的，应当判决宣告被告人无罪；

（四）证据不足，不能认定被告人有罪的，应当以证据不足、指控的犯罪不能成立，判决宣告被告人无罪；

（五）案件部分事实清楚，证据确实、充分的，应当作出有罪或者无罪的判决；对事实不清、证据不足部分，不予认定；

（六）被告人因不满十六周岁，不予刑事处罚的，应当判决宣告被告人不负刑事责任；

（七）被告人是精神病人，在不能辨认或者不能控制自己行为时造成危害结果，不予刑事处罚的，应当判决宣告被告人不负刑事责任；

（八）犯罪已过追诉时效期限且不是必须追诉，或者经特赦令免除刑罚的，应当裁定终止审理；

（九）被告人死亡的，应当裁定终止审理；根据已查明的案件事实和认定的证据，能够确认无罪的，应当判决宣告被告人无罪。

具有前款第二项规定情形的，人民法院应当在判决前听取控辩双方的意见，保障被告人、辩护人充分行使辩护权。必要时，可以重新开庭，组织控辩双方围绕被告人的行为构成何罪进行辩论。

第二百七十八条 人民法院受理单位犯罪案件，除依照本解释第一百八十条的有关规定进行审查外，还应当审查起诉书是否列明被告单位的名称、住所地、联系方式，法定代表人、主要负责人以及代表被告单位出庭的诉讼代表人的姓名、职务、联系方式。需要人民检察院补充材料的，应当通知人民检察院在三日内补送。

第二百七十九条 被告单位的诉讼代表人，应当是法定代表人或者主要负责人；法定代表人或者主要负责人被指控为单位犯罪直接负责的主管人员或者因客观原因无法出庭的，应当由被告单位委托其他负责人或者职工作为诉讼代表人。但是，有关人员被指控为单位犯罪的其他直接责任人员或者知道案件情况、负有作证义务的除外。

第二百八十条 开庭审理单位犯罪案件，应当通知被告单位的诉讼代表人出庭；没有诉讼代表人参与诉讼的，应当要求人民检察院确定。

被告单位的诉讼代表人不出庭的，应当按照下列情形分别处理：

（一）诉讼代表人系被告单位的法定代表人或者主要负责人，无正当理由拒不出庭的，可以拘传其到庭；因客观原因无法出庭，或者下落不明的，应当要求人民检察院另行确定诉讼代表人；

（二）诉讼代表人系被告单位的其他人员的，应当要求人民检察院另行确定诉讼代表人出庭。

第四百零五条 对来自境外的证据材料，人民法院应当对材料来源、提供人、提供时间以及提取人、提取时间等进行审查。经审查，能够证明案件事实且符合刑事诉讼法规定的，可以作为证据使用，但提供人或者我国与有关国家签订的双边条约对材料的使用范围有明确限制的除外；材料来源不明或者其真实性无法确认的，不得作为定案的根据。

当事人及其辩护人、诉讼代理人提供来自境外的证据材料的，该证据材料应当经所在国公证机关证明，所在国中央外交主管机关或者其授权机关认证，并经我国驻该国使、领馆认证。

第五百零七条 依照刑法规定应当追缴违法所得及其他涉案财产，且符合下列情形之一的，人民检察院可以向人民法院提出没收违法所得的申请：

（一）犯罪嫌疑人、被告人实施了贪污贿赂犯罪、恐怖活动犯罪等重大犯罪后逃匿，在通缉一年后不能到案的；

（二）犯罪嫌疑人、被告人死亡的。

第五百零八条 具有下列情形之一的，应当认定为刑事诉讼法第二百八十条第一款规定的“重大犯罪案件”：

（一）犯罪嫌疑人、被告人可能被判处无期徒刑以上刑罚的；

（二）案件在本省、自治区、直辖市或者全国范围内有较大影响的；

（三）其他重大犯罪案件。

第五百零九条 实施犯罪行为所取得的财物及其孳息，以及被告人非法持有的违禁品、供犯罪所用的本人财物，应当认定为刑事诉讼法第二百八十条第一款规定的“违法所得及其他涉案财产”。

第五百一十条 对人民检察院提出的没收违法所得申请，人民法院应当审查以下内容：

（一）是否属于本院管辖；

（二）是否写明犯罪嫌疑人、被告人涉嫌有关犯罪的情况，并附相关证据材料；

（三）是否附有通缉令或者死亡证明；

（四）是否列明违法所得及其他涉案财产的种类、数量、所在地，并附相关证据材料；

（五）是否附有查封、扣押、冻结违法所得及其他涉案财产的清单和相关法律手续；

（六）是否写明犯罪嫌疑人、被告人的近亲属和其他利害关系人的姓名、住址、联系方式及其要求等情况；

（七）是否写明申请没收的理由和法律依据。

第五百一十一条 对没收违法所得的申请，人民法院应当在七日内审查完毕，并按照下列情形分别处理：

（一）不属于本院管辖的，应当退回人民检察院；

（二）材料不全的，应当通知人民检察院在三日内补送；

（三）属于违法所得没收程序受案范围和本院管辖，且材料齐全的，应当受理。

人民检察院尚未查封、扣押、冻结申请没收的财产或者查封、扣押、冻结期限即将届满，涉案财产有被隐匿、转移或者毁损、灭失危险的，人民法院可以查封、扣押、冻结申请没收的财产。

第五百一十二条 人民法院决定受理没收违法所得的申请后，应当在十五日内发出公告，公告期为六个月。公告应当写明以下内容：

（一）案由；

（二）犯罪嫌疑人、被告人通缉在逃或者死亡等基本情况；

（三）申请没收财产的种类、数量、所在地；

（四）犯罪嫌疑人、被告人的近亲属和其他利害关系人申请参加诉讼的期限、方式；

（五）应当公告的其他情况。

公告应当在全国公开发行的报纸或者人民法院的官方网站刊登，并在人民法院公告栏张贴、发布；必要时，可以在犯罪地、犯罪嫌疑人、被告人居住地、申请没收的不动产所在地张贴、发布。

人民法院已经掌握犯罪嫌疑人、被告人的近亲属和其他利害关系人的联系方式的，应当采取电话、传真、邮件等方式直接告知其公告内容，并记录在案。

第五百一十三条 对申请没收的财产主张所有权的人，应当认定为刑事诉讼法第二百八十一条第二款规定的“其他利害关系人”。

犯罪嫌疑人、被告人的近亲属和其他利害关系人申请参加诉讼的，应当在公告期间提出。犯罪嫌疑人、被告人的近亲属应当提供其与犯罪嫌疑人、被告人关系的证明材料，其他利害关系人应当提供申请没收的财产系其所有的证据材料。

犯罪嫌疑人、被告人的近亲属和其他利害关系人在公告期满后申请参加诉讼，能够合理说明原因，并提供证明申请没收的财产系其所有的证据材料的，人民法院应当准许。

第五百一十四条 公告期满后，人民法院应当组成合议庭对申请没收违法所得的案件进行审理。

利害关系人申请参加诉讼的，人民法院应当开庭审理。没有利害关系人申请参加诉讼的，可以不开庭审理。

第五百一十五条 开庭审理申请没收违法所得的案件，按照下列程序进行：

（一）审判长宣布法庭调查开始后，先由检察员宣读申请书，后由利害关系人、诉讼代理人发表意见；

（二）法庭应当依次就犯罪嫌疑人、被告人是否实施了贪污贿赂犯罪、恐怖活动犯罪等重大犯罪并已经通缉一年不能到案，或者是否已经死亡，以及申请没收的财产是否依法应当追缴进行调查；调查时，先由检察员出示有关证据，后由利害关系人发表意见、出示有关证据，并进行质证；

（三）法庭辩论阶段，先由检察员发言，后由利害关系人及其诉讼代理人发言，并进行辩论。

利害关系人接到通知后无正当理由拒不到庭，或者未经法庭许可中途退庭的，可以转为不开庭审理，但还有其他利害关系人参加诉讼的除外。

第五百一十六条 对申请没收违法所得的案件，人民法院审理后，应当按照下列情形分别处理：

（一）案件事实清楚，证据确实、充分，申请没收的财产确属违法所得及其他涉案财产的，除依法返还被害人的以外，应当裁定没收；

（二）不符合本解释第五百零七条规定的条件的，应当裁定驳回申请。

第五百一十七条 对没收违法所得或者驳回申请的裁定，犯罪嫌疑人、被告人的近亲属和其他利害关系人或者人民检察院可以在五日内提出上诉、抗诉。

第五百一十八条 对不服第一审没收违法所得或者驳回申请裁定的上诉、抗诉案件，第二审人民法院经审理，应当按照下列情形分别作出裁定：

（一）原裁定正确的，应当驳回上诉或者抗诉，维持原裁定；

（二）原裁定确有错误的，可以在查清事实后改变原裁定；也可以撤销原裁定，发回重新审判；

（三）原审违反法定诉讼程序，可能影响公正审判的，应当撤销原裁定，发回重新审判。

第五百一十九条 在审理申请没收违法所得的案件过程中，在逃的犯罪嫌疑人、被告人到案的，人民法院应当裁定终止审理。人民检察院向原受理申请的人民法院提起公诉的，可以由同一审判组织审理。

第五百二十条 在审理案件过程中，被告人死亡或者脱逃，符合刑事诉讼法第二百八十条第一款规定的，人民检察院可以向人民法院提出没收违法所得的申请。

人民检察院向原受理案件的人民法院提出申请的，可以由同一审判组织依照本章规定的程序审理。

第五百二十一条 审理申请没收违法所得案件的期限，参照公诉案件第一审普通程序和第二审程序的审理期限执行。

公告期间和请求刑事司法协助的时间不计入审理期限。

第五百二十二条 没收违法所得裁定生效后，犯罪嫌疑人、被告人到案并对没收裁定提出异议，人民检察院向原作出裁定的人民法院提起公诉的，可以由同一审判组织审理。

人民法院经审理，应当按照下列情形分别处理：

（一）原裁定正确的，予以维持，不再对涉案财产作出判决；

（二）原裁定确有错误的，应当撤销原裁定，并在判决中对有关涉案财产一并作出处理。

人民法院生效的没收裁定确有错误的，除第一款规定的情形外，应当依照审判监督程序予以纠正。已经没收的财产，应当及时返还；财产已经上缴国库的，由原没收机关从财政机关申请退库，予以返还；原物已经出卖、拍卖的，应当退还价款；造成犯罪嫌疑人、被告人以及利害关系人财产损失的，应当依法赔偿。

第五百二十三条 人民法院审理申请没收违法所得的案件，本章没有规定的，参照适用本解释的有关规定。

最高人民法院
关于印发《全国法院审理经济犯罪案件工作座谈会纪要》的通知

法发〔2003〕167号

省、自治区、直辖市高级人民法院，解放军军事法院，新疆维吾尔自治区高级人民法院生产建设兵团分院：

现将《全国法院审理经济犯罪案件工作座谈会纪要》印发，供参照执行；执行中有什么问题，请及时报告我院。

2003年11月13日

全国法院审理经济犯罪案件工作座谈会纪要

为了进一步加强人民法院审判经济犯罪案件工作，最高人民法院于2002年6月4日至6日在重庆市召开了全国法院审理经济犯罪案件工作座谈会。各省、自治区、直辖市高级人民法院和解放军军事法院主管刑事审判工作的副院长和刑庭庭长参加了座谈会，全国人大常委会法制工作委员会、最高人民检察院、公安部也应邀派员参加了座谈会。座谈会总结了刑法和刑事诉讼法修订实施以来人民法院审理经济犯罪案件工作的情况和经验，分析了审理经济犯罪案件工作面临的形势和任务，对当前和今后一个时期进一步加强人民法院审判经济犯罪案件的工作做了部署。座谈会重点讨论了人民法院在审理贪污贿赂和渎职犯罪案件中遇到的有关适用法律的若干问题，并就其中一些带有普遍性的问题形成了共识。经整理并征求有关部门的意见，纪要如下：

一、关于贪污贿赂犯罪和渎职犯罪的主体

（一）国家机关工作人员的认定

刑法中所称的国家机关工作人员，是指在国家机关中从事公务的人员，包括在各级国家权力机关、行政机关、司法机关和军事机关中从事公务的人员。

根据有关立法解释的规定，在依照法律、法规规定行使国家行政管理职权的组织中从事公务的人员，或者在受国家机关委托代表国家行使职权的组织中从事公务的人员，或者虽未列入国家机关人员编制但在国家机关中从事公务的人员，视为国家机关工作人员。在乡（镇）以上中国共产党机关、人民政协机关中从事公务的人员，司法实践中也应当视为国家机关工作人员。

（二）国家机关、国有公司、企业、事业单位委派到非国有公司、企业、事业单位、社会团体从事公务的人员的认定

所谓委派，即委任、派遣，其形式多种多样，如任命、指派、提名、批准等。不论被委派的人身份如何，只要是接受国家机关、国有公司、企业、事业单位委派，代表国家机关、国有公司、企业、事业单位在非国有公司、企业、事业单位、社会团体中从事组织、领导、监督、管理等工作，都可以认定为国家机关、国有公司、企业、事业单位委派到非国有公司、企业、事业单位、社会团体从事公务的人员。如国家机关、国有公司、企业、事业单位委派在国有控股或者参股的股份有限公司从事组织、领导、监督、管理等工作的人员，应当以国家工作人员论。国有公司、企业改制为股份有限公司后，原国有公司、企业的工作人员和股份有限公司新任命的人员中，除代表国有投资主体行使监督、管理职权的人外，不以国家工作人员论。

（三）“其他依照法律从事公务的人员”的认定

刑法第九十三条第二款规定的“其他依照法律从事公务的人员”应当具有两个特征：一是在特定条件下行使国家管理职能；二是依照法律规定从事公务。具体包括：（1）依法履行职责的各级人民代表大会代表；（2）依法履行审判职责的人民陪审员；（3）协助乡镇人民政府、街道办事处从事行政管理工作的村民委员会、居民委员会等农村和城市基层组织人员；（4）其他由法律授权从事公务的人员。

（四）关于“从事公务”的理解

从事公务，是指代表国家机关、国有公司、企业、事业单位、人民团体等履行组织、领导、监督、管理等职责。公务主要表现为与职权相联系的公共事务以及监督、管理国有财产的职务活动。如国家机关工作人员依法履行职责，国有公司的董事、经理、监事、会计、出纳人员等管理、监督国有财产等活动，属于从事公务。那些不具

备职权内容的劳务活动、技术服务工作，如售货员、售票员等所从事的工作，一般不认为是公务。

二、关于贪污罪

（一）贪污罪既遂与未遂的认定

贪污罪是一种以非法占有为目的的财产性职务犯罪，与盗窃、诈骗、抢夺等侵犯财产罪一样，应当以行为人是否实际控制财物作为区分贪污罪既遂与未遂的标准。对于行为人利用职务上的便利，实施了虚假平帐等贪污行为，但公共财物尚未实际转移，或者尚未被行为人控制就被查获的，应当认定为贪污未遂；行为人控制公共财物后，是否将财物据为己有，不影响贪污既遂的认定。

（二）“受委托管理、经营国有财产”的认定

刑法第三百八十二条第二款规定的“受委托管理、经营国有财产”，是指因承包、租赁、临时聘用等管理、经营国有财产。

（三）国家工作人员与非国家工作人员勾结共同非法占有单位财物行为的认定

对于国家工作人员与他人勾结，共同非法占有单位财物的行为，应当按照《最高人民法院关于审理贪污、职务侵占案件如何认定共同犯罪几个问题的解释》的规定定罪处罚。对于在公司、企业或者其他单位中，非国家工作人员与国家工作人员勾结，分别利用各自的职务便利，共同将本单位财物非法占有的，应当尽量区分主从犯，按照主犯的犯罪性质定罪。司法实践中，如果根据案件的实际情况，各共同犯罪人在共同犯罪中的地位、作用相当，难以区分主从犯的，可以贪污罪定罪处罚。

（四）共同贪污犯罪中“个人贪污数额”的认定

刑法第三百八十三条第一款规定的“个人贪污数额”，在共同贪污犯罪案件中应理解为个人所参与或者组织、指挥共同贪污的数额，不能只按个人实际分得的赃款数额来认定。对共同贪污犯罪中的从犯，应当按照其所参与的共同贪污的数额确定量刑幅度，并依照刑法第二十七条第二款的规定，从轻、减轻处罚或者免除处罚。

三、关于受贿罪

（一）关于“利用职务上的便利”的认定

刑法第三百八十五条第一款规定的“利用职务上的便利”，既包括利用本人职务上主管、负责、承办某项公共事务的职权，也包括利用职务上有隶属、制约关系的其他国家工作人员的职权。担任单位领导职务的国家工作人员通过不属自己主管的下级部门的国家工作人员的职务为他人谋取利益的，应当认定为“利用职务上的便利”为

他人谋取利益。

（二）"为他人谋取利益"的认定

为他人谋取利益包括承诺、实施和实现三个阶段的行为。只要具有其中一个阶段的行为，如国家工作人员收受他人财物时，根据他人提出的具体请托事项，承诺为他人谋取利益的，就具备了为他人谋取利益的要件。明知他人有具体请托事项而收受其财物的，视为承诺为他人谋取利益。

（三）"利用职权或地位形成的便利条件"的认定

刑法第三百八十八条规定的"利用本人职权或者地位形成的便利条件"，是指行为人与被其利用的国家工作人员之间在职务上虽然没有隶属、制约关系，但是行为人利用了本人职权或者地位产生的影响和一定的工作联系，如单位内不同部门的国家工作人员之间、上下级单位没有职务上隶属、制约关系的国家工作人员之间、有工作联系的不同单位的国家工作人员之间等。

（四）离职国家工作人员收受财物行为的处理

参照《最高人民法院关于国家工作人员利用职务上的便利为他人谋取利益离退休后收受财物行为如何处理问题的批复》规定的精神，国家工作人员利用职务上的便利为请托人谋取利益，并与请托人事先约定，在其离职后收受请托人财物，构成犯罪的，以受贿罪定罪处罚。

（五）共同受贿犯罪的认定

根据刑法关于共同犯罪的规定，非国家工作人员与国家工作人员勾结，伙同受贿的，应当以受贿罪的共犯追究刑事责任。非国家工作人员是否构成受贿罪共犯，取决于双方有无共同受贿的故意和行为。国家工作人员的近亲属向国家工作人员代为转达请托事项，收受请托人财物并告知该国家工作人员，或者国家工作人员明知其近亲属收受了他人财物，仍按照近亲属的要求利用职权为他人谋取利益的，对该国家工作人员应认定为受贿罪，其近亲属以受贿罪共犯论处。近亲属以外的其他人与国家工作人员通谋，由国家工作人员利用职务上的便利为请托人谋取利益，收受请托人财物后双方共同占有的，构成受贿罪共犯。国家工作人员利用职务上的便利为他人谋取利益，并指定他人将财物送给其他人，构成犯罪的，应以受贿罪定罪处罚。

（六）以借款为名索取或者非法收受财物行为的认定

国家工作人员利用职务上的便利，以借为名向他人索取财物，或者非法收受财物为他人谋取利益的，应当认定为受贿。具体认定时，不能仅仅看是否有书面借款手续，应当根据以下因素综合判定：（1）有无正当、合理的借款事由；（2）款项的去向；（3）双方平时关系如何、有无经济往来；（4）出借方是否要求国家工作人员利用职务上的便利为其谋取利益；（5）借款后是否有归还的意思表示及行为；（6）是否有归还的能力；（7）未归还的原因；等等。

（七）涉及股票受贿案件的认定

在办理涉及股票的受贿案件时，应当注意：（1）国家工作人员利用职务上的便利，索取或非法收受股票，没有支付股本金，为他人谋取利益，构成受贿罪的，其受贿数额按照收受股票时的实际价格计算。（2）行为人支付股本金而购买较有可能升值的股票，由于不是无偿收受请托人财物，不以受贿罪论处。（3）股票已上市且已升值，行为人仅支付股本金，其"购买"股票时的实际价格与股本金的差价部分应认定为受贿。

四、关于挪用公款罪

（一）单位决定将公款给个人使用行为的认定

经单位领导集体研究决定将公款给个人使用，或者单位负责人为了单位的利益，决定将公款给个人使用的，不以挪用公款罪定罪处罚。上述行为致使单位遭受重大损失，构成其他犯罪的，依照刑法的有关规定对责任人员定罪处罚。

（二）挪用公款供其他单位使用行为的认定

根据全国人大常委会《关于〈中华人民共和国刑法〉第三百八十四条第一款的解释》的规定，"以个人名义将公款供其他单位使用的"、"个人决定以单位名义将公款供其他单位使用，谋取个人利益的"，属于挪用公款"归个人使用"。在司法实践中，对于将公款供其他单位使用的，认定是否属于"以个人名义"，不能只看形式，要从实质上把握。对于行为人逃避财务监管，或者与使用人约定以个人名义进行，或者借款、还款都以个人名义进行，将公款给其他单位使用的，应认定为"以个人名义"。"个人决定"既包括行为人在职权范围内决定，也包括超越职权范围决定。"谋取个人利益"，既包括行为人与使用人事先约定谋取个人利益实际尚未获取的情况，也包括虽未事先约定但实际已获取了个人利益的情况。其中的"个人利益"，既包括不正当利益，也包括正当利益；既包括财产性利益，也包括非财产性利益，但这种非财产性利益应当是具体的实际利益，如升学、就业等。

（三）国有单位领导向其主管的具有法人资格的下级单位借公款归个人使用的认定

国有单位领导利用职务上的便利指令具有法人资格的下级单位将公款供个人使用

的，属于挪用公款行为，构成犯罪的，应以挪用公款罪定罪处罚。

（四）挪用有价证券、金融凭证用于质押行为性质的认定

挪用金融凭证、有价证券用于质押，使公款处于风险之中，与挪用公款为他人提供担保没有实质的区别，符合刑法关于挪用公款罪规定的，以挪用公款罪定罪处罚，挪用公款数额以实际或者可能承担的风险数额认定。

（五）挪用公款归还个人欠款行为性质的认定

挪用公款归还个人欠款的，应当根据产生欠款的原因分别认定属于挪用公款的何种情形。归还个人进行非法活动或者进行营利活动产生的欠款，应当认定为挪用公款进行非法活动或者进行营利活动。

（六）挪用公款用于注册公司、企业行为性质的认定

申报注册资本是为进行生产经营活动作准备，属于成立公司、企业进行营利活动的组成部分。因此，挪用公款归个人用于公司、企业注册资本验资证明的，应当认定为挪用公款进行营利活动。

（七）挪用公款后尚未投入实际使用的行为性质的认定

挪用公款后尚未投入实际使用的，只要同时具备“数额较大”和“超过三个月未还”的构成要件，应当认定为挪用公款罪，但可以酌情从轻处罚。

（八）挪用公款转化为贪污的认定

挪用公款罪与贪污罪的主要区别在于行为人主观上是否具有非法占有公款的目的。挪用公款是否转化为贪污，应当按照主客观相一致的原则，具体判断和认定行为人主观上是否具有非法占有公款的目的。在司法实践中，具有以下情形之一的，可以认定行为人具有非法占有公款的目的：

1. 根据《最高人民法院关于审理挪用公款案件具体应用法律若干问题的解释》第六条的规定，行为人“携带挪用的公款潜逃的”，对其携带挪用的公款部分，以贪污罪定罪处罚。

2. 行为人挪用公款后采取虚假发票平帐、销毁有关帐目等手段，使所挪用的公款已难以在单位财务帐目上反映出来，且没有归还行为的，应当以贪污罪定罪处罚。

3. 行为人截取单位收入不入帐，非法占有，使所占有的公款难以在单位财务帐目上反映出来，且没有归还行为的，应当以贪污罪定罪处罚。

4. 有证据证明行为人有能力归还所挪用的公款而拒不归还，并隐瞒挪用的公款去向的，应当以贪污罪定罪处罚。

五、关于巨额财产来源不明罪

（一）行为人不能说明巨额财产来源合法的认定

刑法第三百九十五条第一款规定的“不能说明”，包括以下情况：（1）行为人拒不说明财产来源；（2）行为人无法说明财产的具体来源；（3）行为人所说的财产来源经司法机关查证并不属实；（4）行为人所说的财产来源因线索不具体等原因，司法机关无法查实，但能排除存在来源合法的可能性和合理性的。

（二）“非法所得”的数额计算

刑法第三百九十五条规定的“非法所得”，一般是指行为人的全部财产与能够认定的所有支出的总和减去能够证实的有真实来源的所得。在具体计算时，应注意以下问题：（1）应把国家工作人员个人财产和与其共同生活的家庭成员的财产、支出等一并计算，而且一并减去他们所有的合法收入以及确属与其共同生活的家庭成员个人的非法收入；（2）行为人所有的财产包括房产、家具、生活用品、学习用品及股票、债券、存款等动产和不动产；行为人的支出包括合法支出和不合法的支出，包括日常生活、工作、学习费用、罚款及向他人行贿的财物等；行为人的合法收入包括工资、奖金、稿酬、继承等法律和政策允许的各种收入；（3）为了便于计算犯罪数额，对于行为人的财产和合法收入，一般可以从行为人有比较确定的收入和财产时开始计算。

六、关于渎职罪

（一）渎职犯罪行为造成的公共财产重大损失的认定

根据刑法规定，玩忽职守、滥用职权等渎职犯罪是以致使公共财产、国家和人民利益遭受重大损失为构成要件的。其中，公共财产的重大损失，通常是指渎职行为已经造成的重大经济损失。在司法实践中，有以下情形之一的，虽然公共财产作为债权存在，但已无法实现债权的，可以认定为行为人的渎职行为造成了经济损失：（1）债务人已经法定程序被宣告破产；（2）债务人潜逃，去向不明；（3）因行为人责任，致使超过诉讼时效；（4）有证据证明债权无法实现的其他情况。

（二）玩忽职守罪的追诉时效

玩忽职守行为造成的重大损失当时没有发生，而是玩忽职守行为之后一定时间发生的，应从危害结果发生之日起计算玩忽职守罪的追诉期限。

（三）国有公司、企业人员渎职犯罪的法律适用

对于1999年12月24日《中华人民共和国刑法修正案》实施以前发生的国有公司、企业人员渎职行为（不包括徇私舞弊行为），尚未处理或者正在处理的，不能按

照刑法修正案追究刑事责任。

（四）关于“徇私”的理解

徇私舞弊型渎职犯罪的“徇私”应理解为徇个人私情、私利。国家机关工作人员为了本单位的利益，实施滥用职权、玩忽职守行为，构成犯罪的，依照刑法第三百九十七条第一款的规定定罪处罚。

最高人民法院、最高人民检察院
关于办理贪污贿赂刑事案件适用法律若干问题的解释

2016 年 4 月 18 日　　　　法释〔2016〕9 号

为依法惩治贪污贿赂犯罪活动，根据刑法有关规定，现就办理贪污贿赂刑事案件适用法律的若干问题解释如下：

第一条　贪污或者受贿数额在三万元以上不满二十万元的，应当认定为刑法第三百八十三条第一款规定的“数额较大”，依法判处三年以下有期徒刑或者拘役，并处罚金。

贪污数额在一万元以上不满三万元，具有下列情形之一的，应当认定为刑法第三百八十三条第一款规定的“其他较重情节”，依法判处三年以下有期徒刑或者拘役，并处罚金：

（一）贪污救灾、抢险、防汛、优抚、扶贫、移民、救济、防疫、社会捐助等特定款物的；

（二）曾因贪污、受贿、挪用公款受过党纪、行政处分的；

（三）曾因故意犯罪受过刑事追究的；

（四）赃款赃物用于非法活动的；

（五）拒不交待赃款赃物去向或者拒不配合追缴工作，致使无法追缴的；

（六）造成恶劣影响或者其他严重后果的。

受贿数额在一万元以上不满三万元，具有前款第二项至第六项规定的情形之一，或者具有下列情形之一的，应当认定为刑法第三百八十三条第一款规定的“其他较重

情节”，依法判处三年以下有期徒刑或者拘役，并处罚金：

（一）多次索贿的；

（二）为他人谋取不正当利益，致使公共财产、国家和人民利益遭受损失的；

（三）为他人谋取职务提拔、调整的。

第二条 贪污或者受贿数额在二十万元以上不满三百万元的，应当认定为刑法第三百八十三条第一款规定的“数额巨大”，依法判处三年以上十年以下有期徒刑，并处罚金或者没收财产。

贪污数额在十万元以上不满二十万元，具有本解释第一条第二款规定的情形之一的，应当认定为刑法第三百八十三条第一款规定的“其他严重情节”，依法判处三年以上十年以下有期徒刑，并处罚金或者没收财产。

受贿数额在十万元以上不满二十万元，具有本解释第一条第三款规定的情形之一的，应当认定为刑法第三百八十三条第一款规定的“其他严重情节”，依法判处三年以上十年以下有期徒刑，并处罚金或者没收财产。

第三条 贪污或者受贿数额在三百万元以上的，应当认定为刑法第三百八十三条第一款规定的“数额特别巨大”，依法判处十年以上有期徒刑、无期徒刑或者死刑，并处罚金或者没收财产。

贪污数额在一百五十万元以上不满三百万元，具有本解释第一条第二款规定的情形之一的，应当认定为刑法第三百八十三条第一款规定的“其他特别严重情节”，依法判处十年以上有期徒刑、无期徒刑或者死刑，并处罚金或者没收财产。

受贿数额在一百五十万元以上不满三百万元，具有本解释第一条第三款规定的情形之一的，应当认定为刑法第三百八十三条第一款规定的“其他特别严重情节”，依法判处十年以上有期徒刑、无期徒刑或者死刑，并处罚金或者没收财产。

第四条 贪污、受贿数额特别巨大，犯罪情节特别严重、社会影响特别恶劣、给国家和人民利益造成特别重大损失的，可以判处死刑。

符合前款规定的情形，但具有自首，立功，如实供述自己罪行、真诚悔罪、积极退赃，或者避免、减少损害结果的发生等情节，不是必须立即执行的，可以判处死刑缓期二年执行。

符合第一款规定情形的，根据犯罪情节等情况可以判处死刑缓期二年执行，同时裁判决定在其死刑缓期执行二年期满依法减为无期徒刑后，终身监禁，不得减刑、假释。

第五条 挪用公款归个人使用，进行非法活动，数额在三万元以上的，应当依照刑法第三百八十四条的规定以挪用公款罪追究刑事责任；数额在三百万元以上的，应当认定为刑法第三百八十四条第一款规定的“数额巨大”。具有下列情形之一的，应当认定为刑法第三百八十四条第一款规定的“情节严重”：

（一）挪用公款数额在一百万元以上的；

（二）挪用救灾、抢险、防汛、优抚、扶贫、移民、救济特定款物，数额在五十万元以上不满一百万元的；

（三）挪用公款不退还，数额在五十万元以上不满一百万元的；

（四）其他严重的情节。

第六条 挪用公款归个人使用，进行营利活动或者超过三个月未还，数额在五万元以上的，应当认定为刑法第三百八十四条第一款规定的“数额较大”；数额在五百万元以上的，应当认定为刑法第三百八十四条第一款规定的“数额巨大”。具有下列情形之一的，应当认定为刑法第三百八十四条第一款规定的“情节严重”：

（一）挪用公款数额在二百万元以上的；

（二）挪用救灾、抢险、防汛、优抚、扶贫、移民、救济特定款物，数额在一百万元以上不满二百万元的；

（三）挪用公款不退还，数额在一百万元以上不满二百万元的；

（四）其他严重的情节。

第七条 为谋取不正当利益，向国家工作人员行贿，数额在三万元以上的，应当依照刑法第三百九十条的规定以行贿罪追究刑事责任。

行贿数额在一万元以上不满三万元，具有下列情形之一的，应当依照刑法第三百九十条的规定以行贿罪追究刑事责任：

（一）向三人以上行贿的；

（二）将违法所得用于行贿的；

（三）通过行贿谋取职务提拔、调整的；

（四）向负有食品、药品、安全生产、环境保护等监督管理职责的国家工作人员行贿，实施非法活动的；

（五）向司法工作人员行贿，影响司法公正的；

（六）造成经济损失数额在五十万元以上不满一百万元的。

第八条 犯行贿罪，具有下列情形之一的，应当认定为刑法第三百九十条第一款规定的“情节严重”：

（一）行贿数额在一百万元以上不满五百万元的；

（二）行贿数额在五十万元以上不满一百万元，并具有本解释第七条第二款第一项至第五项规定的情形之一的；

（三）其他严重的情节。

为谋取不正当利益，向国家工作人员行贿，造成经济损失数额在一百万元以上不满五百万元的，应当认定为刑法第三百九十条第一款规定的“使国家利益遭受重大损失”。

第九条 犯行贿罪，具有下列情形之一的，应当认定为刑法第三百九十条第一款规定的“情节特别严重”：

（一）行贿数额在五百万元以上的；

（二）行贿数额在二百五十万元以上不满五百万元，并具有本解释第七条第二款第一项至第五项规定的情形之一的；

（三）其他特别严重的情节。

为谋取不正当利益，向国家工作人员行贿，造成经济损失数额在五百万元以上的，应当认定为刑法第三百九十条第一款规定的“使国家利益遭受特别重大损失”。

第十条 刑法第三百八十八条之一规定的利用影响力受贿罪的定罪量刑适用标准，参照本解释关于受贿罪的规定执行。

刑法第三百九十条之一规定的对有影响力的人行贿罪的定罪量刑适用标准，参照本解释关于行贿罪的规定执行。

单位对有影响力的人行贿数额在二十万元以上的，应当依照刑法第三百九十条之一的规定以对有影响力的人行贿罪追究刑事责任。

第十一条 刑法第一百六十三条规定的非国家工作人员受贿罪、第二百七十一条规定的职务侵占罪中的“数额较大”“数额巨大”的数额起点，按照本解释关于受贿罪、贪污罪相对应的数额标准规定的二倍、五倍执行。

刑法第二百七十二条规定的挪用资金罪中的“数额较大”“数额巨大”以及“进行非法活动”情形的数额起点，按照本解释关于挪用公款罪“数额较大”“情节严重”以及“进行非法活动”的数额标准规定的二倍执行。

刑法第一百六十四条第一款规定的对非国家工作人员行贿罪中的“数额较大”“数额巨大”的数额起点，按照本解释第七条、第八条第一款关于行贿罪的数额标准规定的二倍执行。

第十二条 贿赂犯罪中的“财物”，包括货币、物品和财产性利益。财产性利益包括可以折算为货币的物质利益如房屋装修、债务免除等，以及需要支付货币的其他利益如会员服务、旅游等。后者的犯罪数额，以实际支付或者应当支付的数额计算。

第十三条 具有下列情形之一的，应当认定为“为他人谋取利益”，构成犯罪的，应当依照刑法关于受贿犯罪的规定定罪处罚：

（一）实际或者承诺为他人谋取利益的；

（二）明知他人有具体请托事项的；

（三）履职时未被请托，但事后基于该履职事由收受他人财物的。

国家工作人员索取、收受具有上下级关系的下属或者具有行政管理关系的被管理人员的财物价值三万元以上，可能影响职权行使的，视为承诺为他人谋取利益。

第十四条 根据行贿犯罪的事实、情节，可能被判处三年有期徒刑以下刑罚的，可以认定为刑法第三百九十条第二款规定的“犯罪较轻”。

根据犯罪的事实、情节，已经或者可能被判处十年有期徒刑以上刑罚的，或者案件在本省、自治区、直辖市或者全国范围内有较大影响的，可以认定为刑法第三百九十条第二款规定的“重大案件”。

具有下列情形之一的，可以认定为刑法第三百九十条第二款规定的“对侦破重大案件起关键作用”：

（一）主动交待办案机关未掌握的重大案件线索的；

（二）主动交待的犯罪线索不属于重大案件的线索，但该线索对于重大案件侦破有重要作用的；

（三）主动交待行贿事实，对于重大案件的证据收集有重要作用的；

（四）主动交待行贿事实，对于重大案件的追逃、追赃有重要作用的。

第十五条 对多次受贿未经处理的，累计计算受贿数额。

国家工作人员利用职务上的便利为请托人谋取利益前后多次收受请托人财物，受请托之前收受的财物数额在一万元以上的，应当一并计入受贿数额。

第十六条 国家工作人员出于贪污、受贿的故意，非法占有公共财物、收受他人财物之后，将赃款赃物用于单位公务支出或者社会捐赠的，不影响贪污罪、受贿罪的认定，但量刑时可以酌情考虑。

特定关系人索取、收受他人财物，国家工作人员知道后未退还或者上交的，应当认定国家工作人员具有受贿故意。

第十七条 国家工作人员利用职务上的便利，收受他人财物，为他人谋取利益，同时构成受贿罪和刑法分则第三章第三节、第九章规定的渎职犯罪的，除刑法另有规定外，以受贿罪和渎职犯罪数罪并罚。

第十八条 贪污贿赂犯罪分子违法所得的一切财物，应当依照刑法第六十四条的规定予以追缴或者责令退赔，对被害人的合法财产应当及时返还。对尚未追缴到案或者尚未足额退赔的违法所得，应当继续追缴或者责令退赔。

第十九条 对贪污罪、受贿罪判处三年以下有期徒刑或者拘役的，应当并处十万元以上五十万元以下的罚金；判处三年以上十年以下有期徒刑的，应当并处二十万元以上犯罪数额二倍以下的罚金或者没收财产；判处十年以上有期徒刑或者无期徒刑的，应当并处五十万元以上犯罪数额二倍以下的罚金或者没收财产。

对刑法规定并处罚金的其他贪污贿赂犯罪，应当在十万元以上犯罪数额二倍以下判处罚金。

第二十条 本解释自 2016 年 4 月 18 日起施行。最高人民法院、最高人民检察院此前发布的司法解释与本解释不一致的，以本解释为准。

最高人民法院、最高人民检察院
关于办理渎职刑事案件适用法律若干问题的解释（一）

2013 年 1 月 9 日　　　　法释〔2012〕18 号

为依法惩治渎职犯罪，根据刑法有关规定，现就办理渎职刑事案件适用法律的若干问题解释如下：

第一条 国家机关工作人员滥用职权或者玩忽职守，具有下列情形之一的，应当认定为刑法第三百九十七条规定的“致使公共财产、国家和人民利益遭受重大损失”：

（一）造成死亡 1 人以上，或者重伤 3 人以上，或者轻伤 9 人以上，或者重伤 2 人、轻伤 3 人以上，或者重伤 1 人、轻伤 6 人以上的；

（二）造成经济损失 30 万元以上的；

（三）造成恶劣社会影响的；

（四）其他致使公共财产、国家和人民利益遭受重大损失的情形。

具有下列情形之一的，应当认定为刑法第三百九十七条规定的“情节特别严重”：

（一）造成伤亡达到前款第（一）项规定人数 3 倍以上的；

（二）造成经济损失 150 万元以上的；

（三）造成前款规定的损失后果，不报、迟报、谎报或者授意、指使、强令他人不报、迟报、谎报事故情况，致使损失后果持续、扩大或者抢救工作延误的；

（四）造成特别恶劣社会影响的；

（五）其他特别严重的情节。

第二条 国家机关工作人员实施滥用职权或者玩忽职守犯罪行为，触犯刑法分则第九章第三百九十八条至第四百一十九条规定的，依照该规定定罪处罚。

国家机关工作人员滥用职权或者玩忽职守，因不具备徇私舞弊等情形，不符合刑法分则第九章第三百九十八条至第四百一十九条的规定，但依法构成第三百九十七条规定的犯罪的，以滥用职权罪或者玩忽职守罪定罪处罚。

第三条 国家机关工作人员实施渎职犯罪并收受贿赂，同时构成受贿罪的，除刑法另有规定外，以渎职犯罪和受贿罪数罪并罚。

第四条 国家机关工作人员实施渎职行为，放纵他人犯罪或者帮助他人逃避刑事处罚，构成犯罪的，依照渎职罪的规定定罪处罚。

国家机关工作人员与他人共谋，利用其职务行为帮助他人实施其他犯罪行为，同时构成渎职犯罪和共谋实施的其他犯罪共犯的，依照处罚较重的规定定罪处罚。

国家机关工作人员与他人共谋，既利用其职务行为帮助他人实施其他犯罪，又以非职务行为与他人共同实施该其他犯罪行为，同时构成渎职犯罪和其他犯罪的共犯的，依照数罪并罚的规定定罪处罚。

第五条 国家机关负责人员违法决定，或者指使、授意、强令其他国家机关工作人员违法履行职务或者不履行职务，构成刑法分则第九章规定的渎职犯罪的，应当依法追究刑事责任。

以“集体研究”形式实施的渎职犯罪，应当依照刑法分则第九章的规定追究国家机关负有责任的人员的刑事责任。对于具体执行人员，应当在综合认定其行为性质、是否提出反对意见、危害结果大小等情节的基础上决定是否追究刑事责任和应当判处的刑罚。

第六条 以危害结果为条件的渎职犯罪的追诉期限，从危害结果发生之日起计算；有数个危害结果的，从最后一个危害结果发生之日起计算。

第七条 依法或者受委托行使国家行政管理职权的公司、企业、事业单位的工作人员，在行使行政管理职权时滥用职权或者玩忽职守，构成犯罪的，应当依照《全国人民代表大会常务委员会关于〈中华人民共和国刑法〉第九章渎职罪主体适用问题的解释》的规定，适用渎职罪的规定追究刑事责任。

第八条 本解释规定的“经济损失”，是指渎职犯罪或者与渎职犯罪相关联的犯罪立案时已经实际造成的财产损失，包括为挽回渎职犯罪所造成损失而支付的各种开支、费用等。立案后至提起公诉前持续发生的经济损失，应一并计入渎职犯罪造成的经济损失。

债务人经法定程序被宣告破产，债务人潜逃、去向不明，或者因行为人的责任超过诉讼时效等，致使债权已经无法实现的，无法实现的债权部分应当认定为渎职犯罪的经济损失。

渎职犯罪或者与渎职犯罪相关联的犯罪立案后，犯罪分子及其亲友自行挽回的经济损失，司法机关或者犯罪分子所在单位及其上级主管部门挽回的经济损失，或者因客观原因减少的经济损失，不予扣减，但可以作为酌定从轻处罚的情节。

第九条 负有监督管理职责的国家机关工作人员滥用职权或者玩忽职守，致使不符合安全标准的食品、有毒有害食品、假药、劣药等流入社会，对人民群众生命、健康造成严重危害后果的，依照渎职罪的规定从严惩处。

第十条 最高人民法院、最高人民检察院此前发布的司法解释与本解释不一致的，以本解释为准。

最高人民法院、最高人民检察院
印发《关于办理职务犯罪案件严格适用缓刑、免予刑事处罚若干问题的意见》的通知

法发〔2012〕17号

各省、自治区、直辖市高级人民法院、人民检察院、解放军军事法院、军事检察院、新疆维吾尔自治区高级人民法院生产建设兵团分院、新疆生产建设兵团人民检察院：

现将最高人民法院、最高人民检察院《关于办理职务犯罪案件严格适用缓刑、免予刑事处罚若干问题的意见》印发给你们，请认真贯彻执行。

2012年8月8日

关于办理职务犯罪案件严格适用缓刑、免予刑事处罚若干问题的意见

为进一步规范贪污贿赂、渎职等职务犯罪案件缓刑、免予刑事处罚的适用，确保办理职务犯罪案件的法律效果和社会效果，根据刑法有关规定并结合司法工作实际，就职务犯罪案件缓刑、免予刑事处罚的具体适用问题，提出以下意见：

一、严格掌握职务犯罪案件缓刑、免予刑事处罚的适用。职务犯罪案件的刑罚适用直接关系反腐败工作的实际效果。人民法院、人民检察院要深刻认识职务犯罪的严重社会危害性，正确贯彻宽严相济刑事政策，充分发挥刑罚的惩治和预防功能。要在全面把握犯罪事实和量刑情节的基础上严格依照刑法规定的条件适用缓刑、免予刑事处罚，既要考虑从宽情节，又要考虑从严情节；既要做到刑罚与犯罪相当，又要做到刑罚执行方式与犯罪相当，切实避免缓刑、免予刑事处罚不当适用造成的消极影响。

二、具有下列情形之一的职务犯罪分子，一般不适用缓刑或者免予刑事处罚：

（一）不如实供述罪行的；

（二）不予退缴赃款赃物或者将赃款赃物用于非法活动的；

（三）属于共同犯罪中情节严重的主犯的；

（四）犯有数个职务犯罪依法实行并罚或者以一罪处理的；

（五）曾因职务违纪违法行为受过行政处分的；

（六）犯罪涉及的财物属于救灾、抢险、防汛、优抚、扶贫、移民、救济、防疫等特定款物的；

（七）受贿犯罪中具有索贿情节的；

（八）渎职犯罪中徇私舞弊情节或者滥用职权情节恶劣的；

（九）其他不应适用缓刑、免予刑事处罚的情形。

三、不具有本意见第二条规定的情形，全部退缴赃款赃物，依法判处三年有期徒刑以下刑罚，符合刑法规定的缓刑适用条件的贪污、受贿犯罪分子，可以适用缓刑；符合刑法第三百八十三条第一款第（三）项的规定，依法不需要判处刑罚的，可以免予刑事处罚。

不具有本意见第二条所列情形，挪用公款进行营利活动或者超过三个月未还构成犯罪，一审宣判前已将公款归还，依法判处三年有期徒刑以下刑罚，符合刑法规定的缓刑适用条件的，可以适用缓刑；在案发前已归还，情节轻微，不需要判处刑罚的，可以免予刑事处罚。

四、人民法院审理职务犯罪案件时应当注意听取检察机关、被告人、辩护人提出的量刑意见，分析影响性案件案发前后的社会反映，必要时可以征求案件查办等机关的意见。对于情节恶劣、社会反映强烈的职务犯罪案件，不得适用缓刑、免予刑事处罚。

五、对于具有本意见第二条规定的情形之一，但根据全案事实和量刑情节，检察机关认为确有必要适用缓刑或者免予刑事处罚并据此提出量刑建议的，应经检察委员会讨论决定；审理法院认为确有必要适用缓刑或者免予刑事处罚的，应经审判委员会讨论决定。

最高人民法院、最高人民检察院
关于印发《关于办理商业贿赂刑事案件适用法律若干问题的意见》的通知

法发〔2008〕33 号

各省、自治区、直辖市高级人民法院、人民检察院，解放军军事法院、军事检察院，新疆维吾尔自治区高级人民法院生产建设兵团分院、新疆生产建设兵团人民检察院：

现将最高人民法院、最高人民检察院《关于办理商业贿赂刑事案件适用法律若干问题的意见》印发给你们，请认真贯彻执行。

2008 年 11 月 20 日

最高人民法院、最高人民检察院
关于办理商业贿赂刑事案件适用法律若干问题的意见

为依法惩治商业贿赂犯罪，根据刑法有关规定，结合办案工作实际，现就办理商业贿赂刑事案件适用法律的若干问题，提出如下意见：

一、商业贿赂犯罪涉及刑法规定的以下八种罪名：（1）非国家工作人员受贿罪（刑法第一百六十三条）；（2）对非国家工作人员行贿罪（刑法第一百六十四条）；（3）受贿罪（刑法第三百八十五条）；（4）单位受贿罪（刑法第三百八十七条）；（5）行贿罪（刑法第三百八十九条）；（6）对单位行贿罪（刑法第三百九十一条）；（7）介绍贿赂罪（刑法第三百九十二条）；（8）单位行贿罪（刑法第三百九十三条）。

二、刑法第一百六十三条、第一百六十四条规定的“其他单位”，既包括事业单位、社会团体、村民委员会、居民委员会、村民小组等常设性的组织，也包括为组织体育赛事、文艺演出或者其他正当活动而成立的组委会、筹委会、工程承包队等非常设性的组织。

三、刑法第一百六十三条、第一百六十四条规定的“公司、企业或者其他单位的工作人员”，包括国有公司、企业以及其他国有单位中的非国家工作人员。

四、医疗机构中的国家工作人员，在药品、医疗器械、医用卫生材料等医药产品采购活动中，利用职务上的便利，索取销售方财物，或者非法收受销售方财物，为销售方谋取利益，构成犯罪的，依照刑法第三百八十五条的规定，以受贿罪定罪处罚。

医疗机构中的非国家工作人员，有前款行为，数额较大的，依照刑法第一百六十三条的规定，以非国家工作人员受贿罪定罪处罚。

医疗机构中的医务人员，利用开处方的职务便利，以各种名义非法收受药品、医疗器械、医用卫生材料等医药产品销售方财物，为医药产品销售方谋取利益，数额较大的，依照刑法第一百六十三条的规定，以非国家工作人员受贿罪定罪处罚。

五、学校及其他教育机构中的国家工作人员，在教材、教具、校服或者其他物品的采购等活动中，利用职务上的便利，索取销售方财物，或者非法收受销售方财物，为销售方谋取利益，构成犯罪的，依照刑法第三百八十五条的规定，以受贿罪定罪处罚。

学校及其他教育机构中的非国家工作人员，有前款行为，数额较大的，依照刑法第一百六十三条的规定，以非国家工作人员受贿罪定罪处罚。

学校及其他教育机构中的教师，利用教学活动的职务便利，以各种名义非法收受教材、教具、校服或者其他物品销售方财物，为教材、教具、校服或者其他物品销售方谋取利益，数额较大的，依照刑法第一百六十三条的规定，以非国家工作人员受贿罪定罪处罚。

六、依法组建的评标委员会、竞争性谈判采购中谈判小组、询价采购中询价小组的组成人员，在招标、政府采购等事项的评标或者采购活动中，索取他人财物或者非法收受他人财物，为他人谋取利益，数额较大的，依照刑法第一百六十三条的规定，以非国家工作人员受贿罪定罪处罚。

依法组建的评标委员会、竞争性谈判采购中谈判小组、询价采购中询价小组中国家机关或者其他国有单位的代表有前款行为的，依照刑法第三百八十五条的规定，以受贿罪定罪处罚。

七、商业贿赂中的财物，既包括金钱和实物，也包括可以用金钱计算数额的财产性利益，如提供房屋装修、含有金额的会员卡、代币卡（券）、旅游费用等。具体数额以实际支付的资费为准。

八、收受银行卡的，不论受贿人是否实际取出或者消费，卡内的存款数额一般应全额认定为受贿数额。使用银行卡透支的，如果由给予银行卡的一方承担还款责任，透支数额也应当认定为受贿数额。

九、在行贿犯罪中，“谋取不正当利益”，是指行贿人谋取违反法律、法规、规章或者政策规定的利益，或者要求对方违反法律、法规、规章、政策、行业规范的规定提供帮助或者方便条件。

在招标投标、政府采购等商业活动中，违背公平原则，给予相关人员财物以谋取竞争优势的，属于“谋取不正当利益”。

十、办理商业贿赂犯罪案件，要注意区分贿赂与馈赠的界限。主要应当结合以下因素全面分析、综合判断：（1）发生财物往来的背景，如双方是否存在亲友关系及历史上交往的情形和程度；（2）往来财物的价值；（3）财物往来的缘由、时机和方式，提供财物方对于接受方有无职务上的请托；（4）接受方是否利用职务上的便利为提供方谋取利益。

十一、非国家工作人员与国家工作人员通谋，共同收受他人财物，构成共同犯罪的，根据双方利用职务便利的具体情形分别定罪追究刑事责任：

（1）利用国家工作人员的职务便利为他人谋取利益的，以受贿罪追究刑事责任。

（2）利用非国家工作人员的职务便利为他人谋取利益的，以非国家工作人员受贿罪追究刑事责任。

（3）分别利用各自的职务便利为他人谋取利益的，按照主犯的犯罪性质追究刑事责任，不能分清主从犯的，可以受贿罪追究刑事责任。

最高人民法院
关于处理自首和立功具体应用法律若干问题的解释

1998年5月9日　　法释〔1998〕8号

为正确认定自首和立功，对具有自首或者立功表现的犯罪分子依法适用刑罚，现就具体应用法律的若干问题解释如下：

第一条　根据刑法第六十七条第一款的规定，犯罪以后自动投案，如实供述自己的罪行的，是自首。

（一）自动投案，是指犯罪事实或者犯罪嫌疑人未被司法机关发觉，或者虽被发觉，但犯罪嫌疑人尚未受到讯问、未被采取强制措施时，主动、直接向公安机关、人民检察院或者人民法院投案。

犯罪嫌疑人向其所在单位、城乡基层组织或者其他有关负责人员投案的；犯罪嫌疑人因病、伤或者为了减轻犯罪后果，委托他人先代为投案，或者先以信电投案的；罪行尚未被司法机关发觉，仅因形迹可疑，被有关组织或者司法机关盘问、教育后，主动交代自己的罪行的；犯罪后逃跑，在被通缉、追捕过程中，主动投案的；经查实确已准备去投案，或者正在投案途中，被公安机关捕获的，应当视为自动投案。

并非出于犯罪嫌疑人主动，而是经亲友规劝、陪同投案的；公安机关通知犯罪嫌疑人的亲友，或者亲友主动报案后，将犯罪嫌疑人送去投案的，也应当视为自动投案。

犯罪嫌疑人自动投案后又逃跑的，不能认定为自首。

（二）如实供述自己的罪行，是指犯罪嫌疑人自动投案后，如实交代自己的主要犯罪事实。

犯有数罪的犯罪嫌疑人仅如实供述所犯数罪中部分犯罪的，只对如实供述部分犯罪的行为，认定为自首。

共同犯罪案件中的犯罪嫌疑人，除如实供述自己的罪行，还应当供述所知的同案犯，主犯则应当供述所知其他同案犯的共同犯罪事实，才能认定为自首。

犯罪嫌疑人自动投案并如实供述自己的罪行后又翻供的，不能认定为自首；但在一审判决前又能如实供述的，应当认定为自首。

第二条 根据刑法第六十七条第二款的规定，被采取强制措施的犯罪嫌疑人、被告人和已宣判的罪犯，如实供述司法机关尚未掌握的罪行，与司法机关已掌握的或者判决确定的罪行属不同种罪行的，以自首论。

第三条 根据刑法第六十七条第一款的规定，对于自首的犯罪分子，可以从轻或者减轻处罚；对于犯罪较轻的，可以免除处罚。具体确定从轻、减轻还是免除处罚，应当根据犯罪轻重，并考虑自首的具体情节。

第四条 被采取强制措施的犯罪嫌疑人、被告人和已宣判的罪犯，如实供述司法机关尚未掌握的罪行，与司法机关已掌握的或者判决确定的罪行属同种罪行的，可以酌情从轻处罚；如实供述的同种罪行较重的，一般应当从轻处罚。

第五条 根据刑法第六十八条第一款的规定，犯罪分子到案后有检举、揭发他人犯罪行为，包括共同犯罪案件中的犯罪分子揭发同案犯共同犯罪以外的其他犯罪，经查证属实；提供侦破其他案件的重要线索，经查证属实；阻止他人犯罪活动；协助司法机关抓捕其他犯罪嫌疑人（包括同案犯）；具有其他有利于国家和社会的突出表现的，应当认定为有立功表现。

第六条 共同犯罪案件的犯罪分子到案后，揭发同案犯共同犯罪事实的，可以酌情予以从轻处罚。

第七条 根据刑法第六十八条第一款的规定，犯罪分子有检举、揭发他人重大犯罪行为，经查证属实；提供侦破其他重大案件的重要线索，经查证属实；阻止他人重大犯罪活动；协助司法机关抓捕其他重大犯罪嫌疑人（包括同案犯）；对国家和社会有其他重大贡献等表现的，应当认定为有重大立功表现。

最高人民法院、最高人民检察院
关于印发《关于办理受贿刑事案件适用法律若干问题的意见》的通知

法发〔2007〕22号

各省、自治区、直辖市高级人民法院、人民检察院，解放军军事法院、军事检察院，新疆维吾尔自治区高级人民法院生产建设兵团分院、新疆生产建设兵团人民检察院：

现将《最高人民法院、最高人民检察院关于办理受贿刑事案件适用法律若干问题的意见》印发给你们，请认真贯彻执行。

2007年7月8日

最高人民法院、最高人民检察院
关于办理受贿刑事案件适用法律若干问题的意见

为依法惩治受贿犯罪活动，根据刑法有关规定，现就办理受贿刑事案件具体适用

法律若干问题，提出以下意见：

一、关于以交易形式收受贿赂问题

国家工作人员利用职务上的便利为请托人谋取利益，以下列交易形式收受请托人财物的，以受贿论处：

（1）以明显低于市场的价格向请托人购买房屋、汽车等物品的；

（2）以明显高于市场的价格向请托人出售房屋、汽车等物品的；

（3）以其他交易形式非法收受请托人财物的。

受贿数额按照交易时当地市场价格与实际支付价格的差额计算。

前款所列市场价格包括商品经营者事先设定的不针对特定人的最低优惠价格。根据商品经营者事先设定的各种优惠交易条件，以优惠价格购买商品的，不属于受贿。

二、关于收受干股问题

干股是指未出资而获得的股份。国家工作人员利用职务上的便利为请托人谋取利益，收受请托人提供的干股的，以受贿论处。进行了股权转让登记，或者相关证据证明股份发生了实际转让的，受贿数额按转让行为时股份价值计算，所分红利按受贿孳息处理。股份未实际转让，以股份分红名义获取利益的，实际获利数额应当认定为受贿数额。

三、关于以开办公司等合作投资名义收受贿赂问题

国家工作人员利用职务上的便利为请托人谋取利益，由请托人出资，“合作”开办公司或者进行其他“合作”投资的，以受贿论处。受贿数额为请托人给国家工作人员的出资额。

国家工作人员利用职务上的便利为请托人谋取利益，以合作开办公司或者其他合作投资的名义获取“利润”，没有实际出资和参与管理、经营的，以受贿论处。

四、关于以委托请托人投资证券、期货或者其他委托理财的名义收受贿赂问题

国家工作人员利用职务上的便利为请托人谋取利益，以委托请托人投资证券、期货或者其他委托理财的名义，未实际出资而获取“收益”，或者虽然实际出资，但获取“收益”明显高于出资应得收益的，以受贿论处。受贿数额，前一情形，以“收益”额计算；后一情形，以“收益”额与出资应得收益额的差额计算。

五、关于以赌博形式收受贿赂的认定问题

根据《最高人民法院、最高人民检察院关于办理赌博刑事案件具体应用法律若干问题的解释》第七条规定，国家工作人员利用职务上的便利为请托人谋取利益，通过

赌博方式收受请托人财物的，构成受贿。

实践中应注意区分贿赂与赌博活动、娱乐活动的界限。具体认定时，主要应当结合以下因素进行判断：（1）赌博的背景、场合、时间、次数；（2）赌资来源；（3）其他赌博参与者有无事先通谋；（4）输赢钱物的具体情况和金额大小。

六、关于特定关系人“挂名”领取薪酬问题

国家工作人员利用职务上的便利为请托人谋取利益，要求或者接受请托人以给特定关系人安排工作为名，使特定关系人不实际工作却获取所谓薪酬的，以受贿论处。

七、关于由特定关系人收受贿赂问题

国家工作人员利用职务上的便利为请托人谋取利益，授意请托人以本意见所列形式，将有关财物给予特定关系人的，以受贿论处。

特定关系人与国家工作人员通谋，共同实施前款行为的，对特定关系人以受贿罪的共犯论处。特定关系人以外的其他人与国家工作人员通谋，由国家工作人员利用职务上的便利为请托人谋取利益，收受请托人财物后双方共同占有的，以受贿罪的共犯论处。

八、关于收受贿赂物品未办理权属变更问题

国家工作人员利用职务上的便利为请托人谋取利益，收受请托人房屋、汽车等物品，未变更权属登记或者借用他人名义办理权属变更登记的，不影响受贿的认定。

认定以房屋、汽车等物品为对象的受贿，应注意与借用的区分。具体认定时，除双方交代或者书面协议之外，主要应当结合以下因素进行判断：（1）有无借用的合理事由；（2）是否实际使用；（3）借用时间的长短；（4）有无归还的条件；（5）有无归还的意思表示及行为。

九、关于收受财物后退还或者上交问题

国家工作人员收受请托人财物后及时退还或者上交的，不是受贿。

国家工作人员受贿后，因自身或者与其受贿有关联的人、事被查处，为掩饰犯罪而退还或者上交的，不影响认定受贿罪。

十、关于在职时为请托人谋利，离职后收受财物问题

国家工作人员利用职务上的便利为请托人谋取利益之前或者之后，约定在其离职后收受请托人财物，并在离职后收受的，以受贿论处。

国家工作人员利用职务上的便利为请托人谋取利益，离职前后连续收受请托人财物的，离职前后收受部分均应计入受贿数额。

十一、关于“特定关系人”的范围

本意见所称“特定关系人”，是指与国家工作人员有近亲属、情妇（夫）以及其他共同利益关系的人。

十二、关于正确贯彻宽严相济刑事政策的问题

依照本意见办理受贿刑事案件，要根据刑法关于受贿罪的有关规定和受贿罪权钱交易的本质特征，准确区分罪与非罪、此罪与彼罪的界限，惩处少数，教育多数。在从严惩处受贿犯罪的同时，对于具有自首、立功等情节的，依法从轻、减轻或者免除处罚。

最高人民法院、最高人民检察院
关于办理行贿刑事案件具体应用法律若干问题的解释

2013年1月1日　　法释〔2012〕22号

为依法惩治行贿犯罪活动，根据刑法 有关规定，现就办理行贿刑事案件具体应用法律的若干问题解释如下：

第一条　为谋取不正当利益，向国家工作人员行贿，数额在一万元以上的，应当依照刑法第三百九十条的规定追究刑事责任。

第二条　因行贿谋取不正当利益，具有下列情形之一的，应当认定为刑法第三百九十条第一款规定的“情节严重”：

（一）行贿数额在二十万元以上不满一百万元的；

（二）行贿数额在十万元以上不满二十万元，并具有下列情形之一的：

1. 向三人以上行贿的；

2. 将违法所得用于行贿的；

3. 为实施违法犯罪活动，向负有食品、药品、安全生产、环境保护等监督管理职责的国家工作人员行贿，严重危害民生、侵犯公众生命财产安全的；

4. 向行政执法机关、司法机关的国家工作人员行贿，影响行政执法和司法公正的；

（三）其他情节严重的情形。

第三条 因行贿谋取不正当利益，造成直接经济损失数额在一百万元以上的，应当认定为刑法第三百九十条第一款规定的“使国家利益遭受重大损失”。

第四条 因行贿谋取不正当利益，具有下列情形之一的，应当认定为刑法第三百九十条第一款规定的“情节特别严重”：

（一）行贿数额在一百万元以上的；

（二）行贿数额在五十万元以上不满一百万元，并具有下列情形之一的：

1. 向三人以上行贿的；

2. 将违法所得用于行贿的；

3. 为实施违法犯罪活动，向负有食品、药品、安全生产、环境保护等监督管理职责的国家工作人员行贿，严重危害民生、侵犯公众生命财产安全的；

4. 向行政执法机关、司法机关的国家工作人员行贿，影响行政执法和司法公正的；

（三）造成直接经济损失数额在五百万元以上的；

（四）其他情节特别严重的情形。

第五条 多次行贿未经处理的，按照累计行贿数额处罚。

第六条 行贿人谋取不正当利益的行为构成犯罪的，应当与行贿犯罪实行数罪并罚。

第七条 因行贿人在被追诉前主动交待行贿行为而破获相关受贿案件的，对行贿人不适用刑法第六十八条关于立功的规定，依照刑法第三百九十条第二款的规定，可以减轻或者免除处罚。

单位行贿的，在被追诉前，单位集体决定或者单位负责人决定主动交待单位行贿行为的，依照刑法第三百九十条第二款的规定，对单位及相关责任人员可以减轻处罚或者免除处罚；受委托直接办理单位行贿事项的直接责任人员在被追诉前主动交待自己知道的单位行贿行为的，对该直接责任人员可以依照刑法第三百九十条第二款的规定减轻处罚或者免除处罚。

第八条 行贿人被追诉后如实供述自己罪行的，依照刑法第六十七条第三款的规定，可以从轻处罚；因其如实供述自己罪行，避免特别严重后果发生的，可以减轻处罚。

第九条 行贿人揭发受贿人与其行贿无关的其他犯罪行为，查证属实的，依照刑法第六十八条关于立功的规定，可以从轻、减轻或者免除处罚。

第十条 实施行贿犯罪，具有下列情形之一的，一般不适用缓刑和免予刑事处罚：

（一）向三人以上行贿的；

（二）因行贿受过行政处罚或者刑事处罚的；

（三）为实施违法犯罪活动而行贿的；

（四）造成严重危害后果的；

（五）其他不适用缓刑和免予刑事处罚的情形。

具有刑法第三百九十条第二款规定的情形的，不受前款规定的限制。

第十一条 行贿犯罪取得的不正当财产性利益应当依照刑法第六十四条的规定予以追缴、责令退赔或者返还被害人。

因行贿犯罪取得财产性利益以外的经营资格、资质或者职务晋升等其他不正当利益，建议有关部门依照相关规定予以处理。

第十二条 行贿犯罪中的“谋取不正当利益”，是指行贿人谋取的利益违反法律、法规、规章、政策规定，或者要求国家工作人员违反法律、法规、规章、政策、行业规范的规定，为自己提供帮助或者方便条件。

违背公平、公正原则，在经济、组织人事管理等活动中，谋取竞争优势的，应当认定为“谋取不正当利益”。

第十三条 刑法第三百九十条第二款规定的“被追诉前”，是指检察机关对行贿人的行贿行为刑事立案前。

全国人民代表大会常务委员会
关于《中华人民共和国刑法》第九十三条第二款的解释

（2009年8月27日修正）

全国人民代表大会常务委员会讨论了村民委员会等村基层组织人员在从事哪些工作时属于刑法第九十三条第二款规定的“其他依照法律从事公务的人员”，解释如下：

村民委员会等村基层组织人员协助人民政府从事下列行政管理工作，属于刑法第九十三条第二款规定的“其他依照法律从事公务的人员”：

（一）救灾、抢险、防汛、优抚、扶贫、移民、救济款物的管理；

（二）社会捐助公益事业款物的管理；

（三）国有土地的经营和管理；

（四）土地征收、征用补偿费用的管理；

（五）代征、代缴税款；

（六）有关计划生育、户籍、征兵工作；

（七）协助人民政府从事的其他行政管理工作。

村民委员会等村基层组织人员从事前款规定的公务，利用职务上的便利，非法占有公共财物、挪用公款、索取他人财物或者非法收受他人财物，构成犯罪的，适用刑法第三百八十二条和第三百八十三条贪污罪、第三百八十四条挪用公款罪、第三百八十五条和第三百八十六条受贿罪的规定。

现予公告。

最高人民法院
关于国家工作人员利用职务上的便利为他人谋取利益离退休后收受财物行为如何处理问题的批复

2000 年 6 月 30 日　　法释〔2000〕21 号

江苏省高级人民法院：

你院苏高法〔1999〕65 号《关于国家工作人员在职时为他人谋利，离退休后收受财物是否构成受贿罪的请示》收悉。经研究，答复如下：

国家工作人员利用职务上的便利为请托人谋取利益，并与请托人事先约定，在其离退休后收受请托人财物，构成犯罪的，以受贿罪定罪处罚。

此复。

最高人民法院、最高人民检察院
关于在办理受贿犯罪大要案的同时要严肃查处严重行贿犯罪分子的通知

1999年3月4日　　高检会〔1999〕1号

各省、自治区、直辖市高级人民法院、人民检察院，解放军军事法院、军事检察院：

近一时期，各级人民法院、人民检察院依法严肃惩处了一批严重受贿犯罪分子，取得了良好的社会效果。但是还有一些大肆拉拢、腐蚀国家工作人员的行贿犯罪分子却没有受到应有的法律追究，他们继续进行行贿犯罪，严重危害了党和国家的廉政建设。为依法严肃惩处严重行贿犯罪，特作如下通知：

一、要充分认识严肃惩处行贿犯罪，对于全面落实党中央反腐败工作部署，把反腐败斗争引向深入，从源头上遏制和预防受贿犯罪的重要意义。各级人民法院、人民检察院要把严肃惩处行贿犯罪作为反腐败斗争中的一项重要和紧迫的工作，在继续严肃惩处受贿犯罪分子的同时，对严重行贿犯罪分子，必须依法严肃惩处，坚决打击。

二、对于为谋取不正当利益而行贿，构成行贿罪、向单位行贿罪、单位行贿罪的，必须依法追究刑事责任。“谋取不正当利益”是指谋取违反法律、法规、国家政策和国务院各部门规章规定的利益，以及要求国家工作人员或者有关单位提供违反法律、法规、国家政策和国务院各部门规章规定的帮助或者方便条件。

对于向国家工作人员介绍贿赂，构成犯罪的案件，也要依法查处。

三、当前要特别注意依法严肃惩处下列严重行贿犯罪行为：

1. 行贿数额巨大、多次行贿或者向多人行贿的；

2. 向国家干部和司法工作人员行贿的；

3. 为进行走私、偷税、骗税、骗汇、逃汇、非法买卖外汇等违法犯罪活动，向海关、工商、税务、外汇管理等行政执法机关工作人员行贿的；

4. 为非法办理金融、证券业务，向银行等金融机构、证券管理机构工作人员行贿，致使国家利益遭受重大损失的；

5. 为非法获取工程、项目的开发、承包、经营权，向有关主管部门及其主管领导行贿，致使公共财产、国家和人民利益遭受重大损失的；

6. 为制售假冒伪劣产品，向有关国家机关、国有单位及国家工作人员行贿，造成严重后果的；

7. 其他情节严重的行贿犯罪行为。

四、在查处严重行贿、介绍贿赂犯罪案件中，既要坚持从严惩处的方针，又要注意体现政策。行贿人、介绍贿赂人具有刑法第三百九十条第二款、第三百九十二条第二款规定的在被追诉前主动交代行贿、介绍贿赂犯罪情节的，依法分别可以减轻或者免除处罚；行贿人、介绍贿赂人在被追诉后如实交待行贿、介绍贿赂行为的，也可以酌情从轻处罚。

五、在依法严肃查处严重行贿、介绍贿赂犯罪案件中，要讲究斗争策略，注意工作方法。要把查处受贿犯罪大案要案同查处严重行贿、介绍贿赂犯罪案件有机地结合起来，通过打击行贿、介绍贿赂犯罪，促进受贿犯罪大案要案的查处工作，推动查办贪污贿赂案件工作的全面、深入开展。

六、各级人民法院、人民检察院要结合办理贿赂犯罪案件情况，认真总结经验、教训，找出存在的问题，提出切实可行的解决办法，以改变对严重行贿犯罪打击不力的状况。工作中遇到什么情况和问题，要及时报告最高人民法院、最高人民检察院。

以上通知，望认真遵照执行。

最高人民法院
关于在国有资本控股、参股的股份有限公司中从事管理工作的人员利用职务便利非法占有本公司财物如何定罪问题的批复

2001 年 5 月 26 日　　　　法释〔2001〕17 号

重庆市高级人民法院：

你院渝高法明传（2000）38 号《关于在股份有限公司中从事管理工作的人员侵占本公司财物如何定性的请示》收悉。经研究，答复如下：

在国有资本控股、参股的股份有限公司中从事管理工作的人员，除受国家机关、

国有公司、企业、事业单位委派从事公务的以外，不属于国家工作人员。对其利用职务上的便利，将本单位财物非法占为已有，数额较大的，应当依照刑法第二百七十一条第一款的规定，以职务侵占罪定罪处罚。

此复。

最高人民法院
关于如何认定国有控股、参股股份有限公司中的国有公司、企业人员的解释

2005年8月11日　　法释〔2005〕10号

为准确认定刑法分则第三章第三节中的国有公司、企业人员，现对国有控股、参股的股份有限公司中的国有公司、企业人员解释如下：

国有公司、企业委派到国有控股、参股公司从事公务的人员，以国有公司、企业人员论。

最高人民法院
关于审理挪用公款案件具体应用法律若干问题的解释

1998年5月9日　　法释〔1998〕9号

为依法惩处挪用公款犯罪，根据刑法的有关规定，现对办理挪用公款案件具体应用法律的若干问题解释如下：

第一条　刑法第三百八十四条规定的“挪用公款归个人使用”，包括挪用者本人使用或者给他人使用。

挪用公款给私有公司、私有企业使用的，属于挪用公款归个人使用。

第二条　对挪用公款罪，应区分三种不同情况予以认定：

（一）挪用公款归个人使用，数额较大、超过三个月未还的，构成挪用公款罪。

挪用正在生息或者需要支付利息的公款归个人使用，数额较大，超过三个月但在案发前全部归还本金的，可以从轻处罚或者免除处罚。给国家、集体造成的利息损失应予追缴。挪用公款数额巨大，超过三个月，案发前全部归还的，可以酌情从轻处罚。

（二）挪用公款数额较大，归个人进行营利活动的，构成挪用公款罪，不受挪用时间和是否归还的限制。在案发前部分或者全部归还本息的，可以从轻处罚；情节轻微的，可以免除处罚。

挪用公款存入银行、用于集资、购买股票、国债等，属于挪用公款进行营利活动。所获取的利息、收益等违法所得，应当追缴，但不计入挪用公款的数额。

（三）挪用公款归个人使用，进行赌博、走私等非法活动的，构成挪用公款罪，不受“数额较大”和挪用时间的限制。

挪用公款给他人使用，不知道使用人用公款进行营利活动或者用于非法活动，数额较大、超过三个月未还的，构成挪用公款罪；明知使用人用于营利活动或者非法活动的，应当认定为挪用人挪用公款进行营利活动或者非法活动。

第三条　挪用公款归个人使用，“数额较大、进行营利活动的”，或者“数额较大、超过三个月未还的”，以挪用公款一万元至三万元为“数额较大”的起点，以挪用公款十五万元至二十万元为“数额巨大”的起点。挪用公款“情节严重”，是指挪用公款数额巨大，或者数额虽未达到巨大，但挪用公款手段恶劣；多次挪用公款；因挪用公款严重影响生产、经营，造成严重损失等情形。

“挪用公款归个人使用，进行非法活动的”，以挪用公款五千元至一万元为追究刑事责任的数额起点。挪用公款五万元至十万元以上的，属于挪用公款归个人使用，进行非法活动，“情节严重”的情形之一。挪用公款归个人使用，进行非法活动，情节严重的其他情形，按照本条第一款的规定执行。

各高级人民法院可以根据本地实际情况，按照本解释规定的数额幅度，确定本地区执行的具体数额标准，并报最高人民法院备案。

挪用救灾、抢险、防汛、优抚、扶贫、移民、救济款物归个人使用的数额标准，参照挪用公款归个人使用进行非法活动的数额标准。

第四条　多次挪用公款不还，挪用公款数额累计计算；多次挪用公款，并以后次挪用的公款归还前次挪用的公款，挪用公款数额以案发时未还的实际数额认定。

第五条　“挪用公款数额巨大不退还的”，是指挪用公款数额巨大，因客观原因在一审宣判前不能退还的。

第六条 携带挪用的公款潜逃的，依照刑法第三百八十二条、第三百八十三条的规定定罪处罚。

第七条 因挪用公款索取、收受贿赂构成犯罪的，依照数罪并罚的规定处罚。

挪用公款进行非法活动构成其他犯罪的，依照数罪并罚的规定处罚。

第八条 挪用公款给他人使用，使用人与挪用人共谋，指使或者参与策划取得挪用款的，以挪用公款罪的共犯定罪处罚。

全国人民代表大会常务委员会
关于《中华人民共和国刑法》第三百八十四条第一款的解释

（2002 年 4 月 28 日）

全国人民代表大会常务委员会讨论了刑法第三百八十四条第一款规定的国家工作人员利用职务上的便利，挪用公款“归个人使用”的含义问题，解释如下：

有下列情形之一的，属于挪用公款“归个人使用”：

（一）将公款供本人、亲友或者其他自然人使用的；

（二）以个人名义将公款供其他单位使用的；

（三）个人决定以单位名义将公款供其他单位使用，谋取个人利益的。

现予公告。

最高人民法院、最高人民检察院、公安部、国家安全部、司法部、全国人大常委会法制工作委员会
关于实施刑事诉讼法若干问题的规定

（2013年1月1日）

一、管辖

1. 公安机关侦查刑事案件涉及人民检察院管辖的贪污贿赂案件时，应当将贪污贿赂案件移送人民检察院；人民检察院侦查贪污贿赂案件涉及公安机关管辖的刑事案件，应当将属于公安机关管辖的刑事案件移送公安机关。在上述情况中，如果涉嫌主罪属于公安机关管辖，由公安机关为主侦查，人民检察院予以配合；如果涉嫌主罪属于人民检察院管辖，由人民检察院为主侦查，公安机关予以配合。

2. 刑事诉讼法第二十四条中规定："刑事案件由犯罪地的人民法院管辖。"刑事诉讼法规定的"犯罪地"，包括犯罪的行为发生地和结果发生地。

3. 具有下列情形之一的，人民法院、人民检察院、公安机关可以在其职责范围内并案处理：

（一）一人犯数罪的；

（二）共同犯罪的；

（三）共同犯罪的犯罪嫌疑人、被告人还实施其他犯罪的；

（四）多个犯罪嫌疑人、被告人实施的犯罪存在关联，并案处理有利于查明案件事实的。

二、辩护与代理

4. 人民法院、人民检察院、公安机关、国家安全机关、监狱的现职人员，人民陪审员，外国人或者无国籍人，以及与本案有利害关系的人，不得担任辩护人。但是，上述人员系犯罪嫌疑人、被告人的监护人或者近亲属，犯罪嫌疑人、被告人委托其担任辩护人的，可以准许。无行为能力或者限制行为能力的人，不得担任辩护人。

一名辩护人不得为两名以上的同案犯罪嫌疑人、被告人辩护，不得为两名以上的未同案处理但实施的犯罪存在关联的犯罪嫌疑人、被告人辩护。

5. 刑事诉讼法第三十四条、第二百六十七条、第二百八十六条对法律援助作了规定。对于人民法院、人民检察院、公安机关根据上述规定，通知法律援助机构指派律师提供辩护或者法律帮助的，法律援助机构应当在接到通知后三日以内指派律师，并将律师的姓名、单位、联系方式书面通知人民法院、人民检察院、公安机关。

6. 刑事诉讼法第三十六条规定："辩护律师在侦查期间可以为犯罪嫌疑人提供法律帮助；代理申诉、控告；申请变更强制措施；向侦查机关了解犯罪嫌疑人涉嫌的罪名和案件有关情况，提出意见。"根据上述规定，辩护律师在侦查期间可以向侦查机关了解犯罪嫌疑人涉嫌的罪名及当时已查明的该罪的主要事实，犯罪嫌疑人被采取、变更、解除强制措施的情况，侦查机关延长侦查羁押期限等情况。

7. 刑事诉讼法第三十七条第二款规定："辩护律师持律师执业证书、律师事务所证明和委托书或者法律援助公函要求会见在押的犯罪嫌疑人、被告人的，看守所应当及时安排会见，至迟不得超过四十八小时。"根据上述规定，辩护律师要求会见在押的犯罪嫌疑人、被告人的，看守所应当及时安排会见，保证辩护律师在四十八小时以内见到在押的犯罪嫌疑人、被告人。

8. 刑事诉讼法第四十一条第一款规定："辩护律师经证人或者其他有关单位和个人同意，可以向他们收集与本案有关的材料，也可以申请人民检察院、人民法院收集、调取证据，或者申请人民法院通知证人出庭作证。"对于辩护律师申请人民检察院、人民法院收集、调取证据，人民检察院、人民法院认为需要调查取证的，应当由人民检察院、人民法院收集、调取证据，不得向律师签发准许调查决定书，让律师收集、调取证据。

9. 刑事诉讼法第四十二条第二款中规定："违反前款规定的，应当依法追究法律责任，辩护人涉嫌犯罪的，应当由办理辩护人所承办案件的侦查机关以外的侦查机关办理。"根据上述规定，公安机关、人民检察院发现辩护人涉嫌犯罪，或者接受报案、控告、举报、有关机关的移送，依照侦查管辖分工进行审查后认为符合立案条件的，应当按照规定报请办理辩护人所承办案件的侦查机关的上一级侦查机关指定其他侦查机关立案侦查，或者由上一级侦查机关立案侦查。不得指定办理辩护人所承办案件的侦查机关的下级侦查机关立案侦查。

10. 刑事诉讼法第四十七条规定："辩护人、诉讼代理人认为公安机关、人民检察院、人民法院及其工作人员阻碍其依法行使诉讼权利的，有权向同级或者上一级人民检察院申诉或者控告。人民检察院对申诉或者控告应当及时进行审查，情况属实的，通知有关机关予以纠正。”人民检察院受理辩护人、诉讼代理人的申诉或者控告后，应当在十日以内将处理情况书面答复提出申诉或者控告的辩护人、诉讼代理人。

三、证据

11. 刑事诉讼法第五十六条第一款规定：“法庭审理过程中，审判人员认为可能存在本法第五十四条规定的以非法方法收集证据情形的，应当对证据收集的合法性进行法庭调查。”法庭经对当事人及其辩护人、诉讼代理人提供的相关线索或者材料进行审查后，认为可能存在刑事诉讼法第五十四条规定的以非法方法收集证据情形的，应当对证据收集的合法性进行法庭调查。法庭调查的顺序由法庭根据案件审理情况确定。

12. 刑事诉讼法第六十二条规定，对证人、鉴定人、被害人可以采取“不公开真实姓名、住址和工作单位等个人信息”的保护措施。人民法院、人民检察院和公安机关依法决定不公开证人、鉴定人、被害人的真实姓名、住址和工作单位等个人信息的，可以在判决书、裁定书、起诉书、询问笔录等法律文书、证据材料中使用化名等代替证人、鉴定人、被害人的个人信息。但是，应当书面说明使用化名的情况并标明密级，单独成卷。辩护律师经法庭许可，查阅对证人、鉴定人、被害人使用化名情况的，应当签署保密承诺书。

四、强制措施

13. 被取保候审、监视居住的犯罪嫌疑人、被告人无正当理由不得离开所居住的市、县或者执行监视居住的处所，有正当理由需要离开所居住的市、县或者执行监视居住的处所，应当经执行机关批准。如果取保候审、监视居住是由人民检察院、人民法院决定的，执行机关在批准犯罪嫌疑人、被告人离开所居住的市、县或者执行监视居住的处所前，应当征得决定机关同意。

14. 对取保候审保证人是否履行了保证义务，由公安机关认定，对保证人的罚款决定，也由公安机关作出。

15. 指定居所监视居住的，不得要求被监视居住人支付费用。

16. 刑事诉讼法规定，拘留由公安机关执行。对于人民检察院直接受理的案件，人民检察院作出的拘留决定，应当送达公安机关执行，公安机关应当立即执行，人民检察院可以协助公安机关执行。

17. 对于人民检察院批准逮捕的决定，公安机关应当立即执行，并将执行回执及时送达批准逮捕的人民检察院。如果未能执行，也应当将回执送达人民检察院，并写明未能执行的原因。对于人民检察院决定不批准逮捕的，公安机关在收到不批准逮捕决定书后，应当立即释放在押的犯罪嫌疑人或者变更强制措施，并将执行回执在收到不批准逮捕决定书后的三日内送达作出不批准逮捕决定的人民检察院。

五、立案

18. 刑事诉讼法第一百一十一条规定："人民检察院认为公安机关对应当立案侦查的案件而不立案侦查的，或者被害人认为公安机关对应当立案侦查的案件而不立案侦查，向人民检察院提出的，人民检察院应当要求公安机关说明不立案的理由。人民检察院认为公安机关不立案理由不能成立的，应当通知公安机关立案，公安机关接到通知后应当立案。"根据上述规定，公安机关收到人民检察院要求说明不立案理由通知书后，应当在七日内将说明情况书面答复人民检察院。人民检察院认为公安机关不立案理由不能成立，发出通知立案书时，应当将有关证明应当立案的材料同时移送公安机关。公安机关收到通知立案书后，应当在十五日内决定立案，并将立案决定书送达人民检察院。

六、侦查

19. 刑事诉讼法第一百二十一条第一款规定："侦查人员在讯问犯罪嫌疑人的时候，可以对讯问过程进行录音或者录像；对于可能判处无期徒刑、死刑的案件或者其他重大犯罪案件，应当对讯问过程进行录音或者录像。"侦查人员对讯问过程进行录音或者录像的，应当在讯问笔录中注明。人民检察院、人民法院可以根据需要调取讯问犯罪嫌疑人的录音或者录像，有关机关应当及时提供。

20. 刑事诉讼法第一百四十九条中规定："批准决定应当根据侦查犯罪的需要，确定采取技术侦查措施的种类和适用对象。"采取技术侦查措施收集的材料作为证据使用的，批准采取技术侦查措施的法律文书应当附卷，辩护律师可以依法查阅、摘抄、复制，在审判过程中可以向法庭出示。

21. 公安机关对案件提请延长羁押期限的，应当在羁押期限届满七日前提出，并书面呈报延长羁押期限案件的主要案情和延长羁押期限的具体理由，人民检察院应当在羁押期限届满前作出决定。

22. 刑事诉讼法第一百五十八条第一款规定："在侦查期间，发现犯罪嫌疑人另有重要罪行的，自发现之日起依照本法第一百五十四条的规定重新计算侦查羁押期限。"公安机关依照上述规定重新计算侦查羁押期限的，不需要经人民检察院批准，但应当报人民检察院备案，人民检察院可以进行监督。

七、提起公诉

23. 上级公安机关指定下级公安机关立案侦查的案件，需要逮捕犯罪嫌疑人的，由侦查该案件的公安机关提请同级人民检察院审查批准；需要提起公诉的，由侦查该案件的公安机关移送同级人民检察院审查起诉。

人民检察院对于审查起诉的案件，按照刑事诉讼法的管辖规定，认为应当由上级人民检察院或者同级其他人民检察院起诉的，应当将案件移送有管辖权的人民检察院。人民检察院认为需要依照刑事诉讼法的规定指定审判管辖的，应当协商同级人民法院办理指定管辖有关事宜。

24. 人民检察院向人民法院提起公诉时，应当将案卷材料和全部证据移送人民法院，包括犯罪嫌疑人、被告人翻供的材料，证人改变证言的材料，以及对犯罪嫌疑人、被告人有利的其他证据材料。

八、审判

25. 刑事诉讼法第一百八十一条规定："人民法院对提起公诉的案件进行审查后，对于起诉书中有明确的指控犯罪事实的，应当决定开庭审判。"对于人民检察院提起公诉的案件，人民法院都应当受理。人民法院对提起公诉的案件进行审查后，对于起诉书中有明确的指控犯罪事实并且附有案卷材料、证据的，应当决定开庭审判，不得以上述材料不充足为由而不开庭审判。如果人民检察院移送的材料中缺少上述材料的，人民法院可以通知人民检察院补充材料，人民检察院应当自收到通知之日起三日内补送。

人民法院对提起公诉的案件进行审查的期限计入人民法院的审理期限。

26. 人民法院开庭审理公诉案件时，出庭的检察人员和辩护人需要出示、宣读、播放已移交人民法院的证据的，可以申请法庭出示、宣读、播放。

27. 刑事诉讼法第三十九条规定："辩护人认为在侦查、审查起诉期间公安机关、人民检察院收集的证明犯罪嫌疑人、被告人无罪或者罪轻的证据材料未提交的，有权申请人民检察院、人民法院调取。"第一百九十一条第一款规定："法庭审理过程中，合议庭对证据有疑问的，可以宣布休庭，对证据进行调查核实。"第一百九十二条第一款规定："法庭审理过程中，当事人和辩护人、诉讼代理人有权申请通知新的证人到庭，调取新的物证，申请重新鉴定或者勘验。"根据上述规定，自案件移送审查起诉之日起，人民检察院可以根据辩护人的申请，向公安机关调取未提交的证明犯罪嫌疑人、被告人无罪或者罪轻的证据材料。在法庭审理过程中，人民法院可以根据辩护人的申请，向人民检察院调取未提交的证明被告人无罪或者罪轻的证据材料，也可以向人民检察院调取需要调查核实的证据材料。公安机关、人民检察院应当自收到要求调取证据材料决定书后三日内移交。

28. 人民法院依法通知证人、鉴定人出庭作证的，应当同时将证人、鉴定人出庭通知书送交控辩双方，控辩双方应当予以配合。

29. 刑事诉讼法第一百八十七条第三款规定："公诉人、当事人或者辩护人、诉讼代理人对鉴定意见有异议，人民法院认为鉴定人有必要出庭的，鉴定人应当出庭作证。经人民法院通知，鉴定人拒不出庭作证的，鉴定意见不得作为定案的根据。"根据上述规定，依法应当出庭的鉴定人经人民法院通知未出庭作证的，鉴定意见不得作为定案的根据。鉴定人由于不能抗拒的原因或者有其他正当理由无法出庭的，人民法院可以根据案件审理情况决定延期审理。

30. 人民法院审理公诉案件，发现有新的事实，可能影响定罪的，人民检察院可以要求补充起诉或者变更起诉，人民法院可以建议人民检察院补充起诉或者变更起诉。人民法院建议人民检察院补充起诉或者变更起诉的，人民检察院应当在七日以内回复意见。

31. 法庭审理过程中，被告人揭发他人犯罪行为或者提供重要线索，人民检察院认为需要进行查证的，可以建议补充侦查。

32. 刑事诉讼法第二百零三条规定："人民检察院发现人民法院审理案件违反法律规定的诉讼程序，有权向人民法院提出纠正意见。"人民检察院对违反法定程序的庭审活动提出纠正意见，应当由人民检察院在庭审后提出。

九、执行

33. 刑事诉讼法第二百五十四条第五款中规定："在交付执行前，暂予监外执行由交付执行的人民法院决定"。对于被告人可能被判处拘役、有期徒刑、无期徒刑，符合暂予监外执行条件的，被告人及其辩护人有权向人民法院提出暂予监外执行的申请，看守所可以将有关情况通报人民法院。人民法院应当进行审查，并在交付执行前作出是否暂予监外执行的决定。

34. 刑事诉讼法第二百五十七条第三款规定："不符合暂予监外执行条件的罪犯通过贿赂等非法手段被暂予监外执行的，在监外执行的期间不计入执行刑期。罪犯在暂予监外执行期间脱逃的，脱逃的期间不计入执行刑期。"对于人民法院决定暂予监外执行的罪犯具有上述情形的，人民法院在决定予以收监的同时，应当确定不计入刑期的期间。对于监狱管理机关或者公安机关决定暂予监外执行的罪犯具有上述情形的，罪犯被收监后，所在监狱或者看守所应当及时向所在地的中级人民法院提出不计入执行刑期的建议书，由人民法院审核裁定。

35. 被决定收监执行的社区矫正人员在逃的，社区矫正机构应当立即通知公安机关，由公安机关负责追捕。

十、涉案财产的处理

36. 对于依照刑法规定应当追缴的违法所得及其他涉案财产，除依法返还被害人的财物以及依法销毁的违禁品外，必须一律上缴国库。查封、扣押的涉案财产，依法不移送的，待人民法院作出生效判决、裁定后，由人民法院通知查封、扣押机关上缴国库，查封、扣押机关应当向人民法院送交执行回单；冻结在金融机构的违法所得及其他涉案财产，待人民法院作出生效判决、裁定后，由人民法院通知有关金融机构上缴国库，有关金融机构应当向人民法院送交执行回单。

对于被扣押、冻结的债券、股票、基金份额等财产，在扣押、冻结期间权利人申请出售，经扣押、冻结机关审查，不损害国家利益、被害人利益，不影响诉讼正常进行的，以及扣押、冻结的汇票、本票、支票的有效期即将届满的，可以在判决生效前依法出售或者变现，所得价款由扣押、冻结机关保管，并及时告知当事人或者其近亲属。

37. 刑事诉讼法第一百四十二条第一款中规定："人民检察院、公安机关根据侦查犯罪的需要，可以依照规定查询、冻结犯罪嫌疑人的存款、汇款、债券、股票、基金份额等财产。"根据上述规定，人民检察院、公安机关不能扣划存款、汇款、债券、股票、基金份额等财产。对于犯罪嫌疑人、被告人死亡，依照刑法规定应当追缴其违法所得及其他涉案财产的，适用刑事诉讼法第五编第三章规定的程序，由人民检察院向人民法院提出没收违法所得的申请。

38. 犯罪嫌疑人、被告人死亡，现有证据证明存在违法所得及其他涉案财产应当予以没收的，公安机关、人民检察院可以进行调查。公安机关、人民检察院进行调查，可以依法进行查封、扣押、查询、冻结。

人民法院在审理案件过程中，被告人死亡的，应当裁定终止审理；被告人脱逃的，应当裁定中止审理。人民检察院可以依法另行向人民法院提出没收违法所得的申请。

39. 对于人民法院依法作出的没收违法所得的裁定，犯罪嫌疑人、被告人的近亲属和其他利害关系人或者人民检察院可以在五日内提出上诉、抗诉。

十一、其他

40. 刑事诉讼法第一百四十七条规定："对犯罪嫌疑人作精神病鉴定的期间不计入办案期限。"根据上述规定，犯罪嫌疑人、被告人在押的案件，除对犯罪嫌疑人、被告人的精神病鉴定期间不计入办案期限外，其他鉴定期间都应当计入办案期限。对于因鉴定时间较长，办案期限届满仍不能终结的案件，自期限届满之日起，应当对被羁押的犯罪嫌疑人、被告人变更强制措施，改为取保候审或者监视居住。

国家安全机关依照法律规定，办理危害国家安全的刑事案件，适用本规定中有关公安机关的规定。

本规定自2013年1月1日起施行。1998年1月19日发布的《最高人民法院、最高人民检察院、公安部、国家安全部、司法部、全国人大常委会法制工作委员会关于刑事诉讼法实施中若干问题的规定》同时废止。

最高人民法院
关于办理减刑、假释案件具体应用法律的规定

2017年1月1日　　　　法释〔2016〕23号

为确保依法公正办理减刑、假释案件，依据《中华人民共和国刑法》《中华人民共和国刑事诉讼法》《中华人民共和国监狱法》和其他法律规定，结合司法实践，制定本规定。

第一条　减刑、假释是激励罪犯改造的刑罚制度，减刑、假释的适用应当贯彻宽严相济刑事政策，最大限度地发挥刑罚的功能，实现刑罚的目的。

第二条　对于罪犯符合刑法第七十八条第一款规定"可以减刑"条件的案件，在办理时应当综合考察罪犯犯罪的性质和具体情节、社会危害程度、原判刑罚及生效裁判中财产性判项的履行情况、交付执行后的一贯表现等因素。

第三条　"确有悔改表现"是指同时具备以下条件：

（一）认罪悔罪；

（二）遵守法律法规及监规，接受教育改造；

（三）积极参加思想、文化、职业技术教育；

（四）积极参加劳动，努力完成劳动任务。

对职务犯罪、破坏金融管理秩序和金融诈骗犯罪、组织（领导、参加、包庇、纵容）黑社会性质组织犯罪等罪犯，不积极退赃、协助追缴赃款赃物、赔偿损失，或者服刑期间利用个人影响力和社会关系等不正当手段意图获得减刑、假释的，不认定其“确有悔改表现”。

罪犯在刑罚执行期间的申诉权利应当依法保护，对其正当申诉不能不加分析地认为是不认罪悔罪。

第四条 具有下列情形之一的，可以认定为有“立功表现”：

（一）阻止他人实施犯罪活动的；

（二）检举、揭发监狱内外犯罪活动，或者提供重要的破案线索，经查证属实的；

（三）协助司法机关抓捕其他犯罪嫌疑人的；

（四）在生产、科研中进行技术革新，成绩突出的；

（五）在抗御自然灾害或者排除重大事故中，表现积极的；

（六）对国家和社会有其他较大贡献的。

第（四）项、第（六）项中的技术革新或者其他较大贡献应当由罪犯在刑罚执行期间独立或者为主完成，并经省级主管部门确认。

第五条 具有下列情形之一的，应当认定为有“重大立功表现”：

（一）阻止他人实施重大犯罪活动的；

（二）检举监狱内外重大犯罪活动，经查证属实的；

（三）协助司法机关抓捕其他重大犯罪嫌疑人的；

（四）有发明创造或者重大技术革新的；

（五）在日常生产、生活中舍己救人的；

（六）在抗御自然灾害或者排除重大事故中，有突出表现的；

（七）对国家和社会有其他重大贡献的。

第（四）项中的发明创造或者重大技术革新应当是罪犯在刑罚执行期间独立或者为主完成并经国家主管部门确认的发明专利，且不包括实用新型专利和外观设计专利；第（七）项中的其他重大贡献应当由罪犯在刑罚执行期间独立或者为主完成，并经国家主管部门确认。

第六条 被判处有期徒刑的罪犯减刑起始时间为：不满五年有期徒刑的，应当执行一年以上方可减刑；五年以上不满十年有期徒刑的，应当执行一年六个月以上方可减刑；十年以上有期徒刑的，应当执行二年以上方可减刑。有期徒刑减刑的起始时间自判决执行之日起计算。

确有悔改表现或者有立功表现的，一次减刑不超过九个月有期徒刑；确有悔改表现并有立功表现的，一次减刑不超过一年有期徒刑；有重大立功表现的，一次减刑不超过一年六个月有期徒刑；确有悔改表现并有重大立功表现的，一次减刑不超过二年有期徒刑。

被判处不满十年有期徒刑的罪犯，两次减刑间隔时间不得少于一年；被判处十年以上有期徒刑的罪犯，两次减刑间隔时间不得少于一年六个月。减刑间隔时间不得低于上次减刑减去的刑期。

罪犯有重大立功表现的，可以不受上述减刑起始时间和间隔时间的限制。

第七条 对符合减刑条件的职务犯罪罪犯，破坏金融管理秩序和金融诈骗犯罪罪犯，组织、领导、参加、包庇、纵容黑社会性质组织犯罪罪犯，危害国家安全犯罪罪犯，恐怖活动犯罪罪犯，毒品犯罪集团的首要分子及毒品再犯，累犯，确有履行能力而不履行或者不全部履行生效裁判中财产性判项的罪犯，被判处十年以下有期徒刑的，执行二年以上方可减刑，减刑幅度应当比照本规定第六条从严掌握，一次减刑不超过一年有期徒刑，两次减刑之间应当间隔一年以上。

对被判处十年以上有期徒刑的前款罪犯，以及因故意杀人、强奸、抢劫、绑架、放火、爆炸、投放危险物质或者有组织的暴力性犯罪被判处十年以上有期徒刑的罪犯，数罪并罚且其中两罪以上被判处十年以上有期徒刑的罪犯，执行二年以上方可减刑，减刑幅度应当比照本规定第六条从严掌握，一次减刑不超过一年有期徒刑，两次减刑之间应当间隔一年六个月以上。

罪犯有重大立功表现的，可以不受上述减刑起始时间和间隔时间的限制。

第八条 被判处无期徒刑的罪犯在刑罚执行期间，符合减刑条件的，执行二年以上，可以减刑。减刑幅度为：确有悔改表现或者有立功表现的，可以减为二十二年有期徒刑；确有悔改表现并有立功表现的，可以减为二十一年以上二十二年以下有期徒刑；有重大立功表现的，可以减为二十年以上二十一年以下有期徒刑；确有悔改表现并有重大立功表现的，可以减为十九年以上二十年以下有期徒刑。无期徒刑罪犯减为有期徒刑后再减刑时，减刑幅度依照本规定第六条的规定执行。两次减刑间隔时间不得少于二年。

罪犯有重大立功表现的，可以不受上述减刑起始时间和间隔时间的限制。

第九条 对被判处无期徒刑的职务犯罪罪犯，破坏金融管理秩序和金融诈骗犯罪罪犯，组织、领导、参加、包庇、纵容黑社会性质组织犯罪罪犯，危害国家安全犯罪罪犯，恐怖活动犯罪罪犯，毒品犯罪集团的首要分子及毒品再犯，累犯以及因故意杀人、强奸、抢劫、绑架、放火、爆炸、投放危险物质或者有组织的暴力性犯罪的罪犯，确有履行能力而不履行或者不全部履行生效裁判中财产性判项的罪犯，数罪并罚被判处无期徒刑的罪犯，符合减刑条件的，执行三年以上方可减刑，减刑幅度应当比照本规定第八条从严掌握，减刑后的刑期最低不得少于二十年有期徒刑；减为有期徒刑后再减刑时，减刑幅度比照本规定第六条从严掌握，一次不超过一年有期徒刑，两次减刑之间应当间隔二年以上。

罪犯有重大立功表现的，可以不受上述减刑起始时间和间隔时间的限制。

第十条 被判处死刑缓期执行的罪犯减为无期徒刑后，符合减刑条件的，执行三年以上方可减刑。减刑幅度为：确有悔改表现或者有立功表现的，可以减为二十五年有期徒刑；确有悔改表现并有立功表现的，可以减为二十四年以上二十五年以下有期徒刑；有重大立功表现的，可以减为二十三年以上二十四年以下有期徒刑；确有悔改表现并有重大立功表现的，可以减为二十二年以上二十三年以下有期徒刑。

被判处死刑缓期执行的罪犯减为有期徒刑后再减刑时，比照本规定第八条的规定办理。

第十一条 对被判处死刑缓期执行的职务犯罪罪犯，破坏金融管理秩序和金融诈骗犯罪罪犯，组织、领导、参加、包庇、纵容黑社会性质组织犯罪罪犯，危害国家安全犯罪罪犯，恐怖活动犯罪罪犯，毒品犯罪集团的首要分子及毒品再犯，累犯以及因故意杀人、强奸、抢劫、绑架、放火、爆炸、投放危险物质或者有组织的暴力性犯罪的罪犯，确有履行能力而不履行或者不全部履行生效裁判中财产性判项的罪犯，数罪并罚被判处死刑缓期执行的罪犯，减为无期徒刑后，符合减刑条件的，执行三年以上方可减刑，一般减为二十五年有期徒刑，有立功表现或者重大立功表现的，可以比照本规定第十条减为二十三年以上二十五年以下有期徒刑；减为有期徒刑后再减刑时，减刑幅度比照本规定第六条从严掌握，一次不超过一年有期徒刑，两次减刑之间应当间隔二年以上。

第十二条 被判处死刑缓期执行的罪犯经过一次或者几次减刑后，其实际执行的刑期不得少于十五年，死刑缓期执行期间不包括在内。

死刑缓期执行罪犯在缓期执行期间不服从监管、抗拒改造，尚未构成犯罪的，在减为无期徒刑后再减刑时应当适当从严。

第十三条 被限制减刑的死刑缓期执行罪犯，减为无期徒刑后，符合减刑条件的，执行五年以上方可减刑。减刑间隔时间和减刑幅度依照本规定第十一条的规定执行。

第十四条 被限制减刑的死刑缓期执行罪犯，减为有期徒刑后再减刑时，一次减刑不超过六个月有期徒刑，两次减刑间隔时间不得少于二年。有重大立功表现的，间隔时间可以适当缩短，但一次减刑不超过一年有期徒刑。

第十五条 对被判处终身监禁的罪犯，在死刑缓期执行期满依法减为无期徒刑的裁定中，应当明确终身监禁，不得再减刑或者假释。

第十六条 被判处管制、拘役的罪犯，以及判决生效后剩余刑期不满二年有期徒刑的罪犯，符合减刑条件的，可以酌情减刑，减刑起始时间可以适当缩短，但实际执行的刑期不得少于原判刑期的二分之一。

第十七条 被判处有期徒刑罪犯减刑时，对附加剥夺政治权利的期限可以酌减。酌减后剥夺政治权利的期限，不得少于一年。

被判处死刑缓期执行、无期徒刑的罪犯减为有期徒刑时，应当将附加剥夺政治权利的期限减为七年以上十年以下，经过一次或者几次减刑后，最终剥夺政治权利的期限不得少于三年。

第十八条 被判处拘役或者三年以下有期徒刑，并宣告缓刑的罪犯，一般不适用减刑。

前款规定的罪犯在缓刑考验期内有重大立功表现的，可以参照刑法第七十八条的规定予以减刑，同时应当依法缩减其缓刑考验期。缩减后，拘役的缓刑考验期限不得少于二个月，有期徒刑的缓刑考验期限不得少于一年。

第十九条 对在报请减刑前的服刑期间不满十八周岁，且所犯罪行不属于刑法第八十一条第二款规定情形的罪犯，认罪悔罪，遵守法律法规及监规，积极参加学习、劳动，应当视为确有悔改表现。

对上述罪犯减刑时，减刑幅度可以适当放宽，或者减刑起始时间、间隔时间可以适当缩短，但放宽的幅度和缩短的时间不得超过本规定中相应幅度、时间的三分之一。

第二十条 老年罪犯、患严重疾病罪犯或者身体残疾罪犯减刑时，应当主要考察其认罪悔罪的实际表现。

对基本丧失劳动能力，生活难以自理的上述罪犯减刑时，减刑幅度可以适当放宽，或者减刑起始时间、间隔时间可以适当缩短，但放宽的幅度和缩短的时间不得超过本规定中相应幅度、时间的三分之一。

第二十一条 被判处有期徒刑、无期徒刑的罪犯在刑罚执行期间又故意犯罪，新罪被判处有期徒刑的，自新罪判决确定之日起三年内不予减刑；新罪被判处无期徒刑的，自新罪判决确定之日起四年内不予减刑。

罪犯在死刑缓期执行期间又故意犯罪，未被执行死刑的，死刑缓期执行的期间重新计算，减为无期徒刑后，五年内不予减刑。

被判处死刑缓期执行罪犯减刑后，在刑罚执行期间又故意犯罪的，依照第一款规定处理。

第二十二条 办理假释案件，认定“没有再犯罪的危险”，除符合刑法第八十一条规定的情形外，还应当根据犯罪的具体情节、原判刑罚情况，在刑罚执行中的一贯表现，罪犯的年龄、身体状况、性格特征，假释后生活来源以及监管条件等因素综合考虑。

第二十三条 被判处有期徒刑的罪犯假释时，执行原判刑期二分之一的时间，应当从判决执行之日起计算，判决执行以前先行羁押的，羁押一日折抵刑期一日。

被判处无期徒刑的罪犯假释时，刑法中关于实际执行刑期不得少于十三年的时间，应当从判决生效之日起计算。判决生效以前先行羁押的时间不予折抵。

被判处死刑缓期执行的罪犯减为无期徒刑或者有期徒刑后，实际执行十五年以上，方可假释，该实际执行时间应当从死刑缓期执行期满之日起计算。死刑缓期执行期间不包括在内，判决确定以前先行羁押的时间不予折抵。

第二十四条 刑法第八十一条第一款规定的“特殊情况”，是指有国家政治、国防、外交等方面特殊需要的情况。

第二十五条 对累犯以及因故意杀人、强奸、抢劫、绑架、放火、爆炸、投放危险物质或者有组织的暴力性犯罪被判处十年以上有期徒刑、无期徒刑的罪犯，不得假释。

因前款情形和犯罪被判处死刑缓期执行的罪犯，被减为无期徒刑、有期徒刑后，也不得假释。

第二十六条 对下列罪犯适用假释时可以依法从宽掌握：

（一）过失犯罪的罪犯、中止犯罪的罪犯、被胁迫参加犯罪的罪犯；

（二）因防卫过当或者紧急避险过当而被判处有期徒刑以上刑罚的罪犯；

（三）犯罪时未满十八周岁的罪犯；

（四）基本丧失劳动能力、生活难以自理，假释后生活确有着落的老年罪犯、患严重疾病罪犯或者身体残疾罪犯；

（五）服刑期间改造表现特别突出的罪犯；

（六）具有其他可以从宽假释情形的罪犯。

罪犯既符合法定减刑条件，又符合法定假释条件的，可以优先适用假释。

第二十七条 对于生效裁判中有财产性判项，罪犯确有履行能力而不履行或者不全部履行的，不予假释。

第二十八条 罪犯减刑后又假释的，间隔时间不得少于一年；对一次减去一年以上有期徒刑后，决定假释的，间隔时间不得少于一年六个月。

罪犯减刑后余刑不足二年，决定假释的，可以适当缩短间隔时间。

第二十九条 罪犯在假释考验期内违反法律、行政法规或者国务院有关部门关于假释的监督管理规定的，作出假释裁定的人民法院，应当在收到报请机关或者检察机关撤销假释建议书后及时审查，作出是否撤销假释的裁定，并送达报请机关，同时抄送人民检察院、公安机关和原刑罚执行机关。

罪犯在逃的，撤销假释裁定书可以作为对罪犯进行追捕的依据。

第三十条 依照刑法第八十六条规定被撤销假释的罪犯，一般不得再假释。但依照该条第二款被撤销假释的罪犯，如果罪犯对漏罪曾作如实供述但原判未予认定，或者漏罪系其自首，符合假释条件的，可以再假释。

被撤销假释的罪犯，收监后符合减刑条件的，可以减刑，但减刑起始时间自收监之日起计算。

第三十一条 年满八十周岁、身患疾病或者生活难以自理、没有再犯罪危险的罪犯，既符合减刑条件，又符合假释条件的，优先适用假释；不符合假释条件的，参照本规定第二十条有关的规定从宽处理。

第三十二条 人民法院按照审判监督程序重新审理的案件，裁定维持原判决、裁定的，原减刑、假释裁定继续有效。

再审裁判改变原判决、裁定的，原减刑、假释裁定自动失效，执行机关应当及时报请有管辖权的人民法院重新作出是否减刑、假释的裁定。重新作出减刑裁定时，不受本规定有关减刑起始时间、间隔时间和减刑幅度的限制。重新裁定时应综合考虑各方面因素，减刑幅度不得超过原裁定减去的刑期总和。

再审改判为死刑缓期执行或者无期徒刑的，在新判决减为有期徒刑之时，原判决已经实际执行的刑期一并扣减。

再审裁判宣告无罪的，原减刑、假释裁定自动失效。

第三十三条 罪犯被裁定减刑后，刑罚执行期间因故意犯罪而数罪并罚时，经减刑裁定减去的刑期不计入已经执行的刑期。原判死刑缓期执行减为无期徒刑、有期徒刑，或者无期徒刑减为有期徒刑的裁定继续有效。

第三十四条 罪犯被裁定减刑后，刑罚执行期间因发现漏罪而数罪并罚的，原减刑裁定自动失效。如漏罪系罪犯主动交代的，对其原减去的刑期，由执行机关报请有管辖权的人民法院重新作出减刑裁定，予以确认；如漏罪系有关机关发现或者他人检举揭发的，由执行机关报请有管辖权的人民法院，在原减刑裁定减去的刑期总和之内，酌情重新裁定。

第三十五条 被判处死刑缓期执行的罪犯，在死刑缓期执行期内被发现漏罪，依据刑法第七十条规定数罪并罚，决定执行死刑缓期执行的，死刑缓期执行期间自新判决确定之日起计算，已经执行的死刑缓期执行期间计入新判决的死刑缓期执行期间内，但漏罪被判处死刑缓期执行的除外。

第三十六条 被判处死刑缓期执行的罪犯，在死刑缓期执行期满后被发现漏罪，依据刑法第七十条规定数罪并罚，决定执行死刑缓期执行的，交付执行时对罪犯实际执行无期徒刑，死缓考验期不再执行，但漏罪被判处死刑缓期执行的除外。

在无期徒刑减为有期徒刑时，前罪死刑缓期执行减为无期徒刑之日起至新判决生效之日止已经实际执行的刑期，应当计算在减刑裁定决定执行的刑期以内。

原减刑裁定减去的刑期依照本规定第三十四条处理。

第三十七条 被判处无期徒刑的罪犯在减为有期徒刑后因发现漏罪，依据刑法第七十条规定数罪并罚，决定执行无期徒刑的，前罪无期徒刑生效之日起至新判决生效之日止已经实际执行的刑期，应当在新判决的无期徒刑减为有期徒刑时，在减刑裁定决定执行的刑期内扣减。

无期徒刑罪犯减为有期徒刑后因发现漏罪判处三年有期徒刑以下刑罚，数罪并罚决定执行无期徒刑的，在新判决生效后执行一年以上，符合减刑条件的，可以减为有期徒刑，减刑幅度依照本规定第八条、第九条的规定执行。

原减刑裁定减去的刑期依照本规定第三十四条处理。

第三十八条 人民法院作出的刑事判决、裁定发生法律效力后，在依照刑事诉讼法第二百五十三条、第二百五十四条的规定将罪犯交付执行刑罚时，如果生效裁判中有财产性判项，人民法院应当将反映财产性判项执行、履行情况的有关材料一并随案移送刑罚执行机关。罪犯在服刑期间本人履行或者其亲属代为履行生效裁判中财产性判项的，应当及时向刑罚执行机关报告。刑罚执行机关报请减刑时应随案移送以上材料。

人民法院办理减刑、假释案件时，可以向原一审人民法院核实罪犯履行财产性判项的情况。原一审人民法院应当出具相关证明。

刑罚执行期间，负责办理减刑、假释案件的人民法院可以协助原一审人民法院执行生效裁判中的财产性判项。

第三十九条 本规定所称“老年罪犯”，是指报请减刑、假释时年满六十五周岁的罪犯。

本规定所称“患严重疾病罪犯”，是指因患有重病，久治不愈，而不能正常生活、学习、劳动的罪犯。

本规定所称“身体残疾罪犯”，是指因身体有肢体或者器官残缺、功能不全或者丧失功能，而基本丧失生活、学习、劳动能力的罪犯，但是罪犯犯罪后自伤致残的除外。

对刑罚执行机关提供的证明罪犯患有严重疾病或者有身体残疾的证明文件，人民法院应当审查，必要时可以委托有关单位重新诊断、鉴定。

第四十条 本规定所称“判决执行之日”，是指罪犯实际送交刑罚执行机关之日。

本规定所称“减刑间隔时间”，是指前一次减刑裁定送达之日起至本次减刑报请之日止的期间。

第四十一条 本规定所称“财产性判项”是指判决罪犯承担的附带民事赔偿义务判项，以及追缴、责令退赔、罚金、没收财产等判项。

第四十二条 本规定自2017年1月1日起施行。以前发布的司法解释与本规定不一致的，以本规定为准。

最高人民法院
关于办理减刑、假释案件具体应用法律的补充规定

2019 年 6 月 1 日　　　　　　　　　　法释〔2019〕6 号

为准确把握宽严相济刑事政策，严格执行《最高人民法院关于办理减刑、假释案件具体应用法律的规定》，现对《中华人民共和国刑法修正案（九）》施行后，依照刑法分则第八章贪污贿赂罪判处刑罚的原具有国家工作人员身份的罪犯的减刑、假释补充规定如下：

第一条 对拒不认罪悔罪的，或者确有履行能力而不履行或者不全部履行生效裁判中财产性判项的，不予假释，一般不予减刑。

第二条 被判处十年以上有期徒刑，符合减刑条件的，执行三年以上方可减刑；被判处不满十年有期徒刑，符合减刑条件的，执行二年以上方可减刑。

确有悔改表现或者有立功表现的，一次减刑不超过六个月有期徒刑；确有悔改表现并有立功表现的，一次减刑不超过九个月有期徒刑；有重大立功表现的，一次减刑不超过一年有期徒刑。

被判处十年以上有期徒刑的，两次减刑之间应当间隔二年以上；被判处不满十年有期徒刑的，两次减刑之间应当间隔一年六个月以上。

第三条 被判处无期徒刑，符合减刑条件的，执行四年以上方可减刑。

确有悔改表现或者有立功表现的，可以减为二十三年有期徒刑；确有悔改表现并有立功表现的，可以减为二十二年以上二十三年以下有期徒刑；有重大立功表现的，可以减为二十一年以上二十二年以下有期徒刑。

无期徒刑减为有期徒刑后再减刑时，减刑幅度比照本规定第二条的规定执行。两次减刑之间应当间隔二年以上。

第四条 被判处死刑缓期执行的，减为无期徒刑后，符合减刑条件的，执行四年以上方可减刑。

确有悔改表现或者有立功表现的，可以减为二十五年有期徒刑；确有悔改表现并有立功表现的，可以减为二十四年六个月以上二十五年以下有期徒刑；有重大立功表

现的，可以减为二十四年以上二十四年六个月以下有期徒刑。

减为有期徒刑后再减刑时，减刑幅度比照本规定第二条的规定执行。两次减刑之间应当间隔二年以上。

第五条 罪犯有重大立功表现的，减刑时可以不受上述起始时间和间隔时间的限制。

第六条 对本规定所指贪污贿赂罪犯适用假释时，应当从严掌握。

第七条 本规定自2019年6月1日起施行。此前发布的司法解释与本规定不一致的，以本规定为准。

最高人民法院、最高人民检察院
印发《关于办理国家出资企业中职务犯罪案件具体应用法律若干问题的意见》的通知

法发〔2010〕49号

各省、自治区、直辖市高级人民法院、人民检察院、解放军军事法院、军事检察院，新疆维吾尔自治区高级人民法院生产建设兵团分院、新疆生产建设兵团人民检察院：

现将《最高人民法院、最高人民检察院关于办理国家出资企业中职务犯罪案件具体应用法律若干问题的意见》印发给你们，请认真贯彻执行。

2010年11月26日

最高人民法院、最高人民检察院
关于办理国家出资企业中职务犯罪案件具体应用法律若干问题的意见

随着企业改制的不断推进，人民法院、人民检察院在办理国家出资企业中的贪污、受贿等职务犯罪案件时遇到了一些新情况、新问题。这些新情况、新问题具有一定的特殊性和复杂性，需要结合企业改制的特定历史条件，依法妥善地进行处理。现根据刑法规定和相关政策精神，就办理此类刑事案件具体应用法律的若干问题，提出以下意见：

一、关于国家出资企业工作人员在改制过程中隐匿公司、企业财产归个人持股的改制后公司、企业所有的行为的处理

国家工作人员或者受国家机关、国有公司、企业、事业单位、人民团体委托管理、经营国有财产的人员利用职务上的便利，在国家出资企业改制过程中故意通过低估资产、隐瞒债权、虚设债务、虚构产权交易等方式隐匿公司、企业财产，转为本人持有股份的改制后公司、企业所有，应当依法追究刑事责任的，依照刑法第三百八十二条、第三百八十三条的规定，以贪污罪定罪处罚。贪污数额一般应当以所隐匿财产全额计算；改制后公司、企业仍有国有股份的，按股份比例扣除归于国有的部分。

所隐匿财产在改制过程中已为行为人实际控制，或者国家出资企业改制已经完成的，以犯罪既遂处理。

第一款规定以外的人员实施该款行为的，依照刑法第二百七十一条的规定，以职务侵占罪定罪处罚；第一款规定以外的人员与第一款规定的人员共同实施该款行为的，以贪污罪的共犯论处。

在企业改制过程中未采取低估资产、隐瞒债权、虚设债务、虚构产权交易等方式故意隐匿公司、企业财产的，一般不应当认定为贪污；造成国家资产重大损失，依法构成刑法第一百六十八条或者第一百六十九条规定的犯罪的，依照该规定定罪处罚。

二、关于国有公司、企业在改制过程中隐匿公司、企业财产归职工集体持股的改制后公司、企业所有的行为的处理

国有公司、企业违反国家规定，在改制过程中隐匿公司、企业财产，转为职工集体持股的改制后公司、企业所有的，对其直接负责的主管人员和其他直接责任人员，依照刑法第三百九十六条第一款的规定，以私分国有资产罪定罪处罚。

改制后的公司、企业中只有改制前公司、企业的管理人员或者少数职工持股，改制前公司、企业的多数职工未持股的，依照本意见第一条的规定，以贪污罪定罪处罚。

三、关于国家出资企业工作人员使用改制公司、企业的资金担保个人贷款，用于购买改制公司、企业股份的行为的处理

国家出资企业的工作人员在公司、企业改制过程中为购买公司、企业股份，利用职务上的便利，将公司、企业的资金或者金融凭证、有价证券等用于个人贷款担保的，依照刑法第二百七十二条或者第三百八十四条的规定，以挪用资金罪或者挪用公

款罪定罪处罚。

行为人在改制前的国家出资企业持有股份的，不影响挪用数额的认定，但量刑时应当酌情考虑。

经有关主管部门批准或者按照有关政策规定，国家出资企业的工作人员为购买改制公司、企业股份实施前款行为的，可以视具体情况不作为犯罪处理。

四、关于国家工作人员在企业改制过程中的渎职行为的处理

国家出资企业中的国家工作人员在公司、企业改制或者国有资产处理过程中严重不负责任或者滥用职权，致使国家利益遭受重大损失的，依照刑法第一百六十八条的规定，以国有公司、企业人员失职罪或者国有公司、企业人员滥用职权罪定罪处罚。

国家出资企业中的国家工作人员在公司、企业改制或者国有资产处置过程中徇私舞弊，将国有资产低价折股或者低价出售给其本人未持有股份的公司、企业或者其他个人，致使国家利益遭受重大损失的，依照刑法第一百六十九条的规定，以徇私舞弊低价折股、出售国有资产罪定罪处罚。

国家出资企业中的国家工作人员在公司、企业改制或者国有资产处置过程中徇私舞弊，将国有资产低价折股或者低价出售给特定关系人持有股份或者本人实际控制的公司、企业，致使国家利益遭受重大损失的，依照刑法第三百八十二条、第三百八十三条的规定，以贪污罪定罪处罚。贪污数额以国有资产的损失数额计算。

国家出资企业中的国家工作人员因实施第一款、第二款行为收受贿赂，同时又构成刑法第三百八十五条规定之罪的，依照处罚较重的规定定罪处罚。

五、关于改制前后主体身体发生变化的犯罪的处理

国家工作人员在国家出资企业改制前利用职务上的便利实施犯罪，在其不再具有国家工作人员身份后又实施同种行为，依法构成不同犯罪的，应当分别定罪，实行数罪并罚。

国家工作人员利用职务上的便利，在国家出资企业改制过程中隐匿公司、企业财产，在其不再具有国家工作人员身份后将所隐匿财产据为己有的，依照刑法第三百八十二条、第三百八十三条的规定，以贪污罪定罪处罚。

国家工作人员在国家出资企业改制过程中利用职务上的便利为请托人谋取利益，事先约定在其不再具有国家工作人员身份后收受请托人财物，或者在身份变化前后连续收受请托人财物的，依照刑法第三百八十五条、第三百八十六条的规定，以受贿罪定罪处罚。

六、关于国家出资企业中国家工作人员的认定

经国家机关、国有公司、企业、事业单位提名、推荐、任命、批准等，在国有控股、参股公司及其分支机构中从事公务的人员，应当认定为国家工作人员。具体的任命机构和程序，不影响国家工作人员的认定。

经国家出资企业中负有管理、监督国有资产职责的组织批准或者研究决定，代表其在国有控股、参股公司及其分支机构中从事组织、领导、监督、经营、管理工作的人员，应当认定为国家工作人员。

国家出资企业中的国家工作人员，在国家出资企业中持有个人股份或者同时接受非国有股东委托的，不影响其国家工作人员身份的认定。

七、关于国家出资企业的界定

本意见所称“国家出资企业”，包括国家出资的国有独资公司、国有独资企业，以及国有资本控股公司、国有资本参股公司。

是否属于国家出资企业不清楚的，应遵循“谁投资、谁拥有产权”的原则进行界定。企业注册登记中的资金来源与实际出资不符的，应根据实际出资情况确定企业的性质。企业实际出资情况不清楚的，可以综合工商注册、分配形式、经营管理等因素确定企业的性质。

八、关于宽严相济刑事政策的具体贯彻

办理国家出资企业中的职务犯罪案件时，要综合考虑历史条件、企业发展、职工就业、社会稳定等因素，注意具体情况具体分析，严格把握犯罪与一般违规行为的区分界限。对于主观恶意明显、社会危害严重、群众反映强烈的严重犯罪，要坚决依法从严惩处；对于特定历史条件下、为了顺利完成企业改制而实施的违反国家政策法律规定的行为，行为人无主观恶意或者主观恶意不明显，情节较轻，危害不大的，可以不作为犯罪处理。

对于国家出资企业中的职务犯罪，要加大经济上的惩罚力度，充分重视财产刑的适用和执行，最大限度地挽回国家和人民利益遭受的损失。不能退赃的，在决定刑罚时，应当作为重要情节予以考虑。

国家监委管辖的六大类 88 个职务犯罪案件罪名及详解

2018 年 4 月 17 日，中央纪委国家监委印发了关于《国家监察委员会管辖规定（试行）》，该规定详细列举了国家监委管辖的六大类 88 个职务犯罪案件罪名，根据相关法律法规和司法解释的规定，将相关罪名的追诉立案标准整理，对尚未有具体立案标准的罪名明确其犯罪构成，并提出参考意见，便于工作学习。

一、贪污贿赂犯罪

贪污贿赂类犯罪共涉及刑法条文 24 条，包括 17 个罪名。

（一）贪污罪

刑法第三百八十二条、第三百九十四条、第二百七十一条第二款、第一百八十三条第二款。

贪污罪是指国家工作人员利用职务上的便利，侵吞、窃取、骗取或者以其他手段非法占有公共财物的行为。

1. 贪污数额在三万元以上不满二十万元的，属于刑法的“数额较大”，依法判处三年以下有期徒刑或者拘役，并处罚金。

2. 贪污数额在一万元以上不满三万元，具有下列情形之一的，属于刑法规定的“其他较重情节”，依法判处三年以下有期徒刑或者拘役，并处罚金：

（1）贪污救灾、抢险、防汛、优抚、扶贫、移民、救济、防疫、社会捐助等特定款物的；

（2）曾因贪污、受贿、挪用公款受过党纪、行政处分的；

（3）曾因故意犯罪受过刑事追究的；

（4）赃款赃物用于非法活动的；

（5）拒不交代赃款赃物去向或者拒不配合追缴工作，致使无法追缴的；

（6）造成恶劣影响或者其他严重后果的。

3. 贪污数额在二十万元以上不满三百万元的，属于刑法规定的“数额巨大”，依法判处三年以上十年以下有期徒刑，并处罚金或者没收财产。

4. 贪污数额在十万元以上不满二十万元，具有前述 2 中六种情形之一的，属于刑法规定的“其他严重情节”，依法判处三年以上十年以下有期徒刑，并处罚金或者没收财产。

5. 贪污数额在三百万元以上的，属于刑法规定的“数额特别巨大”，依法判处十年以上有期徒刑、无期徒刑或者死刑，并处罚金或者没收财产。

6. 贪污数额在一百五十万元以上不满三百万元，具有前述 2 中六种情形之一的，属于刑法规定的“其他特别严重情节”，依法判处十年以上有期徒刑、无期徒刑或者死刑，并处罚金或者没收财产。

7. 贪污数额特别巨大，犯罪情节特别严重、社会影响特别恶劣、给国家和人民利益造成特别重大损失的，可以判处死刑。

符合前述规定的情形，但具有自首，立功，如实供述自己罪行、真诚悔罪、积极退赃，或者避免、减少损害结果的发生等情节，不是必须立即执行的，可以判处死刑缓期二年执行。

符合第一款规定情形的，根据犯罪情节等情况可以判处死刑缓期二年执行，同时裁判决定在其死刑缓期执行二年期满依法减为无期徒刑后，终身监禁，不得减刑、假释。

（二）挪用公款罪

刑法第三百八十四条、第一百八十五条第二款。

国家工作人员利用职务上的便利，挪用公款归个人使用，进行非法活动的，或者挪用公款数额较大、进行营利活动的，或者挪用公款数额较大、超过三个月未还的，是挪用公款罪。

1. 挪用公款归个人使用，进行非法活动，数额在三万元以上的，应当以挪用公款罪追究刑事责任。

2. 挪用公款数额在三百万元以上的，属于刑法规定的“数额巨大”。

3. 具有下列情形之一的，属于刑法规定的“情节严重”：

（1）挪用公款数额在一百万元以上的；

（2）挪用救灾、抢险、防汛、优抚、扶贫、移民、救济特定款物，数额在五十万元以上不满一百万元的；

（3）挪用公款不退还，数额在五十万元以上不满一百万元的；

（4）其他严重的情节。

4. 挪用公款归个人使用，进行营利活动或者超过三个月未还，数额在五万元以上的，属于刑法第三百八十四条第一款规定的“数额较大”。

5. 数额在五百万元以上的，属于刑法第三百八十四条第一款规定的“数额巨大”。

6. 具有下列情形之一的，属于刑法第三百八十四条第一款规定的“情节严重”：

（1）挪用公款数额在二百万元以上的；

（2）挪用救灾、抢险、防汛、优抚、扶贫、移民、救济特定款物，数额在一百万元以上不满二百万元的；

（3）挪用公款不退还，数额在一百万元以上不满二百万元的；

（4）其他严重的情节。

（三）受贿罪

刑法第三百八十五条、第三百八十八条、第一百八十四条第二款、第一百六十三条第三款。

受贿罪是指国家工作人员利用职务上的便利，索取他人财物的，或者非法权受他人财物，为他人谋取利益的行为。

1. 受贿数额在三万元以上不满二十万元的，属于刑法规定的“数额较大”，依法判处三年以下有期徒刑或者拘役，并处罚金。

2. 受贿数额在一万元以上不满三万元，具有下列情形之一的，属于刑法规定的“其他较重情节”，依法判处三年以下有期徒刑或者拘役，并处罚金：

（1）曾因贪污、受贿、挪用公款受过党纪、行政处分的；

（2）曾因故意犯罪受过刑事追究的；

（3）赃款赃物用于非法活动的；

（4）拒不交待赃款赃物去向或者拒不配合追缴工作，致使无法追缴的；

（5）造成恶劣影响或者其他严重后果的；

（6）多次索贿的；

（7）为他人谋取不正当利益，致使公共财产、国家和人民利益遭受损失的；

（8）为他人谋取职务提拔、调整的。

3. 受贿数额在二十万元以上不满三百万元的，属于刑法规定的“数额巨大”，依法判处三年以上十年以下有期徒刑，并处罚金或者没收财产。

4. 受贿数额在十万元以上不满二十万元，具有前述 2 中八种情形之一的，属于刑法规定的“其他严重情节”，依法判处三年以上十年以下有期徒刑，并处罚金或者没收财产。

5. 受贿数额在三百万元以上的，属于刑法规定的“数额特别巨大”，依法判处十年以上有期徒刑、无期徒刑或者死刑，并处罚金或者没收财产。

6. 受贿数额在一百五十万元以上不满三百万元，具有前述 2 中八种情形之一的，属于刑法规定的“其他特别严重情节”，依法判处十年以上有期徒刑、无期徒刑或者死刑，并处罚金或者没收财产。

7. 受贿数额特别巨大，犯罪情节特别严重、社会影响特别恶劣、给国家和人民利益造成特别重大损失的，可以判处死刑。

符合前述规定的情形，但具有自首，立功，如实供述自己罪行、真诚悔罪、积极退赃，或者避免、减少损害结果的发生等情节，不是必须立即执行的，可以判处死刑缓期二年执行。

符合第一款规定情形的，根据犯罪情节等情况可以判处死刑缓期二年执行，同时裁判决定在其死刑缓期执行二年期满依法减为无期徒刑后，终身监禁，不得减刑、假释。

（四）单位受贿罪

刑法第三百八十七条。

单位受贿罪是指国家机关、国有公司、企业、事业单位、人民团体，索取、非法收受他人财物，为他人谋取利益，情节严重的行为，或者在经济往来中，在账外暗中收受各种名义的回扣、手续费的行为。

涉嫌下列情形之一的，应予立案：

1. 单位受贿数额在 10 万元以上的；

2. 单位受贿数额不满 10 万元，但具有下列情形之一的；

（1）故意刁难、要挟有关单位、个人，造成恶劣影响的；

（2）强行索取财物的；

（3）致使国家或者社会利益遭受重大损失的；

（五）利用影响力受贿罪

刑法第三百八十八条之一。

利用影响力受贿罪的定罪量刑适用标准，参照受贿罪的规定执行。

（六）行贿罪

刑法第三百八十九条。

1. 为谋取不正当利益，向国家工作人员行贿，数额在三万元以上的，应当以行贿罪追究刑事责任。

2. 行贿数额在一万元以上不满三万元，具有下列情形之一的，应当以行贿罪追究刑事责任：

（1）向三人以上行贿的；

（2）将违法所得用于行贿的；

（3）通过行贿谋取职务提拔、调整的；

（4）向负有食品、药品、安全生产、环境保护等监督管理职责的国家工作人员行贿，实施非法活动的；

（5）向司法工作人员行贿，影响司法公正的；

（6）造成经济损失数额在五十万元以上不满一百万元的。

3. 犯行贿罪，具有下列情形之一的，属于刑法规定的“情节严重”：

（1）行贿数额在一百万元以上不满五百万元的；

（2）行贿数额在五十万元以上不满一百万元，并具有本解释第七条第二款第一项至第五项规定的情形之一的；

（3）其他严重的情节。

4. 为谋取不正当利益，向国家工作人员行贿，造成经济损失数额在一百万元以上不满五百万元的，属于刑法规定的“使国家利益遭受重大损失”。

5. 犯行贿罪，具有下列情形之一的，属于刑法规定的“情节特别严重”：

（1）行贿数额在五百万元以上的；

（2）行贿数额在二百五十万元以上不满五百万元，并具有本解释第七条第二款第一项至第五项规定的情形之一的；

（3）其他特别严重的情节。

6. 为谋取不正当利益，向国家工作人员行贿，造成经济损失数额在五百万元以上的，属于刑法规定的“使国家利益遭受特别重大损失”。

（七）为利用影响力行贿罪

刑法第三百九十条之一。

为利用影响力行贿罪的定罪量刑适用标准，参照本解释关于行贿罪的规定执行。

（八）对单位行贿罪

刑法第三百九十一条。

对单位行贿罪是指为谋取不正当利益，给予国家机关、国有公司、企业、事业单位、人民团体以财物，或者在经济往来中，违反国家规定，给予上述单位各种名义的回扣、手续费的行为。

涉嫌下列情形之一的，应予立案；

1. 个人行贿数额在 10 万元以上、单位行贿数额在 20 万元以上的；

2. 个人行贿数额不满 10 万元、单位行贿数额在 10 万元以上不满 20 万元，但具有下列情形之一的：

（1）为谋取非法利益而行贿的；

（2）向 3 个以上单位行贿的；

（3）向党政机关、司法机关、行政执法机关行贿的；

（4）致使国家或者社会利益遭受重大损失的。

（九）介绍贿赂罪

刑法第三百九十二条。

介绍贿赂罪是指在行贿人与受贿人之间沟通关系、撮合条件，使贿赂行为得以实现情节严重的行为。

涉嫌下列情形之一的，应予立案：

1. 介绍个人向国家工作人员行贿，数额在 2 万元以上的；介绍单位向国空工作人员行贿，数额在 20 万元以上的；

2. 介绍贿赂数额不满上述标准，但具有下列情形之一的：

（1）为使行贿人获取非法利益而介绍贿赂的；

（2）3 次以上或者为 3 人以上介绍贿赂的；

（3）向党政领导、司法工作人员、行政执法人员介绍贿赂的；

（4）致使国家或者社会利益遭受大损失的。

（十）单位行贿罪

刑法第三百九十三条。

单位行贿罪是指公司、企业、事业单位、机关、团体为谋取不正当利益而行贿，或者违反国家规定，给予国家工作人员以回扣、手续费，情节严重的行为。

涉嫌下列情形之一的，应予以立案：

1. 单位行贿数额在 20 万元以上的；

2. 单位为谋取不正当利益而行贿，数额在 10 万元以上不满 20 万元，但具有下列情形之一的：

（1）为谋取非法利益而行贿的；

（2）向 3 人以上行贿的；

（3）向党政领导、司法工作人员、行政执法人员行贿的；

（4）致使国家或者社会利益遭受重大损失的。

（十一）巨额财产来源不明罪

刑法第三百九十五条第一款。

巨额财产来源不明罪是指国家工作人员的财产或者支出明显超出合法收入，差额巨大，而本人又不能说明其来源是合法的行为。

涉嫌巨额财产来源不明，数额在 30 万元以上的，应予立案。

（十二）隐瞒境外存款罪

刑法第三百九十五条第二款。

隐瞒境外存款罪是指国家工作人员违反国家规定，故意隐瞒不报在境外的存款，数额较大的行为。

涉嫌隐瞒境外存款，折合人民币数额在 30 万元以上的，应予立案。

（十三）私分国有资产罪

刑法第三百九十六条第一款。

私分国有资产罪是指国家机关、国有公司、企业、事业单位、人民团体，违反国家规定，以单位名义将国有资产集体私分给个人，数额较大的行为。

涉嫌私分国有资产，累计数额在 10 万元以上的，应予立案。

（十四）私分罚没财物罪

刑法第三百九十六条第二款。

私分罚没财物罪是指司法机关、行政执法机关违反国家规定，将应当上缴国家的罚没财物，以单位名义集体私分给个人的行为。

涉嫌私分罚没财物，累计数额在 10 万元以上，应予立案。

（十五）非国家工作人员受贿罪

刑法第一百六十三条。

非国家工作人员受贿罪中的“数额较大”“数额巨大”的数额起点，按照《最高人民法院、最高人民检察院关于办理贪污贿赂刑事案件适用法律若干问题的解释》关于受贿罪相对应的数额标准规定的二倍、五倍执行。

（十六）对非国家工作人员行贿罪

刑法第一百六十四条。

对非国家工作人员行贿罪中的“数额较大”“数额巨大”的数额起点，按照《最高人民法院、最高人民检察院关于办理贪污贿赂刑事案件适用法律若干问题的解释》第七条、第八条第一款关于行贿罪的数额标准规定的二倍执行。

（十七）对外国公职人员、国际公共组织官员行贿罪

刑法第一百六十四条。

追诉立案标准参照行贿罪立案标准。

二、滥用职权犯罪

滥用职权类犯罪共涉及刑法条文 15 条，包括 15 个罪名。

（一）滥用职权罪

刑法第三百九十七条，关于惩治骗购外汇、逃汇和非法买卖外汇犯罪的决定第六条。

滥用职权罪是指国家机关工作人员超越职权，违法决定、处理其无权决定、处理的事项，或者违反规定处理公务，致使公共财产、国家和人民利益遭受重大损失的行为。

涉嫌下列情形之一的，应予立案：

1. 国家机关工作人员滥用职权，涉嫌下列情形之一的，属于“致使公共财产、国家和人民利益遭受重大损失”，处三年以下有期徒刑或者拘役：

（1）造成死亡 1 人以上，或者重伤 3 人以上，或者轻伤 9 人以上，或者重伤 2 人、轻伤 3 人以上，或者重伤 1 人、轻伤 6 人以上的；

（2）造成经济损失 30 万元以上的；

（3）造成恶劣社会影响的；

（4）其他致使公共财产、国家和人民利益遭受重大损失的情形。

2. 涉嫌下列情形之一的，属于“情节特别严重”，处三年以上七年以下有期徒刑：

（1）造成伤亡达到前款第 1 项规定人数 3 倍以上的；

（2）造成经济损失 150 万元以上的；

（3）造成前款规定的损失后果，不报、迟报、谎报或者授意、指使、强令他人不报、迟报、谎报事故情况，致使损失后果持续、扩大或者抢救工作延误的；

（4）造成特别恶劣社会影响的；

（5）其他特别严重的情节。

3. 国家机关工作人员滥用职权，有下列情形之一，致使盗窃、抢劫、诈骗、抢夺

的机动车被办理登记手续，数量达到3辆以上或者价值总额达到30万元以上的，以滥用职权罪定罪，处三年以下有期徒刑或者拘役：

（1）明知是登记手续不全或者不符合规定的机动车而办理登记手续的；

（2）指使他人为明知是登记手续不全或者不符合规定的机动车办理登记手续的；

（3）违规或者指使他人违规更改、调换车辆档案的；

（4）其他滥用职权的行为。

国家机关工作人员实施前款行为，致使盗窃、抢劫、诈骗、抢夺的机动车被办理登记手续，达到前款规定数量、数额标准5倍以上的，或者明知是盗窃、抢劫、诈骗、抢夺的机动车而办理登记手续的，属于“情节特别严重”，处三年以上七年以下有期徒刑。

国家机关工作人员徇私舞弊，实施上述行为，构成犯罪的，依照刑法第三百九十七条第二款的规定定罪处罚。

4. 林业主管部门工作人员之外的国家机关工作人员，违反森林法的规定，滥用职权，致使林木被滥伐40立方米以上或者幼树被滥伐2000株以上，或者致使防护林、特种用途林被滥伐10立方米以上或者幼树被滥伐400株以上，或者致使珍贵树木被采伐、毁坏4立方米或者4株以上，或者致使国家重点保护的其他植物被采伐、毁坏后果严重的，或者致使国家严禁采伐的林木被采伐、毁坏情节恶劣的，按照刑法第397条的规定以滥用职权罪追究刑事责任。

（二）国有公司、企业、事业单位人员滥用职权罪

刑法第一百六十八条。

国有公司、企业、事业单位人员滥用职权罪，是指国有公司、企业、事业单位的工作人员，由于滥用职权，造成国有公司、企业破产或者严重亏损，致使国家利益遭受重大损失，以及国有事业单位的工作人员由于滥用职权，致使国家利益遭受重大损失的行为。

国有公司、企业、事业单位的工作人员，滥用职权，涉嫌下列情形之一的，应予追诉，处三年以下有期徒刑或者拘役：

1. 造成国家直接经济损失数额在30万元以上的；

2. 造成有关单位破产，停业、停产6个月以上，或者被吊销许可证和营业执照、责令关闭、撤销、解散的；

3. 其他致使国家利益遭受重大损失的情形。

（三）滥用管理公司、证券职权罪

刑法第四百零三条。

滥用管理公司、证券职权罪是指工商行政管理、证券管理等国家有关主管部门的工作人员徇私舞弊，滥用职权，对不符合法律规定条件的公司设立、登记申请或者股票、债券发行、上市申请予以批准或者登记，致使公共财产、国家和人民利益遭受重大损失的行为，以及上级部门、当地政府强令登记机关及其工作人员实施上述行为的行为。

涉嫌下列情形之一的，应予立案：

1. 造成直接经济损失 50 万元以上的；

2. 工商管理部门的工作人员对不符合法律规定条件的公司设立、登记申请，违法予以批准、登记，严重扰乱市场秩序的；

3. 金融证券管理机构工作人员对不符合法律规定条件的股票、债券发行、上市申请，违法予以批准，严重损害公众利益，或者严重扰乱金融秩序的；

4. 工商管理部门、金融证券管理机构的工作人员对不符合法律规定条件的公司设立、登记申请或者股票、债券发行、上市申请违法予以批准或者登记，致使犯罪行为得逞的；

5. 上级部门、当地政府直接负责的主管人员强令登记机关及其工作人员，对不符合法律规定条件的公司设立、登记申请或者股票、债券发行、上市申请予以批准或者登记，致使公共财产、国家或者人民利益遭受重大损失的；

6. 其他致使公共财产、国家和人民利益遭受重大损失的情形。

（四）食品监管渎职罪

刑法第四百零八条之一。

目前还没有具体的关于立案标准的司法解释，可参照玩忽职守等相关罪名。

负有食品安全监督管理职责的国家机关工作人员，滥用职权或者玩忽职守，导致发生重大食品安全事故或者造成其他严重后果，同时构成食品监管渎职罪和徇私舞弊不移交刑事案件罪、商检徇私舞弊罪、动植物检疫徇私舞弊罪、放纵制售伪劣商品犯罪行为罪等其他渎职犯罪的，依照处罚较重的规定定罪处罚。

负有食品安全监督管理职责的国家机关工作人员滥用职权或者玩忽职守，不构成食品监管渎职罪，但构成前款规定的其他渎职犯罪的，依照该其他犯罪定罪处罚。

负有食品安全监督管理职责的国家机关工作人员与他人共谋，利用其职务行为帮助他人实施危害食品安全犯罪行为，同时构成渎职犯罪和危害食品安全犯罪共犯的，依照处罚较重的规定定罪处罚。

（五）故意泄露国家秘密罪

刑法第三百九十八条。

故意泄露国家秘密罪是指国家机关工作人员违反保守国家秘密法，故意使国家秘密被不应知悉者知悉，或者故意使国家秘密超出了限定的接触范围，情节严重的行为。

国家机关工作人员涉嫌故意泄露国家秘密行为，具有下列情形之一的，应予立案：

1. 泄露绝密级国家秘密 1 项（件）以上的；

2. 泄露机密级国家秘密 2 项（件）以上的；

3. 泄露秘密级国家秘密 3 项（件）以上的；

4. 向非境外机构、组织、人员泄露国家秘密，造成或者可能造成危害社会稳定、经济发展、国防安全或者其他严重危害后果的；

5. 通过口头、书面或者网络等方式向公众散布、传播国家秘密的；

6. 利用职权指使或者强迫他人违反国家保守秘密法的规定泄露国家秘密的；

7. 以牟取私利为目的泄露国家秘密的；

8. 其他情节严重的情形。

（六）报复陷害罪

刑法第二百五十四条。

报复陷害罪是指国家机关工作人员滥用职权、假公济私，对控告人、申诉人、批评人、举报人实行打击报复、陷害的行为。

涉嫌下列情形之一的，应予立案：

1. 报复陷害，情节严重，导致控告人、申诉人、批评人、举报人或者其近亲属自杀、自残造成重伤、死亡，或者精神失常的；

2. 致使控告人、申诉人、批评人、举报人或者其近亲属的其他合法权利受到严重损害的；

3. 其他报复陷害应予追究刑事责任的情形。

（七）阻碍解救被拐卖、绑架妇女、儿童罪

刑法第四百一十六条第二款。

阻碍解救被拐卖、绑架妇女、儿童罪是指对被拐卖、绑架的妇女、儿童负有解救职责的公安、司法等国家机关工作人员利用职务阻碍解救被拐卖、绑架的妇女、儿童的行为。

涉嫌下列情形之一的，应予立案：

1. 利用职权，禁止、阻止或者妨碍有关部门、人员解救被拐卖、绑架的妇女、儿童的；

2. 利用职务上的便利，向拐卖、绑架者或者收买者通风报信，妨碍解救工作正常进行的；

3. 其他利用职务阻碍解救被拐卖、绑架的妇女、儿童应予追究刑事责任的情形。

（八）帮助犯罪分子逃避处罚罪

刑法第四百一十七条。

帮助犯罪分子逃避处罚罪是指有查禁犯罪活动职责的司法及公安、国家安全、海关、税务等国家机关工作人员，向犯罪分子通风报信、提供便利，帮助犯罪分子逃避处罚的行为。

涉嫌下列情形之一的，应予立案：

1. 向犯罪分子泄露有关部门查禁犯罪活动的部署、人员、措施、时间、地点等情况的；

2. 向犯罪分子提供钱物、交通工具、通讯设备、隐藏处所等便利条件的；

3. 向犯罪分子泄露案情的；

4. 帮助、示意犯罪分子隐匿、毁灭、伪造证据，或者串供、翻供的；

5. 其他帮助犯罪分子逃避处罚应予追究刑事责任的情形。

（九）违法发放林木采伐许可证罪

刑法第四百零七条。

违法发放林木采伐许可证罪是指林业主管部门的工作人员违反森林法的规定，超过批准的年采伐限额发放林木采伐许可证或者违反规定滥发林木采伐许可证，情节严重，致使森林遭受严重破坏的行为。

涉嫌下列情形之一的，应予立案：

1. 发放林木采伐许可证允许采伐数量累计超过批准的年采伐限额，导致林木被超限额采伐 10 立方米以上的；

2. 滥发林木采伐许可证，导致林木被滥伐 20 立方米以上，或者导致幼树被滥伐

1000株以上的；

3. 滥发林木采伐许可证，导致防护林、特种用途林被滥伐5立方米以上，或者幼树被滥伐200株以上的；

4. 滥发林木采伐许可证，导致珍贵树木或者国家重点保护的其他树木被滥伐的；

5. 滥发林木采伐许可证，导致国家禁止采伐的林木被采伐的；

6. 其他情节严重，致使森林遭受严重破坏的情形。

林业主管部门工作人员之外的国家机关工作人员，违反森林法的规定，滥用职权或者玩忽职守，致使林木被滥伐40立方米以上或者幼树被滥伐2000株以上，或者致使防护林、特种用途林被滥伐10立方米以上或者幼树被滥伐400株以上，或者致使珍贵树木被采伐、毁坏4立方米或者4株以上，或者致使国家重点保护的其他植物被采伐、毁坏后果严重的，或者致使国家严禁采伐的林木被采伐、毁坏情节恶劣的，按照刑法第397条的规定以滥用职权罪或者玩忽职守罪追究刑事责任。

（十）办理偷越国（边）境人员出入境证件罪

刑法第四百一十五条。

办理偷越国（边）境人员出入境证件罪是指负责办理护照、签证以及其他出入境证件的国家机关工作人员，对明知是企图偷越国（边）境的人员，予以办理出入境证件的行为。

负责办理护照、签证以及其他出入境证件的国家机关工作人员涉嫌在办理护照、签证以及其他出入境证件的过程中，对明知是企图偷越国（边）境的人员而予以办理出入境证件的，应予立案。

（十一）放行偷越国（边）境人员罪

刑法第四百一十五条。

放行偷越国（边）境人员罪是指边防、海关等国家机关工作人员，对明知是偷越国（边）境的人员予以放行的行为。

边防、海关等国家机关工作人员涉嫌在履行职务过程中，对明知是偷越国（边）境的人员而予以放行的，应予立案。

（十二）挪用特定款物罪

刑法第二百七十三条。

立案标准与挪用公款罪、挪用资金罪立案标准相同。

挪用用于救灾、抢险、防汛、优抚、扶贫、移民、救济款物归个人使用的，从重处罚。

（十三）非法剥夺公民宗教信仰自由罪

刑法第二百五十一条。

非法剥夺公民宗教信仰自由罪，是指国家机关工作人员非法剥夺公民的宗教信仰自由，情节严重的行为。情节严重，是指非法剥夺宗教信仰自由的手段恶劣，造成被害人精神失常或自杀等严重后果的情况，应当立案追究。

（十四）侵犯少数民族风俗习惯罪

刑法第二百五十一条。

是指国家机关工作人员侵犯少数民族风俗习惯，情节严重的行为。情节严重，即多次或多人侵犯、手段恶劣、引起民族纠纷、民族矛盾的，造成骚乱、示威游行或社会秩序严重混乱，产生恶劣的政治影响的，应立案追究。

（十五）打击报复会计、统计人员罪

刑法第二百五十五条。

打击报复会计、统计人员罪是指公司、企业、事业单位、机关、团体的领导人员，对依法履行职责，抵制违反会计法、统计法行为的会计、统计人员实行打击报复，情节恶劣的行为。

可参照报复陷害罪立案标准。

三、玩忽职守犯罪

玩忽职守类犯罪共涉及刑法条文 11 条，包括 11 个罪名。

（一）玩忽职守罪

刑法第三百九十七条，关于惩治骗购外汇、逃汇和非法买卖外汇犯罪的决定第六条。

玩忽职守罪是指国家机关工作人员严重不负责任，不履行或者不认真履行职责，致使公共财产、国家和人民利益遭受重大损失的行为。

涉嫌下列情形之一的，应予立案：

1. 国家机关工作人员滥用职权，涉嫌下列情形之一的，属于“致使公共财产、国家和人民利益遭受重大损失”，处三年以下有期徒刑或者拘役：

（1）造成死亡 1 人以上，或者重伤 3 人以上，或者轻伤 9 人以上，或者重伤 2 人、轻伤 3 人以上，或者重伤 1 人、轻伤 6 人以上的；

（2）造成经济损失 30 万元以上的；

（3）造成恶劣社会影响的；

（4）其他致使公共财产、国家和人民利益遭受重大损失的情形。

2. 涉嫌下列情形之一的，属于“情节特别严重”，处三年以上七年以下有期徒刑：

（1）造成伤亡达到前款第 1 项规定人数 3 倍以上的；

（2）造成经济损失 150 万元以上的；

（3）造成前款规定的损失后果，不报、迟报、谎报或者授意、指使、强令他人不报、迟报、谎报事故情况，致使损失后果持续、扩大或者抢救工作延误的；

（4）造成特别恶劣社会影响的；

（5）其他特别严重的情节。

3. 国家机关工作人员疏于审查或者审查不严，致使盗窃、抢劫、诈骗、抢夺的机动车被办理登记手续，数量达到 5 辆以上或者价值总额达到 50 万元以上的，以玩忽职守罪定罪，处三年以下有期徒刑或者拘役。

国家机关工作人员实施前款行为，致使盗窃、抢劫、诈骗、抢夺的机动车被办理登记手续，达到前款规定数量、数额标准 5 倍以上的，或者明知是盗窃、抢劫、诈骗、抢夺的机动车而办理登记手续的，属于“情节特别严重”，处三年以上七年以下有期徒刑。

国家机关工作人员徇私舞弊，实施上述行为，构成犯罪的，依照刑法第三百九十七条第二款的规定定罪处罚。

4. 林业主管部门工作人员之外的国家机关工作人员，违反森林法的规定，滥用职权，致使林木被滥伐 40 立方米以上或者幼树被滥伐 2000 株以上，或者致使防护林、特种用途林被滥伐 10 立方米以上或者幼树被滥伐 400 株以上，或者致使珍贵树木被采伐、毁坏 4 立方米或者 4 株以上，或者致使国家重点保护的其他植物被采伐、毁坏后果严重的，或者致使国家严禁采伐的林木被采伐、毁坏情节恶劣的，按照刑法第 397 条的规定以滥用职权罪追究刑事责任。

（二）国有公司、企业、事业单位人员失职罪

刑法第一百六十八条。

国有公司、企业、事业单位人员失职罪，是指国有公司、企业、事业单位的工作人员，由于严重不负责任，造成国有公司、企业破产或者严重亏损，致使国家利益遭受重大损失，以及国有事业单位的工作人员由于严重不负责任，致使国家利益遭受重大损失的行为。

国有公司、企业、事业单位的工作人员，严重不负责任，涉嫌下列情形之一的，应予追诉，处三年以下有期徒刑或者拘役：

1. 造成国家直接经济损失数额在 50 万元以上的；

2. 造成有关单位破产，停业、停产 1 年以上，或者被吊销许可证和营业执照、责令关闭、撤销、解散的；

3. 其他致使国家利益遭受重大损失的情形。

（三）签订、履行合同失职被骗罪

刑法第一百六十七条。

签订、履行合同失职被骗罪，是指国有公司、企业、事业单位直接负责的主管人员，在签订、履行合同过程中，因严重不负责任而被诈骗，致使国家利益遭受重大损失的行为。

国有公司、企业、事业单位直接负责的主管人员，在签订、履行合同过程中，因严重不负责任被诈骗，涉嫌下列情形之一的，应予立案追诉，处三年以下有期徒刑或者拘役：

1. 造成国家直接经济损失数额在 50 万元以上的；

2. 造成有关单位破产，停业、停产 6 个月以上，或者被吊销许可证和营业执照、责令关闭、撤销、解散的；

3. 其他致使国家利益遭受重大损失的情形。

金融机构、从事对外贸易经营活动的公司、企业的工作人员严重不负责任，造成 100 万美元以上外汇被骗购或者逃汇 1000 万美元以上的，应予立案追诉。

本条规定的“诈骗”，是指对方当事人的行为已经涉嫌诈骗犯罪，不以对方当事人已经被人民法院判决构成诈骗犯罪作为立案追诉的前提。

（四）国家机关工作人员签订、履行合同失职被骗罪

刑法第四百零六条。

国家机关工作人员签订、履行合同失职被骗罪是指国家机关工作人员在签订、履行合同过程中，因严重不负责任，不履行或者不认真履行职责被诈骗，致使国家利益遭受重大损失的行为。

涉嫌下列情形之一的，应予立案：

1. 造成直接经济损失 30 万元以上，或者直接经济损失不满 30 万元，但间接经济损失 150 万元以上的；

2. 其他致使国家利益遭受重大损失的情形。

（五）环境监管失职罪

刑法第四百零八条。

负有环境保护监督管理职责的国家机关工作人员严重不负责任，不履行或者不认真履行环境保护监管职责导致发生重大环境污染事故，致使公私财产损失30万元以上，或者涉嫌下列情形之一的，属于“致使公私财产遭受重大损失或者造成人身伤亡的严重后果”，应予立案，处三年以下有期徒刑或者拘役：

1. 造成生态环境严重损害的；

2. 致使乡镇以上集中式饮用水水源取水中断12小时以上的；

3. 致使基本农田、防护林地、特种用途林地5亩以上，其他农用地10亩以上，其他土地20亩以上基本功能丧失或者遭受永久性破坏的；

4. 致使森林或者其他林木死亡50立方米以上，或者幼树死亡2500株以上的；

5. 致使疏散、转移群众5000人以上的；

6. 致使30人以上中毒的；

7. 致使3人以上轻伤、轻度残疾或者器官组织损伤导致一般功能障碍的；

8. 致使1人以上重伤、中度残疾或者器官组织损伤导致严重功能障碍的；

9. 其他严重污染环境的情形。

（六）传染病防治失职罪

刑法第四百零九条。

传染病防治失职罪是指从事传染病防治的政府卫生行政部门的工作人员严重不负责任，不履行或者不认真履行传染病防治监管职责，导致传染病传播或者流行，情节严重的行为。

1. 涉嫌下列情形之一的，应予立案：

（1）导致甲类传染病传播的；

（2）导致乙类、丙类传染病流行的；

（3）因传染病传播或者流行，造成人员重伤或者死亡的；

（4）因传染病传播或者流行，严重影响正常的生产、生活秩序的；

（5）在国家对突发传染病疫情等灾害采取预防、控制措施后，对发生突发传染病疫情等灾害的地区或者突发传染病病人、病原携带者、疑似突发传染病病人，未按照预防、控制突发传染病疫情等灾害工作规范的要求做好防疫、检疫、隔离、防护、救治等工作，或者采取的预防、控制措施不当，造成传染范围扩大或者疫情、灾情加重的；

（6）在国家对突发传染病疫情等灾害采取预防、控制措施后，隐瞒、缓报、谎报或者授意、指使、强令他人隐瞒、缓报、谎报疫情、灾情，造成传染范围扩大或者疫情、灾情加重的；

（7）在国家对突发传染病疫情等灾害采取预防、控制措施后，拒不执行突发传染病疫情等灾害应急处理指挥机构的决定、命令，造成传染范围扩大或者疫情、灾情加重的；

（8）其他情节严重的情形。

2. 在预防、控制突发传染病疫情等灾害期间，从事传染病防治的政府卫生行政部门的工作人员，或者在受政府卫生行政部门委托代表政府卫生行政部门行使职权的组织中从事公务的人员，或者虽未列入政府卫生行政部门人员编制但在政府卫生行政部门从事公务的人员，在代表政府卫生行政部门行使职权时，严重不负责任，导致传染病传播或者流行，情节严重的，依照刑法第四百零九条的规定，以传染病防治失职罪定罪处罚。

在国家对突发传染病疫情等灾害采取预防、控制措施后，具有下列情形之一的，属于刑法第四百零九条规定的“情节严重”，应予立案，处三年以下有期徒刑或者拘役：

（1）对发生突发传染病疫情等灾害的地区或者突发传染病病人、病原携带者、疑似突发传染病病人，未按照预防、控制突发传染病疫情等灾害工作规范的要求做好防疫、检疫、隔离、防护、救治等工作，或者采取的预防、控制措施不当，造成传染范围扩大或者疫情、灾情加重的；

（2）隐瞒、缓报、谎报或者授意、指使、强令他人隐瞒、缓报、谎报疫情、灾情，造成传染范围扩大或者疫情、灾情加重的；

（3）拒不执行突发传染病疫情等灾害应急处理指挥机构的决定、命令，造成传染范围扩大或者疫情、灾情加重的；

（4）具有其他严重情节的。

（七）商检失职罪

刑法第四百一十二条第二款。

商检失职罪是指出入境检验检疫机关、检验检疫机构工作人员严重不负责任，对应当检验的物品不检验，或者延误检验出证、错误出证，致使国家利益遭受重大损失的行为。

涉嫌下列情形之一的，应予立案：

1. 致使不合格的食品、药品、医疗器械等商品出入境，严重危害生命健康的；

2. 造成个人财产直接经济损失 15 万元以上，或者直接经济损失不满 15 万元，但间接经济损失 75 万元以上的；

3. 造成公共财产、法人或者其他组织财产直接经济损失 30 万元以上，或者直接经济损失不满 30 万元，但间接经济损失 150 万元以上的；

4. 未经检验，出具合格检验结果，致使国家禁止进口的固体废物、液态废物和气态废物等进入境内的；

5. 不检验或者延误检验出证、错误出证，引起国际经济贸易纠纷，严重影响国家对外经贸关系，或者严重损害国家声誉的；

6. 其他致使国家利益遭受重大损失的情形。

（八）动植物检疫失职罪

刑法第四百一十三条第二款。

动植物检疫失职罪是指出入境检验检疫机关、检验检疫机构工作人员严重不负责任，对应当检疫的检疫物不检疫，或者延误检疫出证、错误出证，致使国家利益遭受重大损失的行为。

涉嫌下列情形之一的，应予立案：

1. 导致疫情发生，造成人员重伤或者死亡的；

2. 导致重大疫情发生、传播或者流行的；

3. 造成个人财产直接经济损失 15 万元以上，或者直接经济损失不满 15 万元，但间接经济损失 75 万元以上的；

4. 造成公共财产或者法人、其他组织财产直接经济损失 30 万元以上，或者直接经济损失不满 30 万元，但间接经济损失 150 万元以上的；

5. 不检疫或者延误检疫出证、错误出证，引起国际经济贸易纠纷，严重影响国家对外经贸关系，或者严重损害国家声誉的；

6. 其他致使国家利益遭受重大损失的情形。

（九）不解救被拐卖、绑架妇女、儿童罪

刑法第四百一十六条第一款。

不解救被拐卖、绑架妇女、儿童罪是指对被拐卖、绑架的妇女、儿童负有解救职责的公安、司法等国家机关工作人员接到被拐卖、绑架的妇女、儿童及其家属的解救要求或者接到其他人的举报，而对被拐卖、绑架的妇女、儿童不进行解救，造成严重后果的行为。

涉嫌下列情形之一的，应予立案：

1. 导致被拐卖、绑架的妇女、儿童或者其家属重伤、死亡或者精神失常的；

2. 导致被拐卖、绑架的妇女、儿童被转移、隐匿、转卖，不能及时进行解救的；

3. 对被拐卖、绑架的妇女、儿童不进行解救 3 人次以上的；

4. 对被拐卖、绑架的妇女、儿童不进行解救，造成恶劣社会影响的；

5. 其他造成严重后果的情形。

（十）失职造成珍贵文物损毁、流失罪

刑法第四百一十九条。

失职造成珍贵文物损毁、流失罪是指文物行政部门、公安机关、工商行政管理部门、海关、城乡建设规划部门等国家机关工作人员严重不负责任，造成珍贵文物损毁或者流失，后果严重的行为。

涉嫌下列情形之一的，应予立案：

1. 导致国家一、二、三级珍贵文物损毁或者流失的；

2. 导致全国重点文物保护单位或者省、自治区、直辖市级文物保护单位损毁的；

3. 其他后果严重的情形。

（十一）过失泄露国家秘密罪

刑法第三百九十八条。

过失泄露国家秘密罪是指国家机关工作人员违反保守国家秘密法，过失泄露国家秘密，或者遗失秘密文件，致使国家秘密被不应知悉者知悉或者超出了限定的接触范围，情节严重的行为。

国家机关工作人员涉嫌过失泄露国家秘密行为，具有下列情形之一的，应予立案：

1. 泄露绝密级国家秘密 1 项（件）以上的；

2. 泄露机密级国家秘密 3 项（件）以上的；

3. 泄露秘密级国家秘密 4 项（件）以上的；

4. 违反保密规定，将涉及国家秘密的计算机或者计算机信息系统与互联网相连接，泄露国家秘密的；

5. 泄露国家秘密或者遗失国家秘密载体，隐瞒不报、不如实提供有关情况或者不采取补救措施的；

6. 其他情节严重的情形。

四、徇私舞弊犯罪

徇私舞弊类犯罪共涉及刑法条文 15 条，包括 15 个罪名。

（一）徇私舞弊低价折股、出售国有资产罪

刑法第一百六十九条。

徇私舞弊低价折股、出售国有资产罪，是指国有公司、企业或者其上级主管部门直接负责的主管人员，徇私舞弊，将国有资产低价折股或者低价出售，致使国家利益遭受重大损失的行为。

国有公司、企业或者其上级主管部门直接负责的主管人员，徇私舞弊，将国有资产低价折股或者低价出售，涉嫌下列情形之一的，应予立案追诉，处三年以下有期徒刑或者拘役：

1. 造成国家直接经济损失数额在 30 万元以上的；

2. 造成有关单位破产，停业、停产 6 个月以上，或者被吊销许可证和营业执照、责令关闭、撤销、解散的；

3. 其他致使国家利益遭受重大损失的情形。

（二）非法批准征收、征用、占用土地罪

刑法第四百一十条。

非法批准征用、占用土地罪是指国家机关工作人员徇私舞弊，违反土地管理法、森林法、草原法等法律以及有关行政法规中关于土地管理的规定，滥用职权，非法批准征用、占用耕地、林地等农用地以及其他土地，情节严重的行为。

1. 涉嫌下列情形之一的，属于“情节严重”，应予立案，处三年以下有期徒刑或者拘役：

（1）非法批准征用、占用基本农田 10 亩以上的；

（2）非法批准征用、占用基本农田以外的耕地 30 亩以上的；

（3）非法批准征用、占用其他土地 50 亩以上的；

（4）虽未达到上述数量标准，但造成有关单位、个人直接经济损失 30 万元以上，或者造成耕地大量毁坏或者植被遭到严重破坏的；

（5）非法批准征用、占用土地，影响群众生产、生活，引起纠纷，造成恶劣影响或者其他严重后果的；

（6）非法批准征用、占用防护林地、特种用途林地分别或者合计10亩以上的；

（7）非法批准征用、占用其他林地20亩以上的；

（8）非法批准征用、占用林地造成直接经济损失30万元以上，或者造成防护林地、特种用途林地分别或者合计5亩以上或者其他林地10亩以上毁坏的；

（9）非法批准征收、征用、占用草原40亩以上的；

（10）非法批准征收、征用、占用草原，造成20亩以上草原被毁坏的；

（11）其他情节严重的情形。

2.涉嫌下列情形之一的，属于“致使国家或者集体利益遭受特别重大损失”，处三年以上七年以下有期徒刑：

（1）非法批准征用、占用基本农田20亩以上的；

（2）非法批准征用、占用基本农田以外的耕地60亩以上的；

（3）非法批准征用、占用其他土地100亩以上的；

（4）非法批准征用、占用土地，造成基本农田5亩以上，其他耕地10亩以上严重毁坏的；

（5）非法批准征用、占用土地造成直接经济损失50万元以上等恶劣情节的。

（6）非法批准征用、占用防护林地、特种用途林地数量分别或者合计达到20亩以上；

（7）非法批准征用、占用其他林地数量达到40亩以上；

（8）非法批准征用、占用林地造成直接经济损失数额达到60万元以上，或者造成前述1项规定的林地数量分别或者合计达到10亩以上或者本条第（2）项规定的林地数量达到20亩以上毁坏。

（9）非法批准征收、征用、占用草原80亩以上的；

（10）非法批准征收、征用、占用草原，造成40亩以上草原被毁坏的；

（11）非法批准征收、征用、占用草原，造成直接经济损失60万元以上，或者具有其他特别恶劣情节的。

（三）非法低价出让国有土地使用权罪

刑法第四百一十条。

非法低价出让国有土地使用权罪是指国家机关工作人员徇私舞弊，违反土地管理法规，滥用职权，非法低价出让国有土地使用权，情节严重的行为。

涉嫌下列情形之一的，应予立案：

1. 非法低价（包括无偿）出让国有土地使用权 2 公顷（30 亩）以上，并且价格低于规定的最低价格的 60% 的；

2. 非法低价出让国有土地使用权的数量虽未达到上述标准，但造成国有土地资产流失价值 20 万元以上或者植被遭到严重破坏的；

3. 非法低价出让国有土地使用权，影响群众生产、生活，引起纠纷，造成恶劣影响或者其他严重后果的。

（四）非法经营同类营业罪

刑法第一百六十五条。

非法经营同类营业罪，是指国有公司、企业的董事、经理利用职务便利，自己经营或者为他人经营与其所任职公司、企业同类的营业，谋取非法利益、数额巨大的行为。

国有公司、企业的董事、经理利用职务便利，自己经营或者为他人经营与其所任职公司、企业同类的营业，获取非法利益，数额在 10 万元以上的，应予立案追诉，处三年以下有期徒刑或者拘役，并处或者单处罚金。

（五）为亲友非法牟利罪

刑法第一百六十六条。

为亲友非法牟利罪，是指国有公司、企业、事业单位的工作人员，利用职务便利，将本单位的盈利业务交由自己的亲友进行经营，或者以明显高于市场的价格向自己的亲友经营管理的单位采购商品或者以明显低于市场的价格向自己的亲友经营管理的单位销售商品，或者向自己的亲友经营管理的单位采购不合格商品，使国家利益遭受重大损失的行为。

国有公司、企业、事业单位的工作人员，利用职务便利，为亲友非法牟利，涉嫌下列情形之一的，应予追诉，处三年以下有期徒刑或者拘役，并处或者单处罚金：

1. 造成国家直接经济损失数额在 10 万元以上的；

2. 使其亲友非法获利数额在 20 万元以上的；

3. 致使有关单位破产，停产、停业 6 个月以上或者被吊销许可证和营业执照、责令关闭、撤销、解散的；

4. 其他致使国家利益遭受重大损失的情形。

（六）枉法仲裁罪

刑法第三百九十九条之一。

枉法仲裁罪是指依法承担仲裁职责的人员，在仲裁活动中故意违背事实和法律做出枉法裁决，情节严重的行为。

目前还没有具体的关于立案标准的司法解释，可以参照滥用职权等相关罪名把握立案条件。

（七）徇私舞弊发售发票、抵扣税款、出口退税罪

刑法第四百零五条第一款。

徇私舞弊发售发票、抵扣税款、出口退税罪是指税务机关工作人员违反法律、行政法规的规定，在办理发售发票、抵扣税款、出口退税工作中徇私舞弊，致使国家利益遭受重大损失的行为。

涉嫌下列情形之一的，应予立案：

1. 徇私舞弊，致使国家税收损失累计达 10 万元以上的；

2. 徇私舞弊，致使国家税收损失累计不满 10 万元，但发售增值税专用发票 25 份以上或者其他发票 50 份以上或者增值税专用发票与其他发票合计 50 份以上，或者具有索取、收受贿赂或者其他恶劣情节的；

3. 其他致使国家利益遭受重大损失的情形。

（八）商检徇私舞弊罪

刑法第四百一十二条第一款。

商检徇私舞弊罪是指出入境检验检疫机关、检验检疫机构工作人员徇私舞弊，伪造检验结果的行为。

涉嫌下列情形之一的，应予立案：

1. 采取伪造、变造的手段对报检的商品的单证、印章、标志、封识、质量认证标志等作虚假的证明或者出具不真实的证明结论的；

2. 将送检的合格商品检验为不合格，或者将不合格商品检验为合格的；

3. 对明知是不合格的商品，不检验而出具合格检验结果的；

4. 其他伪造检验结果应予追究刑事责任的情形。

（九）动植物检疫徇私舞弊罪

刑法第四百一十三条第一款。

动植物检疫徇私舞弊罪是指出入境检验检疫机关、检验检疫机构工作人员徇私舞弊，伪造检疫结果的行为。

涉嫌下列情形之一的，应予立案：

1. 采取伪造、变造的手段对检疫的单证、印章、标志、封识等作虚假的证明或者出具不真实的结论的；

2. 将送检的合格动植物检疫为不合格，或者将不合格动植物检疫为合格的；

3. 对明知是不合格的动植物，不检疫而出具合格检疫结果的；

4. 其他伪造检疫结果应予追究刑事责任的情形。

（十）放纵走私罪

刑法第四百一十一条。

放纵走私罪是指海关工作人员徇私舞弊，放纵走私，情节严重的行为。

涉嫌下列情形之一的，应予立案：

1. 放纵走私犯罪的；

2. 因放纵走私致使国家应收税额损失累计达 10 万元以上的；

3. 放纵走私行为 3 起次以上的；

4. 放纵走私行为，具有索取或者收受贿赂情节的；

5. 其他情节严重的情形。

（十一）放纵制售伪劣商品犯罪行为罪

刑法第四百一十四条。

放纵制售伪劣商品犯罪行为罪是指对生产、销售伪劣商品犯罪行为负有追究责任的国家机关工作人员徇私舞弊，不履行法律规定的追究职责，情节严重的行为。

涉嫌下列情形之一的，应予立案：

1. 放纵生产、销售假药或者有毒、有害食品犯罪行为的；

2. 放纵生产、销售伪劣农药、兽药、化肥、种子犯罪行为的；

3. 放纵依法可能判处 3 年有期徒刑以上刑罚的生产、销售伪劣商品犯罪行为的；

4. 对生产、销售伪劣商品犯罪行为不履行追究职责，致使生产、销售伪劣商品犯罪行为得以继续的；

5. 3 次以上不履行追究职责，或者对 3 个以上有生产、销售伪劣商品犯罪行为的单位或者个人不履行追究职责的；

6. 其他情节严重的情形。

（十二）招收公务员、学生徇私舞弊罪

刑法第四百一十八条。

招收公务员、学生徇私舞弊罪是指国家机关工作人员在招收公务员、省级以上教育行政部门组织招收的学生工作中徇私舞弊，情节严重的行为。

涉嫌下列情形之一的，应予立案：

1. 徇私舞弊，利用职务便利，伪造、变造人事、户口档案、考试成绩或者其他影响招收工作的有关资料，或者明知是伪造、变造的上述材料而予以认可的；

2. 徇私舞弊，利用职务便利，帮助 5 名以上考生作弊的；

3. 徇私舞弊招收不合格的公务员、学生 3 人次以上的；

4. 因徇私舞弊招收不合格的公务员、学生，导致被排挤的合格人员或者其近亲属自杀、自残造成重伤、死亡，或者精神失常的；

5. 因徇私舞弊招收公务员、学生，导致该项招收工作重新进行的；

6. 其他情节严重的情形。

（十三）徇私舞弊不移交刑事案件罪

刑法第四百零二条。

徇私舞弊不移交刑事案件罪是指工商行政管理、税务、监察等行政执法人员，徇私舞弊，对依法应当移交司法机关追究刑事责任的案件不移交，情节严重的行为。

涉嫌下列情形之一的，应予立案：

1. 对依法可能判处 3 年以上有期徒刑、无期徒刑、死刑的犯罪案件不移交的；

2. 不移交刑事案件涉及 3 人次以上的；

3. 司法机关提出意见后，无正当理由仍然不予移交的；

4. 以罚代刑，放纵犯罪嫌疑人，致使犯罪嫌疑人继续进行违法犯罪活动的；

5. 行政执法部门主管领导阻止移交的；

6. 隐瞒、毁灭证据，伪造材料，改变刑事案件性质的；

7. 直接负责的主管人员和其他直接责任人员为牟取本单位私利而不移交刑事案件，情节严重的；

8. 其他情节严重的情形。

（十四）违法提供出口退税凭证罪

刑法第四百零五条第二款。

违法提供出口退税凭证罪是指海关、外汇管理等国家机关工作人员违反国家规定，在提供出口货物报关单、出口收汇核销单等出口退税凭证的工作中徇私舞弊，致使国家利益遭受重大损失的行为。

涉嫌下列情形之一的，应予立案：

1. 徇私舞弊，致使国家税收损失累计达 10 万元以上的；

2. 徇私舞弊，致使国家税收损失累计不满 10 万元，但具有索取、收受贿赂或者其他恶劣情节的；

3. 其他致使国家利益遭受重大损失的情形。

（十五）徇私舞弊不征、少征税款罪

刑法第四百零四条。

徇私舞弊不征、少征税款罪是指税务机关工作人员徇私舞弊，不征、少征应征税款，致使国家税收遭受重大损失的行为。

涉嫌下列情形之一的，应予立案：

1. 徇私舞弊不征、少征应征税款，致使国家税收损失累计达 10 万元以上的；

2. 上级主管部门工作人员指使税务机关工作人员徇私舞弊不征、少征应征税款，致使国家税收损失累计达 10 万元以上的；

3. 徇私舞弊不征、少征应征税款不满 10 万元，但具有索取或者收受贿赂或者其他恶劣情节的；

4. 其他致使国家税收遭受重大损失的情形。

五、重大责任事故犯罪

重大责任类犯罪共涉及刑法条文 11 条，包括 11 个罪名。

（一）重大责任事故罪

刑法第一百三十四条第一款。

在生产、作业中违反有关安全管理的规定，涉嫌下列情形之一的，应予立案追诉：

1. 造成死亡一人以上，或者重伤三人以上；

2. 造成直接经济损失五十万元以上的；

3. 发生矿山生产安全事故，造成直接经济损失一百万元以上的；

4. 其他造成严重后果的情形。

（二）教育设施重大安全事故罪

刑法第一百三十八条。

明知校舍或者教育教学设施有危险，而不采取措施或者不及时报告，涉嫌下列情形之一的，应予立案追诉：

1. 造成死亡一人以上、重伤三人以上或者轻伤十人以上的；

2. 其他致使发生重大伤亡事故的情形。

（三）消防责任事故罪

刑法第一百三十九条。

违反消防管理法规，经消防监督机构通知采取改正措施而拒绝执行，涉嫌下列情形之一的，应予立案追诉：

1. 造成死亡一人以上，或者重伤三人以上；

2. 造成直接经济损失五十万元以上的；

3. 造成森林火灾，过火有林地面积二公顷以上，或者过火疏林地、灌木林地、未成林地、苗圃地面积四公顷以上的；

4. 其他造成严重后果的情形。

（四）重大劳动安全事故罪

刑法第一百三十五条。

安全生产设施或者安全生产条件不符合国家规定，涉嫌下列情形之一的，应予立案追诉：

1. 造成死亡一人以上，或者重伤三人以上；

2. 造成直接经济损失五十万元以上的；

3. 发生矿山生产安全事故，造成直接经济损失一百万元以上的；

4. 其他造成严重后果的情形。

（五）强令违章冒险作业罪

刑法第一百三十四条第二款。

强令他人违章冒险作业，涉嫌下列情形之一的，应予立案追诉：

1. 造成死亡一人以上，或者重伤三人以上；

2. 造成直接经济损失五十万元以上的；

3. 发生矿山生产安全事故，造成直接经济损失一百万元以上的；

4. 其他造成严重后果的情形。

（六）不报、谎报安全事故罪

刑法第一百三十九条之一。

《最高人民法院、最高人民检察院关于办理危害矿山生产安全刑事案件具体应用法律若干问题的解释》第六条在矿山生产安全事故发生后，负有报告职责人员不报或谎报事故情况，贻误事故抢救，具有下列情形之一的，应当认定为刑法第一百三十九条之一规定的“情节严重”：

1. 导致事故后果扩大，增加了死亡一人以上，或者加重伤三人以上，或增加直接经济损失一百万元以上；

2. 实施下列行为之一，致使不能及时有效开展事故抢救的：

a. 决定不报与谎报事故情况或者指使、串通有关人员不报及谎报事故情况的；

b. 在事故抢救期间擅离职守或者逃匿的；

c. 伪造及破坏事故现场，或者转移以及藏匿、毁灭遇难人员尸体，或者转移与藏匿受伤人员的；

d. 毁灭和伪造、隐匿与事故有关的图纸与记录及计算机数据等资料以及其他证据的；

3. 其他严重的情节。

具有下列情形之一的，应当认定为刑法第一百三十九条之一规定的“情节特别严重”：

1. 导致事故后果扩大，增加死亡三人以上，或者增加重伤十人以上，或者增加直接经济损失三百万元以上的；

2. 采用暴力、胁迫、命令等方式阻止他人报告事故情况导致事故后果扩大的；

3. 其他特别严重的情节。

（七）铁路运营安全事故罪

刑法第一百三十二条。

铁路职工违反规章制度，致使发生铁路运营安全事故，造成严重后果的，处三年以下有期徒刑或者拘役；造成特别严重后果的，处三年以上七年以下有期徒刑。

未有具体追诉立案标准，可参照重大责任事故罪立案标准。

（八）重大飞行事故罪

重大飞行事故，根据民航飞行事故划分标准，是指造成死亡三十九人以下，或者飞机失踪，该机机上人员在三十九人以下；或者飞机迫降到无法运出的地方。所谓严重后果，一般是指飞机等航空器或者其他航空设施受到严重损坏，航空器上人员遭受重伤，公私财产受到严重损失等。

（九）大型群众性活动重大安全事故罪

刑法第一百三十五条之一。

举办大型群众性活动违反安全管理规定，涉嫌下列情形之一的，应予立案追诉：

1. 造成死亡一人以上，或者重伤三人以上；

2. 造成直接经济损失五十万元以上的；

3. 其他造成严重后果的情形。

（十）危险物品肇事罪

刑法第一百三十六条。

违反爆炸性、易燃性、放射性、毒害性、腐蚀性物品的管理规定，在生产、储存、运输、使用中发生重大事故，涉嫌下列情形之一的，应予立案追诉：

1. 造成死亡一人以上，或者重伤三人以上；

2. 造成直接经济损失五十万元以上的；

3. 其他造成严重后果的情形。

（十一）工程重大安全事故罪

刑法第一百三十七条。

建设单位、设计单位、施工单位、工程监理单位违反国家规定，降低工程质量标准，涉嫌下列情形之一的，应予立案追诉：

1. 造成死亡一人以上，或者重伤三人以上；

2. 造成直接经济损失五十万元以上的；

3. 其他造成严重后果的情形。

六、公职人员其他犯罪

公职人员其他犯罪共涉及刑法条文 19 条，包括 19 个罪名。

（一）破坏选举罪

刑法第二百五十六条。

国家机关工作人员利用职权，在选举各级人民代表大会代表和国家机关领导人员时，以暴力、威胁、欺骗、贿赂、伪造选举文件、虚报选举票数或者编造选举结果等手段破坏选举或者妨害选民和代表自由行使选举权和被选举权，涉嫌下列情形之一的，属于“情节严重”，应予立案：

1. 以暴力、威胁、欺骗、贿赂等手段，妨害选民、各级人民代表大会代表自由行使选举权和被选举权，致使选举无法正常进行，或者选举无效，或者选举结果不真实的；

2. 以暴力破坏选举场所或者选举设备，致使选举无法正常进行的；

3. 伪造选民证、选票等选举文件，虚报选举票数，产生不真实的选举结果或者强行宣布合法选举无效、非法选举有效的；

4. 聚众冲击选举场所或者故意扰乱选举场所秩序，使选举工作无法进行的；

5. 其他情节严重的情形。

（二）背信损害上市公司利益罪

刑法第一百六十九条之一。

上市公司的董事、监事、高级管理人员违背对公司的忠实义务，利用职务便利，操纵上市公司从事损害上市公司利益的行为，以及上市公司的控股股东或者实际控制人，指使上市公司董事、监事、高级管理人员实施损害上市公司利益的行为，涉嫌下列情形之一的，应予立案追诉：

1. 无偿向其他单位或者个人提供资金、商品、服务或者其他资产，致使上市公司直接经济损失数额在一百五十万元以上的；

2. 以明显不公平的条件，提供或者接受资金、商品、服务或者其他资产，致使上市公司直接经济损失数额在一百五十万元以上的；

3. 向明显不具有清偿能力的单位或者个人提供资金、商品、服务或者其他资产，致使上市公司直接经济损失数额在一百五十万元以上的；

4. 为明显不具有清偿能力的单位或者个人提供担保，或者无正当理由为其他单位或者个人提供担保，致使上市公司直接经济损失数额在一百五十万元以上的；

5. 无正当理由放弃债权、承担债务，致使上市公司直接经济损失数额在一百五十万元以上的；

6. 致使公司发行的股票、公司债券或者国务院依法认定的其他证券被终止上市交易或者多次被暂停上市交易的；

7. 其他致使上市公司利益遭受重大损失的情形。

（三）金融工作人员购买假币、以假币换取货币罪

刑法第一百七十一条第二款。

银行或者其他金融机构的工作人员购买伪造的货币或者利用职务上的便利，以伪造的货币换取货币，总面额在二千元以上或者币量在二百张（枚）以上的，应予立案追诉。

（四）利用未公开信息交易罪

刑法第一百八十条第四款。

证券交易所、期货交易所、证券公司、期货公司、基金管理公司、商业银行、保险公司等金融机构的从业人员以及有关监管部门或者行业协会的工作人员，利用因职务便利获取的内幕信息以外的其他未公开的信息，违反规定，从事与该信息相关的证券、期货交易活动，或者明示、暗示他人从事相关交易活动，涉嫌下列情形之一的，

应予立案追诉:

1. 证券交易成交额累计在五十万元以上的;

2. 期货交易占用保证金数额累计在三十万元以上的;

3. 获利或者避免损失数额累计在十五万元以上的;

4. 多次利用内幕信息以外的其他未公开信息进行交易活动的;

5. 其他情节严重的情形。

(五)诱骗投资者买卖证券、期货合约罪

刑法第一百八十一条第二款。

证券交易所、期货交易所、证券公司、期货公司的从业人员,证券业协会、期货业协会或者证券期货监督管理部门的工作人员,故意提供虚假信息或者伪造、变造、销毁交易记录,诱骗投资者买卖证券、期货合约,涉嫌下列情形之一的,应予立案追诉:

1. 获利或者避免损失数额累计在五万元以上的;

2. 造成投资者直接经济损失数额在五万元以上的;

3. 致使交易价格和交易量异常波动的;

4. 其他造成严重后果的情形。

(六)背信运用受托财产罪

刑法第一百八十五条之一第一款。

商业银行、证券交易所、期货交易所、证券公司、期货公司、保险公司或者其他金融机构,违背受托义务,擅自运用客户资金或者其他委托、信托的财产,涉嫌下列情形之一的,应予立案追诉:

1. 擅自运用客户资金或者其他委托、信托的财产数额在三十万元以上的;

2. 虽未达到上述数额标准,但多次擅自运用客户资金或者其他委托、信托的财产,或者擅自运用多个客户资金或者其他委托、信托的财产的;

3. 其他情节严重的情形。

(七)违法运用资金罪

刑法第一百八十五条之一第二款。

社会保障基金管理机构、住房公积金管理机构等公众资金管理机构,以及保险公司、保险资产管理公司、证券投资基金管理公司,违反国家规定运用资金,涉嫌下列情形之一的,应予立案追诉:

1. 违反国家规定运用资金数额在三十万元以上的；

2. 虽未达到上述数额标准，但多次违反国家规定运用资金的；

3. 其他情节严重的情形。

（八）违法发放贷款罪

刑法第一百八十六条。

银行或者其他金融机构及其工作人员违反国家规定发放贷款，涉嫌下列情形之一的，应予立案追诉：

1. 违法发放贷款，数额在一百万元以上的；

2. 违法发放贷款，造成直接经济损失数额在二十万元以上的。

（九）吸收客户资金不入账罪

刑法第一百八十七条。

银行或者其他金融机构及其工作人员吸收客户资金不入账，涉嫌下列情形之一的，应予立案追诉：

1. 吸收客户资金不入账，数额在一百万元以上的；

2. 吸收客户资金不入账，造成直接经济损失数额在二十万元以上的。

（十）违规出具金融票证罪

刑法第一百八十八条。

银行或者其他金融机构及其工作人员违反规定，为他人出具信用证或者其他保函、票据、存单、资信证明，涉嫌下列情形之一的，应予立案追诉：

1. 违反规定为他人出具信用证或者其他保函、票据、存单、资信证明，数额在一百万元以上的；

2. 违反规定为他人出具信用证或者其他保函、票据、存单、资信证明，造成直接经济损失数额在二十万元以上的；

3. 多次违规出具信用证或者其他保函、票据、存单、资信证明的；

4. 接受贿赂违规出具信用证或者其他保函、票据、存单、资信证明的；

5. 其他情节严重的情形。

（十一）对违法票据承兑、付款、保证罪

刑法第一百八十九条。

银行或者其他金融机构及其工作人员在票据业务中，对违反票据法规定的票据予以承兑、付款或者保证，造成直接经济损失数额在二十万元以上的，应予立案追诉。

（十二）非法转让、倒卖土地使用权罪

刑法第二百二十八条。

以牟利为目的，违反土地管理法规，非法转让、倒卖土地使用权，涉嫌下列情形之一的，应予立案追诉：

1. 非法转让、倒卖基本农田五亩以上的；

2. 非法转让、倒卖基本农田以外的耕地十亩以上的；

3. 非法转让、倒卖其他土地二十亩以上的；

4. 违法所得数额在五十万元以上的；

5. 虽未达到上述数额标准，但因非法转让、倒卖土地使用权受过行政处罚，又非法转让、倒卖土地的；

6. 其他情节严重的情形。

（十三）私自开拆、隐匿、毁弃邮件、电报罪

刑法第二百五十三条。

具有下列情形之一的，应予立案：

1. 私拆或者隐匿、毁弃邮件、电报、次数较多或数量较大的；

2. 私拆或者隐匿、毁弃邮件，并从中窃取财物的；

3. 私拆或者隐匿、毁弃邮件、电报，虽然次数不多，数量不大，但给国家、集体利益以及公民合法权益造成严重后果的；

4. 私拆或者隐匿、毁弃邮件、电报，造成其他危害后果的。

（十四）职务侵占罪

刑法第二百七十一条第一款。

职务侵占罪中的“数额较大”“数额巨大”的数额起点，按照《最高人民法院、最高人民检察院关于办理贪污贿赂刑事案件适用法律若干问题的解释》关于贪污罪相对应的数额标准规定的二倍、五倍执行。

（十五）挪用资金罪

刑法第二百七十二条。

公司、企业或者其他单位的工作人员，利用职务上的便利，挪用本单位资金归个人使用或者借贷给他人，涉嫌下列情形之一的，应予立案追诉：

1. 挪用本单位资金数额在一万元至三万元以上，超过三个月未还的；

2. 挪用本单位资金数额在一万元至三万元以上，进行营利活动的；

3. 挪用本单位资金数额在五千元至二万元以上，进行非法活动的。

具有下列情形之一的，属于本条规定的“归个人使用”：

1. 将本单位资金供本人、亲友或者其他自然人使用的；

2. 以个人名义将本单位资金供其他单位使用的；

3. 个人决定以单位名义将本单位资金供其他单位使用，谋取个人利益的。

对于受国家机关、国有公司、企业、事业单位、人民团体委托，管理、经营国有财产的非国家工作人员，利用职务上的便利，挪用国有资金归个人使用构成犯罪的，应当依照刑法第二百七十二条第一款的规定定罪处罚。

（十六）故意延误投递邮件罪

刑法第三百零四条。

邮政工作人员严重不负责任，故意延误投递邮件，涉嫌下列情形之一的，应予立案追诉：

1. 造成直接经济损失二万元以上的；

2. 延误高校录取通知书或者其他重要邮件投递，致使他人失去高校录取资格或者造成其他无法挽回的重大损失的；

3. 严重损害国家声誉或者造成其他恶劣社会影响的；

4. 其他致使公共财产、国家和人民利益遭受重大损失的情形。

（十七）泄露不应公开的案件信息罪

刑法第三百零八条之一第一款。

司法工作人员、辩护人、诉讼代理人或者其他诉讼参与人，泄露依法不公开审理的案件中不应当公开的信息，造成信息公开传播或者其他严重后果的，处三年以下有期徒刑、拘役或者管制，并处或者单处罚金。

（十八）披露、报道不应公开的案件信息罪

刑法第三百零八条之一第三款。

本罪的客观方面表现为行为人公开披露、报道依法不公开审理的案件中不应当公开的信息，情节严重的。所谓“披露”，是指发表、公布。所谓“报道”，是指通过报纸、杂志、广播、电视或其他形式把信息告诉公众。

披露、报道的案件信息为第308条之一第1款中所规定的不公开审理案件的不应公开的信息，包括国家秘密、商业秘密、个人隐私等信息。“情节严重”，应指造成信息公开传播或者因信息泄露而给利益相关者所带来的严重损失，如国家秘密为他人所知悉，将可能造成危害社会稳定、经济发展、国防安全或者其他严重危害后果的，如诉讼参与人的个人隐私为他人所知悉，导致其名誉、人格遭到贬损，甚至引发自伤、自杀等严重后果的，如商业秘密为他人所知悉。给商业秘密所有者带来严重的经济损失的等等。

（十九）接送不合格兵员罪

刑法第三百七十四条。

在征兵工作中徇私舞弊，接送不合格兵员，情节严重的，处三年以下有期徒刑或者拘役；造成特别严重后果的，处三年以上七年以下有期徒刑。

参考文献

一、著作类

1. 高铭暄、马克昌主编：《刑法学》（第三版），北京大学出版社、高等教育出版社 2007 年版。

2. 高铭暄主编：《新编中国刑法学》，中国人民大学出版社 1998 年版。

3. 马克昌：《刑罚通论》，武汉大学出版社 1999 年版。

4. 马克昌主编：《百罪通论》，北京大学出版社 2014 年版。

5. 陈光中主编：《刑事诉讼法学》，中国政法大学出版社 1996 年版。

6. 陈光中主编：《中国刑事二审程序改革之研究》，北京大学出版社 2011 年版。

7. 张明楷：《外国刑法纲要》（第二版），清华大学出版社 2007 年版。

8. 于敏：《日本侵权行为法》，法律出版社 1994 年版。

9. 张文显主编：《马克思主义法理学——理论与方法》，吉林大学出版社 1993 年版。

10. 胡康生、李福成主编：《中华人民共和国刑事诉讼法释义》，法律出版社 1996 年版。

11. 南英、高憬宏主编：《刑事审判方法》，法律出版社 2003 年版。

12. 周枏：《罗马法原论》，商务印书馆 1994 年版。

13. 陈瑞华：《程序正义论纲》，载陈光中主编：《诉讼法论丛》，法律出版社 1998 年版。

14. [美] 波斯纳：《法律的经济分析》，蒋兆康译，中国大百科全书出版社 1997 年版。

15.［美］彼得·斯坦等：《西方社会的法律价值》，王献平译，中国人民公安大学出版社 1989 年版。

16.［美］富勒：《法律的道德性》，耶鲁大学出版社 1977 年版。

二、论文类

1. 高铭暄：《适用认罪认罚从宽体现法治正能量》，载《法制日报》2019 年 4 月 23 日。

2. 陈光中、肖沛权：《刑事诉讼法修正案：完善刑事诉讼制度的新成就和新期待》，载《中国刑事法杂志》2018 年第 3 期。

3. 陈伟：《监察法与刑法的衔接协调与规范运行》，载《中外法学》2019 年第 2 期。

4. 裴显鼎、王晓东、刘晓虎：《〈关于犯罪嫌疑人、被告人逃匿、死亡案件适用违法所得没收程序若干问题的规定〉的理解与适用》，载《人民司法》2017 年第 16 期。

5. 裴显鼎等：《〈关于办理贪污贿赂刑事案件适用法律若干问题的解释〉的理解与适用》，载《人民司法》2016 年第 19 期。

6. 裴显鼎、王晓东、刘晓虎：《违法所得没收程序疑难问题解读》，载《法律适用》2017 年第 13 期。

7. 裴显鼎、王晓东、刘晓虎：《违法所得没收程序三类证明标准的把握和适用》，载《人民法院报》2018 年 3 月 21 日。

8. 最高人民检察院研究室：《〈关于办理渎职刑事案件适用法律若干问题的解释（一）〉理解与适用》，载《人民检察》2013 年第 5 期。

9. 王晓东、沈言：《对贪污贿赂司法解释中几个问题的理解》，载《人民法院报》2016 年 9 月 28 日。

10. 王晓东：《新时代背景下惩治贪腐犯罪若干问题的思考——基于审判贪腐案件的实践展开》，载《法治研究》2018 年第 6 期。

11. 王晓东：《国际追逃追赃视野下的我国刑事缺席审判制度》，载《法律适用》2018 年第 23 期。

12. 王晓东、司明灯、刘静坤：《刑事诉讼审判程序中的立与废》，载《中国审判》2011 年第 11 期。

13. 王晓东、康瑛:《〈关于辩护律师能否复制侦查机关讯问录像问题的批复〉的理解与适用》，载《人民司法》2014 年第 3 期。

14. 王晓东、曲鹏程:《论贪污贿赂犯罪财产刑的适用》，载《法律适用》2019 年第 11 期。

15. 王晓东:《从没收程序的司法解释看我国“不定罪的没收”的法律适用》，载《人民法院报》2017 年 5 月 10 日。

16. 王晓东、刘晓虎、张宇:《任润厚贪污、受贿、巨额财产来源不明违法所得没收裁定书评析》，载《人民法院报》2017 年 9 月 20 日。

17. 王晓东、黄嵩、周颖佳:《关于国际追逃追赃案件中自首的认定》，载《人民法院报》2018 年 2 月 7 日。

18. 王晓东、刘晓虎等:《理清疑难问题准确惩治腐败》，载《人民法院报》2019 年 12 月 5 日。